S0-BJK-671

226
B47s

70828

DATE DUE			

GAYLORD M-2   PRINTED IN U.S.A.

WITHDRAWN
L. R. COLLEGE LIBRARY

SYNOPTICON

The verbal agreement between the Greek
Texts of Matthew, Mark and Luke
contextually exhibited

SYNOPTICON

The verbal agreement between the Greek
Texts of Matthew, Mark and Luke
contextually exhibited

William R. Farmer

Southern Methodist University, Perkins School of Theology, Dallas, Texas

CAMBRIDGE · AT THE UNIVERSITY PRESS · 1969

CARL A. RUDISILL LIBRARY
LENOIR RHYNE COLLEGE

Published by the Syndics of the Cambridge University Press
Bentley House, 200 Euston Road, London NW1
American Branch: 32 East 57th Street, New York, NY 10022

Greek text: copyright Württembergische Bibelanstalt, Stuttgart 1898 and 1927

Library of Congress Catalog Card Number: 78–77287

Standard Book Number: 521 07464 9

Gr 226
B47s
70828
July 1970

Printed in Great Britain by Jarrold and Sons Ltd, Norwich

To the memory of
my father
William Reuben Farmer, Sr.,
1886–1969

Introduction

This Synopticon is designed to supplement existing aids to Gospel studies. It stands in a tradition which began with the earliest systematic attempts to compare the work of one evangelist with that of another. Ammonius of Alexandria constructed an aid to Gospel studies which made it possible to compare passages in Mark, Luke and John with their parallels in Matthew. This was accomplished by copying the relevant portions of the other Gospels alongside the full text of Matthew. Eusebius noted that this procedure often destroyed the sequence of the material in Mark, Luke and John. He also complained that it presented only those parts of these Gospels which had parallels in Matthew. In order to facilitate the study of similar passages in all four of the Gospels, and to preserve the sequential arrangement which each evangelist gave to his material, Eusebius developed a cross reference system which was widely accepted and remains useful today.

The basic format for most modern synopses was established by J. J. Griesbach in 1776 with the publication of his *Synopsis Evangeliorum Matthaei Marci et Lucae una cum iis Johannis pericopis*. . . . Most subsequent synopses have varied only in their use of John and in the degree to which relevant citations and parallels from apocryphal and patristic literature are included. There is one major exception. In 1880 W. G. Rushbrooke published his *Synopticon, An Exposition of the Common Matter of the Synoptic Gospels*. Rushbrooke sought to exhibit this common matter in accordance with the two-source hypothesis by using different founts of type and different colors of ink to distinguish the various categories of verbatim agreements between two or more of the Gospels, and by a special arrangement given to the Gospel texts. He began by placing the full text of Mark in the center and arranging those portions of the other three which had parallels to Marcan material in columns on either side. In the second part of his work Rushbrooke printed passages common to Matthew and Luke which did not have Marcan parallels. In the third and fourth parts he set forth the material unique to Matthew and Luke respectively.

Unlike Rushbrooke's Synopticon, this present Synopticon is designed to assist the student to check the accuracy and completeness of his own efforts to determine the nature and extent of the verbatim agreements among the Synoptic Gospels without any reference to a particular source theory. It is also intended to facilitate comprehending these agreements contextually, that is in their organic relationships to the texts of the Gospels as literary wholes. From experience each student will learn how best to coordinate use of this Synopticon with the use of those several excellent modern synopses which facilitate comparison of passages by arranging them in parallel columns after the manner of Griesbach.

The adequacy of this Synopticon, like that of Rushbrooke, is diminished in cases where two or more passages in one gospel may be parallel to one or more passages in another. This is particularly true when all three Gospels are so involved. The general principle followed in these and other doubtful cases has been to leave some possibly significant agreements unmarked rather than to risk calling attention to imaginary ones.

The choice of the 25th edition of the Nestle-Aland text for the Synopticon was influenced by the fact that this is the text being used in the production of a new concordance of the Greek New Testament under the supervision of Professor Kurt Aland.

Special recognition and appreciation is due to Milo Thornberry, Glenn Chesnut, Bryan Forrester and Yves Dubois for work performed at various stages in the development of this Synopticon; to the Bollingen Foundation and the Graduate School of Southern Methodist University for financial assistance; to the Württembergische Bibelanstalt for permission to make use of the 25th edition of the Nestle-Aland text; and to the Cambridge University Press for the imaginative willingness and patience that has been required in order to find solutions for the unusual technical problems which production of this work has entailed.

William R. Farmer
August 1968

Contents

Key to Color Code

▬▬ Complete verbatim agreement between Matthew, Mark and Luke.

▬▬ Complete verbatim agreement between Matthew and Mark.

▬▬ Complete verbatim agreement between Matthew and Luke.

▬▬ Complete verbatim agreement between Mark and Luke.

—— Significant but incomplete agreement between Matthew and Mark.

—— Significant but incomplete agreement between Matthew and Luke.

—— Significant but incomplete agreement between Mark and Luke.

Color between words represents agreement in word sequence.
Color extending out into the margins represents agreement
in sequence between the last word in the line above and
the first word in the line below.

ΚΑΤΑ ΜΑΘΘΑΙΟΝ

1—17:
L 3,23—38.

Gn 5,1; 22,18.
1 Chr 17,11.

Gn 21,3.12;
25,26; 29,35;
49,10.

1 Chr 2,4 s.9.
Gn 38,29 s.
Rth 4,12.18—22.

1 Chr 2,10 s.

Jos 2,1.
H11,31. Jc2,25.
Rth 4,13—17.

2 Sm 12,24.

1 Chr 3,10—16.

1 Esr 1,32 Lxx.

1 Chr 3,17.
Esr 3,2.

1 Βίβλος γενέσεως Ἰησοῦ Χριστοῦ υἱοῦ Δαυὶδ υἱοῦ Ἀβραάμ. ¹‚₃

2 Ἀβραὰμ ἐγέννησεν τὸν Ἰσαάκ, Ἰσαὰκ δὲ ἐγέννησεν τὸν Ἰακώβ, Ἰακὼβ δὲ ἐγέννησεν τὸν Ἰούδαν **3** καὶ τοὺς ἀδελφοὺς αὐτοῦ, Ἰούδας δὲ ἐγέννησεν τὸν Φάρες καὶ τὸν ⌜Ζάρα ἐκ τῆς Θαμάρ, Φάρες δὲ ἐγέννησεν τὸν Ἐσρώμ, Ἐσρὼμ δὲ ἐγέννησεν τὸν **4** Ἀράμ, Ἀρὰμ δὲ ἐγέννησεν τὸν Ἀμιναδάβ, Ἀμιναδὰβ δὲ ἐγέννησεν τὸν Ναασσών, Ναασσὼν δὲ ἐγέν- **5** νησεν τὸν Σαλμών, Σαλμὼν δὲ ἐγέννησεν τὸν ⌜Βόες ἐκ τῆς Ῥαχάβ, ⌜Βόες δὲ ἐγέννησεν τὸν Ἰωβὴδ ἐκ τῆς **6** Ῥούθ, Ἰωβὴδ δὲ ἐγέννησεν τὸν Ἰεσσαί, Ἰεσσαὶ δὲ ₂ ἐγέννησεν τὸν Δαυὶδ τὸν βασιλέα. Δαυὶδ δὲ ἐγέν- **7** νησεν τὸν Σολομῶνα ἐκ τῆς τοῦ Οὐρίου, Σολομὼν δὲ ἐγέννησεν τὸν Ῥοβοάμ, Ῥοβοὰμ δὲ ἐγέννησεν τὸν **8** ⌜Ἀβιά, ⌜Ἀβιὰ δὲ ἐγέννησεν τὸν ⌜Ἀσάφ, ⌜Ἀσὰφ δὲ ἐγέν- νησεν τὸν ⌜Ἰωσαφάτ, ⌜Ἰωσαφὰτ δὲ ἐγέννησεν τὸν **9** Ἰωράμ, Ἰωρὰμ δὲ ἐγέννησεν ⌐τὸν Ὀζίαν, Ὀζίας δὲ ἐγέννησεν τὸν ⌜Ἰωαθάμ, ⌜Ἰωαθὰμ δὲ ἐγέννησεν τὸν **10** ⌜Ἀχάζ, ⌜Ἀχὰζ δὲ ἐγέννησεν τὸν Ἐζεκίαν, Ἐζεκίας δὲ ἐγέννησεν τὸν ⌜Μανασσῆ, ⌜Μανασσῆς δὲ ἐγέννησεν τὸν **11** ⌜²Ἀμώς, ⌜²Ἀμὼς δὲ ἐγέννησεν τὸν Ἰωσίαν, Ἰωσίας δὲ ἐγέννησεν ⌐τὸν Ἰεχονίαν καὶ τοὺς ἀδελφοὺς αὐτοῦ **12** ἐπὶ τῆς μετοικεσίας Βαβυλῶνος. Μετὰ δὲ τὴν μετ- ₃ οικεσίαν Βαβυλῶνος Ἰεχονίας ἐγέννησεν τὸν Σα- λαθιήλ, Σαλαθιὴλ δὲ ἐγέννησεν τὸν Ζοροβαβέλ,

---

3 ⌜Ζαρε 𝔓¹ **B**   5 ⌜bis Βοοζ 𝕽pl; S : txt 𝔓¹ **B**א k   7 ⌜bis
Αβιουδ 1689pc it (**D** in Lc 3,23—31)   7.8 ⌜bis (rectius) Ασα
𝕽al latsy; W : txt 𝕳(**D**ˡᵘᶜ)pm it   8 ⌜φαδ **D**ˡᵘᶜ | ⌐τον Οχοζιαν,
Οχοζιας δε εγεννησεν τον Ιωας, Ιωας δε εγεννησεν τον Αμα-
σιαν, Αμασιας δε εγεννησεν syᶜ(**D**ˡᵘᶜ); hʳ   9 ⌜-θαν **D**ˡᵘᶜ |
⌜bis Αχας(א)**C****D**ˡᵘᶜit; H   **10** ⌜-σσην **N****D**al | ⌜-σση **B**; hᵃ | ⌜²bis
(rectius) Αμων 𝕽al latsy; W   **11** ⌐τον Ιωακιμ, Ιωακιμ δε εγεν-
νησεν **MΘλ**33pm Irˡᵃᵗ; hʳ : inverso ordine του Ιεχονιου του Ιωακιμ
του Ελιακιμ του Ιωσια **D**ˡᵘᶜ   **1**

¹Ζοροβαβὲλ δὲ ἐγέννησεν τὸν Ἀβιούδ, Ἀβιοὺδ δὲ 13
ἐγέννησεν τὸν Ἐλιακίμ, Ἐλιακὶμ δὲ ἐγέννησεν
τὸν Ἀζώρ, ¹Ἀζὼρ δὲ ἐγέννησεν τὸν Σαδώκ, Σαδὼκ 14
δὲ ἐγέννησεν τὸν ⌜Ἀχίμ, ⌜Ἀχὶμ δὲ ἐγέννησεν τὸν
Ἐλιούδ, ¹Ἐλιοὺδ δὲ ἐγέννησεν τὸν Ἐλεαζάρ, Ἐλεα- 15
ζὰρ δὲ ἐγέννησεν τὸν Μαθθάν, Μαθθὰν δὲ ἐγέν-
νησεν τὸν Ἰακώβ, Ἰακὼβ δὲ ἐγέννησεν τὸν Ἰωσὴφ 16
⌜τὸν ἄνδρα Μαρίας, ἐξ ἧς ἐγεννήθη Ἰησοῦς ὁ λεγό-
μενος χριστός⌝.

4   Πᾶσαι οὖν αἱ γενεαὶ ἀπὸ Ἀβραὰμ ἕως Δαυὶδ 17
²,¹⁰ γενεαὶ δεκατέσσαρες, καὶ ἀπὸ Δαυὶδ ἕως τῆς
μετοικεσίας Βαβυλῶνος γενεαὶ δεκατέσσαρες, καὶ
ἀπὸ τῆς μετοικεσίας Βαβυλῶνος ἕως τοῦ Χριστοῦ
γενεαὶ δεκατέσσαρες.

5   Τοῦ δὲ ˢᵒἸησοῦ Χριστοῦ⌝ ἡ ⌜γένεσις οὕτως ἦν. 18
³,⁵ *μνηστευθείσης τῆς μητρὸς αὐτοῦ Μαρίας τῷ Ἰω-
σήφ, πρὶν ἢ συνελθεῖν αὐτοὺς εὑρέθη ἐν γαστρὶ
⁴,¹⁰ ἔχουσα ἐκ πνεύματος ἁγίου. Ἰωσὴφ δὲ ⌜ὁ ἀνὴρ 19
αὐτῆς, δίκαιος⌝ ὢν καὶ μὴ θέλων αὐτὴν ⌜δειγμα-
τίσαι, ἐβουλήθη λάθρα ἀπολῦσαι αὐτήν. ταῦτα 20
δὲ αὐτοῦ ἐνθυμηθέντος, ἰδοὺ ἄγγελος κυρίου κατ'
ὄναρ ἐφάνη αὐτῷ λέγων· Ἰωσὴφ υἱὸς Δαυίδ, μὴ
φοβηθῇς παραλαβεῖν ⌜Μαρίαν τὴν γυναῖκά σου·
τὸ γὰρ ἐν αὐτῇ γεννηθὲν ἐκ πνεύματός ἐστιν
ἁγίου. τέξεται δὲ ᵀ υἱόν, καὶ ⌜καλέσεις τὸ ὄνομα 21
αὐτοῦ Ἰησοῦν· αὐτὸς γὰρ σώσει τὸν λαὸν αὐτοῦ
ἀπὸ τῶν ἁμαρτιῶν αὐτῶν. Τοῦτο δὲ ὅλον γέγονεν 22

27,17.22.
L 1,27.

L 1,35.

18. J 3,6.

L 1,31; 2,21.
Sir46,1. Ps130,8
J 1,29. Act 4,12.
Tt 2,14.

---

14 ⌜bis Αχιν λ sy : Ιαχιν **D**ˡᵘᶜ   *16* ⌜τον μνηστευσαμενον
Μαριαμ, εξ ης εγεννηθη ο χρ. ο υιος του θεου Dial Timoth et
Aquilae³.; s⁷ : ῷ μνηστευθεισα παρθενος (— π. q) Μ. εγεννησεν
Ιησουν τον λ-νον χριστον **Θφ** a g¹(k, q); hʳ s¹ : eadem, sed ετεκεν Χρ.
I. d ; s⁴ : eadem, sed M. εξ ης εγεννησεν etc. ut txt Dial².; s⁸ : ω εμνη-
στευθη παρθ. Μ. ἡ ετεκεν I. Χρ. syᶜ.; s² : Ιωσηφ δε, ω εμν-θη
π. Μ., εγεννησεν I. τον λ-νον χρ. syˢ (Bars).; 𝔖 : txt + και
Ιωσηφ εγενν. I. τ. λ. χρ. Dial¹.; sᵃᵈᵇ : txt 𝔖𝕽pl Tert   *18* ˢB⌝;
Wh (χρ. I. h) | ᴼ7l latt syˢᶜ Ir; [H] | ⌜γεννησις 𝕽33al IrOr; hʳ
19 ⌜δικ. ανηρ syᶜ | ᵀπαραδειγμ- 𝕏*C𝕽Θpl; S : txt 𝔖pc
20 ⌜-ιὰμ 𝕏C𝕽DΘpl; Th : txt **B**pc   *21* ᵀσοι syˢᶜ | ⌜-σει
L* g Ambr : -σουσι 1241.   **2**   *22* ⦂τουτο W

ἵνα πληρωθῇ τὸ ῥηθὲν ὑπὸ κυρίου διὰ ⌐τοῦ προ-
φήτου λέγοντος·

Is 7,14. **23**   **ἰδοὺ ἡ παρθένος** ἐν γαστρὶ ἕξει καὶ τέξεται υἱόν,
καὶ ⌐καλέσουσιν τὸ ὄνομα αὐτοῦ Ἐμμανουήλ,

Is 8,8.10 Lxx.
R 8,31.   ὅ ἐστιν μεθερμηνευόμενον μεθ᾽ **ἡμῶν ὁ θεός.**

24 ⌐ἐγερθεὶς δὲ [ὁ] Ἰωσὴφ ἀπὸ τοῦ ὕπνου ἐποίησεν **6**
ὡς προσέταξεν αὐτῷ ὁ ἄγγελος κυρίου, καὶ παρ-

25 έλαβεν τὴν γυναῖκα αὐτοῦ· καὶ ☐οὐκ ἐγίνωσκεν
αὐτὴν ἕως [οὗ]⌐ ἔτεκεν ⌐υἱόν· καὶ ἐκάλεσεν τὸ
ὄνομα αὐτοῦ Ἰησοῦν.

L 2,1—7.   **2**   Τοῦ δὲ Ἰησοῦ γεννηθέντος ἐν Βηθλέεμ τῆς Ἰου- **1 7**
Nu 23,7.   δαίας ἐν ἡμέραις Ἡρῴδου τοῦ βασιλέως, ἰδοὺ μάγοι

Gn 49,10.
Nu 24,17.
2 P 1,19.
Ap 22,16.   **2** ἀπὸ ἀνατολῶν παρεγένοντο εἰς Ἱεροσόλυμα ǀ λέ-
γοντες· ποῦ ἐστιν ὁ τεχθεὶς βασιλεὺς τῶν Ἰουδαί-
ων; εἴδομεν γὰρ αὐτοῦ τὸν ἀστέρα ⌐ἐν τῇ ἀνατολῇ,⌐

3 καὶ ἤλθομεν προσκυνῆσαι αὐτῷ. ἀκούσας δὲ ὁ βα-

21,10.
Act19,29; 21,30.   σιλεὺς Ἡρῴδης ἐταράχθη, καὶ πᾶσα Ἱεροσόλυμα

4 μετ᾽ αὐτοῦ, ǀ καὶ συναγαγὼν πάντας τοὺς ἀρχιερεῖς
καὶ γραμματεῖς τοῦ λαοῦ ἐπυνθάνετο ☐παρ᾽ αὐ-

5 τῶν⌐· ποῦ ὁ χριστὸς γεννᾶται ∶². οἱ δὲ εἶπαν **5,7**

J 7,42.   αὐτῷ· ἐν Βηθλέεμ τῆς Ἰουδαίας· οὕτως γὰρ γέ-
γραπται διὰ τοῦ προφήτου·

Mch 5,1.3.   **6**   **καὶ σὺ** ⸀Βηθλέεμ ∶²⌐, γῆ Ἰούδα⌐,
⌐οὐδαμῶς ἐλαχίστη εἶ ἐν τοῖς ἡγεμόσιν Ἰούδα.
ἐκ σοῦ γὰρ ἐξελεύσεται ἡγούμενος,

2 Sm 5,2.   ὅστις ποιμανεῖ τὸν λαόν μου τὸν Ἰσραήλ.

7   Τότε Ἡρῴδης λάθρα καλέσας τοὺς μάγους **8**
ἠκρίβωσεν παρ᾽ αὐτῶν τὸν χρόνον τοῦ φαινομένου **6,10**

8 ἀστέρος, καὶ πέμψας αὐτοὺς εἰς Βηθλέεμ εἶπεν·
πορευθέντες ἐξετάσατε ἀκριβῶς περὶ τοῦ παιδίου·

---

22 ⌐Ησαιον *Dpc* itsy^sc   23 ⌐(Is7,14 **B**)-σεις *Dpc*   24 ⌐διεγ-
𝕽*Dpl*; S: *txt* **B𝕏C***pc | [+ **BC𝕽D**al; W: — 𝕏*pm*; T   25 ☐*k*
sy^s | [+ *rell*; T: — **B***.; W | ⌐αυτω υι. sy^s : τον υι.sy^c : (L2,7)
τον υι. αυτης (—αυτ. **D**²**L**; h^r²) τον πρωτοτοκον **C𝕽D**pl lat;
h^r¹ : *txt* 𝕳*Lpc* it   2,2 ⌐απο ανατολων sy^s   4 ☐*Dpc* | ∶· et ∶²;
comm   6 ∶, et ∶²—, H | ⌐της Ιουδαιας **D** it : (γης Ιουδα Dru-
sius cj) | ⌐μη **D**ff¹ :   **3**   non it(sy?) Tert

ἐπὰν δὲ εὕρητε, ἀπαγγείλατέ μοι, ὅπως κἀγὼ
ἐλθὼν προσκυνήσω αὐτῷ. οἱ δὲ ἀκούσαντες τοῦ 9
βασιλέως ἐπορεύθησαν· καὶ ἰδοὺ ὁ ἀστήρ, ὃν εἶδον
ἐν τῇ ἀνατολῇ, προῆγεν αὐτοὺς ἕως ἐλθὼν ἐστάθη
⸰ἐπάνω ⸂οὗ ἦν τὸ παιδίον⸃. ἰδόντες δὲ τὸν ἀστέρα 10
ἐχάρησαν χαρὰν μεγάλην σφόδρα. καὶ ἐλθόντες 11
εἰς τὴν οἰκίαν εἶδον ⸂τὸ παιδίον⸃ μετὰ Μαρίας τῆς
μητρὸς αὐτοῦ, καὶ πεσόντες προσεκύνησαν αὐτῷ,
καὶ ἀνοίξαντες ⸂τοὺς θησαυροὺς⸃ αὐτῶν προσήνεγκαν
αὐτῷ δῶρα, χρυσὸν καὶ λίβανον καὶ σμύρναν. καὶ χρη- 12
ματισθέντες κατ' ὄναρ μὴ ἀνακάμψαι πρὸς Ἡρῴδην,
δι' ἄλλης ὁδοῦ ἀνεχώρησαν εἰς τὴν χώραν αὐτῶν.

Ps 72,10.15.
Is 60,6. J 19,39.

9 Ἀναχωρησάντων δὲ αὐτῶν, ἰδοὺ ἄγγελος κυρίου 13
⸂φαίνεται κατ' ὄναρ⸃ τῷ Ἰωσὴφ λέγων· ἐγερθεὶς
παράλαβε ⸂τὸ παιδίον⸃ καὶ τὴν μητέρα αὐτοῦ, καὶ
φεῦγε εἰς Αἴγυπτον, καὶ ἴσθι ἐκεῖ ἕως ἂν εἴπω
σοι· μέλλει γὰρ Ἡρῴδης ζητεῖν ⸂τὸ παιδίον⸃ τοῦ
ἀπολέσαι ⸂αὐτό. ὁ δὲ ἐγερθεὶς παρέλαβεν ⸂τὸ παιδίον⸃ 14
καὶ τὴν μητέρα αὐτοῦ νυκτὸς καὶ ἀνεχώρησεν εἰς
Αἴγυπτον, |καὶ ἦν ἐκεῖ ἕως τῆς τελευτῆς Ἡρῴδου· 15
ἵνα πληρωθῇ τὸ ῥηθὲν ὑπὸ κυρίου διὰ τοῦ προ-
φήτου λέγοντος· ἐξ Αἰγύπτου ἐκάλεσα τὸν υἱόν μου.

Ex 2,15.
1 Rg 11,40.
Jr 26,21—23.
Ap 12,4—6.

Hos 11,1.
Nu 23,22; 24,8.

10 Τότε Ἡρῴδης ἰδὼν ὅτι ἐνεπαίχθη ὑπὸ τῶν 16
μάγων ἐθυμώθη λίαν, καὶ ἀποστείλας ἀνεῖλεν
πάντας τοὺς παῖδας τοὺς ἐν Βηθλέεμ καὶ ἐν
πᾶσι τοῖς ὁρίοις αὐτῆς ἀπὸ ⸂διετοῦς καὶ κατωτέρω⸃,
κατὰ τὸν χρόνον ὃν ἠκρίβωσεν παρὰ τῶν μάγων.
|τότε ἐπληρώθη τὸ ῥηθὲν ᵀδιὰ Ἰερεμίου τοῦ προ- 17
φήτου λέγοντος·

φωνὴ ἐν Ῥαμὰ ἠκούσθη, 18 Jr 31,15.
ᵀκλαυθμὸς καὶ ὀδυρμὸς πολύς·

---

9 ⸰syˢOr | ⸂τοῦ παιδίου *D* it 11 ⸂τὸν παῖδα *D*, it 13 bis.
14. 20. 21 | ⸂τας πηρας Epiph; hʳ 13 ⸂κατ οναρ εφανη
B(⸍Irˡᵃᵗ); h | ⸂bis vide 11 | ᵀαυτον *D* 14 ⸂vide 11 16 ⸂διε-
τιας και κατω *D* 17 ᵀυπο κυριου *Dpc* 18 ᵀ (Jr 37,15)
θρηνος και *CℜDpl* syˢᶜ

4

Gn 35,19.

Ραχὴλ κλαίουσα τὰ τέκνα αὐτῆς,
καὶ οὐκ ἤθελεν παρακληθῆναι, ὅτι οὐκ εἰσίν.

13. 19   Τελευτήσαντος δὲ τοῦ Ἡρῴδου, ἰδοὺ ἄγγελος 11
1,20.   κυρίου φαίνεται κατ' ὄναρ τῷ Ἰωσὴφ ἐν Αἰγύπτῳ
20 ⎮ λέγων· ἐγερθεὶς παράλαβε ⌜τὸ παιδίον⌝ καὶ τὴν

Ex 4,19.   μητέρα αὐτοῦ, καὶ πορεύου εἰς γῆν Ἰσραήλ· τεθνή-
κασιν γὰρ οἱ ζητοῦντες τὴν ψυχὴν τοῦ παιδίου.
21 ⎮ ὁ δὲ ἐγερθεὶς παρέλαβεν ⌜τὸ παιδίον⌝ καὶ τὴν μη-
22 τέρα αὐτοῦ καὶ εἰσῆλθεν εἰς γῆν Ἰσραήλ. ἀκού-
σας δὲ ὅτι Ἀρχέλαος βασιλεύει τῆς Ἰουδαίας ἀντὶ
⌐τοῦ πατρὸς αὐτοῦ Ἡρῴδου⌐ ἐφοβήθη ἐκεῖ ἀπελ-
θεῖν· χρηματισθεὶς δὲ κατ' ὄναρ ἀνεχώρησεν εἰς

L 1,26; 2,39.   23 τὰ μέρη τῆς Γαλιλαίας, ⎮ καὶ ἐλθὼν κατῴκησεν εἰς
J 1,46.   πόλιν λεγομένην Ναζαρέθ· ὅπως πληρωθῇ τὸ ῥηθὲν

Lv 21,12;
Jdc 13,5.   διὰ τῶν προφητῶν ὅτι Ναζωραῖος κληθήσεται.
Is 11,1; 53,2.

1—6:
Mc 1,2—6.   **3**   Ἐν °δὲ ταῖς ἡμέραις ἐκείναις <u>παραγίνεται</u> 3 12
L 3,3—6.   Ἰωάννης ὁ <u>βαπτιστὴς κηρύσσων ἐν τῇ ἐρήμῳ</u> 7,8
J 1,19—23.
4,17; 10,7p.   2 <u>τῆς Ἰουδαίας,</u> ⎮ λέγων· <u>μετανοεῖτε·</u> ἤγγικεν γὰρ ἡ
Is 55,1.   3 βασιλεία τῶν οὐρανῶν. οὗτος γάρ ἐστιν ὁ ῥηθεὶς 8,1

J 1,23.   διὰ Ἠσαΐου τοῦ προφήτου λέγοντος·

Is 40,3.   φωνὴ βοῶντος ἐν τῇ ἐρήμῳ·
ἑτοιμάσατε τὴν ὁδὸν κυρίου,
εὐθείας ποιεῖτε τὰς τρίβους ⌜αὐτοῦ.

4 Αὐτὸς δὲ ὁ Ἰωάννης εἶχεν τὸ ἔνδυμα αὐτοῦ ἀπὸ (13)
2 Rg 1,8.   τριχῶν καμήλου καὶ ζώνην δερματίνην περὶ τὴν 9,6
Lv 11,21 s.   ὀσφὺν αὐτοῦ· ἡ δὲ τροφὴ ἦν αὐτοῦ ἀκρίδες καὶ μέλι

11,7 ss.   5 ἄγριον. Τότε ἐξεπορεύετο πρὸς αὐτὸν Ἱεροσόλυμα (14)
καὶ πᾶσα ἡ Ἰουδαία καὶ πᾶσα ἡ περίχωρος τοῦ Ἰορ-
6 δάνου, καὶ ἐβαπτίζοντο ἐν τῷ Ἰορδάνῃ °ποταμῷ ὑπ'

7—10:   7 αὐτοῦ ἐξομολογούμενοι τὰς ἁμαρτίας αὐτῶν. Ἰδὼν 10,5
L 3,7—9.   δὲ πολλοὺς τῶν Φαρισαίων καὶ Σαδδουκαίων ἐρχο-
12,34; 23,33.   μένους ἐπὶ τὸ βάπτισμα ⊤εἶπεν αὐτοῖς· γεννήματα
Gn 3,15.   ἐχιδνῶν, τίς ὑπέδειξεν ὑμῖν φυγεῖν ἀπὸ τῆς μελ-
H 2,3. L 21,23.
R 1,18! 1Th1,10.
E 5,6. Kol 3,6.

───────────────────────

20 et **21** ⌜τον παιδα **D**   **22** ⌐41—3 𝕽**Dpl**; S : txt B𝕹C*
3,1 ○**DEKLpm**; S: txt 𝕳al   **3** ⌜(Is 40,3) του θεου ημων b syᶜIr
6 ○𝕽**Dal** lat; S   **7** ⊤αυ-   **5**   του C𝕽**Dpl**; S : txt B𝕹*Or

λούσης ὀργῆς; ποιήσατε οὖν καρπὸν ἄξιον τῆς 8
μετανοίας· καὶ μὴ δόξητε λέγειν ἐν ἑαυτοῖς· πατέρα 9
ἔχομεν τὸν Ἀβραάμ· λέγω γὰρ ὑμῖν ὅτι δύναται
ὁ θεὸς ἐκ τῶν λίθων τούτων ἐγεῖραι τέκνα τῷ
Ἀβραάμ. ἤδη δὲ ἡ ἀξίνη πρὸς τὴν ῥίζαν τῶν 10
δένδρων κεῖται· πᾶν οὖν δένδρον μὴ ποιοῦν καρ-
11,1 πὸν καλὸν ἐκκόπτεται καὶ εἰς πῦρ βάλλεται. ἐγὼ 11
μὲν ὑμᾶς βαπτίζω ἐν ὕδατι εἰς μετάνοιαν· ὁ δὲ
ὀπίσω μου ἐρχόμενος ἰσχυρότερός μού ἐστιν, οὗ
οὐκ εἰμὶ ἱκανὸς τὰ ὑποδήματα βαστάσαι· αὐτὸς
12,5 ὑμᾶς βαπτίσει ἐν πνεύματι ἁγίῳ καὶ πυρί· οὗ τὸ 12
πτύον ἐν τῇ χειρὶ αὐτοῦ, καὶ διακαθαριεῖ τὴν ἅλωνα
αὐτοῦ, καὶ συνάξει τὸν σῖτον ʽαὐτοῦ εἰς τὴν ἀπο-
θήκην᾿, τὸ δὲ ἄχυρον κατακαύσει πυρὶ ἀσβέστῳ.

(15)   Τότε παραγίνεται ὁ Ἰησοῦς ἀπὸ τῆς Γαλιλαίας 13
13,10 ἐπὶ τὸν Ἰορδάνην πρὸς τὸν Ἰωάννην τοῦ βα-
πτισθῆναι ὑπ᾿ αὐτοῦ. ὁ δὲ ᵀδιεκώλυεν αὐτὸν λέγων· 14
ἐγὼ χρείαν ἔχω ὑπὸ σοῦ βαπτισθῆναι, καὶ σὺ
ἔρχῃ πρός μέ; ἀποκριθεὶς δὲ ὁ Ἰησοῦς εἶπεν 15
ʽαὐτῷ· ἄφες ἄρτι· οὕτως γὰρ πρέπον ἐστὶν
ἡμῖν πληρῶσαι πᾶσαν δικαιοσύνην. τότε ἀφίησιν
14,1 αὐτόν.ᵀ βαπτισθεὶς δὲ ὁ Ἰησοῦς ˹εὐθὺς ἀνέβη˺ ἀπὸ 16
τοῦ ὕδατος· καὶ ἰδοὺ ἠνεῴχθησαν ᵀ οἱ οὐρανοί, καὶ
εἶδεν ʽπνεῦμα θεοῦ καταβαῖνον ὡσεὶ περιστεράν,
ᵀἐρχόμενον ἐπ᾿ αὐτόν· καὶ ἰδοὺ φωνὴ ἐκ τῶν οὐ- 17
ρανῶν λέγουσαᵀ· ʽοὗτός ἐστιν᾿ ὁ υἱός μου· ὁ ἀγα-
πητός·², ἐν ᾧ εὐδόκησα.

16   Τότε °ὁ Ἰησοῦς ἀνήχθη ʽεἰς τὴν ἔρημον ὑπὸ **4**
15,2 τοῦ πνεύματος πειρασθῆναι ὑπὸ τοῦ διαβόλου᾿.
16,5 καὶ νηστεύσας ἡμέρας τεσσεράκοντα ʽκαὶ τεσσερά- 2
κοντα νύκτας᾿ ὕστερον ἐπείνασεν. καὶ προσελθὼν 3

Marginal references:
Act 26,20.
R 2,28s; 4,12.
J 8,33.37.39.
L 13,6—9.
7,19; 13,40.
J 15,6. Tt 3,14.
11. 12:
Mc 1,7s.
L 3,15—17.
J 1,24—28.
Act 1,5; 13,24.
11,3p; 21,9p;
23,39p. J 1,15;
3,31; 6,14; 11,27.
Act 19,4. H 10,37
Act 2,3.
6,26; 13,30.
L 3,17; 12,18.24.
Mc 9,43.
13—17:
Mc 1,9—11.
L 3,21s.
J 1,32—34.
J 13,6.
5,17. (L 7,30.)
Ez 1,1. Act 10,11!
28,19. 1 P 4,14.
10,16. Is 11,2.
Dt 4,12. J 12,28!
17,5. Gn 22,2.
Ps 2,7. Is 42,1.
Jr 31,10. (E 2,3.)
1—11:
Mc 1,12s.
L 4,1—13.
12,29. H 4,15.
Ex 34,28.
1 Rg 19,8.
Gn 3,1—7.

---

12 ʽ1—41 *Bpc*; h:2—41 *Lal* : *txt* אC℟*al*   **14** ᵀ Ιωαννης *rell*; S : *txt* B℟*
sa Eus.   **15** ˹προς αυτον א*C℟pl*; Th: *txt* BΦ | ᵀet cum baptizaretur,
lumen ingens circumfulsit de aqua, ita ut timerent omnes qui advenerant
a(g¹); h^r   **16** ˹C℟*pm*; S: *txt* B*אal* | ᵀαυτω C℟*pl*; h: *txt* B*א* sy^sc | ˹το πν. του
rell; S: *txt* Bא. | ᵀκαι C℟D*pl*   **17** ᵀπρος αυτον D itsy^sc | ʽp) συ ει D asy^sc Ir |
:, *et* ⁗—, h   **4,1** ° B*pc*; [H] | ʽ4—61—37—10 א K *pc* sy : 1—37—10 892. : 1—3
74—6 713.   **2** ʽ132

B C℟*pl*; H : *p*) —λ *pc* sy^c Ir : *txt* אD

6. Ps 2,7.
27,40.43 p.

⌜ὁ πειράζων εἶπεν αὐτῷ⌝· εἰ υἱὸς εἶ τοῦ θεοῦ, εἰπὲ
4 ἵνα οἱ λίθοι οὗτοι ἄρτοι γένωνται. ὁ δὲ ἀπο-

Dt 8,3.
Sap 16,26.
J 4,34.

κριθεὶς εἶπεν· γέγραπται· οὐκ ἐπ᾽ ἄρτῳ μόνῳ
ζήσεται ὁ ἄνθρωπος, ⸂ἀλλ᾽ ⸆ἐπὶ παντὶ ῥήματι ⸆²ἐκ-

27,53. Ez 8,3.
Dnθ,27.Ap11,2;
21,2.10 ; 22,19.

5 πορευομένῳ διὰ στόματος⸃² θεοῦ⸃. Τότε παραλαμ- 17
βάνει αὐτὸν ὁ διάβολος εἰς τὴν ἁγίαν πόλιν, καὶ
6 ⸀ἔστησεν αὐτὸν ἐπὶ τὸ πτερύγιον τοῦ ἱεροῦ,⸃ καὶ
3! λέγει αὐτῷ· εἰ υἱὸς εἶ τοῦ θεοῦ, βάλε σεαυτὸν
κάτω· γέγραπται γὰρ ὅτι

Ps 91,11 s.

τοῖς ἀγγέλοις αὐτοῦ ἐντελεῖται περὶ σοῦ
καὶ ἐπὶ χειρῶν ἀροῦσίν σε,
μήποτε προσκόψῃς πρὸς λίθον τὸν πόδα σου.

Dt6,16. 1K10,9.

7 ⸃ἔφη αὐτῷ ὁ Ἰησοῦς· πάλιν γέγραπται· ⸀οὐκ ἐκ-
8 πειράσεις⸃ κύριον τὸν θεόν σου. Πάλιν παρα- 18

Dt 3,27 ; 34,1.
16,26. Ap21,10.
J18,36Ap11,15.

λαμβάνει αὐτὸν ὁ διάβολος εἰς ὄρος ὑψηλὸν λίαν,
καὶ δείκνυσιν αὐτῷ πάσας τὰς βασιλείας τοῦ
9 κόσμου καὶ τὴν δόξαν αὐτῶν, καὶ ⸀εἶπεν αὐτῷ·

(28,18.)

ταῦτά σοι πάντα δώσω, ἐὰν πεσὼν προσκυνήσῃς

16,23.
Dt 5,9 ; 6,13.
Dt 32,43 Lxx.
Jc 4,7.
1 Rg 19,5 ss.
26,53. J 1,51.
H 1,6.14.

10 μοι. τότε λέγει αὐτῷ ὁ Ἰησοῦς· ὕπαγε⸆, σατανᾶ·
γέγραπται γάρ· κύριον τὸν θεόν σου προσκυνήσεις
11 καὶ αὐτῷ μόνῳ λατρεύσεις. Τότε ἀφίησιν αὐτὸν 17,6
ὁ διάβολος, καὶ ἰδοὺ ἄγγελοι προσῆλθον καὶ
διηκόνουν αὐτῷ.

12—17:
Mc 1,14 s.
L 4,14 s.

12 Ἀκούσας δὲ ὅτι Ἰωάννης παρεδόθη ἀνεχώρησεν 19

14,3.13. J 4,43.

13 εἰς τὴν Γαλιλαίαν. καὶ καταλιπὼν τὴν ⸀Ναζαρὰ 18,4

L 4,31. J 2,12.

ἐλθὼν κατῴκησεν εἰς Καφαρναοὺμ τὴν παραθαλασ- 19,7
14 σίαν ἐν ὁρίοις Ζαβουλὼν καὶ Νεφθαλίμ· ἵνα πλη-
ρωθῇ τὸ ῥηθὲν διὰ Ἠσαΐου τοῦ προφήτου λέγοντος·

Is 8,23; 9,1.
J 7,52.

15 γῆ Ζαβουλὼν καὶ γῆ Νεφθαλίμ, ⌜τῶν ἐθνῶν,
ὁδὸν θαλάσσης⌝, πέραν τοῦ Ἰορδάνου, Γαλιλαία
16 ὁ λαὸς ὁ καθήμενος ἐν ⸀σκοτίᾳ φῶς εἶδεν μέγα,

L 1,78 s.
J 1,9.

καὶ ⸂τοῖς καθημένοις⸃ ἐν χώρᾳ καὶ σκιᾷ θανάτου,
φῶς ἀνέτειλεν αὐτοῖς.

───────────────

3 ⸃41—3 C𝕽pm; S : 41—4 (D it)syˢᶜ   4 □p) k Ir ⎮ ⸀εν CDal;W ⎮ □²Dabg¹
Cl   5 ⸀ιστησιν 𝕽Θpl; S   7 ⸃ου πειρ- D.   9 ⸀λεγει 𝕽Θpl; S   10 ⸆(16,23)
οπισω μου 𝕽Dal itsyᶜ Ju; hʳ (sed[μου], fortasse propter syᶜ) : οπ. σου syˢ.
13 ⸀-ρεθ Lal; S : -ρεθ 𝕏*(C)DΘpm lat : txt B*pc k   15 :—, W   16 ⸀σκοτει
𝕭𝕽pl; T : txt BD ⎮ ⸂οι -νοι D 700   **7**   it syˢᶜ sa

⁴
₂₀,₆ Ἀπὸ τότε ἤρξατο ὁ Ἰησοῦς κηρύσσειν καὶ λέγειν· 17
°μετανοεῖτε· ἤγγικεν °γὰρ ἡ βασιλεία τῶν οὐρανῶν. 3,2; 10,7.

20 ⌐Περιπατῶν δὲ **παρὰ τὴν θάλασσαν** τῆς Γαλι- 18 18—22:
λαίας εἶδεν **δύο ἀδελφούς**, Σίμωνα τὸν λεγόμενον Mc 1,16—20.
L 5,1—11.
Πέτρον καὶ Ἀνδρέαν τὸν ἀδελφὸν αὐτοῦ, βάλλον- J 1,40 ss.
τας ἀμφίβληστρον εἰς τὴν θάλασσαν· ἦσαν γὰρ
₂₁,₂ *ἁλεεῖς*. καὶ λέγει αὐτοῖς· δεῦτε ὀπίσω μου, καὶ 19 13,47. Ir 16,16.
Ez 47,10.
ποιήσω ὑμᾶς ἁλεεῖς ἀνθρώπων. οἱ δὲ εὐθέως 20 19,27. L 5,11.
₂₂,₆ ἀφέντες τὰ δίκτυα ἠκολούθησαν αὐτῷ. Καὶ προ- 21
βὰς ἐκεῖθεν εἶδεν ἄλλους δύο ἀδελφούς, Ἰάκωβον 10,2; 20,20;
26,37; 27,56.
τὸν τοῦ Ζεβεδαίου καὶ Ἰωάννην τὸν ἀδελφὸν Mc1,19.29;3,17;
αὐτοῦ, ἐν τῷ πλοίῳ μετὰ Ζεβεδαίου τοῦ πατρὸς 10,35. L 5,10;
9,54. J 21,2.
αὐτῶν καταρτίζοντας τὰ δίκτυα αὐτῶν· καὶ ἐκά-
λεσεν αὐτούς. οἱ δὲ εὐθέως ἀφέντες τὸ πλοῖον 22
καὶ τὸν πατέρα αὐτῶν ἠκολούθησαν αὐτῷ.

21 Καὶ περιῆγεν ᵀ ⌐ἐν ὅλῃ τῇ Γαλιλαίᾳ⌐, διδάσκων 23 9,35; 10,1.
Mc 1,39.
₂₃,₁ ἐν ταῖς συναγωγαῖς αὐτῶν καὶ κηρύσσων τὸ εὐαγγέ- L 4,15.44.
λιον τῆς βασιλείας καὶ θεραπεύων πᾶσαν νόσον Act 10,36.38.
22 καὶ πᾶσαν μαλακίαν ἐν τῷ λαῷ. ⌐καὶ ⌐ἀπῆλθεν 24
ἡ ἀκοὴ αὐτοῦ εἰς ὅλην τὴν ᶠΣυρίαν⌐ καὶ προσ-
ήνεγκαν αὐτῷ πάντας τοὺς κακῶς ἔχοντας ποικί- Mc 6,55.
λαις νόσοις καὶ βασάνοις συνεχομένους, ᵀ δαιμονι-
ζομένους καὶ σεληνιαζομένους καὶ παραλυτικούς, 17,15.
⌐καὶ ἐθεράπευσεν αὐτούς⌐. καὶ ἠκολούθησαν αὐτῷ 25 Mc 3,7.8.
L 6,17—19.
ὄχλοι πολλοὶ ἀπὸ τῆς Γαλιλαίας καὶ Δεκαπόλεως καὶ Mc 5,20!
Ἱεροσολύμων καὶ Ἰουδαίας καὶ πέραν τοῦ Ἰορδάνου.

₅ 23 Ἰδὼν δὲ τοὺς ὄχλους ἀνέβη εἰς τὸ ὄρος· καὶ 5 c. 5—7:
L 6,20—49.
₂₄,₁₀ καθίσαντος αὐτοῦ προσῆλθαν °αὐτῷ οἱ μαθηταὶ 15,29; 24,3.
₂₅,₅ αὐτοῦ· καὶ ἀνοίξας τὸ στόμα αὐτοῦ ἐδίδασκεν 2 26,1. Act 8,35!
αὐτοὺς λέγων·
Μακάριοι οἱ **πτωχοὶ** τῷ πνεύματι, 3 Sir 25,9—12.
Is 57,15; 61,1.
ὅτι αὐτῶν ἐστιν ἡ βασιλεία τῶν οὐρανῶν. 11,5. L 4,18.
1K1,27s. Jc2,5.

17 °et° k syˢᶜ Cl Or Eus; h   18 ⌐p) παραγων **D** itsyˢ   23 ᵀο Ιησους
𝔖 **D** *pm* (ᶠ𝔎*al*)syᶠᴾ; S : *txt* **B** *pc* k syᶜ | ⌐ολην την -αιαν 𝔎**D** *pl*; $: *txt* **B** (ℵ*)C
24 ⌐p) εξηλθ- ℵC**λ** *al* | ᶠσυνοριαν **Γ** | ᵀκαι ℵ𝔎**D** *pm*; T: *txt* **B**C*pc | ⌐κ. παν-
τας ευερ. **D** itsyˢᶜ : — k   24⌐ et 25 ⁏hic, non 5,1 dist. syˢ   5,1 °**B** *pc*; [H]

Ps 126,5 s.
Is 61,2 s.
Ap 7,16 s.

4 ⌐μακάριοι οἱ **πενθοῦντες**,   27,5
   ὅτι αὐτοὶ **παρακληθήσονται**.

Ps 37,11.
11,29. R 4,13.

5 μακάριοι οἱ **πραεῖς**,   26,10
   ὅτι αὐτοὶ **κληρονομήσουσιν τὴν γῆν**.⌐

L 18,9—14.
Sir 24,28 s.
J 6,35. Ap 7,16 s.

6 μακάριοι οἱ πεινῶντες καὶ διψῶντες τὴν δικαιο- 28,5
   ὅτι αὐτοὶ χορτασθήσονται.   [σύνην,

18,33. Jc 2,13.

7 μακάριοι οἱ ἐλεήμονες,   29,10
   ὅτι αὐτοὶ ἐλεηθήσονται.

Ps 24,4; 51,12;
73,1. 1 T 1,5!
Tt 1,15s. 1 J 3,2s.
Ap 22,4.
E 2,15. H 12,14.
R 15,33; 16,20.
Jc 3,18.

8 μακάριοι οἱ **καθαροὶ** τῇ **καρδίᾳ**,   24
   ὅτι αὐτοὶ τὸν θεὸν ὄψονται.

9 μακάριοι οἱ εἰρηνοποιοί,
   ὅτι [αὐτοὶ] υἱοὶ θεοῦ κληθήσονται.

Jc 1,2. 1 P 3,14.
4 Esr 7,14.

10 μακάριοι οἱ δεδιωγμένοι ἕνεκεν δικαιοσύνης,
    ὅτι αὐτῶν ⌐ἐστιν ἡ βασιλεία τῶν οὐρανῶν.

10,22. Is 51,7.
J 16,2. Act 5,41.
1 P 4,14.

11 ¹μακάριοί ἐστε ὅταν ὀνειδίσωσιν ὑμᾶς καὶ ⌐διώξωσιν 30,5
    καὶ εἴπωσιν ⌐πᾶν πονηρὸν ᵀ καθ' ὑμῶν ²ᴼ ψευδό-
12 μενοι ἕνεκεν ⌐ἐμοῦ. χαίρετε καὶ ἀγαλλιᾶσθε, ὅτι ὁ

Gn 15,1.
H 11,33—38.

    μισθὸς ὑμῶν πολὺς ἐν τοῖς οὐρανοῖς· οὕτως γὰρ

23,30. Jc 5,10 s.

    ἐδίωξαν τοὺς προφήτας τοὺς πρὸ ὑμῶνᵀ.

Mc 9,50.
L 14,34 s.
Kol 4,6.

13 Ὑμεῖς ⌐ἐστε τὸ ⌐ἅλας τῆς γῆς· ἐὰν δὲ τὸ ⌐²ἅλας 31,2
    μωρανθῇ, ἐν τίνι ἁλισθήσεται; εἰς οὐδὲν ἰσχύει
    ἔτι εἰ μὴ βληθὲν ἔξω καταπατεῖσθαι ὑπὸ τῶν

J 8,12.

14 ἀνθρώπων. Ὑμεῖς ⌐ἐστε τὸ φῶς τοῦ κόσμου. 25

Ap 21,10 s.

    οὐ δύναται πόλις κρυβῆναι ἐπάνω ὄρους κειμένη· 32,2

Mc 4,21.
L 8,16; 11,33.
Ap 1,12. 20.

15 ¹οὐδὲ καίουσιν λύχνον καὶ τιθέασιν αὐτὸν ὑπὸ
    τὸν μόδιον, ἀλλ' ἐπὶ τὴν λυχνίαν, καὶ λάμπει

E 5,8 s. Ph 2,15.

16 πᾶσιν τοῖς ἐν τῇ οἰκίᾳ. οὕτως λαμψάτω τὸ φῶς
    ὑμῶν ἔμπροσθεν τῶν ἀνθρώπων, ὅπως ἴδωσιν ὑμῶν
    τὰ καλὰ ἔργα καὶ δοξάσωσιν τὸν πατέρα ὑμῶν

J 15,8. 1 K 10,31.
Ph 1,11. 1 P 2,9.
(R 2,23.)
R 3,31; 8,4; 10,4.
Jr 31,33.

    τὸν ἐν τοῖς οὐρανοῖς.

17 Μὴ νομίσητε ὅτι ἦλθον καταλῦσαι τὸν νόμον 26

3,15. L 4,21.
J 10,35. 1 J 2,7.

    ἢ τοὺς προφήτας· οὐκ ἦλθον καταλῦσαι ἀλλὰ 33,10

L 16,17; 21,32 s.

18 πληρῶσαι. ἀμὴν γὰρ λέγω ὑμῖν, ἕως ἂν παρέλθῃ 34,5

4.5 ⌐5.4 **D** 33 pc lat sycᶜ Cl; T⌐hʳ⌐   9 [+ **BℵΘ** pl W: —**ℵCD** pc; T   10 ⌐ἐσται
D.   11 ⌐ξουσιν **ℵDWΘ**; T | ⌐3412 **D** hk sy | ᵀρημα **CℵΘ** pl : txt **BℵD** lat
syˢᶜ | ᴼ **D** itsyˢ Tert; S | ⌐δικαιοσυνης **D** it : (L 21,12) τοῦ ονοματος μου
syˢᶜ   12 ᵀυπαρχοντας **D** (ex lat?)   13.14 ⌐(ἐστε comm)   13 ⌐αλα **ℵD***.;
Th | ⌐²αλα **ℵB²**; Thᵃ
9

ὁ οὐρανὸς καὶ ἡ γῆ, ἰῶτα ἓν ἢ μία κεραία οὐ   (24,35.)
μὴ παρέλθῃ ἀπὸ τοῦ νόμουᵀ, ἕως °ἂν πάντα γένη-
85,10 ται. ὃς ἐὰν οὖν λύσῃ μίαν τῶν ἐντολῶν τούτων 19 Jc 2,10.
τῶν ἐλαχίστων καὶ διδάξῃ °οὕτως τοὺς ἀνθρώπους,
ἐλάχιστος κληθήσεται ἐν τῇ βασιλείᾳ τῶν οὐρανῶν·   20,26. 1 K 15,9!
°ὃς δ' ἂν ποιήσῃ καὶ διδάξῃ, οὗτος μέγας κλη-   28,20.
θήσεται ἐν τῇ βασιλείᾳ τῶν οὐρανῶν`. °λέγω γὰρ 20 6,1.
                           Ps 118,19 s.
ὑμῖν ὅτι ἐὰν μὴ περισσεύσῃ ὑμῶν ἡ δικαιοσύνη Is26,2. Dt23,2-9
πλεῖον τῶν γραμματέων καὶ Φαρισαίων, οὐ μὴ   18,3. J 3,5.
27 εἰσέλθητε εἰς τὴν βασιλείαν τῶν οὐρανῶν`. Ἠκού- 21 Ex 20,13; 21,12.
                           Lv 24,17.
σατε ὅτι ἐρρέθη τοῖς ἀρχαίοις· **οὐ φονεύσεις**· ὃς Dt 17,8—13.
δ' ἂν φονεύσῃ, ἔνοχος ἔσται τῇ κρίσει. ἐγὼ δὲ 22
λέγω ὑμῖν ὅτι πᾶς ὁ ὀργιζόμενος τῷ ἀδελφῷ E 4,26. Jc 1,19s;
αὐτοῦ ᵀἔνοχος ἔσται τῇ κρίσει· ὃς δ' ἂν εἴπῃ τῷ   4,2.
ἀδελφῷ αὐτοῦ ⌜ῥακά, ἔνοχος ἔσται τῷ συνεδρίῳ· 1 J 3,15.
ὃς δ' ἂν εἴπῃ μωρέ, ἔνοχος ἔσται εἰς τὴν γέενναν
τοῦ πυρός. ἐὰν οὖν προσφέρῃς τὸ δῶρόν σου 23 Mc 11,25.
ἐπὶ τὸ θυσιαστήριον κἀκεῖ μνησθῇς ὅτι ὁ ἀδελ-
φός σου ἔχει τι κατὰ σοῦ, | ἄφες ἐκεῖ τὸ δῶρόν 24
σου ἔμπροσθεν τοῦ θυσιαστηρίου, καὶ ὕπαγε πρῶ-
τον· ⌜διαλλάγηθι τῷ ἀδελφῷ σου, καὶ τότε ἐλθὼν
86,5 πρόσφερε τὸ δῶρόν σου. ἴσθι εὐνοῶν τῷ ἀντιδίκῳ 25 6,14.15; 18,35.
                           L 12,58,59; 18,3.
σου ταχὺ ἕως ὅτου εἶ μετ' αὐτοῦ ἐν τῇ ὁδῷ· (1 P 5,8 s.)
μήποτέ σε παραδῷ ὁ ἀντίδικος τῷ κριτῇ καὶ ὁ
κριτὴς τῷ ὑπηρέτῃ, καὶ εἰς φυλακὴν βληθήσῃ·
| ἀμὴν λέγω σοι, οὐ μὴ ἐξέλθῃς ἐκεῖθεν ἕως ἂν 26 18,34.
28 ἀποδῷς τὸν ἔσχατον κοδράντην. Ἠκούσατε ὅτι 27 Ex 20,14.
87,10 ἐρρέθηᵀ· **οὐ μοιχεύσεις**. ἐγὼ δὲ λέγω ὑμῖν ὅτι 28 Job 31,1.
                           2 P 2,14. Sir 9,5.
πᾶς ὁ βλέπων γυναῖκα πρὸς τὸ ἐπιθυμῆσαι
[αὐτὴν] ἤδη ἐμοίχευσεν αὐτὴν ἐν τῇ καρδίᾳ αὐτοῦ.   2 Sm 11,2.
| εἰ δὲ ὁ ὀφθαλμός σου ὁ δεξιὸς σκανδαλίζει σε, 29 Zch 11,17.

---

18 ᵀκαι των προφητων **Θφ**al Irˡᵃᵗ | **○B***pc; [H]   *19* ○D. |
□ℵ* **D*** 1279.   *20* □D*.   *22* ᵀεικη **ℵDΘ**pl it sy aeg Ir; hʳs :
txt B**ℵ*** pc vg Ju Or | ⌜ρακα ℵ***D** lat; T   *24* :, W | ⌜κατ-
αλλ- **D**.   *27* ᵀτοις αρχαιοις L**Θφ**rm latsyᶜ Ir   *28* [+
ℌℜΘrm; W : αυτης **M**al : —ℵ* Cl Tert; T

18,8 s.
Mc 9,43.47.
Kol 3,5.

ἔξελε αὐτὸν καὶ βάλε ἀπὸ σοῦ· συμφέρει γάρ σοι
ἵνα ἀπόληται ἓν τῶν μελῶν σου καὶ μὴ ὅλον τὸ
30 σῶμά σου βληϑῇ εἰς γέενναν. □καὶ εἰ ἡ δεξιά
σου χεὶρ σκανδαλίζει σε, ἔκκοψον αὐτὴν καὶ βάλε
ἀπὸ σοῦ· συμφέρει γάρ σοι ἵνα ἀπόληται ἓν τῶν

19,3—9.
Mc 10,4—12.
Dt 24,1.

μελῶν σου καὶ μὴ ὅλον τὸ σῶμά σου εἰς γέενναν
31 ἀπέλϑῃ.ˋ ᾿Ερρέϑη δέ· ὃς ἂν ἀπολύσῃ τὴν γυναῖκα 29

L 16,18.
1 K 7,10 s.

32 αὐτοῦ, δότω αὐτῇ ἀποστάσιον. ἐγὼ δὲ λέγω ὑμῖν
○ὅτι ⌜πᾶς ὁ ἀπολύων⌝ τὴν γυναῖκα αὐτοῦ παρεκτὸς

Ex 20,7.
Lv 19,12.
Nu 30,3.
Dt 23,22.
Ps 50,14.
23,16—22.
Is 66,1.
Act 7,49.

λόγου πορνείας ποιεῖ αὐτὴν ⌜μοιχευϑῆναι, ⌜καὶ ὃς
33 ἐὰν ἀπολελυμένην γαμήσῃ, μοιχᾶται.ˋ   Πάλιν 30
ἠκούσατε ὅτι ἐρρέϑη τοῖς ἀρχαίοις· οὐκ ἐπιορκή-
σεις, ἀποδώσεις δὲ τῷ κυρίῳ τοὺς ὅρκους σου.
34 ¹ἐγὼ δὲ λέγω ὑμῖν μὴ ὀμόσαι ὅλως· μήτε ἐν τῷ

Ps 48,3; 99,5.
Thr 2,1.

35 οὐρανῷ, ὅτι ϑρόνος ἐστὶν τοῦ ϑεοῦ· ¹μήτε ἐν τῇ
γῇ, ὅτι ὑποπόδιόν ἐστιν τῶν ποδῶν αὐτοῦ· μήτε
εἰς ᾿Ιεροσόλυμα, ὅτι πόλις ἐστὶν τοῦ μεγάλου βα-
36 σιλέως· ¹μήτε ἐν τῇ κεφαλῇ σου ὀμόσῃς, ὅτι οὐ
δύνασαι μίαν τρίχα λευκὴν ποιῆσαι ἢ μέλαιναν.

2 K 1,17.
Jc 5,12.

37 ¹⌜ἔστω δὲ ὁ λόγος ὑμῶν ⌜ναὶ ναί,ˋ οὒ οὔ· τὸ δὲ περισ-

Ex 21,24 s.
Lv 24,19 s.
Dt 19,21.
(J 18,22 s.)
R 12,19.21.

38 σὸν τούτων ἐκ τοῦ πονηροῦ ἐστιν.   ᾿Ηκούσατε 31
ὅτι ἐρρέϑη· ὀφϑαλμὸν ἀντὶ ὀφϑαλμοῦ ○καὶ ὀδόντα
39 ἀντὶ ὀδόντος. ἐγὼ δὲ λέγω ὑμῖν μὴ ἀντιστῆναι

1 P 2,23; 3,9.
Lv 19,18.

τῷ πονηρῷ· * ἀλλ᾿ ὅστις σε ⌜ῥαπίζει εἰς τὴν ○δεξιὰν 38,5

Prv 20,22;24,29.
Thr 3,30.
1 K 6,7.

40 σιαγόνα [σου], στρέψον αὐτῷ καὶ τὴν ἄλλην· καὶ
τῷ ϑέλοντί σοι κριϑῆναι καὶ τὸν χιτῶνά σου
41 λαβεῖν, ἄφες αὐτῷ καὶ τὸ ἱμάτιον· καὶ ὅστις σε 39,10
42 ἀγγαρεύσει μίλιον ἕν, ὕπαγε μετ᾿ αὐτοῦ ⊤δύο. τῷ
αἰτοῦντί σε δός, καὶ τὸν ϑέλοντα ἀπὸ σοῦ δανεί-
43 σασϑαι μὴ ἀποστραφῇς. ᾿Ηκούσατε ὅτι ἐρρέϑη· 32

Mt 22,39 p.
Lv 19,18.

ἀγαπήσεις τὸν πλησίον σου καὶ μισήσεις τὸν ἐχϑρὸν

---

30 □vs. D pc sy^s   **32** ○D it | ⌜p) ος αν απολυση ℜ Dal
itsy^sc | ⌜-χασϑαι L ℜal | ⌜κ. ο απολ. γαμησας μ. B pc : — D
64 a b k ; [H]   **37** ⌜εσται B pc ; Wh | ⌜ν. ν. και L b g¹ h : το
ν. ν. και το Θ Ju Ir^arm (Cl); h^r (τό N. ν. κ. τό Οὒ ο.)   **38** ○D it
39 ⌜-σει ℜ DΘ pl ; S | ○p) D k sy^sc | [+ BD (ʃ ℜΘal ; S);
W : —ℵ 33 pm ; T   **41** ⊤ετι αλλα D lat sy^s Ir

40,5 σου. ἐγὼ δὲ λέγω ὑμῖν· ἀγαπᾶτε τοὺς ἐχϑροὺς **44**
~~ὑμῶν~~ ┬καὶ προσεύχεσϑε ὑπὲρ τῶν ┬διωκόντων ὑμᾶς·
¹ ὅπως γένησϑε υἱοὶ τοῦ πατρὸς ὑμῶν τοῦ ἐν **45**
οὐρανοῖς, ┌ὅτι τὸν ἥλιον αὐτοῦ ἀνατέλλει ἐπὶ
πονηροὺς καὶ ἀγαϑοὺς καὶ βρέχει ἐπὶ δικαίους
41,5 καὶ ἀδίκους. ἐὰν γὰρ ἀγαπήσητε τοὺς ἀγαπῶν- **46**
τας ὑμᾶς, τίνα μισϑὸν ἔχετε; οὐχὶ καὶ οἱ τελῶ-
ναι ⌜τὸ αὐτὸ⌝ ποιοῦσιν; ▢καὶ ἐὰν ἀσπάσησϑε τοὺς **47**
┌ἀδελφοὺς ὑμῶν μόνον, τί περισσὸν ποιεῖτε; οὐχὶ καὶ
οἱ ┌ἐϑνικοὶ ⌜τὸ αὐτὸ⌝ ποιοῦσιν;⌝ Ἔσεσϑε οὖν ὑμεῖς **48**
τέλειοι ὡς ὁ πατὴρ ὑμῶν ὁ οὐράνιος τέλειός ἐστιν.

33 Προσέχετε ○δὲ τὴν ┌δικαιοσύνην ὑμῶν μὴ ποιεῖν **6**
42,10 ἔμπροσϑεν τῶν ἀνϑρώπων πρὸς τὸ ϑεαϑῆναι
αὐτοῖς· εἰ δὲ μή γε, μισϑὸν οὐκ ἔχετε παρὰ τῷ
πατρὶ ὑμῶν τῷ ἐν ○²τοῖς οὐρανοῖς. Ὅταν οὖν **2**
ποιῇς ἐλεημοσύνην, μὴ σαλπίσῃς ἔμπροσϑέν σου,
ὥσπερ οἱ ὑποκριταὶ ποιοῦσιν ἐν ταῖς συναγωγαῖς
καὶ ἐν ταῖς ῥύμαις, ὅπως δοξασϑῶσιν ὑπὸ τῶν
ἀνϑρώπων· ἀμὴν λέγω ὑμῖν, ἀπέχουσιν τὸν μι-
σϑὸν αὐτῶν. σοῦ δὲ ποιοῦντος ἐλεημοσύνην μὴ **3**
γνώτω ἡ ἀριστερά σου τί ποιεῖ ἡ δεξιά σου, ὅπως **4**
⌐ᾖ σου ἡ ἐλεημοσύνη⌐ ἐν τῷ κρυπτῷ· καὶ ὁ πατὴρ
34 σου ὁ βλέπων ἐν τῷ κρυπτῷ ┬ἀποδώσει σοι┬. Καὶ **5**
ὅταν ⌜προσεύχησϑε, οὐκ ἔσεσϑε⌝ ὡς οἱ ὑποκριταί·
ὅτι φιλοῦσιν ┬ ἐν ταῖς συναγωγαῖς καὶ ἐν ταῖς γω-
νίαις τῶν πλατειῶν ○ἑστῶτες ┌προσεύχεσϑαι, ὅπως┬
φανῶσιν τοῖς ἀνϑρώποις· ἀμὴν λέγω ὑμῖν, ┬²ἀπέ-
χουσιν τὸν μισϑὸν αὐτῶν. σὺ δὲ ὅταν προσεύχῃ, **6**
εἴσελϑε εἰς τὸ ταμιεῖόν σου καὶ κλείσας τὴν ϑύραν

Ex 23,4 s.
R 12,14.20.
L23,34. 1K4,12.
Act 7,60.
22,10. E 5,1.
L 6,35.
(J 8,39.)

46 (1 T 5,8.)

Dt18,13 Lv19,2.
19,21. 1K14,20.
Jc 1,4. 1P1,16.

5,20.

23,5.

1 K 13,3.

25,37—40.
R 12,8.

6. 18.
Sir 3,34[31].

23,6 s.

2 Rg 4,33.
(Is 26,20 Lxx.)

44 ┬*p*) ευλογειτε τους καταρωμενους υμας, καλως ποιειτε
τοις μισουσιν (τους -ουντας *al*) υμας et ┌επηρεαζοντων υμας
και 𝕽(*D*)𝚯*pl*(Cl) : *txt* B𝕽𝕷*k* sy^sc 45 ┌οστις 1573 *pc* : ος *latsy*
Ju Ir; S 46 ┌ουτως *D* 33 *pc*; Wh 47 ▢*vs. k* sy² | ┌φιλους 𝕽
𝚯*pl*; S | ┌τελωναι 𝕽𝚯*al* | ┌ουτως 𝕽𝚯*al*; S 6,1 ○B𝕽*Dal*
latsy^c; [H] | ┌ελεημοσυνην 𝕽𝚯*al* *fk* : δοσιν ℵ*(sy^c) : *txt* Bℵ³
Dpm latsy^s | ○² ℵ**Dal*; T 4 ⌐3241 ℵ**pc*; T | ┬αυτος 𝕽
Dal; S | ┬εν τω φανερω 𝕽𝚯*al* itsy^s 5 ⌐-χη, ουκ εση 𝕽D
𝚯*pm* | ┬στηναι *D* aeg itsy^c·p et ○K aeg sy^c·p | ┌και προσευ-
χομενοι *Dpc h* | ┬αν 𝕽𝚯*al*; S | ┬²οτι 𝕽𝚯*al*; S

σου πρόσευξαι τῷ πατρί σου °τῷ ἐν τῷ κρυπτῷ·

4. 18.   καὶ ὁ πατήρ σου ὁ βλέπων ἐν τῷ κρυπτῷ ἀποδώσει

Is 1,15.   **7** σοι⊤. Προσευχόμενοι δὲ μὴ βατταλογήσητε ὥσπερ 43,5
Sir 7,15.   οἱ ⌜ἐθνικοί· δοκοῦσιν γὰρ ὅτι ἐν τῇ πολυλογίᾳ αὐτῶν

32.   **8** εἰσακουσθήσονται. μὴ οὖν ὁμοιωθῆτε αὐτοῖς· οἶδεν
γὰρ [ὁ θεὸς] ὁ πατὴρ ὑμῶν ὧν χρείαν ἔχετε πρὸ τοῦ

7,11. L 11,2–4.   **9** ὑμᾶς ⌜αἰτῆσαι αὐτόν⌝. οὕτως οὖν <u>προσεύχεσθε</u> ὑμεῖς·
Πάτερ ἡμῶν ὁ ἐν ⌜τοῖς οὐρανοῖς⌝·

Ez 36,23. J 17,6.   Ἁγιασθήτω τὸ ὄνομά σου·

Act 1,3.6.   **10** ἐλθάτω ἡ βασιλεία σου·

7,21. 26,42 p.   γενηθήτω τὸ θέλημά σου,
°ὡς ἐν οὐρανῷ καὶ ἐπὶ ⊤ γῆς·

Prv 30,8.
J 6,32.   **11** Τὸν ἄρτον ἡμῶν τὸν ἐπιούσιον δὸς ἡμῖν σήμερον·

14 s.
18,21—35.   **12** καὶ ἄφες ἡμῖν ⌜τὰ ὀφειλήματα⌝ ἡμῶν, ὡς καὶ
Sir 28,2.   ἡμεῖς ⌜ἀφήκαμεν τοῖς ὀφειλέταις ἡμῶν·

J 17,11.15.   **13** καὶ μὴ εἰσενέγκῃς ἡμᾶς εἰς πειρασμόν, ἀλλὰ

2 T 4,18.   ῥῦσαι ἡμᾶς ἀπὸ τοῦ πονηροῦ. ⊤

5,25. Sir 28,2.   **14** Ἐὰν °γὰρ ἀφῆτε τοῖς ἀνθρώποις τὰ παρα- 44,6
Mc 11,25 s.
Kol 3,13.   πτώματα αὐτῶν, ἀφήσει καὶ ὑμῖν ὁ πατὴρ ὑμῶν

15 ὁ οὐράνιος· ἐὰν δὲ μὴ ἀφῆτε τοῖς ἀνθρώποις⊤,
οὐδὲ ὁ πατὴρ ὑμῶν ἀφήσει τὰ παραπτώματα

Is 58,5—9.   **16** ὑμῶν. Ὅταν δὲ νηστεύητε, μὴ γίνεσθε ὡς 35
L 24,17.   οἱ ὑποκριταὶ σκυθρωποί· ἀφανίζουσιν γὰρ τὰ 45,10
πρόσωπα αὐτῶν ὅπως φανῶσιν τοῖς ἀνθρώποις
νηστεύοντες· ἀμὴν λέγω ὑμῖν, ⊤ ἀπέχουσιν τὸν

2 Sm 12,20.
Eccl 9,8.   **17** μισθὸν αὐτῶν. σὺ δὲ νηστεύων ἄλειψαί σου
18 τὴν κεφαλὴν καὶ τὸ πρόσωπόν σου νίψαι, ὅπως
μὴ φανῇς ⌜τοῖς ἀνθρώποις νηστεύων⌝ ἀλλὰ τῷ

4. 6.   πατρί σου °τῷ ἐν ⌜τῷ κρυφαίῳ⌝· καὶ ὁ πατήρ σου
ὁ βλέπων ἐν τῷ κρυφαίῳ ἀποδώσει σοι⊤.

---

6 ○*D*al (lat)sy^sc | ⊤εν τω φανερω 𝕽Θ*pm* it   **7** ⌜υποκριται B sy^c   **8** [+B𝕏*;
W : — 𝕽D Θ*pl*; T | ⌜ανοιξαι το στομα D^h.   **9** ⌜τω ουρανω Did.   **10** ○*D a b c k*
Tert Cypr | ⊤της 𝕽D Θ*pm*; W   **12** ⌜την οφειλην Did. | ⌜αφιομεν *D*Θ 33 *pc* :
-ιεμεν 𝕽*pm* Cl Did : *txt* B𝕏* *al*   **13** ⊤αμην 17 vg^s·cl : (1 Chr 29,11—13) οτι σου
εστιν η βασιλεια και (— η β. κ. *k* sa Did) η δυναμις και (— η δ. κ. sy^c) η δοξα
(— η δ. *k*) εις τους αιωνας. αμην (— αμ. *g*^1*k* Did) 𝕽Θ*al* f (*g*^1, *k*, *q*, sy, sa, Did);
h^r : *txt* 𝕳*D pm* it vg^codd   **14** ○*D**L pc   **15** ⊤τα παραπτωματα αυτων B𝕽
Θ*pm*; [H] : *txt* 𝕏*D al*   **16** ⊤οτι 𝕽Θ*al*; S   **18** ⌐312 B*k*; Wh | ○(Wellhau-
sen *cj*, cf. 6) | ⌜κρυφια *D**. | ⊤εν τω φανερω *E al* it

13

36 Μὴ θησαυρίζετε ὑμῖν θησαυροὺς ἐπὶ τῆς γῆς, 19
ὅπου σὴς καὶ βρῶσις ἀφανίζει, καὶ ὅπου κλέπται
46,5 διορύσσουσιν καὶ κλέπτουσιν· θησαυρίζετε δὲ ὑμῖν 20
θησαυροὺς ἐν οὐρανῷ, ὅπου οὔτε σὴς οὔτε βρῶσις
ἀφανίζει, καὶ ὅπου κλέπται οὐ διορύσσουσιν οὐδὲ
κλέπτουσιν· ᶦ ὅπου γάρ ἐστιν ὁ θησαυρός σου, ἐκεῖ 21
37 ἔσται °καὶ ἡ καρδία σου. Ὁ λύχνος τοῦ σώμα- 22
47,5 τός ἐστιν ὁ ὀφθαλμός ᵀ. ἐὰν °οὖν ᾖ ὁ ὀφθαλμός
σου ἁπλοῦς, ὅλον τὸ σῶμά σου φωτεινὸν ἔσται·
ᶦ ἐὰν δὲ ὁ ὀφθαλμός σου πονηρὸς ᾖ, ὅλον τὸ σῶμά 23
σου σκοτεινὸν ἔσται. εἰ οὖν τὸ φῶς τὸ ἐν σοὶ
38 σκότος ἐστίν, τὸ σκότος πόσον. Οὐδεὶς ᵀ δύναται 24
48,5 δυσὶ κυρίοις δουλεύειν· ἢ γὰρ τὸν ἕνα μισήσει
καὶ τὸν ἕτερον ἀγαπήσει, ἢ ἑνὸς ἀνθέξεται καὶ
τοῦ ἑτέρου καταφρονήσει. οὐ δύνασθε θεῷ δου-
49,5 λεύειν καὶ μαμωνᾷ. Διὰ τοῦτο λέγω ὑμῖν· μὴ 25
μεριμνᾶτε τῇ ψυχῇ ὑμῶν τί φάγητε [ἢ τί πίητε],
μηδὲ τῷ σώματι ὑμῶν τί ἐνδύσησθε. οὐχὶ ἡ ψυχὴ
πλεῖόν ἐστιν τῆς τροφῆς καὶ τὸ σῶμα τοῦ ἐνδύ-
ματος; ἐμβλέψατε εἰς τὰ πετεινὰ τοῦ οὐρανοῦ, 26
ὅτι οὐ σπείρουσιν οὐδὲ θερίζουσιν οὐδὲ συνάγουσιν
εἰς ἀποθήκας, καὶ ὁ πατὴρ ὑμῶν ὁ οὐράνιος
τρέφει αὐτά· οὐχ ὑμεῖς μᾶλλον διαφέρετε αὐτῶν;
ᶦ τίς δὲ ἐξ ὑμῶν °μεριμνῶν δύναται προσθεῖναι ἐπὶ 27
τὴν ἡλικίαν αὐτοῦ πῆχυν ἕνα; καὶ περὶ ἐνδύμα- 28
τος τί μεριμνᾶτε; καταμάθετε τὰ κρίνα τοῦ ἀγροῦ,
πῶς αὐξάνουσιν· οὐ κοπιῶσιν οὐδὲ νήθουσιν· ᶦ λέγω 29
δὲ ὑμῖν ὅτι οὐδὲ Σολομὼν ἐν πάσῃ τῇ δόξῃ αὐτοῦ
περιεβάλετο ὡς ἓν τούτων. εἰ δὲ τὸν χόρτον τοῦ 30
ἀγροῦ σήμερον ὄντα καὶ αὔριον εἰς κλίβανον βαλλό-
μενον ὁ θεὸς οὕτως ἀμφιέννυσιν, οὐ πολλῷ μᾶλλον
ὑμᾶς, ὀλιγόπιστοι; ᶦ μὴ οὖν μεριμνήσητε λέγοντες· 31
τί φάγωμεν; ἢ· τί πίωμεν; ἢ· τί περιβαλώμεθα;

L 12,16—21.
Jc 5,2.

Sir 29,14[11].
19,21. L 12,33 s.
Kol 3,1 s.
1 T 6,19.

(24,28.)

L 11,34—36.
E 1,18.

20,15.
Mc 7,22.
J 11,10.

L 16,13.
(Jc 4,4 s.)

L 16,9.11.

25—33:
L 12,22—31.
J 12,25.
Ph 4,6 s.
1 P 5,7. 1 T 6,6.8.
H 13,5 s.

10,29—31.
Ps Sal 5,10 s.
R 1,20.
3,12!

L 12,7!

R 1,20.

1 Rg 10.

8,26; 14,31;
16,8; 17,20.

---

21 °B; [H]   22 ᵀp) σου B it | ᴼ ℵpc latsyᶜ; T   24 ᵀp)
οικετης Lpc   25 ᶦ + Bal it; W: και τι π. ℜΘal; S: — ℵal
latsyᶜ Cl; T   27 ᴼ1293 it syᶜ

8. 32 ¹πάντα γὰρ ταῦτα τὰ ἔθνη ἐπιζητοῦσιν· οἶδεν γὰρ
ὁ πατὴρ ὑμῶν ὁ οὐράνιος ὅτι χρῄζετε τούτων
33 ἁπάντων. ζητεῖτε δὲ πρῶτον τὴν ⌐βασιλείαν⌐ καὶ
τὴν δικαιοσύνην⌐ αὐτοῦ, καὶ ταῦτα πάντα προστε-
11. Ex 16,19. 34 θήσεται ὑμῖν. μὴ οὖν μεριμνήσητε εἰς τὴν αὔριον,
ἡ γὰρ αὔριον μεριμνήσει ⌐ἑαυτῆς· ἀρκετὸν τῇ
ἡμέρᾳ ἡ κακία αὐτῆς.

R 2,1; 14,4.
1 K 4,5; 5,12. 7 2 ¹Μὴ κρίνετε, ἵνα μὴ κριθῆτε· ¹ἐν ᾧ γὰρ κρίματι 39
Jc 4,11; 5,9. κρίνετε κριθήσεσθε, καὶ ἐν ᾧ μέτρῳ μετρεῖτε μετρη- 50,2
Mc 4,24.
L 6,37 s. 3 θήσεται ὑμῖν. τί δὲ βλέπεις τὸ κάρφος τὸ ἐν 51,5
τῷ ὀφθαλμῷ τοῦ ἀδελφοῦ σου, τὴν δὲ ἐν τῷ σῷ
4 ὀφθαλμῷ δοκὸν οὐ κατανοεῖς; ἢ πῶς ⌐ἐρεῖς τῷ
ἀδελφῷ σου· ἄφες ἐκβάλω τὸ κάρφος ⌐ἐκ τοῦ
ὀφθαλμοῦ σου, καὶ ἰδοὺ ἡ δοκὸς ἐν τῷ ὀφθαλμῷ
Sir 18,21. 5 σου ⌐; ¹ὑποκριτά, ἔκβαλε πρῶτον ⌐ἐκ τοῦ ὀφθαλμοῦ
σου τὴν δοκόν⌐, καὶ τότε διαβλέψεις ἐκβαλεῖν τὸ
10,11—14;15,26. 6 κάρφος ἐκ τοῦ ὀφθαλμοῦ τοῦ ἀδελφοῦ σου.   Μὴ 40
δῶτε τὸ ἅγιον τοῖς κυσίν, μηδὲ βάλητε τοὺς μαρ- 52,10
2 P 2,22. γαρίτας ὑμῶν ἔμπροσθεν τῶν χοίρων, μήποτε
H 10,29. ⌐καταπατήσουσιν αὐτοὺς ἐν τοῖς ποσὶν αὐτῶν καὶ
18,19. Mc 11,24. 7 στραφέντες ῥήξωσιν ὑμᾶς.   Αἰτεῖτε, καὶ δοθή- 41
21,22. L 11,9-13. σεται ὑμῖν· ζητεῖτε, καὶ εὑρήσετε· κρούετε, καὶ 53,5
J 14,13; 15,7;
16,23 s. Jc 1,5 s. 8 ἀνοιγήσεται ὑμῖν. πᾶς γὰρ ὁ αἰτῶν λαμβάνει,
Jr 29,13 s. καὶ ὁ ζητῶν εὑρίσκει, καὶ τῷ κρούοντι ⌐ἀνοιγή-
L 13,25. 1 J 3,22. 9 σεται. ἢ τίς ᵒἐστιν ἐξ ὑμῶν ἄνθρωπος, ὃν ⌐αἰτήσει
(4,3.) 10 ὁ υἱὸς αὐτοῦ ἄρτον, μὴ λίθον ἐπιδώσει αὐτῷ; ¹ʳἢ
11 καὶ ἰχθὺν αἰτήσει⌐, μὴ ὄφιν ἐπιδώσει αὐτῷ; ¹εἰ
οὖν ὑμεῖς πονηροὶ ὄντες οἴδατε ⌐δόματα ἀγαθὰ⌐
Jc 1,17. διδόναι τοῖς τέκνοις ὑμῶν, πόσῳ μᾶλλον ὁ πατὴρ
6,9. ὑμῶν ὁ ἐν τοῖς οὐρανοῖς δώσει ἀγαθὰ τοῖς αἰτοῦ-
L 6,31. 12 σιν αὐτόν⌐.   Πάντα ᵒοὖν ὅσα ἐὰν θέλητε ἵνα 54,5
(Tob 4,16.)

---

33 ⌐4231 *B*. ; W | ⌐του θεου *KΘpl* latsy; hʳS : *txt* B*K*(*k*) Tert   34 ⌐τα
ε- *EKpm* : το ε- *Θ*. : εαυτῇ 485. : αυτης *B*pc*; *K* (αὐ-), W (αὐ-) : *txt* *Kal*; Thᵃ
7,4 ⌐λεγεις *K*Θ*lat | ⌐απο *KΘal*; W | ⌐.T   5 ⌐p) 561-4 *rell* : *txt* B*K*C.
6 ⌐-σωσιν *KKpm*; W : *txt* B*C*Θal*   8 ⌐-γεται *B* sy; Wh   9 ᵒ *B** 565 *al*
it; H | ⌐εαν αιτηση *Kpl*; S : *txt* B*K*Θ*pc*   10 ⌐και εαν ι. αιτηση *KΘal*; S
11 ⌐21 λit vg*cl* : 2 *L* vg*codd* | ⌐;comm   12 ᴼ*K*L* 544 *pc* sy*p*

ποιῶσιν ὑμῖν οἱ ἄνθρωποι, οὕτως καὶ ὑμεῖς
ποιεῖτε αὐτοῖς· οὗτος γάρ ἐστιν ὁ νόμος καὶ οἱ
προφῆται.

22,39 s.
R 13,8—10.
G 5,14.

42 Εἰσέλθατε διὰ τῆς στενῆς πύλης· ⌐ὅτι πλατεῖα 13
55,5 [ἡ πύλη] καὶ εὐρύχωρος ἡ ὁδὸς ἡ ἀπάγουσα εἰς
τὴν ἀπώλειαν, καὶ πολλοί εἰσιν οἱ εἰσερχόμενοι
δι' αὐτῆς· ⌐ὅτι ⌐στενὴ ⌐ἡ πύλη⌐ καὶ τεθλιμμένη 14
ἡ ὁδὸς ἡ ἀπάγουσα εἰς τὴν ζωήν, καὶ ὀλίγοι εἰσὶν
43 οἱ εὑρίσκοντες αὐτήν. Προσέχετε ⌐ἀπὸ τῶν ψευδο- 15
56,10 προφητῶν, οἵτινες ἔρχονται πρὸς ὑμᾶς ἐν ⌐ἐνδύ-
μασι προβάτων, ἔσωθεν δέ εἰσιν λύκοι ἅρπαγες.
⌐ἀπὸ τῶν καρπῶν αὐτῶν ἐπιγνώσεσθε αὐτούς. 16
57,5 *μήτι συλλέγουσιν ἀπὸ ἀκανθῶν σταφυλὰς ἢ ἀπὸ
58,5 τριβόλων σῦκα; οὕτως πᾶν δένδρον ἀγαθὸν καρ- 17
πούς ⌐καλοὺς ποιεῖ⌐, τὸ δὲ σαπρὸν δένδρον καρ-
πούς πονηροὺς ποιεῖ. οὐ δύναται δένδρον ἀγαθὸν 18
καρπούς πονηροὺς ⌐ἐνεγκεῖν, οὐδὲ δένδρον σαπρὸν
καρπούς καλοὺς ⌐ἐνεγκεῖν. πᾶν δένδρον μὴ ποιοῦν 19
καρπὸν καλὸν ἐκκόπτεται καὶ εἰς πῦρ βάλλεται.
⌐ἄρα γε ἀπὸ τῶν καρπῶν αὐτῶν ἐπιγνώσεσθε αὐτούς. 20

13 L 13,24.
J 10,7.9.

14 19,24p.Act14,22
22,14.4Esr7,6-9

15 24,4 s.11.24!
Act 20,29!
R16,17; 2 T 3,5.

16 G 5,19—23.
Jc 3,12.
Job 31,40.

17 12,33.

18 1 J 3,9.

19 3,10 p!

20

44 ⌐Οὐ πᾶς ὁ λέγων μοι κύριε κύριε, εἰσελεύσεται 21
59,3 εἰς τὴν βασιλείαν τῶν οὐρανῶν, ἀλλ' ὁ ποιῶν τὸ
θέλημα τοῦ πατρός μου τοῦ ἐν τοῖς οὐρανοῖς⌐.
60,5 ⌐πολλοί ἐροῦσίν μοι ἐν ἐκείνῃ τῇ ἡμέρᾳ· κύριε 22
κύριε,⌐ οὐ τῷ σῷ ὀνόματι ἐπροφητεύσαμεν, καὶ
τῷ σῷ ὀνόματι δαιμόνια ἐξεβάλομεν, καὶ τῷ σῷ
ὀνόματι δυνάμεις πολλὰς ἐποιήσαμεν; καὶ τότε 23
ὁμολογήσω αὐτοῖς· ὅτι οὐδέποτε ἔγνων ὑμᾶς·²·
ἀποχωρεῖτε ἀπ' ἐμοῦ οἱ ἐργαζόμενοι τὴν ἀνομίαν.
45 Πᾶς οὖν ὅστις ἀκούει μου τοὺς λόγους °τού- 24
61,5 τους καὶ ποιεῖ αὐτούς, ὁμοιωθήσεται ἀνδρὶ φρο-

21 21,29! R 2,13.
Jc 1,22.25;
2,14. 1 J 2,17.
1 K 12,3.

22 L 10,20 ; 13,26.
1 K 13,1 s.
(Jr 14,14 ;
27,15.)

23 25,12. 2 T 2,19.
25,41. 13,41.

Ps 6,9. 1 J 3,4.
24—27 :
24 L 6,47—49.
21. L 8,21.
25,2. Jc 1,25.

---

13 ⌐καὶ τί 118* : τί it | [+ 𝔖𝕽𝕺pl vg; Wh : —𝕹*it Cl Or; 𝕳 Ti-Gr 14 ⌐τί C
𝕽𝕺pm latsy; S : καὶ 118 209 : txt B*𝕹* al | ⌐δε B ; W | □544 pc a h k m Cl ; Ti-
Gr[T] 15 ⌐δε C𝕽𝕺al ; W : txt B𝕹pm latsy | ⌐(δερμασιν Blass cj) 17 ⌐S B. ;
Wh 18 ⌐ποιειν C𝕽𝕺pl ; s : txt B𝕹 Or Tert | ⌐ποιειν B C𝕽𝕺pl ; H : txt 𝕹* Or
Tert 21 ⌐Τουτος εισελευσεται εις την βασιλειαντων ουρανων (𝚯) 33 pc latsyᶜ ;
⫞hʳ⫞ 22 ⌐ p) ου τω ονοματι σου εφαγομεν και (+ τω ονουατι σου Or ; hʳ²) επι-
ομεν syᶜ Ju(Or) ; hʳ¹ 16 23 ·· et ·²· W 24 °B* pc a g¹ k ; [H]

16,18. νίμφ, ὅστις ᾠκοδόμησεν αὐτοῦ τὴν οἰκίαν ἐπὶ τὴν

Sir 22,19[16]. 25 πέτραν. καὶ κατέβη ἡ βροχὴ καὶ ἦλθον οἱ ποταμοὶ καὶ ἔπνευσαν οἱ ἄνεμοι καὶ ⌈προσέπεσαν τῇ οἰκίᾳ ἐκείνῃ, καὶ οὐκ ἔπεσεν· τεθεμελίωτο γὰρ

Jc 1,22. 26 ἐπὶ τὴν πέτραν. καὶ πᾶς ὁ ἀκούων μου τοὺς λό- 46 γους τούτους καὶ μὴ ποιῶν αὐτοὺς ὁμοιωθήσεται

25,2. ἀνδρὶ μωρῷ, ὅστις ᾠκοδόμησεν αὐτοῦ τὴν οἰκίαν

Ez 13,10—15. 27 ἐπὶ τὴν ἄμμον. καὶ κατέβη ἡ βροχὴ καὶ ἦλθον οἱ ποταμοὶ καὶ ἔπνευσαν οἱ ἄνεμοι καὶ προσ-έκοψαν τῇ οἰκίᾳ ἐκείνῃ, καὶ ἔπεσεν, καὶ ἦν ἡ

11,1; 13,53; 19,1; 26,1. πτῶσις αὐτῆς μεγάλη⌉.

L 7,1. 13,54; 19,25; 22,33. Mc 11,18! L4,32. Act13,12. 28 Καὶ ἐγένετο ὅτε ⌈ἐτέλεσεν ὁ Ἰησοῦς τοὺς λόγους 47 τούτους, ἐξεπλήσσοντο ⌐⌐οἱ ὄχλοι⌐ ἐπὶ τῇ διδαχῇ 62,2

Mc 1,27. J 7,46. 29 αὐτοῦ⌉· ἦν γὰρ διδάσκων αὐτοὺς ὡς ἐξουσίαν ἔχων, καὶ οὐχ ὡς οἱ γραμματεῖς αὐτῶν⌉.

1—4: Mc 1,40—45. L 5,12—16. 10,8; 11,5 p; 26,6 p. 8 ⌈Καταβάντος δὲ αὐτοῦ⌉ ἀπὸ τοῦ ὄρους ἠκολού- 6 48 2 θησαν αὐτῷ ὄχλοι πολλοί. καὶ ἰδοὺ λεπρὸς προσ- 63,2 ελθὼν προσεκύνει αὐτῷ λέγων· κύριε, ἐὰν θέλῃς,

L 4,27; 17,12. Nu 12,13. 3 δύνασαί με καθαρίσαι. καὶ ἐκτείνας τὴν χεῖρα ἥψατο αὐτοῦ λέγων· θέλω, καθαρίσθητι. καὶ εὐ-

9,30; 12,16. Mc 5,43 p; 7,36; 8,30; 9,9. L 8,56; 17,14. Lv 13,49; 14, 2—32. 4 θέως ἐκαθαρίσθη αὐτοῦ ἡ λέπρα. καὶ λέγει αὐτῷ ὁ Ἰησοῦς· ὅρα μηδενὶ ⌐εἴπῃς, ἀλλὰ ὕπαγε σεαυτὸν δεῖξον τῷ ἱερεῖ καὶ προσένεγκον τὸ δῶρον ὃ προσ-έταξεν Μωϋσῆς, εἰς μαρτύριον αὐτοῖς.

5—13: L 7,1—10. J 4,46—53. Act 10,1; 27,1. 5 ⌈Εἰσελθόντος δὲ αὐτοῦ εἰς Καφαρναοὺμ⌉ προσ- 7 49 6 ῆλθεν αὐτῷ ⌈ἑκατόνταρχος παρακαλῶν αὐτὸν⌐ καὶ 64,3 λέγων· ⁰κύριε, ὁ παῖς μου βέβληται ἐν τῇ οἰκίᾳ 7 παραλυτικός, δεινῶς βασανιζόμενος. ⌐λέγει αὐτῷ· 8 ⌐ἐγὼ ἐλθὼν θεραπεύσω αὐτόν⌐. ⌐ ⌈ἀποκριθεὶς δὲ⌉ ὁ

L 5,8; 19,5. Act 10,25. ⌈ἑκατόνταρχος ἔφη· κύριε, οὐκ εἰμὶ ἱκανὸς ἵνα μου ὑπὸ τὴν στέγην εἰσέλθῃς· ἀλλὰ μόνον εἰπὲ λόγῳ, καὶ

---

25 ⌈(-παισαν Lachmann cj) **27** ⌐σφοδρα Θ 33 al **28** ⌈συνετ- 𝕽Θ pm; S | ⌠3—612 ℵ*. | ⌈παντες 998 Eus : π. οι ο. ΔΘλ Or : — sa **29** ⌐και οι Φαρισαιοι C* 33 pc latsy; —|hʳ|- **8,1** ⌐-ντι δε αυτω ℵ*𝕽 al; T **4** ⌐p) μηδεν ⌈pc **5** ⌈μετα δε ταυτα k (syˢ): μ. δε τ. εισελθ. αυτ. εις Κ. it(syᶜ) | ⌈χιλιαρχης syˢ·ʰᵐᵍ Clʰᵒᵐ Eusᵖᵗ **6** ⁰ℵ* k syˢᶜ **7** ⌐και 𝕾𝕽Ο pl vgᶜˡ; S : txt B 700 latsy | ⌈ακολουθει μοι ℵ*. | :(15,24); Th. Zahn **8** ⌈και α. C𝕽Ο pl; S : txt Bℵ*pc | ⌈χιλιαρχης syˢ Clʰᵒᵐ Eusᵖᵗ

ἰαθήσεται ὁ παῖς μου. καὶ γὰρ ἐγὼ ἄνθρωπός εἰμι 9
ʽὑπὸ ἐξουσίανʼᵀ᠈, ἔχων ὑπ᾿ ἐμαυτὸν στρατιώτας, καὶ
λέγω τούτῳ· πορεύθητι, καὶ πορεύεται, καὶ ἄλλῳ·
ἔρχου, καὶ ἔρχεται, καὶ τῷ δούλῳ μου· ποίησον
τοῦτο, καὶ ποιεῖ. ἀκούσας δὲ ὁ Ἰησοῦς ἐθαύμασεν 10
καὶ εἶπεν τοῖς ἀκολουθοῦσιν· ἀμὴν λέγω ὑμῖν, ʽπαρʼ
οὐδενὶ τοσαύτην πίστιν ἐν τῷ Ἰσραήλʼ εὗρον. λέγω 11
δὲ ὑμῖν ὅτι πολλοὶ ἀπὸ ἀνατολῶν καὶ δυσμῶν
ἥξουσιν καὶ ἀνακλιθήσονται ʽμετὰ Ἀβραὰμ καὶ
Ἰσαὰκ καὶ Ἰακὼβ ἐν τῇ βασιλείᾳ τῶν οὐρανῶν·
ⁱοἱ δὲ υἱοὶ τῆς βασιλείας ʽἐκβληθήσονται εἰς τὸ 12
σκότος τὸ ἐξώτερον· ἐκεῖ ἔσται ὁ κλαυθμὸς καὶ
ὁ βρυγμὸς τῶν ὀδόντων. καὶ εἶπεν ὁ Ἰησοῦς τῷ 13
ʽἑκατοντάρχῃ· ὕπαγε, ᵀὡς ἐπίστευσας γενηθήτω σοι.
καὶ ἰάθη ὁ παῖς ἐν τῇ ὥρᾳ ἐκείνῃ.ᵀ

Καὶ ἐλθὼν ὁ Ἰησοῦς εἰς τὴν οἰκίαν Πέτρου εἶδεν 14
τὴν πενθερὰν αὐτοῦ βεβλημένην καὶ πυρέσσουσαν·
ⁱκαὶ ἥψατο τῆς χειρὸς αὐτῆς, καὶ ἀφῆκεν αὐτὴν ὁ 15
πυρετός· καὶ ἠγέρθη, καὶ διηκόνει ʽαὐτῷ. Ὀψίας 16
δὲ γενομένης προσήνεγκαν αὐτῷ δαιμονιζομένους
πολλούς· καὶ ἐξέβαλεν τὰ πνεύματα λόγῳ, καὶ
πάντας τοὺς κακῶς ἔχοντας ἐθεράπευσεν· ὅπως 17
πληρωθῇ τὸ ῥηθὲν διὰ Ἡσαΐου τοῦ προφήτου λέ-
γοντος· αὐτὸς τὰς ἀσθενείας ἡμῶν ἔλαβεν καὶ τὰς
νόσους ἐβάστασεν.

Ἰδὼν δὲ ὁ Ἰησοῦς ʽὄχλον περὶ ʽαὐτὸν ἐκέ- 18
λευσεν ἀπελθεῖν εἰς τὸ πέραν. Καὶ προσελθὼν 19
εἷς γραμματεὺς εἶπεν αὐτῷ· διδάσκαλε, ἀκο-
λουθήσω σοι ὅπου ἐὰν ἀπέρχῃ. καὶ λέγει αὐτῷ 20

Marginal references (right column):

9 | Act 10,7. R 13,1.
10 | 15,28. Mc 6,6. L 18,8. Jr 5,3.
11 | 11. 12: L 13,28 s. Is 49,12; 59,19. Ml 1,11. Ps 107,3. 22,32.
12 | 13,42.50; 22,13; 24,51; 25,30. Ps 112,10.
13 | 9,29; 15,28.
14 | 14—16: Mc 1,29—34. L 4,38—41. 1 K 9,5.
15 | Mc 5,41; 9,27. 9,25. Act 3,7.
16 | J 4,52. Act 28,8.
17 | Is 53,4. J 1,29.36.
18 | Mc 4,35. L 8,22.
19 | 19—22: L 9,57—60.

Left margin numbers: 65,5 (v11); 66,5 (v13); 50, 67,2 (v14); 9 (v15); 51, 10, 68,5 (v18,19)

9 ʽεξ. εχων syˢ. | ᵀp) τασσομενος B𝔑pc it vg^cl; [H] | ᠈—,
comm 10 ʽp) ουδε εν τω Ι.τοσ. πιστ. 𝔑C𝕽Θpl (lat); T : txt B(λ)
pc (itsyᶜ) 11 ʽ(L 16,23) εν τοις κολποις [του] Cl^hom; hʳ 12 ʽεξ-
ελευσονται 𝔑*k sy; T ⊣hʳ¹⊢ : ibunt it Ir^lat; hʳ² 13 ʽχιλιαρχη
syˢ Cl^hom Eus^pt | ᵀκαι C𝕽Θpm; S | ᵀκαι υποστρεψας ο εκα-
τονταρχος εις τον οικον αυτου εν αυτη τη ωρα ευρεν τον παιδα
υγιαινοντα 𝔑*CΘpm 15 ʽαυτοις Lφpm latsy^sc 18 ʽπολυν
o. 544al : o. π. cg¹sy^sc : οχλους 𝔑*pc; h¹S : πολλους οχλους C𝕽
Θpm lat; Th² : txt B | ʽ(αυ- Elzevier)

Ps 84,4.
2 K 8,9.
1 Rg 19,20. ὁ Ἰησοῦς· αἱ ἀλώπεκες φωλεοὺς ἔχουσιν καὶ τὰ
πετεινὰ τοῦ οὐρανοῦ κατασκηνώσεις, ὁ δὲ υἱὸς τοῦ
21 ἀνθρώπου οὐκ ἔχει ποῦ τὴν κεφαλὴν κλίνῃ. ἕτερος
δὲ τῶν μαθητῶν ᵀ εἶπεν αὐτῷ· κύριε, ἐπίτρεψόν
μοι πρῶτον ἀπελθεῖν καὶ θάψαι τὸν πατέρα

J 1,43.
J 5,25! R 6,13. 22 μου. ὁ δὲ ᴼ Ἰησοῦς λέγει αὐτῷ· ἀκολούθει μοι, καὶ
ἄφες τοὺς νεκροὺς θάψαι τοὺς ἑαυτῶν νεκρούς.

23—27:
Mc 4,36—41.
L 8,23—25. 23   Καὶ ἐμβάντι αὐτῷ εἰς ᴼτὸ πλοῖον, ἠκολούθησαν 11 ᴱ
24 αὐτῷ οἱ μαθηταὶ αὐτοῦ. καὶ ἰδοὺ σεισμὸς μέγας ⁶⁹,²
ἐγένετο ἐν τῇ θαλάσσῃ, ὥστε τὸ πλοῖον καλύ-
14,24. Ps 4,9. πτεσθαι ὑπὸ τῶν κυμάτων ᵀ· αὐτὸς δὲ ἐκάθευδεν.

Jon 1,4 ss. 25 ᴵκαὶ προσελθόντες ᵀἤγειραν αὐτὸν λέγοντες· κύριε,
6,30!
Ps 89,10;
107,23—32.
Act 27,22.34. 26 σῶσον ᴳ, ἀπολλύμεθα. καὶ λέγει αὐτοῖς· τί ᴵ δειλοί
ἐστε, ὀλιγόπιστοι; τότε ἐγερθεὶς ἐπετίμησεν τοῖς
ἀνέμοις καὶ τῇ θαλάσσῃ, καὶ ἐγένετο γαλήνη
L 5,8 s. 27 μεγάλη. οἱ δὲ ἄνθρωποι ἐθαύμασαν λέγοντες·
ποταπός ἐστιν οὗτος, ὅτι καὶ οἱ ἄνεμοι καὶ ἡ

28—34:
Mc 5,1—17.
L 8,26—37. 28 θάλασσα αὐτῷ ὑπακούουσιν;   Καὶ ἐλθόντος 12 ᴱ
αὐτοῦ εἰς τὸ πέραν εἰς τὴν χώραν τῶν ⌐Γαδα-
ρηνῶν ὑπήντησαν αὐτῷ δύο δαιμονιζόμενοι ἐκ
τῶν μνημείων ἐξερχόμενοι, χαλεποὶ λίαν, ὥστε μὴ
ἰσχύειν τινὰ παρελθεῖν διὰ τῆς ὁδοῦ ἐκείνης.

Mc 1,24!
1 Rg 17,18.
L 4,41! Jc 2,19.
18,34. 2 P 2,4. 29 ᴵκαὶ ἰδοὺ ἔκραξαν λέγοντες· τί ἡμῖν καὶ σοί, ᵀυἱὲ
τοῦ θεοῦ; ἦλθες ὧδε πρὸ καιροῦ ⌐βασανίσαι
30 ἡμᾶς; ἦν δὲ ᵀ μακρὰν ἀπ' αὐτῶν ἀγέλη χοίρων
31 πολλῶν βοσκομένη. οἱ δὲ δαίμονες παρεκάλουν
αὐτὸν λέγοντες· εἰ ἐκβάλλεις ἡμᾶς, ⌐ἀπόστειλον
32 ἡμᾶς⌐ εἰς τὴν ἀγέλην τῶν χοίρων. καὶ εἶπεν αὐτοῖς·
ὑπάγετε. οἱ δὲ ἐξελθόντες ἀπῆλθον εἰς ⌐τοὺς
χοίρους⌐· καὶ ἰδοὺ ὥρμησεν πᾶσα ἡ ἀγέλη ᵀ κατὰ

21 ᵀαυτου CℜOpl; s   22 ᴼℵpcit(syˢ); T   23 ᴼℌal; H:
txtℵ*ℜΘpm   24 ᵀ(14,24 p) ην γαρ ο ανεμος εναντιος αυτοις
108pc   25 ᵀοι μαθηται ℜal; S: οι μ. αυτου C*Θpm: txt Bℵ
pclat | ᵀημας ℜΘ33pl   26 ᴵ; comm   28 ⌐p) Γερασηνων
lattsa; hʳ¹: Γεργεσηνων ℜal; hʳ²: txt ℌΘpm sy   29 ᵀ Ιησου
ℜΘal | ⌐απολεσαι ℵ*   30 ᵀου lat; (Beza cj)   31 ⌐p) επιτρε-
ψον ημιν απελθειν Cℜal   32 ⌐την αγελην των χοιρων LℜΘ
al; s | ᵀτων χοιρων Lℜal; s

τοῦ κρημνοῦ εἰς τὴν θάλασσαν, καὶ ἀπέθανον ἐν
τοῖς ὕδασιν. οἱ δὲ βόσκοντες ἔφυγον, καὶ ἀπελ- 33
θόντες εἰς τὴν πόλιν ἀπήγγειλαν πάντα καὶ τὰ
τῶν δαιμονιζομένων. καὶ ἰδοὺ πᾶσα ἡ πόλις 34
ἐξῆλθεν εἰς ⌜ὑπάντησιν ⌜τῷ Ἰησοῦ, καὶ ἰδόντες αὐτὸν
παρεκάλεσαν ⌜²ὅπως μεταβῇ ἀπὸ τῶν ὁρίων αὐτῶν.

54 Καὶ ἐμβὰς εἰς ⊤πλοῖον διεπέρασεν, καὶ ἦλθεν εἰς 9
70,1 τὴν ἰδίαν πόλιν. Καὶ ἰδοὺ προσέφερον αὐτῷ 2
13 παραλυτικὸν ἐπὶ κλίνης βεβλημένον. καὶ ἰδὼν
ὁ Ἰησοῦς τὴν πίστιν αὐτῶν εἶπεν τῷ παραλυτικῷ·
θάρσει, τέκνον, ⌜ἀφίενταί σου αἱ ἁμαρτίαι. καὶ 3
ἰδού τινες τῶν γραμματέων εἶπαν ἐν ἑαυτοῖς· οὗτος
βλασφημεῖ. καὶ ⌜εἰδὼς ὁ Ἰησοῦς τὰς ἐνθυμήσεις 4
αὐτῶν εἶπεν· ἱνατί ⊤ ἐνθυμεῖσθε πονηρὰ ἐν ταῖς
καρδίαις ὑμῶν; ⌐τί γὰρ ἐστιν εὐκοπώτερον, εἰπεῖν· 5
⌜ἀφίενταί σου αἱ ἁμαρτίαι, ἢ εἰπεῖν· ἔγειρε καὶ
περιπάτει; ἵνα δὲ εἰδῆτε ὅτι ἐξουσίαν ἔχει ὁ υἱὸς 6
τοῦ ἀνθρώπου ἐπὶ τῆς γῆς ἀφιέναι ἁμαρτίας —
τότε λέγει τῷ παραλυτικῷ· ⌜ἔγειρε ἀρόν σου τὴν
κλίνην καὶ ὕπαγε εἰς τὸν οἶκόν σου. καὶ ἐγερθεὶς 7
ἀπῆλθεν εἰς τὸν οἶκον αὐτοῦ. ἰδόντες δὲ οἱ 8
ὄχλοι ⌜ἐφοβήθησαν καὶ ἐδόξασαν τὸν θεὸν τὸν
55 δόντα ἐξουσίαν τοιαύτην τοῖς ἀνθρώποις. Καὶ 9
71,2 παράγων ὁ Ἰησοῦς ἐκεῖθεν εἶδεν ἄνθρωπον καθή-
μενον ἐπὶ τὸ τελώνιον, Μαθθαῖον λεγόμενον,
καὶ λέγει αὐτῷ· ἀκολούθει μοι. καὶ ἀναστὰς
72,2 ⌜ἠκολούθησεν αὐτῷ. Καὶ ἐγένετο αὐτοῦ ἀνακει- 10
μένου ἐν τῇ οἰκίᾳ, °καὶ ἰδοὺ πολλοὶ τελῶναι καὶ
ἁμαρτωλοὶ ἐλθόντες ⌜συνανέκειντο τῷ Ἰησοῦ καὶ
τοῖς μαθηταῖς αὐτοῦ. καὶ ἰδόντες οἱ Φαρισαῖοι 11
ἔλεγον τοῖς μαθηταῖς αὐτοῦ· διὰ τί μετὰ τῶν τε-
λωνῶν καὶ ἁμαρτωλῶν ⌜ἐσθίει ⌐ὁ διδάσκαλος ὑμῶν⌐;

25,1. (J 12,13.)

1—8:
Mc 2,1—12.
L 5,17—26.
4,13.

26,65. J 10,33.

12,25. L 6,8;
9,47.
Zch 8,17. J 2,25.

28,18! J 5,36!
17,2.

J 5,8.

9—13:
Mc 2,13—17.
L 5,27—32.

10,3. Mc 3,18.
L 6,15. Act 1,13.

11 L 15,2; 19,7.

34 ⌜συναντ- CℜPl; S: txt BℵΘpc | ⌜του ℵCpc; Th | ⌜²ινα B.; W 9,1 ⊤το
C*ℜal   2 ⌜αφεωνται CℜOpl it Cl; S: txt Bℵ(D) lat   4 ⌜ιδων ℵCℜDal lat;
Th: txt B(Θ)pm | ⊤υμεις ℵOpl; S   5 ⌜αφεωνται CℜOpl it Cl; S: txt B(ℵ*D)
lat 6 ⌜εγερθεις ℵCℜOpl; Th: txt B(D it)   8 ⌜εθαυμασαν CℜOal   9 ⌜-θει
ℵDpc; T   10 Oℵ Dpc; T | ⌜συνεχ- D*.   11 ⌜ε. και πινει M 565 al : εσθιετε
κ. πινετε sys : sedes k.   et □ sys k.

L 4,23.　12 ｜ὁ δὲ ἀκούσας εἶπεν· οὐ χρείαν ἔχουσιν οἱ ἰσχύοντες 13,2

12,7. Hos 6,6.
1 Sm 15,22.
H 10,5.8; 13,16.
18,11. L 19,10.

13 ⌜ἰατροῦ ἀλλ᾽ οἱ κακῶς ἔχοντες. πορευθέντες δὲ μάθετε τί ἐστιν· ἔλεος θέλω καὶ οὐ θυσίαν· οὐ γὰρ ἦλθον καλέσαι δικαίους ἀλλὰ ἁμαρτωλούς⌐.

14—17:
Mc 2,18—22.
L 5,33—38.
11,18s. L 18,12.

14　Τότε προσέρχονται αὐτῷ οἱ μαθηταὶ Ἰωάννου λέ- 56 γοντες· διὰ τί ἡμεῖς καὶ οἱ Φαρισαῖοι νηστεύομεν⌐,

22,2!

15 οἱ δὲ μαθηταί σου οὐ νηστεύουσιν; ｜ καὶ εἶπεν αὐτοῖς ὁ Ἰησοῦς· μὴ δύνανται οἱ υἱοὶ τοῦ ⌜νυμ-

J (2,7); 3,29.

φῶνος ⌜πενθεῖν, ἐφ᾽ ὅσον μετ᾽ αὐτῶν ἐστιν ὁ νυμφίος;

26,11. L 17,22.

ἐλεύσονται δὲ ἡμέραι ὅταν ἀπαρθῇ ἀπ᾽ αὐτῶν ὁ

J 1,17.

16 νυμφίος, καὶ τότε νηστεύσουσιν⌐. οὐδεὶς δὲ ἐπι-

R 7,6.

βάλλει ἐπίβλημα ῥάκους ἀγνάφου ἐπὶ ἱματίῳ παλαιῷ· αἴρει γὰρ τὸ πλήρωμα αὐτοῦ ἀπὸ τοῦ

17 ἱματίου, καὶ χεῖρον σχίσμα γίνεται. οὐδὲ βάλ- λουσιν οἶνον νέον εἰς ἀσκοὺς παλαιούς· εἰ δὲ

Job 32,19.

μή γε, ⌜ῥήγνυνται οἱ ἀσκοί, καὶ ὁ οἶνος ἐκχεῖται καὶ οἱ ἀσκοὶ ἀπόλλυνται⌐. ἀλλὰ βάλλουσιν οἶνον νέον εἰς ἀσκοὺς καινούς, καὶ ἀμφότεροι ⌜συντηροῦνται.

18—26:
Mc 5,21—43.
L 8,40—56.

18　Ταῦτα αὐτοῦ λαλοῦντος αὐτοῖς, ἰδοὺ ἄρχων 15 ⌜[εἷς] προσελθὼν⌐ προσεκύνει αὐτῷ λέγων ᴼὅτι ἡ 74,2

19,13. Mc 5,23;
6,5; 7,32;
8,23.25; 16,18.
L 4,40; 13,13.
Act 6,6!

θυγάτηρ μου ἄρτι ἐτελεύτησεν· ἀλλὰ ἐλθὼν ἐπίθες

19 τὴν χεῖρά σου ἐπ᾽ αὐτήν, καὶ ζήσεται. καὶ ἐγερ- θεὶς ὁ Ἰησοῦς ⌜ἠκολούθει αὐτῷ καὶ οἱ μαθηταὶ

Lv 15,19.
Nu 15,38.
Mc 6,56 p.
L 6,19.
14,36.

20 αὐτοῦ. Καὶ ἰδοὺ γυνὴ αἱμορροοῦσα δώδεκα ἔτη 16 ⌐προσελθοῦσα ὄπισθεν ἥψατο τοῦ κρασπέδου τοῦ

21 ἱματίου αὐτοῦ· ｜ ἔλεγεν γὰρ ἐν ἑαυτῇ· ἐὰν μόνον

22 ἅψωμαι τοῦ ἱματίου αὐτοῦ, σωθήσομαι. ὁ δὲ

J 1,38.
Mc 10,52. L 7,50;
17,19; 18,42.
R 10,9.

ᴼἸησοῦς στραφεὶς καὶ ἰδὼν αὐτὴν εἶπεν· θάρσει, ⌜θύγατερ· ἡ πίστις σου σέσωκέν σε. καὶ ἐσώθη

---

12 ⌜ιατρων ℵ. **13** ⌜p) εις μετανοιαν C ℜ Θ al sy⁵ **14** ⌐πολ- λα C ℜ D Θ pl d k; h: πυκνα ℵ³ lat sy⁵: txt B ℵ* pc **15** ⌜-φιου D lat; +hʳ⊦ ｜ ⌜p) νηστευειν D pc it ｜ ⌐p) εν εκειναις ταις ημε- ραις D it **17** ⌜p) ρησσει ο οινος ο νεος τους ασκους και ο οιν. απολλυται και οι ασκοι D (k) ｜ ⌜τηρ- D* it **18** ⌜ προσ- ελθ. ℵ* 69 pc: εις πρ. B lat; W: τις πρ. L al g h k; S: εισελθων C* al; Th: εις ελθ. ℵ D al it ｜ ᴼℵ D pm; T **19** ⌜-θησεν B ℜ Θ pl; h **20** ⌐(J 5,5) εχουσα εν τη ασθενεια L. **22** ᴼℵ* D it sy⁵; T ｜ ⌜-ατηρ D L Θ pc; hᵃ

ἡ γυνὴ ἀπὸ τῆς ὥρας ἐκείνης. Καὶ ἐλθὼν ὁ 23
Ἰησοῦς εἰς τὴν οἰκίαν τοῦ ἄρχοντος καὶ ἰδὼν τοὺς
αὐλητὰς καὶ τὸν ὄχλον θορυβούμενον ǀ ἔλεγεν· 24
ἀναχωρεῖτε· οὐ γὰρ ἀπέθανεν τὸ κοράσιον ἀλλὰ
καθεύδει. καὶ κατεγέλων αὐτοῦᵀ. ǀ ὅτε δὲ ἐξεβλήθη 25
ὁ ὄχλος, εἰσελθὼν ἐκράτησεν τῆς χειρὸς αὐτῆς, καὶ
ἠγέρθη τὸ κοράσιον. καὶ ἐξῆλθεν ἡ φήμη ⌜αὕτη εἰς 26
⌐58 ὅλην τὴν γῆν ἐκείνην. Καὶ παράγοντι ἐκεῖθεν τῷ 27
⁷⁵,¹⁰ Ἰησοῦ ἠκολούθησαν ᵀδύο τυφλοὶ κράζοντες καὶ λέ-
γοντες· ἐλέησον ἡμᾶς, ⌜υἱὸς Δαυίδ. ἐλθόντι δὲ εἰς 28
τὴν οἰκίαν προσῆλθον αὐτῷ οἱ ᵀτυφλοί, καὶ λέγει
αὐτοῖς ὁ Ἰησοῦς· πιστεύετε ὅτι ˢδύναμαι τοῦτο⌐ ποι-
ῆσαι; λέγουσιν αὐτῷ· ναί, κύριε. τότε ἥψατο τῶν 29
⌜ὀφθαλμῶν αὐτῶν λέγων· κατὰ τὴν πίστιν ὑμῶν
γενηθήτω ὑμῖν. καὶ ἠνεῴχθησαν αὐτῶν οἱ ὀφ- 30
θαλμοί. καὶ ἐνεβριμήθη αὐτοῖς ὁ Ἰησοῦς λέγων·
ὁρᾶτε μηδεὶς γινωσκέτω. οἱ δὲ ἐξελθόντες διεφή- 31
¹⁸ μισαν αὐτὸν ἐν ὅλῃ τῇ γῇ ἐκείνῃ.   Αὐτῶν δὲ 32
ἐξερχομένων, ἰδοὺ προσήνεγκαν αὐτῷ ᵀκωφὸν δαι-
μονιζόμενον. καὶ ἐκβληθέντος τοῦ δαιμονίου 33
ἐλάλησεν ὁ κωφός. καὶ ἐθαύμασαν οἱ ὄχλοι
λέγοντες· οὐδέποτε ἐφάνη οὕτως ἐν τῷ Ἰσραήλ.
ǀ□ οἱ δὲ Φαρισαῖοι ἔλεγον· ἐν τῷ ἄρχοντι τῶν δαι- 34
μονίων ἐκβάλλει τὰ δαιμόνια. \

59   Καὶ περιῆγεν ὁ Ἰησοῦς τὰς **πόλεις** πάσας καὶ 35
⁷⁶,² τὰς **κώμας,** διδάσκων ἐν ταῖς συναγωγαῖς αὐτῶν
καὶ κηρύσσων τὸ εὐαγγέλιον τῆς βασιλείας καὶ
θεραπεύων πᾶσαν νόσον καὶ πᾶσαν μαλακίανᵀ.
60 ǀ Ἰδὼν δὲ τοὺς ὄχλους ἐσπλαγχνίσθη περὶ αὐτῶν, 36
⁷⁷,⁶

Margin references:
J 11,11.14.25.
8,15.
20,29—34. 12,23; 21,9.
Act 14,9.
8,13; 15,28.
8,4!
Mc 1,43; 14,5. J 11,33.38.
15,31. L 7,16.
Mc 2,12.
10,25; 12,24.27 p.
4,23.
14,14; 15,32. Mc 6,34; 8,2.

---

24 ᵀρ) ειδοτες οτι απεθανεν ℵ*sa   **26** ⌜αυτης ℵCΘal; h:
αυτου Dpc : txt BℜpM   **27** ᵀαυτω 𝔖ℜΘpl; Th : txt BDk ǀ
⌜υιε 𝔖DΘpm; ℋ : txt BGal   **28** ᵀδυο ℵ*Dpc it ǀ ˢB; Wh
29 ⌜ομματων D   **32** ᵀανθρωπον CℜDΘpl; T : txt Bℵpc   **34** □vs.
D ak syˢ; [H]   **35** ᵀεν τω λαω ℜΘal : εν τ. λ. και πολλοι (—
π. ℵ*) ηκολουθησαν αυτω (ℵ*)Lalit : txt 𝔖Dal latsy

22

ὅτι ἦσαν ⌜ἐσκυλμένοι καὶ ἐρριμμένοι ὡσεὶ πρόβατα
37 μὴ ἔχοντα ποιμένα. τότε λέγει τοῖς μαθηταῖς 78,5
αὐτοῦ· ὁ μὲν θερισμὸς πολύς, οἱ δὲ ἐργάται ὀλίγοι·
38 ⌐δεήθητε οὖν τοῦ κυρίου τοῦ θερισμοῦ ὅπως ἐκβάλῃ

10 ἐργάτας εἰς τὸν θερισμὸν αὐτοῦ. Καὶ προσκα- 19
λεσάμενος τοὺς δώδεκα μαθητὰς αὐτοῦ ἔδωκεν 79,2
αὐτοῖς ἐξουσίαν⌐ πνευμάτων ἀκαθάρτων ὥστε ἐκ-
βάλλειν αὐτά, καὶ θεραπεύειν πᾶσαν νόσον καὶ
2 πᾶσαν μαλακίαν⌐. Τῶν °δὲ δώδεκα ⌜ἀποστόλων 61
τὰ ὀνόματά ἐστιν ταῦτα· πρῶτος Σίμων ὁ λεγόμενος 80,2
Πέτρος καὶ Ἀνδρέας ὁ ἀδελφὸς αὐτοῦ, καὶ Ἰάκωβος
ὁ τοῦ Ζεβεδαίου καὶ Ἰωάννης ὁ ἀδελφὸς αὐτοῦ,
3 ⌐Φίλιππος καὶ Βαρθολομαῖος, Θωμᾶς καὶ Μαθθαῖος
ὁ τελώνης, Ἰάκωβος ὁ τοῦ Ἀλφαίου καὶ ⌜Θαδδαῖος,
4 ⌐Σίμων ὁ ⌜Καναναῖος καὶ Ἰούδας ὁ ⌐Ἰσκαριώτης ὁ
5 καὶ παραδοὺς αὐτόν. Τούτους τοὺς δώδεκα 62
ἀπέστειλεν ὁ Ἰησοῦς παραγγείλας αὐτοῖς λέγων· 81,10
Εἰς ὁδὸν ἐθνῶν μὴ ἀπέλθητε, καὶ εἰς πόλιν
6 Σαμαριτῶν μὴ εἰσέλθητε· ⌐πορεύεσθε δὲ μᾶλλον
πρὸς τὰ πρόβατα τὰ ἀπολωλότα οἴκου Ἰσραήλ.
7 ⌐πορευόμενοι δὲ κηρύσσετε λέγοντες ὅτι ἤγγικεν ⌐ἡ
8 βασιλεία τῶν οὐρανῶν. ἀσθενοῦντας θεραπεύετε, 82,2
⌐νεκροὺς ἐγείρετε, λεπροὺς καθαρίζετε, δαιμόνια
9 ἐκβάλλετε⌐·* δωρεὰν ἐλάβετε, δωρεὰν δότε. ⌐ Μὴ 63
κτήσησθε χρυσὸν μηδὲ ἄργυρον μηδὲ χαλκὸν εἰς
10 τὰς ζώνας ὑμῶν, ⌐ μὴ πήραν εἰς ὁδὸν μηδὲ δύο
χιτῶνας μηδὲ ὑποδήματα μηδὲ ⌜ῥάβδον· ἄξιος γὰρ
11 ὁ ἐργάτης ⌐τῆς τροφῆς⌐ αὐτοῦ. ⌐εἰς ἣν δ' ἂν πόλιν 83,2
ἢ κώμην εἰσέλθητε⌐, ἐξετάσατε τίς ἐν αὐτῇ ἄξιός
12 ἐστιν· κἀκεῖ μείνατε ἕως ἂν ἐξέλθητε. εἰσερχό- 84,5

36 ⌜εκλελυμενοι Lal   10,1 ⌐κατα Lal; s | ⌐εν τω λαω
Lρcbg   2 °DΘρc | ⌜μαθητων syˢ.   3 ⌜Λεββαιος D k Orlat;
T ┤hr¹├ : Λεββ. ο επικληθεις Θαδδ. ℜΘpl; hr²S : Θ. ο επικλ. Λ.
φ : Judas Zelotes it; hr³ : txt 𝔖 lat   4 ⌜-νιτης 𝔑ℜΘal | ⌐-ιωθ
C : Σκαριωτης D (itsy)   6 ⌜υπαγετε D.   7 ⌐p) εφ υμας 𝔑
8 ⌐ 3 4 5 6 1 2 PΔρc : 3 4 1 2 5 6 348pc : 3—6 ℜΘal   10 ⌜-δους C
ℜal | ⌐p) του μισθου K 565 892 al it   11 ⌐η πολις εις ην αν
εισελθ. εις αυτην D

μενοι δὲ εἰς τὴν οἰκίαν ἀσπάσασθε αὐτήν^Τ· ¹καὶ 13

ἐὰν μὲν ᾖ ἡ οἰκία ἀξία, ἐλθάτω ἡ εἰρήνη ὑμῶν   J 20,19.

ἐπ' αὐτήν· ἐὰν δὲ μὴ ᾖ ἀξία, ἡ εἰρήνη ὑμῶν ⌜πρὸς   2 J 10.

85,2 ὑμᾶς ἐπιστραφήτω. καὶ ὃς ἂν μὴ δέξηται ὑμᾶς 14   L 10,10—12.

μηδὲ ἀκούσῃ τοὺς λόγους ὑμῶν, ἐξερχόμενοι ἔξω

▫τῆς οἰκίας ἢ ⸌ τῆς πόλεως ἐκείνης ἐκτινάξατε τὸν   Act 13,51 ; 18,6.

κονιορτὸν ^Τ τῶν ποδῶν ὑμῶν. ἀμὴν λέγω ὑμῖν, 15

ἀνεκτότερον ἔσται γῇ Σοδόμων καὶ ⌜Γομόρρων ἐν   11,24. Gn 19,4. R9,29.2P2,6Jd7

86,5 ἡμέρᾳ κρίσεως ἢ τῇ πόλει ἐκείνῃ. Ἰδοὺ ἐγὼ 16   L 10,3.Act20,29! Sir13,21.Ph2,15

ἀποστέλλω ὑμᾶς ὡς πρόβατα ⌜ἐν μέσῳ⌝ λύκων·   R 16,19. E 5,15.

γίνεσθε οὖν φρόνιμοι ὡς ⌜οἱ ὄφεις⌝ καὶ ⌜ἀκέραιοι   7,24. Gn 3,1.

64 ὡς αἱ περιστεραί. Προσέχετε ○δὲ ἀπὸ τῶν ἀν- 17   17—22 : 24,9—14 p.

87,1 θρώπων· παραδώσουσιν γὰρ ὑμᾶς εἰς συνέδρια,   Act 5,40 ; 6,12; 25,23 ; 27,24.

καὶ ἐν ταῖς συναγωγαῖς αὐτῶν μαστιγώσουσιν ὑμᾶς·   2 K 11,24.

¹καὶ ἐπὶ ⌜ἡγεμόνας δὲ καὶ βασιλεῖς ἀχθήσεσθε⌝ ἕνεκεν 18   Dt 31,26.

88,2 ἐμοῦ, εἰς μαρτύριον αὐτοῖς καὶ τοῖς ἔθνεσιν. ὅταν 19   L 12,11 s.

δὲ παραδῶσιν ὑμᾶς, μὴ μεριμνήσητε ▫πῶς ἢ⸌ τί

λαλήσητε· ▫²δοθήσεται γὰρ ὑμῖν ἐν ἐκείνῃ τῇ ὥρᾳ   Act 4,8.

τί λαλήσητε·⸌ ¹ οὐ γὰρ ὑμεῖς ἐστε οἱ λαλοῦντες, 20   J 14,26. 1K 2,4. Ph 1,19.

ἀλλὰ τὸ πνεῦμα τοῦ πατρὸς ὑμῶν τὸ λαλοῦν ἐν   35 ; 24,10.

ὑμῖν. παραδώσει δὲ ἀδελφὸς ἀδελφὸν εἰς θάνατον 21   Mc13,12s;14,27. J 16,1.

καὶ πατὴρ τέκνον, καὶ ⌜ἐπαναστήσονται τέκνα ἐπὶ   Mch 7,6.

γονεῖς καὶ θανατώσουσιν αὐτούς. καὶ ἔσεσθε 22

μισούμενοι ὑπὸ πάντων διὰ τὸ ὄνομά μου· ὁ δὲ   24,13. J 15,18.21 2T2,12! Ap13,10

65 ὑπομείνας εἰς τέλος, οὗτος σωθήσεται. ὅταν δὲ 23

89,10 διώκωσιν ὑμᾶς ἐν τῇ πόλει ταύτῃ, φεύγετε εἰς   23,34. Act 8,1 ; 14,6.

τὴν ⌜ἑτέραν^Τ· ἀμὴν γὰρ λέγω ὑμῖν, οὐ μὴ τελέσητε   2 K 11,33.

τὰς πόλεις [τοῦ] Ἰσραὴλ ἕως ^Τἔλθῃ ὁ υἱὸς τοῦ ἀν-   16,28. 24,30 ; 26,64.

90,3 θρώπου. Οὐκ ἔστιν μαθητὴς ὑπὲρ τὸν διδάσκα- 24   L 6,40. J 13,16 ; 15,20.

λον οὐδὲ δοῦλος ὑπὲρ τὸν κύριον αὐτοῦ. ἀρκετὸν 25

---

12 ^Τp) λεγοντες· ειρηνη τω οικω τουτω ℵ*DΘpm it 13 ⌜εφ
Bℵpc ; ℋ 14 ▫D arm | ^Τεx 𝔖al ; Th : txt BℜDΘpm 15 ⌜
-ρας CDΘpm 16 ⌜εις μεσον B ; W | ⌜ο οφις ℵ*Or ; h |
⌜απλουστατοι D (ex lat?). 17 ○Dpc itsy^s 18 ⌜ (Mc 13,9)
ηγεμονων σταθησεσθε D (it sy^s) 19 ▫abff¹k sy^s | ▫²DL g¹k
21 ⌜-σεται Bpc ; h 23 ⌜αλλην CℜDΘpm Cl | ^Τκαν εκ ταυ-
της διωκωσιν υμας, φευγετε εις την αλλην (D, L, Θ)λφal it(sy^s)
Or ; ┤h^r├ | [+ rell ; T : — BD. ; W | ^Ταν CℜDΘpl ; S : txt Bℵ

τῷ μαθητῇ ἵνα γένηται ὡς ὁ διδάσκαλος αὐτοῦ,
καὶ ὁ δοῦλος ὡς ὁ κύριος αὐτοῦ. * εἰ ⌜τὸν οἰκο- 91,1
δεσπότην⌝ ⌜Βεεζεβοὺλ ⌐ἐπεκάλεσαν, πόσῳ μᾶλλον
26 ⌜τοὺς οἰκιακοὺς⌝ αὐτοῦ. μὴ οὖν φοβηθῆτε αὐτούς·
* οὐδὲν γὰρ ἐστιν κεκαλυμμένον ὃ οὐκ ἀποκαλυ- 92,2
27 φθήσεται, καὶ κρυπτὸν ὃ οὐ γνωσθήσεται. ὃ λέγω 93,5
ὑμῖν ἐν τῇ σκοτίᾳ, εἴπατε ἐν τῷ φωτί· καὶ ὃ εἰς
28 τὸ οὖς ἀκούετε, κηρύξατε ἐπὶ τῶν δωμάτων. καὶ
μὴ ⌜φοβεῖσθε ἀπὸ τῶν ἀποκτεννόντων τὸ σῶμα,
τὴν δὲ ψυχὴν μὴ δυναμένων ⌐ἀποκτεῖναι· ⌐²φοβεῖσθε
δὲ μᾶλλον τὸν δυνάμενον καὶ ψυχὴν καὶ σῶμα
29 ἀπολέσαι ⌜ἐν γεέννῃ⌝. οὐχὶ δύο στρουθία ἀσσα-
ρίου πωλεῖται; καὶ ἓν ἐξ αὐτῶν οὐ πεσεῖται ⌜ἐπὶ
30 τὴν γῆν⌝ ἄνευ τοῦ πατρὸς ὑμῶν. ὑμῶν δὲ καὶ αἱ
τρίχες τῆς κεφαλῆς πᾶσαι ἠριθμημέναι εἰσίν.
31 ¹μὴ οὖν φοβεῖσθε· ⌜πολλῶν στρουθίων διαφέρετε
32 ὑμεῖς. Πᾶς οὖν ὅστις ὁμολογήσει ἐν ἐμοὶ ἔμ- 66
προσθεν τῶν ἀνθρώπων, ὁμολογήσω κἀγὼ ἐν αὐτῷ
ἔμπροσθεν τοῦ πατρός μου τοῦ ἐν °τοῖς οὐρανοῖς·
33 ¹ὅστις ⌜δ᾽ἂν⌝ ἀρνήσηταί με ἔμπροσθεν τῶν ἀνθρώπων, 94,2
ἀρνήσομαι ⌐κἀγὼ αὐτὸν⌐ ἔμπροσθεν τοῦ πατρός μου
34 τοῦ ἐν °τοῖς οὐρανοῖς. Μὴ νομίσητε ὅτι ἦλθον 67
βαλεῖν εἰρήνην ἐπὶ τὴν γῆν· οὐκ ἦλθον βαλεῖν 95,5
35 εἰρήνην ἀλλὰ μάχαιραν. ἦλθον γὰρ διχάσαι ⌜ἄν-
θρωπον κατὰ τοῦ πατρὸς αὐτοῦ καὶ θυγατέρα
κατὰ τῆς μητρὸς αὐτῆς καὶ νύμφην κατὰ τῆς
36 πενθερᾶς αὐτῆς, ¹καὶ ἐχθροὶ τοῦ ἀνθρώπου οἱ
37 οἰκιακοὶ αὐτοῦ. Ὁ φιλῶν πατέρα ἢ μητέρα ὑπὲρ 68
ἐμὲ οὐκ ἔστιν μου ἄξιος· □καὶ ὁ φιλῶν υἱὸν ἢ 96,5
38 θυγατέρα ὑπὲρ ἐμὲ οὐκ ἔστιν μου ἄξιος⌝·\ ¹καὶ ὃς
οὐ λαμβάνει τὸν σταυρὸν αὐτοῦ καὶ ἀκολουθεῖ

Left margin references:
9,34!
26—33:
L 12,2—9.
Mc 4,22. L 8,17.
(J 18,20)

Ez 3,9.
2 Mcc 13,14.
1P3,14. Ap2,10.

L 23,40.
H10,31. Jc 4,12.
Ap 14,7.10.

1 Sm 14,45.
2 Sm 14,11.
L 21,18.
Act 27,34.
6,26; 12,12.
1 J 4,2.3.15.
1 Sm 2,30.

Mc 8,38. L 9,26.
2T2,12. 1J2,22;
4,3. Jd 4.

34—36:
L 12,51—53.

Mch 7,6.

37. 38:
L 14,26 s.

Dt 33,9.

16,24 s.

25 ⌜τω -οτη et ⌜τοις -αχοις *B*.*; Wh | ⌜Βεελζ- C𝕽(*D*)Θ*pl*
it; T: Beelzebub *c* vgsy: txt *B𝕏* | ⌐χαλουσιν *D*.   28 ⌜φο-
βηθῆτε *BD*Θ*rm*; H | ⌐σφαξαι *D*.* | ⌐²φοβηθῆτε 𝕽*D*Θ*rm*; S |
⌜εις γεενναν *D* lat   29 ⌜εις παγιδα Or (cf. Am 3,5)   31 ⌜πολλω
83 it   32 O𝕏𝕽*D*Θ*rm*; T: txt *B*Cal   33 ⌜δε *B*p*c*; 𝕳 |
⌐C𝕽al; S | O𝕾𝕽*D*Θ*rm*; T: txt *B*al   35 ⌜υιον *D* itsy*sc*
37 □*B*D*al

97,8 ὀπίσω μου, οὐκ ἔστιν μου ⌜ἄξιος. ὁ εὑρὼν τὴν **39** L 9,24!
ψυχὴν αὐτοῦ ἀπολέσει αὐτήν, καὶ ὁ ἀπολέσας τὴν 18,5. L 9,48 p;
69 ψυχὴν αὐτοῦ ἕνεκεν ἐμοῦ εὑρήσει αὐτήν. Ὁ δεχό- **40** 10,16; 16,9.
98,1 μενος ὑμᾶς ἐμὲ δέχεται, καὶ ὁ ἐμὲ δεχόμενος J 12,44; 13,20.
Act 16,15.
99,10 δέχεται τὸν ἀποστείλαντά με. ὁ δεχόμενος προ- **41** 2 K 2,10. G 4,14.
φήτην εἰς ὄνομα προφήτου μισθὸν προφήτου 13,17; 23,29.34.
1 Rg 17,9—24;
λήμψεται, καὶ ὁ δεχόμενος δίκαιον εἰς ὄνομα 18,4.
100,6 δικαίου μισθὸν δικαίου λήμψεται. καὶ ὃς ἐὰν **42** 2 Rg 4,8—37.
3 J 8.
ποτίσῃ ἕνα τῶν ⌜μικρῶν τούτων ποτήριον ⌜ψυχροῦ 6,2; 25,40.
°μόνον εἰς ὄνομα μαθητοῦ, ἀμὴν λέγω ὑμῖν, οὐ Mc 9,41.
μὴ ⸀ἀπολέσῃ τὸν μισθὸν⸀ αὐτοῦ.

70 Καὶ ἐγένετο ὅτε ἐτέλεσεν ὁ Ἰησοῦς διατάσσων **11** 7,28; 13,53;
01,10 τοῖς δώδεκα μαθηταῖς αὐτοῦ, μετέβη ἐκεῖθεν τοῦ 19,1; 26,1.
διδάσκειν καὶ κηρύσσειν ἐν ταῖς πόλεσιν αὐτῶν.

20 Ὁ δὲ Ἰωάννης ἀκούσας ἐν τῷ δεσμωτηρίῳ **2** 2—19:
102,5 τὰ ἔργα τοῦ ⌜Χριστοῦ, πέμψας ⌜διὰ τῶν μαθητῶν L 7,18—35.
αὐτοῦ ⏌εἶπεν αὐτῷ· σὺ εἶ ὁ ἐρχόμενος, ἢ ἕτερον **3** 14,3. J 7,31.
προσδοκῶμεν; καὶ ἀποκριθεὶς ὁ Ἰησοῦς εἶπεν **4** 3,11!
Hab 2,3. Ml 3,1.
αὐτοῖς· πορευθέντες ἀπαγγείλατε Ἰωάννῃ ἃ ἀκούετε
καὶ βλέπετε· ⏌τυφλοὶ ἀναβλέπουσιν ⸀καὶ χωλοὶ περι- **5** (13,13); 15,31;
(16,3.)
πατοῦσιν⸀, λεπροὶ καθαρίζονται καὶ κωφοὶ ἀκού- Is 29,18 s;
ουσιν, ⸀καὶ νεκροὶ ἐγείρονται καὶ πτωχοὶ εὐαγγελί- 35,5 s; 61,1.
ζονται⸀· καὶ μακάριός ἐστιν ὃς ἐὰν μὴ σκανδαλισθῇ **6** 8,2!; 21,14.
5,3!
71 ἐν ἐμοί. ⸀Τούτων δὲ πορευομένων⸀ ἤρξατο ὁ **7** 13,57; 26,31.
J 6,61.
Ἰησοῦς λέγειν τοῖς ὄχλοις περὶ Ἰωάννου· τί ἐξήλ-
θατε εἰς τὴν ἔρημον· θεάσασθαι¹²; κάλαμον ὑπὸ 3,1.5.
ἀνέμου σαλευόμενον; ⏌ἀλλὰ τί ἐξήλθατε ⸀ἰδεῖν; **8** (Jr 1,18.)
ἄνθρωπον⸀ ἐν μαλακοῖς ⏌ἠμφιεσμένον; ἰδοὺ οἱ τὰ 3,4 p.
μαλακὰ φοροῦντες ἐν τοῖς οἴκοις τῶν ⌜βασιλέων⏌.
⏌ἀλλὰ τί ἐξήλθατε⸀; προφήτην ἰδεῖν⏌; ναὶ λέγω ὑμῖν, **9** L 1,76; 20,6.

38 ⌜αδελφος Cl : p) μαθητης c k   **42** ⌜ελαχιστων D (⟨157)
latt | ⌜-ρουν M 33 pc : υδατος -ρου D latsy^sc (⟨Cl) | ⸀D E*
pc sy^sc | ⸀αποληται ο μισθος D itsy^sc; ⊣h^r⊢   **11,2** ⌜Ιησου
D al sy^c (sy^s) | ⸀p) δυο 𝕽pl vg   **5** (2 3 Z 28 pc lat; h : — D pc
Cl | ⸀4—6 1—3 Θφ sy^c : 1—3 k sy^s Cl   **7** (μετα δε ταυτα sy^s.
⫶; et ⫶² —, comm   **8** ⸀; ανθ. ιδειν ℵ*; T | ⸀p) ιματιοις
C 𝕽Θpl itsy : txt B ℵ D | ⌜βασιλειων 𝕽al | ⏌εισιν rell; 𝔖 : txt
B ℵ*.   **9** ⸀p) ιδ.; πρ. C 𝕽 D   **26**   Θpl | ⫶, H

10 καὶ περισσότερον προφήτου. οὗτός ⌐ἐστιν περὶ οὗ 103,2
γέγραπται·   ⌐ώπου σου,

Ex 23,20.
Ml 3,1.
Mc 1,2.
J 3,28.

ἰδοὺ ἐγὼ **ἀποστέλλω τὸν ἄγγελόν μου πρὸ προσ-
ὃς κατασκευάσει τὴν ὁδόν** σου ἔμπροσθέν σου.

13,17. 11 ᾽ἀμὴν λέγω ὑμῖν, οὐκ ἐγήγερται ἐν γεννητοῖς 104,5
Job 14,1. γυναικῶν μείζων Ἰωάννου τοῦ βαπτιστοῦ· ὁ δὲ
J 3,3.31.
18,1. L 1,15. μικρότερος ἐν τῇ βασιλείᾳ τῶν οὐρανῶν μείζων

L 16,16; 13,24. 12 αὐτοῦ ἐστιν. ἀπὸ ⁰δὲ τῶν ἡμερῶν Ἰωάννου τοῦ 105,5
J 6,15. βαπτιστοῦ ἕως ἄρτι ἡ βασιλεία τῶν οὐρανῶν

1 P 1,10. 13 βιάζεται, καὶ ⌐βιασταὶ ἁρπάζουσιν **αὐτήν.** πάντες
17,10—18. γὰρ οἱ προφῆται καὶ ὁ νόμος ἕως Ἰωάννου ἐπρο-
Ml 3,23. L 1,17. 14 φήτευσαν· ᾽καὶ εἰ θέλετε δέξασθαι, αὐτός ἐστιν 106,1
(J 1,21.)
13,9 p. 43 p; 15 Ἠλίας ὁ μέλλων ἔρχεσθαι. ὁ ἔχων ὦτα ⌐ἀκουέ-
25,29. Mc 7,16.
L 12,21; 21,4. 16 τω. Τίνι δὲ ὁμοιώσω τὴν γενεὰν ταύτην; ὁμοία 72
Apc 2,7!
12,41 s. ἐστὶν παιδίοις καθημένοις ἐν ταῖς ἀγοραῖς ἃ προσ- 107,5
J 5,35. 17 φωνοῦντα τοῖς ⌐ἑτέροις⌐ ᾽λέγουσιν·

Prv 29,9. ηὐλήσαμεν ὑμῖν καὶ οὐκ ὠρχήσασθε·
Eccl 3,4. ἐθρηνήσαμεν καὶ οὐκ ἐκόψασθε.

3,4. J 10,20! 18 ᾽ἦλθεν γὰρ Ἰωάννης μήτε ἐσθίων μήτε πίνων, καὶ
9,11.14 s. 19 λέγουσιν· δαιμόνιον ἔχει. ἦλθεν ὁ υἱὸς τοῦ ἀνθρώ-
(J 4,32.) που ἐσθίων καὶ πίνων, καὶ λέγουσιν· ἰδοὺ ἄνθρωπος
Dt 21,20. φάγος καὶ οἰνοπότης, τελωνῶν φίλος καὶ ἁμαρτωλῶν.
9,11. L 11,49. καὶ ἐδικαιώθη ἡ σοφία ἀπὸ ⌐τῶν ⌐ἔργων αὐτῆς.
1 K 1, 24 ss.
20—24 :
L 10,13—15. 20 Τότε ἤρξατο ὀνειδίζειν τὰς πόλεις ἐν αἷς ἐγένοντο 73
J 12,37. αἱ πλεῖσται δυνάμεις αὐτοῦ, ὅτι οὐ μετενόησαν· 108,5

L 9,10. 21 ᾽οὐαί σοι, Χοραζίν· οὐαί σοι, Βηθσαϊδά· ὅτι εἰ
Dn 9,3. Jon 3,6. ἐν Τύρῳ καὶ Σιδῶνι ἐγένοντο αἱ δυνάμεις αἱ
γενόμεναι ἐν ὑμῖν, πάλαι ἂν ἐν σάκκῳ καὶ σποδῷ
Prv 6,34. 22 μετενόησαν. πλὴν λέγω ὑμῖν, Τύρῳ καὶ Σιδῶνι
R 2,12.
4,13; 8,5; 9,1. 23 ἀνεκτότερον ἔσται ἐν ἡμέρᾳ κρίσεως ἢ ὑμῖν. καὶ
Is 14,13.15. σύ, Καφαρναούμ, ⌐μὴ ἕως οὐρανοῦ ὑψωθήσῃ;⌐ ἕως
Ez 26,20. ᾅδου ⌐καταβήσῃ· * ὅτι εἰ ἐν Σοδόμοις ἐγενήθησαν 109,1

---

10 ⌐γαρ CℜΘpl vg ; S : txt BℵDpc itsy^sc   **12** ⁰D* sy^s sa Ambst | ⌐οι D
15 ⌐ακουειν ℵCℜΘpl Cl ; s : txt BDpck sy^s   **16** ⌐εταιροις G(Θ)al vg sy et⌐
αυτων CℜΘpl sy   **19** ⌐p) παντων φk et ⌐p) τεκνων CℜDΘpl latsy^sc ; h^r : txt
B*ℵpc   **23** ᾽ἦ ε. ου. ὑψώθης, EGal itsy^s ; W : ἦ ε. ου. ὑψωθεῖσα KMal :
txt ℌDΘ al latsy^c | ⌐καταβιβασθησῃ ℵCℜΘpl ; T : txt BDpc latsy^sc Ir

αἱ δυνάμεις αἱ γενόμεναι ἐν σοί, ἔμεινεν ἂν μέχρι
τῆς σήμερον. πλὴν λέγω °ὑμῖν ὅτι γῇ Σοδόμων 24 10,15.
ἀνεκτότερον ἔσται ἐν ἡμέρᾳ κρίσεως ἢ ⌜σοί.

74 Ἐν ἐκείνῳ τῷ καιρῷ ἀποκριθεὶς ὁ Ἰησοῦς 25
110,5 εἶπεν· ἐξομολογοῦμαί σοι, πάτερ, κύριε τοῦ οὐρανοῦ
καὶ τῆς γῆς, ὅτι ἔκρυψας ταῦτα ἀπὸ σοφῶν καὶ συνε-
τῶν, καὶ ἀπεκάλυψας αὐτὰ νηπίοις· ⌊ναί, ὁ πατήρ, 26
111,8 ὅτι οὕτως εὐδοκία ἐγένετο ἔμπροσθέν σου⌉. Πάντα 27
112,8 μοι παρεδόθη ὑπὸ τοῦ πατρός °μου, * καὶ οὐδεὶς
⌜ἐπιγινώσκει ⌜τὸν υἱὸν εἰ μὴ ὁ πατήρ, οὐδὲ τὸν
πατέρα τις ἐπιγινώσκει εἰ μὴ ὁ υἱὸς⌉ καὶ ᾧ ἐὰν
75 βούληται ὁ υἱὸς ἀποκαλύψαι. Δεῦτε πρός με 28
18,10 πάντες οἱ κοπιῶντες καὶ πεφορτισμένοι, κἀγὼ
ἀναπαύσω ὑμᾶς. ἄρατε τὸν ζυγόν μου ἐφ' ὑμᾶς 29
καὶ μάθετε ἀπ' ἐμοῦ, ὅτι πραΰς εἰμι καὶ ⌐ταπεινὸς
τῇ καρδίᾳ, καὶ εὑρήσετε ἀνάπαυσιν ταῖς ψυχαῖς
ὑμῶν· ὁ γὰρ ζυγός μου χρηστὸς καὶ τὸ φορτίον 30
μου ἐλαφρόν ἐστιν.

76 Ἐν ἐκείνῳ τῷ καιρῷ ἐπορεύθη ὁ Ἰησοῦς τοῖς **12**
114,2 σάββασιν διὰ τῶν σπορίμων· οἱ δὲ μαθηταὶ αὐτοῦ
ἐπείνασαν, καὶ ἤρξαντο τίλλειν στάχυας καὶ ἐσθίειν.
⌊οἱ δὲ Φαρισαῖοι ἰδόντες ⊤ εἶπαν αὐτῷ· ἰδοὺ οἱ 2
μαθηταί σου ποιοῦσιν ὃ οὐκ ἔξεστιν ποιεῖν ἐν
σαββάτῳ. ὁ δὲ εἶπεν αὐτοῖς· οὐκ ἀνέγνωτε τί 3
ἐποίησεν Δαυίδ, ὅτε ἐπείνασεν καὶ οἱ μετ' αὐτοῦ;
⌊πῶς εἰσῆλθεν εἰς τὸν οἶκον τοῦ θεοῦ καὶ τοὺς 4
ἄρτους τῆς ⌜προθέσεως ⌜ἔφαγον, ⌐²ὃ οὐκ ἐξὸν ἦν αὐτῷ
φαγεῖν οὐδὲ τοῖς μετ' αὐτοῦ, εἰ μὴ τοῖς ἱερεῦσιν
15,10 μόνοις; ἢ οὐκ ἀνέγνωτε ἐν τῷ νόμῳ ὅτι τοῖς 5
σάββασιν οἱ ἱερεῖς ἐν τῷ ἱερῷ τὸ σάββατον βεβηλοῦ-
σιν καὶ ἀναίτιοί εἰσιν; λέγω δὲ ὑμῖν ὅτι τοῦ ἱεροῦ 6
⌜μεῖζόν ἐστιν ὧδε. εἰ δὲ ἐγνώκειτε τί ἐστιν· ἔλεος θέλω 7
καὶ οὐ θυσίαν, οὐκ ἂν κατεδικάσατε τοὺς ἀναιτίους.

Marginal references (right column):

10,15.

25—27:
L 10,21 s.
Sir51,1.Tob8,7.
L 19,42.
Act 17,24.
1 K 1,19.26—29!
2,6. (Prv16,21).
Is 29,14 Lxx.
21,16. 1 K 1,21.
28,18!
J 10,14 s; 17,25.
16,17. G 1,15 s.
[Sir 24,25[19];
51,23s.Ex33,14
12,20!; (23,4.)
Jr 31,25.
Ps Sal 7,9.
1Rg12,4.Jr27,2.
Ps2,3Lxx.G5,1.
2 K .6,14.
5,5; 21,5. Jc 3,13.
Nu12,3.2K10,1.
Is28,12. Jr6,16.
Act 15,10.
Ap 14,13.
1 J 5,3.

1—8:
Mc 2,23—28.
L 6,1—5.

Dt 5,14; 23,26.
Ex 20,10.
J 5,10.

1 Sm 21,7.

Lv 24,5—9.

Nu 28,9.
J 7,22 s.

24,2. J 2,19.21.
9,13; 23,23.
Hos 6,6.
1 Sm 15,22.

24 O k sᵇᶜ | ⌜υμιν **D** pc it Ir   26 ⌊ουά, ο π., οτι εμπρ. σ. ευδ. μοι εγεν. Ir.
27 O**ℵ***Ju | ⌜εγνω Juᵖᵗ Irᵖᵗ Clᵖᵗ Or | ⌊τ. π. ει μη ο υι. ουδε τ. υι. ει μη ο πατηρ Ju
(**NX B**Ir Eus Ephr) 12,2 ⊤αυτους **CDΘ** pc it sy   4 ⌜προσθ- **D**. | ⌜εφαγεν rell; **S** :
txt **Bℵ**481. | ⌐²p) ους **ℵCℜ**   28   **Θ** pl; **S** : txt **BDφ** it   6 ⌜-ζων **LN** pc lat

9—14 :
Mc 3,1—6.
6,6—11.

L 14,3.

L 14,5.

10,31.

J 5,16.18.
15. 16 :
Mc 3,7—12.
L 6,17—19.

8,4! J 7,4.

Is 42,1—4;
41,9.
Act 3,13.26;
4,27.30.
Hgg 2,23.
3,17.

2 T 2,24.

Act 4,12.

22—32:
Mc 3,22—30.
L 11,14—23;
12,10.

J 7,31.

9,27.

8 ¹κύριος γάρ ἐστιν τοῦ σαββάτου ὁ υἱὸς τοῦ ἀνθρώπου.
9 Καὶ μεταβὰς ἐκεῖθεν ἦλθεν εἰς τὴν συναγωγὴν 21 7
10 αὐτῶν. καὶ ἰδοὺ ἄνθρωπος ⌜χεῖρα ἔχων ξηράν· καὶ 116,9
ἐπηρώτησαν αὐτὸν λέγοντες· εἰ ἔξεστιν τοῖς σάββασιν
11 ⌜θεραπεῦσαι; ἵνα κατηγορήσωσιν αὐτοῦ. ¹ ὁ δὲ εἶπεν
αὐτοῖς· τίς ⌜ἔσται ἐξ ὑμῶν ἄνθρωπος ὃς ἕξει πρό-
βατον ἕν, καὶ ἐὰν ἐμπέσῃ τοῦτο τοῖς σάββασιν
12 εἰς βόθυνον, οὐχὶ κρατήσει αὐτὸ καὶ ἐγερεῖ; πόσῳ
οὖν ⌜διαφέρει ἄνθρωπος προβάτου. ὥστε ἔξεστιν
13 τοῖς σάββασιν καλῶς ποιεῖν. τότε λέγει τῷ
ἀνθρώπῳ· ἔκτεινόν σου τὴν χεῖρα. καὶ ἐξέτεινεν,
14 καὶ ἀπεκατεστάθη ὑγιὴς ὡς ἡ ἄλλη. ἐξελθόντες 78
δὲ οἱ Φαρισαῖοι συμβούλιον ἔλαβον κατ' αὐτοῦ, 117,4
15 ὅπως αὐτὸν ἀπολέσωσιν. Ὁ δὲ Ἰησοῦς γνοὺς ἀνε-
χώρησεν ἐκεῖθεν. * καὶ ἠκολούθησαν αὐτῷ ⌜πολλοί, 118,1
16 καὶ ἐθεράπευσεν αὐτοὺς ⌜πάντας, ¹ καὶ ἐπετίμησεν⌝
17 αὐτοῖς ἵνα μὴ φανερὸν αὐτὸν ποιήσωσιν· ἵνα πλη-
ρωθῇ τὸ ῥηθὲν διὰ Ἡσαΐου τοῦ προφήτου λέγοντος·
18 ἰδοὺ ὁ παῖς μου ὃν ᾑρέτισα,
ὁ ἀγαπητός μου ⌜ὃν εὐδόκησεν ἡ ψυχή μου·
θήσω τὸ πνεῦμά μου ἐπ' αὐτόν,
καὶ κρίσιν τοῖς ἔθνεσιν ἀπαγγελεῖ.
19 οὐκ ἐρίσει οὐδὲ κραυγάσει,   ⌜αὐτοῦ.
οὐδὲ ἀκούσει τις ἐν °ταῖς πλατείαις τὴν φωνὴν
20 κάλαμον συντετριμμένον οὐ κατεάξει
καὶ λίνον τυφόμενον οὐ σβέσει,
ἕως ἂν ἐκβάλῃ εἰς νῖκος τὴν κρίσιν.
21 καὶ τῷ ὀνόματι αὐτοῦ ἔθνη ἐλπιοῦσιν.
22 Τότε ⌜προσηνέχθη αὐτῷ δαιμονιζόμενος τυφλὸς 22
καὶ κωφός⌝· καὶ ἐθεράπευσεν αὐτόν, ὥστε τὸν ⌜κω- 119,4
23 φὸν λαλεῖν καὶ βλέπειν. καὶ ἐξίσταντο πάντες 120,1
οἱ ὄχλοι καὶ ἔλεγον· μήτι οὗτός ἐστιν ὁ υἱὸς

---

10 ⌜την ℜDΘpl; S | ⌜-ευειν 𝕳ℜΘpl; H : txt ℵDWpc   11 ⌜εστιν DΘ 33 al
fkqsy : — C*alit; [H]   12 ⌜μαλλον ΘΦ 33 pc sy^sc   15 ⌜οχλοι CℜDΘpl it; s :
txt Bℵ lat   15. 16 ⌜. π. δε ους εθεραπευσεν επεπληξεν D (1pc)   18 ⌜εις
ον ℜΘrm; W : εν ω C*Dal Ir^lat : txt Bℵ*pc   19 °700   22 ⌜προσηνεγκαν α.
δαιμ-ον τυφλον και κωφον Bpc sy; H | ⌜κω. και τυφλον LΘal; s¹ : τ. κ.
κ. Cℜrm; s² : txt BℵDpc itsy^c

121,2 *Δαυίδ;* ¹ *οἱ δὲ Φαρισαῖοι ἀκούσαντες εἶπον· οὗτος* 24 9,34.
2 Th 2,9.
οὐκ ἐκβάλλει τὰ δαιμόνια εἰ μὴ ἐν τῷ ⌐*Βεεζεβοὺλ*

122,2 *ἄρχοντι τῶν δαιμονίων.* ⌐*εἰδὼς δὲ τὰς ἐνθυμήσεις* 25 9,4.
αὐτῶν εἶπεν αὐτοῖς· πᾶσα βασιλεία μερισθεῖσα
καθ᾽ ἑαυτῆς ἐρημοῦται, καὶ πᾶσα πόλις ἢ οἰκία
μερισθεῖσα καθ᾽ ἑαυτῆς οὐ ⌐*σταθήσεται. καὶ εἰ* 26
ὁ σατανᾶς τὸν σατανᾶν ἐκβάλλει, ἐφ᾽ ἑαυτὸν
ἐμερίσθη· πῶς οὖν σταθήσεται ἡ βασιλεία αὐτοῦ;
¹*καὶ εἰ ἐγὼ ἐν* ⌐*Βεεζεβοὺλ ἐκβάλλω τὰ δαιμόνια,* 27
οἱ υἱοὶ ὑμῶν ἐν τίνι ἐκβάλλουσιν; διὰ τοῦτο αὐτοὶ
κριταὶ ἔσονται ὑμῶν. εἰ δὲ ἐν πνεύματι θεοῦ 28 L17,20 s. 1J3,8.
24,23.
ἐγὼ ἐκβάλλω τὰ δαιμόνια, ἄρα ἔφθασεν ἐφ᾽ ὑμᾶς (1 Th 2,16.)
ἡ βασιλεία τοῦ θεοῦ. ἢ πῶς δύναταί τις εἰσελθεῖν 29 4,1—11.
1 J 4,4.
εἰς τὴν οἰκίαν τοῦ ἰσχυροῦ καὶ τὰ σκεύη αὐτοῦ Is 49,24.
ἁρπάσαι, ἐὰν μὴ πρῶτον δήσῃ τὸν ἰσχυρόν·; καὶ 1 Sm 17,50 s.
τότε τὴν οἰκίαν αὐτοῦ ⌐*διαρπάσει·². ὁ μὴ ὢν μετ᾽* 30 (Mc 9,40.)
J 11,52.
ἐμοῦ κατ᾽ ἐμοῦ ἐστιν, καὶ ὁ μὴ συνάγων μετ᾽ ἐμοῦ

23,2 *σκορπίζει*ᵀ. *Διὰ τοῦτο λέγω ὑμῖν, πᾶσα ἁμαρτία* 31 H 6,4.6; 10,26.
1 J 5,16.
καὶ βλασφημία ἀφεθήσεται ᵀ *τοῖς ἀνθρώποις, ἡ δὲ*
τοῦ πνεύματος βλασφημία οὐκ ἀφεθήσεται. καὶ 32 1 T 1,13.
ὃς ἐὰν εἴπῃ λόγον κατὰ τοῦ υἱοῦ τοῦ ἀνθρώπου,
ᵀ*ἀφεθήσεται αὐτῷ· ὃς δ᾽ ἂν εἴπῃ κατὰ τοῦ πνεύ-*
ματος τοῦ ἁγίου, ⌐*οὐκ ἀφεθήσεται⌐ αὐτῷ οὔτε ἐν*

4,10 *τούτῳ τῷ αἰῶνι οὔτε ἐν τῷ μέλλοντι. Ἢ ποιήσατε* 33 33—35:
L 6,43—45.
τὸ δένδρον καλὸν καὶ ⌐*τὸν καρπὸν αὐτοῦ καλόν,* 7,17. Jd 12.
ἢ ποιήσατε τὸ δένδρον σαπρὸν καὶ τὸν καρπὸν
αὐτοῦ σαπρόν⌐· ἐκ γὰρ τοῦ καρποῦ τὸ δένδρον
γινώσκεται. γεννήματα ἐχιδνῶν, πῶς δύνασθε 34 3,7!; 15,11.
J 8,43; 12,39.
ἀγαθὰ λαλεῖν πονηροὶ ὄντες; ἐκ γὰρ τοῦ περισ- R 8,7. 2 K 6,11.
Ap 13,11.

25,5 *σεύματος τῆς καρδίας τὸ στόμα λαλεῖ. ὁ ἀγα-* 35 13,52.
θὸς ἄνθρωπος ἐκ τοῦ ἀγαθοῦ θησαυροῦ ἐκβάλλει
ᵀ*ἀγαθά, καὶ ὁ πονηρὸς ἄνθρωπος ἐκ τοῦ πονηροῦ*

24.27 ⌐*Βεελζ-* **CRD**Θ*pl*(it); T : Beelzebub *c*(*ff*¹) vg sy : (*in 24* — P. Schmiedel
cj) : txt **Bℵ**. *25* ⌐*ιδων* **ℵ²D** *33 pc ff*¹ k sy*ˢᶜ* | ⌐*στησεται* **D**Φ. *27* ⌐*vide 24* *29* :,
et ·²; T et ⌐*-σῃ* **ℵ**D*al*; T *30* ᵀ*με* **ℵ** *pc* *31* ᵀ*υμιν* **B***pc*; h *32* ᵀ*ουκ* **B***. |
⌐*ου μη αφεθη* **B**; Wh *33* ⌐(*ο καρπος α. καλος ... ο καρπος α. σαπρος*
Wellhausen *ex Aramaeo vertendum fuisse* cj) *35* ᵀ*τα* ℌ*pm*; Th : txt **BRD**Θ*al*

24. Jc 3,1.6.
Jd 15.
36 θησαυροῦ ἐκβάλλει ⊤ πονηρά. λέγω δὲ ὑμῖν ὅτι 126,1
πᾶν ῥῆμα ἀργὸν ὃ ⊤ Γλαλήσουσιν οἱ ἄνθρωποι,

L 16,2!
ἀποδώσουσιν περὶ αὐτοῦ λόγον ἐν ἡμέρᾳ κρίσεως·

L 19,22.
37 Ιἐκ γὰρ τῶν λόγων σου δικαιωθήσῃ, καὶ ἐκ τῶν
λόγων σου Γκαταδικασθήσῃ.

38—42:
L 11,29—32.
38   Τότε ἀπεκρίθησαν αὐτῷ τινες τῶν γραμματέων 23 8

16,1.J2,18;6,30.
1 K 1,22.
□καὶ Φαρισαίωνʼ λέγοντες· διδάσκαλε, θέλομεν ἀπὸ 127,

45; 16,4; 17,17.
Mc 8,38. L 9,41.
Act 2,40. Ph 2,15
39 σοῦ σημεῖον ἰδεῖν. ὁ δὲ ἀποκριθεὶς εἶπεν αὐτοῖς· 128,
γενεὰ πονηρὰ καὶ μοιχαλὶς σημεῖον ἐπιζητεῖ, καὶ
σημεῖον οὐ δοθήσεται αὐτῇ εἰ μὴ τὸ σημεῖον Ἰωνᾶ

Jon 2,1.
40 τοῦ προφήτου. ὥσπερ γὰρ ἦν Ἰωνᾶς ἐν τῇ κοιλίᾳ
τοῦ κήτους τρεῖς ἡμέρας καὶ τρεῖς νύκτας, οὕτως

16,21; 27,63.
E 4,9. 1 P 3,19.
ἔσται ὁ υἱὸς τοῦ ἀνθρώπου ἐν τῇ καρδίᾳ τῆς γῆς

Jon 3,5.
41 τρεῖς ἡμέρας καὶ τρεῖς νύκτας. ἄνδρες Νινευῖται
ἀναστήσονται ἐν τῇ κρίσει μετὰ τῆς γενεᾶς ταύτης
καὶ κατακρινοῦσιν αὐτήν· ὅτι μετενόησαν εἰς τὸ

1 Rg 10,1—10.
42 κήρυγμα Ἰωνᾶ, καὶ ἰδοὺ πλεῖον Ἰωνᾶ ὧδε. βασί-
λισσα νότου ἐγερθήσεται ἐν τῇ κρίσει μετὰ τῆς
γενεᾶς ταύτης καὶ κατακρινεῖ αὐτήν· ὅτι ἦλθεν
ἐκ τῶν περάτων τῆς γῆς ἀκοῦσαι τὴν σοφίαν
Σολομῶνος, καὶ ἰδοὺ πλεῖον Σολομῶνος ὧδε.

43—45:
L 11,24—26.
43 Ὅταν δὲ τὸ ἀκάθαρτον πνεῦμα ἐξέλθῃ ἀπὸ τοῦ 129,

Is 34,14.
ἀνθρώπου, διέρχεται δι᾽ ἀνύδρων τόπων ζητοῦν
44 ἀνάπαυσιν, καὶ οὐχ εὑρίσκει. τότε λέγει· εἰς τὸν
οἶκόν μου ἐπιστρέψω ὅθεν ἐξῆλθον· καὶ ἐλθὸν
εὑρίσκει σχολάζοντα [καὶ] σεσαρωμένον καὶ κεκο-
45 σμημένον. τότε πορεύεται καὶ παραλαμβάνει μεθ᾽

L 8,2.
ἑαυτοῦ ἑπτὰ ἕτερα πνεύματα πονηρότερα ἑαυτοῦ,
καὶ εἰσελθόντα κατοικεῖ ἐκεῖ· καὶ γίνεται τὰ ἔσχατα⊤

2 P 2,20.
27,64.
J 5,14.
τοῦ ἀνθρώπου ἐκείνου χείρονα τῶν πρώτων. οὕτως
ἔσται καὶ τῇ γενεᾷ ταύτῃ τῇ πονηρᾷ.

46—50:
Mc 3,31—35.
L 8,19—21.
13,55. J 7,3.
46   Ἔτι ⊤ αὐτοῦ λαλοῦντος τοῖς ὄχλοις, ἰδοὺ ἡ μήτηρ 81
καὶ οἱ ἀδελφοὶ αὐτοῦ εἱστήκεισαν ἔξω ζητοῦντες 180,

---

35 ⊤τα 28 33 al   36 ⊤εαν C R pl; S : txt B ℵ D et Γ-σωσιν R pm; S : txt
ᕼ(D)Θ al   37 Γκατακριθηση G 33 565 al   38 □ B; W   44 [+ ℵ Cal itsy; T :
— B ℵ D Θ pm lat; W   45 ⊤αυτου D*   46 ⊤δε C R (D) Θ pm; S : txt B ℵ al

31

αὐτῷ λαλῆσαι. [εἶπεν δέ τις αὐτῷ· ἰδοὺ ἡ μήτηρ 47
σου καὶ οἱ ἀδελφοί σου ἔξω ἑστήκασιν ζητοῦντές
σοι λαλῆσαι.] ὁ δὲ ἀποκριθεὶς εἶπεν τῷ λέγοντι 48
αὐτῷ· τίς ἐστιν ἡ μήτηρ μου, καὶ τίνες εἰσὶν οἱ   L 2,49. (J 2,4?)
ἀδελφοί °μου; καὶ ἐκτείνας τὴν χεῖρα [αὐτοῦ] ἐπὶ 49   Dt 33,9.
τοὺς μαθητὰς αὐτοῦ εἶπεν· ἰδοὺ ἡ μήτηρ μου   J 20,17!
καὶ οἱ ἀδελφοί μου. ὅστις γὰρ ⌜ἂν ποιήσῃ⌝ τὸ 50   J 15,14.
θέλημα τοῦ πατρός μου τοῦ ἐν οὐρανοῖς, αὐτός   R 8,29.
μου ἀδελφὸς καὶ ἀδελφὴ καὶ μήτηρ ἐστίν.

82   1—23:
                                                    Mc 4,1—20.
                                                    L 8,4—15.
131,2   Ἐν τῇ ἡμέρᾳ ἐκείνῃ ἐξελθὼν ὁ Ἰησοῦς ⌜τῆς13 36.
οἰκίας⌝ ἐκάθητο παρὰ τὴν θάλασσαν· καὶ συνήχθη- 2
σαν πρὸς αὐτὸν ὄχλοι πολλοί, ὥστε αὐτὸν εἰς   Mc 3,9.
⌐πλοῖον ἐμβάντα καθῆσθαι, καὶ πᾶς ὁ ὄχλος ἐπὶ
24 τὸν αἰγιαλὸν εἱστήκει. καὶ ἐλάλησεν αὐτοῖς πολλὰ 3   34 s.
ἐν παραβολαῖς λέγων· Ἰδοὺ ἐξῆλθεν ὁ σπείρων
τοῦ σπείρειν. καὶ ἐν τῷ σπείρειν αὐτὸν ἃ μὲν 4
ἔπεσεν παρὰ τὴν ὁδόν, καὶ ⌜ἐλθόντα τὰ πετεινὰ⌝⌐
κατέφαγεν αὐτά. ἄλλα δὲ ἔπεσεν ἐπὶ τὰ πετρώδη 5
ὅπου οὐκ εἶχεν γῆν πολλήν, καὶ εὐθέως ἐξαν-
έτειλεν διὰ τὸ μὴ ἔχειν βάθος ⌐γῆς· ǀ ἡλίου δὲ ἀνα- 6   Jc 1,11. 1 P 1,24.
τείλαντος ⌜ἐκαυματίσθη, καὶ διὰ τὸ μὴ ἔχειν ⌜ῥίζαν   J 15,6.
ἐξηράνθη. ἄλλα δὲ ἔπεσεν ἐπὶ τὰς ἀκάνθας, καὶ 7   Job 31,40. H 6,8.
ἀνέβησαν αἱ ἄκανθαι καὶ ⌜ἀπέπνιξαν αὐτά. ἄλλα 8
δὲ ἔπεσεν ἐπὶ τὴν γῆν τὴν καλὴν καὶ ἐδίδου καρπόν,
ὃ μὲν ἑκατόν, ὃ δὲ ἑξήκοντα, ὃ δὲ τριάκοντα. ὁ 9   11,15!
83 ἔχων ὦτα ⌐ἀκουέτω. Καὶ προσελθόντες οἱ μα- 10   34 s.
θηταὶ εἶπαν αὐτῷ· διὰ τί ἐν παραβολαῖς λαλεῖς
αὐτοῖς; ǀ ὁ δὲ ἀποκριθεὶς εἶπεν⌐·· ὅτι ὑμῖν δέδοται 11   1 K 2,10.
γνῶναι ⌜τὰ μυστήρια⌝ τῆς βασιλείας τῶν οὐρανῶν,
132,5 ἐκείνοις δὲ οὐ δέδοται. ὅστις γὰρ ἔχει, δοθήσεται 12   25,29. Mc 4,25.
                                                    L 8,18; 19,26.

47 [vs. + CRDΘpm lat; Wh:— Bℵalffͥksyˢᶜ; ℋ   48○B*.; W   49 [+ℌℜO
pm; W:—ℵ*Dal lat; T   50 ⌜αν ποιη Cal; 𝔖: ποιει Dpc   13,1 ⌜εχ τ. οι.
ℵ33 pc lat; Th: απο τ. οι. CRpm:— D itsyˢ: txt BΘal   2 ⌐το ℜD al   4 ⌜ηλ-
θον τα π. και D 33 al; h: ηλθεν τα π. κ. ℵCRal; T: txt BΘal ǀ ⌐p) τον ουρα-
νου Θφpm   5 ⌐της B.; W   6 ⌜-τωθη B.; Whᵃ ǀ ⌜βαθος ριζης Θφpc
7 ⌜επ- ℵDΘal; Th   9 ⌐ακουειν CRDΘpl: txt ℌ itsyˢ   11 ⌐αυτοις BℜDO
pm; Wh ǀ :οτι Ὑμιν H ǀ   32   ⌜p) το μ-ιον itsy   Cl Irˡᵃᵗ

αὐτῷ καὶ περισσευθήσεται· ὅστις δὲ οὐκ ἔχει, καὶ

11,4. Mc 8,18. 13 ὃ ἔχει ἀρθήσεται ἀπ᾽ αὐτοῦ. διὰ τοῦτο ἐν παρα- 133,1
J 6,36.
Dt29,3. Jr 5,21. βολαῖς αὐτοῖς λαλῶ, ⸀ὅτι βλέποντες οὐ βλέπουσιν καὶ

L 19,42. 14 ἀκούοντες οὐκ ἀκούουσιν οὐδὲ συνιοῦσιν᾽. καὶ ⸀ἀνα-
J 9,40; 12,40.
Act 13,40 s; πληροῦται αὐτοῖς ἡ προφητεία Ἡσαΐου ἡ λέγουσα·
28,26.27.
Is 6,9 s. 　⸆ἀκοῇ ἀκούσετε καὶ οὐ μὴ συνῆτε,
　　καὶ βλέποντες βλέψετε καὶ οὐ μὴ ἴδητε.

15 ἐπαχύνθη γὰρ ἡ καρδία τοῦ λαοῦ τούτου,
　　καὶ τοῖς ὠσὶν βαρέως ἤκουσαν,
　　καὶ τοὺς ὀφθαλμοὺς αὐτῶν ἐκάμμυσαν·
　　μήποτε ἴδωσιν τοῖς ὀφθαλμοῖς
　　καὶ τοῖς ὠσὶν ἀκούσωσιν
　　καὶ τῇ καρδίᾳ συνῶσιν καὶ ἐπιστρέψωσιν,

16,17.Prv20,12. 　　καὶ ⸀ἰάσομαι αὐτούς.
Mc 8,17 s.
L 10,23 s. 16 ὑμῶν δὲ μακάριοι οἱ ὀφθαλμοὶ ὅτι βλέπουσιν, καὶ 134,5
Is 52,15.
10,41; 11,11. 17 τὰ ὦτα [ὑμῶν] ὅτι ἀκούουσιν. ἀμὴν ᵒγὰρ λέγω ὑμῖν
23,29. J 8,56.
1 P 1,10.12. ὅτι πολλοὶ προφῆται ⸀καὶ δίκαιοι᾽ ἐπεθύμησαν ἰδεῖν
1 J 1,1 ss.
ἃ βλέπετε καὶ οὐκ ⸀εἶδαν, καὶ ἀκοῦσαι ἃ ἀκούετε καὶ

18 οὐκ ἤκουσαν. Ὑμεῖς οὖν ἀκούσατε τὴν παραβολὴν 84

19 τοῦ ⸀σπείραντος. Παντὸς ἀκούοντος τὸν λόγον τῆς 135,2
βασιλείας καὶ μὴ συνιέντος ἔρχεται ὁ πονηρὸς καὶ
ἁρπάζει τὸ ἐσπαρμένον ἐν τῇ καρδίᾳ αὐτοῦ· οὗτός

20 ἐστιν ὁ παρὰ τὴν ὁδὸν σπαρείς. ὁ δὲ ἐπὶ τὰ πετρώδη
σπαρείς, οὗτός ἐστιν ὁ τὸν λόγον ἀκούων καὶ

21 εὐθὺς μετὰ χαρᾶς λαμβάνων αὐτόν· οὐκ ἔχει δὲ
ῥίζαν ἐν ἑαυτῷ ἀλλὰ πρόσκαιρός ἐστιν, γενομένης
δὲ θλίψεως ἢ διωγμοῦ διὰ τὸν λόγον εὐθὺς σκαν-

6,19—34. 22 δαλίζεται. ὁ δὲ εἰς τὰς ἀκάνθας σπαρείς, οὗτός
L 14,18—20.
1 T 6,9. ἐστιν ὁ τὸν λόγον ἀκούων, καὶ ἡ μέριμνα τοῦ
Mc 4,19!
αἰῶνος ⸆καὶ ἡ ἀπάτη τοῦ πλούτου συμπνίγει τὸν
Tt 3,14. 2 P 1,8. 23 λόγον, καὶ ἄκαρπος γίνεται. ὁ δὲ ἐπὶ τὴν καλὴν

---

13 ⸀(p) ινα βλ. μη βλεπωσιν κ. α. μη ακουσωσιν και μη συνωσιν *D*(Θ) 1 al
itsy^sc Ir : + μηποτε επιστρεψωσιν *DΘΦ*1 pc itsy^sc **14** ⸀τοτε πληρ- λ : τοτε
πληρωθησεται επ *D*pc | ⸆(Is 6,9) πορευθητι και ειπε τω λαω τουτω *D*it
15 ⸀-σωμαι *Δ* 565 al **16** [+ 𝕾*RD*Θpl; T : — *B*pc it; W **17** ᵒ𝕹 al it; T :
□*B** | ⸀ηδυνηθησαν ιδειν *D*. **18** ⸀-ροντος *CRD*Θpm; S : txt *B𝕹*al
22 ⸆τουτου *CRΘ*pl; S : txt *B𝕹*D* it

γῆν σπαρείς, οὗτός ἐστιν ὁ τὸν λόγον ἀκούων
καὶ συνιείς, ὃς δὴ καρποφορεῖ καὶ ποιεῖ ⌜ὃ μὲν
ἑκατόν, ⌜ὃ δὲ ἑξήκοντα, ⌜ὃ δὲ τριάκοντα.

85 ⟨⟩ Ἄλλην παραβολὴν παρέθηκεν αὐτοῖς λέγων· 24 36—43.
86,10 ὡμοιώθη ἡ βασιλεία τῶν οὐρανῶν ἀνθρώπῳ σπεί-
ραντι καλὸν σπέρμα ἐν τῷ ἀγρῷ αὐτοῦ. ἐν δὲ τῷ 25 Mc 4,27.
καθεύδειν τοὺς ἀνθρώπους ἦλθεν αὐτοῦ ὁ ἐχθρὸς
καὶ ἐπέσπειρεν ζιζάνια ἀνὰ μέσον τοῦ σίτου καὶ
ἀπῆλθεν. ὅτε δὲ ἐβλάστησεν ὁ χόρτος καὶ καρπὸν 26
ἐποίησεν, τότε ἐφάνη καὶ τὰ ζιζάνια. προσελθόντες 27
δὲ οἱ δοῦλοι τοῦ οἰκοδεσπότου εἶπον αὐτῷ· κύριε,
οὐχὶ καλὸν σπέρμα ἔσπειρας ἐν τῷ σῷ ἀγρῷ;
πόθεν οὖν ἔχει ⌐ ζιζάνια; ¹ ὁ δὲ ἔφη αὐτοῖς· ἐχθρὸς 28
ἄνθρωπος τοῦτο ἐποίησεν. οἱ δὲ °δοῦλοι ⌐αὐτῷ
λέγουσιν⌐· θέλεις οὖν ἀπελθόντες συλλέξωμεν αὐτά;
ὁ δέ φησιν· οὔ, μήποτε συλλέγοντες τὰ ζιζάνια 29 (15,18.)
ἐκριζώσητε ἅμα αὐτοῖς τὸν σῖτον. ἄφετε συναυ- 30
ξάνεσθαι ἀμφότερα ⌜ἕως τοῦ θερισμοῦ· καὶ ἐν⌐
καιρῷ τοῦ θερισμοῦ ἐρῶ τοῖς θερισταῖς· συλλέξατε   Ap 14,15.
πρῶτον τὰ ζιζάνια καὶ δήσατε αὐτὰ °εἰς δέσμας
πρὸς τὸ κατακαῦσαι αὐτά, τὸν δὲ σῖτον ⌜συνα-   3,12.
86 γάγετε εἰς τὴν ἀποθήκην μου.   Ἄλλην παρα- 31   31. 32 :
87,2 βολὴν ⌜παρέθηκεν αὐτοῖς λέγων· ὁμοία ἐστὶν ἡ   Mc 4,30—32.
                                                             L 13,18 s.
βασιλεία τῶν οὐρανῶν κόκκῳ σινάπεως, ὃν λαβὼν   17,20 !
ἄνθρωπος ἔσπειρεν ἐν τῷ ἀγρῷ αὐτοῦ· ὃ μικρό- 32
τερον μέν ἐστιν πάντων τῶν σπερμάτων, ὅταν δὲ
αὐξηθῇ, μεῖζον τῶν λαχάνων ἐστὶν καὶ γίνεται   Dn 4,9.18.
                                                  Ez 17,23; 31,6.
δένδρον, ὥστε ἐλθεῖν τὰ πετεινὰ τοῦ οὐρανοῦ   Ps 104,12.
87 καὶ κατασκηνοῦν ἐν τοῖς κλάδοις αὐτοῦ.   Ἄλλην 33   33 :
                                                         L 13,20 s.
88,5 παραβολὴν □ἐλάλησεν αὐτοῖς`· ὁμοία ἐστὶν ἡ βασι-
λεία τῶν οὐρανῶν ζύμῃ, ἣν λαβοῦσα γυνὴ ἐνέκρυψεν   (16,6. 1 K 5,6.)

---

23 ⌜ter (ὁ comm)   27 ⌐τα ℵ*Θal   28 °B ; H | ⌐ℵ(D)
al ; T : txt BCpc   30 ⌜αχρι ℵ*L Chr. ; h¹ : μεχρι CℜΘpl ;
Th² : txt BDpc | ⌐τω 𝕳Epm ; S : txt BℜDΘal | °(D)L
33 al it vg^codd sy ; [H] | ⌐συναγετε Bal ; ℜ   31 ⌜ελαλησεν
DLΘpm it(sy^sc)   33 □D(k sy^sc) ; [H]

Gn 18,6.   εἰς ἀλεύρου σάτα τρία, ἕως οὗ ἐζυμώθη ὅλον.

34 :   34   Ταῦτα πάντα ἐλάλησεν ὁ Ἰησοῦς ἐν παραβολαῖς 139,ᵉ
Mc 4,33 s.   τοῖς ὄχλοις, καὶ χωρὶς παραβολῆς ⌐οὐδὲν ἐλάλει
         35   αὐτοῖς· ὅπως πληρωθῇ τὸ ῥηθὲν διὰ ᵀ τοῦ προ-
               φήτου λέγοντος·

1 K 2,7. Ps 78,2.   ἀνοίξω ἐν παραβολαῖς τὸ στόμα μου,
                     ἐρεύξομαι κεκρυμμένα ἀπὸ καταβολῆςᵀ.

1. 36   Τότε ἀφεὶς τοὺς ὄχλους ἦλθεν εἰς τὴν οἰκίαν. 88
         Καὶ προσῆλθον αὐτῷ οἱ μαθηταὶ αὐτοῦ λέγοντες· 140,ᵢ
24—30.   ⌐διασάφησον ἡμῖν τὴν παραβολὴν τῶν ζιζανίων
1 J 3,9. 37   τοῦ ἀγροῦ. ὁ δὲ ἀποκριθεὶς εἶπεν· ὁ σπείρων
1 K 3,9. 38   τὸ καλὸν σπέρμα ἐστὶν ὁ υἱὸς τοῦ ⌐ἀνθρώπου· ¹ ὁ
               δὲ ἀγρός ἐστιν ὁ κόσμος· τὸ δὲ καλὸν σπέρμα,
J 8,44.   οὗτοί εἰσιν οἱ υἱοὶ τῆς βασιλείας· τὰ δὲ ζιζάνιά
         39   εἰσιν οἱ υἱοὶ τοῦ πονηροῦ, ¹ ὁ δὲ ἐχθρὸς ὁ σπείρας
40. 49; 24,3;   αὐτά ἐστιν ὁ διάβολος· ὁ δὲ θερισμὸς συντέλεια
28,20. H 9,26.
3,10! 40   αἰῶνός ἐστιν, οἱ δὲ θερισταὶ ἄγγελοί εἰσιν. ὥσπερ
               οὖν συλλέγεται τὰ ζιζάνια καὶ πυρὶ κατακαίεται,
         41   οὕτως ἔσται ἐν τῇ συντελείᾳ τοῦ αἰῶνος ∶. ἀποστε-
25,31—46.   λεῖ ὁ υἱὸς τοῦ ἀνθρώπου τοὺς ἀγγέλους αὐτοῦ,
               καὶ συλλέξουσιν ἐκ τῆς βασιλείας αὐτοῦ πάντα
7,23. 1 K 6,9 s.   τὰ σκάνδαλα καὶ τοὺς ποιοῦντας τὴν ἀνομίαν,
Zph 1,3.
Dn 3,6. 42   ¹ καὶ βαλοῦσιν αὐτοὺς εἰς τὴν κάμινον τοῦ πυρός·
8,12! Ps 112,10.   ἐκεῖ ἔσται ὁ κλαυθμὸς καὶ ὁ βρυγμὸς τῶν ὀδόν-
(17,2.) Jdc 5,31.
2 Sm 23,3 s. 43   των. τότε οἱ δίκαιοι ἐκλάμψουσιν ὡς ὁ ἥλιος ἐν τῇ
Dn 12,3.   βασιλείᾳ τοῦ πατρὸς αὐτῶν. ὁ ἔχων ὦτα ᵀἀκουέτω.
11,15!

         44   Ὁμοία ἐστὶν ἡ βασιλεία τῶν οὐρανῶν θησαυρῷ 89
Prv 2,4.   κεκρυμμένῳ ἐν °τῷ ἀγρῷ, ὃν εὑρὼν ⌐ἄνθρωπος
Sir 20,32.33.   ἔκρυψεν, καὶ ἀπὸ τῆς χαρᾶς αὐτοῦ ὑπάγει
Act 12,14.
19,29. L 14,33.   καὶ πωλεῖ ᵀ ὅσα ἔχει καὶ ἀγοράζει τὸν ἀγρὸν
Ph 3,7.
         45   ἐκεῖνον.   Πάλιν ὁμοία ἐστὶν ἡ βασιλεία τῶν 90

---

34 ⌐p) ουκ 𝕽DΘal **35** ᵀΗσαιου ℵ*Θal; Th | ᵀκοσμου
ℵ*𝕽DΘpl Cl; W : txt Bpc e k (syˢᶜ) Or **36** ⌐φρασον C𝕽Dpl lat;
T : txt Bℵ*Θpc it **37** ⌐θεου 28. **40** ∶· comm **43** ᵀακου-
ειν C𝕽Dpl : txt BℵΘpc it vg^codd **44** °D al | ᵀτις D. : τις
ανθρ. 892. | ᵀπαντα ℵD(ſC𝕽Θ)al; Th : txt Bpc Or

35

οὐρανῶν ⌐ ἐμπόρῳ ζητοῦντι καλοὺς μαργαρίτας·   Prv 8,10 s.
ᴵ εὑρὼν δὲ °ἕνα πολύτιμον μαργαρίτην ἀπελ- 46
θὼν ⌐πέπρακεν πάντα ὅσα εἶχεν καὶ ἠγόρασεν   Ph 3,7 s.
91 αὐτόν.   Πάλιν ὁμοία ἐστὶν ἡ βασιλεία τῶν 47   22,9 s. L 5,10.
οὐρανῶν σαγήνῃ βληθείσῃ εἰς τὴν θάλασσαν καὶ   (Hab 1,14—17.)
ἐκ παντὸς γένους συναγαγούσῃ· ἣν ὅτε ἐπληρώθη 48
ἀναβιβάσαντες ἐπὶ τὸν αἰγιαλὸν καὶ καθίσαντες
συνέλεξαν τὰ ⌐καλὰ εἰς ἄγγη, τὰ δὲ σαπρὰ ἔξω
ἔβαλον. οὕτως ἔσται ἐν τῇ συντελείᾳ τοῦ ⌐αἰῶνος· 49   39! 25,32.
ἐξελεύσονται οἱ ἄγγελοι καὶ ἀφοριοῦσιν τοὺς πονη-   Ps 1,5.
ροὺς ἐκ μέσου τῶν δικαίων, ᴵ καὶ βαλοῦσιν αὐτοὺς 50
εἰς τὴν κάμινον τοῦ πυρός· ἐκεῖ ἔσται ὁ κλαυθμὸς   42!
καὶ ὁ βρυγμὸς τῶν ὀδόντων.   Συνήκατε ταῦτα 51   8,12!
πάντα; λέγουσιν αὐτῷ· ναί⊤. ᴵ ὁ δὲ ⌐εἶπεν αὐτοῖς· 52
διὰ τοῦτο πᾶς γραμματεὺς μαθητευθεὶς τῇ βασι-   23,34.
λείᾳ τῶν οὐρανῶν ὅμοιός ἐστιν ἀνθρώπῳ οἰκο-   L 12,42. 1 K 4,1.
δεσπότῃ, ὅστις ⌐ἐκβάλλει ἐκ τοῦ θησαυροῦ αὐτοῦ   12,35 p.
καινὰ καὶ παλαιά.

92   Καὶ ἐγένετο ὅτε ἐτέλεσεν ὁ Ἰησοῦς τὰς ⌐παρα- 53   7,28; 11,1;
41,1 βολὰς ταύτας, μετῆρεν ἐκεῖθεν. καὶ ἐλθὼν εἰς 54   19,1; 26,1.
    53—58:
τὴν πατρίδα αὐτοῦ ἐδίδασκεν αὐτοὺς ἐν τῇ συνα-   Mc 6,1—6.
γωγῇ αὐτῶν, ὥστε ἐκπλήσσεσθαι αὐτοὺς καὶ λέγειν·   L 4,16—30.
πόθεν τούτῳ ⊤ἡ σοφία αὕτη καὶ αἱ δυνάμεις; ᴵ οὐχ 55   7,28!
οὗτός ἐστιν ὁ ⌐τοῦ τέκτονος⌐ υἱός; ⌐οὐχ ἡ μήτηρ   12,46. L 3,23.
αὐτοῦ λέγεται Μαριὰμ καὶ οἱ ἀδελφοὶ αὐτοῦ   J 6,42. Act 12,17!
Ἰάκωβος καὶ ⌐Ἰωσὴφ καὶ Σίμων καὶ Ἰούδας; καὶ 56   (Jc 1,1.) (Jd 1.)
αἱ ἀδελφαὶ αὐτοῦ οὐχὶ πᾶσαι πρὸς ἡμᾶς εἰσιν;   J 7,15.46.52.
πόθεν οὖν τούτῳ ταῦτα πάντα; ᴵ καὶ ἐσκανδαλίζοντο 57   11,6!
42,1 ἐν αὐτῷ. * ὁ δὲ Ἰησοῦς εἶπεν αὐτοῖς· οὐκ ἔστιν
προφήτης ἄτιμος εἰ μὴ ἐν τῇ ⌐πατρίδι καὶ ἐν τῇ   J 4,44.

45 ⊤ανθρωπω C𝕽D⊖pl; Th : txt B𝕹*pc   46 ○D⊖itsy^c
aeg | ⌐επωλησεν D.   48 ⌐καλλιστα D 700 it (καλα καλα sy^{sc})
49 ⌐κοσμου D.   51 ⊤κυριε C𝕽al : txt B𝕹D⊖pm latsy^{sc}
52 ⌐λεγει D al latsy; h | ⌐p?) προφερει 1 al Or   54 ⊤πασα
D al sy^s   55 ⌐τ. Ιωσηφ sy^s. : τ. Ι. τ. τεκτ. itsy^c. | ⌐ουχι 𝕽
D pm; S | ⌐p) Ιωσης K L al k; h^{r1} : Ιωαννης D al; h^{r2} : txt ℌ⊖pc
latsy^{sc}   57 ⌐ιδια π. 𝕹pc; Th : π. αυτου 𝕽pl lat : ιδ. π. αυτ.
C : txt BD⊖pc a k

58 οἰκίᾳ αὐτοῦ. καὶ οὐκ ἐποίησεν ἐκεῖ δυνάμεις
πολλὰς διὰ ⌐τὴν ἀπιστίαν⌐ αὐτῶν.

14 Ἐν ἐκείνῳ τῷ καιρῷ ἤκουσεν Ἡρῴδης ὁ τε-
τραάρχης τὴν ἀκοὴν Ἰησοῦ, ¹ καὶ εἶπεν τοῖς παισὶν
αὐτοῦ· ⌐οὗτός ἐστιν Ἰωάννης ὁ βαπτιστής⌐· αὐτὸς
ἠγέρθη ἀπὸ τῶν νεκρῶν, καὶ διὰ τοῦτο αἱ δυνά-
3 μεις ἐνεργοῦσιν ἐν αὐτῷ. Ὁ γὰρ Ἡρῴδης ⌐κρατήσας
τὸν Ἰωάννην ἔδησεν ⌐καὶ ἐν ⌐²φυλακῇ ἀπέθετο διὰ
Ἡρῳδιάδα τὴν γυναῖκα °Φιλίππου τοῦ ἀδελφοῦ
4 αὐτοῦ· ¹ ἔλεγεν γὰρ °ὁ Ἰωάννης αὐτῷ· οὐκ ἔξεστίν
5 σοι ἔχειν αὐτήν. καὶ θέλων αὐτὸν ἀποκτεῖναι
ἐφοβήθη τὸν ὄχλον, ὅτι ὡς προφήτην αὐτὸν εἶχον.
6 ¹⌐γενεσίοις δὲ γενομένοις⌐ τοῦ Ἡρῴδου ὠρχήσατο ἡ
θυγάτηρ ⌐τῆς Ἡρῳδιάδος⌐ ἐν τῷ μέσῳ καὶ ἤρεσεν
7 τῷ Ἡρῴδῃ, ¹ ὅθεν μεθ᾽ ὅρκου ὡμολόγησεν αὐτῇ
8 δοῦναι ὃ ἐὰν αἰτήσηται. ἡ δὲ προβιβασθεῖσα
ὑπὸ τῆς μητρὸς αὐτῆς· δός μοι, φησίν, ὧδε □ἐπὶ
9 πίνακι⌐ τὴν κεφαλὴν Ἰωάννου τοῦ βαπτιστοῦ. καὶ
⌐λυπηθεὶς ὁ βασιλεὺς διὰ⌐ τοὺς ὅρκους καὶ τοὺς
10 συνανακειμένους ἐκέλευσεν δοθῆναι, ¹ καὶ πέμψας
11 ἀπεκεφάλισεν ⌐Ἰωάννην ἐν τῇ φυλακῇ. καὶ ἠνέχθη
ἡ κεφαλὴ αὐτοῦ ⌐ἐπὶ πίνακι καὶ ἐδόθη τῷ κορασίῳ,
12 καὶ ἤνεγκεν τῇ μητρὶ αὐτῆς. καὶ προσελθόντες
οἱ μαθηταὶ αὐτοῦ ἦραν τὸ ⌐πτῶμα καὶ ἔθαψαν ⌐αὐ-
13 τόν, καὶ ἐλθόντες ἀπήγγειλαν τῷ Ἰησοῦ. Ἀκούσας
δὲ ὁ Ἰησοῦς ἀνεχώρησεν ἐκεῖθεν ἐν πλοίῳ εἰς
ἔρημον τόπον κατ᾽ ἰδίαν· καὶ ἀκούσαντες οἱ ὄχλοι
14 ἠκολούθησαν αὐτῷ ⌐πεζῇ ἀπὸ τῶν πόλεων. Καὶ
ἐξελθὼν εἶδεν πολὺν ὄχλον, καὶ ἐσπλαγχνίσθη ἐπ᾽
αὐτοῖς καὶ ἐθεράπευσεν τοὺς ⌐ἀρρώστους αὐτῶν.

Margin references:
1—12:
Mc 6,14.17—29.
L 9,7—9;
3,19.20.
16,14.
(L 8,3.)
4,24.
11,2.
4,12.
19,9.
Lv 18,16; 20,21.
21,26.
Sir 25,18.21.
Sir 20,24.
17,12.
Act 8,2.
13—21:
Mc 6,31—44.
L 9,10—17.
J 6,1—13.
4,12.
9,36; 15,32.
25
143
144
145
146

58 ⌐τας απιστιας D *893 k*. **14,2** ⌐μητι DΦ *b f h* | ⌐*p*) ον εγω απεκεφα-
λισα D*pc* it **3** ⌐τοτε BΘ*al*; W | ⌐*p*) αυτον CℜDΘ*pl*; 𝔖 : *txt* Bℵ*pc* | ⌐²τη
DΘ*al*; 𝔰 | ○D lat; [T] **4** ○ℵ*D*pc*; T **6** ⌐γ. δε αγομενοις λ; 𝔰² : -ιων δε
γ-νων CKΘ*al* (αγομενων ℜ*al*); 𝔖 : γενεσιοις δε latt : *txt* 𝔥D*pc*; 𝔰¹ | ⌐αυτου
Ηρωδιας D. **8** □D **9** ⌐ελυπηθη ο β.· δια δε ℵCℜ*pm*; 𝔖 : *txt* BDΘ*al*
10 ⌐τον CℜDΘ*pl*; 𝔖 **11** ⌐επι τω D : εν τω Θ*pc*; 𝔖 **12** ⌐σωμα ℜ*al* lat |
⌐αυτο CℜDΘ*pl*; 𝔖 : *txt* Bℵ* **13** ⌐πεζοι ℵ*al*; Th **14** ⌐αρρωστουντας D.

95 | ὀψίας δὲ γενομένης προσῆλθον αὐτῷ οἱ μαθηταὶ 15
47,1 λέγοντες· ἔρημός ἐστιν ὁ τόπος καὶ ἡ ὥρα ⌐ἤδη παρ-
ῆλθεν⌐· ἀπόλυσον °οὖν τοὺς ὄχλους, ἵνα ἀπελθόντες
εἰς τὰς κώμας ἀγοράσωσιν ἑαυτοῖς βρώματα. ὁ 16
δὲ °Ἰησοῦς εἶπεν αὐτοῖς· οὐ χρείαν ἔχουσιν ἀπελ-
θεῖν· δότε αὐτοῖς ὑμεῖς φαγεῖν. | οἱ δὲ λέγουσιν 17
αὐτῷ· οὐκ ἔχομεν ὧδε εἰ μὴ πέντε ἄρτους καὶ
δύο ἰχθύας. | ὁ δὲ εἶπεν· φέρετέ μοι ⌐ὧδε αὐτούς⌐. 18
| καὶ ⌐κελεύσας τοὺς ὄχλους ἀνακλιθῆναι ἐπὶ ⌐τοῦ 19
χόρτου⌐, ⌐λαβὼν τοὺς πέντε ἄρτους καὶ τοὺς δύο   J 11,41; 17,1.
ἰχθύας, ἀναβλέψας εἰς τὸν οὐρανὸν εὐλόγησεν, καὶ
κλάσας ἔδωκεν τοῖς μαθηταῖς τοὺς ἄρτους, οἱ δὲ   ?Act 20,35.
μαθηταὶ τοῖς ὄχλοις. καὶ ἔφαγον πάντες καὶ 20
ἐχορτάσθησαν· καὶ ἦραν τὸ περισσεῦον τῶν κλα-   2 Rg 4,44.
σμάτων, δώδεκα κοφίνους πλήρεις. οἱ δὲ ἐσθίοντες 21
ἦσαν ἄνδρες ὡσεὶ πεντακισχίλιοι χωρὶς γυναικῶν
96 καὶ παιδίων. Καὶ [εὐθέως] ἠνάγκασεν τοὺς 22   22—36:
48,6 μαθητὰς ⌐ἐμβῆναι εἰς °τὸ πλοῖον καὶ προάγειν αὐ-   Mc 6,45—56.
                                                        J 6,15—21.
49,2 τὸν εἰς τὸ πέραν, ἕως οὗ ἀπολύσῃ τοὺς ὄχλους. καὶ 23
ἀπολύσας τοὺς ὄχλους ἀνέβη εἰς τὸ ὄρος κατ' ἰδίαν   L 6,12; 9,18.
50,4 προσεύξασθαι. * ὀψίας δὲ γενομένης μόνος ἦν ἐκεῖ.
| τὸ δὲ πλοῖον ἤδη ⌐σταδίους πολλοὺς ἀπὸ τῆς γῆς 24
ἀπεῖχεν⌐, βασανιζόμενον ὑπὸ τῶν κυμάτων, ἦν γὰρ   8,24.
ἐναντίος ὁ ἄνεμος. ⌐τετάρτῃ δὲ φυλακῇ⌐ τῆς νυκτὸς 25 Ps 77,20.
⌐ἦλθεν πρὸς αὐτοὺς περιπατῶν ἐπὶ τὴν θάλασσαν.   Job 9,8.
                                                        Is 43,16.
| ⌐οἱ δὲ μαθηταὶ ἰδόντες αὐτὸν⌐ ἐπὶ τῆς θαλάσσης 26 L 24,37.
περιπατοῦντα ἐταράχθησαν λέγοντες ὅτι φάντασμά
ἐστιν, καὶ ἀπὸ τοῦ φόβου ἔκραξαν. εὐθὺς δὲ 27   Act 12,15.
ἐλάλησεν [ὁ Ἰησοῦς] αὐτοῖς λέγων· θαρσεῖτε, ἐγώ

15 ⌐ℵpc; Th | O𝐁ℜ𝐃Θpl; ℋ   16 Oℵ*𝐃pck sy;
T   18 ⌐21 Cℜpl; s¹:2𝐃Θpcitsyˢᶜ; s²:txt 𝕳   19 ⌐εχε-
λευσεν et ⌐και λαβ. ℵal; h | ⌐τους χορτους ℜal:τον -τον 𝐃pc
22 [p] + 𝐁ℜ𝐃Θpl; W:—ℵ*C*pc; T | ⌐αυτου 𝐁𝐄Θpm; W:
txt 𝕳𝐃al | O𝐁al; ℋ   24 ⌐p) μεσον της θαλασσης ην ℵCℜ
(𝐃)pm lat; Th : txt 𝐁(Θ,φ)pc(sy)   25 ⌐-της δε -κης 𝐃. |
⌐απηλθεν C*ℜ𝐃al; S   26 ⌐ιδ. δε α. ℵ*Θpcit(syˢ); T:
και ιδ. α. οι μ. Cℜpmsyᶜ; S:txt 𝐁𝐃φpc   27[+𝐁; W(⌐Cℜ𝚯
pl; S):—ℵ*𝐃pc; T

28 εἰμι· μὴ φοβεῖσθε. ˈἀποκριθεὶς δὲ ⸉αὐτῷ ὁ Πέτρος 151,
L 22,33. εἶπεν⸊· κύριε, εἰ σὺ εἶ, κέλευσόν με ἐλθεῖν πρὸς
29 σὲ ἐπὶ τὰ ὕδατα. ˈὁ δὲ εἶπεν· ἐλθέ. καὶ καταβὰς
ἀπὸ τοῦ πλοίου ⸆Πέτρος περιεπάτησεν ἐπὶ τὰ
30 ὕδατα ⸂καὶ ἦλθεν⸃ πρὸς τὸν Ἰησοῦν. βλέπων δὲ
τὸν ἄνεμον ⸆ ἐφοβήθη, καὶ ἀρξάμενος καταποντίζε-
31 σθαι ἔκραξεν λέγων· κύριε, σῶσόν με. ˈεὐθέως δὲ
ὁ Ἰησοῦς ἐκτείνας τὴν χεῖρα ἐπελάβετο αὐτοῦ, καὶ
6,30! 28,17. 32 λέγει αὐτῷ· ὀλιγόπιστε, εἰς τί ἐδίστασας; ˈκαὶ ἀνα- 152,
βάντων αὐτῶν εἰς τὸ πλοῖον ἐκόπασεν ὁ ἄνεμος.
16,16! 33 ˈοἱ δὲ ἐν τῷ πλοίῳ προσεκύνησαν αὐτῷ λέγοντες·
34 ἀληθῶς θεοῦ υἱὸς εἶ. Καὶ διαπεράσαντες ἦλθον 97
35 ⸂ἐπὶ τὴν γῆν εἰς⸃ ⸀Γεννησαρέτ. καὶ ἐπιγνόντες αὐτὸν 153,
οἱ ἄνδρες τοῦ τόπου ἐκείνου ἀπέστειλαν εἰς ὅλην
τὴν περίχωρον ἐκείνην, καὶ προσήνεγκαν αὐτῷ πάν-
36 τας τοὺς κακῶς ἔχοντας, ˈ καὶ παρεκάλουν °αὐτὸν
9,21. Nu 15,38. Mc 6,56. L 6,19. ἵνα μόνον ἅψωνται τοῦ κρασπέδου τοῦ ἱματίου
1—20: αὐτοῦ· καὶ ὅσοι ἥψαντο διεσώθησαν.
Mc 7,1—23. (J 1,19.) 15 Τότε προσέρχονται τῷ Ἰησοῦ ⸆ἀπὸ Ἱεροσολύμων 28
Kol 2,8. 2 Φαρισαῖοι καὶ γραμματεῖς λέγοντες· ˈ διὰ τί οἱ 154,
μαθηταί σου παραβαίνουσιν τὴν παράδοσιν τῶν
L 11,38. πρεσβυτέρων; οὐ γὰρ νίπτονται τὰς χεῖρας ⸆ὅταν
3 ἄρτον ἐσθίωσιν. ὁ δὲ ἀποκριθεὶς εἶπεν αὐτοῖς·
διὰ τί καὶ ὑμεῖς παραβαίνετε τὴν ἐντολὴν τοῦ
4 θεοῦ διὰ τὴν παράδοσιν ὑμῶν; ˈ ὁ γὰρ θεὸς ⸀εἶπεν·
Ex 20,12. Dt 5,16. **τίμα τὸν πατέρα καὶ τὴν μητέρα**, καί· **ὁ κακολογῶν**
Ex 21,17. Lv 20,9. 5 **πατέρα ἢ μητέρα θανάτῳ τελευτάτω**. ὑμεῖς δὲ
Prv 28,24. λέγετε· ὃς ἂν εἴπῃ τῷ πατρὶ ἢ τῇ μητρί· δῶρον ὃ
1 T 5,8. 6 ἐὰν ἐξ ἐμοῦ ⸀ὠφελήθῃς⸆, ˈ⸆οὐ μὴ τιμήσει τὸν πατέρα
αὐτοῦ ⸋ἢ τὴν μητέρα αὐτοῦ⸌· καὶ ἠκυρώσατε ⸂τὸν

---

28 ⸉2341 ***B****al*; H ***29*** ⸆ο ***C*ℜΘ***pl*; S : *txt* ***B*ℵ*D*** | ⸂ελθειν ℜ***D*Θ***pm*; h : *ελθειν· ηλθεν ουν* ℵ*. : *txt* ***BC*****al* sy[sc] ***30*** ⸆ισχυ-ρον *rell*; S : *txt* ***B*****ℵ *33* aeg. ***34*** ⸂εις την γην ℜ*pm*; S | ⸀Γεν-νησαρ ***D*****latsy ***36*** °***B*****pc*; [H] ***15,1*** ⸆*p*) οι ***C*ℜ***al* : *txt* ***B*ℵ*D*Θ***pm* ***2*** ⸆αυτων ***C*ℜ*D*Θ***pm*; S ***4*** ⸀ενετειλατο λεγων ℵ****C*ℜ*pm*; T : *txt* ***BD*Θ***al* Ir ***5*** ⸀(▮ *perperam* -ηθῇς HTW) | ⸆ουδεν εστιν ℵ*. ***6*** ⸆και ℜ*al* | ⸋***B*ℵ*D****pc a e* sy[c]; H | ⸂τον νομον ℵ****C****pc*; Th : την εντολην ℜ*pm* : *txt p*) ***BD*Θ***pc* it sy Ir

λόγον τοῦ θεοῦ διὰ τὴν παράδοσιν ὑμῶν. ὑποκρι- 7
ταί, καλῶς ἐπροφήτευσεν περὶ ὑμῶν Ἡσαΐας λέγων·
ὁ λαὸς οὗτος τοῖς χείλεσίν με τιμᾷ,   8   Is 29,13 Lxx.
     Ps 78,36 s.
    ἡ δὲ καρδία αὐτῶν πόρρω *ἀπέχει ἀπ' ἐμοῦ·*
μάτην δὲ σέβονταί με,   9   Kol 2,22.
     Tt 1,14.
    διδάσκοντες διδασκαλίας ἐντάλματα ἀνθρώπων.
Καὶ προσκαλεσάμενος τὸν ὄχλον εἶπεν αὐτοῖς· 10
ἀκούετε καὶ συνίετε· οὐ τὸ εἰσερχόμενον εἰς τὸ στόμα 11   Act 10,15 ; 11,8.
     1 T 4,4. Tt 1,15.
κοινοῖ τὸν ἄνθρωπον, ἀλλὰ τὸ ἐκπορευόμενον ἐκ   12,34. E 4,29.
     Jc 3,6. (R 14,14.)
τοῦ στόματος, τοῦτο *κοινοῖ* τὸν ἄνθρωπον.   Τότε 12
προσελθόντες οἱ μαθηταὶ λέγουσιν αὐτῷ· οἶδας
ὅτι οἱ Φαρισαῖοι ἀκούσαντες τὸν λόγον ἐσκανδα-
λίσθησαν; ὁ δὲ ἀποκριθεὶς εἶπεν· πᾶσα φυτεία 13   (13,29.) Act 5,38
     (J 15,2.) Jd 12.
ἣν οὐκ ἐφύτευσεν ὁ πατήρ μου ὁ οὐράνιος ἐκριζω-
θήσεται. ἄφετε *αὐτούς· τυφλοί εἰσιν ὁδηγοί* τυ- 14   13,14 ; 23,16.24.
     L 6,39. J 9,40.
φλῶν· τυφλὸς δὲ τυφλὸν *ἐὰν ὁδηγῇ,* ἀμφότεροι   R 2,19. (J 16,13.)
εἰς *βόθυνον* πεσοῦνται.   Ἀποκριθεὶς δὲ ὁ Πέτρος 15
εἶπεν αὐτῷ· φράσον ἡμῖν τὴν παραβολήν. ὁ δὲ 16
εἶπεν· ἀκμὴν καὶ ὑμεῖς ἀσύνετοί ἐστε; *οὐ νοεῖτε* 17
ὅτι πᾶν τὸ εἰσπορευόμενον εἰς τὸ στόμα εἰς τὴν
κοιλίαν χωρεῖ καὶ εἰς ἀφεδρῶνα ἐκβάλλεται; τὰ 18   Jc 3,6.
δὲ ἐκπορευόμενα ἐκ τοῦ στόματος ἐκ τῆς καρδίας
ἐξέρχεται, κἀκεῖνα *κοινοῖ* τὸν ἄνθρωπον.   ἐκ γὰρ 19
τῆς καρδίας ἐξέρχονται διαλογισμοὶ πονηροί, φόνοι,   Gn 8,21.
     R 1,28!
μοιχεῖαι, πορνεῖαι, κλοπαί, ψευδομαρτυρίαι, βλασ-
φημίαι. ταῦτά ἐστιν τὰ *κοινοῦντα* τὸν ἄνθρω- 20
πον· τὸ δὲ ἀνίπτοις χερσὶν φαγεῖν οὐ *κοινοῖ* τὸν
ἄνθρωπον.
     21—28 :
Καὶ ἐξελθὼν ἐκεῖθεν ὁ Ἰησοῦς ἀνεχώρησεν εἰς 21   Mc 7,24—30.
τὰ μέρη Τύρου καὶ Σιδῶνος. καὶ ἰδοὺ γυνὴ Χανα- 22   1 Rg 17,8—24.
     Mc 3,8.
ναία ἀπὸ τῶν ὁρίων ἐκείνων ἐξελθοῦσα *ἔκραξεν*

8 *ἐστιν* D lat Cl^pt   11 *παν* D. | *bis κοινωνει* D, *it* 18. 20
14 *τους τυφλους* D. | ⌐3 21 𝕏*C𝕽al; Th | O B𝕏D pc ; 𝕳 [h] |
οδηγων σφαλησεται και Θ𝕱 | *τον β.* Θ𝕱 : βοθρον D pc Cl Or
15 *ταυτην* C𝕽D Θ pm; S : txt B𝕏al   17 *ουπω* 𝕏C𝕽 pm; S :
txt BDΘal latsy   18 *v.* 11   20 *κοινωνουντα* D | *v.* 11
22 *-ξεν* 𝕏*al; Th : εκραυγαζεν M; W : -αυγασεν C𝕽al; S : txt
BDΘal   40

20,30.　　λέγουσα· ἐλέησόν με, κύριε ⌜υἱὸς Δαυίδ· ἡ θυγάτηρ
23 μου κακῶς δαιμονίζεται. ὁ δὲ οὐκ ἀπεκρίθη
αὐτῇ λόγον. καὶ προσελθόντες οἱ μαθηταὶ αὐτοῦ
ἠρώτων αὐτὸν λέγοντες· ἀπόλυσον αὐτήν, ὅτι
10,6! 24 κράζει ὄπισθεν ἡμῶν. ὁ δὲ ἀποκριθεὶς εἶπεν· 158,
(L 4,25—27.) οὐκ ἀπεστάλην εἰ μὴ εἰς τὰ πρόβατα ⌐ τὰ ἀπολω-
R 15,8.
25 λότα οἴκου Ἰσραήλ. ἡ δὲ ἐλθοῦσα προσεκύνει 159,
26 αὐτῷ λέγουσα· κύριε, βοήθει μοι. ὁ δὲ ἀποκρι-
7,6; 10,14.　　θεὶς εἶπεν· οὐκ ⌜ἔστιν καλὸν⌝ λαβεῖν τὸν ἄρτον
27 τῶν τέκνων καὶ βαλεῖν τοῖς κυναρίοις. ἡ δὲ εἶπεν·
ναί, κύριε· καὶ ° γὰρ τὰ κυνάρια ἐσθίει ἀπὸ τῶν
L 15,16; 16,21.　　⌜ψιχίων τῶν πιπτόντων ἀπὸ τῆς τραπέζης τῶν
28 κυρίων αὐτῶν. τότε ἀποκριθεὶς ὁ Ἰησοῦς εἶπεν
8,10.13.　　αὐτῇ· ὦ γύναι, μεγάλη σου ἡ πίστις· γενηθήτω
σοι ὡς θέλεις. καὶ ἰάθη ἡ θυγάτηρ αὐτῆς ἀπὸ
τῆς ὥρας ἐκείνης.

29—31:
Mc 7,31—37. 29　　Καὶ μεταβὰς ἐκεῖθεν ὁ Ἰησοῦς ἦλθεν παρὰ 30
5,1.　　τὴν θάλασσαν τῆς Γαλιλαίας, καὶ ἀναβὰς εἰς τὸ 160,
19,2. Mc 3,10. 30 ὄρος ἐκάθητο ἐκεῖ. καὶ προσῆλθον αὐτῷ ὄχλοι
πολλοὶ ἔχοντες μεθ' ἑαυτῶν ⌜χωλούς, κυλλούς,
τυφλούς, κωφούς⌝, καὶ ἑτέρους πολλούς, καὶ ἔρριψαν
αὐτοὺς ⌜παρὰ τοὺς πόδας αὐτοῦ· καὶ ἐθεράπευσεν
9,33; 11,4 s. 31 αὐτοὺς ⌐ · ⌐ ὥστε ⌜τὸν ὄχλον⌝ ⌐θαυμάσαι βλέποντας⌝
κωφοὺς ⌜λαλοῦντας, □κυλλοὺς ὑγιεῖς⌝ καὶ χωλοὺς
L 2,20! 2 Rg 1,3. περιπατοῦντας καὶ τυφλοὺς βλέποντας· καὶ ⌐ ἐδό-
32—39:
Mc 8,1—10. 32 ξασαν τὸν θεὸν Ἰσραήλ. Ὁ δὲ Ἰησοῦς προσκαλε- 31
J 6,1—13. σάμενος τοὺς μαθητὰς αὐτοῦ εἶπεν· σπλαγχνίζομαι
9,36; 14,14. ἐπὶ τὸν ὄχλον, ὅτι ° ἤδη ⌜ἡμέραι τρεῖς προσμένουσίν
μοι καὶ οὐκ ἔχουσιν τί φάγωσιν· καὶ ἀπολῦσαι αὐτοὺς
33 νήστεις οὐ θέλω, μήποτε ἐκλυθῶσιν ἐν τῇ ὁδῷ. καὶ
λέγουσιν αὐτῷ οἱ μαθηταί· πόθεν ἡμῖν ἐν ἐρημίᾳ

22 ⌜υιε ℵCℜpl; h : txt BDΘpc　　24 ⌐ταυτα D sysc. 26 ⌐
21 544 pc : 1 1293 : εξεστιν D itsysc Or; T.　　27 O p) B esysp;
[H] | ⌜ψιχων D.　　30 ⌜1342 ℜOal; T : 1324 ℵpc itsy ; s¹ :
132 D pc : txt B; (Hdb) | ⌜υπο D b sy | ⌐παντας D it　　31 ⌜
τους οχλους Bℜal; Wh | ⌐B 892.; W | ⌐p) ακουοντας Bal
e; h | □ℵal lat sysc; ℋ | ⌐-αζον ℵal; Th　　32 O B; [H] |
⌐-ρας ℵΘ pm

ἄρτοι τοσοῦτοι ὥστε χορτάσαι ὄχλον τοσοῦτον; καὶ 34
λέγει αὐτοῖς ὁ Ἰησοῦς· πόσους ἄρτους ἔχετε; οἱ
δὲ εἶπαν· ἑπτά, καὶ ὀλίγα ἰχθύδια. καὶ ⌜παραγ- 35
γείλας τῷ ὄχλῳ ἀναπεσεῖν ἐπὶ τὴν γῆν ⌐⌜ἔλαβεν 36
τοὺς ἑπτὰ ἄρτους καὶ τοὺς ἰχθύας καὶ εὐχαρι-
στήσας ἔκλασεν καὶ ἐδίδου τοῖς μαθηταῖς, οἱ δὲ
μαθηταὶ τοῖς ὄχλοις. καὶ ἔφαγον πάντες καὶ 37
ἐχορτάσθησαν, καὶ τὸ περισσεῦον τῶν κλασμάτων
ἦραν, ἑπτὰ σπυρίδας πλήρεις. οἱ δὲ ἐσθίοντες 38
ἦσαν ⌜τετρακισχίλιοι ἄνδρες χωρὶς ˢγυναικῶν καὶ
101 παιδίων⌐. Καὶ ἀπολύσας τοὺς ὄχλους ἐνέβη εἰς τὸ 39
πλοῖον, καὶ ἦλθεν εἰς τὰ ὅρια ⌜Μαγαδάν.

Καὶ προσελθόντες °οἱ Φαρισαῖοι καὶ Σαδδου- 16
καῖοι πειράζοντες ⌜ἐπηρώτησαν αὐτὸν σημεῖον ἐκ
τοῦ οὐρανοῦ ἐπιδεῖξαι αὐτοῖς. ὁ δὲ ἀποκριθεὶς 2
εἶπεν αὐτοῖς· [ὀψίας γενομένης λέγετε· εὐδία,
πυρράζει γὰρ ὁ οὐρανός· ⌐καὶ πρωΐ· σήμερον χειμών, 3
πυρράζει γὰρ στυγνάζων ὁ ⌜οὐρανός. ⌜τὸ μὲν πρόσ-
ωπον τοῦ οὐρανοῦ γινώσκετε διακρίνειν, τὰ δὲ
σημεῖα τῶν καιρῶν οὐ ⌜δύνασθε·;] ⌐ γενεὰ πονηρὰ 4
□καὶ μοιχαλὶς⌐ σημεῖον ⌜ἐπιζητεῖ, καὶ σημεῖον οὐ
δοθήσεται αὐτῇ εἰ μὴ τὸ σημεῖον Ἰωνᾶ. καὶ
32 καταλιπὼν αὐτοὺς ἀπῆλθεν. Καὶ ἐλθόντες οἱ 5
64,2 μαθηταὶ εἰς τὸ πέραν ἐπελάθοντο ˢἄρτους λαβεῖν⌐.
⌐ὁ δὲ Ἰησοῦς εἶπεν αὐτοῖς· ὁρᾶτε καὶ προσέχετε 6
ἀπὸ τῆς ζύμης τῶν Φαρισαίων καὶ Σαδδουκαίων.
⌜οἱ δὲ⌐ διελογίζοντο ἐν ἑαυτοῖς λέγοντες ὅτι ἄρτους 7
οὐκ ἐλάβομεν. γνοὺς δὲ ὁ Ἰησοῦς εἶπεν· τί δια- 8
λογίζεσθε ἐν ἑαυτοῖς, ὀλιγόπιστοι, ὅτι ἄρτους οὐκ

Margin references:
1—12: Mc 8,11—21.
12,38. Mc 15,32. 1 K 1,22.
L 12,54—56.

(11,4.)
12,39 s; 17,17.

Jon 2,1.

L 12,1. 1 K 5,6. G 5,9.
(13,33.)

J 4,33.

6,30! 31.

35.36 ⌜εχελευσε et ⌜και λαβων **C**ℜ𝔭𝔪   **38** ⌜𝔭) ως **B**Θ*al*;
h : ωσει 𝔑*al* | ˢ𝔑**D**Θ*al*latsyᶜ; Th   **39** ⌜Μαγδαλα ℜΘ*al* (-λαν
Cal) : *txt* B𝔑*D (latsy)   **16,1** °33 565 λ Or; [H] | ⌜-των 𝔑
Θ*al*; Th   **2.3** [+ **C**ℜ**D**Θ𝔭𝔪 latt; W : !— B𝔑*al*syˢᶜOr; [H]]
3 ⌜αηρ **D**. | ⌜𝔭) υποκριται ℜ*al*it : *txt* **CD**Θ𝔭𝔪 | ⌜δυν. εδο-
κιμαζειν **GM** 33 *al* : δυν. γνωναι 245 1012 lat : 𝔭) δοκιμαζετε **L** :
συνιετε S*al* : *txt* **C**ℜ**D**Θ𝔭𝔪 | ⌐. H   **4** □𝔭) **D** it | ⌜ζητει **D**Θ :
αιτει **B***.; W   **5** 𝔭) ˢB*al*; Wh   **7** ⌜τοτε **D** it

14,17—21.
Mc 6,52.

9 ⸀ἔχετε; οὔπω νοεῖτε, οὐδὲ μνημονεύετε τοὺς πέντε
ἄρτους τῶν πεντακισχιλίων καὶ πόσους κοφίνους

15,34—38.

10 ἐλάβετε; οὐδὲ τοὺς ἑπτὰ ἄρτους τῶν τετρακισχι-
11 λίων καὶ πόσας σπυρίδας ἐλάβετε; πῶς οὐ νοεῖτε
ὅτι οὐ περὶ ἄρτων εἶπον ὑμῖν; προσέχετε δὲ ἀπὸ

J 6,27.
(15,11.)

12 τῆς ζύμης τῶν Φαρισαίων καὶ Σαδδουκαίων. τότε
συνῆκαν ὅτι οὐκ εἶπεν προσέχειν ἀπὸ τῆς ζύμης
[τῶν ἄρτων], ἀλλὰ ἀπὸ τῆς διδαχῆς τῶν ⸆Φαρισαίων
καὶ Σαδδουκαίων⸇.

13—20:
Mc 8,27—30.
L 9,18—21.

J 18,34.

13   Ἐλθὼν δὲ ὁ Ἰησοῦς εἰς τὰ μέρη Καισαρείας 33
τῆς Φιλίππου ἠρώτα τοὺς μαθητὰς αὐτοῦ λέγων· 166
τίνα ⸆ λέγουσιν οἱ ἄνθρωποι εἶναι °τὸν υἱὸν τοῦ

14,2.
17,10.
21,11! J 1,25.

14 ἀνθρώπου; | οἱ δὲ εἶπαν· οἱ μὲν Ἰωάννην τὸν
βαπτιστήν, ἄλλοι δὲ Ἠλίαν, ἕτεροι δὲ Ἰερεμίαν

14,33; 26,63;
27,54.
J 1,49; 6,69.

15 ἢ ἕνα τῶν προφητῶν. λέγει αὐτοῖς· ὑμεῖς δὲ τίνα
16 με λέγετε εἶναι; | ἀποκριθεὶς δὲ Σίμων Πέτρος εἶπεν·

G 1,15 s.
11,27; 17,4 s.

17 σὺ εἶ ὁ χριστὸς ὁ υἱὸς τοῦ θεοῦ τοῦ ⸀ζῶντος. ἀπο- 167
κριθεὶς δὲ ὁ Ἰησοῦς εἶπεν αὐτῷ· μακάριος εἶ,

J 1,42.
E 2,20.]
Job 38,17.
Is 38,10.
Sap 16,13.
Ps 9,14; 107,16.
Jr 1,19. 1 P 2,5.

Σίμων ⸀Βαριωνά, ὅτι σὰρξ καὶ αἷμα ʼοὐκ ἀπεκά-
λυψέν σοι ἀλλ' ὁ πατήρ μου ὁ ἐν °τοῖς οὐρανοῖς.
18 | κἀγὼ δέ σοι λέγω ὅτι σὺ εἶ Πέτρος, καὶ ἐπὶ ταύτῃ
τῇ πέτρᾳ οἰκοδομήσω μου τὴν ἐκκλησίαν, καὶ

18,18! (23,13.)
Job 12,14.
Mc 13,34. L 11,52
Is 22,23. J 20,23.
Ap 1,18; 3,7.

19 πύλαι ᾅδου οὐ κατισχύσουσιν αὐτῆς. ʽδώσω σοιʼ
τὰς κλεῖδας τῆς βασιλείας τῶν οὐρανῶν, καὶ ὃ ἐὰν
δήσῃς ἐπὶ τῆς γῆς ἔσται δεδεμένον ἐν τοῖς οὐρανοῖς,
καὶ ὃ ἐὰν λύσῃς ἐπὶ τῆς γῆς ἔσται λελυμένον ἐν

20 τοῖς οὐρανοῖς. τότε ⸀ἐπετίμησεν τοῖς μαθηταῖς 168
ἵνα μηδενὶ εἴπωσιν ὅτι αὐτός ἐστιν ὁ χριστός.

17,9.
21—28:
Mc 8,31—9,1.
L 9,22—27.
17,22 s; 20,18 s;
26,2. L 13,33.
J 12,24.

21   Ἀπὸ τότε ἤρξατο ʽἸησοῦς Χριστὸςʼ δεικνύειν τοῖς 10
μαθηταῖς αὐτοῦ ὅτι δεῖ αὐτὸν εἰς Ἱεροσόλυμα ἀπελ-

---

8 ⸀ελαβετε C𝕽pm; T : txt p) B𝕶DΘal   12 [+ Bal lat; W:
του αρτου C𝕽pm : των Φαρισαιων και Σαδδουκαιων 𝕶*(33)ff¹
syᶜ; T: —DΘ 565 pc itsyˢ; [H] | ⸆B.; W   13 ⸆p) με(𝕊C)𝕽DΘpl
Irˡᵃᵗ : txt B𝕶pc | °D   16 ⸀σωζοντος D*.   17 ⸀(βαρ Ιωνα 𝕶Θ) |
°B ; [H]   19 ʽκαι δ. σ. C𝕽pm (⸌L lat); S: δ. δε σοι Θpc·
σοι δ. D itsy : txt B𝕶   20 ⸀διεστειλατο 𝕶C𝕽Θpl; Th : txt p)
B*Desyᶜ   21 ʽο Ιησ. C𝕽Θpl; Thʳ¹: Ιησ. D ; hʳ²: — 𝕶²892 Irˡᵃᵗ
Or; hʳ³: txt B*𝕶*

43

θεῖν καὶ *πολλὰ παθεῖν ἀπὸ τῶν πρεσβυτέρων καὶ
ἀρχιερέων καὶ γραμματέων καὶ ἀποκτανθῆναι καὶ
⁶⁹,⁸ ⸆τῇ τρίτῃ ἡμέρᾳ ἐγερθῆναι⸀. καὶ προσλαβόμενος 22
αὐτὸν ὁ Πέτρος ⸆ἤρξατο ἐπιτιμᾶν αὐτῷ λέγων⸀·
ἵλεώς σοι, κύριε· οὐ μὴ ἔσται σοι τοῦτο. ὁ δὲ 23
στραφεὶς εἶπεν τῷ Πέτρῳ· ὕπαγε ὀπίσω ⸂μου⸃,
σατανᾶ· σκάνδαλον εἶ ἐμοῦ, ὅτι οὐ φρονεῖς τὰ
⁷⁰,² τοῦ θεοῦ ⸂ἀλλὰ τὰ τῶν ἀνθρώπων⸃. Τότε °ὁ 24
Ἰησοῦς εἶπεν τοῖς μαθηταῖς αὐτοῦ· εἴ τις θέλει
ὀπίσω μου ἐλθεῖν, ἀπαρνησάσθω ἑαυτὸν καὶ ἀράτω
τὸν σταυρὸν αὐτοῦ, καὶ ἀκολουθείτω μοι. ὃς γὰρ 25
ἐὰν θέλῃ τὴν ψυχὴν αὐτοῦ σῶσαι, ἀπολέσει αὐτήν·
ὃς δ᾽ ἂν ἀπολέσῃ τὴν ψυχὴν αὐτοῦ ἕνεκεν ἐμοῦ,
εὑρήσει αὐτήν. τί γὰρ ⸂ὠφεληθήσεται ἄνθρωπος, 26
ἐὰν τὸν κόσμον ὅλον κερδήσῃ, τὴν δὲ ψυχὴν
αὐτοῦ ζημιωθῇ; ἢ τί δώσει ἄνθρωπος ἀντάλ-
⸆,10 λαγμα τῆς ψυχῆς αὐτοῦ; ¹ μέλλει γὰρ ὁ υἱὸς τοῦ 27
ἀνθρώπου ἔρχεσθαι ἐν τῇ δόξῃ τοῦ πατρὸς αὐτοῦ
μετὰ τῶν ἀγγέλων αὐτοῦ, καὶ τότε ἀποδώσει ἑκάστῳ
04 κατὰ ⸂τὴν πρᾶξιν⸃ αὐτοῦ. ἀμὴν λέγω ὑμῖν ὅτι εἰσίν 28
⸆²,² τινες τῶν ὧδε ἑστώτων οἵτινες οὐ μὴ γεύσωνται
θανάτου ἕως ἂν ἴδωσιν τὸν υἱὸν τοῦ ἀνθρώπου
ἐρχόμενον ἐν ⸂τῇ βασιλείᾳ αὐτοῦ⸃.

34   Καὶ μεθ᾽ ἡμέρας ἓξ παραλαμβάνει ὁ Ἰησοῦς 17
τὸν Πέτρον καὶ ⸆Ἰάκωβον καὶ Ἰωάννην τὸν ἀδελφὸν
αὐτοῦ, καὶ ἀναφέρει αὐτοὺς εἰς ὄρος ὑψηλὸν ⸂κατ᾽
ἰδίαν⸃. καὶ μετεμορφώθη ἔμπροσθεν αὐτῶν, καὶ 2
ἔλαμψεν τὸ πρόσωπον αὐτοῦ ὡς ὁ ἥλιος, τὰ δὲ
ἱμάτια αὐτοῦ ἐγένετο λευκὰ ὡς ⸂τὸ φῶς⸃. καὶ ἰδοὺ 3
⸂ὤφθη αὐτοῖς Μωϋσῆς καὶ Ἡλίας ⸄συλλαλοῦντες
μετ᾽ αὐτοῦ⸅. ἀποκριθεὶς δὲ ὁ Πέτρος εἶπεν τῷ 4
Ἰησοῦ· κύριε, καλόν ἐστιν ἡμᾶς ὧδε εἶναι· εἰ

Right margin references:
12,40. J 2,19.
Hos 6,2.
1 K 15,4.
Act 21,12.
4,10. 2 Sm 19,23.
Is 8,14. 1 P 2,8.
R 9,32.
1 K 2,11; 3,3.
10,38 s. 1 P 2,21.
J 12,25.
Ap 12,11.
Sir 10,31 s.
L 12,20.
4,8. (Ph 3,8.)
Jc 4,13.
Ps 49,8.
J 5,29. 2 K 11,15!
Ap 2,23. 1 K 3,13.
Ps 62,13.
Prv 24,12.
Sir
35[32],24[22].
J 8,52. H 2,9.
10,23! L 23,42.
1—8:
Mc 9,2—8.
L 9,28—36.
26,37 p.
Mc 5,37 p; 13,3.
Ex 24,16.
28,3. 2 P 1,16-18.
Ex 34,29.
(13,43.) Ap 1,16.
10; 22,31 s.
1 P 1,10 ss.
Ml 3,22 s.

Apparatus:
21 ⸆ μετα τρεις ημερας αναστηναι D(al)   22 ⸆ λεγει αυτω επιτιμων B; Wh
23 ⸂(σου Blass cj) | ⸂αλλ α του ανθρωπου D q sa : — eff² g¹ r¹   24 O B*;
[H]   26 ⸂p) -λειται C R D al Cl : txt ℌ Θ al   27 ⸂τα εργα ℵ* Fal latsy   28 ⸆
δοξη Cl. : τη δ. α. 1279 a sa : τη δ. του πατρος α. ℵ³ pc : τ. β. και τ. δ. α. sy^c
17,1 ⸆ τον ℵ D Θ pc; h | ⸂λιαν D Eus.   2 ⸂χιων D latsy^c   3 ⸂ωφθησαν C R al;
S | ⸄ C R D Θ pl S : txt B ℵ pc   44

L 9,54.

3,17! 16,16 s.
Gn 22,2. Ps 2,7.
Is 42,1.
Dt 18,15.

1 P 5,1.

Hab 3,2 Lxx.

Ap 1,17.

9—13:
Mc 9,9—13.
16,20.

Act 9,10!

3. 11,14; 16,14.

M 13,23. Act 1,6!

1 Rg 19,2.10.
14,9 s. L 23,25.

11,13. L 1,17.

14—21:
Mc 9,14—29.
L 9,37—42.

4,24. Ps 121,6.

16,4. Dt 32,5.
Ph 2,15.

θέλεις, ποιήσω ὧδε ⌐τρεῖς σκηνάς⌐, σοὶ μίαν καὶ
5 Μωϋσεῖ μίαν καὶ ⌐²Ἠλίᾳ μίαν⌐. ἔτι αὐτοῦ λα-
λοῦντος, ἰδοὺ νεφέλη ⌐φωτεινὴ ἐπεσκίασεν αὐτούς,
καὶ ἰδοὺ φωνὴ ἐκ τῆς νεφέλης λέγουσα· οὗτός
ἐστιν ὁ υἱός μου ὁ ἀγαπητός, ἐν ᾧ εὐδόκησα·
6 ἀκούετε αὐτοῦ. καὶ ἀκούσαντες οἱ μαθηταὶ ἔπεσαν
ἐπὶ πρόσωπον αὐτῶν καὶ ἐφοβήθησαν σφόδρα.
7 ¹καὶ προσῆλθεν ὁ Ἰησοῦς καὶ ἁψάμενος αὐτῶν
8 εἶπεν· ἐγέρθητε καὶ μὴ φοβεῖσθε. ἐπάραντες δὲ
τοὺς ὀφθαλμοὺς αὐτῶν οὐδένα εἶδον εἰ μὴ ⌐αὐτὸν
9 Ἰησοῦν μόνον. Καὶ καταβαινόντων αὐτῶν ἐκ τοῦ 105
ὄρους ἐνετείλατο αὐτοῖς ὁ Ἰησοῦς λέγων· μηδενὶ
εἴπητε τὸ ὅραμα ἕως οὗ ὁ υἱὸς τοῦ ἀνθρώπου ἐκ
10 νεκρῶν ⌐ἐγερθῇ. Καὶ ἐπηρώτησαν αὐτὸν οἱ μαθηταὶ 173,6
⌐λέγοντες· τί οὖν οἱ γραμματεῖς λέγουσιν ὅτι Ἠλίαν
11 δεῖ ἐλθεῖν πρῶτον; ¹ὁ δὲ ἀποκριθεὶς εἶπεν· Ἠλίας
12 μὲν ἔρχεται⌐ καὶ ἀποκαταστήσει πάντα·¹ λέγω δὲ
ὑμῖν ὅτι Ἠλίας ἤδη ἦλθεν, καὶ οὐκ ἐπέγνωσαν
αὐτόν, ἀλλ’ ἐποίησαν ἐν αὐτῷ ὅσα ἠθέλησαν·
⌐οὕτως καὶ ὁ υἱὸς τοῦ ἀνθρώπου μέλλει πάσχειν
13 ὑπ’ αὐτῶν. τότε συνῆκαν οἱ μαθηταὶ ὅτι περὶ
Ἰωάννου τοῦ βαπτιστοῦ εἶπεν αὐτοῖς⌐.

14 Καὶ ἐλθόντων⌐ πρὸς τὸν ὄχλον προσῆλθεν αὐτῷ 35 1
15 ἄνθρωπος γονυπετῶν αὐτὸν ¹καὶ λέγων· κύριε, 174,2
ἐλέησόν μου τὸν υἱόν, ὅτι σεληνιάζεται καὶ
κακῶς ⌐ἔχει· πολλάκις γὰρ πίπτει εἰς τὸ πῦρ καὶ
16 ⌐πολλάκις εἰς τὸ ὕδωρ. καὶ προσήνεγκα αὐτὸν
τοῖς μαθηταῖς σου, καὶ οὐκ ἠδυνήθησαν αὐτὸν
17 θεραπεῦσαι. ⌐ἀποκριθεὶς δὲ ὁ Ἰησοῦς⌐ εἶπεν· ὦ
γενεὰ ⌐ἄπιστος καὶ διεστραμμένη, ἕως πότε μεθ’

---

4 ⌐p) B e.; Wh | ⌐²BRal; W   5 ⌐φωτος φsyᶜ   8 ⌐p)
τον R(⌐D)pl; Th: txt B*(⌐א)Θ   9 ⌐p) αναστη rell; h: txt
BD 1604.   10 ⌐αυτου BRDpm; W: txt ℌΘal lat   11 ⌐p)
πρωτον CRal | ·;S   12.13 ⌐τοτε ... αυτοις. ουτως ... αυτων
D it.; hʳ   14 ⌐αυτων CROpm; S: txt BRal   15 ⌐πασχει
CRDpl; Th: txt BXΘpc | ⌐ενιοτε DΘpc it Or   17 ⌐τοτε απ.
I. Z; h¹: απ. ο I. Ω latsy; h²: ο δε απ. א* : txt BRDΘpl |
⌐πονηρα ZΦ.

ὑμῶν ἔσομαι; ἕως πότε ἀνέξομαι ὑμῶν; φέρετέ J 14,9. Kol 3,13.
μοι αὐτὸν ὧδε. καὶ ἐπετίμησεν αὐτῷ ὁ Ἰησοῦς, 18
καὶ ἐξῆλθεν ἀπ' αὐτοῦ τὸ δαιμόνιον, καὶ ἐθερα-
175,5 πεύθη ὁ παῖς ἀπὸ τῆς ὥρας ἐκείνης. Τότε προσ- 19 10,1.
ελθόντες οἱ μαθηταὶ τῷ Ἰησοῦ κατ' ἰδίαν εἶπον· (I. 10,17.)
διὰ τί ἡμεῖς οὐκ ἠδυνήθημεν ἐκβαλεῖν αὐτό; | ὁ δὲ 20
λέγει αὐτοῖς· διὰ τὴν ⸀ὀλιγοπιστίαν ὑμῶν· ἀμὴν 6,30.
γὰρ λέγω ὑμῖν, ἐὰν ἔχητε πίστιν ὡς κόκκον σινά- 21,21; 13,31 p. Mc 11,23. L 17,6.
πεως, ἐρεῖτε τῷ ὄρει τούτῳ· μετάβα ἔνθεν ἐκεῖ, 1 K 13,2.
καὶ μεταβήσεται, καὶ οὐδὲν ἀδυνατήσει ὑμῖν.⸆ **22.23**: Mc 9,30–32.
107 ⸀Συστρεφομένων δὲ αὐτῶν ἐν τῇ Γαλιλαίᾳ εἶπεν 22 L 9,43–45.
176,2 αὐτοῖς ὁ Ἰησοῦς· μέλλει ὁ υἱὸς τοῦ ἀνθρώπου 16,21! 2 Sm 24,14.
παραδίδοσθαι εἰς χεῖρας ἀνθρώπων, | καὶ ἀπο- 23
κτενοῦσιν αὐτόν, καὶ ⸂τῇ τρίτῃ ἡμέρᾳ⸃ ⸀ἐγερθήσεται.
⸋καὶ ἐλυπήθησαν σφόδρα.⸌ J 16,6.
108 Ἐλθόντων δὲ αὐτῶν εἰς Καφαρναοὺμ προσῆλ- 24
177,10 θον οἱ τὰ δίδραχμα λαμβάνοντες τῷ Πέτρῳ καὶ (22,19.) Ex 30,13.
εἶπαν· ὁ διδάσκαλος ὑμῶν οὐ τελεῖ ⸆δίδραχμα;
| λέγει· ναί. καὶ ⸀ἐλθόντα εἰς τὴν οἰκίαν προ- 25
έφθασεν αὐτὸν ὁ Ἰησοῦς λέγων· τί σοι δοκεῖ,
Σίμων; οἱ βασιλεῖς τῆς γῆς ἀπὸ ⸁τίνων λαμβά-
νουσιν τέλη ἢ κῆνσον; ἀπὸ τῶν υἱῶν αὐτῶν ἢ
ἀπὸ τῶν ἀλλοτρίων; | εἰπόντος δέ· ἀπὸ τῶν ἀλλο- 26
τρίων, ἔφη αὐτῷ ὁ Ἰησοῦς· ἄρα γε ἐλεύθεροί εἰσιν
οἱ υἱοί.⸆ ἵνα δὲ μὴ ⸀σκανδαλίσωμεν αὐτούς, πο- 27 R 14,13. 1 K 8,13.
ρευθεὶς εἰς θάλασσαν βάλε ἄγκιστρον καὶ τὸν
ἀναβάντα πρῶτον ἰχθὺν ἆρον, καὶ ἀνοίξας τὸ
στόμα αὐτοῦ εὑρήσεις στατῆρα· ἐκεῖνον λαβὼν δὸς Mc 14,13.
αὐτοῖς ἀντὶ ἐμοῦ καὶ σοῦ.

---

20 ⸀*απιστιαν* ***CℜDpm*** latt sy^{s} | ⸆*p*) (**21**) *τουτο δε το γενος ουκ εκπορευεται ει μη εν προσευχη και νηστεια.* ***CℜDpl*** lat; h^{r} : *txt* ***Bℵ*Θ****pc e ff*^{1}sy^{sc} **22** ⸀*αναστρ-* ***CℜΘ***(*⸉**D***)*pl*; S : *txt* ***Bℵ****pc* **23** ⸂*p*) *μετα τρεις ημερας* ***D*** it sy^{s} | ⸀*p*) *αναστησεται* ***Bal***; Wh | ⸋***Kal*** **24** ⸆*τα* ***ℌℜΘ****pl*; H : *txt* **ℵ*D** *1010.* **25** ⸀*εισελθ-* **ℵ***(***D***); Th : *txt* ***B*** | ⸁*τινος* ***Bal***; Wh **26** ⸆*εφη Σιμων· ναι. λεγει ο Ιησους· δος ουν και συ ως αλλοτριος αυτων.* *713* Ephr **27** ⸀*-ιζωμεν* **ℵ*LZ*.**; Th

1—5:
Mc 9,33—37.
L 9,46—48.

19,14 p. 1 P 2,2.
5,20. J 3,3.5.

L 18,17.25.

10,40.

6—9:
Mc 9,42—47.
L 17,1.2.

Ap 18, 1.

26,24.
L 17,1 8.

5,29 s.
R 6,19; 8,13.
Kol 3,5.

L 2,13; 16,22.
Act 5,19;
12,7.15.
H 1,14.

12—14:
L 15,4—7.

1 P 2,25.

18 Ἐν ἐκείνῃ ⊤ τῇ ⌜ὥρᾳ προσῆλθον οἱ μαθηταὶ τῷ 37 1
Ἰησοῦ λέγοντες· τίς ἄρα μείζων ἐστὶν ἐν τῇ βασι- 178,²
2 λείᾳ τῶν οὐρανῶν; καὶ προσκαλεσάμενος παιδίον
3 ἔστησεν αὐτὸ ἐν μέσῳ αὐτῶν | καὶ εἶπεν· ἀμὴν
λέγω ὑμῖν, ἐὰν μὴ στραφῆτε καὶ γένησθε ὡς τὰ
παιδία, οὐ μὴ εἰσέλθητε εἰς τὴν βασιλείαν τῶν
4 οὐρανῶν. ὅστις ⌜οὖν ταπεινώσει ἑαυτὸν ὡς τὸ
παιδίον τοῦτο, οὗτός ἐστιν ὁ μείζων ἐν τῇ βασι-
5 λείᾳ τῶν οὐρανῶν. καὶ ὃς ἐὰν δέξηται ἓν παιδίον
6 τοιοῦτο ἐπὶ τῷ ὀνόματί μου, ἐμὲ δέχεται· | ὃς δ' ἂν 179,
σκανδαλίσῃ ἕνα τῶν μικρῶν τούτων τῶν πιστευόν-
των εἰς ἐμέ, συμφέρει αὐτῷ ἵνα κρεμασθῇ μύλος
ὀνικὸς ⌜περὶ τὸν τράχηλον αὐτοῦ καὶ καταποντισθῇ
7 ἐν τῷ πελάγει τῆς θαλάσσης. Οὐαὶ τῷ κόσμῳ 110
ἀπὸ τῶν σκανδάλων· ἀνάγκη γὰρ ⊤ ἐλθεῖν τὰ σκάν-
δαλα, πλὴν οὐαὶ τῷ ἀνθρώπῳ ⊤ δι' οὗ τὸ σκάνδαλον
8 ἔρχεται.   Εἰ δὲ ἡ χείρ σου ἢ ὁ πούς σου 180,
σκανδαλίζει σε, ἔκκοψον ⌜αὐτὸν καὶ βάλε ἀπὸ σοῦ·
καλόν σοί ἐστιν εἰσελθεῖν εἰς τὴν ζωὴν κυλλὸν ἢ
χωλόν, ἢ δύο χεῖρας ἢ δύο πόδας ἔχοντα βληθῆναι
9 εἰς ⌜τὸ πῦρ τὸ αἰώνιον⌝. καὶ εἰ ὁ ὀφθαλμός σου
σκανδαλίζει σε, ἔξελε αὐτὸν καὶ βάλε ἀπὸ σοῦ·
καλόν σοί ἐστιν μονόφθαλμον εἰς τὴν ζωὴν εἰσελθεῖν,
ἢ δύο ὀφθαλμοὺς ἔχοντα βληθῆναι εἰς τὴν γέενναν
10 ⌑τοῦ πυρός⌝. Ὁρᾶτε μὴ καταφρονήσητε ἑνὸς τῶν 181,
μικρῶν τούτων ⊤· λέγω γὰρ ὑμῖν ὅτι οἱ ἄγγελοι
αὐτῶν ⌜ἐν οὐρανοῖς⌝ διὰ παντὸς βλέπουσι τὸ πρόσ-
12 ωπον τοῦ πατρός μου τοῦ ἐν οὐρανοῖς. ⊤ Τί ὑμῖν 38
δοκεῖ; ἐὰν γένηταί τινι ἀνθρώπῳ ἑκατὸν πρόβατα 182,
καὶ πλανηθῇ ἓν ἐξ αὐτῶν, οὐχὶ ⌜ἀφήσει τὰ ἐνενήκοντα
ἐννέα ἐπὶ τὰ ὄρη°καὶ πορευθεὶς ζητεῖ τὸ πλανώμενον;

---

1 ⊤δε *Bpc*e sy^c; Wh | ⌜ημερα Θ 33 al itsy^sc Or   4 ⌜γαρ *Wg*¹sy^sc : — *G* 713
6 ⌜εις ℜ*Oal*; S: επι *Dal*: txt ℌ*al*   7 ⊤εστιν ℵℜ*Dal*; T | ⊤εκεινω *BℜOpl*
8 ⌜αυτα ℜ*al* | ⌜την γεενναν του πυρος λ *ff*¹sy^c sa   9 ⌑*D*   10 ⊤*p*) των πι-
στευοντων εις εμε *Dpc* itsy^c | ⌜εν τω ουρανω *B*(*33*)*pc*; W : — *Nλ* itsy^s Cl Or;
[h] : txt ℵℜ*DΘpm* | ⊤(9,13. L 19,10)   (11) ηλθεν γαρ ο υιος του ανθρωπου
σωσαι το απολωλος. ℜ*Dpm* lat sy^c; h^r : txt ℌ*Oal eff*¹sy^s Or   12 ⌜αφεις et ⌑
ℵℜ*pm*; T : txt *B*(*D*)Θ*al*

¹ καὶ ἐὰν γένηται εὑρεῖν αὐτό, ἀμὴν λέγω ὑμῖν ὅτι 13
χαίρει ἐπ' αὐτῷ μᾶλλον ἢ ἐπὶ τοῖς ἐνενήκοντα ἐννέα
τοῖς μὴ πεπλανημένοις. οὕτως οὐκ ἔστιν θέλημα 14
ἔμπροσθεν τοῦ πατρὸς ⌜ὑμῶν⌝ τοῦ ἐν οὐρανοῖς ἵνα
ἀπόληται ⌜ἓν⌝ τῶν μικρῶν τούτων.   Ἐὰν δὲ 15
ἁμαρτήσῃ ⊤ ὁ ἀδελφός σου, ὕπαγε ἔλεγξον αὐτὸν
μεταξὺ σοῦ καὶ αὐτοῦ μόνου. ἐάν σου ἀκούσῃ,
ἐκέρδησας τὸν ἀδελφόν σου· ¹ ἐὰν δὲ μὴ ἀκούσῃ, 16
παράλαβε ⌐μετὰ ⌜σοῦ ἔτι ἕνα ἢ δύο⌐, ἵνα ἐπὶ στόματος
δύο °μαρτύρων ἢ τριῶν σταθῇ πᾶν ῥῆμα· ἐὰν δὲ 17
παρακούσῃ αὐτῶν, εἰπὸν τῇ ἐκκλησίᾳ· ἐὰν δὲ καὶ
τῆς ἐκκλησίας παρακούσῃ, ἔστω σοι ὥσπερ ὁ
ἐθνικὸς καὶ ὁ τελώνης.   Ἀμὴν λέγω ὑμῖν, ὅσα 18
ἐὰν δήσητε ἐπὶ τῆς γῆς ἔσται δεδεμένα ἐν οὐρανῷ,
καὶ ὅσα ἐὰν λύσητε ἐπὶ τῆς γῆς ἔσται λελυμένα
ἐν οὐρανῷ.   Πάλιν [ἀμὴν] λέγω ὑμῖν ὅτι ἐὰν δύο 19
⌜συμφωνήσωσιν ἐξ ὑμῶν ἐπὶ τῆς γῆς περὶ παντὸς
πράγματος οὗ ἐὰν αἰτήσωνται, γενήσεται αὐτοῖς
παρὰ τοῦ πατρός μου τοῦ ἐν οὐρανοῖς. ⌜οὗ γάρ 20
εἰσιν⌝ δύο ἢ τρεῖς συνηγμένοι εἰς τὸ ἐμὸν ὄνομα,
⌜ἐκεῖ⌝ εἰμι ἐν μέσῳ αὐτῶν.

Τότε προσελθὼν ὁ Πέτρος εἶπεν °αὐτῷ· κύριε, 21
ποσάκις ἁμαρτήσει ⌐εἰς ἐμὲ ὁ ἀδελφός μου⌐ καὶ
ἀφήσω αὐτῷ; ἕως ἑπτάκις; ¹ λέγει αὐτῷ ὁ Ἰησοῦς· 22
οὐ λέγω σοι ἕως ἑπτάκις, ἀλλὰ ἕως ἑβδομηκον-
τάκις ⌜ἑπτά⌝. Διὰ τοῦτο ὡμοιώθη ἡ βασιλεία τῶν 23
οὐρανῶν ἀνθρώπῳ βασιλεῖ, ὃς ἠθέλησεν συνᾶραι
λόγον μετὰ τῶν δούλων αὐτοῦ. ἀρξαμένου δὲ 24
αὐτοῦ συναίρειν, ⌜προσήχθη ⌐εἰς αὐτῷ⌐ ὀφειλέτης

Margin references:
38,5 Lv 19,17. L 17,3. G 6,1. 2 T 4,2. Tt 3,10.
4,10 Dt 19,15. J 8,17! 2 K 13,1. 1 T 5,19. H 10,28. 1 K 5,9—13. 16,18. (2 Th 3,15.)
35,7 27; 16,19. L 6,37; 13,16. J 20,23.
11 Mc 11,24. J 16,24.
3,10 28,20. 1 K 5,4. L 24,15. J 14,23.
67,5 / 39 / 8,10 L 17,4. Gn 4,24. 22,2! 25,19. E 4,32. Kol 3,13.

14 ⌜μου BΘφpm syˢ; ℋ : txt 𝕏D al latsyᶜ | ⌜εις ℛΘpm; S
15 ⊤εις σε ℛDΘpl latsy; s: txt B𝕏pc Or   16 ⌐3—6 1 2 B; h |
⌜σεαυτου 𝕳Θpm; T : txt BRDal | °D   19 [+ BℛΘ)pm
itsyᵃᶜ; W : — 𝕳Dal lat; T | ⌜-σουσιν 𝕏Dal; Thᵃ
20 ⌐ουκ εισιν γαρ et ⌜παρ οις ουκ Dg¹ syˢ Cl; hʳ   21 O𝕏*;
[H] : txt 𝕳Dal (⌐ℛΘpm) | ⌐3—5 1 2 BΘφ; W   22 ⌜επτα-
κις D*   24 ⌜προσηνεχθη 𝕏ℛΘpl; T : txt BD | ⌐ℛDΘpl; s :
txt B𝕏*.

25 ⌐μυρίων ταλάντων. μὴ ἔχοντος δὲ αὐτοῦ ἀπο-
δοῦναι, ἐκέλευσεν αὐτὸν ὁ κύριος πραθῆναι καὶ
τὴν γυναῖκα καὶ τὰ τέκνα καὶ πάντα ὅσα ⌐ἔχει,
26 καὶ ἀποδοθῆναι. πεσὼν οὖν ὁ δοῦλος⌐ προσεκύνει
αὐτῷ λέγων· ⌐μακροθύμησον ἐπ᾿ ἐμοί, καὶ πάντα
L 7,42. 27 ἀποδώσω σοι.   σπλαγχνισθεὶς δὲ ὁ κύριος τοῦ
18!   δούλου ○ ἐκείνου ἀπέλυσεν αὐτόν, καὶ τὸ δάνειον
28 ἀφῆκεν αὐτῷ. ἐξελθὼν δὲ ὁ δοῦλος ἐκεῖνος εὗρεν
ἕνα τῶν συνδούλων αὐτοῦ, ὃς ὤφειλεν αὐτῷ ἑκατὸν
δηνάρια, καὶ κρατήσας αὐτὸν ἔπνιγεν λέγων·
29 ἀπόδος⌐ εἴ τι ὀφείλεις. | πεσὼν οὖν ὁ σύνδουλος
αὐτοῦ⌐ παρεκάλει αὐτὸν λέγων· μακροθύμησον ἐπ᾿
30 ἐμοί, καὶ ⌐ἀποδώσω σοι.   ὁ δὲ οὐκ ἤθελεν, ἀλλὰ
ἀπελθὼν ἔβαλεν αὐτὸν εἰς φυλακὴν ἕως⌐ ἀποδῷ
31 τὸ ὀφειλόμενον. ἰδόντες ⌐οὖν ˢοἱ σύνδουλοι αὐτοῦˑ
τὰ ⌐γενόμενα ἐλυπήθησαν σφόδρα, καὶ ἐλθόντες
διεσάφησαν τῷ κυρίῳ ἑαυτῶν πάντα τὰ γενόμενα.
7,2. L 6,36—38. 32 | τότε προσκαλεσάμενος αὐτὸν ὁ κύριος αὐτοῦ λέγει
αὐτῷ· δοῦλε πονηρέ, πᾶσαν τὴν ὀφειλὴν ἐκείνην
5,7; 6,12.
1 J 4,11. 33 ἀφῆκά σοι, ἐπεὶ παρεκάλεσάς με· οὐκ ἔδει καὶ
σὲ ἐλεῆσαι τὸν σύνδουλόν σου, ὡς κἀγὼ σὲ ἠλέησα;
22,7. 34 | καὶ ὀργισθεὶς ὁ κύριος αὐτοῦ παρέδωκεν αὐτὸν
5,26. Jc 2,13. τοῖς βασανισταῖς ἕως ○οὗ ἀποδῷ ○²πᾶν τὸ ὀφειλό-
6,14 s. 35 μενον ○³αὐτῷ.   Οὕτως καὶ ὁ πατήρ μου ὁ ⌐οὐράνιος
ποιήσει ὑμῖν, ἐὰν μὴ ἀφῆτε ἕκαστος τῷ ἀδελφῷ
αὐτοῦ ἀπὸ τῶν καρδιῶν ὑμῶν⌐.

1—9:
Mc 10,1—12. **19**   Καὶ ἐγένετο ὅτε ⌐ἐτέλεσεν ὁ Ἰησοῦς τοὺς λόγους 112
7,28; 11,1;   τούτους, μετῆρεν ἀπὸ τῆς Γαλιλαίας καὶ ἦλθεν 189,6
13,53; 26,1.
L 9,51!   εἰς τὰ ὅρια τῆς Ἰουδαίας πέραν τοῦ Ἰορδάνου.

----

24 ⌐πολλων ℵ*Or   25 ⌐ειχεν ℵℜDpl; T : txt BΘpc
26 ⌐εκεινος D Θ 33 al latsy; T | ⌐κυριε ℵℜpl; S : txt BDΘpc
latsyˢᶜ   27 ○ BΘpc; [H]   29 ⌐ εις τους
ποδας αυτου ℜpm | ⌐ παντα Θ 33 pm lat   30 ⌐ου ℵDΘpl; S
31 ⌐δε CℜΘpl; S ˢ3 1 2 B.; W | ⌐γιν- DLpc; T   34 ○ B:
[H] | ○² Dpc syˢ | ○³ BDΘ al latsyˢᶜ; H   35 ⌐επουρ- C*ℜΘal |
⌐τα παραπτωματα αυτων Cℜpm   19,1 ⌐ελαλησεν Dit

¹καὶ ἠκολούθησαν αὐτῷ ὄχλοι πολλοί, καὶ ἐθερά- 2 15,30.
πευσεν αὐτοὺς ἐκεῖ.

113 Καὶ προσῆλθον αὐτῷ ᵀΦαρισαῖοι πειράζοντες 3 5,31 s.
αὐτὸν καὶ λέγοντες· εἰ ἔξεστιν ᵀἀπολῦσαι τὴν
γυναῖκα αὐτοῦ κατὰ πᾶσαν αἰτίαν; ὁ δὲ ἀπο- 4
κριθεὶς εἶπεν· οὐκ ἀνέγνωτε ὅτι ὁ ᵀκτίσας ▯ἀπ᾽ Gn 1,27.
ἀρχῆς˄ ἄρσεν καὶ θῆλυ ἐποίησεν ᴼαὐτούς; ¹καὶ εἶπεν· 5
ἕνεκα τούτου καταλείψει ἄνθρωπος τὸν πατέρα Gn2,24. E5,31s.
καὶ τὴν μητέρα καὶ κολληθήσεται τῇ γυναικὶ αὐτοῦ,
καὶ ἔσονται οἱ δύο εἰς σάρκα μίαν ⁼². ὥστε οὐκέτι 6 1 K 6,16; 7,10s.
εἰσὶν δύο ἀλλὰ σὰρξ μία. ὁ οὖν ὁ θεὸς συνέζευξενᵀ,
ἄνθρωπος μὴ ᵀχωριζέτω. ¹λέγουσιν αὐτῷ· τί οὖν 7
Μωϋσῆς ἐνετείλατο δοῦναι βιβλίον ἀποστασίου καὶ Dt 24,1.
ἀπολῦσαιᵀ; ¹λέγει αὐτοῖς· ὅτι Μωϋσῆς πρὸς τὴν 8
σκληροκαρδίαν ὑμῶν ἐπέτρεψεν ὑμῖν ἀπολῦσαι τὰς
γυναῖκας ὑμῶν· ἀπ᾽ ἀρχῆς δὲ ˹οὐ γέγονεν˺ οὕτως.
90,2 ¹λέγω δὲ ὑμῖν ᴼὅτι ὃς ἂν ἀπολύσῃ τὴν γυναῖκα αὐτοῦ 9 14,4. L 16,18.
˹μὴ ἐπὶ πορνείᾳ˺ ▯καὶ γαμήσῃ ἄλλην˄, ᵀμοιχᾶταιᵀ.
1,10 ¹λέγουσιν αὐτῷ οἱ μαθηταί· εἰ οὕτως ἐστὶν ἡ αἰτία 10
τοῦ ᵀἀνθρώπου μετὰ τῆς γυναικός, οὐ συμφέρει
γαμῆσαι. ὁ δὲ εἶπεν αὐτοῖς· οὐ πάντες χωροῦσιν 11 1 K 7,7.17.
τὸν λόγον ᴼτοῦτον, ἀλλ᾽ οἷς δέδοται. εἰσὶν γὰρ 12
εὐνοῦχοι οἵτινες ἐκ κοιλίας μητρὸς ἐγεννήθησαν
οὕτως, καὶ εἰσὶν εὐνοῦχοι οἵτινες εὐνουχίσθησαν
ὑπὸ τῶν ἀνθρώπων, καὶ εἰσὶν εὐνοῦχοι οἵτινες
εὐνούχισαν ἑαυτοὺς διὰ τὴν βασιλείαν τῶν οὐρανῶν. (L 14,20.
ὁ δυνάμενος χωρεῖν χωρείτω. 1 K 7,33.)

14 Τότε προσηνέχθησαν αὐτῷ παιδία, ἵνα τὰς 13 13—15:
92,2 χεῖρας ἐπιθῇ αὐτοῖς καὶ προσεύξηται· οἱ δὲ μαθη- Mc 10,13—16.
L 18,15—17.
9,18!

3 ᵀοι ℵℜDal; T | ᵀανθρωπω CℜDΘpl   4 ˹ποιησας
ℵCℜDpl latsy; T : txt BΘpc | ▯ et ᴼ sysff¹   4.5 ⁖. et ⁼²; H
6 ᵀεις εν Dit | ˹αποχ· D.   7 ᵀαυτην BCℜpm;
Wh : txt ℵDΘal   8 ⁝— · H | ˹ουκ εγενετο D   9 ᴼBDpc it;
Wh | ˹(5,32) παρεκτος λογου πορνειας BDλφal; h
▯Bλpc; h | ˹ποιει αυτην μοιχευθηναι P²⁵BC*λ al; h | ᵀp)
και ο απολελυμενην γαμησας (γαμων CΘal; S) μοιχαται
B(CΘ)ℜpm; h(S) : txt ℵDal itsyᵃᶜ   10 ˹ανδρος D itsy
11 ᴼBpc e Or; H

50

20,31 p.
18,2 s.
14 ται ἐπετίμησαν αὐτοῖς. ὁ δὲ Ἰησοῦς εἶπενᵀ· ἄφετε
τὰ παιδία καὶ μὴ κωλύετε αὐτὰ ἐλθεῖν πρός ⌜με·
τῶν γὰρ τοιούτων ἐστὶν ἡ βασιλεία τῶν οὐρανῶν.

L 9,51!
16—30:
15 ᶦκαὶ ἐπιθεὶς τὰς χεῖρας αὐτοῖς ἐπορεύθη ἐκεῖθεν.

Mc 10,17—31.
L 18,18—30.
R 2,7.
16 　Καὶ ἰδοὺ εἷς προσελθὼν αὐτῷ εἶπεν· διδά-41|
σκαλεᵀ, τί ἀγαθὸν ποιήσω ἵνα σχῶ ζωὴν αἰώνιον; 193

L 10,26—28.
17 ᶦὁ δὲ εἶπεν αὐτῷ· ⌜τί με ἐρωτᾷς περὶ τοῦ ἀγαθοῦ;
εἷς ἐστιν ὁ ἀγαθόςᵀ⌝· εἰ δὲ θέλεις εἰς τὴν ζωὴν

Ex 20,13—16.
Dt 5,17—20.
18 εἰσελθεῖν, ⌜τήρει τὰς ἐντολάς.ᶦ ⌜λέγει αὐτῷ· ποίας⌝;
ὁ δὲ Ἰησοῦς ⌜ἔφη· τὸ οὐ φονεύσεις, ⌜οὐ μοιχεύσεις,

Ex 20,12.
Dt 5,16.
Lv 19,18.
19 οὐ κλέψεις,⌝ οὐ ψευδομαρτυρήσεις, ᶦτίμα τὸν πατέρα
καὶ τὴν μητέρα, ⌑καὶ ἀγαπήσεις τὸν πλησίον σου ὡς
20 σεαυτόν⌝. λέγει αὐτῷ ὁ νεανίσκος· ⌐ταῦτα πάντα⌝

L 12,33.
21 ⌜ἐφύλαξαᵀ· τί ἔτι ὑστερῶ; ᶦ ⌜ἔφη αὐτῷ ὁ Ἰησοῦς· εἰ 194,
5,48. Ph 3,7 s.　θέλεις τέλειος εἶναι, ὕπαγε πώλησόν σου τὰ ὑπάρ-
6,20. L 16,9.　χοντα καὶ δὸς ᵀπτωχοῖς, καὶ ἕξεις θησαυρὸν ἐν
Ps 62,11.
22 ⌜οὐρανοῖς, καὶ δεῦρο ἀκολούθει μοι. ἀκούσας δὲ ὁ 195,
νεανίσκος ⌜τὸν λόγον [τοῦτον]⌝ ἀπῆλθεν λυπούμενος·
23 ἦν γὰρ ἔχων ⌜κτήματα πολλά. Ὁ δὲ Ἰησοῦς εἶπεν
τοῖς μαθηταῖς αὐτοῦ· ἀμὴν λέγω ὑμῖν ὅτι πλούσιος
δυσκόλως εἰσελεύσεται εἰς τὴν βασιλείαν τῶν

7,14. L 6,24.
24 οὐρανῶν. πάλιν δὲ λέγω ὑμῖν, ᵀεὐκοπώτερόν ἐστιν
⌜κάμηλον διὰ ⌜τρήματος ῥαφίδος ⌜²εἰσελθεῖν ἢ
7,28!
25 πλούσιονᵀ εἰς τὴν βασιλείαν ⌜τοῦ θεοῦ⌝. ἀκούσαντες
δὲ οἱ μαθηταὶ ἐξεπλήσσοντο ᵀσφόδρα λέγοντες· τίς
26 ἄρα δύναται σωθῆναι; ἐμβλέψας δὲ ὁ Ἰησοῦς

14 ᵀαυτοις 𝔖Dal; Th: txt B𝕽Θpm | ⌜εμε 𝕏pc; T 16 ᵀp)
αγαθε C𝕽Θpm latsy Ju Ir; hʳ 17 ⌜p) τι με λεγεις αγαθον· ουδεις
αγαθος ει μη εις ο θεος C𝕽pm Ir; hʳ¹ᵉ | ᵀο θεος latsyᶜ; hʳ²ᵛ: ο
πατηρ e Clᵖᵗ; hʳ³: ο π. μου ο εν τοις ουρανοις Ju Clᵖᵗ Clʰᵒᵐ;
hʳ⁴ | ⌜τηρησον rell; Th: txt BD 565. 18 ⌜ποιας; φησιν 𝕏·
Th | ⌜ειπεν 𝕏C𝕽DΘpl; Th: txt B | ⌜12 syˢ. : — 𝕏*. 19 ⌑
p) syᵖᵃˡ ᵖᵗ. : (Or cj); hʳᵛ 20 ⌐𝕏C𝕽Θal; Th: txt BDpm | ⌜
-ξαμην C𝕽pl | ᵀp) εκ νεοτητος D : εκ ν. μου C𝕽pl 21 ⌜λε-
γει BΘφ; h | ⌜τοις BDΘpc; [H] | ⌜-νω 𝕏𝕽Θpm; T 22 ⌜
τ. λ. C𝕽DΘpl; S: τ. λ. τ. B itsy; W: — 𝕏pc; T | ⌜χρηματα B
Cl; W 24 ᵀοτι 𝔖al; Th: txt B𝕽DΘpm | ⌜καμιλον 59 pc
arm | ⌜p) τρυπηματος 𝕽Dpm; Th: p) τρυμαλιᾶς CΘal: txt B
𝕏* | ⌜²διελθειν B𝕽DΘal; Wh | ᵀεισελθειν BDΘpc(ⳠC
𝕽pm); Wh | ⌜των ουρανων λ33 al latsyˢᶜ; T 25 ᵀκαι εφοβη-
θησαν D itsyᶜ

Gn 18,14.
Job 42,2.
Zch 8,6 Lxx.

εἶπεν αὐτοῖς· παρὰ ἀνθρώποις τοῦτο ἀδύνατόν
116 ἐστιν, **παρὰ δὲ θεῷ** ˢ*πάντα δυνατά*˻. Τότε ἀπο- 27 L 1,37.
κριθεὶς ὁ Πέτρος εἶπεν αὐτῷ· ἰδοὺ ἡμεῖς ἀφή- L5,11.28; 22,28.
καμεν πάντα καὶ ἠκολουθήσαμέν σοι· τί ἄρα ἔσται
6,10 ἡμῖν; ¹ ὁ δὲ Ἰησοῦς εἶπεν ⌜αὐτοῖς· ἀμὴν λέγω ὑμῖν 28
ὅτι ὑμεῖς οἱ ἀκολουθήσαντές μοι, ἐν τῇ παλιγ-
γενεσίᾳ, ὅταν καθίσῃ ὁ υἱὸς τοῦ ἀνθρώπου ἐπὶ J 3,5!
25,31. Dn 7,9 s.
97,5 θρόνου δόξης αὐτοῦ, * ⌜καθήσεσθε καὶ ⌜²αὐτοὶ ἐπὶ 20,21. L 22,30.
Ap 3,21; 20,4.
δώδεκα θρόνους κρίνοντες τὰς δώδεκα φυλὰς τοῦ
98,2 Ἰσραήλ. καὶ πᾶς ὅστις ἀφῆκεν ˢοἰκίας ἢ ἀδελ- 29 13,44. H 10,34.
φοὺς ἢ ἀδελφὰς ἢ πατέρα ἢ μητέραᵀ ἢ τέκνα ἢ
117 ἀγρούς˺ ἔνεκεν τοῦ ἐμοῦ ὀνόματος, ⌜πολλαπλασίονα
99,2 λήμψεται καὶ ζωὴν αἰώνιον κληρονομήσει. Πολλοὶ δὲ 30 20,16. L 13,30.
42 ἔσονται πρῶτοι ἔσχατοι καὶ ἔσχατοι πρῶτοι. Ὁμοία 20
0,10 γάρ ἐστιν ἡ βασιλεία τῶν οὐρανῶν ἀνθρώπῳ 21,33 ss. L 13,6.
Is 5,1—7.
οἰκοδεσπότῃ, ὅστις ἐξῆλθεν ἅμα πρωῒ μισθώσα-
σθαι ἐργάτας εἰς τὸν ἀμπελῶνα αὐτοῦ. συμφωνήσας 2 13.
δὲ μετὰ τῶν ἐργατῶν ἐκ δηναρίου τὴν ἡμέραν Tob 5,15 Lxx.
ἀπέστειλεν αὐτοὺς εἰς τὸν ἀμπελῶνα αὐτοῦ. καὶ 3
⌜ἐξελθὼν περὶ τρίτην ὥραν εἶδεν ἄλλους ἑστῶτας
ἐν τῇ ἀγορᾷ ἀργούς, ¹καὶ ἐκείνοις εἶπεν· ὑπάγετε 4
καὶ ὑμεῖς εἰς τὸν ἀμπελῶναᵀ, καὶ ὃ ἐὰν ᾖ δίκαιον Kol 4,1.
δώσω ὑμῖν. ¹οἱ δὲ ἀπῆλθον. πάλιν [δὲ] ἐξελθὼν 5
περὶ ἕκτην καὶ ἐνάτην ὥραν ἐποίησεν ὡσαύτως.
¹περὶ δὲ τὴν ἑνδεκάτην ⌜ἐξελθὼν εὗρεν ἄλλους 6
ἑστῶταςᵀ, καὶ λέγει αὐτοῖς· τί ὧδε ἑστήκατε ὅλην
τὴν ἡμέραν ἀργοί; ¹λέγουσιν αὐτῷ· ὅτι οὐδεὶς ἡμᾶς 7
ἐμισθώσατο. λέγει αὐτοῖς· ὑπάγετε καὶ ὑμεῖς εἰς
τὸν ἀμπελῶναᵀ. ὀψίας δὲ γενομένης λέγει ὁ κύριος 8 Lv 19,13.
τοῦ ἀμπελῶνος τῷ ἐπιτρόπῳ αὐτοῦ· κάλεσον τοὺς

26 ˢℵpc; T   28 ⌜αυτωDsyˢ | ⌜καθισ- C𝕽Dpm; T | ⌜²υμεις
B𝓒𝕽Θpm; 𝕳 : txt ℵDal   29 ˢη οικιας (— ℵ*) posi αγρους
C*Lal; Th : txt B𝕽D(Θ)pm | ᵀη γυναικα ℵ𝓒𝕽Θpl vg syᶜ; S : txt
BDpc itsyˢ lr Or | ⌜p) εκατονταπλ- ℵ𝓒𝕽DΘpl; S : txt Bpc
20,3 ⌜διεξ- D.   4 ᵀμου ℵ𝓒Θpm; S   5 [+ 𝕭Dal]; T : — B𝕽Θ
pm; W   6 ⌜εξηλθεν και (ℵ)D lat | ᵀαργους C*𝕽pl   7 ᵀκαι
ο εαν ᾖ δικαιον ληψεσθε C𝕽pl

ἐργάτας καὶ ἀπόδος⌐ τὸν μισθόν, ἀρξάμενος ἀπὸ

Dt 24,14 s.   9 τῶν ἐσχάτων ἕως τῶν πρώτων. ⌐ἐλθόντες δὲ⌐ οἱ
περὶ τὴν ἑνδεκάτην ὥραν ἔλαβον ἀνὰ δηνάριον.

10 ⌐⌐καὶ ἐλθόντες⌐ οἱ πρῶτοι ἐνόμισαν ὅτι ⌐πλεῖον
λήμψονται· καὶ ἔλαβον ○ τὸ ἀνὰ δηνάριον καὶ αὐτοί.

11 ⌐λαβόντες δὲ ἐγόγγυζον κατὰ τοῦ οἰκοδεσπότου

12 ⌐λέγοντες· οὗτοι οἱ ἔσχατοι μίαν ὥραν ἐποίησαν,
καὶ ἴσους ⌐αὐτοὺς ἡμῖν⌐ ἐποίησας τοῖς βαστάσασι

13 τὸ βάρος τῆς ἡμέρας καὶ τὸν καύσωνα·. ὁ δὲ
ἀποκριθεὶς ⌐ἑνὶ αὐτῶν εἶπεν⌐· ἑταῖρε, οὐκ ἀδικῶ

14 σε· οὐχὶ δηναρίου ⌐συνεφώνησάς μοι⌐; ⌐ἆρον τὸ σὸν
καὶ ὕπαγε· θέλω ⌐δὲ τούτῳ τῷ ἐσχάτῳ δοῦναι ὡς

(R 9,16.21.)   15 καὶ σοί·⌐ ⌐οὐκ ⌐ἔξεστίν μοι ὃ θέλω ποιῆσαι ἐν τοῖς
6,23. Mc 7 22.   ἐμοῖς; ⌐ἢ ὁ ὀφθαλμός σου πονηρός ἐστιν ὅτι ἐγὼ
L 15,28. Ps 34,9.   ἀγαθός εἰμι; Οὕτως ἔσονται οἱ ἔσχατοι πρῶτοι καὶ
19,30!   16 ἀγαθός εἰμι; Οὕτως ἔσονται οἱ ἔσχατοι πρῶτοι καὶ
οἱ πρῶτοι ἔσχατοι.⌐

17—19:   17   ⌐Μέλλων δὲ ἀναβαίνειν⌐ Ἰησοῦς εἰς Ἱεροσό- 118
Mc 10,32—34.   λυμα <u>παρέλαβεν</u> τοὺς δώδεκα⌐κατ' ἰδίαν, καὶ ἐν ²⁰¹
L 18,31—33.
L 9,51.
16,21!   18 τῇ ὁδῷ <u>εἶπεν αὐτοῖς</u>· ἰδοὺ ἀναβαίνομεν εἰς Ἱερο-
<u>σόλυμα</u>, καὶ ὁ υἱὸς τοῦ ἀνθρώπου παραδοθήσεται
τοῖς ἀρχιερεῦσιν καὶ γραμματεῦσιν, καὶ κατακρι-
19 νοῦσιν αὐτὸν ⌐εἰς <u>θάνατον</u>⌐, ⌐καὶ παραδώσουσιν αὐτὸν
J 18,36; 19,1.   τοῖς ἔθνεσιν εἰς τὸ <u>ἐμπαῖξαι</u> <u>καὶ</u> <u>μαστιγῶσαι</u> καὶ
27,29.   σταυρῶσαι, καὶ τῇ τρίτῃ ἡμέρᾳ ⌐ἐγερθήσεται.

20—28:   20   Τότε προσῆλθεν αὐτῷ ἡ μήτηρ τῶν υἱῶν Ζεβε- 43
Mc 10,35—45.   δαίου μετὰ τῶν υἱῶν αὐτῆς προσκυνοῦσα καὶ ²⁰²
27,56.   21 αἰτοῦσά τι ⌐ἀπ' αὐτοῦ. ὁ δὲ εἶπεν αὐτῇ· τί θέλεις;
4,21 !

---

8 ⌐αυτοις BℵDΘpl; Wh   9 ⌐και ελθ. ℵCℜpl; T: ελθ.
ουν DΘ33pc; S: txt B   10 ⌐ελθ. δε ℵℜpm; T: txt BCDΘpc |
⌐πλειονα ℵℜpm; T: πλειω D.: txt BC*Θal | ○ BℵDpl;
[H]   12 ⌐BCℜΘpm; Wh: txt ℵDal |·; W   13 ⌐312 Cℜpl;
h: 213 B.; W: txt ℵDpc | ⌐-νησα σοι L33pc sy^s   14 ⌐εγω
B; W[h]   15 ⌐ἢ ℵCℜpl lat; T: txt BDΘpc sy^sc | ⌐εστιν
D*. | ⌐ει ℜal   16 ⌐(22,14) πολλοι γαρ εισιν κλητοι, ολιγοι
δε εκλεκτοι. CℜDΘpl latt sy; ⌐h⌐|-: txt ℌpc   17 ⌐και ανα-
βαινων ο ℌℜDΘpl; Th: txt Bpc | ⌐μαθητας BCℜpm; [H]:
txt ℵDΘal   18 ⌐p) θανατω CℜDΘpl; [H]S: — B: txt ℵ
19 ⌐p) αναστησεται BℵDΘpl; Wh   20 ⌐παρ ℌℜΘpl; Th:
txt BD

⌐λέγει αὐτῷ⌐· εἰπὲ ἵνα καθίσωσιν οὗτοι οἱ δύο υἱοί
μου εἷς ἐκ δεξιῶν ⊤ καὶ εἷς ἐξ εὐωνύμων σου ἐν τῇ
βασιλείᾳ σου. ἀποκριθεὶς δὲ ὁ Ἰησοῦς εἶπεν· οὐκ 22
οἴδατε τί αἰτεῖσθε. δύνασθε πιεῖν τὸ ποτήριον
ὃ ἐγὼ μέλλω πίνειν⊤; λέγουσιν αὐτῷ· δυνάμεθα.
⌐λέγει αὐτοῖς· τὸ μὲν ποτήριόν μου πίεσθε⊤, τὸ δὲ 23
καθίσαι ἐκ δεξιῶν μου ⌐καὶ ἐξ εὐωνύμων οὐκ ἔστιν
ἐμὸν ᴼτοῦτο δοῦναι⌐, ἀλλ᾽ οἷς⌐ ἡτοίμασται ὑπὸ τοῦ
πατρός μου. ⌐καὶ ἀκούσαντες⌐ οἱ δέκα ⌐ἠγανάκτησαν 24
περὶ τῶν δύο ἀδελφῶν. ὁ δὲ Ἰησοῦς προσκαλε- 25
σάμενος αὐτοὺς εἶπεν· οἴδατε ὅτι οἱ ἄρχοντες τῶν
ἐθνῶν κατακυριεύουσιν αὐτῶν καὶ οἱ μεγάλοι κατ-
εξουσιάζουσιν αὐτῶν. οὐχ οὕτως ⌐ἐστὶν ἐν ὑμῖν· 26
ἀλλ᾽ ὃς ἐὰν θέλῃ ᔕἐν ὑμῖν μέγαςᔐ γενέσθαι, ⌐ἔσται
ὑμῶν διάκονος, ᴵκαὶ ὃς ἂν θέλῃ ⌐ἐν ὑμῖν εἶναι⌐ 27
πρῶτος, ⌐ἔσται ὑμῶν δοῦλος· ὥσπερ ὁ υἱὸς τοῦ 28
ἀνθρώπου οὐκ ἦλθεν διακονηθῆναι, ἀλλὰ διακο-
νῆσαι καὶ δοῦναι τὴν ψυχὴν αὐτοῦ λύτρον ἀντὶ
πολλῶν.⊤

Καὶ ἐκπορευομένων αὐτῶν ἀπὸ Ἰεριχὼ ⌐ἠκο- 29
λούθησεν αὐτῷ ὄχλος πολύς⌐. καὶ ἰδοὺ δύο τυφλοὶ 30
καθήμενοι παρὰ τὴν ὁδόν, ἀκούσαντες ὅτι Ἰησοῦς
παράγει, ἔκραξαν λέγοντες· ⌐κύριε, ἐλέησον ἡμᾶς⌐,
⊤⌐υἱὸς Δαυίδ. ὁ δὲ ὄχλος ἐπετίμησεν αὐτοῖς ἵνα 31

19,28. L 23,42
(25,33.)

26,39!

Act 12,2.
1 P 5,1. Ap 1,9.

L 22,24—26.

1 K 2,6.

1 Sm 8,5.

5,19; 23,11.
1 K 9,19.

Mc 9,35. 3 J 9.

L 22,27.
Ph 2,7. 1 T 2,6!
Ps 49,8.
Is 53,10 ss.

29—34·
Mc 10,46—52.
L 18,35—43.
9,27.

15,22.

19,13 p.

21 ⌐η δε ειπεν Bpce; h | ⊤σου rell; S: txt B℟. 22 ⊤ p)
ἦ το βαπτισμα ο εγω βαπτιζομαι βαπτισθηναι et 23 ⊤και το
β. ο εγω βαπτ. βαπτισθησεσθε C℟pm 23 ⌐ p) ἦ B⌐pc it;
Wh | ᴼp) B℟℟𝕆al; ℋ | ⌐(ἄλλοις 225 d.) 24 ⌐αχ. δε L𝕆33 pc;
T | ⌐p) ηρξαντο αγανακτειν ℵpc 26 ⌐εσται ℵC℟𝕆pl; T: txt p)
BD | ᔕ312 Bpc; Wh | ⌐εστω HLal 27 ⌐ειν. υμων B;
Wh | ⌐εστω B℟al; W 28 ⊤ υμεις δε ζητειτε εκ μικρου αυ-
ξησαι και (+ μη syᶜ) εκ μειζονος ελαττον ειναι. (cf L 14, 8—10)
εισερχομενοι δε και παρακληθεντες δειπνησαι μη ανακλι-
νεσθε εις τους ᔒεξεχοντας τοπους, μηποτε ενδοξοτερος σου
επελθῃ και προσελθων ο δειπνοκλητωρ ειπῃ σοι· ετι κατω
χωρει, και καταισχυνθησῃ. εαν δε αναπεσῃς εις τον ηττονα
τοπον και επελθῃ σου ηττων, ερει σοι ο δειπνοκλητωρ· συν-
αγε ετι ανω, και εσται σοι τουτο χρησιμον. D(Φ) itsy⌐(ᶜ) hmg
Hil; hʳ 29 ⌐-σαν α. -λοι -λλοι (𝔭45) Dal 30 ⌐231 𝔭45 C℟
pm : p) 23 ℵD𝕆al; T : txt Bpc | ⊤Ιησου ℵ𝕆al | ⌐p) υιε
𝔭45 𝔖D𝕆pm; Th : txt B℟al

σιωπήσωσιν· οἱ δὲ μεῖζον ἔκραξαν λέγοντες· κύριε,
32 ἐλέησον ἡμᾶς, ⌜υἱὸς Δαυίδ. καὶ στὰς ° ὁ Ἰησοῦς
ἐφώνησεν αὐτοὺς καὶ εἶπεν· τί θέλετε ποιήσω
33 ὑμῖν; ᴵ λέγουσιν αὐτῷ· κύριε, ἵνα ἀνοιγῶσιν οἱ ὀφ-
34 θαλμοὶ ἡμῶν.ᵀ σπλαγχνισθεὶς δὲ ὁ Ἰησοῦς ἥψατο
⌐τῶν ⌜ὀμμάτων αὐτῶν⌐, καὶ εὐθέως ἀνέβλεψανᵀ
καὶ ἠκολούθησαν αὐτῷ.

1—9:
Mc 11,1—10. **21** Καὶ ὅτε ⌜ἤγγισαν εἰς Ἰεροσόλυμα καὶ ⌜ἦλθον 45
L 19,29—38.   εἰς Βηθφαγὴ ⌜εἰς τὸ ὄρος τῶν ἐλαιῶν, τότε ᵀἸησοῦς 206
J 12,12—16.
2 ἀπέστειλεν δύο μαθητὰς ᴵλέγων αὐτοῖς· ⌜πορεύεσθε
εἰς τὴν κώμην τὴν ⌜κατέναντι ὑμῶν, καὶ ⌜²εὐθὺς
εὑρήσετε ὄνον δεδεμένην καὶ πῶλον μετ᾿ αὐτῆς·
3 λύσαντες ⌜²ἀγάγετέ μοι. καὶ ἐάν τις ὑμῖν εἴπῃ ⌜τι,
26,18. J 13,13.   ἐρεῖτε ὅτι ὁ κύριος αὐτῶν χρείαν ἔχει· εὐθὺς δὲ
4 ⌜ἀποστελεῖ αὐτούς. Τοῦτο δὲ ᵀγέγονεν ἵνα πληρωθῇ 207
τὸ ῥηθὲν διὰ τοῦ προφήτου λέγοντος·

Is 62,11.   5   εἴπατε τῇ θυγατρὶ Σιών·
Zch 9,9.
          ἰδοὺ ὁ βασιλεύς σου ἔρχεταί σοι
11,29 s.   πραῢς καὶ ἐπιβεβηκὼς ἐπὶ ὄνον
          καὶ ἐπὶ πῶλον °υἱὸν ⌜ὑποζυγίου.

6 ᴵπορευθέντες δὲ οἱ μαθηταὶ καὶ ποιήσαντες καθὼς 208
7 ⌜συνέταξεν αὐτοῖς ὁ Ἰησοῦς ᴵἤγαγον τὴν ὄνον καὶ
τὸν πῶλον, καὶ ἐπέθηκαν ἐπ᾿ ⌜αὐτῶν τὰ ἱμάτιαᵀ,
8 καὶ ⌐ἐπεκάθισεν ἐπάνω αὐτῶν⌐. ὁ δὲ πλεῖστος ὄχλος
2 Rg 9,13.   ἔστρωσαν ἑαυτῶν τὰ ἱμάτια ἐν τῇ ὁδῷ, ἄλλοι δὲ
ἔκοπτον κλάδους ἀπὸ τῶν δένδρων καὶ ⌜ἐστρών-

31 ⌜p) υιε ℌ*Dpm*; Th : *txt* B𝕽Θ*al* **32** °B·; [H] **33** ᵀ(9,28)
Quibus dixit Jesus : Creditis posse me hoc facere? qui re-
sponderunt ei : Ita, Domine *c*; hʳ¹ : et videamus te syᶜ; hʳ²ᵛ
34 ⌐312 *B*; W | ⌜οφθαλμων ℵC𝕽*pm* : *txt* BDΘ*al* | ᵀαυτων
οι οφθαλμοι C𝕽*al* **21,1** ⌜p) -σεν C³*al* et ⌜-θεν ℵ*C³*al* | ⌜προς
ℵ𝕽DΘ*pl* ; S : *txt* BC*pc* | ᵀο ℌ𝕽Θ*pm*; W : *txt* BD*al* **2** ⌜-εὐ-
θητε C𝕽*al* ; S | ⌜απεν- 𝕽*pm* ; S | ⌜²-θεως BC𝕽DΘ*pl* ; W : *txt*
ℵ*pc* | ⌜²αγετε BD ; h **3** ⌜p)·τι ποιειτε ; D | ⌜p) αποστελλει
C𝕽Θ*pm* **4** ᵀολον B𝕽*pl* **5** °L*pc* | ⌜-γιον D*it* **6** ⌜προσετ-
ℵ𝕽Θ*pl* ; T : *txt* BCD*pc* **7** ⌜αυτον D*it* : αυτω Θ33*pc* | ᵀαυ-
των C𝕽*pl* ; S | ⌐εκαθισαν επ. επ αυτων ℵ* : επεκαθισαν επ.
αυτον ℵ³ : εκαθητο επ. αυτου D(Θ) **8** ⌜εστρωσαν ℵ*Dit*; T

^{9,1} νυον ἐν τῇ ὁδῷ. οἱ δὲ ὄχλοι οἱ προάγοντες °αὐτὸν 9
καὶ οἱ ἀκολουθοῦντες ἔκραζον λέγοντες·
   ὡσαννὰ τῷ υἱῷ Δαυίδ·
  εὐλογημένος ὁ ἐρχόμενος ἐν ὀνόματι κυρίου·
   ὡσαννὰ ἐν τοῖς ὑψίστοις.

^{9,10} ¹καὶ εἰσελθόντος αὐτοῦ εἰς Ἱεροσόλυμα ἐσείσθη 10
πᾶσα ἡ πόλις λέγουσα· τίς ἐστιν οὗτος; ¹ οἱ δὲ 11
⌜ὄχλοι ἔλεγον· οὗτός ἐστιν ὁ προφήτης Ἰησοῦς ὁ
ἀπὸ Ναζαρὲθ τῆς Γαλιλαίας.

^{1,1} Καὶ εἰσῆλθεν ᵀ Ἰησοῦς εἰς τὸ ἱερὸν ᵀ καὶ 12
ἐξέβαλεν πάντας τοὺς πωλοῦντας καὶ ἀγορά-
ζοντας ἐν τῷ ἱερῷ, καὶ τὰς τραπέζας τῶν κολ-
λυβιστῶν κατέστρεψεν καὶ τὰς καθέδρας τῶν
πωλούντων τὰς περιστεράς, ¹ καὶ λέγει αὐτοῖς· 13
γέγραπται· ὁ οἶκός μου οἶκος προσευχῆς κληθήσε-
ται, ὑμεῖς δὲ αὐτὸν ⌜ποιεῖτε σπήλαιον λῃστῶν. Καὶ 14
προσῆλθον αὐτῷ τυφλοὶ καὶ χωλοὶ ἐν τῷ ἱερῷ,
^{3,5} καὶ ἐθεράπευσεν αὐτούς. ἰδόντες δὲ οἱ ἀρχιερεῖς 15
καὶ οἱ γραμματεῖς τὰ θαυμάσια ἃ ἐποίησεν καὶ
τοὺς παῖδας τοὺς κράζοντας ἐν τῷ ἱερῷ καὶ λέ-
γοντας· ὡσαννὰ τῷ υἱῷ Δαυίδ, ἠγανάκτησαν, ¹ καὶ 16
εἶπαν αὐτῷ· ᵀἀκούεις τί οὗτοι λέγουσιν; ὁ δὲ
Ἰησοῦς λέγει αὐτοῖς· ναί· οὐδέποτε ἀνέγνωτε ὅτι
ἐκ στόματος νηπίων καὶ θηλαζόντων κατηρτίσω
^{4,6} αἶνον; Καὶ καταλιπὼν αὐτοὺς ἐξῆλθεν ἔξω τῆς 17
πόλεως εἰς Βηθανίαν, καὶ ηὐλίσθη ἐκεῖᵀ.
²² ⌜Πρωΐ δὲ ⌜ἐπαναγαγὼν εἰς τὴν πόλιν ἐπείνασεν. 18
¹καὶ ἰδὼν συκῆν μίαν ἐπὶ τῆς ὁδοῦ ἦλθεν ἐπ' 19
αὐτήν, καὶ οὐδὲν εὗρεν ἐν αὐτῇ εἰ μὴ φύλλα
μόνον, καὶ λέγει αὐτῇ· °οὐ μηκέτι ἐκ σοῦ καρπὸς
⌜γένηται εἰς τὸν αἰῶνα. καὶ ἐξηράνθη παραχρῆμα

9,27.
Ps 118,25 s.
2 Sm 14,4.
3,11!

10 2,3!

46. 16,14.
Mc 6,15.
L7,16.39; 24,19.
(J 7,52.)

12—22:
Mc 11,11—24.
L 19,45—48.

J 2,14—16.

L 2,24.

Is 56,7.
Jr 7,11.

11,5.
2 Sm 5,8 Lxx.
L 19,39.
J 12,17—19.
L 9,43.

Ps 118,25.

11,25. Ps 8,3.

L 13,6.
Hab 3, 17.

9 °p) ℵΘal   11 ⌜πολλοι Dpc it   12 ᵀo ℵDΘpm; W |
ᵀτου θεου C𝕽Dpm; T∔hʳ⊦ : txt p) 𝕳Θal   13 ⌜p) εποιη-
σατε C𝕽Dpllr 16ᵀουκ F157al syᶜ 17ᵀ(cf L9,11) et docebat
eos de regno Dei vgᶜᵒᵈᵈ ᵖᵃᵘᶜⁱ; hʳ 18 ⌜-ιας C𝕽pl; S | ⌜επαν-
αγων C𝕽Θpl; h : παραγων D itsyᶜ: txt B*ℵ*pc   19 °ℵC𝕽D
Θpl; S : txt Bpc | ⌜γενοιτο ℵΘOr

20 ἡ συκῆ. καὶ ἰδόντες οἱ μαθηταὶ ἐθαύμασαν
λέγοντες· πῶς παραχρῆμα ἐξηράνθη ἡ συκῆ;
21 ἀποκριθεὶς δὲ ὁ Ἰησοῦς εἶπεν αὐτοῖς· ἀμὴν λέγω 215,
ὑμῖν, ἐὰν ἔχητε πίστιν καὶ μὴ διακριθῆτε, οὐ
μόνον τὸ τῆς συκῆς ποιήσετε, ἀλλὰ κἂν τῷ ὄρει
τούτῳ εἴπητε· ἄρθητι καὶ βλήθητι εἰς τὴν θάλασσαν,
22 γενήσεται· καὶ πάντα ὅσα ἂν αἰτήσητε ἐν τῇ προσ- 216,
ευχῇ πιστεύοντες λήμψεσθε.

23 Καὶ ἐλθόντος αὐτοῦ εἰς τὸ ἱερὸν προσῆλθον 48
αὐτῷ °διδάσκοντι οἱ ἀρχιερεῖς καὶ οἱ πρεσβύτεροι 217.
τοῦ λαοῦ λέγοντες· ἐν ποίᾳ ἐξουσίᾳ ταῦτα ποιεῖς;
24 καὶ τίς σοι ἔδωκεν τὴν ἐξουσίαν ταύτην; ἀπο-
κριθεὶς °δὲ ὁ Ἰησοῦς εἶπεν αὐτοῖς· ἐρωτήσω ὑμᾶς
κἀγὼ λόγον ἕνα, ὃν ἐὰν εἴπητέ μοι, κἀγὼ ὑμῖν
25 ἐρῶ ἐν ποίᾳ ἐξουσίᾳ ταῦτα ποιῶ· τὸ βάπτισμα
°τὸ Ἰωάννου πόθεν ἦν; ἐξ οὐρανοῦ ἢ ἐξ ἀνθρώ-
πων; οἱ δὲ διελογίζοντο ⌜ἐν ἑαυτοῖς λέγοντες⌝·
ἐὰν εἴπωμεν· ἐξ οὐρανοῦ, ἐρεῖ ἡμῖν· διὰ τί °²οὖν
26 οὐκ ἐπιστεύσατε αὐτῷ; ἐὰν δὲ εἴπωμεν· ἐξ ἀν-
θρώπων, φοβούμεθα τὸν ὄχλον· πάντες γὰρ ὡς
27 προφήτην ⌜ἔχουσιν τὸν Ἰωάννην. καὶ ἀποκριθέντες
τῷ Ἰησοῦ εἶπαν· οὐκ οἴδαμεν. ἔφη αὐτοῖς καὶ
αὐτός· οὐδὲ ἐγὼ λέγω ὑμῖν ἐν ποίᾳ ἐξουσίᾳ ταῦτα
28 ποιῶ. Τί δὲ ὑμῖν δοκεῖ; ἄνθρωπος ⌐ εἶχεν ⌐τέκνα 49
δύο⌐. ⌐προσελθὼν τῷ πρώτῳ εἶπεν· τέκνον, ὕπαγε 218,
29 σήμερον ἐργάζου ἐν τῷ ἀμπελῶνι⌐². ὁ δὲ ἀπο-
30 κριθεὶς εἶπεν· ⌐ἐγὼ κύριε, καὶ οὐκ ἀπῆλθεν⌝. προσ-
ελθὼν δὲ τῷ ⌜δευτέρῳ εἶπεν ὡσαύτως. ὁ δὲ ἀπο-

Marginal references (left):

17,20!
R 4,20.
Jc 1,6.

7,7. (v.22)

23—27:
Mc 11,27—33.
L 20,1—8.

J 2,18. Act 4,7.

J 1,25.33.

L 15,18.
Act 5,38.

32. (v.25)

46; 14,5.
Mc 12,12.
L 20,19; 22,2.
Act 5,26.

L 15,11. (v.28)

7,21. L 6,46. (v.29)

---

23 °7 itsy^sc Or^pt 24 °LZ latsy; [H] 25 °𝔑DΘpm; s |
⌜παρ 𝔑CRDΘpm; Th | °² DLpm 26 ⌜p) ειχον λ latsy
28 ⌐τις CΘpm : txt 𝔖Dal | ⌐S Bal; Wh | ⌐καὶ BCRDΘpl;
Wh : txt 𝔑*pc | ⌐²μου B𝔑al; h 29—31 ⌐! ου θελω, υστ.
μεταμ. απηλθεν et ⌐εγω κυριε, και ουκ απηλθεν et ⌐²ο
πρωτος 𝔑CRpl latsy^c; Th^s² : ut 𝔑, sed ο εσχατος D itsy^s;
h^sie : txt B : ut B, sed υπαγω pro εγω et ο εσχατος
(Θ)φ; S 30 ⌜ετερω 𝔑*C*RDΘpm; T

κριθεὶς εἶπεν· ʽοὐ θέλω, ὕστερονᵀ μεταμεληθεὶς
ἀπῆλθενˋ. τίς ἐκ τῶν δύο ἐποίησεν τὸ θέλημα τοῦ 31
πατρός; ◻λέγουσιν· ʽ²ὁ ὕστεροςˋ.ˋ λέγει αὐτοῖς ὁ Ἰη-
σοῦς· ἀμὴν λέγω ὑμῖν ὅτι οἱ τελῶναι καὶ αἱ πόρναι
προάγουσιν ὑμᾶς εἰς τὴν βασιλείαν τοῦ θεοῦ. ἦλθεν 32
γὰρ Ἰωάννης πρὸς ὑμᾶς ἐν ὁδῷ δικαιοσύνης, καὶ
οὐκ ἐπιστεύσατε αὐτῷ· οἱ δὲ τελῶναι καὶ αἱ
πόρναι ἐπίστευσαν αὐτῷ· ὑμεῖς δὲ ἰδόντες ʽοὐδὲ
μετεμελήθητε ὕστερον τοῦ πιστεῦσαι αὐτῷ. Ἄλλην 33
παραβολὴν ἀκούσατε. Ἄνθρωπος ᵀἦν οἰκοδεσπότης
ὅστις ἐφύτευσεν ἀμπελῶνα, καὶ φραγμὸν αὐτῷ περι-
έθηκεν καὶ ὤρυξεν ἐν αὐτῷ ληνὸν καὶ ᾠκοδόμησεν
πύργον, καὶ ἐξέδοτο αὐτὸν γεωργοῖς, καὶ ἀπεδή-
μησεν. ὅτε δὲ ἤγγισεν ὁ καιρὸς τῶν καρπῶν, 34
ἀπέστειλεν τοὺς δούλους αὐτοῦ πρὸς τοὺς γεωργοὺς
λαβεῖν τοὺς καρποὺς αὐτοῦ. καὶ λαβόντες οἱ 35
γεωργοὶ τοὺς δούλους αὐτοῦ ὃν μὲν ἔδειραν, ὃν
δὲ ἀπέκτειναν, ὃν δὲ ἐλιθοβόλησαν. πάλιν ἀπ- 36
έστειλεν ἄλλους δούλους πλείονας τῶν πρώτων,
καὶ ἐποίησαν αὐτοῖς ὡσαύτως. ὕστερον δὲ ἀπ- 37
έστειλεν πρὸς αὐτοὺς τὸν υἱὸν αὐτοῦ λέγων· ἐντρα-
πήσονται τὸν υἱόν μου. οἱ δὲ γεωργοὶ ἰδόντες 38
τὸν υἱὸν εἶπον ἐν ἑαυτοῖς· οὗτός ἐστιν ὁ κληρο-
νόμος· δεῦτε ἀποκτείνωμεν αὐτὸν καὶ ʽσχῶμεν τὴν
κληρονομίαν αὐτοῦ· καὶ λαβόντες αὐτὸν ἐξέβαλον 39
ἔξω τοῦ ἀμπελῶνος καὶ ἀπέκτειναν. ὅταν οὖν 40
ἔλθῃ ὁ κύριος τοῦ ἀμπελῶνος, τί ποιήσει τοῖς
γεωργοῖς ἐκείνοις; ǀλέγουσιν αὐτῷ· κακοὺς κακῶς 41
ἀπολέσει αὐτούς, καὶ τὸν ἀμπελῶνα ἐκδώσεται
ἄλλοις γεωργοῖς, οἵτινες ἀποδώσουσιν αὐτῷ τοὺς
καρποὺς ἐν τοῖς καιροῖς αὐτῶν. λέγει αὐτοῖς ὁ 42
Ἰησοῦς· οὐδέποτε ἀνέγνωτε ἐν ταῖς γραφαῖς·

(marginal references:)
L 3,12; 18,14;
7,36—50.

2 P 2,21.

25. J 7,48.

L 3,12; 7,29 s.

33—46:
Mc 12,1—12.
L 20,9—19.
20,1 ss.
Is 5,1 s; 27,2.

25,14 s.

22,6!

22,4.2Chr36,15,

L 19,14. J 1,11.

H 1,1 s.

27,18.

H 13,12 s.

124
19,2

30.31 ʽet ʽ²v. *pag.* 57   **30** ᵀδε C𝕽DΘ*pl*; S   **31** ◻(Lach-
mann *et* h⁸ *cj*)   **32** ʽου 𝕏C𝕽*al*; T: — D*c e* sy⁸ : *txt* B𝚹*pm* lat
33 ᵀτις C³X*al* it   **38** ʽκατασχ- C𝕽*pm*
58

Ps 118,22 s.
L9,22! Act4,11.
1 P 2,6—8.
Is 28,16.
Is 8.14. L 2.34.
R 9,33. E 2,20.

λίθον ὃν ἀπεδοκίμασαν οἱ οἰκοδομοῦντες,
οὗτος ἐγενήθη εἰς κεφαλὴν γωνίας·
παρὰ κυρίου ἐγένετο αὕτη,
καὶ ἔστιν θαυμαστὴ ἐν ὀφθαλμοῖς ἡμῶν;

43 ¹διὰ τοῦτο λέγω ὑμῖν °ὅτι ἀρθήσεται ἀφ᾽ ὑμῶν ἡ
βασιλεία τοῦ θεοῦ καὶ δοθήσεται ἔθνει ποιοῦντι
44 τοὺς καρποὺς αὐτῆς. [καὶ ὁ πεσὼν ἐπὶ τὸν λίθον

Dn 2,34 s. 44 s.

τοῦτον συνθλασθήσεται· ἐφ᾽ ὃν δ᾽ ἂν πέσῃ, λικ-
45 μήσει αὐτόν.] ⌜Καὶ ἀκούσαντες⌝ οἱ ἀρχιερεῖς καὶ 125
οἱ Φαρισαῖοι τὰς παραβολὰς αὐτοῦ ἔγνωσαν ὅτι ²²⁰
46 περὶ αὐτῶν λέγει· καὶ ζητοῦντες αὐτὸν κρατῆσαι

11.26.

ἐφοβήθησαν ⌜τοὺς ὄχλους⌝, ἐπεὶ ⌜εἰς προφήτην
22 αὐτὸν εἶχον.   Καὶ ἀποκριθεὶς ὁ Ἰησοῦς πάλιν 51

2—10:
L 14,16—24.
9,15; 18,23.
J3,29.Ap19,7.9.

2 εἶπεν ἐν παραβολαῖς αὐτοῖς λέγων· ὡμοιώθη ἡ ²²¹
βασιλεία τῶν οὐρανῶν ἀνθρώπῳ βασιλεῖ, ὅστις
3 ἐποίησεν γάμους τῷ υἱῷ αὐτοῦ. καὶ ἀπέστειλεν
τοὺς δούλους αὐτοῦ καλέσαι τοὺς κεκλημένους εἰς

21,36.

4 τοὺς γάμους, καὶ οὐκ ἤθελον ἐλθεῖν. πάλιν
ἀπέστειλεν ἄλλους δούλους λέγων· εἴπατε τοῖς
κεκλημένοις· ἰδοὺ °τὸ ἄριστόν μου ⌜ἡτοίμακα, οἱ
ταῦροί μου καὶ τὰ σιτιστὰ τεθυμένα, καὶ⌝ πάντα

H 2,3.

5 ἕτοιμα· δεῦτε εἰς τοὺς γάμους. οἱ δὲ ἀμελήσαντες
ἀπῆλθον, ὃς μὲν εἰς τὸν ἴδιον ἀγρόν, ὃς δὲ ⌜ἐπὶ

21,35; 23,37.

6 τὴν ἐμπορίαν αὐτοῦ· οἱ δὲ λοιποὶ κρατήσαντες
7 τοὺς δούλους αὐτοῦ ὕβρισαν καὶ ἀπέκτειναν. ⌜ὁ δὲ

18,34.
24,2. (J 11,48.)

βασιλεὺς⌝ ὠργίσθη, καὶ πέμψας ⌜τὰ στρατεύματα⌝
αὐτοῦ ἀπώλεσεν τοὺς φονεῖς ἐκείνους καὶ τὴν
8 πόλιν αὐτῶν ἐνέπρησεν. τότε λέγει τοῖς δούλοις

Act 13,46.

αὐτοῦ· ὁ μὲν γάμος ἕτοιμός ἐστιν, οἱ δὲ κεκλη-

13,47; 21,43.

9 μένοι οὐκ ἦσαν ἄξιοι· πορεύεσθε οὖν ἐπὶ τὰς
διεξόδους τῶν ὁδῶν, καὶ ὅσους ἐὰν εὕρητε καλέ-
10 σατε εἰς τοὺς γάμους. καὶ ἐξελθόντες οἱ δοῦλοι

43 ○ B*ℵΘal; Wh   44 [vs. +(L 20,18) 𝔖ℜ(Θ)pl latsyᶜ; W:
— D 33 itsyˢ Ir Or; T   45 ⌜ακ. δε 𝔖syˢᶜ; Th : txt BCℜDΘpl
46 ⌜p) τον οχλον ℵ*Cpc | ⌜ως Cℜ𝐃pl : txt Bℵ𝚯pc   22,4 □ syˢ |
⌜-μασα ℜΘal : -μασται 954 pc syᶜ·ᵖ : txt 𝔖𝐃pm   5 ⌜εις ℜpm
7 ⌜και ακουσας ο β. εκεινος Cℜ(D)pm | ⌜το -μα 𝐃al itsyᶜ

ἐκεῖνοι εἰς τὰς ὁδοὺς συνήγαγον πάντας ⸀οὓς εὗρον,
πονηρούς τε καὶ ἀγαθούς· καὶ ἐπλήσθη ὁ ⸁νυμφὼν 5,45.
,10 ⸆ἀνακειμένων. εἰσελθὼν δὲ ὁ βασιλεὺς θεάσασθαι 11
τοὺς ἀνακειμένους εἶδεν ἐκεῖ ἄνθρωπον οὐκ ἐν- Ap 19,8.
δεδυμένον ἔνδυμα γάμου· ˈκαὶ λέγει αὐτῷ· ⸋ἑταῖρε, 12
πῶς ⸀εἰσῆλθες ὧδε μὴ ἔχων ἔνδυμα γάμου; ὁ δὲ
ἐφιμώθη. τότε ὁ βασιλεὺς εἶπεν τοῖς διακόνοις· 13
⸂δήσαντες αὐτοῦ πόδας καὶ χεῖρας ἐκβάλετε⸃ αὐτὸν Sap 17,2.
εἰς τὸ σκότος τὸ ἐξώτερον· ἐκεῖ ἔσται ὁ κλαυθμὸς 8,12! Ps 112,10.
καὶ ὁ βρυγμὸς τῶν ὀδόντων. Πολλοὶ γάρ εἰσιν 14 4 Esr 8,3.41.
⸆κλητοί, ὀλίγοι δὲ ⸆ ἐκλεκτοί. **15—22**: Mc 12,13—17.
26 Τότε πορευθέντες οἱ Φαρισαῖοι συμβούλιον 15 L 20,20—26. J 8,6.
3,2 ἔλαβον ὅπως αὐτὸν παγιδεύσωσιν ἐν λόγῳ. καὶ 16
ἀποστέλλουσιν αὐτῷ τοὺς μαθητὰς αὐτῶν μετὰ Mc 3,6!
τῶν Ἡρῳδιανῶν ⸀λέγοντας· διδάσκαλε, οἴδαμεν ὅτι (J 3,2.)
ἀληθὴς εἶ καὶ τὴν ὁδὸν τοῦ θεοῦ ἐν ἀληθείᾳ 2 K 11,15.
διδάσκεις, καὶ οὐ μέλει σοι περὶ οὐδενός, οὐ γὰρ
βλέπεις εἰς πρόσωπον ⸁ἀνθρώπων· εἰπὸν οὖν ἡμῖν, 17
τί σοι δοκεῖ⁚; ἔξεστιν δοῦναι κῆνσον Καίσαρι ἢ οὔ;
ˈγνοὺς δὲ ὁ Ἰησοῦς τὴν πονηρίαν αὐτῶν εἶπεν· 18
τί με πειράζετε, ὑποκριταί; ˈ ἐπιδείξατέ μοι τὸ 19 (17,24.)
νόμισμα τοῦ κήνσου. οἱ δὲ προσήνεγκαν αὐτῷ
δηνάριον. καὶ λέγει αὐτοῖς⸆· τίνος ἡ εἰκὼν αὕτη 20
καὶ ἡ ἐπιγραφή; ˈλέγουσιν⸆· Καίσαρος. τότε λέγει 21
αὐτοῖς· ἀπόδοτε οὖν τὰ Καίσαρος Καίσαρι καὶ R 13,7. 1 P 2,17.
τὰ τοῦ θεοῦ τῷ θεῷ. καὶ ἀκούσαντες ἐθαύμασαν, 22 J 8,9.
καὶ ἀφέντες αὐτὸν ἀπῆλθαν. **23—33**: Mc 12,18—27.
27 Ἐν ἐκείνῃ τῇ ἡμέρᾳ προσῆλθον αὐτῷ ⸀Σαδδου- 23 L 20,27—38.
καῖοι, λέγοντες μὴ εἶναι ἀνάστασιν, καὶ ἐπηρώ- Act 4,2; 23,6.8. 1 K 15,12.
τησαν αὐτὸν ˈλέγοντες· διδάσκαλε, Μωϋσῆς εἶπεν· 24
ἐάν τις ἀποθάνῃ μὴ ἔχων τέκνα, ⸆ **ἐπιγαμβρεύσει ὁ** Dt 25,5.6. Gn 38,8.

10 ⸀οσους *C𝔎Θpl*; 𝔖 : *txt* ***B*ℵDpc*** | ⸁γαμος ***C𝔎DΘpl*** : *txt* ***B*ℵpc*** | ⸆των ***DΘpc*** ***12*** ⸋Or.; hʳ | ⸀ηλθες ***D*** itsyᶜ Ir ***13*** ⸂αρατε αυτον ποδων κ. χειρων και βαλετε ***D***it(sy^sc)Ir^lat; 𝔖 ***14*** ⸆*bis* οι ***DLpc*** ***16*** ⸀-ντες ***C𝔎DΘpl***; S : *txt* ***Bℵpc*** | ⸁-που ***GΘ*** 157 *al* ***17*** ⁚·H ***20*** ⸆ο Ιησους ***DΘ*** 33 *al* latsy; Th ***21*** ⸆αυτω ***𝔎DΘpl***; S : *txt* ***Bℵ*** ***23*** ⸀*p*) Σ., οι ***𝔎Θal*** : οι Σ., ***φ*** *pc* ***24*** ⸆*p*) ινα ***D*** latt

ἀδελφὸς αὐτοῦ □τὴν γυναῖκα αὐτοῦ᾽ καὶ ἀναστήσει
25 σπέρμα τῷ ἀδελφῷ αὐτοῦ. ἦσαν δὲ παρ᾽ ἡμῖν
ἑπτὰ ἀδελφοί· καὶ ὁ πρῶτος ⌜γήμας ἐτελεύτησεν,
καὶ μὴ ἔχων σπέρμα ἀφῆκεν τὴν γυναῖκα αὐτοῦ
26 τῷ ἀδελφῷ αὐτοῦ· ὁμοίως καὶ ὁ δεύτερος καὶ ὁ
27 τρίτος, ἕως τῶν ἑπτά. ὕστερον δὲ πάντων ἀπέ-
28 θανεν ⌐ἡ γυνή. ἐν τῇ ἀναστάσει οὖν τίνος τῶν
29 ἑπτὰ ἔσται γυνή; πάντες γὰρ ἔσχον αὐτήν. Ιἀπο-
κριθεὶς δὲ ὁ Ἰησοῦς εἶπεν αὐτοῖς· πλανᾶσθε μὴ

1 K 15,34.

εἰδότες τὰς γραφὰς μηδὲ τὴν δύναμιν τοῦ θεοῦ.
30 Ιἐν γὰρ τῇ ἀναστάσει οὔτε γαμοῦσιν οὔτε ⌜γαμίζονται,
31 ἀλλ᾽ ὡς ⌜ἄγγελοι ⌐ἐν τῷ οὐρανῷ εἰσιν. περὶ δὲ τῆς
ἀναστάσεως τῶν νεκρῶν οὐκ ἀνέγνωτε τὸ ῥηθὲν

Ex 3,6.
4 Mcc 7,19;
16,25.
8,11. 17,3.

32 ὑμῖν ὑπὸ τοῦ θεοῦ λέγοντος· Ιἐγώ εἰμι ὁ θεὸς
Ἀβραὰμ καὶ ὁ θεὸς Ἰσαὰκ καὶ ὁ θεὸς Ἰακώβ; οὐκ
33 ἔστιν ⌜[ὁ] θεὸς᾽ νεκρῶν ἀλλὰ ζώντων. καὶ ἀκούσαν-

7,28!

τες οἱ ὄχλοι ἐξεπλήσσοντο ἐπὶ τῇ διδαχῇ αὐτοῦ.

35—40:
Mc 12,28—31.
L 10,25—28.

34 Οἱ δὲ Φαρισαῖοι ἀκούσαντες ὅτι ἐφίμωσεν τοὺς 54
35 Σαδδουκαίους, συνήχθησαν ⌜ἐπὶ τὸ αὐτό᾽, Ικαὶ ἐπη- 224
36 ρώτησεν εἷς ἐξ αὐτῶν °νομικὸς πειράζων αὐτόν· δι-
37 δάσκαλε, ποία ἐντολὴ μεγάλη ἐν τῷ νόμῳ; Ιὁ δὲ
ἔφη αὐτῷ· ἀγαπήσεις κύριον τὸν θεόν σου ἐν ὅλῃ

Dt 6,5.

°τῇ καρδίᾳ σου καὶ ἐν ὅλῃ °²τῇ ψυχῇ σου καὶ ἐν
38 ὅλῃ τῇ ⌜διανοίᾳ σου. αὕτη ἐστὶν ἡ μεγάλη καὶ

Lv19,18. Jc2,8.
5,43; 7,12.
R 13,9 s. G 5,14.

39 πρώτη ἐντολή. δευτέρα⌐ ⌜ὁμοία αὐτῇ᾽· ἀγαπήσεις
40 τὸν πλησίον σου ὡς σεαυτόν. ἐν ταύταις ταῖς
δυσὶν ἐντολαῖς ὅλος ὁ νόμος κρέμαται καὶ οἱ
προφῆται.

41—45:
Mc 12,35—37.
L 20,41—44.

41 Συνηγμένων δὲ τῶν Φαρισαίων ἐπηρώτησεν 55
42 αὐτοὺς ὁ Ἰησοῦς Ιλέγων· τί ὑμῖν δοκεῖ περὶ 225

J 7,42.

τοῦ χριστοῦ; τίνος υἱός ἐστιν; λέγουσιν αὐτῷ·

---

24 □D   25 ⌜γαμησας 𝕽Dpm : — syˢ   27 ⌐p) και 𝕽DΘpm   30 ⌜εκ-
γαμ- 𝕽 : txt 𝕳Dal | ⌜οι a. Θλsa Or | ⌐θεου 𝕳pm; T: του θ. 𝕽al : txt p)
BDΘpc itsyˢᶜ   32 ⌜θεος 𝕏Dpc Ir; T: o θ. 𝕳al; W : o θ. θεος 𝕽Θpm; S
34 ⌜επ αυτον D itsyˢᶜ | :. H   35 O λ e syˢ arm   37 O B𝕏*𝕽Θal; H : txt
DLpm | O² 𝕽Θal | ⌜ισχυι esyˢᶜ ClOrᵖᵗ : p) ισχυι σου και εν ολη τη δ. Θφal
(e)syᵖ   39 ⌐δε 𝕽DΘpl; S : txt B𝕏*pc | ⌜p) ομ. αυτη 𝕽pm; ℋ : ομ. ταυτη
D. : ομοιως B;Wh² : txt (𝕏)Θ 33 latsy; h¹   61

τοῦ **Δαυίδ**. λέγει αὐτοῖς· πῶς οὖν **Δαυὶδ ἐν** 43 2 Sm 23,2.
πνεύματι ⌐καλεῖ αὐτὸν κύριον⌐ λέγων·

εἶπεν ⌐κύριος τῷ κυρίῳ μου· κάθου ἐκ δεξιῶν μου 44 26,64 p. Ps 110,1.
ἕως ἂν θῶ τοὺς ἐχθρούς σου ⌐ὑποκάτω τῶν Act 2,34 s.
ποδῶν σου⌐; 1 K 15,25. H 1,13; 2,8; 10,13.
Ap 3,21.

ⁱεἰ οὖν **Δαυὶδ** καλεῖ αὐτὸν κύριον, **πῶς υἱὸς αὐτοῦ** 45 **46:**
ἐστιν; καὶ οὐδεὶς ἐδύνατο ἀποκριθῆναι αὐτῷ λόγον 46 Mc 12,34.
οὐδὲ ἐτόλμησέν τις ἀπ᾽ ἐκείνης τῆς ⌐ἡμέρας ἐπε- L 20,40.
ρωτῆσαι αὐτὸν οὐκέτι.

1—36:
Mc 12,38—40.
30   Τότε ⁰ὁ Ἰησοῦς ἐλάλησεν τοῖς ὄχλοις καὶ τοῖς **23** L 11,39—52;
,10 μαθηταῖς αὐτοῦ ⁱλέγων· ἐπὶ τῆς Μωϋσέως καθέδρας 2 20,45—47.
ἐκάθισαν οἱ γραμματεῖς καὶ οἱ Φαρισαῖοι. πάντα 3 Ml 2,7 s.
οὖν ὅσα ἐὰν εἴπωσιν ὑμῖν ⌐ποιήσατε καὶ τηρεῖτε,
κατὰ δὲ τὰ ἔργα αὐτῶν μὴ ποιεῖτε· λέγουσιν γὰρ R 1,21 s.
,5   καὶ οὐ ποιοῦσιν. δεσμεύουσιν δὲ **φορτία βαρέα**⌐ 4 11,28.30.
καὶ ἐπιτιθέασιν ἐπὶ τοὺς ὤμους τῶν ἀνθρώπων, Act 15,10.28.
⌐αὐτοὶ δὲ τῷ⌐ δακτύλῳ αὐτῶν **οὐ** θέλουσιν κινῆσαι
,2   αὐτά. πάντα δὲ τὰ ἔργα αὐτῶν ποιοῦσιν πρὸς 5 6,1 ss.
τὸ θεαθῆναι τοῖς ἀνθρώποις· πλατύνουσιν γὰρ Ex 13,9. Dt 6,8;
τὰ φυλακτήρια αὐτῶν καὶ μεγαλύνουσιν τὰ κρά- 11,18.
σπεδα⌐, ⌐φιλοῦσιν δὲ τὴν **πρωτοκλισίαν** ἐν τοῖς 6 Nu 15,38 s.
δείπνοις καὶ τὰς **πρωτοκαθεδρίας** ἐν ταῖς συνα- L 14,7 ss.
γωγαῖς ⌐καὶ τοὺς ἀσπασμοὺς ἐν ταῖς ἀγοραῖς καὶ 7 ´6,5.
,10 καλεῖσθαι ὑπὸ τῶν ἀνθρώπων ῥαββί⌐. ὑμεῖς 8 J 13,13.
δὲ ⌐μὴ κληθῆτε⌐ ⌐ῥαββί· εἰς γάρ ἐστιν ὑμῶν ὁ Jr 31,34.
⌐διδάσκαλος⌐, πάντες δὲ ὑμεῖς ⌐²ἀδελφοί ἐστε. καὶ 9
πατέρα μὴ καλέσητε ⌐ὑμῶν ἐπὶ τῆς γῆς· εἰς γάρ ἐστιν
ὑμῶν ὁ πατὴρ ὁ ⌐οὐράνιος. μηδὲ κληθῆτε καθη- 10
γηταί, ὅτι καθηγητὴς ὑμῶν ἐστιν εἷς ὁ Χριστός. ⁱὁ 11 20,26 s!
,5   δὲ μείζων ὑμῶν ⌐ἔσται ὑμῶν διάκονος. Ὅστις δὲ 12 Job 22,29.
Prv 29,23.
Ez 21,31.
L 14,11!

43 ⌐132 ℵ pc; Th: 321 𝕽 pm; S: txt BD pc **44** ⌐p) o
rell; s: txt Bℵ DZ. | ⌐p) υποποδιον 𝕽 pm | ∴ T **46** ⌐ωρας
Dal sy^sc **23,1** O B pc; [H] **3** ⌐τηρειν 𝕽 pl **4** ⌐p) και
δυσβασταχτα Bℵ DΘ pm lat; Wh: txt ℵ pc itsy Ir | ⌐τω δε ℵΘ pl; S **5** ⌐των
ιματιων αυτων 𝕽 pl: txt Bℵ DΘ pc lat **7** ⌐ραββι ℵ Dal sy **8** ⌐μηδενα καλε-
σητε Θ(sy^sc) | ⌐(διδασκαλον επι της γης Blass cj) | ⌐καθηγητης ℵ* ℵDΘ pm |
T ο Χριστος 𝕽 al sy^c: (ο εν τοις ουρανοις Blass cj) | ⌐²(μαθηται Blass cj)
9 ⌐υμιν DΘ lat sy sa | ⌐εν τοις -νοις 𝕽(DΘ) pl Cl   **11** ⌐εστω Gal

ὑψώσει ἑαυτὸν ταπεινωθήσεται, καὶ ὅστις ταπει-
13 νώσει ἑαυτὸν ὑψωθήσεται.   Οὐαὶ δὲ ὑμῖν, γραμ- 232,
16,19! L 11,52.   ματεῖς καὶ Φαρισαῖοι ὑποκριταί, ὅτι κλείετε τὴν
3 J 10.   βασιλείαν τῶν οὐρανῶν ἔμπροσθεν τῶν ἀνθρώπων·
ὑμεῖς γὰρ οὐκ εἰσέρχεσθε, οὐδὲ τοὺς εἰσερχομένους
15 ἀφίετε εἰσελθεῖν.⌐ Οὐαὶ ὑμῖν, γραμματεῖς καὶ 131
Φαρισαῖοι ὑποκριταί, ὅτι περιάγετε τὴν θάλασσαν 233,
καὶ τὴν ξηρὰν ⌐ποιῆσαι ἕνα προσήλυτον, καὶ ὅταν
γένηται, ποιεῖτε αὐτὸν υἱὸν γεέννης διπλότερον
15,14! 16 ὑμῶν.   Οὐαὶ ὑμῖν, ὁδηγοὶ τυφλοὶ οἱ λέγοντες· ὃς
ἂν ὀμόσῃ ἐν τῷ ναῷ, οὐδέν ἐστιν· ὃς δ' ἂν ὀμόσῃ
17 ἐν τῷ χρυσῷ τοῦ ναοῦ, ὀφείλει. μωροὶ καὶ τυφλοί,
τίς γὰρ μείζων ἐστίν, ὁ χρυσὸς ἢ ὁ ναὸς ὁ ⌐ἁγιάσας
18 τὸν χρυσόν; ⌐καὶ· ὃς ἂν ὀμόσῃ ἐν τῷ θυσιαστηρίῳ,
οὐδέν ἐστιν· ὃς δ' ἂν ὀμόσῃ ἐν τῷ δώρῳ τῷ ἐπάνω
Ex 29,37. 19 αὐτοῦ, ὀφείλει. ⌐τυφλοί, τί γὰρ μεῖζον, τὸ δῶρον ἢ τὸ
20 θυσιαστήριον τὸ ἁγιάζον τὸ δῶρον; ὁ οὖν ὀμόσας
ἐν τῷ θυσιαστηρίῳ ὀμνύει ἐν αὐτῷ καὶ ἐν πᾶσι
21 τοῖς ἐπάνω αὐτοῦ· καὶ ὁ ὀμόσας ἐν τῷ ναῷ ὀμνύει
5,34. 22 ἐν αὐτῷ καὶ ἐν τῷ ⌐κατοικοῦντι αὐτόν· καὶ ὁ
ὀμόσας ἐν τῷ οὐρανῷ ὀμνύει ἐν τῷ θρόνῳ τοῦ
23 θεοῦ καὶ ἐν τῷ καθημένῳ ἐπάνω αὐτοῦ. Οὐαὶ 132
ὑμῖν, γραμματεῖς καὶ Φαρισαῖοι ὑποκριταί, ὅτι 234,
Lv 27,30.
L 18,12.   ἀποδεκατοῦτε τὸ ἡδύοσμον καὶ τὸ ἄνηθον καὶ τὸ
L 12,57. J 7,24.
12,7. Mch 6,8.   κύμινον, καὶ ἀφήκατε τὰ ⌐βαρύτερα τοῦ νόμου,
1 T 1,5.   τὴν κρίσιν καὶ τὸ ἔλεος καὶ τὴν πίστιν· ταῦτα °δὲ
16; 15,14! 24 ἔδει ποιῆσαι κἀκεῖνα μὴ ⌐ἀφεῖναι. ὁδηγοὶ τυφλοί, 235,
°οἱ διϋλίζοντες τὸν κώνωπα, τὴν δὲ κάμηλον κατα-
25 πίνοντες.   Οὐαὶ ὑμῖν, γραμματεῖς καὶ Φαρισαῖοι 133
Mc 7,4.
Ass.Mosis7,188.   ὑποκριταί, ὅτι καθαρίζετε τὸ ἔξωθεν τοῦ πο- 236,

(2 K 11,20.)   13 ⌐p) (*14*) Ουαι υμιν γραμματεις και Φαρισαιοι υποκρι-
ται, οτι κατεσθιετε τας οικιας των χηρων και προφασει μακρα
προσευχομενοι· δια τουτο λημψεσθε περισσοτερον κριμα. 0138
1187 it vg^cl sy^c: h^r1: *ut* h^r1, *sed* Ουαι δε υμ., *omisso* δε *vs.* 13,
post vs. 12 *pon.* Rpm f; h^r2: *txt* HDΘal it vg^codd sy^s   15 ⌐του π.
Θφpc: ινα ποιησητε D latt   17 ⌐αγιαζων CRΘpl   19 ⌐μωροι
και BCRpl; h   21 ⌐-κησαντι CRDal; h: *txt* BXΘpm   23 ⌐βα-
ρεα λ Epiph | ΟXRDΘpmlat; T | ⌐αφιεναι CRDpl; W: *txt*
BXpc   *24* ΟBD*; H   63

τηρίου καὶ τῆς παροψίδος, ἔσωθεν δὲ γέμου- 26 J 9,40. Tt 1,15.
σιν ἐξ ἁρπαγῆς καὶ ⌐ἀκρασίας. Φαρισαῖε τυφλέ,
καθάρισον πρῶτον τὸ ἐντὸς τοῦ ποτηρίου⊤ ἵνα
34 γένηται καὶ τὸ ἐκτὸς ⌐αὐτοῦ καθαρόν. Οὐαὶ ὑμῖν, 27
7,5 γραμματεῖς καὶ Φαρισαῖοι ὑποκριταί, ὅτι ⌐παρ-
ομοιάζετε τάφοις κεκονιαμένοις, ⌐οἵτινες ἔξωθεν   Act 23,3.
μὲν φαίνονται ὡραῖοι, ἔσωθεν δὲ γέμουσιν⌐ ὀστέων
νεκρῶν καὶ πάσης ἀκαθαρσίας. οὕτως καὶ ὑμεῖς 28
ἔξωθεν μὲν φαίνεσθε τοῖς ἀνθρώποις δίκαιοι,   L 16,15.
ἔσωθεν δέ ἐστε μεστοὶ ὑποκρίσεως καὶ ἀνομίας.
35 Οὐαὶ ὑμῖν, γραμματεῖς καὶ Φαρισαῖοι ὑποκριταί, 29
8,5 ὅτι οἰκοδομεῖτε τοὺς τάφους τῶν προφητῶν καὶ   10,41; 13,17.
κοσμεῖτε τὰ μνημεῖα τῶν δικαίων, καὶ λέγετε· εἰ 30 5,12.
ἤμεθα ἐν ταῖς ἡμέραις τῶν πατέρων ἡμῶν, οὐκ
ἂν ἤμεθα ⌐αὐτῶν κοινωνοὶ⌐ ἐν τῷ αἵματι τῶν προ-
φητῶν. ὥστε μαρτυρεῖτε ἑαυτοῖς ὅτι υἱοί ἐστε τῶν 31 Act 7,52.
                                                      Jr 26,15.
                                                      (Ap 6,11.)
,10 φονευσάντων τοὺς προφήτας·. καὶ ὑμεῖς·2 ⌐πληρώ- 32 1 Th 2,16.
σατε τὸ ⌐μέτρον τῶν πατέρων ὑμῶν. ὄφεις, γεννή- 33 3,7!
ματα ἐχιδνῶν, πῶς φύγητε ἀπὸ τῆς κρίσεως τῆς
0,5 γεέννης; διὰ τοῦτο· ἰδοὺ ἐγὼ ἀποστέλλω πρὸς ὑμᾶς 34
προφήτας καὶ σοφοὺς καὶ γραμματεῖς· ἐξ αὐτῶν   13,52.
ἀποκτενεῖτε καὶ σταυρώσετε, καὶ ἐξ αὐτῶν μαστι- 1 Th 2,15.
γώσετε ἐν ταῖς συναγωγαῖς ὑμῶν καὶ διώξετε ἀπὸ 10,23.
πόλεως εἰς πόλιν· ὅπως ἔλθῃ ἐφ᾽ ὑμᾶς πᾶν αἷμα 35 27,25. Ap 18,24.
                                                      Gn 4,8.10.
δίκαιον ἐκχυννόμενον ἐπὶ τῆς γῆς ἀπὸ τοῦ αἵματος H 11,4; 12,24.
Ἄβελ τοῦ δικαίου ἕως τοῦ αἵματος Ζαχαρίου ⌐υἱοῦ 2 Chr 24,20—22.
Βαραχίου⌐, ὃν ἐφονεύσατε μεταξὺ τοῦ ναοῦ καὶ τοῦ
θυσιαστηρίου. ἀμὴν λέγω ὑμῖν, ἥξει ⌐ταῦτα πάντα⌐ 36 37—39:
1,5 ἐπὶ τὴν γενεὰν ταύτην. Ἰερουσαλὴμ Ἰερουσαλήμ, 37 L 13,34 s.
ἡ ἀποκτείνουσα τοὺς προφήτας καὶ λιθοβολοῦσα   22,6. Ap 11,8.
                                                      J 8,59! Act 7,59.
                                                      1 Th 2,15.
                                                      H 11,37.

25 ⌐αδικιας C𝕽al : ακαθαρσιας Nal vg sy⁸ Cl : πλεονεξιας
M : txt 𝕯D𝚯pm   26 ⊤και της παροψιδος 𝕳𝕽pl; [H] : txt D𝚯pc
itsy⁸ Ir Cl | ⌐αυτων 𝕭C𝕽al; 𝕾 : —659 lat Cl : txt B*D𝚯pm a
e sy⁸   27 ⌐ομ- Bpc; Wh | ⌐εξωθεν ο ταφος φαινεται ωραιος,
εσ. δε γεμει D (Cl) Ir; hʳ   30 ⌐21 𝕳𝕽al; T : 2 𝚯pc : txt BDal
31.32 :—. et :2. Zahn   32 ⌐-σετε Besy⁸; h : επληρωσατε D
Hal : txt 𝕭C𝕽𝚯pm | ⌐εργον 28.   34 :Ιδου h   35 ⌐filii
Jojadae Ev. sec. Hebr. : —𝕭* Eus; hʳ   36 𝕾B𝕽al; Wh :
txt 𝕭CD𝚯pm

J 8,22 ! τοὺς ἀπεσταλμένους πρὸς ⌜αὐτήν, ποσάκις ἠθέλησα
ἐπισυναγαγεῖν τὰ τέκνα σου, ὃν τρόπον ὄρνις ἐπι-
L 19,14. συνάγει τὰ νοσσία [αὐτῆς] ὑπὸ τὰς πτέρυγας, καὶ
Jr 22,5; 12,7. 38 οὐκ ἠθελήσατε⌐. | ἰδοὺ ἀφίεται ὑμῖν ὁ οἶκος ὑμῶνᵀ.
1 Rg 9,7 s.
Act 1,20; 6,14. 39 | λέγω γὰρ ὑμῖν, οὐ μή με ἴδητε ἀπ᾽ ἄρτι ἕως ἂν
J 8,59! 14,19. εἴπητε·
8,11! Ps 118,26. εὐλογημένος ὁ ἐρχόμενος ἐν ὀνόματι ⌜κυρίου.

1—36: 24 Καὶ ἐξελθὼν ὁ Ἰησοῦς ἀπὸ τοῦ ἱεροῦ ἐπορεύετο, 136
Mc 13,1—37.
L 21,5—36. καὶ προσῆλθον οἱ μαθηταὶ αὐτοῦ ἐπιδεῖξαι αὐτῷ 242
2 τὰς οἰκοδομὰς τοῦ ἱεροῦ. ὁ δὲ ἀποκριθεὶς εἶπεν
12,6. αὐτοῖς· Οοὐ βλέπετε ταῦτα πάντα; ἀμὴν λέγω ὑμῖν,
22,7. Jr 7,14. οὐ μὴ ἀφεθῇ ὧδε λίθος ἐπὶ λίθον ὃς οὐ κατα-
L19,44.Act6,14.
5,1. 3 λυθήσεται. Καθημένου δὲ αὐτοῦ ἐπὶ τοῦ ὄρους 57 1
τῶν ἐλαιῶν προσῆλθον αὐτῷ οἱ μαθηταὶ κατ᾽ ἰδίαν 243
27; 23,39. λέγοντες· εἰπὲ ἡμῖν, πότε ταῦτα ἔσται, καὶ τί τὸ
13,39! σημεῖον τῆς σῆς παρουσίας καὶ συντελείας τοῦ
4 αἰῶνος⌐; | καὶ ἀποκριθεὶς ὁ Ἰησοῦς εἶπεν αὐτοῖς·
24! (J 5,43.) 5 βλέπετε μή τις ὑμᾶς πλανήσῃ. πολλοὶ γὰρ ἐλεύ-
Act 5,36 s. σονται ἐπὶ τῷ ὀνόματί μου λέγοντες· ἐγώ εἰμι ὁ
6 χριστός, καὶ πολλοὺς πλανήσουσιν. ⌜μελλήσετε δὲ
ἀκούειν πολέμους καὶ ἀκοὰς πολέμων· ὁρᾶτε μὴ
Dn2,28.2Th2,2. θροεῖσθε· δεῖ γὰρ ᵀγενέσθαι, ἀλλ᾽ οὔπω ἐστὶν τὸ
Is 19,2. 7 τέλος. ἐγερθήσεται γὰρ ἔθνος ἐπὶ ἔθνος καὶ βασι-
2 Chr 15,6. λεία ἐπὶ βασιλείαν, καὶ ἔσονται λιμοὶ ᵀκαὶ σεισμοὶ
9—14: 8.9 κατὰ τόπους· | πάντα δὲ ταῦτα ἀρχὴ ⌜ὠδίνων. * | τότε 244
10,17—22. παραδώσουσιν ὑμᾶς εἰς θλῖψιν καὶ ἀποκτενοῦσιν
J 16,2. ὑμᾶς, καὶ ἔσεσθε μισούμενοι ὑπὸ πάντων τῶν
Dn 11,41. 10 ἐθνῶν διὰ τὸ ὄνομά μου. καὶ τότε σκανδαλι- 245
σθήσονται πολλοὶ καὶ ἀλλήλους παραδώσουσιν καὶ
24! 11 μισήσουσιν ἀλλήλους· καὶ πολλοὶ ψευδοπροφῆται

37 ⌜σε *D* latsyˢ Irlat Or | [+ ℵ* *Dal* (εαυ- *CℜΘ pm*); T : — *B*;
W | ⌐; H 38 ᵀ ερημος 𝕳ℜ*DΘ pl* lat Cl; Th : *txt BL ff²* syᵃ
39 ⌜ θεου *D*. 24,2 O *D* 33 *al* latsyˢ 3 ⌐. H 6 ⌜ μελλετε
Dpc | ᵀ παντα *Cℜ pm*; S 7 ⌜ *p*) και λοιμοι *CℜO* (ʃ 33 lat) *pl*;
W : *txt B*(ʃ ℵ) *D* itsyˢ 8 ⌜ οδυνῶν *D**1093 latt.

ἐγερθήσονται καὶ πλανήσουσιν πολλούς· καὶ διὰ 12
τὸ ⌜πληθυνθῆναι τὴν ἀνομίαν ψυγήσεται ἡ ἀγάπη
τῶν πολλῶν. ὁ δὲ ὑπομείνας εἰς τέλος, οὗτος 13
σωθήσεται. καὶ κηρυχθήσεται τοῦτο τὸ εὐαγγέλιον 14
τῆς βασιλείας ἐν ὅλῃ τῇ οἰκουμένῃ εἰς μαρτύριον
πᾶσιν τοῖς ἔθνεσιν, καὶ τότε ἥξει τὸ τέλος. Ὅταν 15
οὖν ἴδητε τὸ βδέλυγμα τῆς ἐρημώσεως τὸ ῥηθὲν
διὰ Δανιὴλ τοῦ προφήτου ⌜ἑστὸς ἐν τόπῳ ἁγίῳ,
ὁ ἀναγινώσκων νοείτω, ¦ τότε οἱ ἐν τῇ Ἰουδαίᾳ 16
φευγέτωσαν ⌜εἰς τὰ ὄρη, ¦ ὁ ἐπὶ τοῦ δώματος μὴ 17
⌜καταβάτω ἆραι ⌜τὰ ἐκ τῆς οἰκίας αὐτοῦ, ¦ καὶ ὁ ἐν 18
τῷ ἀγρῷ μὴ ἐπιστρεψάτω ὀπίσω ἆραι ⌜τὸ ἱμάτιον⌝
αὐτοῦ. οὐαὶ δὲ ταῖς ἐν γαστρὶ ἐχούσαις καὶ ταῖς 19
⌜θηλαζούσαις ἐν ἐκείναις ταῖς ἡμέραις. προσεύχεσθε 20
δὲ ἵνα μὴ γένηται ἡ φυγὴ ὑμῶν χειμῶνος μηδὲ
σαββάτῳ· ¦ ἔσται γὰρ τότε θλῖψις μεγάλη, οἵα ⸀οὐ 21
γέγονεν⌝ ἀπ᾽ ἀρχῆς κόσμου ἕως τοῦ νῦν ⸀οὐδ᾽ οὐ⌝
μὴ γένηται. καὶ εἰ μὴ ἐκολοβώθησαν αἱ ἡμέραι 22
ἐκεῖναι, οὐκ ἂν ἐσώθη πᾶσα σάρξ· διὰ δὲ τοὺς
ἐκλεκτοὺς κολοβωθήσονται αἱ ἡμέραι ἐκεῖναι. τότε 23
ἐάν τις ὑμῖν εἴπῃ· ἰδοὺ ὧδε ὁ χριστός, ἤ· ὧδε,
μὴ ⌜πιστεύσητε· ἐγερθήσονται γὰρ ψευδόχριστοι καὶ 24
ψευδοπροφῆται, καὶ δώσουσιν σημεῖα μεγάλα καὶ
τέρατα, ὥστε ⌜πλανῆσαι, εἰ δυνατόν, καὶ τοὺς ἐκ-
λεκτούς. * ¦ ἰδοὺ προείρηκα ὑμῖν. ¦ ἐὰν οὖν εἴπωσιν 25.26
ὑμῖν· ἰδοὺ ἐν τῇ ἐρήμῳ ἐστίν, μὴ ἐξέλθητε· ἰδοὺ
ἐν τοῖς ταμιείοις, μὴ πιστεύσητε· ὥσπερ γὰρ ἡ 27
ἀστραπὴ ἐξέρχεται ἀπὸ ἀνατολῶν καὶ φαίνεται
ἕως δυσμῶν, οὕτως ἔσται ᵀἡ παρουσία τοῦ υἱοῦ
τοῦ ἀνθρώπου· ὅπου ᵀ ἐὰν ᾖ τὸ πτῶμα, ἐκεῖ 28
συναχθήσονται ᵀ οἱ ἀετοί. Εὐθέως δὲ μετὰ τὴν 29

Marginal references (right column):
2 Th 2,10.
2 T 3,1—5.
10,22. Ap 13,10.
28,19.
8,4; 10,18.
Dn 12,11; 9,27.
Dn 11,31.
Ez 7,16.
L 17,31.
Sap 17,17.
L 23,29.
1 K 7,26.28.
Act 1,12.
Dn 12,1. Ap 7,14. Joel 2,2.
2 T 2,10.
L 17,21.23.
(1 J 2,18.)
11.7,15. 2 P 2,1.
1J 4,1. (L 6,26.)
(Act 13,6.)
(Ap 2,2; 16,13!)
Dt 13,2—4.
Ap 13,13!
J 13,19! 16,1.4.
L 17,23 s.
Job 39,30.
Ap 19,17.
Hab 1,8. L 17,37.
(6,21.)
Ap 6,12 s.

---

12 ⌜-θυναι D. 15 ⌜εστως ℵDΘpm; s 16 ⌜επι 𝔥ℜal;
Th: txt p) BDΘpm 17 ⌜-βαινετω ℜal; S | ⸀p) τι DΘ33al
lat Ir Or 18 ⸀τα ιματια ℜal; S 19 ⌜-ζομεναις D. 21 ⸀ουκ
εγενετο ℵDΘIr; T | ⸀ουδε Dal Ir 23 ⸀p) -ευετε B*Or; W
24 ⌜-νασθαι Θλ 33 lat; 𝔥: -νηθηναι ℵD; T: txt Bℜpm
27 ᵀκαι Θφpm lat 28 ᵀγαρ ℜpm; S | ᵀκαι 565al

Is 13,10; 34,4.
H 12,26 ss.
2 P 3,10.

θλῖψιν τῶν ἡμερῶν ἐκείνων ὁ ἥλιος σκοτισθήσεται,
καὶ ἡ σελήνη οὐ δώσει τὸ φέγγος αὐτῆς, καὶ οἱ
ἀστέρες πεσοῦνται ⌐ἀπὸ τοῦ οὐρανοῦ, καὶ αἱ δυνάμεις

Ap 1,7. 30 τῶν οὐρανῶν σαλευθήσονται. καὶ τότε φανήσεται

10,23; 26,64. τὸ σημεῖον τοῦ υἱοῦ τοῦ ἀνθρώπου ⌐ἐν οὐρανῷ⌐,

Zch 12,10 ss. *καὶ ⌐τότε κόψονται⌐ πᾶσαι αἱ φυλαὶ τῆς γῆς καὶ 25⁰

10,23! Dn7,13 s. ὄψονται τὸν υἱὸν τοῦ ἀνθρώπου ἐρχόμενον ἐπὶ
τῶν νεφελῶν τοῦ οὐρανοῦ μετὰ δυνάμεως καὶ δόξης

1 K 15,52.
1 Th 4,16.
Ap 8,1.2. 31 πολλῆς· καὶ ἀποστελεῖ τοὺς ἀγγέλους αὐτοῦ μετὰ
Is 27,13. σάλπιγγος ⌐μεγάλης, καὶ ἐπισυνάξουσιν τοὺς ἐκλε-
Zch 2,10[6]. κτοὺς αὐτοῦ ἐκ τῶν τεσσάρων ἀνέμων ἀπ᾽ ἄκρων
Ap 7,1. Dt 30,4. 32 οὐρανῶν ἕως [τῶν] ἄκρων αὐτῶν. Ἀπὸ δὲ τῆς συκῆς
μάθετε τὴν παραβολήν· ὅταν ἤδη ὁ κλάδος αὐτῆς

Jr 1,11. γένηται ἁπαλὸς καὶ τὰ φύλλα ⌐ἐκφύῃ, ⌐γινώσκετε

33 ὅτι ἐγγὺς τὸ θέρος· οὕτως καὶ ὑμεῖς ὅταν ἴδητε

Jc 5,9. ⌐πάντα ταῦτα⌐, γινώσκετε ὅτι ἐγγύς ἐστιν ἐπὶ θύραις.

34 |ἀμὴν λέγω ὑμῖν °ὅτι οὐ μὴ παρέλθῃ ἡ γενεὰ αὕτη

(5,18.) 35 ἕως °²ἂν πάντα ταῦτα γένηται. □ὁ οὐρανὸς καὶ ἡ γῆ

Is 40,8. J 12,50. παρελεύσεται, οἱ δὲ λόγοι μου οὐ μὴ παρέλθωσιν⌐.

Act1,7.1Th5,1s. 36 |Περὶ δὲ τῆς ἡμέρας ἐκείνης καὶ ὥρας οὐδεὶς οἶδεν, 58
οὐδὲ οἱ ἄγγελοι τῶν οὐρανῶν □οὐδὲ ὁ υἱός⌐, εἰ μὴ 26⁰

37—39:
L 17,26 s. 37 ὁ πατὴρ⌐ μόνος. ὥσπερ ⌐γὰρ αἱ ἡμέραι τοῦ Νῶε, 26¹
οὕτως ἔσται ⌐ἡ παρουσία τοῦ υἱοῦ τοῦ ἀνθρώπου.

Gn 6,11—13.

2P 2,5; 3,5 s. 38 |ὡς γὰρ ἦσαν ἐν ταῖς ἡμέραις [ἐκείναις] ταῖς πρὸ
τοῦ κατακλυσμοῦ τρώγοντες καὶ πίνοντες, γα-
Gn 7,7. μοῦντες καὶ ⌐γαμίζοντες, ἄχρι ἧς ἡμέρας εἰσῆλθεν
Is 54,9. 39 Νῶε εἰς τὴν κιβωτόν, |καὶ οὐκ ἔγνωσαν ἕως ἦλθεν
ὁ κατακλυσμὸς καὶ ἦρεν ἅπαντας, οὕτως ἔσται °καὶ
40. 41:
L 17,35 s. 40 ἡ παρουσία τοῦ υἱοῦ τοῦ ἀνθρώπου. τότε ἔσονται 26²

Sap 17,17. δύο ἐν τῷ ἀγρῷ, εἷς παραλαμβάνεται καὶ εἷς

29 ⌐p) εx אD; T **30** (εν τω ουρ. ℜpl; S : του εν ουρανοις **D**. : txt Bא
Θpc | ⌐²¹ DΘal; S : ²א*pc e; T **31** ⌐φωνης Bℜal; Wh : και φ. Dal lat :
txt אΘal esy |[+ BΘal; W : —ℌℜDpm; T **32** ⌐(εκφυῃ EKal) | ⌐-εται B³D
33 ⌐ℜDal; T: txt BΘpm **34** Oℜal; T| O²א; [H] **35** □א*. **36** □א² ℜpm
lat sy sa codd. graeci apud Hier et Amb: hʳS : txt BאDΘal it Ir Chr Amb, codd.
lat. apud Hier | ⌐μου ℜal; S **37** ⌐δε ℌℜΘpl, T : txt BDpc |⌐και אDΘpm
38 [+ B(D) it; W : — ℌℜΘpl; T | ⌐-ισκο- Bpc; W : εχγμας- ℜ(?)pl; S : txt
אDpc Cl **39** O BD itsyᵃᵖ; H

ἀφίεται· δύο ἀλήθουσαι ⌐ἐν τῷ⌐ ⌐μύλῳ, μία παρα- 41

463,6 λαμβάνεται καὶ μία ἀφίεται. γρηγορεῖτε οὖν, ὅτι 42 25,13. Mc 13,35. L 21,36.
οὐκ οἴδατε ποίᾳ ⌐ἡμέρᾳ ὁ κύριος ὑμῶν ἔρχεται.

464,2 ⌐Ἐκεῖνο δὲ γινώσκετε ὅτι εἰ ᾔδει ὁ οἰκοδεσπότης 43 43—51: L 12,39—46.
ποίᾳ φυλακῇ ὁ κλέπτης ἔρχεται, ἐγρηγόρησεν ἂν 1 Th 5,2!
καὶ οὐκ ἂν εἴασεν ⌐διορυχθῆναι τὴν οἰκίαν αὐτοῦ.

⌐διὰ τοῦτο καὶ ὑμεῖς γίνεσθε ἕτοιμοι, ὅτι ᾗ οὐ 44
139 δοκεῖτε ὥρᾳ ὁ υἱὸς τοῦ ἀνθρώπου ἔρχεται. Τίς 45
65 5 ἄρα ἐστὶν ὁ πιστὸς δοῦλος καὶ φρόνιμος ὃν κατ-
έστησεν ὁ κύριος ἐπὶ τῆς ⌐οἰκετείας αὐτοῦ τοῦ
86,5 δοῦναι αὐτοῖς τὴν τροφὴν ἐν καιρῷ; μακάριος ὁ 46 10,10! Ps104,27. 2 T 4,5.
δοῦλος ἐκεῖνος ὃν ἐλθὼν ὁ κύριος αὐτοῦ εὑρήσει
οὕτως ποιοῦντα· ἀμὴν λέγω ὑμῖν ὅτι ἐπὶ πᾶσιν 47 25,21.23.
67,5 τοῖς ὑπάρχουσιν αὐτοῦ καταστήσει αὐτόν. ἐὰν δὲ 48 Eccl 8,11.
εἴπῃ ὁ κακὸς δοῦλος ᵒἐκεῖνος ἐν τῇ καρδίᾳ αὐτοῦ· 2 P 3,4.
χρονίζει μου ὁ κύριος, ⌐καὶ ἄρξηται τύπτειν τοὺς 49
συνδούλους αὐτοῦ, ⌐ἐσθίῃ δὲ καὶ πίνῃ⌐ μετὰ τῶν L 21,34!
μεθυόντων, ἥξει ὁ κύριος τοῦ δούλου ἐκείνου ἐν 50 42!
ἡμέρᾳ ᾗ οὐ προσδοκᾷ καὶ ἐν ὥρᾳ ᾗ οὐ γινώσκει,
⌐καὶ διχοτομήσει αὐτόν, καὶ τὸ μέρος αὐτοῦ μετὰ 51
τῶν ὑποκριτῶν θήσει· ἐκεῖ ἔσται ὁ κλαυθμὸς καὶ 8,12! Ps 112,10.
40 ὁ βρυγμὸς τῶν ὀδόντων.   Τότε ὁμοιωθήσεται ἡ25
4,10 βασιλεία τῶν οὐρανῶν δέκα παρθένοις, αἵτινες
λαβοῦσαι τὰς λαμπάδας ⌐ἑαυτῶν ἐξῆλθον εἰς ὑπ- L 12,35 s. J 3,29. Ap 19,7.
άντησιν τοῦ νυμφίουᵀ. πέντε δὲ ἐξ αὐτῶν ἦσαν 2 7,24.26.
μωραὶ καὶ πέντε φρόνιμοι. αἱ γὰρ μωραὶ λαβοῦσαι 3
τὰς λαμπάδαςᵀ οὐκ ἔλαβον μεθ᾽ ἑαυτῶν ἔλαιονᵀ.
⌐αἱ δὲ φρόνιμοι ἔλαβον ἔλαιον ἐν τοῖς ἀγγείοις 4
μετὰ τῶν λαμπάδων ἑαυτῶν. χρονίζοντος δὲ τοῦ 5 L 12,45. 26,40p. Mc13,36
νυμφίου ἐνύσταξαν πᾶσαι καὶ ἐκάθευδον. μέσης 6
δὲ νυκτὸς κραυγὴ γέγονεν· ἰδοὺ ὁ νυμφίοςᵀ, ⌐ἐξέρ-

---

41 ⌐(ἐν τῷ comm) | ⌐μυλῶνι DΘ𝔐 : txt 𝔖𝔐   42 ⌐ωρα
ℜal lat   43 ⌐-υγηναι BℜΘpl ; W   45 ⌐οικιας ℜal : θεραπειας
ℜDal : txt 𝔖Θal   48 Oℵ*Θpc syˢ Irˡᵃᵗ ; T   49 ⌐εσθιειν δε κ. πινειν
G𝔭𝔪 : txt 𝔖DΘ𝔭𝔪   25,1 ⌐αυ- 𝔖ℜpl ; T (αὐ-) : txt BDΘpc |
ᵀκαι της νυμφης DΘal latt sy ; ┤hʳ├   3 ᵀαυτων 𝔖ℜDpl ;
[H] : txt ℵΘpc | ⌐εν τοις αγγειοις αυτων Dpc   6 ᵀερχεται ℜΘ
pl latsy | ⌐εγειρεσθε Θ 157 pc   68

7 χεσθε εἰς ἀπάντησιν⊤. τότε ἠγέρθησαν πᾶσαι αἱ
παρθένοι ἐκεῖναι καὶ ἐκόσμησαν τὰς λαμπάδας
8 ἑαυτῶν. αἱ δὲ μωραὶ ταῖς φρονίμοις εἶπαν· δότε
ἡμῖν ἐκ τοῦ ἐλαίου ὑμῶν, ὅτι αἱ λαμπάδες ἡμῶν
9 σβέννυνται. ἀπεκρίθησαν δὲ αἱ φρόνιμοι λέγουσαι·
μήποτε·⌐οὐ μὴ⌐ ἀρκέσῃ ἡμῖν καὶ ὑμῖν· πορεύεσθε
μᾶλλον πρὸς τοὺς πωλοῦντας καὶ ἀγοράσατε
10 ἑαυταῖς. ⌐ἀπερχομένων δὲ αὐτῶν⌐ ἀγοράσαι ἦλθεν
ὁ νυμφίος, καὶ αἱ ἕτοιμοι εἰσῆλθον μετ᾽ αὐτοῦ

L 13,25.27. 11 εἰς τοὺς γάμους, καὶ ἐκλείσθη ἡ θύρα. ὕστερον
δὲ ⌐ἔρχονται καὶ⌐ αἱ λοιπαὶ παρθένοι λέγουσαι·

7,23. 12 κύριε κύριε, ἄνοιξον ἡμῖν. ὁ δὲ ἀποκριθεὶς εἶπεν·

24,42.50.
Mc 13,35 ss. 13 ἀμὴν λέγω ὑμῖν, οὐκ οἶδα ὑμᾶς. Γρηγορεῖτε οὖν,

14—30: 14 ὅτι οὐκ οἴδατε τὴν ἡμέραν οὐδὲ τὴν ὥραν⊤. Ὥσπερ 60
L 19,12—27. 269
Mc 13,34. γὰρ ~~ἄνθρωπος~~ ἀποδημῶν ~~ἐκάλεσεν~~ τοὺς ἰδίους

21,33. ~~δούλους~~ καὶ ~~παρέδωκεν~~ αὐτοῖς τὰ ὑπάρχοντα αὐτοῦ,

R 12,3.6. 15 ¹καὶ ᾧ μὲν ἔδωκεν πέντε τάλαντα, ᾧ δὲ δύο, ᾧ δὲ 270
ἕν, ἑκάστῳ κατὰ τὴν ἰδίαν δύναμιν, καὶ ἀπε-
16 δήμησεν⌐. εὐθέως ¹ πορευθεὶς⌐ ὁ τὰ πέντε τάλαντα
λαβὼν ~~ἠργάσατο~~ ἐν αὐτοῖς καὶ ⌐ἐκέρδησεν ἄλλα
17 πέντε⊤·¹ ὡσαύτως⊤ ὁ τὰ δύο ⌐ἐκέρδησεν ἄλλα δύο.
18 ¹ὁ δὲ τὸ ἓν λαβὼν °ἀπελθὼν ὤρυξεν ⌐γῆν καὶ ⌐ἔκρυ-
19 ψεν τὸ ἀργύριον τοῦ κυρίου αὐτοῦ. μετὰ δὲ πολὺν

18,23. χρόνον ἔρχεται ὁ κύριος τῶν δούλων ἐκείνων καὶ
20 συναίρει λόγον μετ᾽ αὐτῶν. καὶ προσελθὼν ὁ τὰ
πέντε τάλαντα λαβὼν προσήνεγκεν ἄλλα πέντε
τάλαντα ~~λέγων·~~ ~~κύριε~~, πέντε τάλαντά μοι παρέ-

23. 24,45—47. 21 δωκας· ἴδε ἄλλα ~~πέντε~~ τάλαντα ⌐ἐκέρδησα. ¹ ἔφη
L 16,10. ~~αὐτῷ~~ ὁ κύριος αὐτοῦ· ~~εὖ~~, ~~δοῦλε~~ ~~ἀγαθὲ~~ καὶ πιστέ,
L 12,44. H 12,2. ⌐ἐπὶ ὀλίγα ἦς⌐ ~~πιστός~~, ἐπὶ πολλῶν σε καταστήσω·

6 ⊤ αυτου 𝕽DΘpl; 𝕾: αυτω C: txt B𝕏pc   9 ∶·W | ⌐ουκ
𝕏pm; Th: txt BCDpm   10 ⌐εως υπαγουσιν D it   11 ⌐ηλθον
D it   13 ⊤ εν η ο υιος του ανθρωπου ερχεται 𝕽al   15.16 ⌐. ευ-
θεως δε πορ. Θλpc it: ενθεως. πορ. δε C𝕽Dpm; W: txt B𝕏*pc
16 ⌐εποιησεν 𝕏*𝕽al; T | ⊤ ταλαντα 𝕏𝕽Dpm; T   17 ⊤και
B𝕽Dpm; Wh: δε και Aal: txt 𝕾Θpc | ⌐και αυτος εκ. D: εκ.
και αυτ. 𝕽Θpm; 𝕾   18 ○D it | ⌐εν τη γη 𝕽Dpl | ⌐απεκρ-
𝕽Θpl; 𝕾   20 ⌐επεκ- DΘ lat   21 ⌐επει επ D lat Ir

εἰσελθε εἰς τὴν χαρὰν τοῦ κυρίου σου. προσελθὼνᵀ 22
καὶ ὁ τὰ δύο τάλανταᵀ εἶπεν· κύριε, δύο τάλαντά
μοι παρέδωκας· ἴδε ἄλλα δύο τάλαντα ⸆ἐκέρδησα.
┃ἔφη αὐτῷ ὁ κύριος αὐτοῦ· εὖ, δοῦλε ἀγαθὲ καὶ 23 21!
πιστέ, ⸆ἐπὶ ὀλίγα ⸌ἦς πιστός⸍, ἐπὶ πολλῶν σε κατα-
στήσω· εἴσελθε εἰς τὴν χαρὰν τοῦ κυρίου σου.
┃προσελθὼν δὲ καὶ ὁ τὸ ἓν τάλαντον εἰληφὼς 24
εἶπεν· κύριε, ἔγνων °σε ὅτι σκληρὸς εἶ ἄνθρωπος,
θερίζων ὅπου οὐκ ἔσπειρας, καὶ συνάγων ὅθεν
οὐ διεσκόρπισας· καὶ φοβηθεὶς ἀπελθὼν ἔκρυψα 25
τὸ τάλαντόν σου ἐν τῇ γῇ· ἴδε ἔχεις τὸ σόν. ἀπο- 26
κριθεὶς δὲ ὁ κύριος αὐτοῦ εἶπεν αὐτῷ· πονηρὲ
δοῦλε καὶ ὀκνηρέ, ᾔδεις ὅτι θερίζω ὅπου οὐκ
ἔσπειρα, καὶ συνάγω ὅθεν οὐ διεσκόρπισα; ┃ἔδει 27
σε οὖν βαλεῖν ⸀τὰ ἀργύριά μου τοῖς τραπεζίταις,
καὶ ἐλθὼν ἐγὼ ἐκομισάμην ἂν τὸ ἐμὸν σὺν τόκῳ.
┃ἄρατε οὖν ἀπ᾽ αὐτοῦ τὸ τάλαντον καὶ δότε τῷ 28
₇₁,₂ ἔχοντι τὰ ⸀δέκα τάλαντα· τῷ γὰρ ἔχοντι παντὶ 29 13,12.
δοθήσεται καὶ ⸀περισσευθήσεται· τοῦ δὲ μὴ ἔχοντος
₇₂,₅ καὶ ὃ ἔχει ἀρθήσεται ἀπ᾽ αὐτοῦ.ᵀ καὶ τὸν ἀχρεῖον 30 L 17,10.
δοῦλον ⸀ἐκβάλετε εἰς τὸ σκότος τὸ ἐξώτερον· ἐκεῖ
ἔσται ὁ κλαυθμὸς καὶ ὁ βρυγμὸς τῶν ὀδόντων. 8,12! Ps 112,10.
₁41 ┃Ὅταν δὲ ἔλθῃ ὁ υἱὸς τοῦ ἀνθρώπου ἐν τῇ δόξῃ 31 13,41; 16,27;
₃,10 αὐτοῦ καὶ πάντες οἱᵀ ἄγγελοι μετ᾽ αὐτοῦ, τότε 19,28.
καθίσει ἐπὶ θρόνου δόξης αὐτοῦ· καὶ συναχθή- 32 Zch 14,5. Jd 14.
σονται ἔμπροσθεν αὐτοῦ πάντα τὰ ἔθνη, καὶ (Ap 20,11—13.)
ἀφορίσει αὐτοὺς ἀπ᾽ ἀλλήλων, ὥσπερ ὁ ποιμὴν R 14,10.
ἀφορίζει τὰ πρόβατα ἀπὸ τῶν ⸀ἐρίφων, ┃καὶ στήσει 33 Ez 34,17.
τὰ μὲν πρόβατα ἐκ δεξιῶν °αὐτοῦ, τὰ δὲ ἐρίφια 13,48. (20,21.)
ἐξ εὐωνύμωνᵀ. τότε ἐρεῖ ὁ βασιλεὺς τοῖς ἐκ δεξιῶν 34
αὐτοῦ· δεῦτε οἱ εὐλογημένοι τοῦ πατρός μου,

22 ᵀδε C ℜ D Θ pl; S : txt B ℵ* | ᵀλαβων ℵℜDal | ⸆επεχ- D Θ
23 ⸆επει επ D lat lr | ⸌ B; h 24 ° D Θ lat 27 ⸀(p) το -ριον
C ℜ D pl; S : txt B ℵ* Θ 28 ⸀πεντε D. 29 ⸀-ευσεται D. |
ᵀταυτα λεγων εφωνει· ο εχων ωτα ακουειν ακουετω Hal
(ℜal post vs. 30) 30 ⸀βαλετε εξω D (69) it 31 ᵀαγιοι ℜal
32 ⸀-φιων B. 33 °ℵ A et ᵀαυτου ℵ sy

11,15!

κληρονομήσατε τὴν ἡτοιμασμένην ὑμῖν βασιλείαν
Is 58,7. **35** ἀπὸ καταβολῆς κόσμου. ἐπείνασα γὰρ καὶ ἐδώ-
Jc 1,27; 2,15.
κατέ μοι φαγεῖν, ἐδίψησα καὶ ⌈ἐποτίσατέ με⌉, ξένος
36 ἤμην καὶ συνηγάγετέ με, ǀ γυμνὸς καὶ περιεβάλετέ
H 13,3. με, ⌈ἠσθένησα καὶ ἐπεσκέψασθέ με, ἐν φυλακῇ
6,3. **37** ἤμην καὶ ἤλθατε πρός με. τότε ἀποκριθήσονται
αὐτῷ οἱ δίκαιοι λέγοντες· κύριε, πότε σε εἴδομεν
πεινῶντα καὶ ἐθρέψαμεν, ἢ διψῶντα καὶ ἐπο-
38 τίσαμεν; πότε δέ σε εἴδομεν ξένον καὶ συνηγάγο-
39 μεν, ἢ γυμνὸν καὶ περιεβάλομεν; πότε δέ σε εἴδομεν
⌈ἀσθενοῦντα ἢ ἐν φυλακῇ καὶ ἤλθομεν πρός σέ;
Prv 19,17. **40** ǀκαὶ ἀποκριθεὶς ὁ βασιλεὺς ἐρεῖ αὐτοῖς· ἀμὴν λέγω
10,42. H 2,11. ὑμῖν, ἐφ᾽ ὅσον ἐποιήσατε ἑνὶ τούτων τῶν ἀδελφῶν
41 μου τῶν ἐλαχίστων, ἐμοὶ ἐποιήσατε. τότε ἐρεῖ 14
7,23. καὶ τοῖς ἐξ εὐωνύμων· πορεύεσθε ἀπ᾽ ἐμοῦ ᵀ κατ-
Ap 14,10! ηραμένοι εἰς ⌈τὸ πῦρ τὸ αἰώνιον⌉ ⌈τὸ ἡτοιμασμένον⌉
2 K 12,7.
Ap 12,7.9. **42** τῷ διαβόλῳ καὶ τοῖς ἀγγέλοις αὐτοῦ. ἐπείνασα
γὰρ καὶ οὐκ ἐδώκατέ μοι φαγεῖν, ᵀ ἐδίψησα καὶ οὐκ
43 ⌈ἐποτίσατέ με⌉, ǀ ξένος ἤμην καὶ οὐ συνηγάγετέ με,
ᵀ γυμνὸς ᵀ καὶ οὐ περιεβάλετέ με, ἀσθενὴς καὶ ἐν
44 φυλακῇ καὶ οὐκ ἐπεσκέψασθέ με. τότε ἀποκριθή-
σονται καὶ αὐτοὶ λέγοντες· κύριε, πότε σε εἴδομεν
πεινῶντα ἢ διψῶντα ἢ ξένον ἢ γυμνὸν ἢ ἀσθενῆ
45 ἢ ἐν φυλακῇ καὶ οὐ διηκονήσαμέν σοι; τότε ἀπο-
κριθήσεται αὐτοῖς λέγων· ἀμὴν λέγω ὑμῖν, ἐφ᾽
ὅσον οὐκ ἐποιήσατε ἑνὶ τούτων τῶν ἐλαχίστων,
J 5,29. Dn 12,2. **46** οὐδὲ ἐμοὶ ἐποιήσατε. καὶ ἀπελεύσονται οὗτοι εἰς
⌈κόλασιν αἰώνιον, οἱ δὲ δίκαιοι εἰς ζωὴν αἰώνιον.

7,28; 11,1; **26** Καὶ ἐγένετο ὅτε ἐτέλεσεν ὁ Ἰησοῦς πάντας 14
13,53; 19,1. τοὺς λόγους τούτους, εἶπεν τοῖς μαθηταῖς αὐτοῦ·

---

35 ⌈εδωκατε μοι πιειν Clᵖᵗ   **36** ⌈ασθενης Clᵖᵗ   **39** ⌈ασθενη
ℵℜpl; S : txt BDΘ Cl   **41** ᵀοι ℜDΘpl; s ǀ ⌈(30) το σκοτος
το εξωτερον Ju Clʰᵒᵐ; hʳ ǀ ⌈! ὁ ητοιμασεν ο πατηρ μου Dλ 22 it
Ju lr(Cl)Clʰᵒᵐ; ⊣hʳ⊦§   **42** ᵀκαι B*; [H] ǀ ⌈(εδωκατε μοι
πιειν Blass cj)   **43** ᵀκαι P⁴⁵Θsy ǀ ᵀημην P⁴⁵ʰ syˢ   **46** ⌈(41)
ignem a b c al; hʳ¹ : ambustionem Cypr Augᵖᵗ; hʳ² : comb-
Augᵖᵗ Fulg; hʳ³

274,1 ¹οἴδατε ὅτι μετὰ δύο ἡμέρας τὸ πάσχα γίνεται, 2

    καὶ ὁ υἱὸς τοῦ ἀνϑρώπου παραδίδοται εἰς τὸ

275,6 σταυρωϑῆναι.   Τότε συνήχϑησαν οἱ ἀρχιερεῖς 3

    καὶ οἱ πρεσβύτεροι τοῦ λαοῦ εἰς τὴν αὐλὴν τοῦ

    ἀρχιερέως τοῦ λεγομένου Καϊαφᾶ, ¹καὶ συνεβουλεύ- 4

σαντο ἵνα τὸν Ἰησοῦν δόλῳ κρατήσωσιν καὶ ἀπο-

κτείνωσιν· ¹ἔλεγον δέ· μὴ ἐν τῇ ἑορτῇ, ἵνα μὴ 5

ϑόρυβος γένηται ἐν τῷ λαῷ.

144   Τοῦ δὲ Ἰησοῦ γενομένου ἐν Βηϑανίᾳ ἐν οἰκίᾳ 6

276,1 Σίμωνος τοῦ λεπροῦ, ¹προσῆλϑεν αὐτῷ γυνὴ ἔχουσα 7

ἀλάβαστρον μύρου βαρυτίμου καὶ κατέχεεν ἐπὶ

τῆς κεφαλῆς αὐτοῦ ἀνακειμένου. ἰδόντες δὲ οἱ 8

μαϑηταὶ ἠγανάκτησαν λέγοντες· εἰς τί ἡ ἀπώλεια

αὕτη; ἐδύνατο γὰρ τοῦτο πραϑῆναι πολλοῦ καὶ 9

δοϑῆναι πτωχοῖς. γνοὺς δὲ ὁ Ἰησοῦς εἶπεν αὐτοῖς· 10

τί κόπους παρέχετε τῇ γυναικί; ἔργον γὰρ καλὸν

ἠργάσατο εἰς ἐμέ· πάντοτε γὰρ τοὺς πτωχοὺς 11

ἔχετε μεϑ' ἑαυτῶν, ἐμὲ δὲ οὐ πάντοτε ἔχετε·

77,4 ¹βαλοῦσα γὰρ αὕτη τὸ μύρον τοῦτο ἐπὶ τοῦ σώματός 12

μου πρὸς τὸ ἐνταφιάσαι με ἐποίησεν. ἀμὴν λέγω 13

ὑμῖν, ὅπου ἐὰν κηρυχϑῇ τὸ εὐαγγέλιον τοῦτο ἐν

ὅλῳ τῷ κόσμῳ, λαληϑήσεται καὶ ὃ ἐποίησεν αὕτη

145 εἰς μνημόσυνον αὐτῆς.   Τότε πορευϑεὶς εἷς τῶν 14

78,2 δώδεκα, ⁵ὁ λεγόμενος Ἰούδας᾽ Ἰσκαριώτης, πρὸς

τοὺς ἀρχιερεῖς ¹εἶπεν· τί ϑέλετέ μοι δοῦναι᾽, κἀγὼ 15

ὑμῖν παραδώσω αὐτόν·² οἱ δὲ ἔστησαν αὐτῷ τριά-

κοντα ἀργύρια. καὶ ἀπὸ τότε ἐζήτει εὐκαιρίαν ἵνα 16

αὐτὸν παραδῷ.

146   Τῇ δὲ πρώτῃ τῶν ἀζύμων προσῆλϑον οἱ μα- 17

ϑηταὶ τῷ Ἰησοῦ λέγοντες· ποῦ ϑέλεις ἑτοιμάσωμέν

σοι φαγεῖν τὸ πάσχα; ¹ὁ δὲ εἶπεν· ὑπάγετε εἰς 18

2—5:
Mc 14,1 s.
L 22,1 s.

16,21!
57.L3,2.J11,49;
18,13ss.Act4,6.
J 11,53.

6—13:
Mc 14,3—9.
J 12,1—8.
(L 7,36—50.)
8,2!

(J 6,12.)

L 11,7; 18,5.
G 6,17.
Dt 15,11.
9,15.

14—16:
Mc 14,10 s.
L 22,3—6.
J 11,57.
(28,12.)
Zch 11,12.
1 T 6,9 s.

17—19:
Mc 14,12—16.
L 22,7—13.
Ex 12,14—20.
1 K 5,7.

    3 ᵀp) καὶ οἱ γραμματεῖς 𝕽al | Καϊφα 𝐷 itvgᶜˡ sa
7 p) πολιτι- 𝕳𝐷Θal; T : txt 𝐵𝕽pm   9 ᵀp) το μυρον 𝕽pm |
ᵀp)τοις 𝐷Epm: txt 𝕳Θpm   14 ⁵312 983 | Σκαρ-𝐷itvgᶜᵒᵈᵈsy
15 :¹ et :². W | στατηρας 𝐷abqr; ⊣hʳ¹⊢ : στατ. αργυριου
λh.; hʳ²

21,3. τὴν πόλιν πρὸς τὸν δεῖνα καὶ εἴπατε αὐτῷ· ὁ
διδάσκαλος λέγει· ὁ καιρός μου ἐγγύς ἐστιν· πρὸς
19 σὲ ποιῶ τὸ πάσχα μετὰ τῶν μαθητῶν μου. καὶ
ἐποίησαν οἱ μαθηταὶ ὡς συνέταξεν αὐτοῖς ὁ Ἰησοῦς,

20—25:
Mc 14,17—21. 20 καὶ ἡτοίμασαν τὸ πάσχα.   Ὀψίας δὲ γενομένης 14
L 22,14. 21—23.
J 13,21—30. 21 ἀνέκειτο μετὰ τῶν δώδεκα [μαθητῶν]. καὶ ἐσθιόν- 27⁹
των αὐτῶν εἶπεν· ἀμὴν λέγω ὑμῖν °ὅτι εἷς ἐξ ὑμῶν
22 παραδώσει με. καὶ λυπούμενοι σφόδρα ἤρξαντο 280
λέγειν °αὐτῷ °²εἷς ἕκαστος ᵀ· μήτι ἐγώ εἰμι, κύριε;
23 ¹ὁ δὲ ἀποκριθεὶς εἶπεν· ὁ ἐμβάψας ˢμετ' ἐμοῦ τὴν 281
24 χεῖρα ᴸ ἐν τῷ τρυβλίῳ, οὗτός με παραδώσει. ὁ μὲν
υἱὸς τοῦ ἀνθρώπου ὑπάγει καθὼς γέγραπται περὶ

18,7. L 17,1. αὐτοῦ, οὐαὶ δὲ τῷ ἀνθρώπῳ ἐκείνῳ δι' οὗ ὁ υἱὸς
τοῦ ἀνθρώπου παραδίδοται· * καλὸν ἦν αὐτῷ εἰ 282
25 οὐκ ἐγεννήθη ὁ ἄνθρωπος ἐκεῖνος. ἀποκριθεὶς 282
δὲ Ἰούδας ὁ παραδιδοὺς αὐτὸν εἶπεν· μήτι ἐγώ

26—29:
Mc14,22—25. 26 εἰμι, ῥαββί; λέγει αὐτῷᵀ· σὺ εἶπας. Ἐσθιόντων 64
L 22,15—20. δὲ αὐτῶν λαβὼν ὁ Ἰησοῦς ᵀ ἄρτον καὶ ⌜εὐλογήσας 284
1 K 11,23—25.
1 K 10,16. ἔκλασεν καὶ ⌐δοὺς τοῖς μαθηταῖς¬ εἶπεν· λάβετε
27 φάγετε· τοῦτό ἐστιν τὸ σῶμά μου. καὶ λαβὼν 28⁵
ᵀποτήριον °καὶ εὐχαριστήσας ἔδωκεν αὐτοῖς λέγων·

Ex24,8. I⸗53,12.
Jr 31,31. 28 πίετε ἐξ αὐτοῦ πάντες· ¹τοῦτο γάρ ἐστιν τὸ αἷμά
Zch 9,11. μου ᵀ τῆς ᵀ διαθήκης τὸ περὶ πολλῶν ἐκχυννόμενον
H 7,22!
Act 1,4; 10,41. 29 εἰς ἄφεσιν ἁμαρτιῶν. λέγω δὲ ὑμῖν, οὐ μὴ πίω
(J 2,7.) ἀπ' ἄρτι ἐκ τούτου τοῦ γενήματος τῆς ἀμπέλου
ἕως τῆς ἡμέρας ἐκείνης ὅταν αὐτὸ ⌜πίνω ˢμεθ'
30:
Mc 14,26. ὑμῶν καινὸν ᴸ ἐν τῇ βασιλείᾳ τοῦ πατρός μου.
L 22,39. J 18,1.
Ps113s.115-118. 30   Καὶ ὑμνήσαντες ἐξῆλθον εἰς τὸ ὄρος τῶν ἐλαιῶν. 286

31—35:
Mc 14,27—31. 31 ¹Τότε λέγει αὐτοῖς ὁ Ἰησοῦς· πάντες ὑμεῖς σκαν- 14
L 22,31—34. δαλισθήσεσθε ἐν ἐμοὶ ἐν τῇ νυκτὶ ταύτῃ· * γέγραπται 287
Zch 13,7.
9,36. J 16,32. γάρ· πατάξω τὸν ποιμένα, καὶ ⌜διασκορπισθήσονται 28⁸
28,7. 32 τὰ πρόβατα τῆς ποίμνης· μετὰ δὲ τὸ ἐγερθῆναί

20 [+ ℌ Θ al lat; T: – P⁸⁷ BℜDpm syˢ; W   21 OP³⁷·⁴⁵ 566 pc   22 OP³⁷·⁴⁵ DΘ
al lat sy; ℌ | O² P⁸⁷ℜpm et ᵀ αυτων P³⁷·⁴⁵ℜDΘpl; s   23 ∫3412 P³⁷·⁴⁵DΘsyˢ
aeg 25 Το Ιησους P⁴⁵ℜpc it 26 ᵀτον ℜpm; ℌ | ⌜p) ευχαριστησας ℜpm Ju Ir Cl |
⌐εδιδου τ. μ. και Cℜal   27 ᵀτο P³⁷·⁴⁵CℜDpm | Op) CL 33 al; [H] : txt P⁴⁵ BℵℜD
Θpm 28 ᵀτο Cℜpl; ℌ | ᵀχαινης CℜDpl latsy(ˢ)ᵖ; ℌ   29 ⌜πιω P⁸⁷ DΘpc Cl |
∫ C 33 al Irᵃʳᵐ; ℌ   31 ⌜-ησεται P³⁷·⁴⁵   73   ℜDΘpm Or : txt P⁵⁸ℌφ al

9,1 με προάξω ὑμᾶς εἰς τὴν Γαλιλαίαν. ἀποκριθεὶς 33 J 13,36—38.
δὲ ὁ Πέτρος εἶπεν °αὐτῷ· εἰ πάντες σκανδαλισθή-
σονται ἐν σοί, ἐγὼ οὐδέποτε σκανδαλισθήσομαι.
¹ἔφη αὐτῷ ⊤ ὁ Ἰησοῦς· ἀμὴν λέγω σοι ὅτι ° ἐν ταύτῃ 34 75.
τῇ νυκτὶ ⌐πρὶν ἀλέκτορα φωνῆσαι⌐ τρὶς ἀπαρνήσῃ
0,6 με. λέγει αὐτῷ ὁ Πέτρος· κἂν δέῃ με σὺν σοὶ 35
ἀποθανεῖν, οὐ μή σε ⌐ἀπαρνήσομαι. ὁμοίως καὶ
πάντες οἱ μαθηταὶ εἶπαν.

1,1 Τότε ἔρχεται μετ᾽ αὐτῶν ὁ Ἰησοῦς εἰς χωρίον 36 **36—46:**
2,6 λεγόμενον Γεθσημανί, * καὶ λέγει τοῖς μαθηταῖς· Mc 14,32—42.
καθίσατε αὐτοῦ ἕως ⌐οὗ ἀπελθὼν ἐκεῖ προσεύξω- L 22,40—46.
μαι. καὶ παραλαβὼν τὸν Πέτρον καὶ τοὺς δύο 37 J 18,1.
υἱοὺς Ζεβεδαίου ἤρξατο λυπεῖσθαι καὶ ἀδημονεῖν. 17,1! H 5,7 s.
3,4 ⌐τότε λέγει αὐτοῖς· περίλυπός ἐστιν ἡ ψυχή μου 38 4,21!
ἕως θανάτου· μείνατε ὧδε καὶ γρηγορεῖτε μετ᾽ Ps 42,6.12; 43,5.
4,1 ἐμοῦ. καὶ ⌐προελθὼν μικρὸν ἔπεσεν ἐπὶ πρόσωπον 39 L 12,50. J 12,27.
αὐτοῦ προσευχόμενος καὶ λέγων· πάτερ °μου, εἰ H 2,14.
δυνατόν ἐστιν, παρελθάτω ἀπ᾽ ἐμοῦ τὸ ποτήριον L 17,16.
5,1 τοῦτο· * πλὴν οὐχ ὡς ἐγὼ θέλω ἀλλ᾽ ὡς σύ. ⊤ ¹καὶ 40 Is 51,17.22.
6,2 ἔρχεται πρὸς τοὺς μαθητὰς καὶ εὑρίσκει αὐτοὺς 20,22. J 18,11.
καθεύδοντας, καὶ λέγει τῷ Πέτρῳ· οὕτως οὐκ J 6,38; 21,18.
⌐ἰσχύσατε μίαν ὥραν γρηγορῆσαι μετ᾽ ἐμοῦ; γρη- 41 H 10,9 s.
γορεῖτε καὶ προσεύχεσθε, ἵνα μὴ ⌐εἰσέλθητε εἰς
7,4 πειρασμόν· * τὸ μὲν πνεῦμα πρόθυμον, ἡ δὲ σὰρξ 25,5.
50 ἀσθενής. πάλιν ἐκ δευτέρου ἀπελθὼν προσηύξατο 42 H 2,18; 4,15.
8,6 °λέγων· πάτερ °²μου, εἰ οὐ δύναται ⌐τοῦτο παρελθεῖν⊤ 1 P 4,7; 5,8.
ἐὰν μὴ αὐτὸ πίω, γενηθήτω τὸ θέλημά σου. καὶ 43 E 6,18. (Jc 1,2.)
ἐλθὼν πάλιν ⌐εὗρεν αὐτοὺς καθεύδοντας, ἦσαν γὰρ Ap 3,2; 16,15.
αὐτῶν οἱ ὀφθαλμοὶ βεβαρημένοι. καὶ ἀφεὶς αὐτοὺς 44 6,10.
°πάλιν ἀπελθὼν προσηύξατο □ἐκ τρίτου⌐, τὸν αὐτὸν Act 21,14.
9,4 λόγον εἰπὼν· πάλιν :². τότε ἔρχεται πρὸς τοὺς 45 L 9,32.
2 K 12,8.

33 O P⁸⁷ 700 pc it sy° | 34 ⊤καὶ P⁸⁷. | O P³⁷ D it | ⌐πριν (προ Or : πριν ἢ L.)
αλεκτοροφωνιας L λ a Or | 35 ⌐-σωμαι ℜ al | 36 ⌐αν D L Θ al : ου αν P⁵³ A : — ℵ
C al ; [H] : txt B ℜ al | 39 ⌐προσελθ- P⁵³ ℌ ℜ D Θ pm ; Th : txt p) P³⁷ B al latt sy° |
O L al vg^codd Ir^lat Or ; T | ⊤hic L 22, 43.44 φ | 40 ⌐p) ισχυσας A | 41 ⌐ελθητε P⁸⁷.
42 O B g. ; [H] | O² P³⁷ 1295 a c h Eus | ⌐το ποτηριον τουτο D al g¹ l sy° : τ. το ποτ.
ℜ Θ al lat : txt P³⁷ ℌ al it | ⊤απ εμου C ℜ al | 43 ⌐ευρισκει ℜ al | 44 O P³⁷ Θ λ pc sy° |
□P³⁷ D λ al it | : . et :² — . h   74

R 13,11.

μαθητὰς καὶ λέγει αὐτοῖς· καθεύδετε ⊤λοιπὸν καὶ
ἀναπαύεσθε·· ⌈ἰδοὺ ἤγγικεν⌉ ἡ ὥρα καὶ ὁ υἱὸς τοῦ
(2 Sm 24,14.) ἀνθρώπου παραδίδοται εἰς χεῖρας ἁμαρτωλῶν.
J 14,31. 46 ⌊ἐγείρεσθε, ἄγωμεν· ἰδοὺ ἤγγικεν ὁ παραδιδούς με.

47—56:
Mc 14,43—50. 47 Καὶ ἔτι αὐτοῦ λαλοῦντος, ἰδοὺ Ἰούδας εἷς τῶν 65
L 22,47—53. δώδεκα ἦλθεν, καὶ μετ' αὐτοῦ ὄχλος πολὺς μετὰ 300
J 18,3—11. μαχαιρῶν καὶ ξύλων ἀπὸ τῶν ἀρχιερέων καὶ πρε-
48 σβυτέρων τοῦ λαοῦ. ὁ δὲ παραδιδοὺς αὐτὸν ἔδωκεν 301
R 16,16! αὐτοῖς σημεῖον λέγων· ὃν ἂν φιλήσω αὐτός ἐστιν·
49 κρατήσατε αὐτόν. καὶ εὐθέως προσελθὼν τῷ
Gn 33,4. Ἰησοῦ εἶπεν· χαῖρε, ῥαββί, καὶ κατεφίλησεν
Prv 27,6.
2 Sm 20,9. 50 αὐτόν. ὁ δὲ Ἰησοῦς εἶπεν αὐτῷ· ἑταῖρε, ἐφ'⌈ὃ
πάρει⌉. τότε προσελθόντες ἐπέβαλον τὰς χεῖρας
51 ἐπὶ τὸν Ἰησοῦν καὶ ἐκράτησαν αὐτόν. καὶ ἰδοὺ 308
εἷς ᵒτῶν ⌈μετὰ Ἰησοῦ⌉ ἐκτείνας τὴν χεῖρα ἀπέσπασεν
τὴν μάχαιραν αὐτοῦ, καὶ⌈πατάξας τὸν δοῦλον τοῦ
52 ἀρχιερέως ⊤ἀφεῖλεν αὐτοῦ τὸ ὠτίον. τότε λέγει
αὐτῷ ὁ Ἰησοῦς· ἀπόστρεψον τὴν μάχαιράν σου
Gn9,6.Ap13,10. εἰς τὸν τόπον αὐτῆς· * πάντες γὰρ οἱ λαβόντες 308
53 μάχαιραν ἐν μαχαίρῃ⌈ἀπολοῦνται. ἢ δοκεῖς ὅτι
4,11. L 2,13. οὐ δύναμαι παρακαλέσαι τὸν πατέρα μου, καὶ
J 1,51; 18,36.
(Mc 5,9.) παραστήσει μοι ⊤ἄρτι ⌈πλείω ⊤δώδεκα ⌈λεγιῶνας
54 ἀγγέλων; πῶς οὖν πληρωθῶσιν αἱ γραφαὶ ὅτι
J 7,26; 18,20. 55 οὕτως δεῖ γενέσθαι; Ἐν ἐκείνῃ τῇ ὥρᾳ εἶπεν ὁ 15
Ἰησοῦς τοῖς ὄχλοις· ὡς ἐπὶ λῃστὴν ἐξήλθατε μετὰ 304
L 19,47. μαχαιρῶν καὶ ξύλων συλλαβεῖν με·; καθ' ἡμέραν
L 2,46. ⊤ἐν τῷ ἱερῷ ἐκαθεζόμην διδάσκων, καὶ οὐκ ἐκρατή-
31. 56 σατέ με. ⌊τοῦτο δὲ ὅλον γέγονεν ἵνα πληρωθῶσιν 306
J 16,32. αἱ γραφαὶ τῶν προφητῶν. Τότε οἱ μαθηταὶ⊤πάντες
57—75: ἀφέντες αὐτὸν ἔφυγον.
Mc 14,53—72.
L 22,54—71. 57 Οἱ δὲ κρατήσαντες τὸν Ἰησοῦν ἀπήγαγον πρὸς 306
J 18,12—27.
(J 7,45.)

45 ⊤p) το P³⁷ℵℜDΘpm; T | ᐧ:comm | ⌈ι.γαρ η. Bpc sy⁸;
Wh:η.γαρΘpc 50 ⌈ϕU33pm:txt P³⁷ 𝔥DΘpm ᐧ;vg; T 51 OP³⁷.
⌈μετ αυτου B.;W | ⌈p) επαταξεν et ⊤και D it 52 ⌈αποθανουν-
ται ℜal 53 ⊤ωδε ℵ*Θpc | ⌈πλειους CℜΘpl; S : txt Bℵ*D | ⊤η̃
Cℜpl; S : txt BℵDΘpc | ⌐-ωνων 𝔥Θal; T : txt BℵDpm 55 ᐧ:
T | ⊤p) προς υμας CℜDΘ (𝒮A)pl : txt 𝔥pc sy⁸ 56 ᐧTουτο H |
⊤αυτου Bpc itsy⁸; Wh 75

⸀Καϊαφᾶν τὸν ἀρχιερέα, ὅπου οἱ γραμματεῖς καὶ οἱ 3!
7,4 πρεσβύτεροι συνήχϑησαν. ὁ δὲ Πέτρος ἠκολούϑει 58
αὐτῷ [ἀπὸ] μακρόϑεν ἕως τῆς αὐλῆς τοῦ ἀρχιερέως,
καὶ εἰσελϑὼν ἔσω ἐκάϑητο μετὰ τῶν ὑπηρετῶν
53 ἰδεῖν τὸ τέλος. ⸂Οἱ δὲ ἀρχιερεῖς⸃ ⸆καὶ τὸ συνέδριον 59
8,2 ὅλον ἐζήτουν ⸀ψευδομαρτυρίαν κατὰ τοῦ Ἰησοῦ
ὅπως αὐτὸν ⸁ϑανατώσωσιν, καὶ οὐχ εὗρον πολλῶν 60
9,6 προσελϑόντων ψευδομαρτύρων. * ὕστερον δὲ προσ- J 8,17!
ελϑόντες δύο⸆ ¦ εἶπαν· ⸂οὗτος ἔφη⸃· δύναμαι κατα- 61 27,40. J 2,19-21. Act 6,14.
λῦσαι τὸν ναὸν τοῦ ϑεοῦ καὶ διὰ τριῶν ἡμερῶν⸆
οἰκοδομῆσαι. καὶ ἀναστὰς ὁ ἀρχιερεὺς εἶπεν αὐτῷ· 62
οὐδὲν ἀποκρίνῃ⁚, τί οὗτοί σου καταμαρτυροῦσιν;
¦ ὁ δὲ Ἰησοῦς ἐσιώπα. καὶ⸆ ὁ ἀρχιερεὺς εἶπεν αὐτῷ· 63
⸀ἐξορκίζω σε κατὰ τοῦ ϑεοῦ τοῦ ζῶντος ἵνα ἡμῖν 16,16. Mc 5,7. J 10,24.
εἴπῃς εἰ σὺ εἶ ὁ χριστὸς ὁ υἱὸς τοῦ ϑεοῦ⸆. λέγει 64 (27,11) Mc 16,19! Ps 110,1.
0,1 αὐτῷ ὁ Ἰησοῦς· σὺ εἶπας⁚· * πλὴν λέγω ὑμῖν, ἀπ' Act 7,56. 2 K 13,4.
ἄρτι ὄψεσϑε τὸν υἱὸν τοῦ ἀνϑρώπου καϑήμενον Dn 7,13. L 21,27.
ἐκ δεξιῶν τῆς δυνάμεως καὶ ἐρχόμενον ἐπὶ τῶν Ps 104,3. 10,23!
1,6 νεφελῶν τοῦ οὐρανοῦ. τότε ὁ ἀρχιερεὺς διέρρηξεν 65 Act 14,14; 22,23.
2,2 τὰ ἱμάτια αὐτοῦ λέγων· ἐβλασφήμησεν· * τί ἔτι χρείαν 9,3. J 10,33.
ἔχομεν μαρτύρων; ἴδε νῦν ἠκούσατε τὴν βλασφη-
μίαν⸆· ¦ τί ὑμῖν δοκεῖ; οἱ δὲ ἀποκριϑέντες εἶπαν· 66 J 19,7. Lv 24,16.
3,1 ἔνοχος ϑανάτου ἐστίν. * ¦ Τότε ἐνέπτυσαν εἰς τὸ 67 27,30. Is 50,6. 1 P 2,20.
πρόσωπον αὐτοῦ καὶ ἐκολάφισαν αὐτόν, οἱ δὲ
ἐράπισαν ¦ λέγοντες· προφήτευσον ἡμῖν, χριστέ, τίς 68 L 23,39.
54 ἐστιν ὁ παίσας σε; Ὁ δὲ Πέτρος ἐκάϑητο ἔξω 69
4,1 ἐν τῇ αὐλῇ· καὶ προσῆλϑεν αὐτῷ μία παιδίσκη
λέγουσα· καὶ σὺ ἦσϑα μετὰ Ἰησοῦ τοῦ ⸀Γαλιλαίου.
¦ ὁ δὲ ἠρνήσατο ἔμπροσϑεν ⸀πάντων λέγων· οὐκ οἶδα 70

---

57 ⸀*Καϊφαν* ***D****pc* it vg[cl] sa **58** [+ ***B𝔎DΘ****pm*; W : — ***ℌ****al*; T **59** ⸂ *ο δε -ρευς* ***a n*** sa Or[pt] | ⸆ *και οι πρεσβυτεροι* ***C𝔎****pl* | ⸀ *μαρτ-* sy[s.p] | ⸁ *-σουσιν* ***CD*** *33 al*; Th[a] **60** ⸆ *ψευδομαρτυρες* ***C𝔎D****pl* **61** ⸂ *τουτον ηκουσαμεν λεγοντα* ***D*** it | ⸆ *αυτον* ***ℌ***(⸉***𝔎 D****pm*); T : *txt* ***BΘ****al* **62** ⁚ ; H **63** ⸆ *αποκριϑεις* ***C𝔎***(***D***)*al*; T | ⸀ *ορκιζω* ***DLΘ****al* | ⸆ *του ζωντος* ***C*****al* **64** ⁚ ; h **65** ⸆ *αυτου* ***C𝔎****pl*; S **69** ⸀ *p*) *Ναζωραιου* ***C****pc* sy[p] **70** ⸀ *αυτων* ***K*** *565 pc* : *αυτ. παντ.* ***C**𝔎****al* : *txt* ***ℌDΘ****pm*

71 τί λέγεις⌐. ἐξελθόντα δὲ ⌐εἰς τὸν πυλῶνα εἶδεν ³¹ᵇ
Act 4,13.   αὐτὸν ἄλλη καὶ λέγει ⌐τοῖς ἐκεῖ· οὗτος ἦν μετὰ
J 8,55. 72 Ἰησοῦ τοῦ Ναζωραίου. καὶ πάλιν ἠρνήσατο μετὰ
73 ὅρκου ὅτι οὐκ οἶδα τὸν ἄνθρωπον. μετὰ μικρὸν
δὲ προσελθόντες οἱ ἑστῶτες εἶπον τῷ Πέτρῳ·
J 8,43.   ἀληθῶς □καὶ σὺ⌐ ἐξ αὐτῶν εἶ, καὶ γὰρ ἡ λαλιά σου
74 ⌐δῆλόν σε ποιεῖ⌐. τότε ἤρξατο καταθεματίζειν καὶ
ὀμνύειν ὅτι οὐκ οἶδα τὸν ἄνθρωπον. καὶ ⌐εὐθὺς
84. 75 ἀλέκτωρ ἐφώνησεν. καὶ ἐμνήσθη ὁ Πέτρος τοῦ ³¹⁶
ῥήματος Ἰησοῦ εἰρηκότος ὅτι πρὶν ἀλέκτορα
[Is 22,4. 1 J 3,20.   φωνῆσαι τρὶς ἀπαρνήσῃ με· καὶ ἐξελθὼν ἔξω
ἔκλαυσεν πικρῶς.

1. 2:
Mc 15,1. **27**   Πρωΐας δὲ γενομένης συμβούλιον ⌐ἔλαβον πάντες ¹⁵
L (22,66.)23,1.   οἱ ἀρχιερεῖς καὶ οἱ πρεσβύτεροι τοῦ λαοῦ κατὰ τοῦ ³¹⁷
J 18,28. 2 Ἰησοῦ ὥστε θανατῶσαι αὐτόν· καὶ δήσαντες αὐτὸν ³¹⁸
ἀπήγαγον καὶ παρέδωκαν ⌐⌐Πιλάτῳ τῷ ἡγεμόνι.

3—10:
Act 1,18 s. 3 ⌐Τότε ἰδὼν Ἰούδας ὁ ⌐παραδοὺς αὐτὸν ὅτι κατεκρίθη, ⁶⁷
26,15.   μεταμεληθεὶς ⌐ἔστρεψεν τὰ τριάκοντα ἀργύρια τοῖς ³¹⁹
4 ἀρχιερεῦσιν καὶ πρεσβυτέροις ⌐λέγων· ἥμαρτον πα-
24.   ραδοὺς αἷμα ⌐ἀθῷον. οἱ δὲ εἶπαν· τί πρὸς ἡμᾶς;
2 Sm 17,23. 5 σὺ ὄψῃ. καὶ ῥίψας τὰ ⌐ἀργύρια ⌐εἰς τὸν ναὸν⌐ ἀνε-
(Tob 3,10 Lxx.) 6 χώρησεν, καὶ ἀπελθὼν ἀπήγξατο. οἱ δὲ ἀρχιερεῖς
Dt 23,19.   λαβόντες τὰ ἀργύρια εἶπαν· οὐκ ἔξεστιν βαλεῖν
Mc7,11;(12,41).   αὐτὰ εἰς τὸν κορβανᾶν, ἐπεὶ τιμὴ αἵματός ἐστιν.
7 ⌐συμβούλιον δὲ λαβόντες ἠγόρασαν ἐξ αὐτῶν τὸν
8 ἀγρὸν τοῦ κεραμέως εἰς ταφὴν τοῖς ξένοις. διὸ
28,15.   ἐκλήθη ὁ ἀγρὸς ἐκεῖνος ἀγρὸς αἵματος ἕως τῆς
9 σήμερον. τότε ἐπληρώθη τὸ ῥηθὲν διὰ ⌐Ἰερεμίου
Zch 11,12 s.   τοῦ προφήτου λέγοντος· καὶ ἔλαβον τὰ τριάκοντα
?? Jr 18,2—12;   ἀργύρια, τὴν τιμὴν τοῦ τετιμημένου ὃν ἐτιμήσαντο
19,1—15;
32,6—9.

---

70 ⌐p) ουδε επισταμαι **D**λpcitsyˢ   *71* ⌐αυτον **C**𝕽(**D**)**Θ**pl; T |
⌐αυτοις **C**𝕽al; s : txt **B**𝕶**DΘ**pm   *73*□p) **DΘ**pc(it)syˢ | ⌐p) ομοι-
αζει **D**itsyˢ; ┤hʳ├   *74* ⌐ευθεως rell; T : txt **BL**Θ.   27,1 ⌐εποι-
ησαν **D**it   *2* ⌐αυτον 𝕶**Θ**pm; S | ⌐ Ποντιω **C**𝕶**Θ**pl latt; ┤hʳ├ S
3 ⌐-διδους 𝕶**C**𝕽**Θ**pl; Th: txt **B**pc | ⌐απεστρ- **C**𝕽**Θ**pl; S : txt
B𝕶pc   *4* ⌐δικαιον **Θ** 33 latt (syˢ) Or; 𝕳   *5* ⌐τριακοντα 𝕶 |
⌐εν τω ναω **C**𝕽pm   *9* ⌐Ζαχαριου 22 syʰᵐᵍ; hʳ² : Ησαιου 21 l;
hʳ³ˡᵃᵗ : — **Φ** 33 157 a b sy; hʳ¹   **77**

ἀπὸ υἱῶν Ἰσραηλ, καὶ ⌐ἔδωκαν αὐτὰ εἰς τὸν ἀγρὸν 10   Ex 9,12 Lxx.
57 τοῦ κεραμέως, καθὰ συνέταξέν μοι κύριος. Ὁ δὲ 11   11—14:
0,1 Ἰησοῦς ⌐ἐστάθη ἔμπροσθεν τοῦ ἡγεμόνος· καὶ ἐπη-   Mc 15,2—5.
ρώτησεν αὐτὸν ὁ ἡγεμὼν λέγων· σὺ εἶ ὁ βασιλεὺς   L 23,2 s. J 18,29—38. 1 T 6,13.
1,4 τῶν Ἰουδαίων; ὁ δὲ Ἰησοῦς ἔφη⌐· σὺ λέγεις ⌐· καὶ 12   26,64. Is 53,7.
ἐν τῷ κατηγορεῖσθαι αὐτὸν ὑπὸ τῶν ἀρχιερέων   Act 24,2.
καὶ ⌐πρεσβυτέρων οὐδὲν ἀπεκρίνατο. τότε λέγει 13
αὐτῷ ὁ Πιλᾶτος· οὐκ ἀκούεις πόσα σου κατα-
μαρτυροῦσιν; καὶ οὐκ ἀπεκρίθη αὐτῷ πρὸς οὐδὲ 14   J 19,9.
58 ἓν ῥῆμα, ὥστε θαυμάζειν τὸν ἡγεμόνα λίαν. Κατὰ 15   15—26: Mc 15,6—15.
2,2 δὲ⌐ ἑορτὴν εἰώθει ὁ ἡγεμὼν ἀπολύειν ἕνα τῷ ὄχλῳ   L 23,17—25. J 18,39—19,1.
3,4 δέσμιον ὃν ἤθελον. εἶχον δὲ τότε δέσμιον ἐπί- 16
σημον λεγόμενον⌐ Βαραββᾶν. συνηγμένων οὖν αὐτῶν 17
εἶπεν αὐτοῖς ὁ Πιλᾶτος· τίνα θέλετε ἀπολύσω ὑμῖν,⌐   1,16.
[τὸν] Βαραββᾶν ἢ Ἰησοῦν τὸν λεγόμενον χριστόν;⌐ᾔδει 18   21,38. J 11,47 s; 12,19.
,10 γὰρ ὅτι διὰ φθόνον παρέδωκαν αὐτόν. Καθη- 19   Act 5,17 7,9.
μένου δὲ αὐτοῦ ἐπὶ τοῦ βήματος ἀπέστειλεν πρὸς
αὐτὸν ἡ γυνὴ αὐτοῦ λέγουσα· μηδὲν σοὶ καὶ τῷ   Mc 1,24! (J 2,4.)
δικαίῳ ἐκείνῳ· πολλὰ γὰρ ἔπαθον σήμερον κατ᾽   L 23,47. Act 3,14; 7,52. 1 J 2,1.
5,1 ὄναρ δι᾽ αὐτόν. Οἱ δὲ ἀρχιερεῖς καὶ οἱ πρε- 20
σβύτεροι ἔπεισαν τοὺς ὄχλους ἵνα αἰτήσωνται τὸν
Βαραββᾶν, τὸν δὲ Ἰησοῦν ἀπολέσωσιν. ἀποκριθεὶς 21
δὲ ὁ ἡγεμὼν εἶπεν αὐτοῖς· τίνα θέλετε ἀπὸ τῶν
δύο ἀπολύσω ὑμῖν; οἱ δὲ εἶπαν· τὸν Βαραββᾶν.
6,1 λέγει αὐτοῖς ὁ Πιλᾶτος· τί οὖν ποιήσω Ἰησοῦν 22   Act 3,13 s.
τὸν λεγόμενον χριστόν; λέγουσιν⌐ πάντες· σταυρω-
θήτω. ὁ δὲ⌐ ἔφη· τί γὰρ κακὸν ἐποίησεν; οἱ δὲ 23
59 περισσῶς ἔκραζον λέγοντες· σταυρωθήτω. ἰδὼν 24
,10 δὲ ὁ Πιλᾶτος ὅτι οὐδὲν ὠφελεῖ ἀλλὰ μᾶλλον
θόρυβος γίνεται, λαβὼν ὕδωρ ἀπενίψατο τὰς χεῖρας   Dt 21,6. Ps 78,13.
⌐κατέναντι τοῦ ὄχλου λέγων· ἀθῷός εἰμι ἀπὸ τοῦ αἱ-   4.

---

10 ⌐εδωκα ℵ al sy; h   11 ⌐εστη 𝕽pm | ⌐αυτω Bℵ Θpm;
Wh : *txt* 𝕳 al | ⁝; h   12 ⌐Φαρισαιων sy^s.   15 ⌐την D.
16 ⌐Ιησουν Θλ sy^{s.pal} Or; h^r   17 ⌐Ιησουν ut 16; h^r | [+
Bλ 1012 Or.; Wh^{re} : — rell; T   22 ⌐αυτω ℵal; s   23 ⌐ηγε-
μων 𝕽pm(D al); S : *txt* Bℵ Θpc   24 ⌐απεν- rell; Th : *txt*
BD.

23,32—36.
Act 5,28; 18,6.
1 Th 2,15 s.

27—31:
Mc 15,16—20.
J 19,2.3.

20,19.

(Ph 2,10.)

26,67. Is 50,6.

32—56:
Mc 15,21—41.
L 23,26.33—49.
J 19,16—30.
Act 6,9; 11,20;
13,1.

Ps 69,22.

Ps 22,19.

Is 53,12.
Gn 40,3 ss.

25 ματος⊤ τούτου· ὑμεῖς ὄψεσθε. καὶ ἀποκριθεὶς
πᾶς ὁ λαὸς εἶπεν· τὸ αἷμα αὐτοῦ ἐφ᾽ ἡμᾶς καὶ
26 ἐπὶ τὰ τέκνα ἡμῶν. τότε ἀπέλυσεν αὐτοῖς τὸν 328
Βαραββᾶν, τὸν δὲ Ἰησοῦν φραγελλώσας παρέδωκεν
⊤ἵνα σταυρωθῇ.

27   Τότε οἱ στρατιῶται τοῦ ἡγεμόνος παραλαβόντες 16
τὸν Ἰησοῦν εἰς τὸ πραιτώριον συνήγαγον ἐπ᾽ αὐτὸν 329
28 ὅλην τὴν σπεῖραν. καὶ ⌜ἐκδύσαντες αὐτὸν⊤χλαμύδα
29 κοκκίνην περιέθηκαν αὐτῷ,ˈκαὶ πλέξαντες στέφανον
ἐξ⌜ἀκανθῶν ἐπέθηκαν ἐπὶ τῆς κεφαλῆς αὐτοῦ καὶ
κάλαμον ἐν τῇ δεξιᾷ αὐτοῦ, καὶ γονυπετήσαντες
ἔμπροσθεν αὐτοῦ ⌜ἐνέπαιξαν αὐτῷ λέγοντες· χαῖρε,
30 ⌜²βασιλεῦ τῶν Ἰουδαίων, ˈκαὶ ἐμπτύσαντες εἰς αὐτὸν 330
ἔλαβον τὸν κάλαμον καὶ ἔτυπτον εἰς τὴν κεφαλὴν
31 αὐτοῦ. καὶ ὅτε ἐνέπαιξαν αὐτῷ,⌜ἐξέδυσαν αὐτὸν τὴν
χλαμύδα ᴼκαὶ ἐνέδυσαν αὐτὸν τὰ ἱμάτια αὐτοῦ, καὶ
32 ἀπήγαγον αὐτὸν εἰς τὸ σταυρῶσαι.   Ἐξερχόμενοι 331
δὲ εὗρον ἄνθρωπον Κυρηναῖον⊤, ὀνόματι Σίμωνα·
τοῦτον ἠγγάρευσαν ἵνα ἄρῃ τὸν σταυρὸν αὐτοῦ.
33 ˈΚαὶ ἐλθόντες εἰς τόπον λεγόμενον Γολγοθά. ὅ 33¹
34 ἐστιν κρανίου τόπος λεγόμενος, ˈἔδωκαν αὐτῷ πιεῖν 33²
⌜οἶνον μετὰ χολῆς μεμιγμένον· καὶ γευσάμενος οὐκ
35 ἠθέλησεν πιεῖν. σταυρώσαντες δὲ αὐτὸν διεμερί- 33³
36 σαντο τὰ ἱμάτια αὐτοῦ ⌜βάλλοντες κλῆρον⊤,ˈκαὶ καθή-
37 μενοι ἐτήρουν αὐτὸν ἐκεῖ. καὶ ἐπέθηκαν ἐπάνω 33⁴
τῆς κεφαλῆς αὐτοῦ τὴν αἰτίαν αὐτοῦ γεγραμμένην·
ΟΥΤΟΣ ΕΣΤΙΝ ΙΗΣΟΥΣ Ο ΒΑΣΙΛΕΥΣ ΤΩΝ
38 ΙΟΥΔΑΙΩΝ.   Τότε σταυροῦνται σὺν αὐτῷ δύο 16
33⁵

24 ⊤ του δικαιου ℌ𝔎pm(𝒮Apc) lat; h : txt BDΘpc itsyˢ
26 ⊤ αυτοις DLΘpm latsyˢ   28 ⌜ενδ- BDpc itsyˢ; Wh | ⊤p)
ιματιον πορφυρουν και Dpc it(syˢ)   29 ⌜(ἀκάνθων comm) |
⌜-παιζον 𝔎Θpl; S | ⌜²ο β-ευς ℵ𝔎al; Th : txt BDΘpm   31 ⌜εκ-
δυσαντες etᴼ ℵpc; T   32 ⊤εις απαντησιν αυτου D it; ┤hʳ├
34 ⌜(Ps 69, 22) οξος 𝔎pm it; hʳ   35 ⌜βαλοντες ℵDΘpm; Th |
⊤p) ινα πληρωθη το ρηθεν υπο του προφητου· διεμερισαντο
τα ιματια μου εαυτοις, και επι τον ιματισμον μου εβαλον
κληρον. ⵝΘλ𝔮al itvgᶜˡ; hʳ

79

,6 λῃσταί, εἷς ἐκ δεξιῶν⸆καὶ εἷς ἐξ εὐωνύμων⸆. Οἱ δὲ 39 H 12,3.
παραπορευόμενοι ἐβλασφήμουν αὐτὸν κινοῦντες τὰς Ps 22,8; 109,25.
κεφαλὰς αὐτῶν ¹καὶ λέγοντες· ὁ καταλύων τὸν ναὸν 40 26,61. J 2,19.
καὶ ἐν τρισὶν ἡμέραις οἰκοδομῶν, σῶσον σεαυτόν ̇,
εἰ υἱὸς ⸂εἶ τοῦ θεοῦ⸃,⸀καὶ κατάβηθι ἀπὸ τοῦ σταυροῦ. 4,3!
,2 ὁμοίως [καὶ] οἱ ἀρχιερεῖς ἐμπαίζοντες μετὰ τῶν γραμ- 41
ματέων ⸂καὶ πρεσβυτέρων⸃ ἔλεγον· ¹ἄλλους ἔσωσεν, 42 L 4,23.
ἑαυτὸν οὐ δύναται σῶσαι ̇· βασιλεὺς Ἰσραήλ ἐστιν,
καταβάτω νῦν ἀπὸ τοῦ σταυροῦ καὶ ⸂πιστεύσομεν
ἐπ' αὐτόν⸃. πέποιθεν ἐπὶ ⸂τὸν θεόν⸃, ῥυσάσθω νῦν⸆ 43 Ps 22,9.
Sap 2,13.18—20.
,2 εἰ θέλει αὐτόν· εἶπεν γὰρ ὅτι θεοῦ εἰμι υἱός. τὸ 44
δ' αὐτὸ καὶ οἱ λῃσταὶ οἱ συσταυρωθέντες °σὺν αὐ-
62 τῷ ὠνείδιζον αὐτόν.   Ἀπὸ δὲ ἕκτης ὥρας 45 Am 8,9. Jr 15,9.
,2 σκότος ἐγένετο⸀ἐπὶ πᾶσαν τὴν γῆν ἕως ὥρας ἐνάτης.
,6 ¹περὶ δὲ τὴν ἐνάτην ὥραν ⸀ἀνεβόησεν ὁ Ἰησοῦς 46
φωνῇ μεγάλῃ λέγων· ⸂ἠλὶ ἠλὶ⸃ ⸂λεμὰ σαβα- Ps 22,2.
χθάνι⸃; τοῦτ' ἔστιν· θεέ μου θεέ μου, ἱνατί με (J 8,29.)
ἐγκατέλιπες; τινὲς δὲ τῶν ἐκεῖ ⸀ἑστηκότων ἀκού- 47
,2 σαντες ἔλεγον °ὅτι Ἠλίαν φωνεῖ οὗτος. καὶ εὐθέως 48
δραμὼν εἷς ἐξ αὐτῶν καὶ λαβὼν σπόγγον πλήσας Ps 69,22.
τε ὄξους καὶ περιθεὶς καλάμῳ ἐπότιζεν αὐτόν. οἱ 49
δὲ λοιποὶ ⸂εἶπαν· ἄφες ἴδωμεν εἰ ἔρχεται Ἠλίας
3,1 σώσων αὐτόν.⸆ ὁ δὲ Ἰησοῦς °πάλιν κράξας φωνῇ 50 Ex 26,31.
33 μεγάλῃ ἀφῆκεν τὸ πνεῦμα. Καὶ ἰδοὺ τὸ κατα- 51 H 6,19; 9,3; 10,19 s.
,2 πέτασμα τοῦ ναοῦ ἐσχίσθη [ἀπ'] ἄνωθεν ἕως κάτω Am 8,3 Lxx; 9,1.
,10 εἰς δύο⸆, * καὶ ἡ γῆ ἐσείσθη, καὶ αἱ πέτραι ἐσχί- H 12,26.

38 ⸆ nomine Zoatham et ⸆ nomine Camma c.; hʳ 40 ⸂ ϑ.
εἰ B; Wh | Ο ⅋ℜΘpm; H (et antea ̇ ̇) : txt אּDal 41 [+ p]
⅋Θpm; W : δε και ℜDal : — אpc; T | ⸂κ. Φαρισαιων Dpcitsyˢ :
κ. πϱ. κ. Φαϱ. ℜpm : — p) Γ : txt ⅋(ℱא)Θal 42 ̇; 700 syˢ comm |
⸂p) -σομεν ⅋Θpm; T : -ομεν Apc lat : txt Bℜ Dal | ⸂εις αυτ.
Σpc : επ αυτω ℜal : αυτω DΘpm 43 ⸂τω θεω B; Wh | ⸆ αυ-
τον ℜDΘpl 44 Ο ℜpl 45 □אl; hʳ 46 ⸂εβο- Bal; H |
⸂ελωι ελωι (B)א; H : txt ℜal; (T,W+hʳ⊦) | ⸂λαμα ζαφθανι
D; +hʳ⊦ 47 ⸀εστωτων ℜDpl | Ο ⅋DΘal; S : txt BCℜpm
49 ⸂ελεγον אCℜΘpl; Th : txt B(D)pc | ⸆(J 19, 34) αλλος δε λαβων
λογχην ενυξεν αυτου την πλευραν, και εξηλθεν υδωρ και αιμα.
⅋al; [[H]] Ꞩ : txt ℜDΘ 33 pm latsy Or 50 Ο Lal syˢ 51 [+
BCal(ℜDpm); W : —אLΘ; T | ⸆ μεϱη Dlat

Dn 12,2. **52** σθησαν, καὶ τὰ μνημεῖα ἀνεῴχθησαν καὶ πολλα
53 σώματα τῶν κεκοιμημένων ἁγίων ἠγέρθησαν· καὶ
Act 26,23. ἐξελθόντες ἐκ τῶν μνημείων μετὰ τὴν ἔγερσιν
4,5. αὐτοῦ εἰσῆλθον εἰς τὴν ἁγίαν πόλιν καὶ ἐνεφανί-
54 σθησαν πολλοῖς. Ὁ δὲ ἑκατόνταρχος καὶ οἱ μετ' ⁸⁴
αὐτοῦ τηροῦντες τὸν Ἰησοῦν ἰδόντες τὸν σεισμὸν
καὶ τὰ ⌐γινόμενα ἐφοβήθησαν σφόδρα, λέγοντες·
16,16! **55** ἀληθῶς ⌐θεοῦ υἱὸς⌐ ἦν οὗτος. Ἦσαν δὲ ἐκεῖ 16
L 8,2 s. γυναῖκες πολλαὶ ἀπὸ μακρόθεν θεωροῦσαι, αἵτινες ⁸⁴
ἠκολούθησαν τῷ Ἰησοῦ ἀπὸ τῆς Γαλιλαίας διακο-
56 νοῦσαι αὐτῷ· ἐν αἷς ἦν ⌐Μαρία ἡ Μαγδαληνή, καὶ
61; 28,1 p. Μαρία ἡ τοῦ Ἰακώβου καὶ ⌐Ἰωσὴφ μήτηρ, καὶ ἡ
4,21! μήτηρ⌐ τῶν υἱῶν Ζεβεδαίου.
57—61:
Mc 15,42—47. **57** Ὀψίας δὲ γενομένης ἦλθεν ἄνθρωπος πλούσιος 68
L 23,50—55. ἀπὸ ⌐Ἁριμαθαίας, τοὔνομα Ἰωσήφ, ὃς καὶ αὐτὸς ⁸⁴
J 19,38—42.
Ex 34,25. **58** ⌐ἐμαθητεύθη τῷ Ἰησοῦ· οὗτος προσελθὼν τῷ Πι-
Dt 21,22 s. λάτῳ ᾐτήσατο τὸ σῶμα τοῦ Ἰησοῦ. τότε ὁ Πι-
59 λᾶτος ἐκέλευσεν ἀποδοθῆναι⌐. καὶ λαβὼν τὸ σῶμα ⁸⁴
60 ὁ Ἰωσὴφ ἐνετύλιξεν αὐτὸ [ἐν] σινδόνι καθαρᾷ, καὶ
Is 53,9. ἔθηκεν °αὐτὸ ἐν τῷ καινῷ αὐτοῦ μνημείῳ ὃ ἐλατό-
(J 11,38.) μησεν ἐν τῇ πέτρᾳ, καὶ προσκυλίσας λίθον μέγαν
61 τῇ θύρᾳ τοῦ μνημείου ἀπῆλθεν. Ἦν δὲ ἐκεῖ 85
28,1. ⌐Μαριὰμ ἡ Μαγδαληνὴ καὶ ἡ ἄλλη Μαρία, καθή-
62 μεναι ἀπέναντι τοῦ τάφου. Τῇ δὲ ἐπαύριον, 16
ἥτις ἐστὶν μετὰ τὴν παρασκευήν, συνήχθησαν οἱ 85
2 K 6,8. **63** ἀρχιερεῖς καὶ οἱ Φαρισαῖοι πρὸς Πιλᾶτον λέγοντες·
L 23,5.14. κύριε, ἐμνήσθημεν ὅτι ἐκεῖνος ὁ πλάνος εἶπεν ἔτι
J 7,12.47. **64** ζῶν· μετὰ τρεῖς ἡμέρας ἐγείρομαι. κέλευσον οὖν
40. 12,40. ἀσφαλισθῆναι τὸν τάφον ἕως τῆς τρίτης ἡμέρας,
28,13. μήποτε ἐλθόντες οἱ μαθηταὶ⌐ ⌐κλέψωσιν αὐτὸν καὶ

---

54 ⌐γεν- ℵCℜΘpl; S : txt BDpc lat | ⌐BD; Wh *56* ⌐Μα-
ριαμ Cℜpc; Wh | ⌐η Μαρια η Ιωσηφ και η Μαρια η ℵ*.; hr¹:
η Ιωσηφ μητηρ και η μ. ℵˢ.; hr² : Ιωσηφ και η μ. it; hr⁸ᵛ |
⌐Ιωση Bℜℜpl; Wh : txt ℵ*D*Θpc latsyˢ *57* ⌐-θιας (D) 565
al it vg^codd·ˢ | ⌐-τευσεν Bℜpm; Wh : txt ℵCDΘal *58* ⌐το
σωμα CℜDΘpl **59** [+ BDΘpc; W : — ℌℜpl; T **60** OℵΘal; S
61 ⌐Μαρια ℜDpl; s *64* ⌐αυτου rell; h : txt Bℵarm. |
⌐νυκτος ℜal (⌐ Sal)

εἴπωσιν τῷ λαῷ· ἠγέρϑη ἀπὸ τῶν νεκρῶν, καὶ   12,45.
ἔσται ἡ ἐσχάτη πλάνη χείρων τῆς πρώτης. ἔφη^⊤ 65
αὐτοῖς ὁ Πιλᾶτος· ἔχετε ⌐κουστωδίαν· ὑπάγετε
⌐ἀσφαλίσασϑε ὡς οἴδατε. οἱ δὲ πορευϑέντες ἠσφαλί- 66
σαντο τὸν τάφον σφραγίσαντες τὸν λίϑον μετὰ ⌐τῆς   Dn 6,18.
κουστωδίας⌐:.

37 Ὀψὲ °δὲ <u>σαββάτων</u> :2, τῇ ἐπιφωσκούσῃ εἰς <u>μίαν</u>28   1—10 :
                                         Mc 16,1—8.
2,1 σαββάτων, ἦλϑεν ⌐Μαριὰμ ἡ Μαγδαληνὴ καὶ ἡ ἄλλη   L 24,1—12.
Μαρία θεωρῆσαι τὸν τάφον. καὶ ἰδοὺ σεισμὸς 2   J 20,1—10.
                                            27,57.61. L 8,2.
ἐγένετο μέγας· ἄγγελος γὰρ κυρίου καταβὰς ⌐ἐξ   1 K 16,2!
οὐρανοῦ°καὶ προσελϑὼν <u>ἀπεκύλισεν</u> τὸν λίϑον^⊤καὶ
ἐκάθητο ἐπάνω αὐτοῦ. ἦν δὲ ἡ ⌐εἰδέα αὐτοῦ ὡς 3   Act 1,10; 10,30.
<u>ἀστραπή</u>, καὶ τὸ ἔνδυμα αὐτοῦ λευκὸν ὡς χιών.   17,2. L 11,36.
4,2 ⌐ἀπὸ δὲ τοῦ φόβου αὐτοῦ ἐσείσθησαν οἱ τηροῦντες 4
καὶ ἐγενήθησαν ὡς νεκροί. ἀποκριθεὶς δὲ ὁ ἄγγελος 5
<u>εἶπεν</u> ταῖς γυναιξίν· μὴ <u>φοβεῖσθε</u> ὑμεῖς· οἶδα γὰρ
ὅτι Ἰησοῦν τὸν <u>ἐσταυρωμένον</u> ζητεῖτε· οὐκ ἔστιν 6   12,40; 16,21;
<u>ὧδε</u>· <u>ἠγέρθη</u> γὰρ <u>καθὼς</u> <u>εἶπεν</u>· δεῦτε ἴδετε τὸν   17,23; 20,19.
τόπον ὅπου ἔκειτο^⊤. καὶ ταχὺ πορευθεῖσαι εἴπατε 7
τοῖς μαθηταῖς αὐτοῦ ὅτι ἠγέρθη ἀπὸ τῶν νεκρῶν,
καὶ ἰδοὺ προάγει ὑμᾶς εἰς τὴν Γαλιλαίαν, ἐκεῖ   26,32.
38 αὐτὸν ὄψεσθε⌐. ἰδοὺ εἶπον⌐ὑμῖν.⌐ καὶ ⌐ἀπελθοῦσαι 8   J 16,16.22.
4,2 ταχὺ ἀπὸ τοῦ μνημείου μετὰ φόβου καὶ χαρᾶς
μεγάλης ἔδραμον <u>ἀπαγγεῖλαι</u> τοῖς μαθηταῖς αὐτοῦ.
10 ⌐⊤καὶ ἰδοὺ Ἰησοῦς⌐ὑπήντησεν αὐταῖς λέγων· χαίρετε. 9
αἱ δὲ προσελθοῦσαι ἐκράτησαν αὐτοῦ τοὺς πόδας
καὶ προσεκύνησαν αὐτῷ. τότε λέγει αὐταῖς ὁ 10
Ἰησοῦς· μὴ φοβεῖσθε· ὑπάγετε ἀπαγγείλατε τοῖς   J 20,17. H 2,11.
⌐ἀδελφοῖς μου ἵνα ἀπέλθωσιν εἰς τὴν Γαλιλαίαν,   (Gn 45,4; 50,19.
39 κἀκεῖ με ⌐ὄψονται. Πορευομένων δὲ αὐτῶν ἰδού 11   Ps 22,23.)

---

65 ^⊤δε ℵCD*al*; h | ⌐φυλακας D*it | ⌐-σϑαι ℵDΘ*al*   **66** ⌐των φυ-
λακων D*lat   **66.28,1** O *Lal* (et :—. et :2. Tregelles^mg)   **1** ⌐-ρια BℜD*pl*; ℜ
2 ⌐απ D*lat* | O ℜDΘ*pm* | ⊤*p*) απο της ϑυρας Cℜ*al* : *p*) α. τ. ϑ. του μνημειου
Θ*pm* : txt BℵD*pc* latsy^s   **3** ⌐(potius) ιδεα FGΘ*pm*   **6** ⊤ο κυριος CℜD*pl*;
┤h^⊤├s   **7** ⌐καθως ειπεν 126 *f* : (ιδ. ειπεν h^s *cj*)   **8** ⌐*p*) εξελϑ- ℜD*pm*   **9** ⊤ως
δε επορευοντο απαγγειλαι τοις μαθηταις αυτου, Cℜ*pm*; W | ⌐απ- ℜD*al*
10 ⌐μαθηταις 157 | ⌐οψεσϑε D*e* h

τινες τῆς κουστωδίας ἐλθόντες εἰς τὴν πόλιν
⌐ἀπήγγειλαν τοῖς ἀρχιερεῦσιν ἅπαντα τὰ γενόμενα.
12 ⌐καὶ συναχθέντες μετὰ τῶν πρεσβυτέρων συμβούλιόν
τε λαβόντες ⌐ἀργύρια ἱκανὰ⌐ ἔδωκαν τοῖς στρατιώ-
13 ταις, ⌐λέγοντες· εἴπατε ὅτι οἱ μαθηταὶ αὐτοῦ
νυκτὸς ἐλθόντες ἔκλεψαν αὐτὸν ἡμῶν κοιμωμένων.
14 ⌐καὶ ἐὰν ἀκουσθῇ τοῦτο ⌐ἐπὶ τοῦ ἡγεμόνος, ἡμεῖς
15 πείσομεν⌐ καὶ ὑμᾶς ἀμερίμνους ποιήσομεν. οἱ δὲ
λαβόντες⌐ἀργύρια ἐποίησαν ὡς ἐδιδάχθησαν. Καὶ
⌐διεφημίσθη ὁ λόγος οὗτος παρὰ Ἰουδαίοις μέχρι
16 τῆς σήμερον [ἡμέρας]. Οἱ δὲ ἕνδεκα μαθηταὶ 17
ἐπορεύθησαν εἰς τὴν Γαλιλαίαν, εἰς τὸ ὄρος οὗ
17 ἐτάξατο αὐτοῖς ὁ Ἰησοῦς, ⌐καὶ ἰδόντες αὐτὸν προσ-
18 εκύνησαν⌐, οἱ δὲ ἐδίστασαν. καὶ προσελθὼν ὁ
Ἰησοῦς ἐλάλησεν αὐτοῖς λέγων· ἐδόθη μοι πᾶσα
19 ἐξουσία ἐν ⌐οὐρανῷ καὶ ἐπὶ [τῆς] γῆς⌐. ⌐πορευθέντες
°οὖν μαθητεύσατε πάντα τὰ ἔθνη,⌐⌐βαπτίζοντες
αὐτοὺς εἰς τὸ ὄνομα τοῦ πατρὸς καὶ τοῦ υἱοῦ
20 καὶ τοῦ ἁγίου πνεύματος⌐, ⌐διδάσκοντες αὐτοὺς
τηρεῖν πάντα ὅσα ἐνετειλάμην ὑμῖν· καὶ ἰδοὺ ἐγὼ
μεθ' ὑμῶν εἰμι πάσας τὰς ἡμέρας ἕως τῆς συντε-
λείας τοῦ αἰῶνος.⌐

(26,15.)
27,64.
1 J 3,19.
27,8.
Mc 16,14.
L 24,9.33.
Act 1,26; 2,14.
1 K 15,5.
(14,31.)
(4,9); 9,6.
11,27 p. L 5,24.
J 3,27.35; 13,3;
17,2. Dn 7,14.
E 1,20—22.
Ph2,9. Ap12,10.
10,5 s; 24,14.
Mc 16,15 s.
Act 8,12; 14,21.
3,16 s.
5,19. J 14,23.
18,20. Act18,10.
Hgg 1,13 Lxx.
13,39!

---

11 ⌐ανηγγ- אDΘpc; T **12** ⌐-ριον ικανον D lat **14** ⌐υπο
BD; h | ⌐αυτον CאDpl; S : txt BאΘ **15** ⌐τα CאDΘpl; h :
txt B*א* | ⌐εφη- אpc; Th | [+BDΘlat; W : —אאpl; T
17 ⌐αυτω אΘpl; S **18** ⌐-νοις D | [+BD; W : —אאΘpl;
T | ⌐(J 20,21) καθως απεστειλεν με ο πατηρ καγω αποστελω
υμας Θ(1604 syᴾ) **19** ⌐-ενεσθε νυν D | OאאDpm Irˡᵃᵗ: T |
⌐εν τω ονοματι μου Eusᴾᵗ | ⌐-ισαντες BD.; Wh **20** ⌐αμην.
אΘpl itsy

ΚΑΤΑ ΜΑΡΚΟΝ

1,2 Ἀρχὴ τοῦ εὐαγγελίου Ἰησοῦ Χριστοῦᵀ˙ **1**

□Καθὼς γέγραπται ἐν ⌜τῷ Ἠσαΐᾳ τῷ προφήτῃ⌝˙ **2**
  ἰδοὺ ᵀἀποστέλλω τὸν ἄγγελόν μου πρὸ προσ-
  ώπου σου,
  ὃς κατασκευάσει τὴν ὁδόν σου ᵀ·

2,1 φωνὴ βοῶντος ἐν τῇ ἐρήμῳ· **3**
  ἑτοιμάσατε τὴν ὁδὸν κυρίου,
  εὐθείας ποιεῖτε τὰς τρίβους ⌜αὐτοῦ⌝,\

3,6 |⌜ἐγένετο Ἰωάννης ⌜ὁ βαπτίζων ἐν τῇ ἐρήμῳ⌝ κη- **4**
  ρύσσων βάπτισμα μετανοίας εἰς ἄφεσιν ἁμαρ-
  τιῶν. καὶ ἐξεπορεύετο πρὸς αὐτὸν πᾶσα ἡ Ἰουδαία **5**
  χώρα καὶ οἱ Ἰεροσολυμῖται ⌜πάντες, καὶ ἐβαπτί-
  ζοντο⌝ ὑπ᾽ αὐτοῦ ἐν τῷ Ἰορδάνῃ °ποταμῷ ἐξομο-
  λογούμενοι τὰς ἁμαρτίας αὐτῶν. ⌜καὶ ἦν⌝ ὁ Ἰωάννης **6**
  ἐνδεδυμένος ⌜τρίχας καμήλου□καὶ ζώνην δερματίνην
  περὶ τὴν ὀσφὺν αὐτοῦ\, καὶ ἔσθων ἀκρίδας καὶ
4,1 μέλι ἄγριον. | καὶ ἐκήρυσσεν λέγων· * ἔρχεται ὁ **7**
  ἰσχυρότερός μου ὀπίσω [μου], οὗ οὐκ εἰμὶ ἱκανὸς
  °κύψας λῦσαι τὸν ἱμάντα τῶν ὑποδημάτων αὐτοῦ.
  |ἐγὼ ἐβάπτισα ὑμᾶςᵀὕδατι, αὐτὸς δὲ βαπτίσει ὑμᾶς **8**
  ᵀπνεύματι ἁγίῳᵀ².

2 ⌜Καὶ ἐγένετο⌝ ἐν ἐκείναις ταῖς ἡμέραις ἦλθεν **9**
5,1 Ἰησοῦς ἀπὸ Ναζαρὲθ τῆς Γαλιλαίας καὶ ἐβαπτίσθη

Act 12,12.25;
(13,5.13); 15,37.
Kol 4,10.
2T4,11. Phm24.
1 P 5,13.

2—6:
Mt 3,1—6.
L 3,3—6.
J 1,19—23.

Ex23,20. Ml3,1.
Mt11,10. L1,76;
7,27. (J 3,28.)

Is 40,3.

Act 13,24; 19,4.

2 Rg 1,8.
Zch 13,4.
Mt 11,8.

7. 8:
Mt 3,11 s.
L 3,15—17.
J 1,24—28.

Act 13,25.

9—11:
Mt 3,13—17.
L 3,21 s.
J 1,32—34.
L 2,51.

---

1 ᵀυιον θεου **B***D*pc; Wh : υι. του θ. 𝕽*pm*; 𝕾 : txt ℵ*Θpc lr*pt*Or | ˙, *et*
3 ˙. T   **2.3** □(Lachmann *cj*)   **2** ⌜2—4 *D*Θ*al*Ir : τοις προφηταις 𝕽W*pm* :
txt 𝕳*pc* | ᵀεγω ℵ𝕽*pl* vg*cl*; T : txt *BD*Θpcitvg*codd*Ir | ᵀεμπροσθεν σου 𝕽*pm*
3 ⌜(Is 40,3) του θεου ημων (υμ- *D ex err?*) *D* it(Ir*lat*) | ˙*vide vs.* 1   **4** ⌜και εγ.
ℵ**W* : εγ. δε sy*pal* bo | ⌜o β. εν τ. ερ. και 𝕳; T : ! β. εν τ. ερ. και 𝕽*pl*; S : εν τ.
ερ. β. και *D*Θ*pc*latsy*p* : txt *B*pc   **5** ⌜231 𝕽*pm* : 213𝜑 : 23 Θ*pc* : 13 ℵ*pc* :
txt 𝕳*D*pc | O *D*Θ*pc* it   **6** ⌜ην δε 𝕽*D*Θ*pm*; S | ⌜δερριν *D*a. | □*D* it   **7** [+ 𝕳
𝕽(*D*)*pm*; T : — *B*; W | O*D*Θit   **8** ᵀεν 𝕽*D*pm*; S | ᵀ εν ℵ𝕽*D*Θ*pl*; T : txt
*B*pc | ᵀ²*p*) και πυρι *P*pc   **9** ⌜εγ. *B* : Wh : και Θ : — α : εγ. δε *W*ff²

84

10 εἰς τὸν Ἰορδάνην ὑπὸ Ἰωάννου. καὶ εὐθὺς ἀνα-
βαίνων ἐκ τοῦ ὕδατος εἶδεν ⌜σχιζομένους τοὺς
οὐρανοὺς καὶ τὸ πνεῦμα ὡς περιστερὰν καταβαῖ-
11 νον ᵀ⌜εἰς αὐτόν· ¹ καὶ φωνὴ [ἐγένετο] ἐκ τῶν οὐρανῶν·
σὺ εἶ ὁ υἱός μου ὁ ἀγαπητός, ἐν ⌜σοὶ εὐδόκησα.
12 ¹ Καὶ εὐθὺς τὸ πνεῦμα αὐτὸν ἐκβάλλει εἰς τὴν 3
13 ἔρημον. καὶ ἦν ⌜ἐν τῇ ἐρήμῳ⌝ τεσσεράκοντα ἡμέρας 6,²
ᵀ πειραζόμενος ὑπὸ τοῦ σατανᾶ, καὶ ἦν μετὰ τῶν
θηρίων, * καὶ °οἱ ἄγγελοι διηκόνουν αὐτῷ. 7,
14 ⌜Καὶ μετὰ⌝ τὸ παραδοθῆναι τὸν Ἰωάννην ἦλθεν 4
ὁ Ἰησοῦς εἰς τὴν Γαλιλαίαν * κηρύσσων τὸ εὐαγγέλιον ⁸,₉
15 ᵀ τοῦ θεοῦ ¹ [καὶ λέγων], ὅτι ⌜πεπλήρωται ὁ καιρὸς⌝
καὶ ἤγγικεν ἡ βασιλεία τοῦ θεοῦ· μετανοεῖτε καὶ
16 πιστεύετε ἐν τῷ εὐαγγελίῳᵀ. Καὶ παράγων παρὰ
τὴν θάλασσαν τῆς Γαλιλαίας εἶδεν Σίμωνα καὶ
Ἀνδρέαν τὸν ἀδελφὸν Σίμωνος ⌜ἀμφιβάλλοντας ἐν
17 τῇ θαλάσσῃ· ἦσαν γὰρ ἁλεεῖς. καὶ εἶπεν αὐτοῖς ¹⁰
ὁ Ἰησοῦς· δεῦτε ὀπίσω μου, καὶ ποιήσω ὑμᾶς
18 γενέσθαι ἁλεεῖς ἀνθρώπων. καὶ εὐθὺς ἀφέντες
19 ⌜τὰ δίκτυα⌝ ⌜ἠκολούθησαν αὐτῷ. Καὶ προβὰς ὀλίγον ¹¹
εἶδεν Ἰάκωβον τὸν τοῦ Ζεβεδαίου καὶ Ἰωάννην
τὸν ἀδελφὸν αὐτοῦ καὶ αὐτοὺς ἐν τῷ πλοίῳ κατ-
20 αρτίζοντας τὰ δίκτυα. καὶ εὐθὺς ἐκάλεσεν αὐτούς·
καὶ ἀφέντες τὸν πατέρα αὐτῶν Ζεβεδαῖον ἐν τῷ
πλοίῳ μετὰ τῶν ⌜μισθωτῶν ἀπῆλθον ὀπίσω αὐτοῦ.
21 Καὶ □εἰσπορεύονται εἰς ⌜Καφαρναούμ· καὶ εὐ- 5
θὺς⌝ τοῖς σάββασιν °εἰσελθὼν ⌐εἰς τὴν συναγωγὴν ¹²
22 ἐδίδασκενᴸ. καὶ ἐξεπλήσσοντο ἐπὶ τῇ διδαχῇ αὐτοῦ· ¹³
ἦν γὰρ διδάσκων αὐτοὺς ὡς ἐξουσίαν ἔχων, καὶ

Ez 1,1. Mt 3,16!
Act 10,11!

9,7. Gn 22,2.
Ps 2,7. Is 42,1.
Jr 31,20.
12.13:
Mt 4,1—11.
L 4,1—13.

Job 5,22 s.
Ps 91,11 s.
J 1,51.

14.15:
Mt 4,12.17.
L 4,14 s.

Dn 7,22.
J 7,8. G 4,4.

16—20:
Mt 4,18—22.
L 5,1—11.

Mt 15,47.

Mt 4,21!

21—28:
L 4,31—37.

Mt 4,13.

11,18!
Mt 7,28 s!

10 ⌜p) ηνοιγμενους Dlatgeorg | ᵀ(J1,33) και μενον ℵ(W)pclat |
⌜ᴾp) επ ℵℜΘpl; s : txt BDΦ   11 [+ Bℜpm; W : —ℵ*D(Θ)pc; T |
⌜p) ω ℜWpm 13 ⌜εχει Kλalsyˢ : εχει εν τ. ερ. ℜal | ᵀp) και τεσσε-
ρακοντα νυκτας L(ⸯ ν. τ. Mφ)33lat | ○A 33al   14 ⌜μετα δε
ℵℜΘpl; T : txt BD | ᵀτης βασιλειας ℜDpm lat 15 [+ Bℜal;
W : ⌜λεγων Dpm; s¹ : —ℵcsyˢ Or; Ts² ⌜-ωνται οι καιροι Dit |
ᵀαυτου syˢ.   16 ⌜α. τα δικτυα DΘφlat | p) βαλλοντας αμ-
φιβληστρον ℜ : α. β. λ700pc 18 ⌜τα δ. αυτων ℜal sy; S : παντα
D it | ⌜-θουν B.; W   20 ⌜μισθιων 1209   21 □syˢ | ⌜Κα-
περν- Cℜal | ○ειⸯ ℌ   565pc; Th : txt BℜDΘpl

1 οὐχ ὡς οἱ γραμματεῖς⌐.   Καὶ εὐθὺς ἦν ἐν τῇ 23
4,8 συναγωγῇ αὐτῶν ἄνθρωπος ἐν πνεύματι ἀκαθάρτῳ,
καὶ ἀνέκραξεν ⌐ λέγων· ⌐τί ἡμῖν καὶ σοί, Ἰησοῦ 24
Ναζαρηνέ; ἦλθες ἀπολέσαι ἡμᾶς·; ⌐οἶδά σε τίς εἶ, ὁ
ἅγιος τοῦ θεοῦ. καὶ ἐπετίμησεν αὐτῷ ὁ Ἰησοῦς [λέ- 25
γων]· φιμώθητι καὶ ἔξελθε ⌐ἐξ αὐτοῦ⌐. καὶ σπαρά- 26
ξαν αὐτὸν τὸ πνεῦμα τὸ ἀκάθαρτον καὶ φωνῆσαν
φωνῇ μεγάλῃ ἐξῆλθεν ἐξ αὐτοῦ. καὶ⌐ἐθαμβήθησαν 27
ἅπαντες, ὥστε συζητεῖν ⌐αὐτοὺς λέγοντας· τί ἐστιν
τοῦτο; διδαχὴ καινή· κατ' ἐξουσίαν·²· καὶ τοῖς πνεύ-
μασι τοῖς ἀκαθάροις ἐπιτάσσει, καὶ ὑπακούουσιν
αὐτῷ. καὶ ἐξῆλθεν ἡ ἀκοὴ αὐτοῦ εὐθὺς πανταχοῦ εἰς 28
2 6 ὅλην τὴν περίχωρον ⌐τῆς Γαλιλαίας⌐. Καὶ εὐθὺς ἐκ 29
5,2 τῆς συναγωγῆς ⌐ἐξελθόντες ἦλθον⌐ εἰς τὴν οἰκίαν Σί-
μωνος καὶ Ἀνδρέου μετὰ Ἰακώβου καὶ Ἰωάννου. ἡ δὲ 30
πενθερὰ Σίμωνος κατέκειτο πυρέσσουσα, καὶ εὐθὺς
λέγουσιν αὐτῷ περὶ αὐτῆς. καὶ προσελθὼν ⌐ἤγειρεν 31
αὐτὴν κρατήσας τῆς χειρός⌐· καὶ ἀφῆκεν αὐτὴν ὁ
3 πυρετός⌐, καὶ διηκόνει αὐτοῖς. Ὀψίας δὲ γενο- 32
μένης, ὅτε ⌐ἔδυσεν ὁ ἥλιος, ἔφερον πρὸς αὐτὸν
πάντας τοὺς κακῶς ἔχοντας καὶ τοὺς δαιμονι-
ζομένους· καὶ ἦν ὅλη ἡ πόλις ἐπισυνηγμένη πρὸς 33
τὴν θύραν. καὶ ἐθεράπευσεν πολλοὺς κακῶς 34
6,8 ἔχοντας ποικίλαις νόσοις, * καὶ δαιμόνια πολλὰ
ἐξέβαλεν, καὶ οὐκ ἤφιεν ⌐λαλεῖν τὰ δαιμόνια⌐, ὅτι
7 ᾔδεισαν αὐτόν⌐. Καὶ πρωῒ ἔννυχα λίαν ἀναστὰς 35
7,8 ⌐ἐξῆλθεν καὶ ἀπῆλθεν⌐ εἰς ἔρημον τόπον, κἀκεῖ
προσηύχετο. καὶ ⌐κατεδίωξεν αὐτὸν⌐ Σίμων καὶ οἱ 36
μετ' αὐτοῦ, καὶ εὗρον αὐτὸν καὶ λέγουσιν αὐτῷ 37
8 ὅτι πάντες ζητοῦσίν σε. καὶ λέγει αὐτοῖς· ἄγωμεν 38

22 ⌐ταντων Cal   24 ⌐p) ἑα C℟pl; δ | ⸱. TW | ⌐οιδαμεν ℵpc Tert Or; Th
25 [+rell; W : — ℵ*.; T | ⌐απο του ανθρωπου, το πνευμα το ακαθαρτον (D)
Θpc(lat)   27 ⌐-βησαν D. : εθαυμαζον W. : -μασθησαν 579. | ⌐προς εαυτους
C℟DΘpm (αυτ- LWal); h : txt Bℵ | ⸱·et ⸱²— · H   28 ⌐της Ιουδαιας ℵ* :
του Ιορδανου 28   29 ⌐-θων ηλθεν B(ꟿWΘ, D)λφalit; Wh   31 ⌐εκτεινας
την χειρα κρατ. ηγ. αυτ. D(W) | ⌐p) ευθεως ℟pm(ꟿDpc); S   32 ⌐εδυ ℌ℟Θpl;
T : txt BD 28pc   34 ꟿB.; W | ⌐p) χριστον ειναι B(Cal)WΘpm; [H] : txt ℵ*℟Dal
35 ⌐απηλθεν Wit : εξηλθεν B28pc; H (εξ. [κ. απ.])   36 ⌐-ξαν C℟Dpm; S | ⌐ο
C℟pm; S : ο τε (D)Θλφal

Marginal references (right column):
5,7. Mt 8,29;
27,19. L 4,34;
8,28. J 2,4.
Jdc 11,12.
2 Sm 16,10;
19,23. 1Rg 17,18.
2 Rg 3,13; 9,18s.
2 Chr 35,21.
J 6,69. 1 J 3,8.
Ps 16,10.
3,27.
9,20.26. L 9,39.
4,41.
Mt 7,29.
29—34:
Mt 8,14—16.
L 4,38—41.
Mt 4,21!
J 4,52. Act 28,8.
Act 16,17.18.
(43s!)
35—38:
L 4,42s; 5,16.
L 8,40.
J 6,24.

^οἀλλαχοῦ εἰς τὰς ⸂ἐχομένας κωμοπόλεις⸃, ἵνα καὶ
39:
Mt 4,23; 9,35. 39 ἐκεῖ κηρύξω· εἰς τοῦτο γὰρ ἐξῆλθον. καὶ ⸀ἦλθεν
L 4,44. κηρύσσων εἰς τὰς συναγωγὰς αὐτῶν εἰς ὅλην τὴν
Γαλιλαίαν[□]καὶ τὰ δαιμόνια ἐκβάλλων⸀.

40—45:
Mt 8,2—4.
L 5,12—16.
Mt 8,2!
40   Καὶ ἔρχεται πρὸς αὐτὸν λεπρὸς παρακαλῶν
αὐτὸν[□]καὶ γονυπετῶν⸀⸂λέγων αὐτῷ ⸀ὅτι ἐὰν θέλῃς
41 δύνασαί με καθαρίσαι.⸀καὶ ⸀σπλαγχνισθεὶς ἐκτείνας
τὴν χεῖρα αὐτοῦ ἥψατο καὶ λέγει ^οαὐτῷ· θέλω,
42 καθαρίσθητι. καὶ⸀εὐθὺς ἀπῆλθεν ἀπ' αὐτοῦ ἡ
Mt 9,30!
(34.) 3,12; 5,43.
7,36; 8,26.
43 λέπρα, καὶ ἐκαθαρίσθη. καὶ ἐμβριμησάμενος αὐτῷ
44 εὐθὺς ἐξέβαλεν αὐτόν, ⸀καὶ λέγει αὐτῷ· ὅρα μηδενὶ
Lv 13,49;
14,2—32. μηδὲν εἴπῃς, ἀλλὰ ὕπαγε σεαυτὸν **δεῖξον τῷ ἱερεῖ**
6,11; 13,9. καὶ προσένεγκε περὶ τοῦ καθαρισμοῦ σου ἃ προσ-
45 έταξεν Μωϋσῆς, εἰς μαρτύριον αὐτοῖς.   ὁ δὲ
ἐξελθὼν ἤρξατο κηρύσσειν πολλὰ καὶ διαφημίζειν
τὸν λόγον, ὥστε μηκέτι αὐτὸν δύνασθαι⸀φανερῶς
εἰς πόλιν εἰσελθεῖν⸃, ἀλλ' ἔξω ἐπ' ἐρήμοις τόποις
^οἦν· καὶ ἤρχοντο πρὸς αὐτὸν πάντοθεν.

1—12:
Mt 9,1—8.
L 5,17—26.
2   Καὶ εἰσελθὼν πάλιν εἰς Καφαρναοὺμ δι' ἡμε-
2 ρῶν ἠκούσθη ὅτι ⸂ἐν οἴκῳ⸃ ἐστίν. καὶ⸀συνήχθησαν
15. 3,20; 6,31. πολλοί, ὥστε μηκέτι χωρεῖν μηδὲ τὰ πρὸς τὴν
3 θύραν, καὶ ἐλάλει αὐτοῖς τὸν λόγον. καὶ ἔρχονται
φέροντες πρὸς αὐτὸν παραλυτικὸν αἰρόμενον ὑπὸ
4 τεσσάρων. καὶ μὴ δυνάμενοι ⸀προσενέγκαι αὐτῷ
⸂διὰ τὸν ὄχλον⸃ ἀπεστέγασαν τὴν στέγην ὅπου ἦν,
καὶ ^οἐξορύξαντες χαλῶσι τὸν κράβατον ὅπου ὁ
5 παραλυτικὸς κατέκειτο. καὶ ἰδὼν ὁ Ἰησοῦς τὴν πίστιν
αὐτῶν λέγει τῷ παραλυτικῷ· ⸀τέκνον⸀, ⸀ἀφίενταί
6 σου αἱ ἁμαρτίαι. ἦσαν δέ τινες τῶν γραμματέων
ἐκεῖ καθήμενοι καὶ διαλογιζόμενοι ἐν ταῖς καρδίαις

38 Ο 𝕽 D Θ pl latt sy | ⸀εγγυς κωμας και εις τας πολεις D lat(sy)   39 ⸀ην
C𝕽Dpl latsy : txt 𝕾Θ | □ W.   40 □p) BDal it; [H] | ᵀ αυτον C𝕽al; W : txt
𝕏Θal lat | ⸀και C𝕽DΘpl; 𝕾 : txt B𝕏 | ⸀p) κυριε CWΘit : κ. οτι B : — Dlat :
txt 𝕏𝕽pm   41 ⸀ο δε Ιησους C𝕽Θpl; 𝕾 | ⸀οργισθεις Daff²ʳ.; –|hʳ⊦| Ο𝕏λpc;
42 ᵀ ειποντος αυτου C𝕽Θpm lat; 𝕾   45 ⸂2314 𝕾al; Th·1423 D : txt B𝕽Θ
pm | Ο B(be); [H]   2,1 ⸀εις οικον C𝕽pl; Wh   2 ᵀ ευθεως C𝕽Dpl; 𝕾
4 ⸀-εγγισαι C𝕽Dpl it; 𝕾 :-ελθειν W. : txt 𝕾Θ vg | ⸂απο του οχλου DW (ex
lat?) | ΟDWitsyᵖ   5 ᵀp) θαρσει C. | ᵀμου 𝕏* | ⸀αφεωνται 𝕏C𝕽D(Θ)pl
Cl : txt Bpclat

αὐτῶν· ⌐τί οὗτος οὕτως λαλεῖ⌐; βλασφημεῖ· τίς 7   Is 43,25.
δύναται ἀφιέναι ἁμαρτίας εἰ μὴ εἷς ὁ θεός;⌐καὶ 8
εὐθὺς ἐπιγνοὺς ὁ Ἰησοῦς τῷ πνεύματι αὐτοῦ ὅτι   J 2,25.
⁰οὕτως⌐διαλογίζονται ἐν ἑαυτοῖς, λέγει ⁰²αὐτοῖς· τί
ταῦτα διαλογίζεσθε ἐν ταῖς καρδίαις ὑμῶν; ⌐τί 9   J 5,36.
ἐστιν εὐκοπώτερον, εἰπεῖν τῷ⌐παραλυτικῷ·⌐ἀφίενται
σου αἱ ἁμαρτίαι, ἢ εἰπεῖν·⌐²ἔγειρε⁰καὶ ἆρον τὸν
κράβατόν σου καὶ⌐²περιπάτει⌐; ⌐ἵνα δὲ εἰδῆτε ὅτι 10
ἐξουσίαν ἔχει ὁ υἱὸς τοῦ ἀνθρώπου ⌐ἀφιέναι ἁμαρ-
τίας ἐπὶ τῆς γῆς⌐, — λέγει τῷ παραλυτικῷ· ⌐σοὶ 11   J 5,8.
λέγω, ἔγειρε ἆρον τὸν κράβατόν σου καὶ ὕπαγε
εἰς τὸν οἶκόν σου. καὶ ἠγέρθη καὶ εὐθὺς ἄρας 12
τὸν κράβατον ἐξῆλθεν ἔμπροσθεν πάντων, ὥστε
⌐ἐξίστασθαι πάντας⌐καὶ δοξάζειν τὸν θεὸν ⁰λέγον-
τας ὅτι οὕτως οὐδέποτε εἴδαμεν.   Mt 9,33.
                                                   13—17:
10   Καὶ ἐξῆλθεν πάλιν⌐παρὰ τὴν θάλασσαν· καὶ 13   Mt 9,9—13.
⌐²πᾶς ὁ ὄχλος ἤρχετο πρὸς αὐτόν, καὶ ἐδίδασκεν   L 5,27—32.
αὐτούς.   Καὶ παράγων εἶδεν ⌐Λευὶν τὸν τοῦ 14
Ἁλφαίου καθήμενον ἐπὶ τὸ τελώνιον, καὶ λέγει
αὐτῷ· ἀκολούθει μοι. καὶ ἀναστὰς ἠκολούθησεν   J 1,43.
11 αὐτῷ.   Καὶ γίνεται κατακεῖσθαι αὐτὸν ἐν τῇ 15
⌐² οἰκίᾳ αὐτοῦ, καὶ πολλοὶ τελῶναι καὶ ἁμαρτωλοὶ   2,2!
συνανέκειντο τῷ Ἰησοῦ καὶ τοῖς μαθηταῖς αὐτοῦ·
ἦσαν γὰρ πολλοί, ⌐καὶ ἠκολούθουν ⌐αὐτῷ. καὶ οἱ 16
γραμματεῖς τῶν Φαρισαίων⌐ ἰδόντες ⌐ὅτι ἐσθίει⌐   24.
μετὰ τῶν⌐ἁμαρτωλῶν καὶ τελωνῶν⌐ ἔλεγον τοῖς
μαθηταῖς αὐτοῦ· ⌐ὅτι μετὰ τῶν τελωνῶν καὶ
³,² ἁμαρτωλῶν ⌐ἐσθίει⌐; καὶ ἀκούσας ὁ Ἰησοῦς λέγει 17
αὐτοῖς [ὅτι] οὐ χρείαν ἔχουσιν οἱ ἰσχύοντες ἰατροῦ   (Ex 15,26.)

7 ⌐οτι ΒΘ; W (et⌐·), (Ο τι h)   8 Ο ΒWΘ it; [H] | ⌐αυτοι CRal; W |
Ο²ΒΘ; [H]   9 ⌐-λυτω D. | ⌐αφεωνται CRDΘpl Cl : txt BXpc lat | ⌐²-ρον ΒΘ
pc; H | ΟCD 33al; [H] | ⌐²υπαγεΧDpc; T : txt BCRΘpl | ⌐εις τον οικον σου
D 33 it   10 ⌐3—512 ᏚDpm; Th:13—52 Ral; S :12 Wbq. : txt BΘpc   12 ⌐θαυ-
μαζειν αυτους W. | Ο ΒW; [H]   13 ⌐εις Χ*; T   14 ⌐Ιακωβον DΘφ it; ┤h⌐┡
15 ⌐οι Θ it : οι και D lat   15.16 ⌐αυτω και οι γρ. τ. Φ-ων. και Ꙅ; T : αυτω.
και οι γρ. και οι Φ-οι CRDΘpl : txt Β   16 ⌐οτι ησθιεν ΧD(Θ)pc; T : αυτον
εσθιοντα CRpm : txt Bpc | ⌐ΧCRpl; T : txt B(DΘ)pc | ⌐τι οτι CRpl : δια τι Χ
DW : τι Θ : txt Bpc; (ὅ τι H) | ⌐ε. και πινει CRpl latsyᵖ; Th : p) εσθιετε Θ :
ε. κ. πινετε 565pc | ⌐·· W   88   17 [+ ΒΘpc; W : — ᏚRDpl; T

J 3,17; 12,47.
18—22:
Mt 9,14—17.
L 5,33—38.

J 3,29!

14,7. L 17,22.
J 16,20.

Job 32,19.

23—28:
Mt 12,1—8.
L 6,1—5.

Dt 23,26.

16.

1 Sm 21,7.

Lv 24,5—9.

Dt 5,14.

ἀλλ' οἱ κακῶς ἔχοντες· οὐκ ἦλθον καλέσαι δικαίους
18 ἀλλὰ ἁμαρτωλούς⊤. Καὶ ἦσαν οἱ μαθηταὶ Ἰωάννου 12
καὶ οἱ ⌜Φαρισαῖοι νηστεύοντες. καὶ ἔρχονται καὶ
λέγουσιν αὐτῷ· διὰ τί οἱ μαθηταὶ Ἰωάννου ⌜καὶ
οἱ μαθηταὶ τῶν Φαρισαίων⌝ νηστεύουσιν, οἱ δὲ σοὶ
19 °μαθηταὶ οὐ νηστεύουσιν; ¹καὶ εἶπεν αὐτοῖς ὁ Ἰησοῦς·
μὴ δύνανται οἱ υἱοὶ τοῦ νυμφῶνος, ἐν ᾧ ὁ νυμφίος
μετ' αὐτῶν ἐστιν, νηστεύειν; □ὅσον χρόνον ἔχουσιν
τὸν νυμφίον μετ' αὐτῶν, οὐ δύνανται νηστεύειν.⌝
20 ¹ἐλεύσονται δὲ ἡμέραι ὅταν ἀπαρθῇ ἀπ' αὐτῶν ὁ
νυμφίος, καὶ τότε νηστεύσουσιν ἐν ⌜ἐκείνῃ τῇ ἡμέρᾳ⌝.
21 ¹Οὐδεὶς ἐπίβλημα ῥάκους ἀγνάφου ⌜ἐπιράπτει ἐπὶ
ἱμάτιον παλαιόν· εἰ δὲ μή, αἴρει τὸ πλήρωμα
ἀπ' αὐτοῦ τὸ καινὸν τοῦ παλαιοῦ, καὶ χεῖρον
22 σχίσμα γίνεται. καὶ οὐδεὶς βάλλει οἶνον νέον εἰς
ἀσκοὺς παλαιούς· εἰ δὲ μή, ῥήξει ὁ οἶνος τοὺς
ἀσκούς, καὶ ὁ οἶνος ⌜ἀπόλλυται καὶ οἱ ἀσκοί⌝. [ἀλλὰ
οἶνον νέον εἰς ἀσκοὺς καινούς.]
23 Καὶ ἐγένετο αὐτὸν ἐν τοῖς σάββασιν ⌜παρα- 13
πορεύεσθαι διὰ τῶν σπορίμων, καὶ οἱ μαθηταὶ ²⁴·
αὐτοῦ ἤρξαντο ⌜ὁδὸν ποιεῖν⌝ τίλλοντες τοὺς στάχυας.
24 ¹καὶ οἱ Φαρισαῖοι ἔλεγον αὐτῷ· ἴδε τί ποιοῦσιν
25 τοῖς σάββασιν ὃ οὐκ ἔξεστιν; ¹καὶ ⊤λέγει αὐτοῖς·
οὐδέποτε ἀνέγνωτε τί ἐποίησεν Δαυίδ, ὅτε χρείαν
ἔσχεν καὶ ἐπείνασεν αὐτὸς καὶ οἱ μετ' αὐτοῦ;
26 ¹[πῶς] εἰσῆλθεν εἰς τὸν οἶκον τοῦ θεοῦ □ἐπὶ Ἀβιαθὰρ
ἀρχιερέως⌝ καὶ τοὺς ἄρτους τῆς ⌜προθέσεως ἔφαγεν,
οὓς οὐκ ἔξεστιν φαγεῖν εἰ μὴ τοὺς ἱερεῖς, καὶ
27 ἔδωκεν καὶ τοῖς σὺν αὐτῷ οὖσιν·; ¹⌜καὶ ἔλεγεν αὐτοῖς⌝· ²⁵
□τὸ σάββατον διὰ τὸν ἄνθρωπον ⌜ἐγένετο, □²καὶ οὐχ

---

17 ⊤p) εις μετανοιαν C𝕽al   **18** ⌜των Φαρισαιων 𝕽pm; S | ⸀1245 𝕽
Dpl : κ. οι Φ-οι Θ aff² : — A 544 | °p) B; [H]   **19** □p) D W 33 al it(syᵖ)
20 ⌜p) -ναις ιαις -ραις 𝕽al   **21** ⌜επισυρρ- D W.   **22** ⸀p) εκχειται και οι ασκοι
απολουνται 𝕹C𝕽(Θ)pl : txt B(D)pc | [+p) B𝕹*(+ βαλλουσιν W e sy : + βλητεον
C𝕽Θpl);W : — D it;T   **23** ⌜p) διαπορ- BCD.;𝕽 | ⸀οδοποιειν Bal; h   **25** ⊤αυ-
τος 𝕽al; W   **26** [+p) 𝕹C𝕽Θpl; T: — BD; W | □D W itsyˢ | ⌜προσθεσ- D.
:. W   **27.28** ⸀λεγω δε υμιν ει □D it   **27** ⌜εκτισθη Wl sy | □²W syˢ

ὁ ἄνθρωπος διὰ τὸ σάββατον`ˋ²· ὥστεˋ κύριός ἐστιν 28

14 ὁ υἱὸς τοῦ ἀνθρώπου καὶ τοῦ σαββάτου.   Καὶ 3
εἰσῆλθεν πάλιν εἰςᵀσυναγωγήν. καὶ ἦν ἐκεῖ ἄνθρω-
πος ˹ἐξηραμμένην ἔχων τὴν χεῖρα· καὶ˹παρετήρουν 2
αὐτὸν εἰᵀ τοῖς σάββασιν ᶠθεραπεύσει αὐτόν, ἵνα
κατηγορήσωσιν αὐτοῦ.   καὶ λέγει τῷ ἀνθρώπῳ τῷ 3
˹τὴν χεῖρα ἔχοντι˹ξηράνˋ· ἔγειρε εἰς τὸ μέσον. καὶ 4
λέγει αὐτοῖς· ἔξεστιν τοῖς σάββασιν ˋἀγαθὸν ποιῆσαιˋ
ἢ κακοποιῆσαι, ψυχὴν σῶσαι ἢ ἀποκτεῖναι; οἱ
δὲ ἐσιώπων.   καὶ περιβλεψάμενος αὐτοὺς μετ' 5
ὀργῆς, συλλυπούμενος ἐπὶ τῇ ᶠπωρώσει τῆς καρδίας
αὐτῶν, λέγει τῷ ἀνθρώπῳ· ἔκτεινον τὴν χεῖραᵀ.
καὶ ἐξέτεινεν, καὶ ἀπεκατεστάθη ἡ χεὶρ αὐτοῦᶠ.

3,4 ¹καὶ ἐξελθόντες οἱ Φαρισαῖοι εὐθὺς μετὰ τῶν 6
Ἡρῳδιανῶν συμβούλιον˹ἐδίδουν κατ' αὐτοῦ, ὅπως
αὐτὸν ἀπολέσωσιν.

15   Καὶ ὁ Ἰησοῦς μετὰ τῶν μαθητῶν αὐτοῦ ἀνε- 7
1 χώρησεν ˹πρὸς τὴν θάλασσαν· * καὶ ˋπολὺ πλῆθοςˋ
ἀπὸ τῆς Γαλιλαίας ˢᶠἠκολούθησεν· καὶ ἀπὸ τῆς
Ἰουδαίαςˋ καὶ ἀπὸ Ἱεροσολύμων □καὶ ἀπὸ τῆς 8
Ἰδουμαίαςˋκαὶᵀπέραν τοῦ Ἰορδάνου καὶᶠπερὶ Τύρον
καὶ Σιδῶνα, πλῆθος πολύ, ἀκούοντες ὅσα ᶠποιεῖ,
ἦλθον πρὸς αὐτόν.   καὶ εἶπεν τοῖς μαθηταῖς 9
αὐτοῦ ἵνα ᶠπλοιάριον προσκαρτερῇ αὐτῷ διὰ
τὸν ὄχλον, ἵνα μὴ θλίβωσιν αὐτόν· πολλοὺς 10
γὰρ ἐθεράπευσεν, ὥστε ἐπιπίπτειν αὐτῷ ἵνα αὐτοῦ
ἅψωνται ὅσοι εἶχον μάστιγας.   καὶ τὰ πνεύματα 11
τὰ ἀκάθαρτα, ὅταν αὐτὸν ἐθεώρουν, προσέπιπτον
3,8 αὐτῷ * καὶ ἔκραζον ᶠλέγοντα ὅτι σὺ εἶ ὁ υἱὸς τοῦ
θεοῦ.   καὶ πολλὰ ἐπετίμα αὐτοῖς ἵνα μὴ αὐτὸν 12

Right margin notes:
1—6:
Mt 12,9—14.
L 6,6—11;
(14,1—6.)

34; 10,23.
J 11,33.
R 11,25. E 4,18.

(8,15); 12,13.
Mt 22,16. J 5,18.

7—12:
Mt 12,15 s.
L 6,17—19.

Mt 4,23.25.

7,24 p.

5,24. Mt 13,2.

Mt 15,30.

6,56.

L 4,41.

1,43 s!

1 ᵀp) την rell; S: txt Bℵ. | ˹p) ξηραν D   2 ˹p) -ντο C*DΘal | ᵀεν
ℵCDΘal; T | ᶠ-ευει ℵWpc; T   3 ˢ1423 ℵCΘpc; T : 4312 ℜpl : 3124 D et
˹εξηραμμενην ℜDpm; S : txt Bpc   4 ˋαγαθοποι- BCℜΘpl; H : txt ℵD
5 ˹πηρωσει 17 20 : νεκρωσει Ditsyˢ | ᵀp) σου ℵCDΘpm; ℋ : txt BEUal | ᵀp) υγιης
ως η αλλη ℜpm   6 ˹εποιησαν ℵCΘpc; Th : εποιουν ℜal : ποιουντες Da.: txt Bal
7 ˹εις Dal; T | ˹ πολυς οχλος D lat(syˢ) | ˢ2—51 ℵCpc; Th et ᶠ-σαν ℵCℜal; T
8 □p) ℵ*WΘpccsyˢ | ᵀοι D. | ᵀοι ℜDΘpl; S | ˹εποιει rell; Th : txt BL.
9 ˹-ρια B.; W   90   11 ˹-ντες ℵDpc; Th

13—19 :
L 6,12—16.
Mt 10,2—4.

13 φανερὸν ⌐ποιήσωσιν.　　Καὶ ἀναβαίνει εἰς τὸ ὄρος, 8
καὶ προσκαλεῖται οὓς ἤθελεν αὐτός, καὶ ἀπῆλθον 29
14 πρὸς αὐτόν. καὶ ἐποίησεν δώδεκα┬ἵνα ὦσιν μετ' 16
15 αὐτοῦ, καὶ ἵνα ἀποστέλλῃ αὐτοὺς κηρύσσειν ǀ καὶ
16 ἔχειν ἐξουσίαν┬ἐκβάλλειν τὰ δαιμόνια· ⌐καὶ ἐποίησεν

J 1,42.

τοὺς δώδεκα⌐, *∶ καὶ ἐπέθηκεν ὄνομα τῷ Σίμωνι ∶2 30

Mt 4,21 !

17 Πέτρον·ǀ⌐καὶ Ἰάκωβον τὸν τοῦ Ζεβεδαίου καὶ
Ἰωάννην τὸν ἀδελφὸν τοῦ Ἰακώβου, ∶καὶ ἐπέθηκεν

L 9,54.

αὐτοῖς ⌐ὄνομα⌐┐Βοανηργές, ὅ ἐστιν υἱοὶ βροντῆς ∶2·
18 ǀ⌐καὶ Ἀνδρέαν καὶ Φίλιππον καὶ Βαρθολομαῖον καὶ

Mt 9,9! J 11,16!

Μαθθαῖον┬καὶ Θωμᾶν καὶ Ἰάκωβον τὸν τοῦ Ἀλφαίου
19 καὶ ⌐Θαδδαῖον καὶ Σίμωνα τὸν ⌐Καναναῖον ǀ καὶ
Ἰούδαν⌐ ⌐┐Ἰσκαριώθ, ὃς καὶ παρέδωκεν αὐτόν.

20　　Καὶ ἔρχεται εἰς οἶκον· καὶ συνέρχεται πάλιν 31
[ὁ] ὄχλος, ὥστε μὴ δύνασθαι αὐτοὺς ⌐μηδὲ ἄρτον

2,2!
J 10,20! Sap 5,4.
Zch 13,3.

21 φαγεῖν. καὶ ⌐ἀκούσαντες οἱ παρ' αὐτοῦ⌐ ἐξῆλθον

22—30 :
Mt 12,24—29;
31 s.
L 11,15—22;
12,10.
Mt 9,34 !

22 κρατῆσαι αὐτόν· ἔλεγον γὰρ ὅτι⌐ἐξέστη. καὶ οἱ 32
γραμματεῖς οἱ ἀπὸ Ἱεροσολύμων καταβάντες ἔλεγον
ὅτι⌐Βεεζεβοὺλ ἔχει, καὶ ὅτι ἐν τῷ ἄρχοντι τῶν
23 δαιμονίων ἐκβάλλει τὰ δαιμόνια. καὶ προσκαλε- 33
σάμενος αὐτοὺς ἐν παραβολαῖς ἔλεγεν αὐτοῖς·
24 πῶς δύναται σατανᾶς σατανᾶν ἐκβάλλειν; ǀκαὶ ἐὰν
βασιλεία ἐφ' ἑαυτὴν μερισθῇ, οὐ δύναται σταθῆναι
25 ἡ βασιλεία ἐκείνη· καὶ ἐὰν οἰκία ἐφ' ἑαυτὴν μερισθῇ,
26 οὐ δυνήσεται ἡ οἰκία ἐκείνη ⌐στῆναι. καὶ εἰ ὁ
σατανᾶς ἀνέστη ἐφ' ἑαυτὸν ⌐καὶ ἐμερίσθη,⌐ οὐ

1,25.

27 δύναται στῆναι ἀλλὰ τέλος ἔχει. ἀλλ' οὐ δύναται
οὐδεὶς εἰς τὴν οἰκίαν τοῦ ἰσχυροῦ εἰσελθὼν τὰ

12 ⌐ποιωσιν D Lal; T　14 ┬p) ους και αποστολους ωνομασεν B ℵ(ʃW)Θ sa sy^[hmg];
H : txt ℜ Dpl　15 ┬θεραπευειν τας νοσους και ℜ D(Θ)pl lat(sy)　16 ⌐πρωτον
Σιμωνα φ sa. : — ℜ DΘpl lattsy : txt 𝔖 ǀ ∶(et ∶2) H　17 ⌐κοινως δε αυτους εκα-
λεσεν W bceq ǀ ∶(et ∶2) H ǀ ⌐ονοματα ℵ C ℜ Θpl lat; Th : txt B Dpc ǀ ⌐Βανηρεγες
565(700) : (Benereem Hier cj)　18.19 ⌐ησαν δε ουτοι Σιμων και Ανδρεας Ιακωβος
κ. Ιωαννης Φ-ος etc W(bce)　18 ┬p) τον τελωνην Θφpc ǀ ⌐p) Λεββαιον D it;
┤h^r├ : — W ǀ ⌐Κανανιτην ℜΘpl　19 ⌐-ιωτην ℜpl vg : Σκαριωθ D it vg^[codd]
20 [+ B Dal; W : — ℵ* C ℜ Θpm; T ǀ ⌐μητε ℵ C ℜ D Θal; T　21 ⌐ακ. (οτε ηκου-
σαν D) περι αυτου οι γραμματεις και οι λοιποι (D) Wit ǀ ⌐εξεσταται Θ 565 pc :
εξ. αυτους D it : εξηρτηνται αυτου W 28　22 ⌐Βεελζ- ℵ C ℜ D Θpl; T : -lzebub
Jatsy : txt B　25 ⌐σταθηναι ℵ C ℜ Θpm; T : εσταναι D. : txt Bal　26 ⌐κ.
μεμερισται, ℜ(D)Θpl; S : , εμερισθη, και　91　ℵ*C vg; T : txt B

σκεύη αὐτοῦ διαρπάσαι, ἐὰν μὴ πρῶτον τὸν ἰσχυρὸν
34,2 δήσῃ, καὶ τότε τὴν οἰκίαν αὐτοῦ διαρπάσει. Ἀμὴν 28 1 J 5,16.
λέγω ὑμῖν ὅτι πάντα ἀφεθήσεται τοῖς υἱοῖς τῶν
ἀνθρώπων· τὰ ἁμαρτήματα καὶ αἱ βλασφημίαι,
⌜ὅσα ἐὰν βλασφημήσωσιν· ⌐ὃς δ' ἂν⌐ βλασφημήσῃ 29
εἰς τὸ πνεῦμα τὸ ἅγιον, οὐκ ἔχει ἄφεσιν □εἰς τὸν αἰ-
ῶνα⌐, ἀλλὰ ἔνοχός ⌜ἐστιν αἰωνίου ⌜ἁμαρτήματος. ὅτι 30 21 s. J 10,20.
35,2 ἔλεγον· πνεῦμα ἀκάθαρτον ⌜ἔχει. Καὶ ⌜ἔρχονται 31 31—35:
⌜ἡ μήτηρ αὐτοῦ καὶ οἱ ἀδελφοὶ αὐτοῦ⌐, καὶ ἔξω Mt 12,46—50.
στήκοντες ἀπέστειλαν πρὸς αὐτὸν ⌜καλοῦντες αὐτόν. L 8,19—21.
ᛳκαὶ ἐκάθητο περὶ αὐτὸν ὄχλος, καὶ λέγουσιν αὐτῷ· 32
ἰδοὺ ἡ μήτηρ σου καὶ οἱ ἀδελφοί σου □καὶ αἱ 6,3p.
ἀδελφαί σου⌐ ἔξω ζητοῦσίν σε. καὶ ἀποκριθεὶς 33
αὐτοῖς λέγει· τίς ἐστιν ἡ μήτηρ μου⌜καὶ οἱ ἀδελ-
φοί⌐; καὶ περιβλεψάμενος τοὺς περὶ αὐτὸν κύκλῳ 34 5!
καθημένους λέγει· ἴδε ἡ μήτηρ μου καὶ οἱ ἀδελφοί J 20,17!
μου. ὃς ⌜ἂν ποιήσῃ ⌜τὸ θέλημα⌐ τοῦ θεοῦ, οὗτος 35
ἀδελφός μου καὶ ἀδελφὴ καὶ μήτηρ ἐστίν.

17 Καὶ πάλιν ἤρξατο διδάσκειν παρὰ τὴν θά- 4 1—20:
36,2 λασσαν· καὶ συνάγεται πρὸς αὐτὸν⌜ὄχλος ⌜πλεῖστος, Mt 13,1—23.
ὥστε αὐτὸν εἰς⌜πλοῖον ἐμβάντα καθῆσθαι ⌜ἐν τῇ L 8,4—15.
θαλάσσῃ⌐, καὶ πᾶς ὁ ὄχλος ⌜πρὸς τὴν θάλασσαν⌐
9 ἐπὶ τῆς γῆς⌐ ἦσαν. καὶ ἐδίδασκεν αὐτοὺς ἐν παρα- 2
βολαῖς πολλά, καὶ ἔλεγεν αὐτοῖς ἐν τῇ διδαχῇ
αὐτοῦ· ᛳἀκούετε. ἰδοὺ ἐξῆλθεν ὁ σπείρων⌜σπεῖραι. 3
ᛳκαὶ ἐγένετο ἐν τῷ σπείρειν ὃ μὲν ἔπεσεν παρὰ 4
τὴν ὁδόν, καὶ ἦλθεν τὰ πετεινὰ ⌜καὶ κατέφαγεν
αὐτό. καὶ ἄλλο ἔπεσεν ἐπὶ τὸ πετρῶδες⌜ὅπου 5
οὐκ εἶχεν γῆν πολλήν, καὶ εὐθὺς⌜ἐξανέτειλεν διὰ

28 :, H | ⌜οσας CℜPm   29 ⌐ος αν δε τις D. | □DWΘΛit | ⌜εσται אDal;
T | ⌐-τιας DWΦ; hʳ² : κρισεως ℜpl; hʳ¹ : κολασεως 348pc   30 ⌜εχειν
D : ε-ν αυτον Wit : αυτον εχει Caeth.   31 ⌜-χεται אDΘalit; T |.⌜564123
ℜpm; S | ⌜φωνουντες ℜDpm : ζητουντες A.   32 □p) ᛰWΘpm; H : txt ℜDal;
−|hʳ| 33 ⌜ἡ ℜ(D)al; S | ⌜μου ᛰℜΘpl; T: txt BD   35 ⌜p) γαρ
ᛰℜDΘpl; h : txt Bbe | ⌜τα -ματα B.; h   4,1 ⌜ο λαος D. | ⌜p) πολυς
ℜDΘpl | ⌜το ℜDal; W | ⌜παρα τον αιγιαλον Wbe. | ⌐εν τω αιγιαλω Wit |
□DWitsyˢsa   3 ⌜p) του σπ. CℜΘpm; s : —D.   4 ⌜p) του ουρανου Dalit
5 ⌜και B(D); [H] | ⌜εξεβλαστησεν λφpc; S

Jc1,11. 1P1,24.

6 τὸ μὴ ἔχειν βάϑος ⌜γῆς· καὶ ὅτε ἀνέτειλεν ὁ ἥλιος
⌜ἐκαυματίσϑη, καὶ διὰ τὸ μὴ ἔχειν ῥίζαν ἐξηράνϑη.
7 ¹καὶ ἄλλο ἔπεσεν εἰς τὰς ἀκάνϑας, καὶ ἀνέβησαν
αἱ ἄκανϑαι καὶ συνέπνιξαν αὐτό, καὶ καρπὸν οὐκ
8 ἔδωκεν. καὶ ἄλλα ἔπεσεν εἰς τὴν γῆν τὴν καλὴν
καὶ ἐδίδου καρπὸν ἀναβαίνοντα καὶ ⌜αὐξανόμενα
καὶ ἔφερεν ⌜εἰς τριάκοντα καὶ ⌜ἐν ἑξήκοντα καὶ ⌜ἐν

Mt 11,15! 9 ἑκατόν. καὶ ἔλεγεν· ὃς ἔχει ὦτα ἀκούειν ἀκουέτω⌉.
10 ¹Καὶ ὅτε ἐγένετο κατὰ μόνας, ἠρώτων αὐτὸν οἱ 18
11 ⌜περὶ αὐτὸν σὺν τοῖς δώδεκα⌝ ⌜τὰς παραβολάς⌝. καὶ

34. 1K14,21.22.　ἔλεγεν αὐτοῖς· ὑμῖν τὸ μυστήριον δέδοται τῆς
1 K 5,12 s.　βασιλείας τοῦ θεοῦ· * ἐκείνοις δὲ τοῖς ⌜ἔξω ἐν παρα- 87
Kol 4,5.
1Th 4,12. 1T3,7. 12 βολαῖς ○τὰ πάντα ⌜γίνεται, ¹ἵνα

Is 6,9.10.　　βλέποντες βλέπωσιν καὶ μὴ ἴδωσιν,
J 12,40.　　καὶ ἀκούοντες ἀκούωσιν καὶ μὴ ⌜συνιῶσιν,
Act 28,26.　　μήποτε ἐπιστρέψωσιν καὶ ἀφεθῇ αὐτοῖς.

13 ¹καὶ λέγει αὐτοῖς· οὐκ οἴδατε τὴν παραβολὴν
ταύτην, καὶ πῶς πάσας τὰς παραβολὰς γνώσεσθε;
14.15 ¹ὁ σπείρων τὸν λόγον σπείρει. ¹ οὗτοι δέ εἰσιν οἱ 88
παρὰ τὴν ὁδόν· ὅπου σπείρεται ὁ λόγος, καὶ
ὅταν ἀκούσωσιν, εὐθὺς ἔρχεται ὁ σατανᾶς καὶ
16 αἴρει τὸν λόγον τὸν ἐσπαρμένον ⌜εἰς αὐτούς⌝. καὶ
οὗτοί ⌞εἰσιν ὁμοίως⌝ οἱ ἐπὶ τὰ πετρώδη σπειρόμενοι,
οἳ ὅταν ἀκούσωσιν τὸν λόγον ○ εὐθὺς μετὰ χαρᾶς
17 λαμβάνουσιν ○²αὐτόν, ¹ καὶ οὐκ ἔχουσιν ῥίζαν ἐν
ἑαυτοῖς ἀλλὰ πρόσκαιροί εἰσιν, εἶτα γενομένης

2 Th 1,4! 　θλίψεως ἢ διωγμοῦ διὰ τὸν λόγον εὐθὺς σκανδαλί-
18 ζονται. καὶ ἄλλοι εἰσὶν οἱ ⌜εἰς τὰς ἀκάνθας
σπειρόμενοι· οὗτοί εἰσιν οἱ τὸν λόγον ἀκούσαντες,

10,23s. L 21,34! 19 ¹καὶ αἱ μέριμναι τοῦ ⌜αἰῶνος καὶ ⌜ἡ ἀπάτη⌝ τοῦ
2 Th 2,10.
H 3,13. 2 P 2,13.

---

5 ⌜της γ. **BΘ**; W: την γην **D**. 6 ⌜-ισθησαν **BD**ae.; h
8 ⌜-ανομενον **D**Lal; T: -αονтα **CℜΘ**pm: txt **Bℵ** | ⌜ter εις ℵCal;
Th¹: ter ἐν ℜpm: ter ἐν **DΘ**(το εν **W**) latsa: εις .. ἐν .. ἐν **L**.; h²: txt
B. 9 ⌜και ο συνιων συνιετω **D** itsy^hmg; ⊣h^r⊢ 10 ⌜p) μαθηται
αυτου **DΘφ**itsy⁸ | ⌜την -λην ℜpl; S : p) τις η -λη αυτη **DΘ**it
11 ⌜εξωθεν **B**pc; h | ○ℵ**DΘ**al; T | ⌜λεγεται **DΘ**alit 12 ⌜(συνι-
ωσιν Ἡ) 15 ⸳⸳ comm | ⌜εν αυτοις ℌ; T: εν ταις καρδιαις αυτων
ℜ**DΘ**pm; s²: txt **B**Wal; s¹ 16 ⸗ℌ; T: txt **Bℜ**pm | ○**D** 579 pc
itsy⁸ | ○²**Θλφ**; ℌ 18 ⌜επι ℌpc; T: txt p)**Bℜ𝕯Θ**pl 19 ⌜βιου
DΘalit | ⌜απαται **D**pc: 　93　 αι απ. Θ

⌜πλούτου ⸋καὶ αἱ περὶ τὰ λοιπὰ ἐπιθυμίαι ⸊ εἰσπο-
ρευόμεναι συμπνίγουσιν τὸν λόγον, καὶ ἄκαρπος   Tt 3,14. 2 P 1,8.
γίνεται. καὶ ἐκεῖνοί εἰσιν οἱ ἐπὶ τὴν γῆν τὴν **20**
καλὴν σπαρέντες, οἵτινες ἀκούουσιν τὸν λόγον καὶ
παραδέχονται καὶ καρποφοροῦσιν ⌜ἐν τριάκοντα
39,2 καὶ ⌜ἐν ἑξήκοντα καὶ ⌜ἐν ἑκατόν.   Καὶ ἔλεγεν **21**   21—25:
L 8,16—18.
αὐτοῖς ⌜ὅτι μήτι ⌜ἔρχεται ὁ λύχνος ἵνα ὑπὸ τὸν
μόδιον τεθῇ ἢ ὑπὸ τὴν κλίνην⸀; οὐχ ἵνα ⌜²ἐπὶ τὴν   Mt 5,15.
40,2 λυχνίαν τεθῇ; οὐ γάρ ἐστιν °τι κρυπτόν, ἐὰν μὴ **22** Mt 10,26!
ἵνα φανερωθῇ· οὐδὲ ἐγένετο ἀπόκρυφον, ἀλλ' ἵνα
ἔλθῃ εἰς φανερόν. εἴ τις ἔχει ὦτα ἀκούειν ἀκου- **23** Mt 11,15!
41,2 έτω.   Καὶ ἔλεγεν αὐτοῖς· βλέπετε τί ἀκούετε. **24**
ἐν ᾧ μέτρῳ μετρεῖτε μετρηθήσεται ὑμῖν, καὶ προστε-   Mt 7,2!
42,2 θήσεται ὑμῖν⌐. ὃς γὰρ ἔχει, δοθήσεται αὐτῷ· καὶ **25** Mt 13,12!
ὃς οὐκ ἔχει, καὶ ὃ ἔχει ἀρθήσεται ἀπ' αὐτοῦ.
8,10 ⌐Καὶ ἔλεγεν· οὕτως ἐστὶν ἡ βασιλεία τοῦ θεοῦ, ὡς⌐ **26**
ἄνθρωπος βάλῃ τὸν σπόρον ἐπὶ τῆς γῆς, ⌐καὶ **27** Jc 5,7.
Mt 13,25.
καθεύδῃ καὶ ἐγείρηται νύκτα καὶ ἡμέραν, καὶ ὁ
σπόρος βλαστᾷ καὶ ⌜μηκύνηται ὡς οὐκ οἶδεν αὐτός.
⌐αὐτομάτη ἡ γῆ καρποφορεῖ⌐, πρῶτον χόρτον, εἶτεν **28**
στάχυν, εἶτεν ⌜πλήρης σῖτος⌐ ἐν τῷ στάχυϊ. ὅταν **29**
δὲ παραδοῖ ὁ ⌜καρπός, εὐθὺς ἀποστέλλει τὸ δρέ-   Joel 4,13.
Ap 14,15.
44,2 πανον, ὅτι παρέστηκεν ὁ θερισμός.   Καὶ ἔλεγεν· **30**   30—32:
πῶς ὁμοιώσωμεν τὴν βασιλείαν τοῦ θεοῦ, ἢ ἐν   Mt 13,31 s.
L 13,18 s.
τίνι ⌜αὐτὴν παραβολῇ θῶμεν⌐; ⌐ὡς κόκκῳ σινάπεως, **31** Mt 17,20!
ὃς ὅταν σπαρῇ ἐπὶ ⌜τῆς γῆς⌐, μικρότερον ὂν πάντων
τῶν σπερμάτων τῶν ἐπὶ τῆς γῆς, ⌐καὶ ὅταν σπαρῇ, **32**
ἀναβαίνει καὶ γίνεται μεῖζον πάντων τῶν λαχάνων,
καὶ ποιεῖ κλάδους μεγάλους, ὥστε δύνασθαι ὑπὸ   Dn 4,9.18.
Ez 17,23; 31,6.
τὴν σκιὰν αὐτοῦ **τὰ πετεινὰ τοῦ οὐρανοῦ κατα-**   Ps 104,12.

19 ⌜κοσμου *D Θ* pc it | ⸋ *D W Θ* pc   20 ⌜ἐν (το εν *W*) Θ lat sa;
h | ⌜bis ἐν (το εν *W*) Θ lat sa; [h]: — *B*; [𝔥]   21 ⌜ιδετε φ 28. :
rell : txt *B L* 892 aeg. | ⌜απτεται *D* it : χαιεται *W* φ sa | ⸀, H |
⌜²υπο *B** ℵ al; h „MSS"   22 ° *B D Θ* pm it; 𝔥   24 ⌐τοις
ακουουσιν 𝕽 Θ pm; S : txt 𝔖 pc   26 ⌐ εαν (*C*) 𝕽 pm lat; W : txt 𝔖
27 ⌜-νεται *D* al; W   28 ⸉—, W | ⌜πλ. ο σ. *D W*; hˢ¹: -ρης
σιτον *C** pc; hᵉˡ: πληρη (+ τον Θ pc) σιτον ℵ 𝕽 (Θ) pl; Hᵈᵇ: txt
B; hˢ²   29 ⌜(χαιρος Blass cj)   30 ⌜ομοιωματι παραβα-
λωμεν αυτην λ   31 ⌜την γην *D* al it

<table>
<tr><td>

33.34:
Mt 13,34.
1 K 3,1.
J (6,60); 16,12.
11. 2 P 1,20.

35—41:
Mt 8,18.23—27.
L 8,22—25.

Jon 1,3 ss.

J 4,6.
L 10,40.

Ps 89,10;
107,23—32.
6,51.

J 14,1.27.

1,27.

1—20:
Mt 8,28—34.
L 8,26—39.

</td><td>

33 σκηνοῦν.　Καὶ τοιαύταις ⌜παραβολαῖς πολλαῖς⌝ 45,
ἐλάλει αὐτοῖς τὸν λόγον, καθὼς ἠδύναντο ἀκούειν·
34 ⌜χωρὶς δὲ⌝ παραβολῆς οὐκ ἐλάλει αὐτοῖς,* κατ' ἰδίαν 46,
δὲ τοῖς ἰδίοις μαθηταῖς ἐπέλυεν πάντα.
35　Καὶ λέγει αὐτοῖς ἐν ἐκείνῃ τῇ ἡμέρᾳ ὀψίας 10
36 γενομένης· διέλθωμεν εἰς τὸ πέραν. καὶ ἀφέντες 47,
τὸν ὄχλον παραλαμβάνουσιν αὐτὸν ὡς ἦν ἐν τῷ
37 πλοίῳ, καὶ ἄλλα⊤⌜πλοῖα⌐⌜ἦν μετ' αὐτοῦ. καὶ γίνεται
λαῖλαψ μεγάλη ἀνέμου, καὶ τὰ κύματα ἐπέβαλλεν
εἰς τὸ πλοῖον, ὥστε ἤδη γεμίζεσθαι τὸ πλοῖον.
38 ⌐καὶ ⌐αὐτὸς ἦν⌐ ἐν τῇ πρύμνῃ ἐπὶ⌐τὸ προσκεφάλαιον⌝
καθεύδων. καὶ ⌜ἐγείρουσιν αὐτὸν καὶ λέγουσιν αὐτῷ·
39 διδάσκαλε, οὐ μέλει σοι ὅτι ἀπολλύμεθα; ⌐καὶ διεγερ-
θεὶς ἐπετίμησεν τῷ ἀνέμῳ καὶ εἶπεν τῇ θαλάσσῃ·
σιώπα, πεφίμωσο. καὶ ἐκόπασεν ὁ ἄνεμος, καὶ ἐγέ-
40 νετο γαλήνη μεγάλη. καὶ εἶπεν αὐτοῖς· τί ⌜δειλοί
41 ἐστε οὕτως⌝; ⌜πῶς οὐκ⌝ ἔχετε πίστιν; ⌐καὶ ἐφοβήθη-
σαν φόβον μέγαν, καὶ ἔλεγον πρὸς ἀλλήλους· τίς
ἄρα οὗτός ἐστιν, ὅτι καὶ ὁ ἄνεμος καὶ ἡ θάλασ-
σα ⌐ὑπακούει αὐτῷ⌝;
5　Καὶ ⌜ἦλθον εἰς τὸ πέραν τῆς θαλάσσης εἰς 11
2 τὴν χώραν τῶν ⌜Γερασηνῶν. καὶ ἐξελθόντος 20
αὐτοῦ ἐκ τοῦ πλοίου, [εὐθὺς] ὑπήντησεν αὐτῷ
⌜ἐκ τῶν μνημείων ἄνθρωπος⌝ ἐν πνεύματι ἀκα-
3 θάρτῳ, ⌐ὃς τὴν κατοίκησιν εἶχεν ἐν τοῖς μνή-
μασιν, καὶ οὐδὲ ἁλύσει οὐκέτι οὐδεὶς ἐδύνατο
4 αὐτὸν δῆσαι, ⌐διὰ τὸ αὐτὸν πολλάκις πέδαις καὶ
ἁλύσεσιν δεδέσθαι, καὶ διεσπάσθαι ὑπ' αὐτοῦ τὰς
ἁλύσεις καὶ τὰς πέδας συντετρῖφθαι, καὶ οὐδεὶς
5 ἴσχυεν αὐτὸν δαμάσαι· καὶ διὰ παντὸς νυκτὸς καὶ
ἡμέρας ἐν τοῖς μνήμασιν καὶ ἐν τοῖς ὄρεσιν ἦν

</td></tr>
</table>

33 ⌐21 DΘlat : p) 1 LWpm　　34 ⌜p) και χ. Bpc; W　　36 ⊤δε 𝕽D
pl; T | ⌜πλοιαρια 𝕽al | ⌐ησαν 𝕏DW; T　　38 ⌐𝕽DΘpm; T | ⌐-λαιον DΘ
al | ⌜διεγ- 𝕽(DΘ)pl; S　　40 ⌐312 P⁴⁵λφ : 12 𝕳DΘpclat : txt C𝕽Wal
et ⌐ουπω 𝕳DΘallat : — Weg　41 ⌐𝕏*Cal; T : txt B　　5,1 ⌜ηλθεν CΘal;
S | ⌜Γεργεσηνων LΘ33al syˢ; hʳ¹ : Γαδαρηνων C𝕽pm; hʳ² : txt B𝕏*Dlatt
2 [+ 𝕳; T : -εως 𝕽DΘpl : — BWitsy; W | ⌜41–3 DΘpcitsa : 4 13552324syˢ

κράζων καὶ κατακόπτων ἑαυτὸν λίθοις. καὶ ἰδὼν 6
τὸν Ἰησοῦν ἀπὸ μακρόθεν ἔδραμεν καὶ προσεκύ-
νησεν ⌜αὐτόν, ¹καὶ κράξας φωνῇ μεγάλῃ λέγει· τί 7
ἐμοὶ καὶ σοί, Ἰησοῦ υἱὲ τοῦ θεοῦ τοῦ ὑψίστου;
ὁρκίζω σε τὸν θεόν, μή με βασανίσῃς. ἔλεγεν γὰρ 8
αὐτῷ· ἔξελθε τὸ πνεῦμα τὸ ἀκάθαρτον ἐκ τοῦ
ἀνθρώπου. καὶ ἐπηρώτα αὐτόν· τί ὄνομά σοι; 9
καὶ λέγει αὐτῷ· λεγιὼν ὄνομά μοι⌐, ὅτι πολλοί
ἐσμεν. καὶ παρεκάλει αὐτὸν πολλὰ ἵνα μὴ ⌜αὐτὰ 10
ἀποστείλῃ ἔξω τῆς χώρας. ἦν δὲ ἐκεῖ πρὸς τῷ 11
ὄρει ἀγέλη χοίρων μεγάλη βοσκομένη· καὶ παρε- 12
κάλεσαν αὐτὸν ᵀ ⌜λέγοντες· πέμψον ἡμᾶς εἰς τοὺς
χοίρους, ἵνα εἰς αὐτοὺς εἰσέλθωμεν. καὶ ⌜ἐπέτρεψεν 13
αὐτοῖς⌐. καὶ ἐξελθόντα τὰ πνεύματα τὰ ἀκάθαρτα
εἰσῆλθον εἰς τοὺς χοίρους, καὶ ὥρμησεν ἡ ἀγέλη
κατὰ τοῦ κρημνοῦ εἰς τὴν θάλασσαν, ὡς δισχίλιοι,
καὶ ἐπνίγοντο ἐν τῇ θαλάσσῃ. καὶ οἱ βόσκοντες 14
αὐτοὺς ἔφυγον καὶ ⌜ἀπήγγειλαν εἰς τὴν πόλιν καὶ
εἰς τοὺς ἀγρούς· καὶ ἦλθον ἰδεῖν τί ἐστιν τὸ γεγονός.
¹καὶ ἔρχονται πρὸς τὸν Ἰησοῦν, καὶ θεωροῦσιν τὸν 15
δαιμονιζόμενον καθήμενον ἱματισμένον καὶ σωφρο-
νοῦντα, τὸν ἐσχηκότα τὸν λεγιῶνα, καὶ ἐφοβήθησαν.
¹καὶ διηγήσαντο αὐτοῖς οἱ ἰδόντες πῶς ἐγένετο τῷ 16
δαιμονιζομένῳ καὶ περὶ τῶν χοίρων. καὶ ⌜ἤρξαντο 17
παρακαλεῖν⌐ αὐτὸν ἀπελθεῖν ἀπὸ τῶν ὁρίων αὐτῶν.
⁸,⁸¹καὶ ἐμβαίνοντος αὐτοῦ εἰς τὸ πλοῖον ⌜παρεκάλει 18
αὐτὸν ὁ δαιμονισθεὶς ἵνα μετ’ αὐτοῦ ᾖ. καὶ οὐκ 19
ἀφῆκεν αὐτόν, ἀλλὰ λέγει αὐτῷ· ὕπαγε εἰς τὸν
οἶκόν σου πρὸς τοὺς σούς, καὶ ⌜ἀπάγγειλον αὐτοῖς
ὅσα ὁ ⌜κύριός σοι πεποίηκεν καὶ ἠλέησέν σε. καὶ 20
ἀπῆλθεν καὶ ἤρξατο κηρύσσειν ἐν τῇ Δεκαπόλει

1,24 ! 1 Rg 17,18.
Mt 26,63. Jc 2,19.

7,31.
Mt 4,25.

---

6 ⌜αυτω ℵ𝕽DΘpm; T 9 ᵀεστιν B(𝒮D)pc lat; Wh 10 ⌜αυ-
τους 𝕽Dpm; S: αυτον ℵWal: txt BC(𝒮Θ) 12 ᵀ(παντες 𝕽al)
οι δαιμονες M(𝕽)pm lat: (παντα Θpc) τα δ-νια D(Θpc)it
et ⌜ειποντα DΘ 13 ⌜επ. αυτ. ευθεως ο Ιησους 𝕽pm; S:
επεμψεν αυτους Θ: ευθεως κυριος Ιησους επεμψεν αυτους
εις τους χοιρους Dpc it 14 ⌜ανηγγ- 𝕽al; S 17 ⌜παρεκα-
λουν DΘpc 18 ⌜ηρξατο παρακαλειν D lat 19 ⌜διαγγ-
𝔓⁴⁵Dal; s²: αναγγ- 𝕽pm; s¹ | 96 ⌜p) θεος D 1241 4

ὅσα ἐποίησεν αὐτῷ ὁ Ἰησοῦς, καὶ πάντες ἐθαύμαζον.

21—43:
Mt 9,18—26.
L 8,40—56. **21** Καὶ διαπεράσαντος τοῦ Ἰησοῦ □ἐν τῷ πλοίῳ⟍ 21
⌜πάλιν εἰς τὸ πέραν⌝ συνήχθη ὄχλος πολὺς ἐπ' ⁴⁹,
22 αὐτόν, καὶ ἦν παρὰ τὴν θάλασσαν. Καὶ ἔρχεται 12
εἰς τῶν ἀρχισυναγώγων, □ὀνόματι Ἰάϊρος⟍, καὶ ἰδὼν
23 αὐτὸν πίπτει πρὸς τοὺς πόδας αὐτοῦ, ¹καὶ⌜παρα-
καλεῖ αὐτὸν πολλὰ λέγων ὅτι τὸ θυγάτριόν μου
Mt 9,18! ἐσχάτως ἔχει, ⌜ἵνα ἐλθὼν ἐπιθῇς τὰς χεῖρας αὐτῇ,⌝
3,9. **24** ἵνα σωθῇ καὶ ζήσῃ. καὶ ἀπῆλθεν μετ' αὐτοῦ.
καὶ ἠκολούθει αὐτῷ ὄχλος πολύς, καὶ συνέθλιβον
25 αὐτόν. Καὶ γυνὴ ⊤οὖσα ἐν ῥύσει αἵματος δώδεκα 13
26 ἔτη, ¹καὶ πολλὰ παθοῦσα ὑπὸ πολλῶν ἰατρῶν καὶ
δαπανήσασα τὰ ⌜παρ' αὐτῆς⌝ πάντα, καὶ μηδὲν
ὠφεληθεῖσα ἀλλὰ μᾶλλον εἰς τὸ χεῖρον ἐλθοῦσα,
27 ¹ἀκούσασα°τὰ περὶ τοῦ Ἰησοῦ, ἐλθοῦσα ἐν τῷ ὄχλῳ
6,56! Mt 14,36. **28** ὄπισθεν ἥψατο τοῦ ἱματίου αὐτοῦ· ἔλεγεν γὰρ ὅτι
ἐὰν ἅψωμαι κἂν τῶν ἱματίων αὐτοῦ, σωθήσομαι.
29 ¹καὶ εὐθὺς ἐξηράνθη ἡ πηγὴ τοῦ αἵματος αὐτῆς,
καὶ ἔγνω τῷ σώματι ὅτι ἴαται ἀπὸ τῆς μάστιγος.
30 ¹καὶ εὐθὺς ὁ Ἰησοῦς ἐπιγνοὺς ἐν ἑαυτῷ τὴν ἐξ
L 5,17! αὐτοῦ δύναμιν ἐξελθοῦσαν, ἐπιστραφεὶς ἐν τῷ ὄχλῳ
31 ἔλεγεν· τίς μου ἥψατο τῶν ἱματίων; ¹καὶ ἔλεγον
αὐτῷ οἱ μαθηταὶ αὐτοῦ· βλέπεις τὸν ὄχλον συνθλί-
32 βοντά σε, καὶ λέγεις· τίς μου ἥψατο; ¹καὶ περι-
33 εβλέπετο ⌜ἰδεῖν τὴν τοῦτο ποιήσασαν⌝. ἡ δὲ γυνὴ
φοβηθεῖσα καὶ τρέμουσα⊤, εἰδυῖα δ γέγονεν ⊤αὐτῇ,
Mt 9,22!
Jdc 18,6.
1 Sm 1,17.
2 Sm 15,9.
L 7,50.
Act 16,36.
Jc 2,16. ἦλθεν καὶ προσέπεσεν αὐτῷ καὶ εἶπεν αὐτῷ πᾶσαν
34 τὴν ⌜ἀλήθειαν. ὁ δὲ εἶπεν αὐτῇ· ⌜θυγάτηρ, ἡ πίστις
σου σέσωκέν σε· ὕπαγε εἰς εἰρήνην. καὶ ἴσθι ὑγιὴς
35 ἀπὸ τῆς μάστιγός σου. Ἔτι αὐτοῦ λαλοῦντος
ἔρχονται ἀπὸ τοῦ ἀρχισυναγώγου λέγοντες ὅτι ἡ
θυγάτηρ σου ἀπέθανεν· τί ἔτι σκύλλεις τὸν δι-

---

21 □P⁴⁵ *D*Θ*pc*itsyˢ | ⌜1 P⁴⁵. : 2—4 ℵ**D*it; T : 2—4 Θsyˢsa   **22** □*D*it.
23 ⌜παρεκ- B𝕽Θ*pm*; Wh | ⌜ελθε αψαι αυτης εκ των χειρων σου *D*it.   **25** ⊤τις
𝕽*D*Θ*pl*; S   **26** ⌜εαυτης *D*Θ*al* : παρ εαυτ- ℵ*al*; Th : txt B*𝕽*al*   **27** ○𝕽*D*
Θ*pl*; S : txt Bℵ*C   **32** ⌜2—4 W. : — ce.   **33** ⊤διο πεποιηκει λαθρα *D*(Θ)*al*
it; ⊣hʳ⊦ | ⊤επ 𝕽Θ*pl*; S | ⌜αιτιαν 128sa : αιτ. αυτης W 69*pc*   **34** ⌜-τερ
ℵ𝕽Θ*pl*; T : txt B*D*

δάσκαλον; ὁ δὲ Ἰησοῦς ⌜παρακούσας τὸν λόγον 36
λαλούμενον λέγει τῷ ἀρχισυναγώγῳ· μὴ φοβοῦ,
μόνον πίστευε. καὶ οὐκ ἀφῆκεν οὐδένα μετ' αὐτοῦ 37 Mt 17,1!
συνακολουθῆσαι εἰ μὴ τὸν Πέτρον καὶ Ἰάκωβον
καὶ Ἰωάννην τὸν ἀδελφὸν Ἰακώβου. καὶ ἔρχονται 38
εἰς τὸν οἶκον τοῦ ἀρχισυναγώγου, καὶ θεωρεῖ
θόρυβον, καὶ κλαίοντας καὶ ἀλαλάζοντας ⌜πολλά,
¹καὶ εἰσελθὼν λέγει αὐτοῖς· τί θορυβεῖσθε καὶ 39 Act 20,10.
κλαίετε; τὸ παιδίον οὐκ ἀπέθανεν ἀλλὰ καθεύδει. J 11,4.11.
¹καὶ κατεγέλων αὐτοῦ. ⌜αὐτὸς δὲ ἐκβαλὼν πάντας 40 Act 9,40.
παραλαμβάνει τὸν πατέρα τοῦ παιδίου καὶ τὴν
μητέρα καὶ τοὺς μετ' αὐτοῦ, καὶ εἰσπορεύεται
ὅπου ἦν τὸ παιδίον⌐. καὶ κρατήσας τῆς χειρὸς 41 Mt 8,15!
τοῦ παιδίου λέγει αὐτῇ· ⌜ταλιθὰ κοῦμ⌐, ὅ ἐστιν
μεθερμηνευόμενον· τὸ κοράσιον, σοὶ λέγω, ἔγειρε. L 7,14.
¹καὶ εὐθὺς ἀνέστη τὸ κοράσιον καὶ περιεπάτει· ἦν 42
γὰρ ἐτῶν δώδεκα. καὶ ἐξέστησαν εὐθὺς ἐκστάσει
μεγάλῃ. καὶ διεστείλατο αὐτοῖς πολλὰ ἵνα μηδεὶς 43 1,43 s!
γνοῖ τοῦτο, καὶ εἶπεν ⌜δοθῆναι αὐτῇ φαγεῖν.

22 Καὶ ἐξῆλθεν ἐκεῖθεν, καὶ ⌜ἔρχεται εἰς τὴν πα- 6 1—6:
⁰,¹ τρίδα αὐτοῦ, καὶ ἀκολουθοῦσιν αὐτῷ οἱ μαθηταὶ   Mt 13,53—58.
αὐτοῦ. καὶ ⌜γενομένου σαββάτου⌐ ἤρξατο διδάσκειν 2   L 4,16—30.
ἐν τῇ συναγωγῇ· καὶ °οἱ πολλοὶ ἀκούοντες ἐξεπλήσ-   11,18!
σοντο⌐λέγοντες· πόθεν τούτῳ ταῦτα, καὶ τίς ἡ   J 7,15.
σοφία ἡ δοθεῖσα⌜τούτῳ⌐; ⌜καὶ αἱ δυνάμεις τοιαῦται   L 10,13.
διὰ τῶν χειρῶν αὐτοῦ γινόμεναι⌐:²; οὐχ οὗτός ἐστιν 3   J 6,42.
ὁ⌜τέκτων, ὁ υἱὸς⌐ τῆς Μαρίας καὶ ἀδελφὸς Ἰακώβου   Act 12,17!
⌜καὶ Ἰωσῆτος⌐ καὶ Ἰούδα καὶ Σίμωνος; καὶ οὐκ   (Jd 1.)
εἰσὶν αἱ ἀδελφαὶ αὐτοῦ ὧδε πρὸς ἡμᾶς; καὶ   3,32. L 2,34 s.

36 ⌜p) ακουσας CℜDΘpl   38 ⌜-λας B*. : -λους Θ   40 ⌜o ℜpl; S |
⊤ανακειμενον CℜpΘm; S : κατακ- Θal : txt 𝔥D   41 ⌜τ. κουμι ℜΘpm; W : ραββι
θαβιτα (ex ραβιθα, i. e. puella, Wellhausen cj) κουμι D : ρ. ταβιθα W :
tabea acultha cumhi e.   43 ⌜δουναι D   6,1 ⌜ηλθεν ℜpl : απηλθεν D.
2 ⌜ημερα σαββατων Dit. | °ℵCℜDΘpl : txt Bφpc | ⊤επι τη διδαχη αυτου
DΘal lat | ⌜αυτω ℜDΘpl; S | :, H | ⌜και δυν... γινονται ℜpm; ⊤ : ινα και
δυν... γινωνται (C*)D(Θ)al it | :². W   3 ⌜p) του τεκτονος ο υι. 13pc : τ. τ.
υι. P⁴⁵ 565 579 : τ. τ. υι. και 33 69 700 al it arm Or; hʳ | ⌜p) κ. Ιωσηφ ℵlat; hʳ¹ :
κ. Ιωση CℜpΘm; hʳ² : — cff²i.; hʳ³ᵛ : txt 𝔥DΘal

J 7,5.
13.
Mt 9,18!
Mt 8,10.
7—13:
Mt 10,1.9—14.
L 9,1—6.
30.
L 10,1.

4 ἐσκανδαλίζοντο ἐν αὐτῷ. καὶ ἔλεγεν αὐτοῖς ὁ 51
Ἰησοῦς ὅτι οὐκ ἔστιν προφήτης ἄτιμος εἰ μὴ ἐν
τῇ πατρίδι ⌐αὐτοῦ καὶ ἐν τοῖς συγγενεῦσιν αὐτοῦ
5 καὶ ἐν τῇ οἰκίᾳ αὐτοῦ. καὶ οὐκ ἐδύνατο ἐκεῖ
ποιῆσαι οὐδεμίαν δύναμιν, εἰ μὴ ὀλίγοις ἀρρώστοις
6 ἐπιθεὶς τὰς χεῖρας ἐθεράπευσεν. καὶ ⌐ἐθαύμασεν
διὰ τὴν ἀπιστίαν αὐτῶν.
52
7 *Καὶ περιῆγεν τὰς κώμας κύκλῳ διδάσκων. ¹ Καὶ 14
⌐προσκαλεῖται τοὺς δώδεκα, καὶ ἤρξατο αὐτοὺς ἀπο- 53
στέλλειν δύο⌐ δύο, καὶ ἐδίδου αὐτοῖς ἐξουσίαν τῶν
8 πνευμάτων τῶν ἀκαθάρτων, ¹καὶ παρήγγειλεν αὐτοῖς
ἵνα μηδὲν ⌐αἴρωσιν εἰς ὁδὸν εἰ μὴ ῥάβδον μόνον,
μὴ ἄρτον, μὴ πήραν, μὴ εἰς τὴν ζώνην χαλκόν,
9 ¹ ἀλλὰ ὑποδεδεμένους σανδάλια, καὶ μὴ ⌐ἐνδύσησθε
10 δύο χιτῶνας. καὶ ἔλεγεν αὐτοῖς· ὅπου ἐὰν εἰσέλ- 54
θητε εἰς οἰκίαν, ἐκεῖ μένετε ἕως ἂν ἐξέλθητε
11 ἐκεῖθεν. καὶ ⌐ὃς ἂν °τόπος μὴ δέξηται⌐ ὑμᾶς μηδὲ 55
ἀκούσωσιν ὑμῶν, ἐκπορευόμενοι ἐκεῖθεν ἐκτινάξατε

1,44 : 13,9.

τὸν χοῦν □τὸν ὑποκάτω⌐ τῶν ποδῶν ὑμῶν εἰς μαρ-
12 τύριον αὐτοῖς.┬Καὶ ἐξελθόντες ⌐ἐκήρυξαν ἵνα ⌐μετα- 56

Mc 16,17s.
L10,34.Jc5,14s.
14—29:
Mt 14,1—12.
L 9,7—9;
3,19 s.

13 νοῶσιν, ¹καὶ δαιμόνια πολλὰ ἐξέβαλλον, καὶ ἤλειφον
ἐλαίῳ πολλοὺς ἀρρώστους καὶ⌐ ἐθεράπευον.
14 Καὶ ἤκουσεν ὁ βασιλεὺς Ἡρῴδης, φανερὸν γὰρ 15
ἐγένετο τὸ ὄνομα αὐτοῦ, καὶ⌐ ἔλεγον ὅτι Ἰωάννης 57
ὁ βαπτίζων ἐγήγερται ἐκ νεκρῶν, καὶ διὰ τοῦτο
15 ἐνεργοῦσιν αἱ δυνάμεις ἐν αὐτῷ. ἄλλοι δὲ ἔλεγον 58

8,28. Mt 21,11 !

ὅτι Ἠλίας ἐστίν· ἄλλοι δὲ ἔλεγον ὅτι □προφήτης
16 ὡς⌐ εἷς τῶν προφητῶν. ἀκούσας δὲ ὁ Ἡρῴδης
ἔλεγεν· ὃν ἐγὼ ἀπεκεφάλισα Ἰωάννην, οὗτος ┬ ἠγέρθη :.
17 ¹Αὐτὸς γὰρ ὁ Ἡρῴδης ἀποστείλας ἐκράτησεν τὸν 59

4 ⌐εαυ- ℵ*; T: τη εαυ- Θpc   6 ⌐-αξεν C𝕽DΘpl; h : txt B𝕽pc
7 ⌐(p)-λεσαμενος τ. ιβ΄ μαθητας απεστειλεν αυτους ανα D(565 al it)
8 ⌐αρωσιν 𝕳Θal ; S: txt B𝕽Dpm   9 ⌐-σασθαι B²(-σασθε B* 33)
al ; 𝕳   11 ⌐(p) οσοι αν μη δεξωνται 𝕽D(Θ)pm | ○p) λpc sys | ○p)
D 33pc latsyˢ | ┬p) αμην λεγω υμιν· ανεκτοτερον εσται Σοδο-
μοις η Γομορροις εν ημερα κρισεως η τη πολει εκεινη 𝕽pm
12 ⌐-νσσον 𝕽Θpl ; s | ⌐-νοησωσιν 𝕳𝕽pl : txt BDΘpc   13 ⌐
-οντο HNpc   14 ⌐-γεν 𝕳𝕽Θpl; Th : txt B(D)pc it   15 □p) Dit
16 ┬εστιν· αυτος C𝕽(Θ)   99   pm | ·; comm

Ἰωάννην καὶ ἔδησεν αὐτὸν ⌜ἐν φυλακῇ⌝ διὰ Ἡρῳ
διάδα τὴν ⌜γυναῖκα Φιλίππου τοῦ ἀδελφοῦ αὐτοῦ⌝,
10,6 ὅτι αὐτὴν ἐγάμησεν· ἔλεγεν γὰρ ὁ Ἰωάννης τῷ 18
Ἡρῴδῃ ὅτι οὐκ ἔξεστίν σοι ἔχειν τὴν γυναῖκα τοῦ   10,11. Lv 18,16.
ἀδελφοῦ σου. ἡ δὲ Ἡρῳδιὰς ἐνεῖχεν αὐτῷ καὶ 19   Sir 25,21.
ἤθελεν αὐτὸν ἀποκτεῖναι, καὶ οὐκ ἠδύνατο· ὁ γὰρ 20
Ἡρῴδης ἐφοβεῖτο τὸν Ἰωάννην, εἰδὼς αὐτὸν ἄνδρα
δίκαιον καὶ ἅγιον, καὶ συνετήρει αὐτόν, □καὶ ἀκούσας
αὐτοῦ πολλὰ ⌜ἠπόρει,⌝ καὶ ἡδέως αὐτοῦ ἤκουεν.   Act 24,24.26.
¹καὶ γενομένης ἡμέρας εὐκαίρου ὅτε Ἡρῴδης τοῖς 21
⌜γενεσίοις αὐτοῦ δεῖπνον ἐποίησεν τοῖς μεγιστᾶσιν   Ap 6,15; 18,23.
αὐτοῦ καὶ τοῖς χιλιάρχοις καὶ τοῖς πρώτοις τῆς
Γαλιλαίας, ¹καὶ εἰσελθούσης τῆς θυγατρὸς ⌜αὐτῆς 22
τῆς⌝ Ἡρῳδιάδος καὶ ὀρχησαμένης, ἤρεσεν τῷ Ἡρῴδῃ
καὶ τοῖς συνανακειμένοις. ὁ δὲ βασιλεὺς εἶπεν
τῷ κορασίῳ· αἴτησόν με ὃ ἐὰν θέλῃς, καὶ δώσω
σοι· καὶ ὤμοσεν αὐτῇ ┬⌜ὅτι °ὃ ἐὰν ┬²αἰτήσῃς δώσω 23   Est 5,3.6; 7,2.
σοι ⌜ἕως ἡμίσους⌝ τῆς βασιλείας μου. καὶ ἐξελ- 24   (L 19,8.)
θοῦσα εἶπεν τῇ μητρὶ αὐτῆς· τί αἰτήσωμαι; ἡ δὲ
εἶπεν· τὴν κεφαλὴν Ἰωάννου τοῦ ⌜βαπτίζοντος.   Sir 25,18.21.
¹καὶ εἰσελθοῦσα □εὐθὺς μετὰ σπουδῆς⌝ πρὸς τὸν 25   (L 1,39.)
βασιλέα ⌜ᾐτήσατο λέγουσα⌝· θέλω ἵνα ἐξαυτῆς δῷς⌝
μοι ἐπὶ πίνακι ┬ τὴν κεφαλὴν Ἰωάννου τοῦ βα
πτιστοῦ. καὶ περίλυπος γενόμενος ὁ βασιλεὺς διὰ 26   (L 18,23.)
τοὺς ὅρκους καὶ τοὺς⌜ἀνακειμένους οὐκ ἠθέλησεν
ἀθετῆσαι αὐτήν. καὶ εὐθὺς ἀποστείλας ὁ βασιλεὺς 27
σπεκουλάτορα ἐπέταξεν ⌜ἐνέγκαι τὴν κεφαλὴν αὐτοῦ.
⌜καὶ ἀπελθὼν ἀπεκεφάλισεν αὐτὸν ἐν τῇ φυλακῇ,
¹καὶ ἤνεγκεν τὴν κεφαλὴν αὐτοῦ ἐπὶ πίνακι καὶ 28
ἔδωκεν αὐτὴν τῷ κορασίῳ, καὶ τὸ κοράσιον ἔδωκεν
αὐτὴν τῇ μητρὶ αὐτῆς. καὶ ἀκούσαντες οἱ μαθηταὶ 29

17 ⌜και εβαλεν εις φυλακην *D*Θ*al* it | ⌜αυτου γυν[.. **P**⁴⁵. **20** □(P. Schmiedel
cj ad 6, 16 e L 9, 7 *adnotatum fuisse*) | ⌜εποιει *C**R**Dpl* latsy; h⌜s : *txt* B**ℵ**Θ(W)*pc*
21 ⌜γενεθλιοις *D*.   **22** ⌜αυτου 𝕾*D*; H : της λ : αυτης *W* : *txt* C**R**Θ*pm*   **23** ┬
πολλα **P**⁴⁵*D*Θ*pc* | ⌜(ὃ τι ℋ) | ○**P**⁴⁵B*pc*; ℋ*W* | ┬²με **P**⁴⁵B**ℵ***D*Θ*al*(⌜A**ℛ**al); ℋ*W*: *txt*
ℵal | ⌜και το ημισυ *D* : καν τ. η. 565 it   **24** ⌜-ιστου *C**R**Dpl*; s : *txt* 𝕾*D*   **25** □
D(al) it(sy⁸) | ⌜ειπεν *D*Θ*al* | ⌜*p*) · δος *Dpc* : εξ. · δος Θ | ┬*p*)ωδε *D*   **26** ⌜*p*)
συνανακ-**ℵℛ***D*Θ*pl*; 𝕾:*txt* B*W*pc*lat   **27** ⌜ενεχθηναι **ℛ***D*Θ*pl*; S | ⌜○ δε **ℛ***D*Θ
pm; S

αὐτοῦ ἦλθαν ⌐καὶ ἦραν⌐ τὸ πτῶμα αὐτοῦ καὶ ἔθηκαν ⌐αὐτὸ ἐν μνημείῳ.

7. L 9, 10; 10,17. **30** ⌐Καὶ συνάγονται οἱ ἀπόστολοι πρὸς τὸν Ἰησοῦν, 2⸓ καὶ ἀπήγγειλαν αὐτῷ πάντα ὅσα ἐποίησαν καὶ ⁶¹

31 ⁰Ὅσα ἐδίδαξαν. καὶ λέγει αὐτοῖς· δεῦτε ⌐ὑμεῖς αὐτοὶ ⁶² κατ᾽ ἰδίαν⌐ εἰς ἔρημον τόπον καὶ ἀναπαύσασθε ὀλίγον.

2,2! 8,1. ἦσαν γὰρ οἱ ἐρχόμενοι καὶ οἱ ὑπάγοντες πολλοί, καὶ
32—44: Mt 14,13—21. **32** οὐδὲ φαγεῖν ⌐εὐκαίρουν. καὶ ⌐ἀπῆλθον ἐν τῷ πλοίῳ ⁶³
L 9,10—17. J 6,1—13. **33** εἰς ἔρημον τόπον⌐ κατ᾽ ἰδίαν. καὶ εἶδον αὐτοὺς ὑπά-
54 s. γοντας καὶ ⌐ἐπέγνωσαν⌐ πολλοί, καὶ πεζῇ ἀπὸ πασῶν
τῶν πόλεων συνέδραμον ἐκεῖ καὶ ⌐προῆλθον αὐτούς⌐.

Mt 9,36. **34** ⌐Καὶ ἐξελθὼν εἶδεν πολὺν ὄχλον, καὶ ἐσπλαγχνίσθη 1⸓
Nu 27,17. ἐπ᾽ αὐτοὺς ὅτι ἦσαν ὡς πρόβατα μὴ ἔχοντα ποιμένα,
Ez 34,5.
8,1—9. **35** καὶ ἤρξατο διδάσκειν αὐτοὺς πολλά. Καὶ ἤδη ⁶⁴ ὥρας πολλῆς ⌐γενομένης προσελθόντες ⁰αὐτῷ οἱ μαθηταὶ αὐτοῦ ἔλεγον ὅτι ἔρημός ἐστιν ὁ τόπος

36 καὶ ἤδη ὥρα πολλή· ⌐ἀπόλυσον αὐτούς, ἵνα ἀπελ-θόντες εἰς τοὺς ⌐κύκλῳ ἀγροὺς καὶ κώμας ἀγορά-

37 σωσιν ἑαυτοῖς τί φάγωσιν. ὁ δὲ ἀποκριθεὶς εἶπεν αὐτοῖς· δότε αὐτοῖς ὑμεῖς φαγεῖν. καὶ λέγουσιν

J 4,8. αὐτῷ· ἀπελθόντες ⌐ἀγοράσωμεν δηναρίων διακοσίων

38 ἄρτους⌐, καὶ ⌐δώσομεν αὐτοῖς φαγεῖν·⌐²; ὁ δὲ λέγει αὐτοῖς· πόσους ⌐ἔχετε ἄρτους⌐; ὑπάγετε ἴδετε. καὶ

39 γνόντες λέγουσιν· πέντε, καὶ δύο ἰχθύας. καὶ ἐπέταξεν αὐτοῖς ⌐ἀνακλιθῆναι πάντας ⌐συμπόσια συμπόσια⌐

40 ἐπὶ τῷ χλωρῷ χόρτῳ. καὶ ἀνέπεσαν πρασιαὶ πρασιαὶ

---

29 ⌐κηδεῦσαι W 28. | ⌐p) αυτον אWpc; T   30 ⁺non hic, sed post 32 dist. W | Oא*C*Wpc; T   31 ⌐υπαγωμεν D it(sy) | ⌐ευκαιρως ειχον D lat   32 ⌐15—7 34 ℜpm; T : αναβαντες εις το πλοιον 15—7 D latsa : txt 𝔖 (— τω אpc)Θ al   33 ⌐εγν-B*Dא sa.; ℋ | ⌐αυτους אal sy; T : αυτον ℜal : txt BDΘ al | ⌐συνηλθον αυτου D (28) pc b ; ⌐hr1⌐ : ηλθον αυτου (λ) 565 ff²ir ; hr² : προηλθ. αυτον αυτου syp; hr3ᵛ : προηλθον αυτους και συνηλθον προς αυτον ℜpm; hr⁴ : προσηλθ. α. Lpc : προσ. αυτοις Θ : txt 𝔖al   35 ⌐γιν- אD latt.; Th | Oאθal; T   36 ⌐εγγιστα D 700 lat; ⌐hr⌐   37 ⌐-σομεν L*λal | ⁺; et ⁺². W | ⌐-σωμεν אDal; T : δωμεν ℜΘpm; s : txt P⁴⁵Bpc lat   38 𝔍P⁴⁵ אℜDpl; T : txt BΘpc   39 ⌐-ιναι אDℜpm; Th | ⌐συμπ. LW Θal : κατα την συμποσιαν D (ex lat?) : — α sys

101

CARL A. RUDISILL LIBRARY
LENOIR RHYNE COLLEGE

κατὰ ἑκατὸν καὶ κατὰ πεντήκοντα. καὶ λαβὼν τοὺς 41
πέντε ἄρτους καὶ τοὺς δύο ἰχθύας, ἀναβλέψας εἰς
τὸν οὐρανὸν εὐλόγησεν καὶ κατέκλασεν τοὺς ἄρτους
καὶ ἐδίδου τοῖς μαθηταῖς ἵνα παρατιθῶσιν ⌜αὐτοῖς,
καὶ τοὺς δύο ἰχθύας ἐμέρισεν πᾶσιν. καὶ ἔφαγον 42
πάντες καὶ ἐχορτάσθησαν, καὶ ἦραν ⌜κλάσματα 43
δώδεκα κοφίνων πληρώματα καὶ ἀπὸ τῶν ἰχθύων.
⌐καὶ ἦσαν οἱ φαγόντες ⌐τοὺς ἄρτους⌐ πεντακισχίλιοι 44
ἄνδρες.   Καὶ εὐθὺς⌐ ἠνάγκασεν τοὺς μαθητὰς 45
αὐτοῦ ἐμβῆναι εἰς ⌐τὸ πλοῖον καὶ προάγειν εἰς τὸ
πέραν ⌜πρὸς Βηθσαϊδάν, ἕως αὐτὸς ἀπολύει τὸν
ὄχλον. καὶ ἀποταξάμενος αὐτοῖς ἀπῆλθεν εἰς τὸ 46
ὄρος προσεύξασθαι. καὶ ὀψίας γενομένης ἦν ⌐τὸ 47
πλοῖον ἐν ⌜μέσῳ τῆς θαλάσσης⌐, καὶ αὐτὸς μόνος
ἐπὶ τῆς γῆς. καὶ ἰδὼν αὐτοὺς·βασανιζομένους⌜ἐν 48
τῷ ἐλαύνειν⌐, ἦν γὰρ ὁ ἄνεμος ἐναντίος αὐτοῖς,
περὶ τετάρτην φυλακὴν τῆς νυκτὸς ἔρχεται πρὸς
αὐτοὺς περιπατῶν ἐπὶ τῆς θαλάσσης· καὶ ἤθελεν
παρελθεῖν αὐτούς. οἱ δὲ ἰδόντες αὐτὸν ἐπὶ τῆς 49
θαλάσσης περιπατοῦντα ἔδοξαν ⌜ὅτι φάντασμά
ἐστιν⌐, καὶ ἀνέκραξαν· πάντες⌐γὰρ αὐτὸν εἶδαν⌐καὶ 50
ἐταράχθησαν. ὁ δὲ εὐθὺς ἐλάλησεν μετ' αὐτῶν,
καὶ λέγει αὐτοῖς· θαρσεῖτε, ἐγώ εἰμι· μὴ φοβεῖσθε.
⌐καὶ ἀνέβη πρὸς·αὐτοὺς εἰς τὸ πλοῖον, καὶ ἐκό- 51
πασεν ὁ ἄνεμος· καὶ ⌐Ο λίαν⌐ἐκ περισσοῦ⌐ἐν ἑαυτοῖς⌐
ἐξίσταντο⌐· ⌐οὐ γὰρ συνῆκαν ἐπὶ τοῖς ἄρτοις, ἀλλ' 52
ἦν αὐτῶν ἡ καρδία πεπωρωμένη.   Καὶ διαπε- 53
ράσαντες ἐπὶ τὴν γῆν ἦλθον εἰς⌜Γεννησαρὲτ ⌐καὶ
προσωρμίσθησαν⌐. καὶ ἐξελθόντων αὐτῶν ἐκ τοῦ 54
πλοίου εὐθὺς ἐπιγνόντες αὐτὸν⌐περιέδραμον ὅλην 55
τὴν χώραν ἐκείνην καὶ ἤρξαντο ἐπὶ τοῖς κραβά-

Marginal references:
7,34.
J 11,41; 17,1!
8,7.

Dt 28,5.

45—56:
Mt 14,22—36.
J 6,15—21.

Ps 77,20.
Is 43,16.
Job 9,8.

J 16,33.

4,39.

8,17. Mt 16,9.

33.

41 ⌜κατεναντι αυτων **D** (ex latt?)   **43** ⌜p)-ατων ℵℜ**DΘ**pm; T : txt P⁴⁵**Bal**
44⌐p) P⁴⁵ℵ**D**W**Θ**al lat   **45** ⌐εξεγερθεις **D**it. | Οℵ**Θ**pc | ⌜εις **Θ**λ   **47**⌐παλαι
P⁴⁵**D**λal it; ┼h^r┤s | ⌜μεση τη θαλασση **D** 565 lat   **48**⌜και ελαυνοντας **D** (𝟧**Θ**
565 it)   **49** ⌜φ. ειναι ℜ**DΘ**pl   **50** ⌐**DΘ**pc it   **51** ⌜περιεσωσεν αυτους και **Θ** :
it. ┼ txt **Φ** | Ο**D**W(**Θ**)al b sy^s | ⌐𝕳(**Θ**)sy; H : txt ℜ(**D**)Wpl | ⌐και εθαυμα-
ζον ℜ**DΘ**pm   **53** ⌜-σαρ **D**itsy | ⌐**DΘ**al itsy

τοῖς[⊤] τοὺς κακῶς ἔχοντας ⌐περιφέρειν, ὅπου ἤκουον
56 ὅτι ἐστίν⌐. καὶ ὅπου ἂν εἰσεπορεύετο εἰς κώμας
ἢ εἰς πόλεις ἢ εἰς ἀγρούς, ἐν ταῖς ⌐ἀγοραῖς ἐτί-
θεσαν τοὺς ἀσθενοῦντας, καὶ παρεκάλουν αὐτὸν
ἵνα κἂν τοῦ κρασπέδου τοῦ ἱματίου αὐτοῦ ἅψων-
ται· καὶ ὅσοι ἂν ἥψαντο αὐτοῦ ἐσῴζοντο.

7   Καὶ συνάγονται πρὸς αὐτὸν [○]οἱ Φαρισαῖοι καὶ 15
τινες τῶν γραμματέων ἐλθόντες ἀπὸ Ἱεροσολύμων⌐·. 70
2 ⌐καὶ ἰδόντες τινὰς τῶν μαθητῶν αὐτοῦ ὅτι κοιναῖς
χερσίν, τοῦτ᾽ ἔστιν ἀνίπτοις, ἐσθίουσιν τοὺς ἄρτους[⊤]·
3 ⌐— οἱ γὰρ Φαρισαῖοι καὶ πάντες οἱ Ἰουδαῖοι ἐὰν
μὴ ⌐πυγμῇ νίψωνται τὰς χεῖρας οὐκ ἐσθίουσιν,
4 κρατοῦντες τὴν παράδοσιν τῶν πρεσβυτέρων, ⌐καὶ
ἀπ᾽ ἀγορᾶς[⊤] ἐὰν μὴ ⌐ῥαντίσωνται οὐκ ἐσθίουσιν,
καὶ ἄλλα πολλά ἐστιν ἃ παρέλαβον ⌐κρατεῖν,
βαπτισμοὺς ποτηρίων καὶ ξεστῶν καὶ χαλκίων[⊤], —
5 ⌐καὶ ἐπερωτῶσιν αὐτὸν οἱ Φαρισαῖοι καὶ οἱ 71
γραμματεῖς· διὰ τί οὐ περιπατοῦσιν οἱ μαθηταί
σου κατὰ τὴν παράδοσιν τῶν πρεσβυτέρων, ἀλλὰ
6 ⌐κοιναῖς χερσὶν⌐ ἐσθίουσιν τὸν ἄρτον; ὁ δὲ εἶπεν
αὐτοῖς· καλῶς ἐπροφήτευσεν Ἡσαΐας περὶ ὑμῶν
τῶν ὑποκριτῶν, ὡς γέγραπται ὅτι

⌐οὗτος ὁ λαὸς⌐ τοῖς χείλεσίν με ⌐τιμᾷ,
ἡ δὲ καρδία αὐτῶν πόρρω ⌐ἀπέχει ἀπ᾽ ἐμοῦ·
7 μάτην δὲ σέβονταί με,
διδάσκοντες διδασκαλίας ἐντάλματα ἀνθρώπων.
8 ⌐ἀφέντες τὴν ἐντολὴν τοῦ θεοῦ κρατεῖτε τὴν ⌐παρά-
9 δοσιν τῶν ἀνθρώπων[⊤]. καὶ ἔλεγεν αὐτοῖς· καλῶς

Marginal references (left column):
3,10; 5,27.28 p.;
8,22. Mt 9,21.
Act5,15; 19,11 s.
Nu 15,38.

1—23:
Mt 15,1—20.

L 11,38.

Mt 23,25.

Is 29,13 Lxx.

Kol 2,22.

---

55 [⊤]p) φερειν παντας **D**(pc) it et ⌐·περιεφερον γαρ αυτους
οπου αν ηκουσαν τον Ιησουν ειναι **D** it **56** ⌐πλατειαις **D**pc
latt; ⫞h^r⫞   **7,1** ○λ 565pc | ⌐—. et **2** ⌐·. H   **2** [⊤]κατεγνωσαν **D** :
εμεμψαντο **ℜ Θ**pm **3** ⌐πυκνα **ℵW**lat(sy^p); Th^r : — Δsy^ssa.
4 [⊤]Οταν ελθωσιν **D**pc it | ⌐! βαπτισ- **ℜDΘ**pl; Th : txt **Bℵ**pc |
⌐αυτοις τηρειν **D** lat(sy) | [⊤]και κλινων **ℜDΘ**pl latt sy^p; W
⫞h^r⫞   **5** ⌐επειτα **ℜ**pl; S | ⌐ανιπτοις χ. **ℜ**pm : κ. χ. και ανιπ-
τ[.. p⁴⁵.   **6** ⌐p) 2 3 1 **BD**pc; h | ⌐αγαπα **DW**abc Cl Tert.;
⫞h^r⫞ | ⌐αφεστηκεν **D**. : απεστη Δ. : απεστιν **LΘ**   **8** ⌐εν-
τολην p⁴⁵. | [⊤]βαπτισμους ξεστων και ποτηριων και αλλα παρ-
ομοια τοιαυτα πολλα ποιειτε **ℜ**pm vg (⌐**D**, **Θ**pc it); S

ἀθετεῖτε τὴν ἐντολὴν τοῦ θεοῦ, ἵνα τὴν παρά-
δοσιν ὑμῶν ⌐τηρήσητε. Μωϋσῆς γὰρ εἶπεν· **τίμα** 10
**τὸν πατέρα σου καὶ τὴν μητέρα σου, καί· ὁ κακο-
λογῶν πατέρα ἢ μητέρα θανάτῳ τελευτάτω.** ὑμεῖς 11
δὲ λέγετε· ἐὰν εἴπῃ ἄνθρωπος τῷ πατρὶ ἢ τῇ
μητρί· κορβᾶν, ὅ ἐστιν δῶρον, ὃ ἐὰν ἐξ ἐμοῦ
⌐ὠφεληθῇς,⌐ ⌐οὐκέτι ἀφίετε⌐ αὐτὸν οὐδὲν ποιῆσαι τῷ 12
πατρὶ ἢ τῇ μητρί, ⌐ἀκυροῦντες τὸν λόγον τοῦ θεοῦ 13
τῇ παραδόσει ὑμῶν⌐ ᾗ παρεδώκατε· καὶ παρόμοια
τοιαῦτα πολλὰ ποιεῖτε. Καὶ προσκαλεσάμενος 14
πάλιν τὸν ὄχλον ⌐ἔλεγεν αὐτοῖς· ἀκούσατέ μου
πάντες καὶ σύνετε. οὐδέν ἐστιν ἔξωθεν τοῦ ἀν- 15
θρώπου εἰσπορευόμενον εἰς αὐτὸν ὃ δύναται κοι-
νῶσαι αὐτόν· ἀλλὰ τὰ ἐκ τοῦ ἀνθρώπου ἐκπο-
ρευόμενά ἐστιν τὰ κοινοῦντα τὸν ἄνθρωπον. ⌐ Καὶ 17
ὅτε εἰσῆλθεν εἰς⌐οἶκον ἀπὸ τοῦ ὄχλου, ἐπηρώτων
αὐτὸν οἱ μαθηταὶ αὐτοῦ τὴν παραβολήν. καὶ 18
λέγει αὐτοῖς· οὕτως καὶ ὑμεῖς ἀσύνετοί ἐστε; ⌐οὐ
νοεῖτε ὅτι πᾶν τὸ ἔξωθεν εἰσπορευόμενον εἰς τὸν
ἄνθρωπον οὐ δύναται αὐτὸν κοινῶσαι⌐, ⌐ ὅτι οὐκ 19
εἰσπορεύεται αὐτοῦ εἰς τὴν καρδίαν ἀλλ' εἰς τὴν
κοιλίαν, καὶ εἰς τὸν ⌐ἀφεδρῶνα⌐ ἐκπορεύεται⌐, ⌐²καθα-
ρίζων πάντα τὰ βρώματα·²; ἔλεγεν δὲ ὅτι τὸ ἐκ τοῦ 20
ἀνθρώπου ἐκπορευόμενον, ἐκεῖνο κοινοῖ τὸν ἄνθρω-
πον. ἔσωθεν γὰρ ἐκ τῆς καρδίας τῶν ἀνθρώπων 21
οἱ διαλογισμοὶ οἱ κακοὶ ἐκπορεύονται, ⌐πορνεῖαι,
κλοπαί, φόνοι, ⌐ μοιχεῖαι, πλεονεξίαι, πονηρίαι, 22
δόλος⌐, ἀσέλγεια, ὀφθαλμὸς πονηρός, ⌐βλασφημία,
ὑπερηφανία⌐, ἀφροσύνη· ⌐ πάντα ταῦτα τὰ πονηρὰ 23
ἔσωθεν ἐκπορεύεται καὶ κοινοῖ τὸν ἄνθρωπον.

Marginal references:
Ex 20,12.
Dt 5,16.
Ex 21,17.
Mt 27,6.
Act 10,14 s.
R 1,28!
Mt 6,23; 20,15.
Mt 11,15!

29 (line marker)
72,6 (line marker)

9 ⌐στησητε D W Θ pc itsy; ┤h^r├   11 ⌐(θ perperam -ηθῇς
HTW)   12 ⌐ουκ εναφιετε D.   13 ⌐τη μωρα D itsy^hmg;
┤h^r├   14 ⌐λεγει B; W   15 ⌐(16) ει τις εχει ωτα ακουειν
ακουετω 𝔐 D Θ pl; S : txt B 𝔓 c   17 ⌐τον 𝔑(D)al; T   18 ⌐ου-
πω 𝔑 700 al   19 ⌐οχετον D.; ┤h^r├ | ⌐p) εκβαλλεται 𝔑al sy^s;
p) εξερχεται D : p) χωρει W. | ·; — et ·² H | ⌐²καθαριζει D :
και -ζει 185^lect ir : -ζεται 1047 sy^s (et 18 ·; sy^s)   21. 22 ⌐πορ-
νεια κλεμματα μοιχεια φονος πλεονεξια δολος πονηρια D |
⌐-ιαι -ιαι D

24 Ἐκεῖθεν δὲ ἀναστὰς ἀπῆλθεν εἰς τὰ ⌜ὅρια 19
Τύρου⌝. Καὶ εἰσελθὼν εἰς οἰκίαν οὐδένα ⌜ἤθελεν
25 γνῶναι, καὶ οὐκ ἠδυνάσθη λαθεῖν· ἀλλ' εὐθὺς
ἀκούσασα γυνὴ περὶ αὐτοῦ, ἧς εἶχεν ⌐τὸ θυγά-
τριον αὐτῆς⌐ ⌜πνεῦμα ἀκάθαρτον⌝, ⌜ἐλθοῦσα προσ-
26 έπεσεν πρὸς τοὺς πόδας αὐτοῦ· ἡ δὲ γυνὴ
ἦν ⌜Ἑλληνίς, ⌜Συροφοινίκισσα τῷ γένει· * καὶ 73,
ἠρώτα αὐτὸν ἵνα τὸ δαιμόνιον ἐκβάλῃ ἐκ τῆς
27 θυγατρὸς αὐτῆς. καὶ ἔλεγεν αὐτῇ· ἄφες πρῶτον
χορτασθῆναι τὰ τέκνα· οὐ γάρ ἐστιν καλὸν λαβεῖν
τὸν ἄρτον τῶν τέκνων καὶ τοῖς κυναρίοις βαλεῖν.
28 ⌐ἡ δὲ ἀπεκρίθη καὶ λέγει αὐτῷ· ⌐ναί, κύριε⌐· καὶ
τὰ κυνάρια ⌜ὑποκάτω τῆς τραπέζης ἐσθίουσιν ἀπὸ
29 τῶν ⌜ψιχίων τῶν ⌜παιδίων. καὶ εἶπεν αὐτῇ· διὰ
τοῦτον τὸν λόγον ὕπαγε, ἐξελήλυθεν ἐκ τῆς θυγα-
30 τρός σου τὸ δαιμόνιον. καὶ ἀπελθοῦσα εἰς τὸν
οἶκον αὐτῆς εὗρεν ⌐τὸ παιδίον βεβλημένον⌐ ἐπὶ τὴν
31 κλίνην καὶ τὸ δαιμόνιον ἐξεληλυθός.   Καὶ πά- 20
λιν ἐξελθὼν ἐκ τῶν ὁρίων Τύρου ⌐ἦλθεν διὰ Σιδῶνος⌐ 74,
εἰς τὴν θάλασσαν τῆς Γαλιλαίας ἀνὰ μέσον τῶν
32 ὁρίων Δεκαπόλεως. Καὶ φέρουσιν αὐτῷ κωφὸν
°καὶ μογιλάλον, καὶ παρακαλοῦσιν αὐτὸν ἵνα ἐπιθῇ
33 αὐτῷ τὴν χεῖρα. καὶ ἀπολαβόμενος αὐτὸν ἀπὸ
τοῦ ὄχλου κατ' ἰδίαν ⌐ἔβαλεν τοὺς δακτύλους° αὐτοῦ
εἰς τὰ ὦτα αὐτοῦ καὶ πτύσας ἥψατο τῆς γλώσσης
34 αὐτοῦ⌐, ⌐καὶ ἀναβλέψας εἰς τὸν οὐρανὸν ⌜ἐστέναξεν,
35 καὶ λέγει αὐτῷ· ⌜ἐφφαθά, ὅ ἐστιν διανοίχθητι. καὶ
⌜ἠνοίγησαν αὐτοῦ αἱ ἀκοαί, καὶ °εὐθὺς ἐλύθη ὁ δε-

Margin references:
24—30: Mt 15,21—28. 1 Rg 17,8—24. 3,8.
L 16,21.
J 4,51.
31—37: Mt 15,29—31.
5,20!
Mt 9,18!
8,23!
6,41. J 11,41.

---

24 ⌜μεθορια 𝕽pm; 𝕾 | ⌜p) και Σιδωνος 𝕳𝕽pm; [H] : txt D L Θ al it sy⁵ Or | ⌜-λησεν 𝕬al; T   **25** ⌜θυγ. P⁴⁵ 28. : το θ. 𝕬 D Θ al | ⌜εν πν-ατι -ρτω P⁴⁵ W φ 28. | ⌜εισελθ- 𝕬al; T   **26** ⌜(L 4,26) χηρα sy⁵ | ⌜Συρα Φοινικ- B 𝕬al; Wh : Τυροφ-sy⁵. : Φοινισσα D i. : txt P⁴⁵ 𝕳 pm   **28** ⌜κυριε, αλλα D; ⌐|h r1|⌐ : κυριε P⁴⁵ W Θ; h r2 | ⌜Ττα P⁴⁵. | ⌜ψιχων D W. | ⌜παιδων D   **30** ⌜την θυγατερα -νην D (Θ) λ (⌐P⁴⁵ 𝕽pm)   **31** ⌜και Σ. η. P⁴⁵ 𝕽pl   **32** O P⁴⁵ 𝕽pl; 𝕾   **33** ⌜επτυσεν εις τ. δ. αυτου και εβαλεν εις τα ωτα του κωφου και ηψατο της γλωσσης του μογιλαλου 0131 : πτυσας εβαλεν (⌐εβ. πτ. Θ) τ. δ. α. ... και ηψατο τ. γλ. α. D (Θ) it : εβ. τ. δ. α. και πτυσας εις τα ω. α. ηψ. τ. γλ. α. (W) φ sy⁵ | O 𝕬rc; T   **34** ⌜ανεστ- D φ rc | ⌜-εθα 𝕬⁸ D (W) latt sa   **35** ⌜ευθεως P⁴⁵ 𝕽𝕺pl; 𝕾 | O B 𝕬 D Θ pl; H : txt 𝕬rc σμὸς τῆς γλώσσης αὐτοῦ, καὶ ἐλάλει ὀρθῶς. καὶ δι- 36   1,43 s!
Mt 8,4!

,8 εστείλατο αὐτοῖς ἵνα μηδενὶ λέγωσιν·*ὅσον δὲ αὐτοῖς διεστέλλετο, αὐτοὶ μᾶλλον περισσότερον ἐκήρυσσον.

,6 ¹καὶ ⸢ὑπερπερισσῶς ἐξεπλήσσοντο λέγοντες·* καλῶς 37   11,18!
πάντα πεποίηκεν, ⸀καὶ τοὺς *κωφοὺς* ⸢ποιεῖ ἀκούειν   Is 35,5.
καὶ °ἀλάλους λαλεῖν.

32   Ἐν ἐκείναις ταῖς ἡμέραις ⸀πάλιν πολλοῦ⸃ ὄχλου 8   1—10:
Mt 15,32—39
ὄντος καὶ μὴ ἐχόντων τί φάγωσιν, *προσκαλεσά-*   J 6,1—13.
μενος τοὺς μαθητὰς⸀ λέγει αὐτοῖς· σπλαγχνίζομαι 2   6,31—44.
ἐπὶ τὸν ὄχλον, ὅτι ἤδη ⸆ἡμέραι τρεῖς⸃⸀προσμένουσίν   Mt 9,36!
μοι⸃ καὶ οὐκ ἔχουσιν τί φάγωσιν· καὶ ⸀ἐὰν ἀπο- 3
λύσω αὐτοὺς *νήστεις* εἰς οἶκον αὐτῶν, ἐκλυθήσονται⸃
ἐν τῇ ὁδῷ· καί τινες αὐτῶν ἀπὸ μακρόθεν ⸀εἰσίν.
¹καὶ ἀπεκρίθησαν αὐτῷ οἱ μαθηταὶ αὐτοῦ ὅτι 4
πόθεν τούτους δυνήσεταί τις ὧδε χορτάσαι ἄρτων
ἐπ᾽ ἐρημίας; καὶ ἠρώτα αὐτούς· πόσους ἔχετε 5
ἄρτους; οἱ δὲ εἶπαν· ἑπτά. καὶ παραγγέλλει τῷ 6
ὄχλῳ ἀναπεσεῖν ἐπὶ τῆς γῆς· καὶ λαβὼν τοὺς
ἑπτὰ ἄρτους εὐχαριστήσας ἔκλασεν καὶ ἐδίδου τοῖς
μαθηταῖς αὐτοῦ ἵνα παρατιθῶσιν, καὶ παρέθηκαν
τῷ ὄχλῳ. καὶ εἶχον ἰχθύδια ὀλίγα· καὶ ⸀εὐλογήσας 7   6,41.43.
αὐτὰ⸃ ⸀εἶπεν καὶ ταῦτα παρατιθέναι⸃. καὶ ἔφαγον 8
καὶ ἐχορτάσθησαν, καὶ ἦραν περισσεύματα κλασμά-   Dt 28,5.
των, ἑπτὰ σπυρίδας. ¹ἦσαν δὲ ὡς τετρακισχίλιοι. 9
33 καὶ ἀπέλυσεν αὐτούς. ¹Καὶ εὐθὺς ἐμβὰς⸆ εἰς °τὸ 10
πλοῖον μετὰ τῶν μαθητῶν αὐτοῦ ἦλθεν εἰς ⸀τὰ
μέρη Δαλμανουθά⸃.

7,4   Καὶ ἐξῆλθον οἱ Φαρισαῖοι καὶ ἤρξαντο συζη- 11   11—21:
Mt 16,1—12.
τεῖν αὐτῷ, ζητοῦντες παρ᾽ αὐτοῦ σημεῖον ἀπὸ τοῦ   L 11,16. J 6,30.
3,6 οὐρανοῦ, πειράζοντες αὐτόν. καὶ ἀναστενάξας τῷ 12

37 ⸀υπερεκπερ- *Dpc* | ⸀ως *B*; Wh | ⸀πεποιηκεν *W* lat | ○*W* sy⁸   8,1 ⸀ παμπολλου *Ral* | ⸀*p*) αυτου *BℜΘpm*; W   2 ⸀-ρας τρ. Δλ 565 *al* : -ραις τρισιν *B*; Wh | ⸀προσμεν. *B*; h : εισιν απο ποτε ωδε εισιν *Dit*   3 ⸀*p*) απολυσαι αυτ. ν. εις οικ. ου θελω μη εκλυθωσιν *D(Θ)pc* it | ⸀ηκασιν *ℵDΘpm* (*ℜal*); T : txt *Bpc*   7 ⸀ευχαριστησας *Dq* | ⸀παρεθηκεν *ℵ**.: T   10 ⸀αυτος *B*(*SDit*); Wh | ○*Wφ* 33 *al* | ⸀τα μ. Δ-ουνθα *B*. : τα ορη Δ-ουνθα *N* : *p*) το ορος Δαλμουναι *W* : το ορος Μαγεδα 28 (-δαν sy⁸) : τα μερη Μαγεδαν (-δαμ *ad*) it : *p*) τα ορια Μαγεδα *ck* : τα ορια Μελεγαδα *D**(*al*) : τα μερη Μαγδαλα *Θal*

πνεύματι αὐτοῦ λέγει· τί ἡ γενεὰ αὕτη ⌈ζητεῖ
σημεῖον⌉; ἀμὴν ⌈λέγω ὑμῖν⌉, εἰ δοθήσεται τῇ γενεᾷ
13 ταύτῃ σημεῖον. καὶ ἀφεὶς αὐτοὺς πάλιν ἐμβὰς 34
14 ⌐ἀπῆλθεν εἰς τὸ πέραν. Καὶ ἐπελάθοντο λαβεῖν
5. ἄρτους, ⌈καὶ εἰ μὴ ἕνα ἄρτον οὐκ εἶχον⌉ μεθ᾽ ἑαυ-
15 τῶν ἐν τῷ πλοίῳ. καὶ διεστέλλετο αὐτοῖς λέγων· 22

(3,6.) Mt 16,6! Ὁρᾶτε, βλέπετε ἀπὸ τῆς ζύμης τῶν Φαρισαίων καὶ 79.
J 4,33. 16 τῆς ζύμης⌐ Ἡρῴδου. καὶ διελογίζοντο πρὸς ἀλλήλους 80.
17 ὅτι ἄρτους οὐκ⌐ἔχουσιν. καὶ γνοὺς⌐ λέγει αὐτοῖς·
6,52. τί διαλογίζεσθε ὅτι ἄρτους οὐκ ἔχετε; οὔπω νοεῖτε
Jr 5,21. οὐδὲ ⌈συνίετε; ⌈πεπωρωμένην ἔχετε τὴν καρδίαν⌉
Ez 12,2.
Mt 13,13.16. 18 ὑμῶν; ὀφθαλμοὺς ἔχοντες οὐ βλέπετε, καὶ ὦτα
6,41—44. 19 ἔχοντες οὐκ ἀκούετε·; καὶ οὐ μνημονεύετε, ‖ ὅτε τοὺς
πέντε ἄρτους ἔκλασα εἰς τοὺς πεντακισχιλίους,
⌐πόσους κοφίνους κλασμάτων πλήρεις ἤρατε; λέ-
6—9. 20 γουσιν αὐτῷ· δώδεκα. ὅτε⌐τοὺς ἑπτὰ εἰς τοὺς
τετρακισχιλίους, πόσων σπυρίδων πληρώματα
21 κλασμάτων ἤρατε; καὶ λέγουσιν⌐· ἑπτά. ‖ καὶ ἔλεγεν
αὐτοῖς·⌐οὔπω⌐συνίετε;

22 Καὶ ἔρχονται εἰς⌐Βηθσαϊδάν. Καὶ φέρουσιν 23
6,56. αὐτῷ τυφλόν, καὶ παρακαλοῦσιν αὐτὸν ἵνα αὐτοῦ 81.
Act 9,8; 13,11. 23 ἅψηται. καὶ ἐπιλαβόμενος τῆς χειρὸς τοῦ τυφλοῦ
7,32 s. J 9,6. ⌐ἐξήνεγκεν αὐτὸν ἔξω τῆς κώμης, καὶ πτύσας εἰς
Mt 9,18! τὰ ὄμματα αὐτοῦ, ἐπιθεὶς τὰς χεῖρας αὐτῷ, ἐπη-
24 ρώτα αὐτόν· εἴ τι⌐βλέπεις·; ‖καὶ ἀναβλέψας ἔλεγεν·
βλέπω τοὺς ἀνθρώπους, ὅτι ὡς δένδρα ὁρῶ περι-
23! 25 πατοῦντας. εἶτα πάλιν⌐ἐπέθηκεν τὰς χεῖρας ἐπὶ
τοὺς ὀφθαλμοὺς αὐτοῦ, καὶ διέβλεψεν καὶ ἀπε-
26 κατέστη, ⌈καὶ ἐνέβλεπεν⌉⌐τηλαυγῶς ἅπαντα. ‖ καὶ

12 ⌈σ. αιτει P⁴⁵. | ⌈λεγω BL.; ℌ : — P⁴⁵W. 13 ⌐εις το πλοιον P⁴⁵D
pm : ε. πλ. ℜΘal 14 ⌈ενα μονον α. εχοντες P⁴⁵Θ(Wpc) 15 Ο DΘal itsyˢ |
⌐των Ηρωδιανων P⁴⁵WΘal 16 ⌐εχομεν אCℜΘpm; T : txt P⁴⁵BWpc 17 ⌐p)
ο Ιησους א*CℜDΘpl; S : txt Bpc | ⌈συνιετε B*.; hᵃ | ⌈πεπωρωμενη (πεπηρω-
D*.) εστιν η καρδια D(Θ)pc(it) 18 ⌐, T 19 ⌐και ℌDΘal; T : txt P⁴⁵BℜpmD*.
20 ⌐και אpc; Th : δε ℜDΘpl; S : δε και Cpc : txt Bpc | ⌐αυτω ℌpc; H : txt
P⁴⁵אℜDΘpl 21 ⌐πως ουπω DΘal : p) πως ου Bℜal; W : txt ℌal | ⌐p)νοειτε
Bpc; W 22 ⌐Βηθανιαν Dpcit; ╌hʳ╌ 23 ⌐εξηγαγεν ℜDpl | ⌐βλεπει
אℜpl; Th (et·.) : txt BCDΘpc 25 ⌐εθηκεν Bpc; H | ⌈ωστε αναβλεψαι D
latt. | ⌐δηλ- ℌ; Th : txt BℜDΘpl

ἀπέστειλεν αὐτὸν εἰς οἶκον αὐτοῦ λέγων· ⌜μηδὲ   1,43 s! Mt 8,4!
εἰς τὴν κώμην εἰσέλθῃς⌝.

36 Καὶ ἐξῆλθεν ὁ Ἰησοῦς καὶ οἱ μαθηταὶ αὐτοῦ **27**   27—9,1:
Mt 16,13—28.
82,1 εἰς ⌜τὰς κώμας Καισαρείας⌝ τῆς Φιλίππου· καὶ ἐν   L 9,18—27.
τῇ ὁδῷ ἐπηρώτα τοὺς μαθητὰς αὐτοῦ λέγων αὐτοῖς·
τίνα με λέγουσιν οἱ ἄνθρωποι εἶναι; ⌐οἱ δὲ εἶπαν **28** 6,14 s.
αὐτῷ λέγοντες ὅτι Ἰωάννην τὸν βαπτιστήν, καὶ
ἄλλοι Ἠλίαν, ἄλλοι δὲ ὅτι εἷς τῶν προφητῶν.
⌐καὶ αὐτὸς ἐπηρώτα αὐτούς· ὑμεῖς δὲ τίνα με **29** J 6,67—69.
83,2 λέγετε εἶναι; *ἀποκριθεὶς ὁ Πέτρος λέγει αὐτῷ· σὺ
εἶ ὁ χριστός⌐. καὶ ἐπετίμησεν αὐτοῖς ἵνα μηδενὶ **30** 9,9. Mt 8,4!
λέγωσιν περὶ αὐτοῦ. Καὶ ἤρξατο διδάσκειν **31** 9,31; 10,32—34.
αὐτοὺς ὅτι δεῖ τὸν υἱὸν τοῦ ἀνθρώπου πολλὰ
παθεῖν, καὶ ἀποδοκιμασθῆναι ὑπὸ τῶν πρεσβυ-   L 9,22!
τέρων καὶ τῶν ἀρχιερέων καὶ τῶν γραμματέων
καὶ ἀποκτανθῆναι καὶ μετὰ τρεῖς ἡμέρας ἀνα-
84,6 στῆναι· ⌐καὶ παρρησίᾳ τὸν λόγον ⌜ἐλάλει. *⌐καὶ **32**
προσλαβόμενος ὁ Πέτρος αὐτὸν ἤρξατο ἐπιτιμᾶν   80.
αὐτῷ⌝⌐. ὁ δὲ ἐπιστραφεὶς καὶ ἰδὼν τοὺς μαθητὰς **33**
αὐτοῦ ἐπετίμησεν Πέτρῳ· καὶ λέγει· ὕπαγε ὀπίσω
⌜μου, σατανᾶ, ὅτι οὐ φρονεῖς τὰ τοῦ θεοῦ ἀλλὰ   H 10,9 s.
35,2 τὰ τῶν ἀνθρώπων. Καὶ προσκαλεσάμενος τὸν **34**
ὄχλον σὺν τοῖς μαθηταῖς αὐτοῦ εἶπεν αὐτοῖς· ⌐εἴ
τις⌝ θέλει ὀπίσω μου ⌜ἐλθεῖν, ἀπαρνησάσθω ἑαυτὸν
καὶ ἀράτω τὸν σταυρὸν αὐτοῦ, καὶ ἀκολουθείτω
μοι. ὃς γὰρ ἐὰν θέλῃ τὴν ⌐ψυχὴν αὐτοῦ⌝ σῶσαι, **35** Mt 10,39.
ἀπολέσει αὐτήν· ὃς δ᾽ ἂν ⌜ἀπολέσει τὴν ψυχὴν
αὐτοῦ ἕνεκεν ▢ἐμοῦ καὶ⌝ τοῦ εὐαγγελίου, σώσει

---

26 ⌐μηδενι ειπης εις την κωμην (c)k; ⌐h^{r1v}⌐ : υπαγε εις τον οικον σου
και μηδ. ειπ. εις τ. κ. Dq; h^{r2e} : υπ. εις τ. οικ. σ. και εαν εις την κωμην εισ-
ελθης μηδενι ειπης μηδε (— μηδε Θ) εν τη κωμη (Θ)φ; h^{r3} : eadem, sed —
μηδε εν τ. κ. lat; h^{r4v} : μηδε εις τ. κ. εισελθης μηδε ειπης τινι εν τη κωμη
C℟pm; h^{r5} : txt B(ℵ*)al sy^s | ⌐μη ℵ*W.; T   27 ⌐Καισαρειαν Dit   29 ⌐p) ο
υιος του θεου (+ του ζωντος Wφ) ℵ(Wφ)al   32 ⌐λαλησει sy^s. : λαλειν_k. |
⌐ο δε Σιμων Π. ως φεισομενος αυτου ειπεν α. sy^s. | ⌐T p) ιλεως σοι, κυριε·
ου μη εσται σοι τουτο a b n sy^s.   33 ⌐(σου Blass cj)   34 ⌐οστις ℟Θal; T |
⌐ακολουθειν P^{45}C*℟DΘpmlat; T   35 ⌐εαυτου ψ. Bpc; ℋ | ⌐-ση ℟al; W |
▢P^{45}D 28itsy^s; [H]

36 αὐτήν. τί γὰρ ⌜ὠφελεῖ ⌜ἄνθρωπον ⌜κερδῆσαι τὸν
κόσμον ὅλον καὶ ζημιωθῆναι⌝ τὴν ψυχὴν αὐτοῦ;

Ps 49,8 s.   37 ⌐τί γὰρ ⌜δοῖ⌝ ἄνθρωπος ἀντάλλαγμα τῆς ψυχῆς
Mt 10,33!   38 αὐτοῦ; ὃς γὰρ ἐὰν ἐπαισχυνθῇ με καὶ τοὺς ἐμοὺς 86,
Mt 12,39!   ⁰λόγους ἐν τῇ γενεᾷ ταύτῃ τῇ μοιχαλίδι καὶ ἁμαρ-
(H 2,11.)   τωλῷ, καὶ ὁ υἱὸς τοῦ ἀνθρώπου ἐπαισχυνθήσεται
αὐτόν, ὅταν ἔλθῃ ἐν τῇ δόξῃ τοῦ πατρὸς αὐτοῦ
9 ⌜μετὰ τῶν ἀγγέλων τῶν ἁγίων. καὶ ἔλεγεν αὐτοῖς· 87,
ἀμὴν λέγω ὑμῖν ὅτι εἰσίν τινες ὧδε τῶν ἑστηκότων
J 8,52.   ⌜οἵτινες οὐ μὴ γεύσωνται θανάτου ἕως ἂν ἴδωσιν
14,62 p. 1K4,20.   τὴν βασιλείαν τοῦ θεοῦ ἐληλυθυῖαν ἐν δυνάμει.

2—8:
Mt 17,1—8.   2   Καὶ μετὰ ἡμέρας ἓξ παραλαμβάνει ὁ Ἰησοῦς 25
L 9,28—36.   τὸν Πέτρον καὶ τὸν Ἰάκωβον καὶ ⌝Ἰωάννην, καὶ
Mt 17,1!   ἀναφέρει αὐτοὺς εἰς ὄρος ὑψηλὸν ⌜ κατ' ἰδίαν μό-
3 νους. καὶ ⌜²μετεμορφώθη ἔμπροσθεν αὐτῶν, ¹ καὶ
τὰ ἱμάτια αὐτοῦ ἐγένετο στίλβοντα λευκὰ λίαν⌝, ⌜οἶα
γναφεὺς ἐπὶ τῆς γῆς οὐ δύναται οὕτως λευκᾶναι⌝.
12,27.   4 ¹καὶ ὤφθη αὐτοῖς Ἡλίας σὺν Μωϋσεῖ, καὶ ἦσαν
1 P 1,10 ss.   5 συλλαλοῦντες τῷ Ἰησοῦ. καὶ ἀποκριθεὶς ὁ Πέτρος
λέγει τῷ Ἰησοῦ· ῥαββί, καλόν ἐστιν ἡμᾶς ὧδε
εἶναι, καὶ ποιήσωμεν τρεῖς σκηνάς, σοὶ μίαν καὶ
14,40.   6 Μωϋσεῖ μίαν καὶ Ἡλίᾳ μίαν. οὐ γὰρ ᾔδει τί
7 ⌜ἀποκριθῇ· ⌜ἔκφοβοι γὰρ ἐγένοντο⌝. καὶ ἐγένετο
1,11. 2 P 1,17.   νεφέλη ἐπισκιάζουσα ⌜αὐτοῖς, καὶ ἐγένετο φωνὴ ἐκ
Ps 2,7. Gn 22,2.   τῆς νεφέλης· οὗτός ἐστιν ὁ υἱός μου ὁ ἀγαπητός,
Dt 18,15.
Act 3,22.   8 ἀκούετε αὐτοῦ. καὶ ἐξάπινα περιβλεψάμενοι οὐκέτι
οὐδένα εἶδον ⌜⌜εἰ μὴ⌝ τὸν Ἰησοῦν μόνον μεθ' ἑαυτῶν⌝.
9—13:
Mt 17,9—13.   9 ¹Καὶ καταβαινόντων αὐτῶν ⌜ἐκ τοῦ ὄρους διεστεί-
8,30. Mt 8,4!   λατο αὐτοῖς ἵνα μηδενὶ ἃ εἶδον διηγήσωνται, εἰ
μὴ ὅταν ὁ υἱὸς τοῦ ἀνθρώπου ἐκ νεκρῶν ἀναστῇ.

36 ⌜λησει CRDΘpl; h | ⌜p) -πος ℵ*al : τον α-πον C*DΘal ; h | ⌜p) εαν κερ-
δηση τ. κ. ο. κ. ζημιωθη P⁴⁵CRDΘpl   37 ⌜δωσει rell; s¹ : δω ℵ³L.; S : txt Bℵ*. | ⌐Το
B ; W   38 ⁰(cf. L 9,26) W k¹ sa Tert. | ⌜και P⁴⁵Wsyˢ   9,1 ⌜μετ εμου D 565 it.
2 ⌜τον P⁴⁵ 𝕳Dpm; Th : txt BROal | ⌜ λιαν ℵit | ⌜²εν τω προσευχεσθαι αυτους
(αυτον Θ) P⁴⁵W(Θ) φ   3 ⌜ως χιων RDpllatsy | ⌜ως ου δυναται τις λευκα-
ναι επι τ. γης Dbisyᵖ. : — Χ ansyˢ   6 ⌜απεκριθη ℵ : ελαλει Θ. : λαλει P⁴⁵
W : λαλησει RDpm | ⌜-ος γ. -ετο syˢ. et   7 ⌜αυτω 473syˢ.   8 ⌜671—5
Rpc; ℋ | ⌜αλλα CROpm; Th   9 ⌜απο 𝕳ROpl; Th : txt BDpc

10 ¹καὶ τὸν λόγον ἐκράτησαν· πρὸς ἑαυτοὺς συζη- 10
,6 τοῦντες τί ἐστιν ⌜τὸ ἐκ νεκρῶν ἀναστῆναι⌝. Καὶ 11
ἐπηρώτων αὐτὸν λέγοντες· ⌜ὅτι λέγουσιν⌐ οἱ γραμ-
ματεῖς ὅτι Ἠλίαν δεῖ ἐλθεῖν πρῶτον·; ¹ὁ δὲ ἔφη 12
αὐτοῖς·⌐ Ἠλίας °μὲν ἐλθὼν πρῶτον ἀποκαθιστάνει   Ml 3,23. Act1,6.
πάντα·· καὶ πῶς γέγραπται ἐπὶ τὸν υἱὸν τοῦ ἀν-
θρώπου·², ἵνα πολλὰ πάθῃ καὶ ἐξουδενηθῇ·³; ¹ἀλλὰ   Is 53,3.
λέγω ὑμῖν ὅτι καὶ Ἠλίας ἐλήλυθεν, καὶ ἐποίησαν 13 Mt 11,14.
αὐτῷ ὅσα ἤθελον, καθὼς γέγραπται ἐπ᾽ αὐτόν.   (1 Rg 19,2.10.)

                                                    14—29:
10   Καὶ ⌜ἐλθόντες πρὸς τοὺς μαθητὰς⌜ εἶδον ὄχλον 14 Mt 17,14—21.
πολὺν περὶ αὐτοὺς καὶ γραμματεῖς συζητοῦντας   L 9,37—42.
πρὸς αὐτούς. καὶ εὐθὺς πᾶς ὁ ὄχλος ἰδόντες 15
αὐτὸν ⌜ἐξεθαμβήθησαν, καὶ ⌜προστρέχοντες ἠσπά-
ζοντο αὐτόν. καὶ ἐπηρώτησεν αὐτούς· τί συζη- 16
26 τεῖτε πρὸς αὐτούς; καὶ ἀπεκρίθη αὐτῷ εἷς ἐκ τοῦ 17
,2 ὄχλου· διδάσκαλε, ἤνεγκα τὸν υἱόν μου πρὸς σέ,
ἔχοντα πνεῦμα ἄλαλον· καὶ ὅπου ἐὰν αὐτὸν κατα- 18
λάβῃ, ⌜ῥήσσει °αὐτόν, καὶ ἀφρίζει καὶ τρίζει τοὺς
ὀδόντας καὶ ξηραίνεται· καὶ εἶπα τοῖς μαθηταῖς
σου ἵνα αὐτὸ ἐκβάλωσιν, καὶ οὐκ ἴσχυσαν⌐. ὁ δὲ 19
ἀποκριθεὶς αὐτοῖς λέγει· ὦ γενεὰ ⌜ἄπιστος⌐, ἕως   L 24,25. J 11,33.
πότε πρὸς ὑμᾶς ἔσομαι; ἕως πότε ἀνέξομαι ὑμῶν;
φέρετε αὐτὸν πρός με. ¹καὶ ἤνεγκαν αὐτὸν πρὸς 20
αὐτόν. καὶ ἰδὼν αὐτὸν τὸ πνεῦμα εὐθὺς ⌜συν-   1,26!
εσπάραξεν αὐτόν, καὶ πεσὼν ἐπὶ τῆς γῆς ἐκυλίετο
ἀφρίζων. καὶ ἐπηρώτησεν τὸν πατέρα αὐτοῦ· 21
πόσος χρόνος ἐστὶν ⌜ὡς τοῦτο γέγονεν αὐτῷ; ὁ δὲ   L 8,29!
εἶπεν· ἐκ ⌜παιδιόθεν· ¹καὶ πολλάκις καὶ εἰς πῦρ 22
αὐτὸν ἔβαλεν καὶ εἰς ὕδατα ἵνα ἀπολέσῃ αὐτόν·
ἀλλ᾽ εἴ τι δύνῃ, βοήθησον ἡμῖν⌐ σπλαγχνισθεὶς ἐφ᾽

10 ⸆, W | ⸀p) οταν εκ νεκρων αναστη D Wal latsy   11 ⌜τι ουν⌐ WΘ lat:
(ὅ τι H) | ⸆οι Φαρισαιοι και ℵpc lat; T | ⸆. W   12 ⸆ει D 565 | ° DLal lat;
T | ⸆; comm | ⸆²; et ⸆³. T   14 ⌜ελθων⌐ et ⌜ειδεν CℜDΘpl lat; S   15 ⌜εθαμβη-
σαν D. | ⸀προσχαιροντες Dit   18 ⸀ρασσει D 565; hᵃ | °ℵDpc; T | ⸆εκβα-
λειν αυτο DΘpcab(r)   19 ⌜απιστε DΘpc | ⸆p) και διεστραμμενη Ᵽ⁴⁵Wφ
20 ⌜εσπαρ- Ᵽ⁴⁵ℜΘpl : εταρ- D.   21 ⌜εως Ᵽ⁴⁵B.; W : εξ ου CWΘal; S : txt
ℵ*ℜDal | ⌜παιδοθεν Wal : παιδος DΘ   22 ⸆κυριε DGΘit (ʃsyˢ)

11,23. **23** ἡμᾶς. ὁ δὲ Ἰησοῦς εἶπεν αὐτῷ· τὸ εἰ δύνῃ⊤·, πάντα
L 17,5. **24** δυνατὰ τῷ πιστεύοντι. εὐθὺς κράξας ὁ πατὴρ
    τοῦ παιδίου⊤ ἔλεγεν· πιστεύω· βοήθει μου τῇ
J 5,13. **25** ἀπιστίᾳ. ἰδὼν δὲ ὁ Ἰησοῦς ὅτι ἐπισυντρέχει⊤ ὄχλος,
    ἐπετίμησεν τῷ πνεύματι τῷ ἀκαθάρτῳ λέγων αὐτῷ·
    τὸ ἄλαλον καὶ κωφὸν πνεῦμα, ἐγὼ ἐπιτάσσω σοι,
    ἔξελθε ἐξ αὐτοῦ καὶ μηκέτι εἰσέλθῃς εἰς αὐτόν.
1,26! **26** ¹καὶ κράξας καὶ πολλὰ σπαράξας ἐξῆλθεν· καὶ
    ἐγένετο ὡσεὶ νεκρός, ὥστε ⁰τοὺς πολλοὺς λέγειν
Mt 8,15! **27** ὅτι ἀπέθανεν. ὁ δὲ Ἰησοῦς κρατήσας τῆς χειρὸς
28 αὐτοῦ ἤγειρεν αὐτόν, καὶ ἀνέστη. καὶ εἰσελθόντος **38**
83. 10,10.   αὐτοῦ εἰς οἶκον οἱ μαθηταὶ αὐτοῦ κατ' ἰδίαν ⁹²
    ἐπηρώτων αὐτόν· ⌜ὅτι ἡμεῖς οὐκ ἠδυνήθημεν ἐκ-
29 βαλεῖν αὐτό⌝·¹καὶ εἶπεν αὐτοῖς· τοῦτο τὸ γένος ἐν
    οὐδενὶ δύναται ἐξελθεῖν εἰ μὴ ἐν προσευχῇ⊤.

30—32:
Mt 17,22 s.
L 9,43—45. **30**   Κἀκεῖθεν ἐξελθόντες ⌜παρεπορεύοντο διὰ τῆς **39**
L 17,11. J 7,1.
8,31! **31** Γαλιλαίας, καὶ οὐκ ἤθελεν ἵνα τις γνοῖ· ἐδίδασκεν ⁹³
    γὰρ τοὺς μαθητὰς αὐτοῦ, καὶ ἔλεγεν ⁰αὐτοῖς ὅτι
    ὁ υἱὸς τοῦ ἀνθρώπου παραδίδοται εἰς χεῖρας
    ἀνθρώπων, καὶ ἀποκτενοῦσιν αὐτόν, καὶ ⁰²ἀποκταν-
L 9,45! **32** θεὶς ⌜μετὰ τρεῖς ἡμέρας⌝ ἀναστήσεται. οἱ δὲ ἠγνόουν
    τὸ ῥῆμα, καὶ ἐφοβοῦντο αὐτὸν ἐπερωτῆσαι.

33—37:
Mt 18,1—5. **33**   Καὶ ⌜ἦλθον εἰς Καφαρναούμ. Καὶ ἐν τῇ οἰκίᾳ **27**
L 9,46—48.
    γενόμενος ἐπηρώτα αὐτούς· τί ἐν τῇ ὁδῷ ⊤διελο- ⁹⁴
34 γίζεσθε; ¹ οἱ δὲ ἐσιώπων· πρὸς ἀλλήλους γὰρ ⁹⁵
10,43s. Mt20,27! **35** διελέχθησαν ☐ἐν τῇ ὁδῷ⌝ τίς μείζων⊤. καὶ καθίσας
    ἐφώνησεν τοὺς δώδεκα ☐καὶ λέγει αὐτοῖς· εἴ τις
    θέλει πρῶτος εἶναι, ἔσται πάντων ἔσχατος καὶ
36 πάντων διάκονος⌝. καὶ λαβὼν παιδίον ἔστησεν
10,16. αὐτὸ ἐν μέσῳ αὐτῶν, καὶ ἐναγκαλισάμενος αὐτὸ

---

23 ⌜τουτο ει *W* : ει P⁴⁵*DΘal* : το ει τι 495. : quid est si quid
a (bo) : (τί το ει Blass *cj*) : (τό Ει h : Τό Ει *Ꝏ*) | ⊤πιστευσαι ℵ*DΘ*
pm |˙; T   **24** ⊤μετα δακρυων ℵ*DΘpm* lat ; ⊣h^r ⊦   **25** ⊃ *h* ᔆ
Wal ; T : *txt BCℵDΘpm*   **26** ⁰*CℵDΘpl*   **28** ⌜*p*) δια τι *D* 33
al : (ὅ τι H) | ˙. W   **29** ⊤και νηστεια *rell* (ᔆ*sy*) ; ⊣h^r ⊦ S : *txt*
Bℵk Cl.   **30** ⌜επορ- *B**D ; *Ꝏ*   **31** ⁰*Bk* ; [H] | ⁰²*p*) *Dit* |
⌜*p*) τη τριτη ημερα ℵ*Θpl*   **33** ⌜ηλθεν *CℵΘpm* ; S | ⊤προς
εαυτους ℵ*pm*(ᔆ*WΘal*)   **34** ☐*Dpc* itsy^s | ⊤γενηται αυτων *D*(ᔆ*Θ*)
35 ☐*Dk*.   **111**

εἶπεν αὐτοῖς· ὃς ἂν ⌜ἓν τῶν⌜τοιούτων παιδίων⌝ 37

,1 δέξηται ἐπὶ τῷ ὀνόματί μου, ἐμὲ δέχεται· * καὶ ὃς   Mt 10,40!

ἂν ἐμὲ δέχηται, οὐκ ἐμὲ δέχεται ⌜ἀλλὰ τὸν ἀπο-

,8 στείλαντά με.   Ἔφη αὐτῷ ὁ Ἰωάννης· διδά- 38   38—41:
L 9,49 s.

σκαλε, εἴδομέν τινα ἐν τῷ ὀνόματί σου ἐκβάλλοντα

δαιμόνια, ⌜ὃς οὐκ ἀκολουθεῖ ἡμῖν, καὶ ἐκωλύομεν   Nu 11,27 s.
Act 19,13.

αὐτόν, ὅτι οὐκ ἠκολούθει ἡμῖν⌝. ὁ δὲ Ἰησοῦς 39

εἶπεν· μὴ κωλύετε αὐτόν· οὐδεὶς γάρ ἐστιν ὃς

ποιήσει δύναμιν ἐπὶ τῷ ὀνόματί μου καὶ δυνήσε-   1 K 12,3.

ται ταχὺ κακολογῆσαί με· ὃς γὰρ οὐκ ἔστιν καθ' 40   (Mt 12,30.)

,6 ⌜ἡμῶν, ὑπὲρ ⌜ἡμῶν ἐστιν. Ὃς γὰρ ἂν ποτίσῃ ὑμᾶς 41   Mt 10,42.

ποτήριον ὕδατος ἐν ⌜ὀνόματι, ☐ὅτι Χριστοῦ ἐστε⌝,   1 K 1,12; 3,23.
2 K 10,7. R 8,9.

ἀμὴν λέγω ὑμῖν ὅτι οὐ μὴ ἀπολέσῃ τὸν μισθὸν

,2 αὐτοῦ. Καὶ ὃς ἂν σκανδαλίσῃ ἕνα τῶν μικρῶν 42   42—47:
Mt 18,6—9.

τούτων τῶν⌜πιστευόντων, καλόν ἐστιν αὐτῷ μᾶλλον   L 17,1 s.

εἰ ⌜περίκειται μύλος ὀνικὸς περὶ τὸν τράχηλον   Ap 18,21.

,8 αὐτοῦ καὶ ⌜²βέβληται εἰς τὴν θάλασσαν. Καὶ ἐὰν 43   Mt 5,30.

⌜σκανδαλίσῃ σε ἡ χείρ σου, ἀπόκοψον αὐτήν· καλόν

ἐστίν σε κυλλὸν εἰσελθεῖν εἰς τὴν ζωήν, ἢ τὰς

δύο χεῖρας ἔχοντα ⌜ἀπελθεῖν ⌜εἰς τὴν γέενναν, εἰς   Mt 3,12. L 3,17.

τὸ πῦρ τὸ ἄσβεστον⌝. ⊤ καὶ ἐὰν ὁ πούς σου σκανδα- 45

λίζῃ σε, ἀπόκοψον αὐτόν· καλόν ἐστίν σε εἰσελθεῖν

εἰς τὴν ζωὴν⊤ χωλόν. ἢ τοὺς δύο πόδας ἔχοντα

βληθῆναι εἰς τὴν γέενναν⊤². ⊤ καὶ ἐὰν ὁ ὀφθαλμός 47   Mt 5,29.

σου σκανδαλίζῃ σε, ἔκβαλε αὐτόν· καλόν σέ ἐστιν

μονόφθαλμον εἰσελθεῖν εἰς τὴν βασιλείαν τοῦ

θεοῦ, ἢ δύο ὀφθαλμοὺς ἔχοντα⌜βληθῆναι εἰς °τὴν

,10 γέενναν⊤, ⌈ὅπου ὁ σκώληξ αὐτῶν οὐ τελευτᾷ καὶ τὸ 48   Is 66,24.
Jdt 16,21.

37 ⌜εχ WΘ φit : —Dal; [H] | ⌜παιδ. τουτων אCpc; T | ⌜μονον α. και
Θpc 38 ⌈(5—11 Bא(C)Θ f (sy); H : 1-7 λ; S : 1-3 μεθ ημων 5-7 D lat; ⫞hᵣ1⫞ :
1—3 μεθ ημων κ. εκωλυσαμεν αυτ. ak; hʳ²ᵛ : 1—5 εκωλυσαμεν 7—9 ακολουθει
ημ. א; hʳ⁸ 40 ⌜bis p) υμ- אDallat 41 ⌜ον. μου א*אal; T : τω ο. μ. D
Θal | ☐(P. Schmiedel cj) 42 ⌜πιστ. εις εμε BאΘpllatsy : πιστιν εχοντων
C*Da : txt אpcit | ⌜περιεκειτο DWlat. | ⌜²εβληθη (Ⴝ D)WΘ 43 ⌜-ιζη
CאD(Θ)pl; Wh | ⌜βληθηναι Dalit | ⌈1—3 L 544pcsyᵖ : 4—8 λ 28syˢ : 1—3
5—8 W. : 1—3 οπου εστιν 5—8 D it | ⊤(44) (Is 66,24) οπου ο σκωληξ αυτων
ου τελευτα και το πυρ ου σβεννυται אDΘpllatsyᵖ 45 ⊤αιωνιον Dlat | ⊤²
εις το πυρ το ασβεστον אDΘpl | ⊤(46) ut 44 47 ⌜απελθειν Dalsyˢ |
°Bpc; H. | ⊤του πυρος CאΘpm

49 πῦρ οὐ σβέννυται. ῾Πᾶς γὰρ πυρὶ ἁλισθήσεται.᾽

Mt 5,13.
L 14,34 s.
Kol 4,6.
34. H 12,14!

50 ⌐καλὸν τὸ ⌐ἅλας· ἐὰν δὲ τὸ ⌐ἅλας ἄναλον γένηται, 10⁹
ἐν τίνι αὐτὸ ἀρτύσετε; ἔχετε ἐν ἑαυτοῖς ἅλα καὶ
εἰρηνεύετε ἐν ἀλλήλοις.

1—12:
Mt 19,1—9.

10 Καὶ ἐκεῖθεν ἀναστὰς ἔρχεται εἰς τὰ ὅρια τῆς 41
Ἰουδαίας ῾καὶ πέραν᾽ τοῦ Ἰορδάνου, καὶ ῾συμπορεύον- 10⁸

L 4,16!

ται πάλιν ὄχλοι᾽ πρὸς αὐτόν, καὶ ὡς εἰώθει πάλιν
2 ἐδίδασκεν αὐτούς. Καὶ □προσελθόντες⌐ Φαρισαῖοι᾽ 28
ἐπηρώτων αὐτὸν εἰ ἔξεστιν ἀνδρὶ γυναῖκα ἀπο-
3 λῦσαι, πειράζοντες αὐτόν. ὁ δὲ ἀποκριθεὶς εἶπεν
4 αὐτοῖς· τί ὑμῖν ἐνετείλατο Μωϋσῆς; ¦ οἱ δὲ εἶπαν·

Dt 24,1.
Mt 5,31.32.

ἐπέτρεψεν Μωϋσῆς βιβλίον ἀποστασίου γράψαι καὶ
5 ἀπολῦσαι. ὁ δὲ Ἰησοῦς εἶπεν αὐτοῖς· πρὸς τὴν
σκληροκαρδίαν ὑμῶν ἔγραψεν ὑμῖν τὴν ἐντολὴν

Gn 1,27.

6 ταύτην. ἀπὸ δὲ ἀρχῆς ᴼκτίσεως ἄρσεν καὶ θῆλυ

Gn 2,24.
E 5,31.
1 K 6,16.

7 ἐποίησεν ᴼ²αὐτούς⌐. ἕνεκεν τούτου καταλείψει ἄνθρω-
8 πος τὸν πατέρα αὐτοῦ καὶ τὴν ⌐μητέρα⌐, καὶ ἔσονται
οἱ δύο εἰς σάρκα μίαν· ὥστε οὐκέτι εἰσὶν δύο ἀλλὰ
9 μία σάρξ. ὃ ᴼοὖν ὁ θεὸς ⌐συνέζευξεν, ἄνθρωπος

9,28.

10 μὴ χωριζέτω. καὶ εἰς τὴν οἰκίαν πάλιν οἱ μαθη- 10

6,18. L 16,18.
1 K 7,10 s.

11 ταὶ περὶ τούτου ἐπηρώτων αὐτόν. καὶ λέγει αὐτοῖς· 10
῾ὃς ἂν ἀπολύσῃ τὴν γυναῖκα αὐτοῦ καὶ γαμήσῃ

1 K 7,13.

12 ἄλλην, μοιχᾶται ἐπ᾽ αὐτήν· καὶ ἐὰν ⌐αὐτὴ ῾ἀπολύ-
σασα τὸν ἄνδρα αὐτῆς γαμήσῃ ἄλλον᾽, μοιχᾶται⌐.

13—16:
Mt 19,13—15.
L 18,15—17.

13 Καὶ προσέφερον αὐτῷ παιδία ἵνα ῾αὐτῶν ἅψηται⌐· 10
14 οἱ δὲ μαθηταὶ ῾ἐπετίμησαν αὐτοῖς᾽. ἰδὼν δὲ ὁ
Ἰησοῦς ἠγανάκτησεν καὶ⌐εἶπεν αὐτοῖς· ἄφετε τὰ

49 ῾(Lv 2,13) πασα γαρ θυσια αλι αλισθησεται Dpc it;
⊣hʳ¹⊢ : πας γ. π. αλ. και πασα θυσια αλι (— αλι 579 pc vgᶜᵒᵈᵈ;
hʳ³) αλισθ. (C)ℜpmlat; Whʳ² : eadem, sed αναλωθησεται pro αλισθ.
(1⁰) Θ, pro αλι αλισθ. Ψ : txt 𝔖(W)λal(k)syˢ   50 ⌐αλα LW; Thᵃ;
ᶠαλα 𝔑*LW; Thᵃ   10,1 ῾p) περαν DGΘal : δια του π. ℜpm; 𝔖;
ᶠ συνερχεται παλιν ο οχλος DΘ(pc)   2 □D abkrsyˢ.; [H] | ⌐οι
𝔑Cpm; T   6 ᴼD itsy | ᴼ²DW it: [H] | ⌐το θεος ℜDΘpl latsy; S
7 ⌐μ. αυτου 𝔑(D)al itsy; T | ⌐και προσκολληθησεται προς
την γυναικα αυτου (C)ℜDΘpl; 𝔖 : txt B𝔑pc syˢ   9 ᴼAD k*Cl |
⌐εξ- Dal it   11.12 ῾14—22 13 1—12 Wλa syˢ   12 ῾γυνη ℜD(𝔖Θ)
pl | ῾-ση τ. α. α. και γαμηθη αλλω ℜpm : εξελθη απο του ανδρος
και αλλον γαμηση D(Θ)pc it   13 ῾ℜDpm; T | ῾-μων τοις
προσφερουσιν ℜDpl; T   14 ⌐επιτιμησας WΘλφal syˢ; 𝔖

113

παιδία ἔρχεσθαι πρός με, μὴ κωλύετε αὐτά· τῶν
γὰρ τοιούτων ἐστὶν ἡ βασιλεία τοῦ θεοῦ. ἀμὴν 15 Mt 18,3!
λέγω ὑμῖν, ὃς ἂν μὴ δέξηται τὴν βασιλείαν τοῦ
θεοῦ ὡς παιδίον, οὐ μὴ εἰσέλθῃ εἰς αὐτήν. καὶ 16
Γἐναγκαλισάμενος αὐτὰ κατευλόγει τιθεὶς τὰς χεῖρας   9,36.
ἐπ᾽ αὐτά.

2   Καὶ ἐκπορευομένου αὐτοῦ εἰς ὁδὸν προσδρα- 17   17—31:
²μὼν εἷς καὶ γονυπετήσας αὐτὸν ἐπηρώτα αὐτόν·   Mt 19,16—30.
                                                    L 18,18—30.
διδάσκαλε ἀγαθέ, τί ποιήσω ἵνα ζωὴν αἰώνιον
κληρονομήσω; ¹ ὁ δὲ Ἰησοῦς εἶπεν αὐτῷ· τί με 18
λέγεις ἀγαθόν; οὐδεὶς ἀγαθὸς εἰ μὴ εἷς ὁ θεός.
¹τὰς ἐντολὰς οἶδας· ʿμὴ φονεύσῃς, μὴ μοιχεύσῃςʾ, 19 Ex 20,12—16.
μὴ κλέψῃς, μὴ ψευδομαρτυρήσῃς, ▢μὴ ἀποστερήσῃς, \ Dt 5,16—20;
                                                     24,14.
τίμα τὸν πατέρα σου καὶ τὴν μητέραΤ. ὁ δὲ ἔφη 20 1 K 6,8; 7,5.
αὐτῷ· διδάσκαλε, ταῦτα πάντα Γἐφυλαξάμην ἐκ
νεότητός μου. ὁ δὲ Ἰησοῦς ἐμβλέψας αὐτῷ ἠγά- 21 J 11,5!
²πησεν αὐτὸν καὶ εἶπεν αὐτῷ· * ἕν σε ὑστερεῖ· ὕπαγε,   8,34. Mt 10,38.
ὅσα ἔχεις πώλησον καὶ δὸς [τοῖς] πτωχοῖς, καὶ   (14,5.)
ἕξεις θησαυρὸν ἐν οὐρανῷ, καὶ δεῦρο ἀκολούθει
²μοιΤ. ὁ δὲ στυγνάσας ἐπὶ τῷ λόγῳ ἀπῆλθεν λυ- 22
πούμενος, ἦν γὰρ ἔχωνʿκτήματα πολλάʾ.   Καὶ 23
περιβλεψάμενος ὁ Ἰησοῦς λέγει τοῖς μαθηταῖς   3,5.34.
αὐτοῦ· πῶς δυσκόλως οἱ τὰ χρήματα ἔχοντες   4,19.
εἰς τὴν βασιλείαν τοῦ θεοῦ εἰσελεύσονται.Τ οἱ δὲ 24
μαθηταὶ ἐθαμβοῦντο ἐπὶ τοῖς λόγοις αὐτοῦ. ὁ
δὲ Ἰησοῦς πάλιν ἀποκριθεὶς λέγει αὐτοῖς· ᴼτέκνα,
πῶς δύσκολόν ἐστινΤεἰς τὴν βασιλείαν τοῦ θεοῦ
εἰσελθεῖνΤ· εὐκοπώτερόνἐστινκάμηλονδιὰᴼτῆςΓτρυ- 25 Ps 62,11.
μαλιᾶςᴼτῆςΓραφίδοςδιελθεῖνἢπλούσιονεἰςτὴνβασι-   1 T 6,17.

16 Γπροσκαλεσ- **D** itsyˢ   *19* ʿμη μοιχ. μη πορνευσης **D**(pc)(c)k Ir; ┤hʳ¹├:
p) μη μοιχ. μη φον. **א Θ** pm lat Cl; Thʳ² | ▢p) **B***Wpm syˢ Cl | Τσου **א*****CWΘ** al; T
20 Γ-ξα **AD** Cl : εποιησα 1565pc syˢ   *21* [+ **אCDΘ** al; T : — p) **B ℜ** pm Cl; W |
Ταρας τον σταυρον **ℜ** al (ʃ et + σου **W** φ al sy); S : txt **𝔖 DΘ** pc lat Cl   *22* ʿπολλα
χρηματα **D** it : χρ. π. και αγρους Cl.   *23* Τ(25) ταχιον καμηλος δια τρυμα-
λιδος ραφιδος διελευσεται η πλουσιος εις την βασιλειαν του θεου (et om 25)
D(it)   *24* ᴼ **EG** al | Ττους πεποιθοτας επι (+ τοις **DΘ** al; hʳ²) χρημασιν **ℜD**
Θ pl Cl; hʳ¹ S : txt **𝔖 W** | Τπλουσιον W; hʳ³lat   *25* ᴼbis **𝔖DΘ** pm; H : txt **B**
ℜ al Cl | Γp) τρηματος **א***. : p) τρυπηματος φ. | Γp) βελονης φ Cl

11,18! 26 λείαν τοῦ θεοῦ εἰσελθεῖν. οἱ δὲ περισσῶς ἐξεπλήσσοντο λέγοντες πρὸς ⌜ἑαυτούς· καὶ τίς δύνα-
Gn 18,14.
Job 42,2.
Zch 8,6 Lxx. 27 ται σωθῆναι; ⸀ ἐμβλέψας αὐτοῖς ὁ Ἰησοῦς λέγει· παρὰ ἀνθρώποις ἀδύνατον⌝, ἀλλ' οὐ παρὰ θεῷ·
28 πάντα γὰρ δυνατὰ παρὰ °τῷ θεῷ⌝. Ἤρξατο λέγειν ὁ Πέτρος αὐτῷ· ἰδοὺ ἡμεῖς ἀφήκαμεν πάντα καὶ
29 ⌜ἠκολουθήκαμέν σοι. ἔφη ὁ Ἰησοῦς· ἀμὴν λέγω ¹ ὑμῖν, οὐδείς ἐστιν ὃς ἀφῆκεν οἰκίαν ἢ ἀδελφοὺς ἢ ἀδελφὰς ἢ μητέρα ἢ πατέρα ᵀ ἢ τέκνα ἢ ἀγροὺς
30 ἕνεκεν ἐμοῦ καὶ °ἕνεκεν τοῦ εὐαγγελίου, ⸀ ἐὰν μὴ λάβῃ ἑκατονταπλασίονα· °νῦν ἐν τῷ καιρῷ τούτῳ ⌜οἰκίας καὶ ἀδελφοὺς καὶ ἀδελφὰς καὶ ⌜μητέρας καὶ τέκνα καὶ ἀγροὺς μετὰ ⌜διωγμῶν, καὶ ἐν τῷ
31 αἰῶνι τῷ ἐρχομένῳ ζωὴν αἰώνιον⌝. πολλοὶ δὲ ἔσονται ¹ πρῶτοι ἔσχατοι καὶ °οἱ ἔσχατοι πρῶτοι.

32—34:
Mt 20,17—19.
L 18,31—33. 32 Ἦσαν δὲ ἐν τῇ ὁδῷ ἀναβαίνοντες εἰς Ἱερο- ¹ σόλυμα, καὶ ἦν προάγων αὐτοὺς ὁ Ἰησοῦς, καὶ
J 11,16.55. ἐθαμβοῦντο, ⸋οἱ δὲ ἀκολουθοῦντες ἐφοβοῦντο⸌. καὶ παραλαβὼν πάλιν τοὺς δώδεκα ἤρξατο αὐτοῖς
8,31! 33 λέγειν τὰ μέλλοντα αὐτῷ συμβαίνειν, ⸀ ὅτι ἰδοὺ ἀναβαίνομεν εἰς Ἱεροσόλυμα, καὶ ὁ υἱὸς τοῦ ἀνθρώπου παραδοθήσεται τοῖς ἀρχιερεῦσιν καὶ τοῖς γραμματεῦσιν, καὶ κατακρινοῦσιν αὐτὸν θανάτῳ
34 καὶ παραδώσουσιν αὐτὸν τοῖς ἔθνεσιν· ⸀ καὶ ἐμπαίξουσιν αὐτῷ καὶ ἐμπτύσουσιν αὐτῷ ⸋καὶ μαστιγώσουσιν αὐτὸν καὶ ἀποκτενοῦσιν⸌, καὶ ⌜μετὰ τρεῖς ἡμέρας⌝ ἀναστήσεται.

---

26 ⌜αυτον 𝔖; H : txt 𝕽DΘpl   **27** ⸀(p) εστιν, παρα δε τω θεω δυνατον D(it); ⊣hʳ⊢ | °BΘpc; [H]   **28** ⌜(p) -ησαμεν 𝕽𝕽Θpl Cl; W : txt BCDpc   **29** ᵀη γυναικα C𝕽pl | °B*al; [H]   **30** ⸊ Cl; comm | °p) Dpcitsyˢ | ⌜ος δε αφηκεν οικιαν και αδελφας και αδελφους και μητερα και τεκνα και αγρους μετα διωγμου εν τω αι. τω ερχ. ζω. αι. λημψεται D(it); ⊣hʳ⊢ | ⌜-ρα C(D)Θpmit; h | ⌜-μιον Dsy : -μον 25pc   **31** °p) 𝕽DΘpm; [H]   **32** ⸋Dal   **33** ⸊, T   **34** ⸋Dpcit | ⸀(p) τη τριτη ημερα 𝕽Θpl : txt 𝔖Dit

115

Καὶ προσπορεύονται αὐτῷ Ἰάκωβος καὶ Ἰωάννης 35 ⌈οἱ [δύο]⌉ υἱοὶ Ζεβεδαίου λέγοντες αὐτῷ· διδάσκαλε, θέλομεν ἵνα ὃ ἐὰν ⌈αἰτήσωμέν σε ποιήσῃς ἡμῖν. ὁ 36 δὲ εἶπεν αὐτοῖς· ⌈τί θέλετέ με ποιήσω⌉ ὑμῖν; οἱ δὲ 37 εἶπαν αὐτῷ· δὸς ἡμῖν ἵνα εἷς σου ἐκ δεξιῶν καὶ εἷς⌐ ἐξ ἀριστερῶν καθίσωμεν ἐν τῇ δόξῃ σου. ὁ 38 δὲ Ἰησοῦς εἶπεν αὐτοῖς· οὐκ οἴδατε τί αἰτεῖσθε. δύνασθε πιεῖν τὸ ποτήριον ὃ ἐγὼ πίνω, ἢ τὸ βάπτισμα ὃ ἐγὼ βαπτίζομαι βαπτισθῆναι; οἱ δὲ 39 εἶπαν αὐτῷ· δυνάμεθα. ὁ δὲ Ἰησοῦς εἶπεν αὐτοῖς· τὸ ποτήριον ὃ ἐγὼ πίνω πίεσθε, καὶ τὸ βάπτισμα ὃ ἐγὼ βαπτίζομαι βαπτισθήσεσθε· τὸ δὲ καθίσαι 40 ἐκ δεξιῶν μου ⌈ἢ ἐξ εὐωνύμων οὐκ ἔστιν ἐμὸν δοῦναι⌉, ἀλλ' οἷς⌉ ἡτοίμασται. Καὶ ἀκούσαντες οἱ 41 δέκα ἤρξαντο ἀγανακτεῖν περὶ Ἰακώβου καὶ Ἰωάννου. ⌐καὶ προσκαλεσάμενος αὐτοὺς ὁ Ἰησοῦς λέγει αὐτοῖς· 42 οἴδατε ὅτι οἱ δοκοῦντες ἄρχειν τῶν ἐθνῶν κατακυριεύουσιν αὐτῶν καὶ οἱ μεγάλοι αὐτῶν κατεξουσιάζουσιν αὐτῶν. οὐχ οὕτως δέ ⌈ἐστιν ἐν ὑμῖν· 43 ἀλλ' ὃς ἂν θέλῃ μέγας ⌈γενέσθαι ἐν ὑμῖν, ⌈²ἔσται ὑμῶν διάκονος, καὶ ὃς ἂν θέλῃ ⌈ἐν ὑμῖν εἶναι⌉ 44 πρῶτος, ἔσται πάντων δοῦλος· καὶ γὰρ ὁ υἱὸς 45 τοῦ ἀνθρώπου οὐκ ἦλθεν διακονηθῆναι ἀλλὰ διακονῆσαι καὶ δοῦναι τὴν ψυχὴν αὐτοῦ λύτρον ἀντὶ πολλῶν.

Καὶ ἔρχονται εἰς Ἰεριχώ. Καὶ ἐκπορευομένου 46 αὐτοῦ ⌈ἀπὸ Ἰεριχὼ καὶ⌉ τῶν μαθητῶν αὐτοῦ καὶ ὄχλου ἱκανοῦ□ ὁ υἱὸς Τιμαίου⌐ ⌈Βαρτιμαῖος, ⌐τυφλὸς ⌈προσαίτης, ἐκάθητο παρὰ τὴν ὁδόν⌉. καὶ ἀκούσας 47 ὅτι Ἰησοῦς ⌐ὁ ⌈Ναζαρηνός ἐστιν⌉ ἤρξατο κράζειν καὶ

35—45:
Mt 20,20—28.

Mt 4,21!

14,36.
L 12,50. R 6,8.

Act12,2. Ap1,9.

L 22,25—27.
(1 P 5,3.)

9,35.

Is 53,10 ss.

46—52:
Mt 20,29—34.
L 18,35—43.

35 ⌐οἱ δύο BCpc; W : οἱ 𝕏ℜDal; T : — Θpm | ⌐ερωτησωμεν DΘ   36 ⌐1 2 4 CΘal; ℌ : 1 4 it : 4 D : τι θελ. ποιησαι με ℜpm : txt B𝕏*   37 ⌐σου 𝕏pc (⌐CℜRpm) ; T : txt BDal it 40 ⌐ p) και CℜΘpl | ⌐(·αλλοις 225 it(sy³))   43 ⌐εσται ℜpl | ⌐ειναι DΘpc it | ⌐²εστω 𝕏Cal ; h   44 ⌐υμων γενεσθαι ℜ(D) pm ; T   46 ⌐εκειθεν μετα D(Θ)it | □(Beza cj) | ⌐Βαριτιμιας D | ⌐ο CℜΘpm; S | ⌐εκαθητο π. τ. οδ. επαιτων DΘ 565. : id. sed προσαιτων Cℜpl   47 ⌐3 1 2 Bpc ; Wh | ⌐Ναζωραιος 𝕏Cℜpm

48 λέγειν· ⌐υἱὲ Δαυὶδ Ἰησοῦ, ἐλέησόν με. καὶ ἐπε-
τίμων αὐτῷ πολλοὶ ἵνα σιωπήσῃ· ὁ δὲ πολλῷ
49 μᾶλλον ἔκραζεν· ⌐υἱὲ Δαυίδ, ἐλέησόν με. καὶ στὰς
ὁ Ἰησοῦς εἶπεν·⌐ φωνήσατε αὐτόν`. καὶ φωνοῦσιν
τὸν τυφλὸν λέγοντες αὐτῷ· θάρσει, ἔγειρε, φωνεῖ
50 σε. ὁ δὲ ⌐ἀποβαλὼν τὸ ἱμάτιον αὐτοῦ ἀναπηδήσας
51 ἦλθεν πρὸς τὸν Ἰησοῦν. καὶ ἀποκριθεὶς αὐτῷ

J 20,16.   ὁ Ἰησοῦς εἶπεν· τί σοι θέλεις ποιήσω; ὁ δὲ τυφλὸς
52 εἶπεν αὐτῷ·⌐ῥαββουνί, ἵνα ἀναβλέψω. ⌐καὶ ὁ

Mt 9,22!   Ἰησοῦς εἶπεν αὐτῷ· ὕπαγε, ἡ πίστις σου σέσωκέν
σε. καὶ εὐθὺς ἀνέβλεψεν, καὶ ἠκολούθει αὐτῷ ἐν
τῇ ὁδῷ.

1—10:
Mt 21,1—9.   **11** Καὶ ὅτε ⌐ἐγγίζουσιν εἰς Ἱεροσόλυμα ⌐εἰς Βηθφαγὴ 32
L 19,29—38.   καὶ` Βηθανίαν πρὸς τὸ ὄρος ⌐τῶν ἐλαιῶν, ἀπο- 11
J 12,12—16.   2 στέλλει δύο τῶν μαθητῶν αὐτοῦ ⎸καὶ λέγει αὐτοῖς·
ὑπάγετε εἰς τὴν κώμην τὴν κατέναντι ὑμῶν, καὶ

Gn 49,11.   εὐθὺς εἰσπορευόμενοι εἰς αὐτὴν εὑρήσετε πῶλον
L 23,53.   δεδεμένον ἐφ᾽ ὃν οὐδεὶς⌐ οὔπω ἀνθρώπων`⌐ἐκάθισεν·
(J 13,13.)   3 λύσατε αὐτὸν καὶ φέρετε. καὶ ἐάν τις ὑμῖν εἴπῃ·
14,14.   τί ⌐ποιεῖτε τοῦτο`; εἴπατε·⌐ὁ κύριος αὐτοῦ χρείαν
4 ἔχει·⌐, καὶ εὐθὺς ⌐αὐτὸν ⌐ἀποστέλλει πάλιν⌐ ὧδε. καὶ 11
ἀπῆλθον καὶ εὗρον⌐ πῶλον δεδεμένον πρὸς⌐ θύραν
5 ἔξω ἐπὶ τοῦ ἀμφόδου, καὶ λύουσιν αὐτόν. καὶ
τινες τῶν ἐκεῖ ἑστηκότων ἔλεγον αὐτοῖς· τί ποιεῖτε
6 λύοντες τὸν πῶλον; οἱ δὲ εἶπαν αὐτοῖς καθὼς
7 εἶπεν ὁ Ἰησοῦς· καὶ ἀφῆκαν αὐτούς. καὶ ⌐φέρουσιν
τὸν πῶλον πρὸς τὸν Ἰησοῦν, καὶ ἐπιβάλλουσιν
αὐτῷ τὰ ἱμάτια ⌐αὐτῶν, καὶ ⌐²ἐκάθισεν ἐπ᾽ αὐτόν.

2 Rg 9,13.   8 ⎸καὶ πολλοὶ τὰ ἱμάτια αὐτῶν ἔστρωσαν εἰς τὴν

---

47 ⌐p) υιος *Dal* : o v. 𝔎al   *48* ⌐p) υιος *Dal*   *49* ⌐αυτ.
φωνηθηναι 𝕽𝐃𝚯pm   *50* ⌐επιβ- 565 sy³   *51* ⌐κυριε ραββι *D*
it; ┤h^r1├ : ραββι 1241 k q; h^r2 : p) κυριε 409   *52* ⌐o δε 𝕏*𝐂𝕽𝐃𝚶
pm; T   *11,1* ⌐ηγγιζεν *D* it ⎸ ⌐και εις *D* 700 lat; Th ⎸ ⌐το
Bk.; h   *2* ⌐𝕏Cpc; T : txt 𝕭al ⎸ ⌐κεκαθικεν 𝕽𝐃pm ⎸
3 ⌐λυετε τον πωλον *D𝚶al* it ⎸ ⌐p) οτι 𝕳𝕽𝐃𝚶pl; S : txt *Bpc* ⎸
∶· H ⎸ ⌐231 *B*; Wh: txt 𝕏*Dal* ⎸ ⌐p) -στελει *Ψ*700al   *4* ⌐
τον 𝕏C𝚶pm; T ⎸ ⌐την 𝕏C𝕽𝐃pm; T   *7* ⌐p) ηγαγον 𝕽𝐃pm :
αγουσιν 𝕏*C𝐖𝚶al : txt 𝕳 ⎸ ⌐εαυτων *B𝚶pc*; h ⎸ ⌐²-σαν 𝕏 : καθ-
ιζει *Dλpc*

ὁδόν, ἄλλοι δὲ στιβάδας⌐, κόψαντες ἐκ τῶν ἀγρῶν⌐.

19,1 ¹καὶ οἱ προάγοντες καὶ οἱ ἀκολουθοῦντες ἔκραζον· 9
°ὡσαννά⌐.

Ps 118,25 s.

εὐλογημένος ὁ ἐρχόμενος ἐν ὀνόματι κυρίου· 10 L1,32. Act 2,29.
εὐλογημένη ἡ ἐρχομένη βασιλεία τοῦ πατρὸς   R 9,5.
ὡσαννὰ ἐν τοῖς ὑψίστοις. ⌊ἡμῶν Δαυίδ·

20,8 ¹Καὶ εἰσῆλθεν εἰς Ἱεροσόλυμα εἰς τὸ ἱερόν· καὶ 11   11—24:
περιβλεψάμενος πάντα, ⌐ὀψὲ ἤδη οὔσης□τῆς ὥρας⌐,   Mt 21,12—22.
ἐξῆλθεν εἰς Βηθανίαν μετὰ τῶν δώδεκα.   L 19,45—48.

45 Καὶ τῇ ἐπαύριον ἐξελθόντων αὐτῶν ἀπὸ Βη- 12
θανίας ἐπείνασεν. καὶ ἰδὼν συκῆν ἀπὸ μακρόθεν 13 L 13,6—9.
ἔχουσαν φύλλα ἦλθεν ⌐εἰ ἄρα τι εὑρήσει⌐ ἐν αὐτῇ,
⌐καὶ ἐλθὼν ἐπ᾽ αὐτὴν οὐδὲν εὗρεν⌐ εἰ μὴ φύλλα·   Mt 3,10 p.
ὁ γὰρ καιρὸς οὐκ ἦν σύκων. καὶ ἀποκριθεὶς 14 20.
εἶπεν αὐτῇ· μηκέτι ⌐εἰς τὸν αἰῶνα ἐκ σοῦ μηδεὶς
καρπὸν φάγοι⌐. καὶ ἤκουον οἱ μαθηταὶ αὐτοῦ.

1,1 ¹Καὶ ⌐ἔρχονται εἰς Ἱεροσόλυμα. * Καὶ εἰσελθὼν εἰς 15 J 2,14—16.
τὸ ἱερὸν⌐ ἤρξατο ἐκβάλλειν τοὺς πωλοῦντας καὶ
τοὺς ἀγοράζοντας ἐν τῷ ἱερῷ, καὶ τὰς τραπέζας
τῶν κολλυβιστῶν⌐ καὶ τὰς καθέδρας τῶν πωλούν-
των τὰς περιστερὰς ⌐κατέστρεψεν, ¹καὶ οὐκ ἤφιεν 16
⌐ἵνα τις διενέγκῃ⌐ σκεῦος διὰ τοῦ ἱεροῦ·⌐, ¹καὶ ἐδί- 17
δασκεν καὶ ἔλεγεν°αὐτοῖς· °²οὐ γέγραπται ὅτι ὁ
οἶκός μου οἶκος προσευχῆς κληθήσεται πᾶσιν τοῖς   Is 56,7.
ἔθνεσιν; ὑμεῖς δὲ ⌐πεποιήκατε αὐτὸν σπήλαιον   Jr 7,11.
2,1 λῃστῶν. καὶ ἤκουσαν οἱ ἀρχιερεῖς καὶ οἱ γραμ- 18
ματεῖς, καὶ ἐζήτουν πῶς αὐτὸν ἀπολέσωσιν· ἐφο-
βοῦντο γὰρ αὐτόν, πᾶς γὰρ ὁ ὄχλος⌐ἐξεπλήσσετο   1,22 ; 6,2 ; 7,37.
,10 ἐπὶ τῇ διδαχῇ αὐτοῦ. Καὶ ὅταν ὀψὲ ἐγένετο, 19   10,26. Mt 7,28!
46 ⌐ἐξεπορεύοντο ἔξω τῆς πόλεως. Καὶ παρα- 20 14.

8 ⌐(p) εκοπτον εκ των δενδρων και εστρωννυον εις (— εις *D*) την οδον
ℜ(*D*,Θ)*pm* lat   9 °*D*W it | ⌐τω υψιστω Θφ*pc*   11 ⌐οψιας *B*ℜ*D*Θ*pl*;
Wh | □*Bpc*; [h]   13 ⌐ως ευρησων τι *0188* (*pc*) : ιδειν εαν τι εστιν *D* |
⌐ελθ. δε ουδ. ευρ. εν αυτη *0188* (*pc*) : και μηδεν ευρων Dit   14 ⌐μηδεις
απο σ. κ. φ. εις τ. αι. *0188*.   15 ⌐εισελθων εις Ιερ. και οτε ην εν τω ιερω *D* |
⌐(J 2,15) εξεχεεν *W*Θ*pc* | ⌐ανεστρ- *0188* (Or).: — *D* k sy^s.   16 ⌐διενεγκειν
τινα *0188* | ⌐. W   17°*Bpc*; ℋ | °²*0188 D*Θ*al* it | ⌐(p) εποιησατε ℌℜ*D*al(*Ƒ*Θ
pm); s : txt *Bpc*   18 ⌐-σσοντο ℵ*al*; T   19 ⌐-ενετο ℵ*C*ℜ*D*Θ*pm*; Th : txt *B*W *al*

πορευόμενοι πρωῒ εἶδον τὴν συκῆν ἐξηραμμένην
21 ἐκ ῥιζῶν. καὶ ἀναμνησθεὶς ὁ Πέτρος λέγει αὐτῷ·
22 ῥαββί, ἴδε ἡ συκῆ ἣν κατηράσω ἐξήρανται. καὶ 12
ἀποκριθεὶς ὁ Ἰησοῦς λέγει αὐτοῖς·ᵀ ἔχετε πίστιν
23 θεοῦ. ἀμὴν λέγω ὑμῖν ὅτι ὃς ἂν εἴπῃ τῷ ὄρει
τούτῳ· ἄρθητι καὶ βλήθητι εἰς τὴν θάλασσαν, καὶ
μὴ διακριθῇ ἐν τῇ καρδίᾳ αὐτοῦ ἀλλὰ ⌐πιστεύῃ
24 ὅτι ὃ λαλεῖ γίνεται, ἔσται⌐ αὐτῷ. διὰ τοῦτο λέγω 12
ὑμῖν, πάντα ὅσα προσεύχεσθε καὶ αἰτεῖσθε, πι-
25 στεύετε ὅτι ⌐ἐλάβετε, καὶ ἔσται ὑμῖν. καὶ ὅταν 34
⌐στήκετε προσευχόμενοι, ἀφίετε εἴ τι ἔχετε κατά 12
τινος, ἵνα καὶ ὁ πατὴρ ὑμῶν ὁ ἐν τοῖς οὐρανοῖς
ἀφῇ ὑμῖν τὰ παραπτώματα ὑμῶν.ᵀ

27 Καὶ ἔρχονται πάλιν εἰς Ἱεροσόλυμα. καὶ ἐν τῷ 3!
ἱερῷ περιπατοῦντος αὐτοῦ ἔρχονται πρὸς αὐτὸν 12
οἱ ἀρχιερεῖς καὶ οἱ γραμματεῖς καὶ οἱ πρεσβύ-
28 τεροιᵀ, ǀ καὶ ἔλεγον αὐτῷ· ἐν ποίᾳ ἐξουσίᾳ ταῦτα
ποιεῖς·ǀ ἢ τίς σοι ⌐ἔδωκεν τὴν ἐξουσίαν ταύτην⌐ ἵνα
29 ταῦτα ποιῇς; ὁ δὲ Ἰησοῦς εἶπεν αὐτοῖς· ἐπερω-
τήσω ὑμᾶς ἕνα λόγον, καὶ ἀποκρίθητέ μοι, καὶ
30 ἐρῶ ὑμῖν ἐν ποίᾳ ἐξουσίᾳ ταῦτα ποιῶ. τὸ βά-
πτισμα τὸ Ἰωάννου ἐξ⌐οὐρανοῦ ἦν ἢ ἐξ ἀνθρώπων;
31 ἀποκρίθητέ μοι. ǀ καὶ ⌐διελογίζοντο πρὸς ἑαυτοὺς
λέγοντες·ᵀ ἐὰν εἴπωμεν· ἐξ οὐρανοῦ, ἐρεῖ· διὰ τί
32 °οὖν οὐκ ἐπιστεύσατε αὐτῷ; ǀ ἀλλὰ εἴπωμεν· ἐξ
ἀνθρώπων; — ἐφοβοῦντο τὸν ⌐ὄχλον· ἅπαντες γὰρ
33 ⌐εἶχον τὸν Ἰωάννην ⌐ὄντως ὅτι⌐ προφήτης ἦν. καὶ
ἀποκριθέντες τῷ Ἰησοῦ λέγουσιν· οὐκ οἴδαμεν.
καὶ ὁ Ἰησοῦς λέγει αὐτοῖς· οὐδὲ ἐγὼ λέγω ὑμῖν
12 ἐν ποίᾳ ἐξουσίᾳ ταῦτα ποιῶ.   Καὶ ἤρξατο αὐτοῖς 36
12!

Margin references (left column)

J 14,1.
Mt 17,20!
Jc 1,6.
Mt 7,7! 18,19.
Mt 5,23.
Mt 6,14s.
27—33:
Mt 21,23—27.
L 20,1—8.
Mt 21,26!
1—12:
Mt 21,33—46.
L 20,9—19.

22 ᵀ ει אDΘ al it(syˢ)   **23** ⌐πιστευση το μελλον ο αν ειπη
γενησεται Dit   **24** ⌐λαμβανετε ℜ pm : λημψεσθε DΘal   **25** ⌐-κητε
Bℜal ; hᵃ S : στητε א. : txt CDΘpm ǀ ᵀ (**26**) ει δε υμεις ουκ
αφιετε, ουδε ο πατηρ υμων ο εν τοις ουρανοις αφησει τα
παραπτωματα υμων. (C)ℜΘal(Dal latsyᴾ); W   **27** ᵀp)του λαου D
28 ⸓, W ǀ ⸌2341 (P⁴⁵)ℜpm ; T   **30** ⌐ουρανων D.   **31** ⌐ελογ-
ℜal ; S ǀ ᵀτι ειπωμεν DΘal ; s ǀ °C*LWal itsy ; [H]   **32** ⌐λα-
ον אDΘpm ; T ǀ ⌐ηδεισαν DΘal it ; ⊣hʳ⊢ ǀ ⌐21 ℜ 33al : 2 א*
Θal ck syˢ : οτι αληθως   **119**   Dlat : txt ₰pc

ἐν παραβολαῖς λαλεῖν. ἀμπελῶνα ἄνθρωπος ᵀἐφύ- Is 5,1 s.
τευσεν, καὶ περιέθηκεν φραγμὸν καὶ ὤρυξεν ὑπο-
λήνιον καὶ ᾠκοδόμησεν πύργον, καὶ ἐξέδοτο αὐτὸν
γεωργοῖς, καὶ ἀπεδήμησεν. καὶ ἀπέστειλεν πρὸς 2
τοὺς γεωργοὺς τῷ καιρῷ δοῦλον, ἵνα ʽπαρὰ τῶν
γεωργῶν λάβῃ ἀπὸ τῶν καρπῶν τοῦ ἀμπελῶνοςʼ·
ᴵκαὶ λαβόντες αὐτὸν ἔδειραν καὶ ἀπέστειλαν κενόνᵀ. 3
ᴵκαὶ πάλιν ἀπέστειλεν πρὸς αὐτοὺς ἄλλον δοῦλον· 4
κἀκεῖνονᵀ ἐκεφαλαίωσαν καὶ ᴳἠτίμασαν. καὶ ἄλλον 5
ἀπέστειλεν· κἀκεῖνον ἀπέκτειναν, καὶ πολλοὺς
ἄλλους, οὓς μὲν δέροντες, οὓς δὲ ἀποκτέννοντες.
ᴵἔτι ἕνα εἶχεν᛬, υἱὸν ἀγαπητόν· ἀπέστειλεν αὐτὸν 6
ʽἔσχατον πρὸς αὐτοὺςʼ λέγων ὅτι ἐντραπήσονται H 1,1 s.
τὸν υἱόν μου. ἐκεῖνοι δὲ οἱ γεωργοὶ πρὸς ἑαυτοὺς 7
εἶπαν ὅτι οὗτός ἐστιν ὁ κληρονόμος· δεῦτε ἀπο-
κτείνωμεν αὐτόν, καὶ ἡμῶν ἔσται ἡ κληρονομία.
ᴵκαὶ λαβόντες ἀπέκτειναν αὐτόν, καὶ ἐξέβαλον 8 H 13,12 s.
αὐτὸν ἔξω τοῦ ἀμπελῶνος. τίᵀ ποιήσει ὁ κύριος 9
τοῦ ἀμπελῶνος; ἐλεύσεται καὶ ἀπολέσει τοὺς
γεωργούς, καὶ δώσει τὸν ἀμπελῶνα ἄλλοις. οὐδὲ 10
τὴν γραφὴν ταύτην ἀνέγνωτε·

λίθον ὃν ἀπεδοκίμασαν οἱ οἰκοδομοῦντες, Ps 118,22 s.
    οὗτος ἐγενήθη εἰς κεφαλὴν γωνίας· Act 4,11. R 9,33.
                                           1 P 2,6—8.
παρὰ κυρίου ἐγένετο αὕτη, 11
    καὶ ἔστιν θαυμαστὴ ἐν ὀφθαλμοῖς ἡμῶν;

⁹,¹ ᴵΚαὶ ἐζήτουν αὐτὸν κρατῆσαι, καὶ ἐφοβήθησαν τὸν 12 14,1. Mt 21,26!
ὄχλον· ἔγνωσαν γὰρ ὅτι πρὸς αὐτοὺς τὴν παρα-
βολὴν εἶπεν. καὶ ἀφέντες αὐτὸν ἀπῆλθον.
                                           13—17:
⁴⁷ Καὶ ἀποστέλλουσιν πρὸς αὐτόν τινας τῶν Φαρι- 13 Mt 22,15—22.
⁹,² σαίων καὶ τῶν Ἡρῳδιανῶν ἵνα αὐτὸν ἀγρεύσωσιν L 20,20—26.
                                           3,6!
λόγῳ. ʽκαὶ °ἐλθόντες ʽλέγουσιν αὐτῷʼ· διδάσκαλε, 14

---

1 ᵀτις WΘρc   2 ʽpʼ απο του καρπου τ. α. δωσου-
σιν αυτω D it(sy)   3 ᵀπρος αυτον D ab ff².   4 ᵀp) λιθο-
βολησαντες CℜΘpm | ᴳαπεστειλαν ητιμωμενον CℜΘpm : txt
𝔖(D)   6 ᛬—, T | ʽ231 ℜpm : 23 788 pc syˢ : 1 D it   9 ᵀp)
ουν ℵCℜDΘpl; S : txt Bpc   14 ᴳοι δε ℜΘpl; 𝔖 | °D k
syˢ | ʽεπηρωτων αυτον οι Φαρισαιοι Dpc it : ηρξαντο ερωταν
αυτον εν δολω λεγοντες   G(WΘ)λφ it (syˢ); 𝔖

2 K 11,15. οἴδαμεν ὅτι ἀληθὴς εἶ καὶ οὐ μέλει σοι περὶ
οὐδενός· οὐ γὰρ βλέπεις εἰς πρόσωπον ἀνθρώπων,
ἀλλ' ἐπ' ἀληθείας τὴν ὁδὸν τοῦ θεοῦ διδάσκεις·
⌜ἔξεστιν⌟ ⌞δοῦναι⌟ ⌜κῆνσον Καίσαρι⌟ ἢ οὔ; δῶμεν ἢ μὴ

15 δῶμεν; ὁ δὲ ⌜εἰδὼς **αὐτῶν** τὴν ὑπόκρισιν εἶπεν
αὐτοῖς· τί με πειράζετε; φέρετέ μοι δηνάριον ἵνα

16 ἴδω. ¦ οἱ δὲ ἤνεγκαν. καὶ λέγει αὐτοῖς· τίνος ἡ
εἰκὼν αὕτη καὶ ἡ ἐπιγραφή; οἱ δὲ εἶπαν αὐτῷ·

R 13,7. 17 Καίσαρος. ὁ δὲ Ἰησοῦς εἶπεν °αὐτοῖς· τὰ Καίσαρος
ἀπόδοτε Καίσαρι καὶ τὰ τοῦ θεοῦ τῷ θεῷ. καὶ
ἐξεθαύμαζον ἐπ' αὐτῷ.⌝

18—27:
Mt 22,23—33. 18 Καὶ ἔρχονται ⌝Σαδδουκαῖοι πρὸς αὐτόν, οἵτινες 36
L 20,27—38. λέγουσιν ἀνάστασιν μὴ εἶναι, καὶ ἐπηρώτων αὐτὸν

Act 23,8. 19 λέγοντες· ¦ διδάσκαλε, Μωϋσῆς ἔγραψεν ἡμῖν ὅτι
Dt 25,5 s. **ἐάν τινος ἀδελφὸς ἀποθάνῃ** καὶ ⌜καταλίπῃ γυναῖκα
Gn 38,8. **καὶ μὴ ἀφῇ τέκνον, ἵνα λάβῃ ὁ ἀδελφὸς αὐτοῦ
τὴν γυναῖκα** καὶ ⌜ἐξαναστήσῃ σπέρμα τῷ ἀδελφῷ

20 **αὐτοῦ.** ¦ ⌜ἑπτὰ ἀδελφοὶ ἦσαν⌝· καὶ ὁ πρῶτος ἔλαβεν
γυναῖκα, καὶ ἀποθνῄσκων οὐκ ἀφῆκεν σπέρμα·

21 ¦καὶ ὁ δεύτερος ἔλαβεν αὐτήν, καὶ ἀπέθανεν ⌜μὴ

22 καταλιπὼν⌝ σπέρμα· καὶ ⌜ὁ τρίτος ὡσαύτως· ¦ καὶ οἱ
ἑπτὰ⌝ οὐκ ἀφῆκαν σπέρμα. ἔσχατον πάντων καὶ ἡ

23 γυνὴ ἀπέθανεν. ἐν τῇ ἀναστάσει, □ὅταν ἀναστῶσιν,\
τίνος αὐτῶν ἔσται γυνή; οἱ γὰρ ἑπτὰ ἔσχον αὐτὴν

24 γυναῖκα. ἔφη αὐτοῖς ὁ Ἰησοῦς· οὐ διὰ τοῦτο πλα-
νᾶσθε μὴ ⌜εἰδότες τὰς γραφὰς μηδὲ τὴν δύναμιν

25 τοῦ θεοῦ⌝; ¦ ὅταν γὰρ ἐκ νεκρῶν ἀναστῶσιν, **οὔτε
γαμοῦσιν οὔτε** ⌜γαμίζονται, ἀλλ' εἰσὶν ὡς⌞ ἄγγελοι

---

14 ⌜p) ειπε ουν ημιν ει εξ. ημας (C)D(Θal) it | ⌟p) 2 3 1
ℜpm; T | ⌜επιχεφαλαιον DΘ 565 k; ⊣hʳ⊢ 15 ⌜ιδων אˣDpc
it; T   17 O BD.; H | ⊤ (hic Joh. 7,53—8,11 comm) 18 ⊤οι
565 pc   19 ⌜εχη Dpc itsyˢ | ⌞-σει CHal; hᵃ   20 ⌜p) ησ.
ουν παρ ημιν επτα αδ. D(Θpc)it   21 ⌜και ουδε αυτος (+
ουκ D.) αφηκεν ℜ(D.Θ)pl; s   21.22 ⌞ωσαυτως ελαβον αυ-
την οι επτα και D(pc)   23 □p) ℌDpckr syᵖ; H : txt ℜO
pl latsyˢ; hʳ   24 ⌜γινωσκοντες Dit Or | ⊤οιδατε D.
25 ⌜γαμιζουσιν D | ⊤οι BWΘpc; Wh

121

Τἐν τοῖς οὐρανοῖς. περὶ δὲ τῶν νεκρῶν ὅτι ἐγεί- 26
ρονται, οὐκ ἀνέγνωτε ἐν τῇ βίβλῳ Μωϋσέως ἐπὶ
τοῦ βάτου πῶς εἶπεν αὐτῷ ὁ θεὸς λέγων· ἐγὼ ὁ
θεὸς Ἀβραὰμ καὶ Τθεὸς Ἰσαὰκ καὶ Τθεὸς Ἰακώβ; ¹οὐκ 27
ἔστιν Τθεὸς νεκρῶν ἀλλὰ Τζώντων. Τ²πολὺ πλανᾶσθε.

Καὶ προσελθὼν εἷς τῶν γραμματέων, ἀκούσας 28
αὐτῶν συζητούντων, Γεἰδὼς ὅτι καλῶς ἀπεκρίθη
αὐτοῖς, ἐπηρώτησεν αὐτόνΤ· ποία ἐστὶν ἐντολὴ
πρώτη πάντων; ἀπεκρίθη ὁ Ἰησοῦς ὅτι πρώτη 29
ἐστίν· ἄκουε, Ἰσραήλ, κύριος ὁ θεὸς ἡμῶν· Γκύριος
εἷς ἐστιν, ¹καὶ ἀγαπήσεις κύριον τὸν θεόν σου ἐξ 30
ὅλης Οτῆς καρδίας σου καὶ ἐξ ὅλης Ο²τῆς ψυχῆς σου
□καὶ ἐξ ὅλης Ο³τῆς διανοίας σου` καὶ ἐξ ὅλης τῆς
ἰσχύος σουΤ. ¹δευτέρα Γαὐτη· ἀγαπήσεις τὸν πλησίον 31
σου ὡς σεαυτόν. μείζων τούτων ἄλλη ἐντολὴ οὐκ
ἔστιν. Οκαὶ εἶπεν αὐτῷ ὁ γραμματεύς· καλῶς, 32
διδάσκαλε·, ἐπ᾽ ἀληθείας εἶπες ὅτι εἷς ἐστιν Τκαὶ
οὐκ ἔστιν ἄλλος πλὴν αὐτοῦ· καὶ τὸ ἀγαπᾶν αὐτὸν 33
ἐξ ὅλης Οτῆς καρδίας καὶ ἐξ ὅλης τῆς Γσυνέσεως καὶ
ἐξ ὅλης Ο²τῆς Γἰσχύος, καὶ τὸ ἀγαπᾶν τὸν πλησίον
ὡς ἑαυτὸν Γ²περισσότερόν ἐστιν πάντων τῶν ὁλο-
καυτωμάτων καὶ Τθυσιῶν. καὶ ὁ Ἰησοῦς, ἰδὼν 34
Οαὐτὸν ὅτι νουνεχῶς ἀπεκρίθη, εἶπεν αὐτῷ· οὐ
μακρὰν Ο²εἶ ἀπὸ τῆς βασιλείας τοῦ θεοῦ. * καὶ Γοὐδ-
εὶς οὐκέτι ἐτόλμα αὐτὸν` ἐπερωτῆσαι·.

Καὶ ἀποκριθεὶς ὁ Ἰησοῦς ἔλεγεν διδάσκων ἐν 35
τῷ ἱερῷ· πῶς λέγουσιν οἱ γραμματεῖς ὅτι ὁ χρι-
στὸς υἱὸς Δαυίδ ἐστιν; αὐτὸς Δαυὶδ εἶπεν ἐν τῷ 36
πνεύματι τῷ ἁγίῳ·

Ex 3,2.6.
Mt 8,11. L 16,22.
9,4.

28—31:
Mt 22,35—40.
L 10,25—28.

R 13,9. E 6,2.

Dt 6,4 s. R 3,30.

Lv 19,18.

J 15,12.

L 20,39.

Dt 4,35; 6,4 s.

1 Sm 15,22.

Act 13,7;
26,27—29.

Mt 22,46.
L 20,40.

35—37:
Mt 22,41—45.
L 20,41—44.

J 7,42.
2 Sm 23,2.

25 Τοι ΒℜΘal; Wh   26 Τp) bis ὁ ℌℜΘpl; T : txt ΒD   27 Το ℵCℜal;
Th : ὁ θεος Θ 33 al : txt ΒDal | Γθεος ℜal; S | Τ²υμεις ουν ℜDΘpl; S
28 Γιδων ℵ*CDΘpm; T | Τp) λεγων· διδασκαλε D it   29 :, h | Γdeus il
vg : — Fabk syˢ   30 Ο ΒD*pc; ℋ | □Dpc it | Ο²et Ο³ Β | Τp) αυτη πρωτη
εντολη ℜD(Θ)pl   31 Γp) δε ομοια ταυτη Dal(ℜΘpm)   32 Ο Β sy; ℋ |
:. comm | Το θεος DΘpm itsyˢ   33 Βpc; ℋ | Γδυναμεως DΘ 565 it. |
Ο² ℵ* | Γψυχης Dpc(ℜpm) | Γ²πλειον ℜDΘpl | Ττων ℌ 565pm; T : txt Βℜ
DΘal   34 Ο ℌDΘal; [H] : txt Βℜpm | Ο²ℵ*pc; [H] | Γ1324 φ : 1342
W : 134 DΨpc aeg | :, et ante και ουδ. dist. W

Ps 110,1.

εἶπεν᷁κύριος τῷ κυρίῳ μου·᷄κάθου ἐκ δεξιῶν μου
ἕως ἂν θῶ τοὺς ἐχθρούς σου ᷄ὑποκάτω τῶν
ποδῶν σου.

37 ᴵαὐτὸς Δαυὶδ λέγει αὐτὸν κύριον, καὶ πόθεν

Lc 19,48; 21,38.
αὐτοῦ ἐστιν υἱός;

38—40:
Mt 23,1—36. 38 Καὶ ὁ πολὺς ὄχλος ἤκουεν αὐτοῦ ἡδέως.᷐ ᷄Καὶ 18
L 20,45—47. ἐν τῇ διδαχῇ αὐτοῦ᷐ ἔλεγεν᷁· βλέπετε ἀπὸ τῶν
L 14,7. J 5,44. γραμματέων τῶν θελόντων ἐν ᷄στολαῖς περιπατεῖν
39 καὶ ἀσπασμοὺς ἐν ταῖς ἀγοραῖς᷐ καὶ πρωτοκαθ-
εδρίας ἐν ταῖς συναγωγαῖς καὶ πρωτοκλισίας ἐν

(Jc 1,27.) 40 τοῖς δείπνοις᠊᠊· οἱ κατέσθοντες τὰς οἰκίας τῶν 18
1 Th 2,5. χηρῶν᷁καὶ προφάσει μακρὰ προσευχόμενοι᠊, οὗτοι

41—44:
L 21,1—4. 41 λήμψονται περισσότερον κρίμα.   Καὶ ᷄καθίσας 41
2 Rg 12,10. ᷄κατέναντι τοῦ γαζοφυλακείου ἐθεώρει πῶς ὁ ὄχλος
J 8,20. ▢βάλλει χαλκὸν εἰς τὸ γαζοφυλακεῖον· καὶ πολλοὶ
42 πλούσιοι᷐ ἔβαλλον πολλά· ᷄καὶ ἐλθοῦσα μία᷐ χήρα
43 ᴼπτωχὴ ἔβαλεν λεπτὰ δύο, ὅ ἐστιν κοδράντης. καὶ
προσκαλεσάμενος τοὺς μαθητὰς αὐτοῦ εἶπεν
αὐτοῖς· ἀμὴν λέγω ὑμῖν ὅτι ἡ χήρα αὕτη ἡ πτωχὴ

1 Chr 29,9.17. πλεῖον πάντων᷄ἔβαλεν τῶν βαλλόντων εἰς τὸ γα-

L12,15. 2 K8,12. 44 ζοφυλακεῖον· πάντες γὰρ ἐκ τοῦ περισσεύοντος
αὐτοῖς ἔβαλον, αὕτη δὲ ἐκ τῆς ὑστερήσεως αὐτῆς
πάντα ὅσα εἶχεν ἔβαλεν, ὅλον τὸν βίον αὐτῆς.

1—37:
Mt 24,1—36. 13 Καὶ ἐκπορευομένου αὐτοῦ ἐκ τοῦ ἱεροῦ λέγει 49
L 21,5—36. αὐτῷ εἷς τῶν μαθητῶν αὐτοῦ· διδάσκαλε, ἴδε 18
2 ποταποὶ λίθοι καὶ ποταπαὶ οἰκοδομαί᷁. καὶ ὁ
Ἰησοῦς εἶπεν αὐτῷ· ᷄βλέπεις ταύτας τὰς μεγάλας

Jr 7,14. οἰκοδομάς; ᷁οὐ μὴ ἀφεθῇ᷁ λίθος ἐπὶ λίθον ὃς
3 οὐ μὴ καταλυθῇ᷁². Καὶ καθημένου αὐτοῦ 42
18

36 ᵀο 𝕾𝕽Θpl; T : txt BD | ᷄καθισον B.; Wh | ᶠp) υπο-
ποδιον 𝕹𝕽Θpl; T : txt BDpc 38 ᷐ο δε διδασκων αμα D(Θpc)
it | ᵀαυτοις 𝕽DΘpm | ᷄porticis(=στοαις)syˢ·ᵖᵃˡ. 39 ᠊, et 40
᠊·᠊ 𝕳 40 ᵀκαι ορφανων Dal it; ┤hʳ├ | ᴼDlatsy 41 ᷄εστιν
WΘφpc syˢ Or | ᷄απεναντι Bal; Wh | ▢D. 42 ᷄ελθ.
δε αμα D(Θ) | ᴼDΘpc it 43 ᷄βεβληκεν 𝕽pm; T   13,1 ᵀp)
του ιερου D it.   2 ᷄p) ου βλ. Θ565 it : p) βλεπετε Dpc it |
ᵀp) αμην λεγω υμιν οτι D(Θal) it | ᵀp) ωδε 𝕾DΘpm itsy |
H : txt 𝕽al | ᵀ²(14,58) και δια τριων ημερων αλλος αναστη-
σεται ανευ χειρων DW   123   it Cypr.; ┤hʳ├

εἰς τὸ ὄρος τῶν ἐλαιῶν κατέναντι τοῦ ἱεροῦ, ἐπη-
ρώτα αὐτὸν κατ' ἰδίαν^T Πέτρος καὶ Ἰάκωβος καὶ   Mt 17,1!
Ἰωάννης καὶ Ἀνδρέας· εἰπὸν ἡμῖν, πότε ταῦτα 4
ἔσται·, καὶ τί τὸ σημεῖον ὅταν μέλλῃ ταῦτα συντε-
λεῖσθαι πάντα ²;·¹ ὁ δὲ Ἰησοῦς ʳἤρξατο λέγειν᾽ αὐτοῖς· 5
βλέπετε μή τις ὑμᾶς πλανήσῃ. πολλοὶ ἐλεύσονται 6
ἐπὶ τῷ ὀνόματί μου λέγοντες ὅτι ἐγώ εἰμι, καὶ   J 5,43.
πολλοὺς πλανήσουσιν. ὅταν δὲ ʳἀκούσητε πολέμους 7
καὶ ἀκοὰς πολέμων, μὴ ʳθροεῖσθε· δεῖ^T γενέσθαι,   Dn 2,28.
ἀλλ' οὔπω τὸ τέλος. ἐγερθήσεται γὰρ ἔθνος ἐπ' 8   Is 19,2.
ἔθνος καὶ βασιλεία ἐπὶ βασιλείαν. ἔσονται σεισμοὶ   2 Chr 15,6.
κατὰ τόπους, ἔσονται λιμοί^T· ʳἀρχὴ ὠδίνων ταῦτα.

39,1 ʳΒλέπετε δὲ ὑμεῖς ἑαυτούς· παραδώσουσιν^Tὑμᾶς᾽ 9   9—13:
εἰς συνέδρια καὶ εἰς συναγωγὰς· δαρήσεσθε καὶ ἐπὶ   Mt 10,17—22. L 21,12—17.
ἡγεμόνων καὶ βασιλέων σταθήσεσθε ἕνεκεν ἐμοῦ,
40,8 εἰς μαρτύριον αὐτοῖς. καὶ εἰς πάντα τὰ ἔθνη 10   1,44; 6,11.
41,2 πρῶτον δεῖ κηρυχθῆναι τὸ εὐαγγέλιον^T. καὶ ὅταν 11   16,15.
ἄγωσιν ὑμᾶς παραδιδόντες, μὴ ʳπρομεριμνᾶτε τί
λαλήσητε^T, ἀλλ' ὃ ἐὰν δοθῇ ὑμῖν ἐν ἐκείνῃ τῇ ὥρᾳ,
τοῦτο λαλεῖτε· οὐ γάρ ἐστε ὑμεῖς οἱ λαλοῦντες
ἀλλὰ τὸ πνεῦμα τὸ ἅγιον. καὶ παραδώσει ἀδελ- 12
φὸς ἀδελφὸν εἰς θάνατον καὶ πατὴρ τέκνον, καὶ
ἐπαναστήσονται τέκνα ἐπὶ γονεῖς καὶ θανατώσουσιν   Mch 7,6.
αὐτούς· καὶ ἔσεσθε μισούμενοι ὑπὸ πάντων διὰ 13
τὸ ὄνομά μου· ὁ δὲ ὑπομείνας εἰς τέλος, οὗτος   Mt 10,22!
42,6 σωθήσεται. Ὅταν δὲ ἴδητε τὸ βδέλυγμα τῆς 14   Dn 12,11; 9,27.
ἐρημώσεως ἑστηκότα ὅπου οὐ δεῖ, ὁ ἀναγινώσκων   Dn 12,4.
43,2 νοείτω^T, * τότε οἱ ἐν τῇ Ἰουδαίᾳ φευγέτωσαν εἰς   Ez 7,16.
τὰ ὄρη, ʳὁ ἐπὶ τοῦ δώματος μὴ καταβάτω^Tμηδὲ 15
εἰσελθάτω ˢτι ἆραι˄ ἐκ τῆς οἰκίας αὐτοῦ,¹ καὶ ὁ εἰς 16

---

3 Τ ο ℵDΘal; T   4 ·; T | ·². H   5 (p) ειπεν DΘal
7 ʳαχουητε B; h : -ετε Φ; -σετε 69 | ʳθορυβεισθε Dpc |
Τγαρ ℵDΘpl; S : txt Bℵ*W   8 Τκαι ταραχαι ℵOplq sy; Whʳ |
ʳαρχαι ℜal; W   9 (p) ειτα υμ. αυτους παραδ. D(Θ)pc it | Τγαρ
ℵℜpm : txt Bpc syˢ | ·, comm   10 Τεν πασι τοις εθνεσιν
D ff²(syᵖ)   11 ʳp) προμελετατε Ψ : -ριμνησητε μηδε προμελ-
Θpc | Τμηδε μελετατε ℜpm   14 Ττι αναγινωσκει Dg²(a,n)
15 ʳο δε ℵℜal; Th : και ο DΘal latsy : txt Bal | Τεις την
οικιαν ℜDΘpl; S | ˢℵℜDΘ   **124**   pl; T

τὸν ἀγρὸν μὴ ἐπιστρεψάτω εἰς τὰ ὀπίσω ἆραι τὸ
L 23,29. 17 ἱμάτιον αὐτοῦ. οὐαὶ δὲ ταῖς ἐν γαστρὶ ἐχούσαις 144
18 καὶ ταῖς ⸀θηλαζούσαις ἐν ἐκείναις ταῖς ἡμέραις. προσ- 145
19 εύχεσθε δὲ ἵνα μὴ ⸀γένηται χειμῶνος⸆· ἔσονται 146
Dn 12,1. γὰρ αἱ ἡμέραι ἐκεῖναι **θλῖψις, οἵα οὐ γέγονεν**
Joel 2,2. **τοιαύτη ἀπ' ἀρχῆς κτίσεως** ⸋ἣν ἔκτισεν ὁ θεὸς⸌ **ἕως**
20 **τοῦ νῦν** ⸂καὶ οὐ⸃ μὴ γένηται. καὶ εἰ μὴ ἐκολό- 147
βωσεν κύριος τὰς ἡμέρας, οὐκ ἂν ἐσώθη πᾶσα
σάρξ· ἀλλὰ διὰ τοὺς ἐκλεκτοὺς οὓς ἐξελέξατο ἐκο-
21 λόβωσεν τὰς ἡμέρας. καὶ τότε ἐάν τις ὑμῖν εἴπῃ· 148
22 ἴδε ὧδε ὁ χριστός,⸆ ἴδε ἐκεῖ, μὴ ⸀πιστεύετε· ⸀ἐγερθή- 149
Dt 13,2. σονται ⸀δὲ ⸋ψευδόχριστοι καὶ⸌ **ψευδοπροφῆται καὶ**
Ap 13,13! ⸀**ποιήσουσιν σημεῖα καὶ τέρατα** πρὸς τὸ ἀποπλανᾶν,
J 16,1.4. 23 εἰ δυνατόν, τοὺς ἐκλεκτούς. ὑμεῖς δὲ βλέπετε·⸆προ-
24 είρηκα ὑμῖν πάντα. Ἀλλὰ ἐν ἐκείναις ταῖς 150
Is 13,10. ἡμέραις μετὰ τὴν θλῖψιν ἐκείνην **ὁ ἥλιος σκοτι-**
σθήσεται, καὶ ἡ σελήνη οὐ δώσει τὸ φέγγος αὐτῆς,
Is 34,4. 25 ⸀**καὶ οἱ ἀστέρες ἔσονται** ἐκ τοῦ οὐρανοῦ ⸀**πίπτοντες,**
H 12,26 s. **καὶ αἱ δυνάμεις** ⸂**αἱ ἐν τοῖς οὐρανοῖς**⸃ σαλευθήσονται.
Dn 7,13. 1 Th 4,16. 26 ⸀καὶ τότε ὄψονται **τὸν υἱὸν τοῦ ἀνθρώπου ἐρχό-** 151
μενον ⸂**ἐν νεφέλαις**⸃ μετὰ δυνάμεως πολλῆς καὶ
Zch 2,10[6]. 27 δόξης. καὶ τότε ἀποστελεῖ τοὺς ἀγγέλους καὶ
Dt 30,4. (Mt 13,41.) **ἐπισυνάξει** τοὺς ἐκλεκτοὺς [αὐτοῦ] **ἐκ τῶν τεσσάρων**
28 **ἀνέμων ἀπ' ἄκρου** γῆς **ἕως ἄκρου οὐρανοῦ.** Ἀπὸ
δὲ τῆς συκῆς μάθετε τὴν παραβολήν· ὅταν ⸉ἤδη
ὁ κλάδος αὐτῆς⸊ ἁπαλὸς γένηται καὶ ⸀ἐκφύῃ τὰ
29 φύλλα, ⸀γινώσκετε ὅτι ἐγγὺς τὸ θέρος ἐστίν· οὕτως
Jc 5,9. καὶ ὑμεῖς, ὅταν ἴδητε ταῦτα γινόμενα, γινώσκετε
30 ὅτι ἐγγύς ἐστιν ἐπὶ θύραις. ἀμὴν λέγω ὑμῖν ὅτι
οὐ μὴ παρέλθῃ ἡ γενεὰ αὕτη μέχρις ⸀οὗ ταῦτα

17 ⸀-ζομεναις ***D***28. ***18*** ⸀*p*) *γεν.: η φυγη υμων* ***ℜ****pm* : *γε-νωνται* ***D*** vg : *txt* ***B*ℵ**(***Θ***) | ⸆*p*) *η σαββατου* ***L***(*al*) ***19*** ⸋*p*) ***DΘ****al* it | ⸂*ουδε* ***D***(***Θ****al*) ***21*** ⸆*και* ***B*** ; W : *ἢ* ***ℜDΘ****al* | ⸀*p*) *-ευσητε* ***Θ****pm* ***22*** ⸀*p*) *γαρ* ***ℌℜDΘ****pl* ; H : *txt* **ℵ*C*** | ⸋***D****pcik* ; W | ⸀*p*) *δωσουσιν* ***ℌℜ****pl* ; H : *txt* ***DΘ****pc a* ***23*** ⸆*p*) *ιδου* ***ℌℜDΘ****pl* ; s : *txt* ***BW****pc* it ***25*** ⸀*εκπιπτ-* ***ℜ****pm* ; S | ⸂*p*) *των ουρανων* ***D****al* itsy ***26*** ⸂*p*) *εν -λη* ***WΘ****pc* : *p*) *επι των νεφελων* ***D*** sy[s]. ***27*** [+*p*) ***ℌℜΘ****pl* ; W : — ***DL****pc* it ; T ***28*** ⸉4 1 2 3 ***ℜ****al* ; T | ⸀(*ἐκφυῇ* ***EK****al*) | ⸀-*σκεται* ***B***[3]***DΘ****al* ***30*** ⸀*οτου* ***B***.; W

πάντα γένηται. ὁ οὐρανὸς καὶ ἡ γῆ παρελεύ- 31
σονται, οἱ δὲ λόγοι μου οὐ ᵀ παρελεύσονται.

50 ᴵ Περὶ δὲ τῆς ἡμέρας ἐκείνης ἢ τῆς ὥρας οὐδεὶς 32 Mt 24,36!
⁵²,⁶ οἶδεν, οὐδὲ ⸆οἱ ἄγγελοι⸋ ἐν οὐρανῷ □οὐδὲ ὁ υἱός⸌, εἰ
⁵⁸,⁶ μὴ ὁ πατήρ. Βλέπετε, ἀγρυπνεῖτε ᵀ· οὐκ οἴδατε 33 E 6,18.
⁵⁴,² γὰρ πότε ὁ καιρός ᴼἐστιν. ὡς ἄνθρωπος ἀπόδημος 34 Mt 25,14;
ἀφεὶς τὴν οἰκίαν αὐτοῦ καὶ δοὺς τοῖς δούλοις (16,19.)
L 19,12.
αὐτοῦ τὴν ἐξουσίαν, ἑκάστῳ τὸ ἔργον αὐτοῦ, καὶ
⁵⁵,² τῷ θυρωρῷ ἐνετείλατο ἵνα γρηγορῇ. γρηγορεῖτε 35 Mt 24,42.50.
Act 20,31.
οὖν· οὐκ οἴδατε γὰρ πότε ὁ κύριος τῆς οἰκίας Ap 3,20.
ἔρχεται, ἢ ὀψὲ ἢ μεσονύκτιον ἢ ⸀ἀλεκτοροφωνίας L 12,38.
ἢ πρωΐ· μὴ ἐλθὼν ἐξαίφνης εὕρῃ ὑμᾶς καθεύ- 36 Mt 25,5.
δοντας. ⸀ὃ δὲ ὑμῖν λέγω, πᾶσιν λέγω⸌, γρηγορεῖτε. 37

⁶,¹ Ἦν δὲ τὸ πάσχα □καὶ τὰ ἄζυμα⸌ μετὰ δύο **14** 1. 2:
Mt 26,1—5.
⁷,⁸ ἡμέρας. * καὶ ἐζήτουν οἱ ἀρχιερεῖς καὶ οἱ γραμ- L 22,1 s.
ματεῖς πῶς αὐτὸν □²ἐν δόλῳ⸌ κρατήσαντες ἀποκτεί- 12,12.
νωσιν. ἔλεγον γάρ· ⸀μὴ ἐν τῇ ἑορτῇ, μήποτε⸌ 2
ἔσται θόρυβος τοῦ λαοῦ.

51 Καὶ ὄντος αὐτοῦ ἐν Βηθανίᾳ ἐν τῇ οἰκίᾳ Σί- 3 3—8:
Mt 26,6—13.
⁸,¹ μωνος τοῦ λεπροῦ, κατακειμένου αὐτοῦ ἦλθεν γυνὴ J 12,1—8.
ἔχουσα ἀλάβαστρον μύρου □νάρδου πιστικῆς ⸀πο- (L 7,36—38.)
λυτελοῦς⸌⁚· ⸀συντρίψασα ⸀²τὴν ἀλάβαστρον κατέχε- Mt 8,2!
εν αὐτοῦ τῆς κεφαλῆς. ⸀ἦσαν δέ τινες ἀγανακτοῦντες 4
πρὸς ἑαυτούς⸌· εἰς τί ἡ ἀπώλεια αὕτη □τοῦ μύρου⸌ (J 6,12.)
γέγονεν; ἠδύνατο γὰρ τοῦτο τὸ μύρον πραθῆναι 5
ἐπάνω ˢδηναρίων τριακοσίων⸌ καὶ δοθῆναι τοῖς (10,21.)Mt9,30!
πτωχοῖς· καὶ ἐνεβριμῶντο αὐτῇ. ὁ δὲ Ἰησοῦς 6

---

31 ᵀμη rell; Th : txt *BD**.   32 ⸀οι αγγ. οι C𝕽al; W:
αγγελος *B*; h : txt 𝕾*DΘ*pm | □983 pc   33 ᵀ(14,38) και προσ-
ευχεσθε 𝕾𝕽Θpl lat(syˢ); S : txt *BD* it | ᴼ*DW*ac.; [H]   35 ⸀-
-νιον *D*.   37 ⸀εγω δε λεγω υμιν *D*(Θ)pc it : quod autem
uni dixi, omnibus vobis dico k.   14,1 □*D* aff² | □²*D* air.
2 ⸀μηποτε εν τη ε. *D*   3 □*D*. | ⸀p) -τιμου *AGΘ*al | ⁚, — h |
⸀και θραυσασα *DΘ*565. | ⸀²τον ℵ**Dpm*; T : το *GΘ*al : txt 𝕾
4 ⸀οι δε μαθηται αυτου διεπονουντο και ελεγον *DΘ*pc aff²ir;
⫞hʳ⫞ | □*W*pcaclsy˚   5 ˢ*B𝕽*pl; Wh

L 11,7!
3 J 5.
Dt 15,11.
εἶπεν· ἄφετε αὐτήν· τί αὐτῇ κόπους παρέχετε;
7 καλὸν ἔργον ἠργάσατο ἐν ἐμοί. πάντοτε γὰρ τοὺς
πτωχοὺς ἔχετε μεθ᾽ ἑαυτῶν, καὶ ὅταν θέλητε

2,20.
δύνασθε °αὐτοῖς ᵀ εὖ ποιῆσαι, ἐμὲ δὲ οὐ πάντοτε

(Act 3,6.)
16,1.
8 ἔχετε. ὃ ἔσχεν ἐποίησεν· προέλαβεν μυρίσαι ˢτὸ
9 σῶμά μου ᶻ εἰς τὸν ἐνταφιασμόν. ἀμὴν δὲ λέγω
ὑμῖν, ὅπου ἐὰν κηρυχθῇ τὸ εὐαγγέλιον ᵀ εἰς ὅλον
τὸν κόσμον, καὶ ὃ ἐποίησεν αὕτη λαληθήσεται εἰς

10. 11 :
Mt 26,14—16.
L 22,3—6.
10 μνημόσυνον αὐτῆς. Καὶ ᵀ Ἰούδας ᵀᴳ Ἰσκαριώθ, ὁ
εἷς τῶν δώδεκα, ἀπῆλθεν πρὸς τοὺς ἀρχιερεῖς ἵνα
11 ⌜αὐτὸν παραδοῖ⌝ °αὐτοῖς. οἱ δὲ ἀκούσαντες ἐχάρησαν
καὶ ἐπηγγείλαντο αὐτῷ ἀργύριον δοῦναι. καὶ ἐζήτει
πῶς αὐτὸν εὐκαίρως παραδοῖ.

12—16 :
Mt 26,17—19.
L 22,7—13.
Ex 12,14—20.
1 K 5,7.
12   Καὶ τῇ πρώτῃ ἡμέρᾳ τῶν ἀζύμων, ὅτε τὸ
πάσχα ἔθυον, λέγουσιν αὐτῷ οἱ μαθηταὶ αὐτοῦ·
ποῦ θέλεις ἀπελθόντες ἑτοιμάσωμεν ᵀ ἵνα φάγῃς
13 τὸ πάσχα; καὶ ἀποστέλλει δύο τῶν μαθητῶν
αὐτοῦ καὶ λέγει αὐτοῖς· ὑπάγετε εἰς τὴν πόλιν,

Mt 17,27.
καὶ ἀπαντήσει ὑμῖν ἄνθρωπος κεράμιον ὕδατος
14 βαστάζων· ἀκολουθήσατε αὐτῷ, ǀ καὶ ὅπου ἐὰν

11,3.
εἰσέλθῃ εἴπατε τῷ οἰκοδεσπότῃ ὅτι ὁ διδάσκαλος
λέγει· ποῦ ἐστιν τὸ κατάλυμά μου, ὅπου τὸ πάσχα
15 μετὰ τῶν μαθητῶν μου φάγω; καὶ αὐτὸς ὑμῖν
δείξει ἀνάγαιον μέγα ἐστρωμένον °ἕτοιμον· καὶ ἐκεῖ
16 ἑτοιμάσατε ἡμῖν. καὶ ἐξῆλθον οἱ μαθηταὶ ᵀ καὶ
ἦλθον εἰς τὴν πόλιν καὶ ⌜εὗρον καθὼς εἶπεν αὐ-

17--21 :
Mt 26,20—25.
L 22,14.21—23.
J 13,21—26.
17 τοῖς, καὶ ἡτοίμασαν τὸ πάσχα.   Καὶ ὀψίας
18 γενομένης ἔρχεται μετὰ τῶν δώδεκα. καὶ ἀνα-
κειμένων αὐτῶν καὶ ἐσθιόντων ὁ Ἰησοῦς εἶπεν·
ἀμὴν λέγω ὑμῖν ὅτι εἷς ἐξ ὑμῶν παραδώσει με,

Ps 41,10.
19 ⌜ὁ ἐσθίων⌝ μετ᾽ ἐμοῦ. ἤρξαντο λυπεῖσθαι καὶ λέγειν

---

7 O א*pc; T | ᵀπαντοτε Bpc; [H]   8 ˢ312 CℜRpm; T
9 ᵀp) τουτο CℜΘpm : txt Bא Dal it(syˢ)   10 ᵀo ℜal ; s ǀ ᶠo
ℜΘpm ; S | ᴳ-ιωτης ℜpl : Σκαριωτης D latsy : txt 𝔖Θ 565 |
⌜προδοι αυτον D | ODΘpc itsyˢ   12 ᵀp) σοι DΘal   15 Op)
A 565 al lat   16 ᵀαυτου CℜDΘpl; S | ᴳp) εποιησαν D it
18 ⌜των εσθιοντων B ; Wh

αὐτῷ εἰς κατὰ εἷς· μήτι ἐγώ⊤; ¹ὁ δὲ εἶπεν αὐτοῖς· 20
εἷς⊤τῶν δώδεκα, ὁ ⌈ἐμβαπτόμενος μετ᾿ ἐμοῦ εἰς   J 6,70.
τὸ [ἓν] τρύβλιον. ὅτι ὁ μὲν υἱὸς τοῦ ἀνθρώπου ὑπάγει 21
καθὼς γέγραπται περὶ αὐτοῦ· οὐαὶ δὲ τῷ ἀνθρώπῳ
ἐκείνῳ δι᾿ οὗ□ὁ υἱὸς τοῦ ἀνθρώπου ⟨ παραδίδοται·
*καλὸν⊤ αὐτῷ εἰ οὐκ ἐγεννήθη ὁ ἄνθρωπος ἐκεῖνος.

¹Καὶ ἐσθιόντων αὐτῶν λαβὼν ⊤ ἄρτον εὐλογήσας 22   22—25:
ἔκλασεν καὶ ⌈ἔδωκεν αὐτοῖς⌉ καὶ εἶπεν· ᵒλάβετε⊤·   Mt 26,26—29.
τοῦτό ᵒ²ἐστιν τὸ σῶμά μου. καὶ λαβὼν⊤ ποτήριον 23   L 22,15—20.
εὐχαριστήσας ἔδωκεν αὐτοῖς, καὶ ἔπιον ἐξ αὐτοῦ   1 K 11,23—25.
πάντες. καὶ εἶπεν αὐτοῖς· τοῦτό ἐστιν τὸ αἷμά 24   Ex24,8.Jr31,31.
μου ⌈τῆς διαθήκης⌉ τὸ ἐκχυννόμενον ὑπὲρ πολλῶν⊤.   Zch9,11.Is53,11
¹ἀμὴν λέγω ὑμῖν ὅτι ⌈οὐκέτι οὐ μὴ πίω⌉ ἐκ τοῦ 25   H 7,22!
γενήματος τῆς ἀμπέλου ἕως τῆς ἡμέρας ἐκείνης
ὅταν αὐτὸ πίνω καινὸν ἐν τῇ βασιλείᾳ τοῦ θεοῦ.   26—31:
Καὶ ὑμνήσαντες ἐξῆλθον εἰς τὸ ὄρος τῶν ἐλαιῶν. 26   Mt 26,30—35.
¹Καὶ λέγει αὐτοῖς ὁ Ἰησοῦς * ὅτι πάντες σκανδα- 27   L 22,31—34.39.
λισθήσεσθε, ὅτι γέγραπται· * πατάξω τὸν ποιμένα,   Ps113s;115-118.
καὶ τὰ πρόβατα διασκορπισθήσονται. □ἀλλὰ μετὰ 28   J 18,1.
τὸ ἐγερθῆναί με προάξω ὑμᾶς εἰς τὴν Γαλιλαίαν.⟨   Zch 13,7.
ὁ δὲ Πέτρος ἔφη ᵒαὐτῷ· εἰ καὶ πάντες σκανδα- 29   J 16,32.
λισθήσονται, ἀλλ᾿ οὐκ ἐγώ. καὶ λέγει αὐτῷ ὁ 30   Mt9,36; 10,21!
Ἰησοῦς· ⌈ἀμὴν λέγω σοι ὅτι ᵒσὺ ᵒ²σήμερον ταύτῃ τῇ   26,31.
νυκτὶ πρὶν ⌈ἢ δὶς⌉ ἀλέκτορα φωνῆσαι⌉ τρίς με   16,7.
ἀπαρνήσῃ. ὁ δὲ ἐκπερισσῶς ἐλάλει· ἐὰν ⌜δέῃ με⌝ 31   J 13,36—38.
συναποθανεῖν σοι, οὐ μή σε ⌈ἀπαρνήσομαι. ὡσαύτως   J 11,16.
[δὲ] καὶ πάντες ἔλεγον.

Καὶ ⌈ἔρχονται εἰς χωρίον οὗ τὸ ὄνομα Γεθση- 32   32—42:
μανί, * καὶ λέγει τοῖς μαθηταῖς αὐτοῦ· καθίσατε   Mt 26,36—46.
ὧδε ἕως προσεύξωμαι. καὶ παραλαμβάνει τὸν 33   L 22,40—46.
                                                    J 18,1.

19 ⊤και αλλος· μητι εγω 𝕽DΘpm it Or; S   20 ⊤εκ 𝕽Dpm; S | ⌈-πτιζομενος
D. | [+BC*vidΘ 565.; W: — rell; T   21 □D 700a | ⊤p) ην 𝕳𝕽DΘpl; S : txt
BW it   22 ⊤τον 69al | ⌈εδιδου α. Wφ : εφαγον εξ αυτου παντες et Ok. | ⊤p)
φαγετε 𝕽al | O²W   23 ⊤το 𝕽al   24 ⌈το τ. καινης ὁ. 𝕽pl latsy : — ff² | ⊤p) εις
αφεσιν αμαρτιων Wφ p c a   25 ⌈ου μη προσθω πειν D(Θ)pc af   28 □vs.
fragm fajjum.   29 ΟΘ   30 ⌈ο αλεκτρυων δις κοκ[κυξει..] fr fajj. | Ο p)
𝕏CDal it | O²p) DΘpc it | ⌈ᵈἢ C*pc : —p) 𝕏D(Θ)pc   31 ⌜p) 𝕏*CR(D)Θal; T |
⌈-σωμαι 𝕏𝕽al; T | [+ 𝕳𝕽DΘpl; T :p) — Bλpc it; W   32 ⌈εξερχ- W.

Mt 17,1!   *Πέτρον καὶ °τὸν Ἰάκωβον καὶ °τὸν Ἰωάννην μετ᾽ αὐτοῦ,*

J 12,27. **34** *καὶ ἤρξατο ἐκθαμβεῖσθαι καὶ ⌜ἀδημονεῖν, ¹καὶ λέγει* 17

Ps42,6.12; 43,5.
Jon 4,9. *αὐτοῖς· περίλυπός ἐστιν ἡ ψυχή μου ἕως θανάτου·*

35 *μείνατε ὧδε καὶ γρηγορεῖτε. καὶ ⌜προελθὼν μικρὸν* 17

ἔπιπτεν ἐπὶ τῆς γῆς, καὶ προσηύχετο ἵνα εἰ δυ-

36 *νατόν ἐστιν παρέλθῃ ἀπ᾽ αὐτοῦ ἡ ὥρα, ¹καὶ ἔλεγεν·*

R 8,15. G 4,6. *ἀββὰ □ὁ πατήρ`, πάντα δυνατά σοι· παρένεγκε τὸ*

10,38. *ποτήριον τοῦτο ἀπ᾽ ἐμοῦ· * ἀλλ᾽ ⌜οὐ τί ἐγὼ θέλω* 17

37 *ἀλλὰ τί σύ`. καὶ ἔρχεται καὶ εὑρίσκει αὐτοὺς* 17

καθεύδοντας, καὶ λέγει τῷ Πέτρῳ· Σίμων, καθεύ-

38 *δεις; οὐκ ⌜ἴσχυσας μίαν ὥραν γρηγορῆσαι; ¹γρηγο-*

ρεῖτε καὶ προσεύχεσθε, ἵνα μὴ ⌜ἔλθητε εἰς πει-

*ρασμόν· * τὸ μὲν πνεῦμα πρόθυμον, ἡ δὲ σὰρξ* 17

39 *ἀσθενής. καὶ πάλιν ἀπελθὼν προσηύξατο □τὸν* 17

40 *αὐτὸν λόγον εἰπών`. καὶ ⌜πάλιν ἐλθὼν εὗρεν αὐτοὺς`*

καθεύδοντας, ἦσαν γὰρ αὐτῶν οἱ ὀφθαλμοὶ ⌜κατα-

9,6. *βαρυνόμενοι, καὶ οὐκ ᾔδεισαν τί ἀποκριθῶσιν*

41 *αὐτῷ. καὶ ἔρχεται τὸ τρίτον καὶ λέγει αὐτοῖς·* 18

καθεύδετε °τὸ λοιπὸν καὶ ἀναπαύεσθε· ἀπέχει ᵀ·

(2 Sm 24,14.) *⌜ἦλθεν ἡ ὥρα, ἰδοὺ παραδίδοται ὁ υἱὸς τοῦ ἀν-*

J 14,31. **42** *θρώπου εἰς τὰς χεῖρας τῶν ἁμαρτωλῶν. ¹ἐγείρεσθε,*

43—50:
Mt 26,47—56. **43** *ἄγωμεν· ἰδοὺ ὁ παραδιδούς με ⌜ἤγγικεν. Καὶ* 5!
L 22,47—53.
J 18,2—11. *εὐθὺς ἔτι αὐτοῦ λαλοῦντος παραγίνεται [ὁ]* 18

Ἰούδας ᵀ εἷς τῶν δώδεκα, καὶ μετ᾽ αὐτοῦ ὄχλος ᵀ

μετὰ μαχαιρῶν καὶ ξύλων παρὰ τῶν ἀρχιερέων

καὶ τῶν γραμματέων καὶ °τῶν πρεσβυτέρων.

44 *¹δεδώκει δὲ ὁ παραδιδοὺς αὐτὸν σύσσημον αὐτοῖς* 18

λέγων· ὃν ἂν φιλήσω αὐτός ἐστιν· κρατήσατε

45 *αὐτὸν καὶ ἀπάγετε ἀσφαλῶς. καὶ □ἐλθὼν εὐθὺς`*

προσελθὼν αὐτῷ λέγει· ῥαββί ᵀ, καὶ κατεφίλησεν

---

33 °bis 𝔖𝕽D𝚯pm; Th : txt B W al | ⌜αχηδεμ- D* **35** ⌜p) προσελθ-
C𝕽D𝚯pm; h : txt B𝕏 W al latsyˢ **36** □(Beza cj) | ⌜ουχ ο εγω θ. αλλ ο συ
θελεις D(𝚯)al **37** ⌜p) -σατε D𝚯al it **38** ⌜p) εισελθ- C𝕽D𝚯pl : txt B𝕏*pc
39 □D it; [H] **40** ⌜υποστρεψας ευρ. αυτ. παλιν C𝕽pm; T : txt p) 𝔖(D it, 𝚯
pc) | ⌜-ρουμενοι D W : p)βεβαρημενοι C𝕽𝚯al **41** °C𝕽Dal; [H] | ᵀ (L 22,37)
το τελος D𝚯al itsy; hʳ | ⌜και D it **42** ⌜ηγγισεν 𝕏C.; T **43** [+ Bpc; W :
𝔖𝕽D𝚯pl; T | ᵀο Ισκαριωτης A(D)𝚯pm; T | ᵀp) πολυς C𝕽Dpm | °𝕏*W
pm; T **45** □D𝚯pc it | ᵀραββι 𝕽al; S

αὐτόν· οἱ δὲ ἐπέβαλαν τὰς χεῖρας αὐτῷ καὶ ⌜ἐκρά- 46
,1 τησαν αὐτόν.   εἰς δέ °τις □τῶν παρεστηκότων᾿ 47
σπασάμενος °²τὴν μάχαιραν ἔπαισεν τὸν δοῦλον τοῦ
,1 ἀρχιερέως καὶ ἀφεῖλεν αὐτοῦ τὸ ⌜ὠτάριον. καὶ 48
ἀποκριθεὶς ὁ Ἰησοῦς εἶπεν αὐτοῖς· ὡς ἐπὶ λῃστὴν
ἐξήλθατε μετὰ μαχαιρῶν καὶ ξύλων συλλαβεῖν με᎗;
⌜καθ᾽ ἡμέραν ἤμην πρὸς ὑμᾶς ἐν τῷ ἱερῷ διδά- 49
,8 σκων, καὶ οὐκ ⌜ἐκρατήσατέ με· * ἀλλ᾽ ἵνα πληρω-
θῶσιν αἱ γραφαί.   καὶ ἀφέντες αὐτὸν ἔφυγον 50 J 16,32.
10 πάντες. ⌜Καὶ νεανίσκος τις᾿⌜συνηκολούθει αὐτῷ᾿ 51 (J 18,15.)
περιβεβλημένος σινδόνα ⌜²ἐπὶ γυμνοῦ᾿, καὶ κρατοῦ-
σιν αὐτόνᵀ· ὁ δὲ καταλιπὼν τὴν σινδόνα γυμνὸς 52
ἔφυγενᵀ.

56 Καὶ ἀπήγαγον τὸν Ἰησοῦν πρὸς τὸν ἀρχιερέα, 53 53.54: Mt 26,57 s.
,1 καὶ συνέρχονταιᵀ πάντες οἱ ἀρχιερεῖς καὶ οἱ πρεσβύ-   L 22,54 s.
,4 τεροι καὶ οἱ γραμματεῖς. καὶ ὁ Πέτρος ἀπὸ μα- 54
κρόθεν ἠκολούθησεν αὐτῷ ἕως ἔσω εἰς τὴν αὐλὴν
τοῦ ἀρχιερέως, καὶ ἦν συγκαθήμενος μετὰ τῶν   55—65:
,2 ὑπηρετῶν καὶ θερμαινόμενος πρὸς τὸ φῶς. Οἱ 55 Mt 26,59—68.
δὲ ἀρχιερεῖς καὶ ὅλον τὸ συνέδριον ἐζήτουν κατὰ   L 22,67—71.
τοῦ Ἰησοῦ μαρτυρίαν εἰς τὸ θανατῶσαι αὐτόν,   63—65.
καὶ οὐχ ηὕρισκον· πολλοὶ γὰρ ἐψευδομαρτύρουν 56   J 18,19—24.
,8 κατ᾽ αὐτοῦ, καὶ ἴσαι αἱ μαρτυρίαι οὐκ ἦσαν. καὶ 57
τινες ἀναστάντες ἐψευδομαρτύρουν κατ᾽ αὐτοῦ
λέγοντες ⌜ὅτι ἡμεῖς ἠκούσαμεν αὐτοῦ λέγοντος ὅτι 58 J 2,19—21;
ἐγὼ καταλύσω τὸν ναὸν °τοῦτον τὸν χειροποίητον   4,21.23.
καὶ διὰ τριῶν ἡμερῶν ἄλλον ⌜ἀχειροποίητον οἰκο-   15,29.
δομήσω᾿. καὶ οὐδὲ οὕτως ἴση ἦν ἡ μαρτυρία 59   2 K 5,1.
αὐτῶν. καὶ ἀναστὰς ὁ ἀρχιερεὺς εἰς μέσον ἐπηρώ- 60
τησεν τὸν Ἰησοῦν λέγων· οὐκ ἀποκρίνῃ οὐδὲν ⌜τί

46 ⌜-τουν *W.*   *47* ○**א***Apc* itsy; [H] | □*Da.* | ○²*Dal*; s |
⌜*p*) ωτιον *CRΘpl*; s : *txt* **BאD***pc*   *48* ᎗·T*W*   *49* ⌜εκρατειτε
(*B*)*Ψ*.; h   *51* ⌜νεαν. δε τις *D* lat : κ. εις τις νεαν. *RΘpl*;
T | ⌜ηκολουθει αυτους *D* (*Θal* lat) | ⌜² γυμνος *Θpc* sy*ᵖ* : —
Wλ ck sy*ˢ* sa. | ᵀοι νεανισκοι *R*(*Θ*)*pl*; h*ʳ*s   *52* ᵀαπ αυτων
א*DΘpl* latsy*ˢ*; S : *txt* 𝔖*pc c k* sy*ᵖ*   *53* ᵀαυτω *BRpm*; Wh :
προς αυτον *Cpc* : αυτου *1pc* : *txt* **א***DΘal* lat   *58* ○*D* sy*ˢ*.
⌜αναστησω αχειρ. *D* it.; ┤h*ʳ*├   *60* ᎗·;H | ⌜οτι *BWpc*; h
(ὅ τι *W*)

15,5. Is 53,7. 61 οὗτοί σου καταμαρτυροῦσιν; ⸀ὁ δὲ ἐσιώπα καὶ
οὐκ ἀπεκρίνατο οὐδέν.⸃ πάλιν ὁ ἀρχιερεὺς ἐπη-
ρώτα αὐτὸν καὶ λέγει αὐτῷ· σὺ εἶ □ὁ χριστὸς⸜ ὁ
62 υἱὸς τοῦ εὐλογητοῦ; ὁ δὲ Ἰησοῦς εἶπεν· ⸆ἐγώ εἰμι, 19

Ps 110,1. καὶ ὄψεσθε τὸν υἱὸν τοῦ ἀνθρώπου ἐκ δεξιῶν
Dn 7,13. καθήμενον τῆς δυνάμεως □καὶ ἐρχόμενον⸜ ⸂μετὰ τῶν
63 νεφελῶν τοῦ οὐρανοῦ. ὁ δὲ ἀρχιερεὺς διαρήξας 18
τοὺς χιτῶνας αὐτοῦ λέγει·* τί ἔτι χρείαν ⸀ἔχομεν 16

Lv 24,16. 64 μαρτύρων; ¹ ἠκούσατε ⸂τῆς βλασφημίας⸃·* τί ὑμῖν
J 19,7. ⸂φαίνεται; οἱ δὲ πάντες κατέκριναν αὐτὸν ἔνοχον
65 εἶναι θανάτου. Καὶ ἤρξαντό τινες ἐμπτύειν ⸂αὐτῷ 16
□καὶ περικαλύπτειν αὐτοῦ τὸ πρόσωπον⸜ καὶ κολα-
φίζειν αὐτὸν καὶ λέγειν αὐτῷ· προφήτευσον⸆, καὶ

66—72: 66 οἱ ὑπηρέται ῥαπίσμασιν αὐτὸν ⸀ἔλαβον. Καὶ 4
Mt 26,69—75. ὄντος τοῦ Πέτρου κάτω ἐν τῇ αὐλῇ ἔρχεται μία 19
L 22,56—62.
J 18,17.25—27. 67 τῶν παιδισκῶν τοῦ ἀρχιερέως, ¹ καὶ ἰδοῦσα τὸν
Πέτρον θερμαινόμενον ἐμβλέψασα αὐτῷ λέγει·°καὶ
68 σὺ μετὰ τοῦ Ναζαρηνοῦ ἦσθα τοῦ Ἰησοῦ. ὁ δὲ
ἠρνήσατο λέγων· οὔτε οἶδα οὔτε ἐπίσταμαι· σὺ
τί λέγεις⸂²·* καὶ ἐξῆλθεν ἔξω εἰς τὸ προαύλιον⸆· 16
69 ¹⸂καὶ ἡ παιδίσκη ἰδοῦσα αὐτὸν⸃⸂ἤρξατο πάλιν⸃ λέ-
γειν⸃ τοῖς παρεστῶσιν ὅτι οὗτος ἐξ αὐτῶν ἐστιν.
70 ¹ ὁ δὲ πάλιν ἠρνεῖτο. καὶ μετὰ μικρὸν πάλιν
οἱ παρεστῶτες ἔλεγον τῷ Πέτρῳ· ἀληθῶς ἐξ
71 αὐτῶν εἶ· καὶ γὰρ Γαλιλαῖος εἶ⸆. ὁ δὲ ἤρξατο
ἀναθεματίζειν καὶ ὀμνύναι ὅτι οὐκ οἶδα τὸν ἄν-
72 θρωπον τοῦτον ὃν λέγετε. καὶ°εὐθὺς □ἐκ δευτέρου⸜
ἀλέκτωρ ἐφώνησεν.* καὶ ἀνεμνήσθη ὁ Πέτρος τὸ 16
30. ῥῆμα ⸀ὡς εἶπεν αὐτῷ ὁ Ἰησοῦς □²ὅτι πρὶν ἀλέκτορα

---

61 ⸂εκεινος δε εσιγα κ. ουδεν απεκριθη **D** | □**Φ**pc**k**   **62** ⸆p)
συ ειπας οτι **Θ**Φpc arm Or | □**D**. | ⸀p) επι G**λ** 33 al   **63** ⸀εχετε
c**k**sy⁸   **64** ⸂την-ιαν (+ του στοματος **W**Θal) αυτου **D**(**W**Θ)pm |
·; **H** | ⸀p) δοκει **D**Θpc   **65** ⸂τω προσωπω αυτου **D**(Θ)pc
a f sy**p** et □ **D** a f sy⁸ | ⸆ννν **G W**pcsy⁸ | ⸀ελαμβανον **DG**Θal:
κατελαβον 579.: εβαλλον **ℜ**al   **67** °**D**.   **68** :·: et :²; **h** | ⸆και
αλεκτωρ εφωνησεν **C**ℜ**D**Θpl; Th**ʳ** : txt **𝕾 W**c sy⁸   **69** ⸂παλιν
δε ιδ. αυτον η παιδ… ηρξατο **D**Θal | ⸂ειπεν **B**; Wh   **70** ⸆p)
και η λαλια σου ομοιαζει **ℵ**Θpm; s   **72** °**C**ℜpm; S | □p)
ℵpc c; h**ʳ** | ⸀ὃ **ℜD**Θpm;   131   S | □²**D**a

7 ⸂δὶς φωνῆσαι⸃ τρίς με ἀπαρνήσῃ·⸍* καὶ ⸀ἐπιβαλὼν
ἔκλαιεν⸃.

2 Καὶ εὐθὺς ⸀πρωῒ συμβούλιον ⸀ἑτοιμάσαντες οἱ 15
ἀρχιερεῖς μετὰ τῶν πρεσβυτέρων καὶ ⸀γραμματέων
καὶ ὅλον τὸ συνέδριον, *⸆ δήσαντες τὸν Ἰησοῦν ⸀ἀπή-
νεγκαν καὶ παρέδωκαν Πιλάτῳ. καὶ ἐπηρώτησεν 2
αὐτὸν ὁ Πιλᾶτος· σὺ εἶ ὁ βασιλεὺς τῶν Ἰουδαίων;
ὁ δὲ ἀποκριθεὶς αὐτῷ λέγει· σὺ λέγεις᷍· ᅵ καὶ κατ- 3
ηγόρουν αὐτοῦ οἱ ἀρχιερεῖς πολλά. ὁ δὲ Πιλᾶτος 4
πάλιν ⸀ἐπηρώτα αὐτόν [λέγων]· οὐκ ἀποκρίνῃ
οὐδέν; ἴδε πόσα σου κατηγοροῦσιν. ὁ δὲ Ἰησοῦς 5
οὐκέτι οὐδὲν ἀπεκρίθη, ὥστε θαυμάζειν τὸν Πι-
λᾶτον. Κατὰ δὲ ⸆ ἑορτὴν ἀπέλυεν αὐτοῖς ἕνα δέσμιον 6
⸂ὃν παρῃτοῦντο⸃. ἦν δὲ ὁ λεγόμενος Βαραββᾶς μετὰ 7
τῶν ⸀στασιαστῶν δεδεμένος, οἵτινες ἐν τῇ στάσει
φόνον πεποιήκεισαν. καὶ ⸀ἀναβὰς ὁ ὄχλος ἤρξατο 8
αἰτεῖσθαι καθὼς ⸆ ἐποίει αὐτοῖς. ὁ δὲ Πιλᾶτος 9
ἀπεκρίθη αὐτοῖς λέγων· θέλετε ἀπολύσω ὑμῖν τὸν
βασιλέα τῶν Ἰουδαίων; ἐγίνωσκεν γὰρ ὅτι διὰ 10
φθόνον παραδεδώκεισαν αὐτὸν □οἱ ἀρχιερεῖς⸃. οἱ 11
δὲ ἀρχιερεῖς ⸀ἀνέσεισαν τὸν ὄχλον ἵνα μᾶλλον τὸν
Βαραββᾶν ἀπολύσῃ αὐτοῖς. ὁ δὲ Πιλᾶτος πάλιν 12
ἀποκριθεὶς ἔλεγεν αὐτοῖς· τί οὖν ⸆ ποιήσω ⸂[ὃν]
λέγετε⸃ τὸν βασιλέα τῶν Ἰουδαίων; οἱ δὲ πάλιν 13
ἔκραξαν· σταύρωσον αὐτόν. ὁ δὲ Πιλᾶτος ἔλεγεν 14
αὐτοῖς· τί γὰρ ἐποίησεν κακόν; οἱ δὲ ⸀περισσῶς
ἔκραξαν· σταύρωσον αὐτόν. ὁ δὲ Πιλᾶτος ⸂βουλό- 15
μενος τῷ ὄχλῳ τὸ ἱκανὸν ποιῆσαι⸃ ἀπέλυσεν αὐτοῖς

1:
Mt 27,1 s.
L (22,66); 23,1.
J 18,28.

2—5:
Mt 27,11—14.
L 23,2 s.
J 18,29—38.

14,61. Is 53,7.

6—15:
Mt 27,15—26.
L 23,17—25.
J 18,39—19,1.

Mt 21,38.
J 11,48; 12,19.

Act 3,13.

72 ⸂φων. δ. 𝕽pm; T: φων. 𝕏C* Wpc it : txt B⊖pc | ⸀ἠρξατο
κλαιειν D⊖pc latsy   15,1 ⸆επι το 𝕽pm; S : επι τω Eal |
⸀ποιησαντες B𝕽pm; 𝕳 : εποιησαν et ⸆²και D⊖al : txt 𝕏Cpc |
⸀των 𝕏D⊖al; T | ⸀p) απηγαγον C⊖al : απηγ. εις την αυλην D it
2 ᅵ; h   4 ⸀-τησεν 𝕏C𝕽D⊖pm; W : txt B Wal | [+ 𝕳𝕽D⊖pl;
W : –𝕏565pc; T   6 ⸆την D. | ⸀ονπερ ητουντο C𝕽al; S :
ονπερ αν ητ. ⊖ : ον αν ητ. D Gal : ον ητ. Wpc : txt B*𝕏*pc   7 ⸀
συστασ- 𝕽33pm; W   8 ⸀αναβοησας C𝕽⊖pl sy; s : txt B𝕏*D
lat | ⸆αει C𝕽Dpl lat; 𝕾   10 □p) B 1 al sy^s; [H]   11 ⸀p)
επεισαν Dpc itsy^s   12 ⸆θελετε 𝕏D⊖pm; T | ⸂ον λεγ. 𝕏C𝕽pm;
T : λεγετε B.; W (, λεγ.,) : — D⊖al latsy^s   14 ⸀-σσοτερως 𝕽al; 𝕾
15 ⸂164523 𝕏C⊖sy; T :   p) — D ff²k r.

τὸν Βαραββᾶν, ⸆καὶ **παρέδωκεν**⸃ τὸν Ἰησοῦν φρα-
γελλώσας ἵνα σταυρωθῇ.

16—20:
Mt 27,27—31.
J 19,2 s.

16 Οἱ δὲ στρατιῶται ἀπήγαγον αὐτὸν ἔσω τῆς
αὐλῆς, ὅ ἐστιν **πραιτώριον**, καὶ συ;καλοῦσιν ὅλην
17 τὴν σπεῖραν. καὶ ἐνδιδύσκουσιν αὐτὸν ⸆ πορφύραν
καὶ ⸀περιτιθέασιν αὐτῷ °πλέξαντες ἀκάνθινον στέ-
18 φανον· ⸃καὶ ἤρξαντο ἀσπάζεσθαι αὐτόν· χαῖρε,
19 ⸀βασιλεῦ τῶν Ἰουδαίων· καὶ ἔτυπτον αὐτοῦ τὴν
κεφαλὴν καλάμῳ καὶ ἐνέπτυον αὐτῷ, °καὶ τιθέντες
20 τὰ γόνατα προσεκύνουν αὐτῷ⸄. καὶ ὅτε °ἐνέπαιξαν
αὐτῷ⸄, ἐξέδυσαν αὐτὸν ⸆ τὴν πορφύραν καὶ ἐνέδυσαν
αὐτὸν τὰ ⸀ἱμάτια αὐτοῦ⸄. Καὶ ἐξάγουσιν αὐτὸν

21—41:
Mt 27,32—56.
L 23,26.33—49.
J 19,16—30.
R 16,13.

21 ἵνα ⸀σταυρώσωσιν °αὐτόν. καὶ ἀγγαρεύουσιν παρά-
γοντά τινα Σίμωνα Κυρηναῖον ἐρχόμενον ἀπ' ἀγροῦ,
τὸν πατέρα Ἀλεξάνδρου καὶ Ῥούφου, ἵνα ἄρῃ τὸν
22 σταυρὸν αὐτοῦ. καὶ ⸀φέρουσιν αὐτὸν ἐπὶ τὸν
Γολγοθᾶν τόπον, ὅ ἐστιν ⸀μεθερμηνευόμενος κρα-

(Ps 69,22.) 23 νίου τόπος. καὶ ἐδίδουν αὐτῷ ἐσμυρνισμένον
24 οἶνον· ⸀ὃς δὲ⸄ οὐκ ἔλαβεν. καὶ ⸀σταυροῦσιν αὐτόν,

Ps 22,19. καὶ⸄ διαμερίζονται τὰ ἱμάτια αὐτοῦ, ⸀βάλλοντες κλῆρον
25 ἐπ' αὐτὰ τίς τί ἄρῃ. ἦν δὲ ὥρα ⸀τρίτη καὶ ⸀ἐσταύ-
26 ρωσαν αὐτόν. καὶ ἦν ἡ ἐπιγραφὴ τῆς αἰτίας
αὐτοῦ ἐπιγεγραμμένη· ⸆ Ο ΒΑΣΙΛΕΥΣ ΤΩΝ ΙΟΥ-
27 ΔΑΙΩΝ. Καὶ σὺν αὐτῷ σταυροῦσιν δύο λῃστάς,
29 ἕνα ἐκ δεξιῶν ⸆ καὶ ἕνα ἐξ εὐωνύμων αὐτοῦ ⸆. ⸆²Καὶ

Ps 22,8; 109,25. οἱ ⸀παραπορευόμενοι ἐβλασφήμουν αὐτὸν **κινοῦντες**
14,58. **τὰς κεφαλὰς αὐτῶν** καὶ λέγοντες· οὐὰ ὁ καταλύων
30 τὸν ναὸν καὶ οἰκοδομῶν [ἐν] τρισὶν ἡμέραις, ⸃σῶσον

---

15 ⸀παρ. δε B ; W   **17** ⸆p) χλαμυδα κοκκινην και Θal | ⸀επιτιθ. D |
O D.   **18** ⸃ο -ευς ℜal   **19** □p) Dk   **20** □D. | ⸆την χλαμυδα και Θal |
⸄ιδια ιμ. αυτ. ℵpc; T : ιμ. τα ιδια ℜpm ; S : ιδ. ιμ. Θpc : ιμ. D : txt BCpc |
⸀-σουσιν CDΘal; Thᵃ | O ℵDal; T   **22** ⸀αγουσιν DΦ lat | ⸀-νον ℌℜDΘ
pl; Th : txt Bpc   **23** ⸀ο δε CℜΘpl; S : και D lat : txt Bℵpc   **24** ⸀p) -ρω-
σαντες αυτον ℵCℜDΘpl; s : txt Bpc it | ⸀βαλοντες LΘal   **25** ⸀(J 19,14)
εκτη Θsyʰᵐᵍ; hʳ | ⸀εφυλασσον D it; +hʳ| **26** ⸆p) ουτος εστιν Drsy⁽ˢ⁾
27 ⸆nomine Zoathan et ⸆nomine Chammatha c. | ⸆²(28) (L 22,37; ls 53, 12)
και επληρωθη η γραφη η λεγουσα· και μετα ανομων ελογισθη. ℜΘpm latsyᵖ; hʳS
29 ⸀παραγοντες D | [+ ℌℜpm; W: — DΘal; T

,² σεαυτὸν καταβὰς ἀπὸ τοῦ σταυροῦ. °ὁμοίως καὶ 31
οἱ ἀρχιερεῖς ἐμπαίζοντες πρὸς ἀλλήλους μετὰ τῶν
γραμματέων ἔλεγον· ἄλλους ἔσωσεν, ἑαυτὸν οὐ
δύναται σῶσαι·· ὁ χριστὸς ὁ βασιλεὺς Ἰσραὴλ· 32   Mt 16,1.4.
καταβάτω νῦν ἀπὸ τοῦ σταυροῦ, ἵνα ἴδωμεν καὶ
,² πιστεύσωμεν. * καὶ οἱ συνεσταυρωμένοι ⌈σὺν αὐτῷ⌉
,² ὠνείδιζον αὐτόν.   Καὶ γενομένης ὥρας ἕκτης 33   Am 8,9. Jr 15,9.
σκότος ἐγένετο ἐφ᾽ ὅλην τὴν γῆν ἕως ὥρας ἐνάτης.
,₆ ¹καὶ τῇ ἐνάτῃ ὥρᾳ ἐβόησεν ὁ Ἰησοῦς φωνῇ μεγάλῃ· 34
⌈ἐλωΐ ⌈ἐλωΐ λαμὰ σαβαχθάνι⌉; ὅ ἐστιν μεθερ-   Ps 22,2.
μηνευόμενον· ὁ θεός μου □ὁ θεός μου⌉, εἰς τί ⌈ἐγκατ-
έλιπές με; καὶ τινες τῶν ⌈παρεστηκότων ἀκούσαντες 35
,² ἔλεγον· ἴδε Ἠλίαν φωνεῖ. δραμὼν δέ τις ᵀᵀγεμίσας 36
σπόγγον ὄξους ⌈περιθεὶς καλάμῳ ἐπότιζεν αὐτόν,   Ps 69,22.
λέγων· ⌈²ἄφετε ἴδωμεν εἰ ἔρχεται Ἠλίας καθελεῖν
,₁ αὐτόν.   ὁ δὲ Ἰησοῦς ἀφεὶς φωνὴν μεγάλην ἐξ- 37
0 έπνευσεν.   Καὶ τὸ καταπέτασμα τοῦ ναοῦ ἐσχίσθη 38
,² εἰς δύο ᵀἀπ᾽ ἄνωθεν ἕως κάτω. Ἰδὼν δὲ ὁ κεντυ- 39
ρίων ὁ παρεστηκὼς ⌈ἐξ ἐναντίας αὐτοῦ ὅτι ⌈οὕτως⌉
ἐξέπνευσεν⌉, εἶπεν·   ἀληθῶς οὗτος ὁ ἄνθρωπος
,₈ υἱὸς ⌐θεοῦ ἦν⌐.   Ἦσαν δὲ καὶ γυναῖκες ἀπὸ 40   L 8,2 s.
μακρόθεν θεωροῦσαι, ἐν αἷς καὶ ⌈Μαρία ἡ Μαγδα-
ληνὴ καὶ Μαρία ἡ Ἰακώβου τοῦ μικροῦ καὶ ⌈Ἰω-
σῆτος μήτηρ καὶ Σαλώμη, ¹⌈αἳ ὅτε ἦν ἐν τῇ 41
Γαλιλαίᾳ ἠκολούθουν αὐτῷ □καὶ διηκόνουν αὐτῷ⌉,
καὶ ἄλλαι πολλαὶ αἱ συναναβᾶσαι αὐτῷ εἰς
Ἱεροσόλυμα.

,₁ ¹   Καὶ ἤδη ὀψίας ⌈γενομένης, ἐπεὶ ἦν παρασκευή, 42

42—47:
Mt 27,57—61.
L 23,50—55.
J 19,38—42.
Ex 34,25.
Dt 21,22 s.

31 ODit 31.32 :, et :. comm 32 ⌈αυτω ℜpl : — Dpc
34 ⌈bis p) ηλι DΘpc it | ⌈λεμα σαβ. אC(ℜ)al ; T : λαμα ζαφθά-
νι D : txt B (sed ζαβαφθ-) Θ(lat) | □B 565. ; [H] | ⌈ωνειδισας
Dcik Porph.; ┤hʳ├ 35 ⌈παρεστωτων אDΘal; T : p) εστηκοτων
B(A); Wh : txt Cℜpm 36 ᵀκαι ℌאDΘpl; T : txt Bpc | ⌈p) πλη-
σας DΘpc | ⌈επιθεις D. | ⌈²p) αφες אDΘal 38 ᵀμερη Dit
39 ⌈εχει ουτως αυτον κραξαντα και D | ⌈κραξας εξ. WΘ 565
syˢ : ουτ. κραξας εξ. Cℜpl : ουτ. εκραξεν κ. | ⌐Cℜpm; T
40 ⌈Μαριαμ BCWΘpc; H | ⌈Ιωση א*Cℜpm : Joseph lat
41 ⌈και CWpc: αι και אDΘpm; W | □CDal 42 ⌈(γιν-
Blass cj)

43 ὅ ἐστιν ⌜προσάββατον, ∣ ἐλθὼν Ἰωσὴφ ○ὁ ἀπὸ ⌜Ἀριμα-
θαίας, εὐσχήμων βουλευτής, ὃς καὶ αὐτὸς ἦν

L 2,38 ! προσδεχόμενος τὴν βασιλείαν τοῦ θεοῦ, τολμήσας
εἰσῆλθεν πρὸς ○²τὸν Πιλᾶτον καὶ ᾐτήσατο τὸ ⌜σῶμα

44 τοῦ Ἰησοῦ. ὁ δὲ Πιλᾶτος ⌜ἐθαύμασεν εἰ ἤδη
τέθνηκεν, καὶ προσκαλεσάμενος τὸν κεντυρίωνα

45 ἐπηρώτησεν αὐτὸν εἰ ⌜πάλαι ἀπέθανεν· καὶ γνοὺς
ἀπὸ τοῦ κεντυρίωνος ἐδωρήσατο τὸ πτῶμα τῷ

46 Ἰωσήφ. καὶ ἀγοράσας σινδόνα ⌜καθελὼν αὐτὸν ἐνεί- 22
λησεν τῇ **σινδόνι** καὶ ⌜κατέθηκεν αὐτὸν ἐν ⌜²μνήματι
ὃ ἦν λελατομημένον ἐκ πέτρας, καὶ προσεκύλισεν

47 λίθον ἐπὶ τὴν θύραν τοῦ μνημείου⌐. ἡ δὲ Μαρία 22
ἡ Μαγδαληνὴ καὶ Μαρία ἡ ⌜Ἰωσῆτος ⌜ἐθεώρουν
ποῦ⌐ τέθειται.

1–8 :
Mt 28,1—10.   **16**   Καὶ ᵔδιαγενομένου τοῦ σαββάτου[ἡ]Μαρία ἡ Μαγ- 65
L 24,1—12.
J 20,1—10.   δαληνὴ καὶ Μαρία ἡ [²τοῦ] Ἰακώβου καὶ Σαλώμη ⟍ 23
L 8,2. Mc 14,8s.   ⌐ἠγόρασαν ἀρώματα ἵνα ⌜ἐλθοῦσαι ἀλείψωσιν αὐτόν⟍.

1 K 16,2 !   2 ∣καὶ ⌜λίαν πρωῒ [τῇ] μιᾷ τῶν **σαββάτων** ἔρχονται⟍ ἐπὶ 23
3 τὸ ⌜μνῆμα, ⌜ἀνατείλαντος τοῦ ἡλίου. καὶ ἔλεγον
πρὸς ἑαυτάς· τίς ἀποκυλίσει ἡμῖν τὸν λίθον ⌜ἐκ
4 τῆς θύρας τοῦ μνημείου⟍; ∣ᵔκαὶ ἀναβλέψασαι θεω-
ροῦσιν ὅτι ⌜ἀνακεκύλισται ὁ λίθος·⟍ ἦν γὰρ μέγας
5 σφόδρα⌐. καὶ ⌜εἰσελθοῦσαι εἰς τὸ μνημεῖον εἶδον

---

42 ⌜πρὶν σαββ. D   43 ○ Dal; 𝔥 ∣ ⌜-θιας Dal it vg^codd ∣ ○² 𝕮ℜDΘpl; 𝕾 ∣
⌜πτωμα Dk sy⁸   44 ⌜-αξεν ℵDlat.; T ∣ ⌜ηδη BDΘpc lat; 𝔥   46 ⌜p) λα-
βων Dn. ∣ ⌜p) ευθηκεν 𝕾DΘpm; H : txt C*ℜal ∣ ⌜²p) μνημειω rell; S : txt Bℵ. ∣
ᵔκαι απηλθεν Dpc   47 ⌜Ιακωβου Dpc itsy⁸; h^r1 : Ιωση 𝕮ℜpm; h^r2 : Ιωσηφ
Apc vg; h^r3 : Ιακ. και Ιωσητος Θpc ∣ ⌜εθεασαντο τον τοπον οπου D(Θ)
16,1 □D(k)n et ᵔπορευθεισαι DΘpckn ∣ [+ Bpc; W : — 𝕾ℜΘpl; T ∣ [²+ 𝕾al;
W : — ℵ*𝕮ℜΘpm; T ∣ ⌜αυτ. αλειψ. D it   2 ⌜ερχονται πρωι μιας σαββατου
D it ∣ [+ 𝕾Θal(ℜal); T : — BW; W ∣ ⌜μνημειον 𝕾ℜDpl; H : txt ℵ*C*WΘpc ∣
⌜-τελλοντος D c n q. ; h   3 ⌜ab osteo? Subito autem ad horam tertiam
tenebrae diei (die?) factae sunt per totum orbem terrae, et descende-
runt de caelis angeli et surgent (-ntes?, -nte eo?, surgit?) in claritate
vivi Dei (viri duo? + et?) simul ascenderunt cum eo, et continuo lux
facta est. Tunc illae accesserunt ad monimentum, k.; h^r   4 □DΘpc
sy⁸ ∣ ⌜p) αποκ- rell ; s : txt BℵL. ∣ ᵔκαι ερχονται και ευρισκουσιν αποκε-
κυλισμενον τον λιθον DΘpc it(sy⁸)   5 ⌜ελθ- B ; Wh

νεανίσκον καθήμενον ἐν τοῖς δεξιοῖς περιβεβλη- ,2 μένον στολὴν λευκήν, καὶ ⌜ἐξεθαμβήθησαν. ὁ δὲ 6 λέγει αὐταῖς· μὴ ἐκθαμβεῖσθε· Ἰησοῦν ζητεῖτε □τὸν Ναζαρηνὸν⟍ τὸν ἐσταυρωμένον·· ἠγέρθη, οὐκ ἔστιν ὧδε· ἴδε ὁ τόπος ὅπου ἔθηκαν αὐτόν. ἀλλὰ 7 ὑπάγετε εἴπατε τοῖς μαθηταῖς αὐτοῦ καὶ τῷ Πέτρῳ ὅτι⌜προάγει ὑμᾶς εἰς τὴν Γαλιλαίαν· ἐκεῖ ,2 ⌜αὐτὸν ὄψεσθε, καθὼς⌜εἶπεν ὑμῖν. καὶ ἐξελθοῦσαι 8 ἔφυγον ἀπὸ τοῦ μνημείου, εἶχεν ⌜γὰρ αὐτὰς ⌜τρόμος καὶ ἔκστασις· καὶ οὐδενὶ οὐδὲν εἶπαν· ἐφοβοῦντο γάρ⌝.

¹⁾ 〚Ἀναστὰς δὲ πρωῒ πρώτῃ σαββάτου⌜ἐφάνη πρῶ- 9 τον⟍ Μαρίᾳ τῇ Μαγδαληνῇ, ⌜παρ' ἧς ἐκβεβλήκει ⁵⁾ ἑπτὰ δαιμόνια. ἐκείνη πορευθεῖσα ἀπήγγειλεν 10 τοῖς μετ' αὐτοῦ γενομένοις πενθοῦσι καὶ κλαίουσιν· ⌐κἀκεῖνοι ἀκούσαντες ὅτι ζῇ καὶ ἐθεάθη ὑπ' αὐτῆς 11 ⁸⁾ ⌜ἠπίστησαν. Μετὰ δὲ ταῦτα δυσὶν ἐξ αὐτῶν περι- 12 ⁶⁾ πατοῦσιν ἐφανερώθη ἐν ἑτέρᾳ μορφῇ πορευομένοις εἰς ἀγρόν· κἀκεῖνοι ἀπελθόντες ἀπήγγειλαν τοῖς 13 ⁰⁾ λοιποῖς· οὐδὲ ἐκείνοις ἐπίστευσαν. Ὕστερον [δὲ] 14 ⁷⁾ ἀνακειμένοις αὐτοῖς τοῖς ἕνδεκα ἐφανερώθη, καὶ ὠνείδισεν τὴν ἀπιστίαν αὐτῶν καὶ σκληροκαρδίαν ὅτι τοῖς θεασαμένοις αὐτὸν ἐγηγερμένον ᵀ οὐκ ⁸⁾ ἐπίστευσαν. ᵀ ⌜καὶ εἶπεν αὐτοῖς⌝ πορευθέντες εἰς 15 τὸν κόσμον ἅπαντα κηρύξατε τὸ εὐαγγέλιον

Act 1,10; 10,30.

14,28.

9. 10:
J 20,11—18.
L 8,2.

J 20,18. L 24,10s.

J 16,20.

12. 13:
L 24,13—35.

14—18:
L 24,36—49.
J 20,19—23.
1 K 15,5.
Mt 28,16!
L 24,25.
J 20,26—29.

13,10.
Mt 28,18—20.
Kol 1,23.

---

5 ⌜εθαμβησαν D. 6 □ℵD. | ·; comm 7 ⌜ιδου προαγω et ⌜με et ⌜ειρηκα Dk 8 ⌜δε CℜΘpl; s | ⌜φοβος Dpc : · **** H 9—20 〚+ CℜD WΘpl latsyᶜᵖ aeg Ju(?) Irˡᵃᵗ; 〚H〛; T ex H repetit inter 〚 〛 in margine; W in margine, Ti e textu recepto impresserunt : — Bℵ a k sᵇarmᶜᵒᵈᵈ Cl Or Eus 9 ⌜εφανερωσεν πρωτοις D. | ⌜αφ AℜΘpl : txt C*Dpc 11 ⌜και ουκ επιστευσαν αυτω (αυτη D²)D. 14 〚+ ADΘal : — Cℜpm; W | T ex νεκρων AC*pm; [H] : txt ℜDΘal | (15 vide p. 137) ᵀκακεινοι απελογουντο λεγοντες οτι ο αιων ουτος της ανομιας και της απιστιας υπο τον σαταναν εστιν, ο μη εων τα (τον μη εωντα?) υπο των πνευματων ακαθαρτα (-ρτων?) την αληθειαν του θεου καταλαβεσθαι (+ και? αν αληθινην pro αληθειαν?) δυναμιν· δια τουτο αποκαλυψον σου την δικαιοσυνην ηδη, εκεινοι ελεγον τω χριστω. και ο χριστος εκεινοις προσ-

et illi satisfaciebant dicentes: Saeculum istud iniquitatis et incredulitatis substantia (vl sub Satana) est, quae non sinit per immundos spiritus veram Dei apprehendi virtutem: idcirco iamnunc revela iustitiam tuam.

codd. graeci apud Hier.; hʳ

J 3,18. Act 2,38;
16,31.33.
6,7.13. Mt 10,1.8.
L 9,1; 10,17.
Act 8,7; 16,18.
Act 19,6.
1 K 14,2 ss.
L 10,19. Act 28,3—6.
Mt 9,18!
6,13. Jc 5,14 s.
Act 28,8.
19:
L 24,3.50—53.
Act 1,4—14.
2 Rg 2,11. 1 T 3,16.
Ps 110,1. Act 7,55.

Act 14,3. H 2,4.

16 πάσῃ τῇ κτίσει. ὁ πιστεύσας καὶ βαπτισθεὶς
17 σωθήσεται, ὁ δὲ ἀπιστήσας κατακριθήσεται. ση- (23
μεῖα δὲ τοῖς πιστεύσασιν ⌐ταῦτα παρακολου-
θήσει⌐· ἐν τῷ ὀνόματί μου δαιμόνια ἐκβαλοῦσιν,
18 γλώσσαις λαλήσουσιν °καιναῖς, | ⌐ὄφεις ἀροῦσιν κἂν
θανάσιμόν τι πίωσιν οὐ μὴ αὐτοὺς βλάψῃ,
ἐπὶ ἀρρώστους χεῖρας ἐπιθήσουσιν καὶ καλῶς
19 ἕξουσιν. Ὁ μὲν οὖν κύριος [Ἰησοῦς] μετὰ τὸ (24
λαλῆσαι αὐτοῖς ἀνελήμφθη εἰς τὸν οὐρανὸν καὶ
20 ἐκάθισεν ἐκ δεξιῶν τοῦ ⌐θεοῦ. ἐκεῖνοι δὲ ἐξελθόντες (24
ἐκήρυξαν πανταχοῦ, τοῦ κυρίου συνεργοῦντος καὶ
τὸν λόγον βεβαιοῦντος διὰ τῶν ἐπακολουθούντων
σημείων.⌐]

ΑΛΛΩΣ

⟦Πάντα δὲ τὰ παρηγγελμένα τοῖς περὶ τὸν
Πέτρον συντόμως ἐξήγγειλαν. Μετὰ δὲ ταῦτα
καὶ αὐτὸς ὁ Ἰησοῦς⌐ἀπὸ ἀνατολῆς καὶ ⌐ἄχρι δύσεως
ἐξαπέστειλεν δι' αὐτῶν τὸ ἱερὸν καὶ ἄφθαρτον
κήρυγμα τῆς αἰωνίου σωτηρίας⌐.⟧

ελεγεν οτι πεπληρωται ο ὁρος των ετων της εξουσιας του
σατανα, ἀλλὰ εγγιζει ἀλλα δεινά· και υπερ ων εγω αμαρτη-
σαντων παρεδοθην εις θανατον, ινα υποστρεψωσιν εις την
αληθειαν και μηκετι αμαρτησωσιν ινα την εν τω ουρανω
πνευματικην και αφθαρτον της δικαιοσυνης δοξαν κληρονο-
μησωσιν. W. *15* ⌐αλλα W. *17* ⌐αχολ. ταυτα C*al; ℋ |
O C*al; ℋ *18* ⌐και εν ταις χερσιν Cℓal; [H] *19* [+C*ℓal; S:
— ΑℜΘpm; W | ⌐πατρος 1*pc *20* ⌐ αμην. C*ℜΘpm; h: txt
A 33 al

⟦ Πάντα etc habent (sed post vs. 8) **L Ψ 099 0112** 579 k sy^hmg
aeg^pt aeth^codd; hab. hic 274^mg; ⟦H⟧; T ex H repetit inter ⟦ ⟧
in margine; omittit W

⌐εφανη Ψ 274^mg k | ⌐μεχρι Ψ. | ⌐ αμην. Ψ 274^mg k sy^hmg.

ΚΑΤΑ ΛΟΥΚΑΝ

Kol 4,14.
Phm 24.
2 T 4,11.
2 K 8,18.

1,10 Ἐπειδήπερ πολλοὶ ἐπεχείρησαν ἀνατάξασθαι 1
διήγησιν περὶ τῶν πεπληροφορημένων ἐν ἡμῖν
πραγμάτων, ⌜καθὼς παρέδοσαν ἡμῖν οἱ ἀπ' ἀρχῆς 2
αὐτόπται καὶ ὑπηρέται γενόμενοι τοῦ λόγου, ἔδοξε 3
κἀμοὶ᾿ παρηκολουθηκότι ἄνωθεν πᾶσιν ἀκριβῶς
καθεξῆς σοι γράψαι, κράτιστε Θεόφιλε, ᴵἵνα ἐπι- 4
γνῷς περὶ ὧν κατηχήθης λόγων τὴν ἀσφάλειαν.

J 15,27.
H 2,3. Act 6,4.

Act 24,3!
Act 1,1; 11,4.

2 Ἐγένετο ἐν ταῖς ἡμέραις Ἡρῴδου βασιλέως 5
τῆς Ἰουδαίας ἱερεύς τις ὀνόματι Ζαχαρίας ἐξ
ἐφημερίας Ἀβιά, καὶ γυνὴ αὐτῷ ἐκ τῶν θυγατέρων
Ἀαρών, καὶ τὸ ὄνομα αὐτῆς Ἐλισάβετ. ἦσαν δὲ 6
δίκαιοι ἀμφότεροι ⌜ἐναντίον τοῦ θεοῦ, πορευόμενοι
ἐν πάσαις ταῖς ἐντολαῖς καὶ δικαιώμασιν τοῦ κυρίου
ἄμεμπτοι. καὶ οὐκ ἦν αὐτοῖς τέκνον, καθότι ἦν 7
ᴼἡ Ἐλισάβετ στεῖρα, καὶ ἀμφότεροι προβεβηκότες
ἐν ταῖς ἡμέραις αὐτῶν ἦσαν. Ἐγένετο δὲ ἐν 8
τῷ ἱερατεύειν αὐτὸν ἐν τῇ τάξει τῆς ἐφημερίας
αὐτοῦ ἔναντι τοῦ θεοῦ˙, ᴵκατὰ τὸ ἔθος τῆς ἱερα- 9
τείας ἔλαχε τοῦ θυμιᾶσαι εἰσελθὼν εἰς τὸν ναὸν
τοῦ κυρίου, καὶ πᾶν τὸ πλῆθος ἦν τοῦ λαοῦ 10
προσευχόμενον ἔξω τῇ ὥρᾳ τοῦ θυμιάματος. ὤφθη 11
δὲ αὐτῷ ἄγγελος κυρίου ἑστὼς ἐκ δεξιῶν τοῦ

1 Chr 24,10.
Neh 12,4.17.
Ex 6,23.

Gn 18,11.

Ex 30,7.

Act 10,3.

---

2 ⌜καθα **D**   3 ᵀ(Act 15,28) et spiritui sancto *b q* got
6 ⌜ενωπιον 𝕽DΘpl; 8   7 ᴼBal; [H]   8 :—, H

12 θυσιαστηρίου τοῦ θυμιάματος. καὶ ἐταράχθη
Ζαχαρίας ἰδών, καὶ φόβος ἐπέπεσεν ἐπ᾽ αὐτόν.
13 ¹εἶπεν δὲ πρὸς αὐτὸν ὁ ἄγγελος· μὴ φοβοῦ, Ζαχαρία,
διότι εἰσηκούσθη ἡ δέησίς σου, καὶ ἡ γυνή σου
Ἐλισάβετ γεννήσει υἱόν °σοι, καὶ καλέσεις τὸ ὄνομα
14 αὐτοῦ Ἰωάννην· καὶ ἔσται χαρά σοι καὶ ἀγαλ-
λίασις, καὶ πολλοὶ ἐπὶ τῇ ⌐γενέσει αὐτοῦ χαρή-
15 σονται. ἔσται γὰρ μέγας ἐνώπιον ⌐κυρίου, καὶ οἶνον
καὶ σίκερα οὐ μὴ πίῃ, καὶ πνεύματος ἁγίου πλησθή-
16 σεται ἔτι ⌐ἐκ κοιλίας⌐ μητρὸς αὐτοῦ, ¹καὶ πολλοὺς
τῶν υἱῶν Ἰσραὴλ ἐπιστρέψει ἐπὶ κύριον τὸν θεὸν
17 αὐτῶν· καὶ αὐτὸς ⌐προελεύσεται ἐνώπιον αὐτοῦ ἐν
πνεύματι καὶ δυνάμει Ἠλίου, ἐπιστρέψαι καρδίας
πατέρων ἐπὶ τέκνα καὶ ἀπειθεῖς ἐν φρονήσει δι-
καίων, ἑτοιμάσαι κυρίῳ λαὸν κατεσκευασμένον.
18 ¹καὶ εἶπεν Ζαχαρίας πρὸς τὸν ἄγγελον· κατὰ τί
γνώσομαι τοῦτο; ἐγὼ γάρ εἰμι πρεσβύτης καὶ ἡ
γυνή μου προβεβηκυῖα ἐν ταῖς ἡμέραις αὐτῆς.
19 ¹καὶ ἀποκριθεὶς ὁ ἄγγελος εἶπεν αὐτῷ· ἐγώ εἰμι
Γαβριὴλ ὁ ⌐παρεστηκὼς ἐνώπιον τοῦ θεοῦ, καὶ
ἀπεστάλην λαλῆσαι πρὸς σὲ καὶ εὐαγγελίσασθαί
20 σοι ταῦτα· καὶ ἰδοὺ ἔσῃ σιωπῶν καὶ μὴ δυνάμενος
λαλῆσαι ἄχρι ἧς ἡμέρας γένηται ταῦτα, ἀνθ᾽ ὧν
οὐκ ἐπίστευσας τοῖς λόγοις μου, οἵτινες ⌐πληρω-
21 θήσονται εἰς τὸν καιρὸν αὐτῶν. καὶ ἦν ὁ λαὸς
⌐προσδοκῶν τὸν Ζαχαρίαν, καὶ ἐθαύμαζον ἐν τῷ
22 χρονίζειν ⌐ἐν τῷ ναῷ αὐτόν⌐. ἐξελθὼν δὲ οὐκ ἐδύ-
νατο λαλῆσαι αὐτοῖς, καὶ ἐπέγνωσαν ὅτι ὀπτασίαν
ἑώρακεν ἐν τῷ ναῷ· καὶ αὐτὸς ἦν διανεύων αὐτοῖς,
23 καὶ ⌐διέμενεν κωφός. καὶ ἐγένετο ὡς ἐπλήσθησαν
αἱ ἡμέραι τῆς λειτουργίας αὐτοῦ, ἀπῆλθεν εἰς

Dn 10,12.
Gn 17,19.
Act 10,31.
60.

58.

7,28.33p.Nu6,3.
Jdc 13,4 s.
(1 Sm 1,11.)
41.67. E 5,18.

Mt 11,14;
17,10—13.
Ml 3,1.23 s.

Gn 15,8.
Gn18,11s;17,17.
R 4,19—21.

Dn 8,16; 9,21.

H 1,14.

(45.)

---

13 ○D*pc*   14 ⌐γεννησει Gλφ 33 *pm* sy : txt 𝕭D𝚯*al*   15 ⌐του
κ. B𝕽D*al*; Wh : του θεου 𝚯Ψ*al* : txt 𝕭*al* | ⌐εν -ια Witsy
17 ⌐προσελ- B*Cal; h   19 ⌐παρεστως D.   20 ⌐πλησθης-
D WΨ   21 ⌐προσδεχομενος D. | ⌐4123 𝕶C𝕽D𝚯*pl*; T : αυτον
700 *pc* : txt B 565 *pc*   22 ⌐διεμεινεν D*al*

τὸν οἶκον αὐτοῦ.   Μετὰ δὲ ταύτας τὰς ἡμέρας 24
συνέλαβεν Ἐλισάβετ ἡ γυνὴ αὐτοῦ, καὶ περιέκρυβεν
ἑαυτὴν μῆνας πέντε, λέγουσα ˈ ὅτι οὕτως μοι πε- 25
ποίηκεν ⌜κύριος ἐν ἡμέραις αἷς ἐπεῖδεν ἀφελεῖν
ὄνειδός μου ἐν ἀνθρώποις.

3   Ἐν δὲ τῷ μηνὶ τῷ ἕκτῳ ἀπεστάλη ὁ **ἄγγελος** 26
Γαβριὴλ ἀπὸ τοῦ θεοῦ εἰς πόλιν τῆς Γαλιλαίας
⌑ᾗ ὄνομα Ναζαρέθ◟, ˈπρὸς παρθένον ⌜ἐμνηστευμένην 27
ἀνδρὶ ᾧ ὄνομα Ἰωσήφ, ἐξ οἴκου Δαυίδ, καὶ τὸ
ὄνομα τῆς παρθένου Μαριάμ.   καὶ εἰσελθὼν πρὸς 28
αὐτὴν⌜⌜εἶπεν· χαῖρε, κεχαριτωμένη, ὁ κύριος μετὰ
σοῦ⌜.   ἡ δὲ⌜ἐπὶ τῷ λόγῳ διεταράχθη, καὶ διελο- 29
γίζετο⌜ποταπὸς εἴη ὁ ἀσπασμὸς οὗτος.   καὶ εἶπεν 30
ὁ ἄγγελος αὐτῇ· **μὴ φοβοῦ**, Μαριάμ· εὗρες γὰρ
χάριν παρὰ τῷ θεῷ.   καὶ ἰδοὺ συλλήμψῃ ἐν γαστρὶ 31
καὶ τέξῃ υἱόν, καὶ καλέσεις τὸ ὄνομα αὐτοῦ Ἰησοῦν.
ˈοὗτος ἔσται μέγας καὶ υἱὸς ὑψίστου κληθήσεται, 32
καὶ δώσει αὐτῷ κύριος ὁ θεὸς τὸν **θρόνον** Δαυὶδ
τοῦ πατρὸς αὐτοῦ, ˈκαὶ βασιλεύσει ἐπὶ τὸν οἶκον 33
Ἰακὼβ εἰς τοὺς αἰῶνας, καὶ τῆς βασιλείας αὐτοῦ
οὐκ ἔσται τέλος.   εἶπεν δὲ Μαριὰμ πρὸς τὸν 34
ἄγγελον· πῶς ἔσται τοῦτο, ἐπεὶ ἄνδρα οὐ⌜γινώσκω;
2,5 ˈκαὶ ἀποκριθεὶς ὁ ἄγγελος εἶπεν αὐτῇ· πνεῦμα 35
ἅγιον ἐπελεύσεται ἐπὶ σέ, καὶ δύναμις ὑψίστου
ἐπισκιάσει σοι· διὸ καὶ τὸ γεννώμενον⌜ἅγιον κλη-
10 θήσεται· υἱὸς θεοῦ.   καὶ ἰδοὺ Ἐλισάβετ ἡ ⌜συγγενίς 36
σου καὶ αὐτὴ ⌜συνείληφεν υἱὸν ἐν γήρει αὐτῆς, καὶ
οὗτος μὴν ἕκτος ἐστὶν αὐτῇ τῇ καλουμένῃ στείρᾳ·
ˈὅτι οὐκ ἀδυνατήσει παρὰ ⌜τοῦ θεοῦ◟ πᾶν ῥῆμα. 37
ˈεἶπεν δὲ Μαριάμ· ἰδοὺ ἡ δούλη κυρίου· γένοιτό 38

Gn 30,23.
1 Sm 1,11.

2,5. Mt 1,16.18.
2,4.

Jdc 5,24; 6,12.

Gn 16,11.
Jdc 13,3.
Is 7,14.
Mt 1,21—23.

(6,35.) Is 9,6.
2 Sm 7,12 s.16.
Mc 11,9 s.

Mch 4,7.

Dn 7,14. H 7,24.

J 3,6.9.
Mt 1,18.20.
2 K 12,9.
1 Th 1,5!
Ex 13,12.
Lv 21,12s. Is 4,3.
J 10,36.

Gn 18,14.
Mt 19,26 p.
45.

25 ⌜ο **BℵΘ**pl; Wh : *txt* **ℵCD**pc   26 ⌑**D**   27 ⌜μεμν-
CℜΘpl; S : μεμνησμενην **D**. : *txt* **B*ℵ***pc   28 ⌜ο αγγελος **ℵ**69
al itsyᵖ (ʃ **CℜD**al vg); T : *txt* **BΘ**al | ⌜ευηγγελισατο αυτην και
ειπ. 565pc it | ⌜ (1,42) ευλογημενη συ εν γυναιξιν **CℜDΘ**pmlatsy;
┤hʳ├   29 ⌜ιδουσα **CℜΘ**pmlatsy : ακουσασα 1194 vgᶜˡ | ⌜ εν
εαυτη **D**pc : εν ε. λεγουσα 33al   34 ⌜μετεχω 579.   35 ⌜εκ
σου **C*Θ**al it(sy) Irˡᵃᵗ; hʳ | ·, H   36 ⌜-νης **C*ℜΘ**pm | ⌜-φυια
CℜDΘpl; T : *txt* **Bℵ** 565pc   37 ⌜τω θεω **CℜΘ**pl : *txt* **Bℵ*D**pc

μοι κατὰ τὸ ῥῆμά σου. καὶ ⌐ἀπῆλθεν ἀπ᾽ αὐτῆς
39 ὁ ἄγγελος.   Ἀναστᾶσα δὲ Μαριὰμ ἐν ταῖς ἡμέραις 4

(Mc 6,25.) ταύταις ἐπορεύθη εἰς τὴν ὀρεινὴν μετὰ σπουδῆς
40 εἰς πόλιν Ἰούδα, καὶ εἰσῆλθεν εἰς τὸν οἶκον
41 Ζαχαρίου καὶ ἠσπάσατο τὴν Ἐλισάβετ. καὶ ἐγένετο
ὡς ἤκουσεν τὸν ἀσπασμὸν τῆς Μαρίας ἡ Ἐλισάβετ,

Gn 25,22 Lxx.   ἐσκίρτησεν τὸ βρέφος ἐν τῇ κοιλίᾳ αὐτῆς, καὶ
15.67.
42 ἐπλήσθη πνεύματος ἁγίου ἡ Ἐλισάβετ, ¹ καὶ ⌐ἀνε-

Jdc 5,24.   φώνησεν κραυγῇ⌐ μεγάλῃ καὶ εἶπεν· εὐλογημένη
11,27. Dt 28,4.
Ps 132,11.   σὺ ἐν γυναιξίν, καὶ εὐλογημένος ὁ καρπὸς τῆς
Act 2,30.
2 Sm 24,21. 43 κοιλίας σου. καὶ πόθεν μοι τοῦτο ἵνα ἔλθῃ ἡ
Mt 3,11p; 22,43.
44 μήτηρ τοῦ κυρίου μου πρὸς ⌐ἐμέ; ἰδοὺ γὰρ ὡς

J 3,29.   ἐγένετο ἡ φωνὴ τοῦ ἀσπασμοῦ σου εἰς τὰ ὦτά
μου, ἐσκίρτησεν ἐν ἀγαλλιάσει τὸ βρέφος ἐν τῇ

48; 11,27 s. 45 κοιλίᾳ μου. καὶ μακαρία ἡ πιστεύσασα ὅτι ἔσται
(20.) H 11,11.   τελείωσις τοῖς λελαλημένοις αὐτῇ παρὰ κυρίου.

46 ¹ Καὶ εἶπεν ⌐Μαριάμ·   5

1 Sm 2,1—10.   **Μεγαλύνει ἡ ψυχή μου τὸν κύριον,**

Hab 3,18. 47   **καὶ ἠγαλλίασεν τὸ πνεῦμά μου ⌐ἐπὶ τῷ θεῷ**
        τῷ σωτῆρί μου·   ⌐τοῦ.

25.38. 1 Sm1,11. 48 **ὅτι ἐπέβλεψεν ⌐ἐπὶ τὴν ταπείνωσιν τῆς δούλης αὐ-**
Ps 113,5 s.   **ἰδοὺ γὰρ ἀπὸ τοῦ νῦν μακαριοῦσίν με πᾶσαι**
45! Gn 30,13.   **αἱ γενεαί·** ·

49   **ὅτι ἐποίησέν μοι ⌐μεγάλα ὁ δυνατός·.**
Ps 111,9.   **καὶ ἅγιον τὸ ὄνομα αὐτοῦ,**

Ps 103,13.17. 50   **καὶ τὸ ἔλεος αὐτοῦ ⌐εἰς γενεὰς καὶ γενεὰς⌐**
        τοῖς φοβουμένοις αὐτόν.

Ps 89,11. 51 **Ἐποίησεν κράτος ἐν βραχίονι αὐτοῦ,**
2 Sm 22,28.   **διεσκόρπισεν ὑπερηφάνους διανοίᾳ καρδίας**
       αὐτῶν·

---

38 ⌐απεστη **D**   *42* ⌐ανεφ. φωνη ℵ**D**pm; 𝔖: ανεβοη-
σεν φ. ℵC**Θ**al; s¹: txt **BW**pc   *43* ⌐με rell; 𝔖: txt **Bℵ*Θ**.
46 ⌐Elisabet ab l* Ir^pt, codd apud Or; h^r   *47* ⌐εν **D** lat
48 ⌐χυριος **D**. | ·, **T**   *49* ⌐μεγαλεια rell; 𝔖: txt **Bℵ*D*LW**
latt sy^s·p. | ·, **H**   *50* ⌐εις γ. γενεων ℵ(**D**)**Θ**; s¹: εις γενεαν
και γενεαν ℵλφpm it; s²: απο γενεας εις γενεαν 565 pc; s³: txt
BC*pc lat

καθεῖλεν δυνάστας ἀπὸ θρόνων   52   Ps 147,6.
    καὶ ὕψωσεν ταπεινούς,   Job 12,19; 5,11.
                                           1 Sm 2,7.
πεινῶντας ἐνέπλησεν ἀγαθῶν   Ez 21,31.
    καὶ πλουτοῦντας ἐξαπέστειλεν κενούς.   53   Ps 107,9; 34,11.
                                           1 Sm 2,5.
ἀντελάβετο Ἰσραὴλ παιδὸς αὐτοῦ,   54   Is 41,8s.
    μνησθῆναι ἐλέους,   Ps 98,3.
καθὼς ἐλάλησεν πρὸς τοὺς πατέρας ἡμῶν,   55   Mch 7,20.
    τῷ Ἀβραὰμ καὶ τῷ σπέρματι αὐτοῦ ⸂εἰς τὸν   Gn 17,7; 18,18;
αἰῶνα⸃. ⸀Ἔμεινεν δὲ Μαριὰμ σὺν αὐτῇ °ὡς μῆνας   56   22,17.
τρεῖς, καὶ ὑπέστρεψεν εἰς τὸν οἶκον αὐτῆς.

6   Τῇ δὲ Ἐλισάβετ ἐπλήσθη ὁ χρόνος τοῦ τεκεῖν   57   2,6.
αὐτήν, καὶ ἐγέννησεν υἱόν. καὶ ἤκουσαν οἱ περίοικοι   58
καὶ οἱ συγγενεῖς αὐτῆς ὅτι ἐμεγάλυνεν κύριος τὸ   14. R 12,15.
ἔλεος αὐτοῦ μετ' αὐτῆς, καὶ συνέχαιρον αὐτῇ. Καὶ   59   15,6.9.
ἐγένετο ἐν τῇ ἡμέρᾳ τῇ ὀγδόῃ ἦλθον περιτεμεῖν   2,21. Gn 17,12.
τὸ παιδίον, καὶ ἐκάλουν αὐτὸ ἐπὶ τῷ ὀνόματι τοῦ   Lv 12,3. Ph 3,5.
πατρὸς αὐτοῦ Ζαχαρίαν. καὶ ἀποκριθεῖσα ἡ μήτηρ   60   13.
αὐτοῦ εἶπεν· οὐχί, ἀλλὰ κληθήσεται ⸆ Ἰωάννης. καὶ   61
εἶπαν πρὸς αὐτὴν ὅτι οὐδείς ἐστιν ἐκ τῆς συγγε-
νείας σου ὃς καλεῖται ⸂τῷ ὀνόματι τούτῳ⸃. ἐνένευον   62
δὲ τῷ πατρὶ αὐτοῦ τὸ τί ἂν θέλοι καλεῖσθαι
αὐτό. καὶ αἰτήσας πινακίδιον ἔγραψεν °λέγων·   63
Ἰωάννης ἐστὶν ⸆ ὄνομα αὐτοῦ. ⸂καὶ ἐθαύμασαν πάντες.
⸀ἀνεῴχθη δὲ τὸ στόμα αὐτοῦ παραχρῆμα καὶ ἡ   64
γλῶσσα⸃ αὐτοῦ⸆, καὶ ἐλάλει εὐλογῶν τὸν θεόν. Καὶ   65
ἐγένετο ἐπὶ πάντας φόβος τοὺς περιοικοῦντας
αὐτούς, καὶ ἐν ὅλῃ τῇ ὀρεινῇ τῆς Ἰουδαίας διελα-
λεῖτο πάντα τὰ ῥήματα ταῦτα, ⸀καὶ ἔθεντο πάντες   66   9,44!
οἱ ἀκούσαντες ἐν τῇ καρδίᾳ αὐτῶν, λέγοντες· τί
ἄρα τὸ παιδίον τοῦτο ἔσται; καὶ γὰρ χεὶρ   Act 11,21.
7 κυρίου °ἦν μετ' αὐτοῦ.   Καὶ Ζαχαρίας ὁ πατὴρ   67

---

55 ⸂εως αιωνος *C*λφρm*; S   **56** °*D* 69 it   **60** ⸆το
ονομα αυτου *C*D*   **61** ⸂το ονομα τουτο *D*.   **63** °*D* 4 273 e sy* |
⸆το א*CRD*Θ*pl*; T : txt *B*L* 565 *pc*   **63.64** ⸂και παραχρ. ελυθη
η γλ. αυτου και εθαυμ. παντες, ανεωχθη δε το στ. *D* it
64 ⸆διηρθρωθη 251   **66** °*D* itsy*

15.41.   αὐτοῦ ἐπλήσθη πνεύματος ἁγίου καὶ ⌐ἐπροφήτευ-
σεν λέγων⌐·

Ps41,14; 72,18; 89,53; 106,48.   **68**   Εὐλογητὸς °κύριος ὁ θεὸς τοῦ Ἰσραήλ,

78; 7,16; 19,44. Act 15,14. 24,21! Ps 111,9.   ὅτι ἐπεσκέψατο καὶ ἐποίησεν λύτρωσιν τῷ
λαῷ αὐτοῦ,

1 Sm 2,10.   **69**   καὶ ἤγειρεν κέρας σωτηρίας ἡμῖν
Ps 18,3; 132,17.   ἐν οἴκῳ Δαυὶδ⌐ παιδὸς αὐτοῦ,

R 1,2.   **70**   καθὼς ἐλάλησεν διὰ στόματος ⌐τῶν ἁγίων⌐ ἀπ'
Ap 10,7!   αἰῶνος προφητῶν αὐτοῦ⌐,

Ps 106,10.   **71**   σωτηρίαν ἐξ ἐχθρῶν ἡμῶν
καὶ ἐκ χειρὸς πάντων τῶν μισούντων ἡμᾶς,

Ps105,8; 106,45.
Lv 26,42.   **72**   ποιῆσαι ἔλεος μετὰ τῶν πατέρων ἡμῶν
Gn 17,7.
Act 3,25.   καὶ μνησθῆναι διαθήκης ἁγίας αὐτοῦ,

Gn 22,16 s.
Jr11,5. Mch7,20   **73**   ὅρκον ὃν ὤμοσεν πρὸς Ἀβραὰμ τὸν πατέρα ἡμῶν,

Tt 2,12.14.   **74**   τοῦ δοῦναι ἡμῖν | ἀφόβως ἐκ χειρὸς ἐχθρῶν
Jr 30,8. R 1,9!   ῥυσθέντας

E 4,24.   **75**   λατρεύειν αὐτῷ | ἐν ὁσιότητι καὶ δικαιοσύνῃ
ἐνώπιον αὐτοῦ ⌐πάσαις ταῖς ἡμέραις⌐ ⌐ἡμῶν.

7,26 p.   **76**   Καὶ σὺ δέ, παιδίον, προφήτης ὑψίστου κληθήσῃ·
Ml 3,1.   προπορεύσῃ γὰρ ⌐ἐνώπιον κυρίου ἑτοιμάσαι
Mc 1,2.   ὁδοὺς αὐτοῦ,

77   τοῦ δοῦναι γνῶσιν σωτηρίας τῷ λαῷ αὐτοῦ
Jr 31,34.   ἐν ἀφέσει ἁμαρτιῶν ⌐αὐτῶν,
68! Nu 24,17.
Is 60,1 s.   **78**   διὰ σπλάγχνα ἐλέους θεοῦ ἡμῶν,
Jr23,5. Zch3,8;
6,12Lxx.H7,14.   ἐν οἷς ⌐ἐπισκέψεται ἡμᾶς ἀνατολὴ ἐξ ὕψους,
2 P 1,19.
Is 9,1; 42,7.   **79**   ἐπιφᾶναι⌐ τοῖς ἐν σκότει καὶ σκιᾷ θανάτου καθη-
Mt 4,16.   μένοις,
Is 59,8. R 3,17.   τοῦ κατευθῦναι τοὺς πόδας ἡμῶν εἰς ὁδὸν
εἰρήνης.

2,40. Jdc13,24s.   **80**   Τὸ δὲ παιδίον ηὔξανεν καὶ ἐκραταιοῦτο πνεύ-
3,2. Mt 3,1.   ματι, καὶ ἦν ἐν ταῖς ἐρήμοις ἕως ἡμέρας ἀνα-
δείξεως αὐτοῦ πρὸς τὸν Ἰσραήλ.

---

67 ⌐εἰπεν *D*. *68* °Wit syˢ sa Cypr   *69* ⌐του *CℜΘpl*; S
70 ⌐256134 *D* itsy Ir^{lat} | ⌐των *CℜΘpl*; W   *75* ⌐-σας τας
-ρας ℌℜ*DΘpl*; Th: txt *B* 565 pc | ⌐της ζωης ℜ*Θpm* *76* ⌐προ
προσωπου *CℜDΘpl*; T   *77* ⌐ημων *CΘpm* : — 122 al   *78*⌐επε-
σκεψατο *CℜDpl* latt; T : txt *Bℵ Θpc* sy   *79* ⌐φως *D*.

18 Ἐγένετο δὲ ἐν ταῖς ἡμέραις ἐκείναις ἐξῆλθεν **2**
δόγμα παρὰ Καίσαρος Αὐγούστου ἀπογράφεσθαι
πᾶσαν τὴν οἰκουμένην. ⌜αὕτη ἀπογραφὴ ˢπρώτη **2**
ἐγένετο⌐ ἡγεμονεύοντος τῆς Συρίας ⌜Κυρηνίου. καὶ **3**
ἐπορεύοντο πάντες ἀπογράφεσθαι, ἕκαστος εἰς τὴν
ἑαυτοῦ ⌜πόλιν. Ἀνέβη δὲ καὶ Ἰωσὴφ ἀπὸ τῆς **4**
Γαλιλαίας ἐκ πόλεως Ναζαρὲθ εἰς ⌜τὴν Ἰουδαίαν⌐
εἰς πόλιν Δαυὶδ ἥτις καλεῖται Βηθλέεμ, ˢδιὰ τὸ
εἶναι ⌜αὐτὸν ἐξ οἴκου καὶ πατριᾶς Δαυίδ, ⌐ ἀπο- **5**
γράψασθαι σὺν Μαριὰμ τῇ ⌜ἐμνηστευμένῃ αὐτῷ⌐,
9 οὔσῃ ἐγκύῳ⌐. ⌜Ἐγένετο δὲ ἐν τῷ εἶναι αὐτοὺς ἐκεῖ **6**
ἐπλήσθησαν⌐ αἱ ἡμέραι τοῦ τεκεῖν αὐτήν, ⌐καὶ ἔτεκεν **7**
τὸν υἱὸν·αὐτῆς τὸν πρωτότοκον, καὶ ἐσπαργάνωσεν
αὐτὸν καὶ ἀνέκλινεν αὐτὸν ἐν⌜φάτνῃ, διότι οὐκ
2 ἦν αὐτοῖς τόπος ἐν τῷ καταλύματι. Καὶ ποι- **8**
μένες ἦσαν ἐν τῇ χώρᾳ τῇ αὐτῇ ἀγραυλοῦντες καὶ
φυλάσσοντες φυλακὰς τῆς νυκτὸς ἐπὶ τὴν ποίμνην
αὐτῶν. καὶ ἄγγελος κυρίου ἐπέστη αὐτοῖς καὶ **9**
δόξα⌜κυρίου περιέλαμψεν αὐτούς, καὶ ἐφοβήθησαν
⌜φόβον μέγαν⌐. καὶ εἶπεν αὐτοῖς ὁ ἄγγελος· μὴ **10**
φοβεῖσθε· ἰδοὺ γὰρ εὐαγγελίζομαι ὑμῖν χαρὰν
μεγάλην, ἥτις ἔσται ᵀπαντὶ τῷ λαῷ, ⌐ὅτι ἐτέχθη **11**
ὑμῖν σήμερον σωτήρ, ὅς ἐστιν⌜χριστὸς κύριος⌐, ἐν
πόλει Δαυίδ. καὶ τοῦτο ὑμῖνᵀσημεῖον, εὑρήσετε **12**
βρέφος ἐσπαργανωμένον ⌑καὶ κείμενον⌐ἐν φάτνῃ.
⌐καὶ ἐξαίφνης ἐγένετο σὺν τῷ ἀγγέλῳ πλῆθος στρα- **13**
τιᾶς⌜οὐρανίου αἰνούντων τὸν θεὸν καὶ λεγόντων·
δόξα ἐν ὑψίστοις θεῷ καὶ ἐπὶ γῆς εἰρήνη ⌜ἐν **14**
ἀνθρώποις ⌜εὐδοκίας.
10 ⌐Καὶ ἐγένετο ὡς ἀπῆλθον ἀπ' αὐτῶν εἰς τὸν οὐρανὸν **15**

Act 17,7.

Act 5,37.
(3,1.)

1,27.

1,27.

1,57.

Mt 1,25.

22,11.

Mch 4,8; 5,4.
Lxx.

Act 26,13.

Thr 4,20.
Ps Sal 17,36.
(Mch 5,1.)

(Is 1,3.)

Dn 7,10.
Mt 18,10!; 26,53.
1 P 1,12.

19,38. Is 57,19.
E 6,15!

2 ⌜αυτη η C𝕽pl; hʳS: (αὐτὴ comm) | ⌐𝕾 ℵ*(D); T | ⌜(potius) -ρινιου φαl:
(male) -ρεινου B*W; h 3 ⌜πατριδα Dpc (syˢ): χωραν C* 4 ⌜γην Ιουδα D it |
⌜αυτους 348 1216 e.: αμφοτερους syˢ et 4.5 ˢ 10—17 1—9 Dsyˢ 5 ⌜γυναικι
αυτου itsyˢ: μεμν. αυτω γυναικι ℵ𝕺pl lat; S 6 ⌜ως δε παρεγινοντο ετελε-
σθησαν D. 7 ⌜σπηλαιω Epiph.; hʳ 9 ⌜θεου ℵ³ Ξ e vg: — Dpc it | ⌜(Mt
17,6) σφοδρα B.: φ. μ. σφοδρα Wbo. 10 ᵀκαι D 11 ⌜2 1 Wsyˢ·ᵖ: (Χρ.
κυρ. T): χρ. κυριου rⁱsyᵖᵃˡ: (J.Weiss cj) 12ᵀτο 𝕾𝕽D𝕺pl; Th: txt Bpc | ⌑ℵ*
Dpc; T 13 ⌜-νου B*D*; h 14 ⌜και sy: — it vgᶜˡ Irˡᵃᵗ | ⌜-ια ℵ𝕺pl sy bo Orᵖᵗ
Eus; h: txt B*ℵ*Dpc latt 144 got Orᵖᵗ Irˡᵃᵗ patr latt

οἱ ἄγγελοι,⸆οἱ ποιμένες ⸀ἐλάλουν πρὸς ἀλλήλους·
διέλθωμεν δὴ ἕως Βηθλέεμ καὶ ἴδωμεν τὸ ῥῆμα
16 τοῦτο τὸ γεγονὸς ὃ ὁ κύριος ἐγνώρισεν ἡμῖν. καὶ
ἦλθαν σπεύσαντες, καὶ ἀνεῦραν τήν τε Μαριὰμ
καὶ τὸν Ἰωσὴφ καὶ τὸ βρέφος κείμενον ἐν τῇ
17 φάτνῃ· ἰδόντες δὲ ⸀ἐγνώρισαν περὶ τοῦ ῥήματος
τοῦ λαληθέντος αὐτοῖς περὶ τοῦ παιδίου °τούτου.
18 ¹καὶ πάντες οἱ ἀκούσαντες ἐθαύμασαν περὶ τῶν λαλη-
19 θέντων ὑπὸ τῶν ποιμένων πρὸς αὐτούς· ἡ δὲ ⸀Μαρία
πάντα συνετήρει τὰ ῥήματα ταῦτα συμβάλλουσα
20 ἐν τῇ καρδίᾳ αὐτῆς. καὶ ὑπέστρεψαν οἱ ποιμένες
δοξάζοντες καὶ αἰνοῦντες τὸν θεὸν ἐπὶ πᾶσιν οἷς
ἤκουσαν καὶ εἶδον καθὼς ἐλαλήθη πρὸς· αὐτούς.
21 Καὶ ὅτε ⸀ἐπλήσθησαν ἡμέραι ὀκτὼ τοῦ περι-
τεμεῖν ⸀αὐτόν, ⸂καὶ ἐκλήθη⸃ τὸ ὄνομα αὐτοῦ Ἰησοῦς,
τὸ κληθὲν ὑπὸ τοῦ ἀγγέλου πρὸ τοῦ συλλημφθῆναι
αὐτὸν ἐν τῇ κοιλίᾳ.
22 Καὶ ὅτε ἐπλήσθησαν αἱ ἡμέραι °τοῦ καθαρισμοῦ
⸀αὐτῶν κατὰ τὸν νόμον Μωϋσέως, ἀνήγαγον αὐτὸν
23 εἰς Ἱεροσόλυμα παραστῆσαι τῷ κυρίῳ, ¹καθὼς γέ-
γραπται ἐν νόμῳ κυρίου ὅτι **πᾶν ἄρσεν διανοῖγον**
24 **μήτραν ἅγιον τῷ κυρίῳ κληθήσεται,** ¹καὶ τοῦ δοῦναι
θυσίαν κατὰ τὸ εἰρημένον ἐν τῷ νόμῳ κυρίου,
25 **ζεῦγος τρυγόνων ἢ δύο νοσσοὺς περιστερῶν.** Καὶ ³
ἰδοὺ ἄνθρωπος ἦν ἐν Ἱερουσαλὴμ ᾧ ὄνομα Συμεών,
καὶ ὁ ἄνθρωπος οὗτος δίκαιος καὶ εὐλαβής, προσ-
δεχόμενος παράκλησιν τοῦ Ἰσραήλ, καὶ πνεῦμα
26 ἦν ἅγιον ἐπ᾽ αὐτόν· ⸂καὶ ἦν αὐτῷ κεχρηματισμένον⸃
ὑπὸ τοῦ πνεύματος τοῦ ἁγίου μὴ ἰδεῖν θάνατον
27 ⸂πρὶν ἢ ἂν⸃ ἴδῃ τὸν ⸀χριστὸν κυρίου. καὶ ἦλθεν
ἐν τῷ πνεύματι εἰς τὸ ἱερόν· καὶ ἐν τῷ εἰσαγαγεῖν

Margin references (left):

10—12. 17

51. Gn 37,11 Lxx.

5,25.26 p; 7,16;
13,13; 17,15;
18,43; 23,47.
Mt 15,31.

1,59! 21
1,31.
G 4,4.

Lv 12. 22
Nu 6.9.
R 6,19; 12,1.

Ex 13,2.12.15.

Lv 12,8; 5,11.
Nu6,10.Mt21,12

Gn 49,18.
Ps 119,166.
38!6,24.Jr17,6.
Is 40,1; 49,13.

J 8,51. H 11,5.

---

15 ⸆και οι ανθρωποι 𝔊D*pm*; S : *txt* B𝔑Θ*al* latsy | ⸀ειπον
𝔊DO*pl*; S : *txt* B𝔑 565 lat **17** ⸀διεγν- 𝔊Θ*pm*; W | °DΘ*al* itsy^s sa
19 ⸀-ριαμ 𝔊*pm*; Wh **21** ⸀συνετελεσθ- D*pc* lat | ⸀το παιδιον D
33*pm* | ⸂ωνομασθη D **22** ○B*.; W | ⸀αυτου D*pc*(latsy^s, an
= αυτης?) : — 435*pc* Ir^lat **26** ⸂κεχρ-νος δε ην D it | ⸄πρ. αν
BΘ*pc*; (πρ. [η] αν H):πρ. η 𝔑D*pm*; S : εως αν 𝔑* e sy : πρ.
W*al* : *txt* L 33*pc* | ⸀(Χρ- T) 145

□τοὺς γονεῖς ⸂τὸ παιδίον Ἰησοῦν τοῦ ποιῆσαι αὐτοὺς
κατὰ τὸ ⸀εἰθισμένον τοῦ νόμου περὶ αὐτοῦ, ¹καὶ 28
αὐτὸς ἐδέξατο αὐτὸ εἰς τὰς ἀγκάλας⊤καὶ εὐλόγησεν
τὸν θεὸν καὶ εἶπεν·

νῦν ἀπολύεις τὸν δοῦλόν σου, δέσποτα,   29 Gn 15,15; 46,30.
κατὰ τὸ ῥῆμά σου ἐν εἰρήνῃ·   Tob 11,9 Lxx.
                                 Act 4,24!

ὅτι εἶδον οἱ ὀφθαλμοί μου τὸ σωτήριόν σου,   30 Is 40,5; 52,10.
δ ἡτοίμασας κατὰ πρόσωπον πάντων τῶν λαῶν, 31 3,6.

φῶς εἰς ἀποκάλυψιν °ἐθνῶν   32 Is 42,6; 49,6;
καὶ δόξαν λαοῦ σου Ἰσραήλ.   25,7; 46,13.
                                Act13,47; 26,23.

¹καὶ ἦν ⸂ὁ πατὴρ αὐτοῦ⸃ καὶ ἡ μήτηρ⊤θαυμάζοντες 33
ἐπὶ τοῖς λαλουμένοις περὶ αὐτοῦ. καὶ εὐλόγησεν 34
αὐτοὺς Συμεὼν καὶ εἶπεν πρὸς Μαριὰμ τὴν μητέρα   Is 8,14. 1 P 2,8.
αὐτοῦ· ἰδοὺ οὗτος κεῖται εἰς πτῶσιν καὶ ἀνάστασιν   4,28. Mt 21,42!
πολλῶν ἐν τῷ Ἰσραὴλ καὶ εἰς σημεῖον ἀντιλεγό-   Mc 6,3. 1 K 1,23.
                                2 K 2,16. H12,3.
μενον —¹καὶ σοῦ °δὲ αὐτῆς τὴν ψυχὴν διελεύσεται 35 J 19,25.
ῥομφαία —, ὅπως ἂν ἀποκαλυφθῶσιν °²ἐκ πολλῶν
¹⁴καρδιῶν διαλογισμοί.   Καὶ ἦν Ἄννα προφῆτις, 36
θυγάτηρ Φανουήλ, ἐκ φυλῆς Ἀσήρ· αὕτη προβε-
βηκυῖα ἐν ἡμέραις πολλαῖς, ζήσασα μετὰ ἀνδρὸς
⸀ἔτη ἑπτὰ ἀπὸ τῆς παρθενίας αὐτῆς, ¹καὶ ⸀αὐτὴ 37
χήρα °ἕως ἐτῶν ὀγδοήκοντα τεσσάρων, ἥ οὐκ ἀφ-   1 T 5,5.
ίστατο τοῦ ⸀ἱεροῦ νηστείαις καὶ δεήσεσιν λατρεύουσα
νύκτα καὶ ἡμέραν. καὶ αὐτῇ τῇ ὥρᾳ ἐπιστᾶσα 38
ἀνθωμολογεῖτο τῷ θεῷ καὶ ἐλάλει περὶ αὐτοῦ   25; 23,51.
πᾶσιν τοῖς προσδεχομένοις λύτρωσιν ⸀Ἰερουσαλήμ.   24,21! Is 52,9.
¹⁵   Καὶ ὡς ἐτέλεσαν ⸀πάντα °τὰ κατὰ τὸν νόμον 39
°²κυρίου, ⸀ἐπέστρεψαν εἰς τὴν Γαλιλαίαν εἰς⊤πό-
λιν ἑαυτῶν Ναζαρέθ⊤.

27 □245. (cf. vs. 33. 41. 43. 48) | ⸀εθος 𝔇 lat   28 ⊤αυτου
ℵ𝐷Θpm Ir^lat; S   32 °D.   33 ⸂Ιωσηφ ℵ𝔒pm it; h^r : txt 𝔖𝐷al
vgsy^s et ⊤αυτου ℵ*ℵ𝔒pm it; Th^r : txt 𝐵𝐷al vg   35 °𝐵pc lat sy^s;
ℋ | °²𝐷pc it   36 ⸀ημερας sy^s Ephr   37 ⸀(αὐτη 𝐺 lat) |
°𝐷itsy^s | ⸀ναου 𝐷.   38 ⸀εν Ι. ℵ𝐷𝔒pm : Ισραηλ 348 a r¹ vg^cl :
txt 𝐵ℵ 565 al latsy Ir^lat   39 ⸀απ- ℵ𝐷𝔒pm; ⸀𝔖 | °ℵ𝐷𝔒al; T |
°²λ 700 sy^s | ⸀υπεστρο- rell; S : txt 𝐵ℵ*𝐖Ξ 579. | ⊤την ℵ𝔒pl;
S : txt 𝐵ℵ*𝐷pc | ⊤(Mt 2,23) καθως ερρεθη δια του προφητου
οτι Ναζωραιος κληθησεται 𝐷.

1,80. 40   Τὸ δὲ παιδίον ηὔξανεν καὶ ἐκραταιοῦτο⌐πλη-
52.   ρούμενον ⌐σοφίᾳ, καὶ χάρις θεοῦ ἦν ⌐ἐπ' αὐτό⌐.
Ex 23,14—17. 41   Καὶ ἐπορεύοντο ⌐οἱ γονεῖς αὐτοῦ⌐ κατ' ἔτος εἰς
      42 Ἰερουσαλὴμ τῇ ἑορτῇ τοῦ πάσχα. Καὶ ὅτε ἐγένετο 1⟨
        ⌐ἐτῶν δώδεκα,⌐ἀναβαινόντων αὐτῶν⌐⌐·κατὰ τὸ ἔθος
Ex 12,15.18. 43 τῆς ἑορτῆς⌐, ¹καὶ τελειωσάντων τὰς ἡμέρας, ἐν τῷ
        ὑποστρέφειν αὐτοὺς⌐ὑπέμεινεν ⌐Ἰησοῦς ὁ παῖς⌐ ἐν
        Ἰερουσαλήμ, καὶ οὐκ ⌐ἔγνωσαν οἱ γονεῖς⌐ αὐτοῦ.
      44 ¹νομίσαντες δὲ αὐτὸν εἶναι ἐν τῇ συνοδίᾳ ἦλθον
        ἡμέρας ὁδὸν καὶ ἀνεζήτουν αὐτὸν ἐν τοῖς συγγε-
      45 νεῦσιν καὶ τοῖς γνωστοῖς, ¹καὶ μὴ εὑρόντες ὑπ-
      46 έστρεψαν εἰς Ἰερουσαλὴμ ⌐ἀναζητοῦντες αὐτόν. καὶ
        ἐγένετο μετὰ ἡμέρας τρεῖς εὗρον αὐτὸν ἐν τῷ
Mt 26,55.   ἱερῷ καθεζόμενον ἐν μέσῳ τῶν διδασκάλων καὶ
Mt 7,28!
J 7,15. 47 ἀκούοντα αὐτῶν καὶ ἐπερωτῶντα αὐτούς· ἐξ- ⁴,⁵
Ps 119,99 s.   ίσταντο δὲ πάντες οἱ ἀκούοντες αὐτοῦ ἐπὶ τῇ
4,32! 48 συνέσει καὶ ταῖς ἀποκρίσεσιν αὐτοῦ. καὶ ἰδόντες
        αὐτὸν ἐξεπλάγησαν, * καὶ εἶπεν πρὸς αὐτὸν ἡ μήτηρ 5,
        αὐτοῦ· τέκνον, τί ἐποίησας ἡμῖν οὕτως; ⌐ἰδοὺ ὁ
      49 πατήρ σου κἀγὼ⌐ ὀδυνώμενοι⌐⌐ζητοῦμέν σε. καὶ
23,46. J 2,16.
Ps 26,8; 27,4.   εἶπεν πρὸς αὐτούς· τί ὅτι ⌐ἐζητεῖτέ με; οὐκ ⌐ᾔδειτε
9,45; 18,34. 50 ὅτι ἐν τοῖς τοῦ πατρός μου δεῖ εἶναί με; καὶ
        αὐτοὶ οὐ συνῆκαν τὸ ῥῆμα ὃ ἐλάλησεν αὐτοῖς.
Mc 1,9. 51 ¹καὶ κατέβη μετ' αὐτῶν □καὶ ἦλθεν⌐ εἰς Ναζαρέθ,
        καὶ ἦν ὑποτασσόμενος αὐτοῖς. καὶ ἡ μήτηρ αὐτοῦ
19!   διετήρει πάντα τὰ ῥήματα⌐ἐν τῇ καρδίᾳ αὐτῆς.
1Sm2,21.26;3,1. 52 ¹Καὶ Ἰησοῦς **προέκοπτεν** ⌐ἐν τῇ⌐ σοφίᾳ καὶ ἡλικίᾳ
Prv 3,1—4.
40. R 14,18.   **καὶ χάριτι παρὰ θεῷ καὶ ἀνθρώποις.**

---

40 ⌐πνευματι 𝕽Θ𝑝𝑙 : txt B𝕹D𝑝c latsyˢ | ⌐-ας 𝕹*𝕽DΘ𝑝𝑙; T :
txt B𝑝c | ⌐επ (εν D) αυτω (D)Θ 69 pm   *41* ⌐ο τε Ιωσηφ και
η Μαριαμ 1012 a b l r¹ (J. et Maria mater eius c ff²); hʳ ˡᵃᵗ
42 ⌐αυτω ετη D𝑝c | ⌐ανεβησαν οι γονεις αυτου εχοντες αυτον
D e. | ⌐εις Ιεροσολυμα C𝕽Θ𝑝𝑙 latt | ⌐των αζυμων D a c e
43 ⌐απεμ- D 33 al | ⌐231 D𝑝c lat | ⌐εγνω Ιωσηφ και η
μητηρ C𝕽 al it; hʳ   *45* ⌐ζητ- 𝕹*𝕽 pm; W   *48* ⌐ιδ. ημεις
syᶜ : — a b ff² l; hʳᵛ | ⌐και λυπουμενοι D it(syᶜ) | ⌐εζητ- C𝕽DΘ𝑝𝑙;
T : txt B𝕹* 69   *49* ⌐ζητ- 𝕹*W syᶜ | ⌐οιδατε D W𝑝c itsyᶜ
51 □ C*D𝑝c | ⌐ταυτα C𝕽Θ𝑝𝑙; W : txt B𝕹*(𝒮D)𝑝c   *52* ⌐τη
B𝑝c; H : εν N : — C𝕽DΘ𝑝𝑙; S : txt 𝕹𝑝c

17   Ἐν ἔτει δὲ πεντεκαιδεκάτῳ τῆς ἡγεμονίας Τιβε- 3
8,3 ρίου Καίσαρος, ⌐ἡγεμονεύοντος Ποντίου Πιλάτου   (2,2.)
τῆς Ἰουδαίας, καὶ τετρααρχοῦντος τῆς Γαλιλαίας   23,7.
Ἡρῴδου, Φιλίππου δὲ τοῦ ἀδελφοῦ αὐτοῦ τετρα-
αρχοῦντος τῆς Ἰτουραίας καὶ Τραχωνίτιδος χώρας,   J 18,13.24.
   Act 4,6. Mt 26,3!
καὶ Λυσανίου τῆς Ἀβιληνῆς τετρααρχοῦντος, ᵎἐπὶ 2   Jr 1,1 Lxx.
ἀρχιερέως Ἄννα καὶ ⌐Καϊαφᾶ, ἐγένετο ῥῆμα θεοῦ   1,80.
7,1 ἐπὶ Ἰωάννην τὸν Ζαχαρίου υἱὸν ἐν τῇ ἐρήμῳ. καὶ 3   3—6:
ἦλθεν εἰς πᾶσαν ᴼτὴν περίχωρον τοῦ Ἰορδάνου κηρύσ-   Mt 3,1—6.
σων βάπτισμα μετανοίας εἰς ἄφεσιν ἁμαρτιῶν, ᵎὡς γέ- 4   Mc 1,2—6.
   J 1,19—23.
γραπται ἐν βίβλῳ λόγων Ἠσαΐου τοῦ προφήτου·   Act 13,24; 19,4.
     φωνὴ βοῶντος ἐν τῇ ἐρήμῳ·   Is 40,3—5.
ἑτοιμάσατε τὴν ὁδὸν κυρίου,
   εὐθείας ποιεῖτε τὰς τρίβους ⌐αὐτοῦ·
πᾶσα φάραγξ πληρωθήσεται   5
   καὶ πᾶν ὄρος καὶ βουνὸς ταπεινωθήσεται,
καὶ ἔσται τὰ σκολιὰ εἰς ⌐εὐθείας
   καὶ αἱ τραχεῖαι εἰς ὁδοὺς λείας·
καὶ ὄψεται πᾶσα σὰρξ τὸ σωτήριον τοῦ θεοῦ. 6   2,30. Act 28,28.
8,5 Ἔλεγεν οὖν τοῖς ἐκπορευομένοις ὄχλοις βαπτι- 7   7—9:
   Mt 3,7—10.
σθῆναι ⌐ὑπ' αὐτοῦ· γεννήματα ἐχιδνῶν, τίς ὑπέ-
δειξεν ὑμῖν φυγεῖν ἀπὸ τῆς μελλούσης ὀργῆς;   7,29. Mt 23,33.
ᵎποιήσατε οὖν ⌐καρποὺς ἀξίους⌐ τῆς μετανοίας· καὶ 8   Mt 3,7! J 3,36.
   Mt 3,8; 7,20.
μὴ ἄρξησθε λέγειν ἐν ἑαυτοῖς·ᵀπατέρα ἔχομεν τὸν   Act 26,20.
Ἀβραάμ· λέγω γὰρ ὑμῖν ὅτι δύναται ὁ θεὸς ἐκ   13,16; 16,24;
   19,9.
τῶν λίθων τούτων ἐγεῖραι τέκνα τῷ Ἀβραάμ. ἤδη 9   J 8,33.37.39.
δὲ καὶ ἡ ἀξίνη πρὸς τὴν ῥίζαν τῶν δένδρων κεῖται·
πᾶν οὖν δένδρον μὴ ποιοῦν ⌐καρπὸν ᴼκαλὸν⌐ ἐκ-   13,6. Mt 7,19.
   J 15,6.
6 κόπτεται καὶ εἰς πῦρ βάλλεται. Καὶ ἐπηρώτων 10   Act 2,37; 16,30;
,10 αὐτὸν οἱ ὄχλοι λέγοντες· τί οὖν ποιήσωμενᵀ·ᵎἀπο- 11   22,10.
κριθεὶς δὲ ἔλεγεν αὐτοῖς· ὁ ἔχων δύο χιτῶνας

---

1 ⌐ἐπιτροπευ- **D**; ⫞hʳ⫞   2 Καϊφα **CD** it vg^cl   3 ᴼ**Bal**; H
4 ⌐υμων **D**. : τω θεω ημων r sy   5 ⌐-ειαν 𝕳𝕽Θpl; S : txt
BD lat   7 ⌐ενωπιον **D** it   8 ᵎ2 1 **B**; Wh : p) καρπον αξιον
D W pc | ᵀοτι Θ 33 pc; s   9 ⌐-πους καλους **D** sy | ᴼa ff²
vg^codd Or; [H]   10 ᵀ(Act 16,30) ινα σωθωμεν **D** sa (b q sy^c)

148

μεταδότω τῷ μὴ ἔχοντι, καὶ ὁ ἔχων βρώματα

7. Mt 21,31 s! 12 ὁμοίως ποιείτω. ἦλθον δὲ καὶ τελῶναι βαπτι- 18
σθῆναι καὶ εἶπαν πρὸς αὐτόν· διδάσκαλε, τί ποιή-
13 σωμεν^Τ;¹ὁ δὲ εἶπεν πρὸς αὐτούς· μηδὲν πλέον
14 παρὰ τὸ διατεταγμένον ὑμῖν πράσσετε. ἐπηρώτων
δὲ αὐτὸν καὶ στρατευόμενοι λέγοντες· τί ποιή-
σωμεν ⌜καὶ ἡμεῖς⌝; καὶ εἶπεν ⌜αὐτοῖς· μηδένα δια-
σείσητε ⌜μηδὲ συκοφαντήσητε, καὶ ἀρκεῖσθε τοῖς

15—17:
Mt 3,11 s. 15 ὀψωνίοις ὑμῶν. Προσδοκῶντος δὲ τοῦ λαοῦ (1
Mc 1,7 s.
J 1,24—28. καὶ διαλογιζομένων πάντων ἐν ταῖς καρδίαις αὐτῶν
J 3,28. περὶ τοῦ Ἰωάννου, μήποτε αὐτὸς εἴη ὁ χριστός,

Act 13,25. 16 ¹⌜ἀπεκρίνατο λέγων πᾶσιν ὁ Ἰωάννης⌝·* ἐγὼ μὲν ὕδατι 10
βαπτίζω ὑμᾶς^Τ· ⌜ἔρχεται δὲ ὁ ἰσχυρότερός μου⌝, οὗ
(J 13,5.) οὐκ εἰμὶ ἱκανὸς λῦσαι τὸν ἱμάντα τῶν ὑποδημά-
των αὐτοῦ· αὐτὸς ὑμᾶς βαπτίσει ἐν πνεύματι
17 ᴼἁγίῳ καὶ πυρί· οὗ τὸ πτύον ἐν τῇ χειρὶ αὐτοῦ 11
⌜διακαθᾶραι τὴν ἅλωνα αὐτοῦ καὶ⌜συναγαγεῖν τὸν
^Τσῖτον εἰς τὴν ἀποθήκην ᴼαὐτοῦ, τὸ δὲ ἄχυρον

Mc 9,43! 18 κατακαύσει πυρὶ ἀσβέστῳ. Πολλὰ μὲν οὖν
Mt 14,3 s. 19 καὶ ἕτερα⌜παρακαλῶν εὐηγγελίζετο τὸν λαόν· ὁ 12
Mc 6,17 s. δὲ Ἡρῴδης ὁ τετραάρχης, ἐλεγχόμενος ὑπ᾽ αὐτοῦ
περὶ Ἡρῳδιάδος τῆς γυναικὸς^Ττοῦ ἀδελφοῦ αὐτοῦ
καὶ περὶ πάντων ὧν ἐποίησεν πονηρῶν ὁ Ἡρῴδης,

Act 12,3. 20 ¹προσέθηκεν καὶ τοῦτο ἐπὶ πᾶσιν,^Τ⌜κατέκλεισεν τὸν
21. 22: Ἰωάννην ἐν φυλακῇ.
Mt 3,13—17.
Mc 1,9—11. 21 Ἐγένετο δὲ ἐν τῷ βαπτισθῆναι ἅπαντα τὸν 20
Ez 1,1. λαὸν καὶ Ἰησοῦ βαπτισθέντος καὶ προσευχομένου 13

J 1,32. Mt 10,16. 22 ἀνεῳχθῆναι τὸν οὐρανὸν ¹ καὶ καταβῆναι τὸ πνεῦμα
9,35. Gn 22,2. τὸ ἅγιον σωματικῷ εἴδει ὡς περιστερὰν ⌜ἐπ᾽ αὐτόν,
Ps 2,7. Is 42,1. καὶ φωνὴν ἐξ οὐρανοῦ γενέσθαι· ⌜σὺ εἶ ὁ υἱός μου

---

12 ^Τ et **14** ⌜ινα σωθωμεν **D**. **14** ⌜προς αυτους **ℵℝ**pm;
Τ | ⌜, μηδενα **ℵ***Hpc sy; **Τ** **16** ⌜επιγνους τα διανοηματα
αυτων ειπεν **D**. | ^Τp) εις μετανοιαν **CD**pc it | ⌜p) ο δε ερχο-
μενος ισχ. μου εστιν **Dl**. | ᴼ63 64 Cl Tert; h^r **17** ⌜p) και
διακαθαριει et ⌜συναξει **Cℝ**(⌐**D**)Θ pl lat; s : txt **Bℵ***a e sy^s(Cl) |
^Τμεν **DG**Θ al; s | ᴼ**D**pc e **18** ⌜παραινων **D**. **19** ^Τp) Φιλιπ-
που **C** 33 565 al **20** ^Τκαι **Cℝ**Θ pl; **W** : txt **Bℵ***D**pc | ⌜ενεκλ- **D**.
22 ⌜εις **D** (ex lat?) | ⌜(Ps 2,7) υιος μου ει συ, εγω σημερον
γεγεννηκα σε **D** it Ju (Cl) Or; ⱶh^rⱶ

149

23—38 :
Mt 1,1—17.

Act 1,1 ; 10,37.
4,22. J 1,45 ;
6,42. Mt 13,55 p.

1 ὁ ἀγαπητός, ἐν σοὶ εὐδόκησα`.   ῾Καὶ αὐτὸς ἦν 23
8 Ἰησοῦς ῾ἀρχόμενος ὡσεὶ ἐτῶν τριάκοντα, ὢν ˢυἱός,
ὡς ἐνομίζετο², Ἰωσήφ, τοῦ Ἠλὶ ᴵ □τοῦ Ματθὰτ τοῦ 24
Λευὶ` τοῦ Μελχὶ τοῦ Ἰανναὶ τοῦ Ἰωσὴφ ᴵ τοῦ 25
Ματταθίου τοῦ Ἀμὼς τοῦ Ναοὺμ τοῦ Ἐσλὶ τοῦ
Ναγγαὶ ᴵ τοῦ Μάαθ τοῦ Ματταθίου τοῦ Σεμεῒν 26
τοῦ Ἰωσὴχ τοῦ Ἰωδὰ ᴵ τοῦ Ἰωανὰν τοῦ Ῥησὰ τοῦ 27

1 Chr 3,17.
Esr 3,2.

2 Ζοροβαβὲλ * τοῦ Σαλαθιὴλ τοῦ Νηρὶ ᴵ τοῦ Μελχὶ 28
τοῦ Ἀδδὶ τοῦ Κωσὰμ τοῦ ῾Ἐλμαδὰμ τοῦ Ἢρ ᴵ τοῦ 29
Ἰησοῦ τοῦ Ἐλιέζερ τοῦ Ἰωρὶμ τοῦ Μαθθὰτ τοῦ
Λευὶ ᴵ τοῦ Συμεὼν τοῦ Ἰούδα τοῦ Ἰωσὴφ τοῦ Ἰωνὰμ 30
τοῦ Ἐλιακὶμ ᴵ τοῦ Μελεὰ τοῦ Μεννὰ τοῦ Ματταθὰ 31

2 Sm 5,14.
1 Sm 16,1.13.

3 *τοῦ ῾Ναθὰμ τοῦ Δαυὶδ` ᴵ τοῦ Ἰεσσαὶ τοῦ ῾Ἰωβὴδ τοῦ 32

Rth 4,22.

῾Βόος τοῦ ῾²Σάλα τοῦ Ναασσὼν ᴵ ῾τοῦ Ἀμιναδὰβ τοῦ 33

1 Chr 2,1—15.
Gn 29,35.

Ἀδμὶν τοῦ Ἀρνὶ` τοῦ ῾Ἐσρὼμ τοῦ Φάρες τοῦ Ἰούδα

Gn 21,2 s ;
11,10—26.
1 Chr 1,24—27.

4 ᴵ τοῦ Ἰακὼβ τοῦ Ἰσαὰκ * τοῦ Ἀβραὰμ τοῦ Θάρα τοῦ 34
Ναχὼρ ᴵ τοῦ ῾Σεροὺχ τοῦ Ῥαγαὺ τοῦ ῾Φάλεκ τοῦ Ἔβερ 35

Gn 5,9—32.
1 Chr 1,1—4.

τοῦ Σάλα ᴵ ῾τοῦ Καϊνὰμ` τοῦ Ἀρφαξὰδ τοῦ Σὴμ τοῦ 36
Νῶε τοῦ Λάμεχ ᴵ τοῦ Μαθουσάλα τοῦ Ἐνὼχ τοῦ 37

Gn 4,25s ; 5,1-8.
1 K 3,23.

῾Ἰάρετ τοῦ ῾Μαλελεὴλ τοῦ ῾²Καϊνὰμ ᴵ τοῦ Ἐνὼς τοῦ 38
Σὴθ τοῦ Ἀδὰμ τοῦ θεοῦ.

1—13 :
Mt 4,1—11.
Mc 1,12 s.

5 Ἰησοῦς δὲ πλήρης πνεύματος ᴼἁγίου ὑπέστρεψεν 4
2 ἀπὸ τοῦ Ἰορδάνου, καὶ ἤγετο ἐν τῷ πνεύματι ῾ἐν
τῇ ἐρήμῳ` ᴵ ἡμέρας τεσσεράκοντα πειραζόμενος ὑπὸ 2

23—31 ῾ην δε Ιησους ως ετων λ' αρχομενος ως ενομιζετο ειναι υιος Ιω-
σηφ του Ιακωβ τ. Μαθθαν τ. Ελεαζαρ τ. Ελιουδ τ. Ιαχιν τ. Σαδωκ τ. Αζωρ τ.
Ελιακιμ τ. Αβιουδ τ. Ζοροβαβελ τ. Σαλαθιηλ τ. Ιεχονιου τ. Ιωακιμ τ. Ελιακιμ
τ. Ιωσια τ. Αμως τ. Μανασση τ. Εζεκια τ. Αχας τ. Ιωαθαν τ. Οζια τ. Αμασιου
τ. Ιωας τ. Οχοζιου τ. Ιωραμ τ. Ιωσαφαδ τ. Ασαφ τ. Αβιουδ τ. Ροβοαμ τ.
Σολομων τ. Δαυιδ **D**.   **23** ῾ερχ- 700 Ju Cl (Ir) : — 1555 e f sy sa | ⸆231
𝕽Θpm   **24** □c Africanus apud Eus ; hʳ   **28** ῾-μωδαμ 𝕽(Θ)pl ; S   **31** ῾(potius)
-θαν 𝕽Θpl ; S : txt **B**ℵ c e   **32** ῾ Ιωβηλ **B**ℵ*syˢ ; H : Ωβηδ 𝕽Θpm : Ωβηλ **D***. :
txt **L**M al | ῾ Βοοζ 𝕽Θpl ; S | ῾²Σαλμων 𝕽**D**Θpl latt ; s : txt **B**ℵ syˢ   **33** ῾ τ. Αδμ. τ.
Αρνι **B**. ; 𝒦 : 𝒦 : τ. Αμιν. τ. Αραμ **ADEG**al ; hʳ¹ ⸰ τ. Αμιν. τ. Αραμ τ. Ιωραμ 𝕽 : 𝒦 :
Αμιν. τ. Αραμ τ. Αδμι τ. Αρνι Θ ; τ. Αμιναδαμ τ. Αραμ τ. Ιωραμ Mal ; hʳ² :
τ. Αδαμ τ. Αραμ syˢ. : τ. Αδ. τ. Αδμιν τ. Αρνι ℵ* ; h (sed — τ. Αδμ.) : txt L al |
῾-ρων B b d ; H   **35** ῾-ουχ Db. | ῾(potius) -εγ 𝕽al   **36** ῾(potius) τ. Κ-αν 𝕽Θpl :
— **D**.   **37** ῾(potius) -εδ 𝕽Dpm ; S | ῾Μελ- ℵ*al ; T | ῾²(potius) -αν **B**𝕽**D**pl ;
W : txt ℵΘ   **4,1** ᴼAthan. ; hʳ | ῾(p) εις την ερημον 𝕽Θpl latsy

τοῦ ⌜διαβόλου. * Καὶ οὐκ ἔφαγεν οὐδὲν ⊤ ἐν ταῖς
ἡμέραις ἐκείναις, καὶ συντελεσθεισῶν αὐτῶν ἐπεί-

(Mt 7,9 p.) 3 νασεν. εἶπεν δὲ αὐτῷ ὁ διάβολος· εἰ υἱὸς εἶ τοῦ
4 θεοῦ, εἰπὲ ⌜τῷ λίθῳ τούτῳ ἵνα γένηται ἄρτος⌝. καὶ

Dt 8,3. ἀπεκρίθη πρὸς αὐτὸν ὁ Ἰησοῦς· γέγραπται ὅτι
5 οὐκ ἐπ' ἄρτῳ μόνῳ ζήσεται ὁ ἄνθρωπος⊤. ⌐Καὶ 2
ἀναγαγὼν αὐτὸν ⊤ ⊤⌐ἔδειξεν αὐτῷ πάσας τὰς βασι-
6 λείας ⌜τῆς οἰκουμένης⌝ ἐν στιγμῇ χρόνου. καὶ εἶπεν

Ap 13,2. αὐτῷ ὁ διάβολος· σοὶ δώσω τὴν ἐξουσίαν ταύτην
1 J 2,15—17. ἅπασαν καὶ τὴν δόξαν αὐτῶν, ὅτι ἐμοὶ παραδέ-
(Dn 5,21.) 7 δοται καὶ ᾧ ἐὰν θέλω δίδωμι αὐτήν· σὺ οὖν ἐὰν
8 προσκυνήσῃς ἐνώπιον ἐμοῦ, ἔσται σοῦ πᾶσα. καὶ

Dt 6,13 s. ἀποκριθεὶς ⌐ὁ Ἰησοῦς εἶπεν αὐτῷ⌝· ⊤γέγραπται·
⌐προσκυνήσεις κύριον τὸν θεόν σου⌐ καὶ αὐτῷ μόνῳ

Ez 8,3. 9 λατρεύσεις. Ἤγαγεν δὲ αὐτὸν εἰς Ἰερουσαλὴμ καὶ 2
Dn 9,27. ἔστησεν ἐπὶ τὸ πτερύγιον τοῦ ἱεροῦ, καὶ εἶπεν
○αὐτῷ· εἰ υἱὸς εἶ τοῦ θεοῦ, βάλε σεαυτὸν ἐντεῦθεν

Ps 91,11 s. 10 κάτω· γέγραπται γὰρ ὅτι τοῖς ἀγγέλοις αὐτοῦ
11 ἐντελεῖται περὶ σοῦ τοῦ διαφυλάξαι σε, Ικαὶ ὅτι
ἐπὶ χειρῶν ἀροῦσίν σε, μήποτε προσκόψῃς πρὸς
12 λίθον τὸν πόδα σου. καὶ ἀποκριθεὶς εἶπεν αὐτῷ

Dt6,16.1K10,9. ὁ Ἰησοῦς ὅτι εἴρηται· οὐκ ἐκπειράσεις κύριον τὸν
J 14,30. H 4,15. 13 θεόν σου.⌐ Καὶ συντελέσας πάντα πειρασμὸν ὁ 2
14.15 : διάβολος ἀπέστη ἀπ' αὐτοῦ ἄχρι ⌜καιροῦ.
Mt 4,12—17.
Mc 1,14.15. 14 Καὶ ὑπέστρεψεν ὁ Ἰησοῦς ἐν τῇ δυνάμει τοῦ 1
5,17! πνεύματος εἰς τὴν Γαλιλαίαν· καὶ φήμη ἐξῆλθεν
37 ; 5,15. 15 καθ' ὅλης τῆς ⌜περιχώρου περὶ αὐτοῦ. καὶ αὐτὸς
ἐδίδασκεν ἐν ταῖς συναγωγαῖς αὐτῶν, δοξαζόμενος
ὑπὸ πάντων.

16—30 :
Mt 13,53—58.
Mc 6,1—6. 16 ⌜Καὶ ἦλθεν εἰς ⊤Ναζαρά, οὗ ἦν ⌜τεθραμμένος⌝, 2

---

2 ⌜p) σατανα D 243 e syˢ. | ⊤ουδε επιεν φαl   3 ⌜p) ινα οι λιθοι ουτοι
αρτοι γενωνται Dr sa   4 ⊤p) αλλ εν (επι 𝕽Θpm) παντι ρηματι θεου 𝕽DΘ
pl lat   5—12 ⌐p) vss. 9—12 5—8 it Ambr   5 ⊤ο διαβολος 𝕽Θpl lat(sy) |
⊤εις ορος υψηλον 𝕽Θal : p) εις ο. υ. λιαν Dal : txt 𝔖pc | ⌜p) του κοσμου Dpc :
της γης W.   8 ⌐4 3 1 2 𝕽Θal; Wh¹ : 4 3 2 B.; h² : txt 𝔖al | ⊤p) υπαγε οπισω
μου σατανα 𝕽Θpm it | ⌐2—5 1 𝔖Dpm; H : txt 𝕽Θal   9 ○L e ;[H]   13 ⌜χρο-
νου D.   14 ⌜χωρας אlat   16 ⌜Ελθων δε εις Ν-εδ οπου ην D | ⊤την 𝕽pm;
S | ⌜ανατεθρ-𝔖Θal; Th : txt B𝕽pm

151

2,41. Mc 10,1.
Act 17,2; 22,3.

□καὶ εἰσῆλθεν`κατὰ τὸ εἰωθὸς °αὐτῷ ἐν τῇ ἡμέρᾳ
τῶν σαββάτων εἰς <u>τὴν συναγωγήν</u>, καὶ ἀνέστη
ἀναγνῶναι. καὶ ἐπεδόθη αὐτῷ ⸀βιβλίον τοῦ προ- 17
φήτου Ἡσαΐου`, καὶ ⸀ἀνοίξας τὸ βιβλίον εὗρεν [τὸν]
τόπον οὗ ἦν γεγραμμένον·

18 Is 61,1 s; 58,6.
Act 10,28!
Mt 5,3!

πνεῦμα κυρίου ἐπ᾽ ἐμέ, οὗ εἵνεκεν ἔχρισέν με·
εὐαγγελίσασθαι πτωχοῖς·[2], ἀπέσταλκέν με,⸆
κηρῦξαι αἰχμαλώτοις ἄφεσιν καὶ τυφλοῖς ἀνάβλε-
ἀποστεῖλαι⸀τεθραυσμένους ἐν ἀφέσει, |ψιν,
κηρῦξαι ἐνιαυτὸν κυρίου δεκτόν.

19 Lv 25,10. 2 K 6,2.

¹καὶ πτύξας τὸ βιβλίον ἀποδοὺς τῷ ὑπηρέτῃ ἐκά- 20
θισεν· καὶ πάντων οἱ ὀφθαλμοὶ ἐν τῇ συναγωγῇ
ἦσαν ἀτενίζοντες αὐτῷ. ἤρξατο δὲ λέγειν πρὸς 21
<u>αὐτοὺς</u> ὅτι σήμερον πεπλήρωται ἡ γραφὴ αὕτη
ἐν τοῖς ὠσὶν ὑμῶν. καὶ πάντες ἐμαρτύρουν αὐτῷ 22
καὶ ἐθαύμαζον ἐπὶ τοῖς λόγοις τῆς χάριτος τοῖς
ἐκπορευομένοις ἐκ τοῦ στόματος αὐτοῦ, <u>καὶ ἔλεγον</u>·
<u>οὐχὶ υἱός ἐστιν Ἰωσὴφ οὗτος;</u> ¹καὶ <u>εἶπεν</u> πρὸς 23
<u>αὐτοὺς</u>· πάντως ἐρεῖτέ μοι τὴν παραβολὴν ταύτην·
ἰατρέ, θεράπευσον σεαυτόν· ὅσα ἠκούσαμεν γενό-
μενα εἰς τὴν Καφαρναούμ, ποίησον καὶ ὧδε ἐν
τῇ πατρίδι σου. <u>εἶπεν δέ</u>· ἀμὴν⸆λέγω ὑμῖν ὅτι 24
<u>οὐδεὶς προφήτης δεκτός ἐστιν ἐν τῇ πατρίδι</u>⸂αὐτοῦ.

¹ἐπ᾽ ἀληθείας δὲ λέγω ὑμῖν,⸆πολλαὶ χῆραι ἦσαν ἐν 25
ταῖς ἡμέραις Ἠλίου ἐν τῷ Ἰσραήλ, ὅτε ἐκλείσθη
ὁ οὐρανὸς °ἐπὶ ἔτη τρία καὶ μῆνας ἕξ, ὡς ἐγέ-
νετο λιμὸς ⸀μέγας ἐπὶ πᾶσαν τὴν γῆν, ¹καὶ πρὸς 26
οὐδεμίαν αὐτῶν ἐπέμφθη Ἠλίας εἰ μὴ εἰς Σά-
ρεπτα τῆς ⸀Σιδωνίας πρὸς γυναῖκα ⸀χήραν. καὶ 27
πολλοὶ λεπροὶ ἦσαν ἐν τῷ Ἰσραὴλ ἐπὶ Ἐλισαίου
τοῦ προφήτου. καὶ οὐδεὶς αὐτῶν ἐκαθαρίσθη εἰ

Act 3,4; 6,15.

Mt 5,17. 2 K 6,2.

E 4,29.

3,23!

23 5,31. Mt 27,42.
Sir 18,20.
Mt 4,23; 9,12.
1 K 1,22.

10,15!

24 J 4,44.

25 1 Rg 17,1; 18,1.
Jc 5,17. Ap 11,6.
(Mt 15,24.)

26 1 Rg 17,9.

27 Mt 8,2!

2 Rg 5,14.

16 □ et ○ D   17 ⸀ὁ προφητης Ησαιας D | ⸀αναπτυ-
ξας ℵℜDΘpl; T | [+ Bℜ DΘpl; W: — ℵ 33 pc; T   18·, et·² —,
comm | ⸆(Is 61,1, cf. L 4,23) ιασασθαι τους συντετριμμενους
την καρδιαν ℜΘpm Ir | ⸀τεθραυματισμ- D*.   24 ⸆αμην
Dpc | ⸀εαυ-ℵDpc; T   25 ⸆οτι ℌΘpm; T : txt Bℜ Dal |
○ BDpc latsy; ℋ | ⸀-αλη Wpc; hª   26 ⸀Σιδωνος ℜ 33 pm |
⸀(Συραν Wellhausen cj aramaice = Aramaja; χηρα = arme-
la, cf. Mc 7,26)

28 μὴ Ναιμὰν ὁ Σύρος. καὶ ἐπλήσθησαν πάντες
29 θυμοῦ ἐν τῇ συναγωγῇ ἀκούοντες ταῦτα, ʲκαὶ
ἀναστάντες ἐξέβαλον αὐτὸν ἔξω τῆς πόλεως, καὶ
ἤγαγον αὐτὸν ἕως ὀφρύος τοῦ ὄρους ἐφ' οὗ ἡ πόλις
ᾠκοδόμητο αὐτῶν, ὥστε ⌜κατακρημνίσαι αὐτόν·
30 ʲαὐτὸς δὲ διελθὼν διὰ μέσου αὐτῶν ἐπορεύετο.
31 Καὶ κατῆλθεν εἰς Καφαρναοὺμ πόλιν τῆς
Γαλιλαίας⌐. καὶ ἦν διδάσκων αὐτοὺς ἐν τοῖς
32 σάββασιν· καὶ ἐξεπλήσσοντο ἐπὶ τῇ διδαχῇ αὐτοῦ,
33 ὅτι ἐν ἐξουσίᾳ ἦν ὁ λόγος αὐτοῦ. καὶ ἐν τῇ
συναγωγῇ ἦν ἄνθρωπος ἔχων πνεῦμα ⌜δαιμονίου
34 ἀκαθάρτου⌐, καὶ ἀνέκραξεν φωνῇ μεγάλῃ· ʲᴼἔα, τί
ἡμῖν καὶ σοί, Ἰησοῦ Ναζαρηνέ; ἦλθες ⌜ἀπολέσαι
35 ἡμᾶς⌐; οἶδά σε τίς εἶ, ὁ ἅγιος τοῦ θεοῦ. ʲκαὶ
ἐπετίμησεν αὐτῷ ὁ Ἰησοῦς λέγων· φιμώθητι καὶ
ἔξελθε ἀπ' αὐτοῦ. καὶ ῥῖψαν αὐτὸν τὸ δαιμόνιον
εἰς τὸ μέσον⌐ἐξῆλθεν ἀπ' αὐτοῦ μηδὲν βλάψαν
36 αὐτόν. καὶ ἐγένετο θάμβος ⌐ ἐπὶ πάντας, καὶ
συνελάλουν πρὸς ἀλλήλους λέγοντες· τίς ὁ λόγος
οὗτος, ὅτι ἐν ἐξουσίᾳ καὶ δυνάμει ἐπιτάσσει τοῖς
37 ἀκαθάρτοις πνεύμασιν καὶ ἐξέρχονται; καὶ ⌜ἐξεπο-
ρεύετο ἦχος⌐ περὶ αὐτοῦ εἰς πάντα τόπον τῆς
38 περιχώρου.   Ἀναστὰς δὲ ἀπὸ τῆς συναγωγῆς
εἰσῆλθεν εἰς τὴν οἰκίαν Σίμωνος⌐. πενθερὰ δὲ
τοῦ Σίμωνος ἦν ⌜συνεχομένη πυρετῷ μεγάλῳ, καὶ
39 ἠρώτησαν αὐτὸν περὶ αὐτῆς. καὶ ἐπιστὰς ἐπάνω
αὐτῆς ἐπετίμησεν τῷ πυρετῷ, καὶ ἀφῆκεν αὐτήν·
40 παραχρῆμα ⌜δὲ ἀναστᾶσα διηκόνει⌐ ⌜αὐτοῖς. ⌜Δύ-
νοντος δὲ τοῦ ἡλίου⌐ἅπαντες ὅσοι εἶχον ἀσθενοῦντας
νόσοις ποικίλαις ἤγαγον αὐτοὺς πρὸς αὐτόν· ὁ δὲ

Marginal references (left):
2,34! 28
J 8,59! (line 29)
31—37:
Mc 1,21—28. 31
10,15! Mt 4,13.
J 2,12.
2,48; 9,43. 32
Mt 7,28 s!
Mc 1,24! (line 34)
1 Rg 17,18.
Jc 2,19. 35
14; 5,15. 37
38—41:
Mt 8,14—17. 38
Mc 1,29—34.
J4,52. Act 28,8.
13,13.
Mt 11,23. 40
Act 28,9.

Marginal verse numbers (right):
30 (line 30)
23 (line 31)
24 (line 32)
8 / 25 (line 33)
9 / 26 (line 38)
10 (line 40)

29 ⌜κρη- ΚΜ : κρεμασαι syˢ.   31 ⌐p) την παραθαλασ-
σιον εν οριοις Ζαβουλων και Νεφθαλιμ D.   33 ⌜-νιον -ρτον
Dpc   34 ᴼ D 33 pc itsyˢ Μcion | ⌜ημ. ωδε απολ. D   35 ⌐ανα-
κραυγασαν τε D.   36 ⌐μεγας D b r syᵖ   37 ⌜p) εξηλθεν η
ακοη D   38 ⌐p) και Ανδρεου D it. | ⌜κατεχ- D   39 ⌜ωστε
αναστασαν αυτην διακονειν D. | ⌜αυτω Νpce   40 ⌜δυναν-
τος Ual : δυσαντος D | ⌐παντες ℌℜDpm; Th : txt BCΘal

ἑνὶ ἑκάστῳ αὐτῶν τὰς χεῖρας ἐπιτιθεὶς ⌜ἐθεράπευεν Mt 9,18! ·
7,8 αὐτούς. ⌜ἐξήρχετο δὲ καὶ δαιμόνια ἀπὸ πολλῶν, 41
⌜κραυγάζοντα καὶ λέγοντα ὅτι σὺ εἶ ὁ υἱὸς τοῦ θεοῦ. Mt 8,29.
καὶ ἐπιτιμῶν οὐκ εἴα αὐτὰ λαλεῖν, ὅτι ᾔδεισαν Mc 3,11 s.
Act 16,17 ε;
19,15.
33 τὸν χριστὸν αὐτὸν εἶναι. Γενομένης δὲ ἡμέρας 42 42. 43:
8,8 ἐξελθὼν ἐπορεύθη εἰς ἔρημον τόπον· καὶ οἱ ὄχλοι Mc 1,35—38.
ἐπεζήτουν αὐτόν, καὶ ἦλθον ἕως αὐτοῦ, καὶ ⌜κατ- 8,40.
εἶχον αὐτὸν τοῦ μὴ πορεύεσθαι ἀπ’ αὐτῶν. ὁ 43 (8,37.)
δὲ εἶπεν πρὸς αὐτοὺς ὅτι καὶ ταῖς ἑτέραις πόλεσιν
εὐαγγελίσασθαί ⌐με δεῖ⌐ τὴν βασιλείαν τοῦ θεοῦ, 8,1.
34 ὅτι ἐπὶ τοῦτο ⌜ἀπεστάλην. καὶ ἦν κηρύσσων ⌐εἰς 44 44:
τὰς συναγωγὰς⌐ τῆς ⌜Ἰουδαίας. Mt 4,23.
Mc 1,39.

10 Ἐγένετο δὲ ἐν τῷ τὸν ὄχλον ἐπικεῖσθαι αὐτῷ 5 1—11:
καὶ ἀκούειν τὸν λόγον τοῦ θεοῦ, καὶ αὐτὸς ἦν ἑστὼς Mt 4,18—22.
παρὰ τὴν λίμνην Γεννησαρέτ, ¹καὶ εἶδεν ⌐δύο πλοιά- 2 Mc 1,16—20.
ρια⌐ ἑστῶτα παρὰ τὴν λίμνην· οἱ δὲ ἁλεεῖς ἀπ’ (J 1,41.)
αὐτῶν ἀποβάντες ⌜ἔπλυνον τὰ δίκτυα. ἐμβὰς δὲ 3
εἰς ἓν τῶν πλοίων, ὃ ἦν ⌐Σίμωνος, ἠρώτησεν αὐτὸν
ἀπὸ τῆς γῆς ἐπαναγαγεῖν ⌜ὀλίγον· καθίσας δὲ ⌐ἐκ
11,9 τοῦ πλοίου⌐ ἐδίδασκεν τοὺς ὄχλους. ὡς δὲ ἐπαύ- 4
σατο λαλῶν, εἶπεν πρὸς τὸν Σίμωνα· ἐπανάγαγε
εἰς τὸ βάθος, καὶ χαλάσατε τὰ δίκτυα ὑμῶν εἰς J 21,6.
ἄγραν. καὶ ἀποκριθεὶς ⌐Σίμων εἶπεν⌐· ⌜ἐπιστάτα, 5 8,24.45;
δι’ ὅλης ⌐²νυκτὸς κοπιάσαντες οὐδὲν ἐλάβομεν· ἐπὶ 9,33.49;17,13.
δὲ τῷ ῥήματί σου ⌜χαλάσω ⌐τὰ δίκτυα⌐. καὶ τοῦτο 6 J 21,3.
ποιήσαντες⌐ συνέκλεισαν πλῆθος ἰχθύων πολύ· Nu 11,22.
⌐διερρήσσετο δὲ τὰ δίκτυα αὐτῶν⌐. καὶ κατένευσαν 7

40 ⌜p) -ευσεν 𝕾ℜΘpl; h : txt BDpc   41 ⌜-χοντο ℵCΘal;
Th | ⌜κραζοντα B(ℵ*)CKΘpm; H : txt DEpm   42 ⌜επειχον D.
43 ⌐B(D)pc;Wh | ⌜-αλμαι ℜΘal; S   44 (p) εν ταις -αις CℜΘpm;
S : txt BℵDal | ⌜p)Γαλιλαιας ℜDΘpm latsyᵖ; T –⌐hʳ⌐   5,2 ⌜πλ.
δυο 4 a; W : πλοια ℵ*. : πλοια δυο Bpc; ℋ : ὁ. πλοια ℜDΘpm :
txt AC*al | ⌜απεπλυναν (-νον pc) ℜΘpl; S : επλυναν ℵC*pc;
Th : txt BD   3 ⌐του CℜΘpl; S : txt BℵDpc | ⌜οσον οσον D. |
⌐εν τω πλοιω ℵDesa.; T   5 ⌐o Cℜ(D)Θpl; S : txt B(ℵ)pc | ⌜αυτω
CℜDΘpl; S : txt BℵPc | ⌜διδασκαλε Da | ⌐²της CℜDΘpl; W :
txt BℵApc | ⌜το -νον Cℜpl; S   5.6 ⌐ου μη παρακουσομαι·
και ευθυς χαλασαντες τα δικτυα De(syˢ).   6 ⌐διερρηγνυτο δε
το ὁ-νον a. Cℜpl; S : ωστε τα ὁ-να ρησσεσθαι Defr¹

τοῖς μετόχοις ᵀἐν τῷ ἑτέρῳ πλοίῳ τοῦ ἐλθόντας
┌συλλαβέσθαι αὐτοῖς· καὶ ἦλθαν, καὶ ἔπλησαν
8 ┌ἀμφότερα τὰ πλοῖα ὥστε ᵀβυθίζεσθαι αὐτά. ἰδὼν ₃₁
δὲ ┌Σίμων Πέτρος⌉ προσέπεσεν τοῖς ┌γόνασιν Ἰησοῦ
λέγων· ᵀἔξελθε ἀπ᾽ ἐμοῦ, ὅτι ἀνὴρ ἁμαρτωλός εἰμι,
9 κύριε. θάμβος γὰρ περιέσχεν αὐτὸν □καὶ πάντας
τοὺς σὺν αὐτῷ⌉ ἐπὶ τῇ ἄγρᾳ τῶν ἰχθύων ┌ἣ συνέ-
10 λαβον, ᴵ┌ὁμοίως δὲ καὶ Ἰάκωβον καὶ Ἰωάννην υἱοὺς
Ζεβεδαίου, οἳ ἦσαν κοινωνοὶ τῷ Σίμωνι.* καὶ εἶπεν ₃
πρὸς τὸν Σίμωνα °ὁ Ἰησοῦς· μὴ φοβοῦ· ἀπὸ τοῦ
11 νῦν ἀνθρώπους ἔσῃ ζωγρῶν. καὶ καταγαγόντες
τὰ πλοῖα ἐπὶ τὴν γῆν, ἀφέντες ┌πάντα⌉ ἠκολού-
θησαν αὐτῷ.

12 Καὶ ἐγένετο ἐν τῷ εἶναι αὐτὸν ἐν μιᾷ τῶν ₁
πόλεων καὶ ἰδοὺ ἀνὴρ ┌πλήρης λέπρας⌉· ἰδὼν δὲ ₃
τὸν Ἰησοῦν, ┌πεσὼν ἐπὶ πρόσωπον □ἐδεήθη αὐτοῦ⌉
λέγων· κύριε, ἐὰν θέλῃς, δύνασαί με καθαρίσαι.
13 ᴵκαὶ ἐκτείνας τὴν χεῖρα ἥψατο αὐτοῦ ┌λέγων· θέλω,
καθαρίσθητι· καὶ εὐθέως ┌ἡ λέπρα ἀπῆλθεν ἀπ᾽
14 αὐτοῦ⌉. καὶ αὐτὸς παρήγγειλεν αὐτῷ μηδενὶ εἰπεῖν,
ἀλλὰ ἀπελθὼν δεῖξον σεαυτὸν τῷ ἱερεῖ, καὶ προσ-
ένεγκε ᵀπερὶ τοῦ καθαρισμοῦ σου καθὼς προσ-
15 έταξεν Μωϋσῆς, ┌εἰς μαρτύριον αὐτοῖς⌉. ᵀ διήρχετο ₃
δὲ μᾶλλον ὁ λόγος περὶ αὐτοῦ, καὶ συνήρχοντο ₃
ὄχλοι πολλοὶ ἀκούειν καὶ θεραπεύεσθαι ἀπὸ τῶν
16 ἀσθενειῶν αὐτῶν· αὐτὸς δὲ ἦν ὑποχωρῶν ἐν ταῖς ₃
ἐρήμοις καὶ προσευχόμενος.

7 ᵀτοις *CℜΘpl*; W | ┌βοηθειν *D*lat | ┌ -οι ℵ* 33 69 pc | ᵀπαρα τι *D*
itsy : ηδη *C** 8 ┌Σ. *D* (ο Σ. *W*φ) it sy⁸ | ┌ποσιν *D*λ 579 e sy | ᵀπαρακαλω
*D*itsyᵖ 9 □*D* | ┌ων *BD*pc; ℋ : ην Θ : txt ℵ*Cℜpl* 10.11 (ᵖ) ησαν δε κοι-
νωνοι αυτου Ιακωβος και Ιωαννης υιοι Ζεβεδαιου· ο δε ειπεν αυτοις· δευτε
και μη γινεσθε αλιεις ιχθυων, ποιησω γαρ υμας αλιεις ανθρωπων· οι δε ακου-
σαντες παντα κατελειψαν επι της γης και *D*(e).; hʳ 10 ○*B*; H 11 ┌απω-
*Cℜ*Θ*pm*; S 12 (ᵖ) λεπρος *D*Mcion. | (ᵖ) επεσεν et□ *D*. 13 ┌ειπων
ℜ*pm*; T | (ᵖ) εκαθαρισθη *De*. 14 ᵀᵖ) το δωρον *X b c* | (εις μ. επ αυτους
Ψ. : εις μ. υμιν *l* : ινα εις μ. ην (i. e. ῇ) υμιν τουτο *D* it(Mcion); ⊣hʳ⊦ | ᵀᵖ) π
δε εξελθων ηρξατο κηρυσσειν και διαφημιζειν τον λογον ωστε μηκετι δυνα-
σθαι αυτον φανερως εις πολιν εισελθειν, αλλα εξω ην εν ερημοις τοποις και
συνηρχοντο προς αυτον και ηλθεν παλιν εις Καφαρναουμ *Dd*.

37
86,2

Καὶ ἐγένετο ἐν μιᾷ τῶν ἡμερῶν ⸀καὶ αὐτὸς ἦν 17
διδάσκων, καὶ ἦσαν καθήμενοι Φαρισαῖοι καὶ νομο-
διδάσκαλοι οἳ ἦσαν ἐληλυθότες⸃ ἐκ πάσης ⸀κώμης
τῆς Γαλιλαίας καὶ Ἰουδαίας καὶ Ἰερουσαλήμ⸃· ⸆καὶ
13 δύναμις κυρίου ἦν εἰς τὸ⸃ ἰᾶσθαι ⸀αὐτόν. καὶ ἰδοὺ 18
87,1
ἄνδρες φέροντες ἐπὶ κλίνης ἄνθρωπον ὃς ἦν παρα-
λελυμένος, καὶ ἐζήτουν αὐτὸν εἰσενεγκεῖν καὶ θεῖναι
[αὐτὸν] ἐνώπιον αὐτοῦ. καὶ μὴ εὑρόντες ποίας εἰσε- 19
νέγκωσιν αὐτὸν διὰ τὸν ὄχλον, ⸀ἀναβάντες ἐπὶ τὸ
δῶμα διὰ τῶν κεράμων καθῆκαν αὐτὸν σὺν τῷ
κλινιδίῳ⸃ εἰς τὸ μέσον ἔμπροσθεν ⸀τοῦ Ἰησοῦ⸃. καὶ 20
ἰδὼν τὴν πίστιν αὐτῶν εἶπεν· ἄνθρωπε, ἀφέωνταί
σοι αἱ ἁμαρτίαι σου. καὶ ἤρξαντο διαλογίζεσθαι 21
οἱ γραμματεῖς καὶ οἱ Φαρισαῖοι ᵀ λέγοντες· ⸀τίς
ἐστιν οὗτος ὃς⸃ λαλεῖ βλασφημίας; τίς δύναται
ἁμαρτίας ἀφεῖναι εἰ μὴ μόνος ὁ θεός; ἐπιγνοὺς 22
δὲ ὁ Ἰησοῦς τοὺς διαλογισμοὺς αὐτῶν, ἀποκριθεὶς
εἶπεν πρὸς αὐτούς· τί διαλογίζεσθε ἐν ταῖς καρ-
δίαις ὑμῶνᵀ· ᴵτί ἐστιν εὐκοπώτερον, εἰπεῖν· ἀφέωνταί 23
σοι αἱ ἁμαρτίαι σου, ἢ εἰπεῖν· ἔγειρε καὶ περι-
πάτει; ἵνα δὲ εἰδῆτε ὅτι ὁ υἱὸς τοῦ ἀνθρώπου 24
ἐξουσίαν ἔχει ἐπὶ τῆς γῆς ἀφιέναι ἁμαρτίας, — εἶπεν
τῷ ⸀παραλελυμένῳ· σοί λέγω, ἔγειρε καὶ ἆρας ⸀τὸ
κλινίδιόν⸃ σου πορεύου εἰς τὸν οἶκόν σου. καὶ 25
παραχρῆμα ἀναστὰς ἐνώπιον αὐτῶν, ἆρας ⸀ἐφ᾽ ὃ
κατέκειτο⸃, ἀπῆλθεν εἰς τὸν οἶκον αὐτοῦ δοξάζων
τὸν θεόν. □καὶ ἔκστασις ἔλαβεν ἅπαντας, καὶ 26
ἐδόξαζον τὸν θεόν,⸗ καὶ ἐπλήσθησαν ⸀φόβου λέ-
γοντες ὅτι εἴδομεν παράδοξα σήμερον.

17—26:
Mt 9,1—8.
Mc 2,1—12.

4,14; 6,19 p;
8,46 p.

19,3.(9,9; 23,8.)

7,49. J 5,12.
Is 43,25; 55,7.
Ps 130,4.

J 5,36; 11,42.

Mt 28,18!

J 5,8 s.

2,20!

2,20!

17 ⸀αυτον διδασκοντος συνελθειν τους Φαρ-ους κ. νομοδ-
-ους· ησαν δε συνεληλ- D (e,c) | ⸆1 25—7 *1012.* : 1—3 67 H. :
1—5 D. : (2 5—7 Spitta *cj*) | ⸀²του D. | ⸂αυτου CℜDΘpl:
παντας K : txt Bℵpc 18 [+ BΘpc; W : —ℵCℜDpl; T 19 ⸀p)
ανεβησαν επι το δ. και αποστεγασαντες τους κεραμους οπου ην
καθηκαν τον κραβατον συν τω παραλυτικω D | ⸆παντων B.; W
21 ᵀp) εν ταις καρδιαις αυτων D it | ⸂τι ουτος D. 22 ᵀp) πονη-
ρα D (⸋it) 24 ⸀p)-λυτικω 𝔖DΘal; h : txt Bℜpm | ⸀p) τον
κραβατον Dpc Mcion 25 ⸂την κλινην D esyᵖ 26 □DΨal e |
⸀θαμβου D*

27 ⸀Καὶ μετὰ ταῦτα ἐξῆλθεν, καὶ ἐθεάσατο τελώνην 14
ὀνόματι Λευὶν⸃ καθήμενον ἐπὶ τὸ τελώνιον, καὶ 38
28 εἶπεν αὐτῷ· ἀκολούθει μοι. καὶ καταλιπὼν πάντα
29 ἀναστὰς ⸀ἠκολούθει αὐτῷ. Καὶ ἐποίησεν δοχὴν 39
μεγάλην ⸀Λευὶς αὐτῷ ἐν τῇ οἰκίᾳ αὐτοῦ· καὶ ἦν
ὄχλος πολὺς τελωνῶν καὶ ἄλλων ⸀οἳ ἦσαν μετ᾽ ⸀αὐτῶν
30 κατακείμενοι⸃. καὶ ἐγόγγυζον οἱ ⸀Φαρισαῖοι καὶ οἱ
γραμματεῖς αὐτῶν⸃ πρὸς τοὺς μαθητὰς αὐτοῦ λέ-
γοντες· διὰ τί μετὰ τῶν τελωνῶν ⸀καὶ ἁμαρτωλῶν⸃
31 ἐσθίετε καὶ πίνετε; καὶ ἀποκριθεὶς °ὁ Ἰησοῦς εἶπεν 40
πρὸς αὐτούς· οὐ χρείαν ἔχουσιν οἱ ὑγιαίνοντες
32 ἰατροῦ ἀλλὰ οἱ κακῶς ἔχοντες· οὐκ ἐλήλυθα καλέσ᾽ι
33 δικαίους ἀλλὰ ⸀ἁμαρτωλοὺς εἰς μετάνοιαν. Οἱ δὲ 3⸃
εἶπαν πρὸς αὐτόν· ᵀ οἱ μαθηταὶ Ἰωάννου νηστεύουσιν
πυκνὰ καὶ δεήσεις ποιοῦνται, ὁμοίως καὶ οἱ τῶν
34 Φαρισαίων, οἱ δὲ ⸀σοὶ ἐσθίουσιν καὶ πίνουσιν⸃. ᒀ ὁ
δὲ Ἰησοῦς εἶπεν πρὸς αὐτούς· μὴ ⸀δύνασθε τοὺς
υἱοὺς⸃ τοῦ νυμφῶνος, ⸀ἐν ᾧ ὁ νυμφίος μετ᾽ αὐτῶν
35 ἐστιν⸃, ⸆²ποιῆσαι νηστεῦσαι⸃; ἐλεύσονται δὲ ἡμέραι,
καὶ ὅταν ἀπαρθῇ ἀπ᾽ αὐτῶν ὁ νυμφίος, τότε
36 νηστεύσουσιν ἐν ἐκείναις ταῖς ἡμέραις. Ἔλεγεν
δὲ καὶ παραβολὴν πρὸς αὐτοὺς ὅτι οὐδεὶς ἐπί-
βλημα ἀπὸ ἱματίου καινοῦ σχίσας ἐπιβάλλει ἐπὶ
ἱμάτιον παλαιόν· εἰ δὲ μή γε, καὶ τὸ καινὸν σχίσει
καὶ τῷ παλαιῷ οὐ συμφωνήσει τὸ ἐπίβλημα τὸ
37 ἀπὸ τοῦ καινοῦ. καὶ οὐδεὶς βάλλει οἶνον νέον
εἰς ἀσκοὺς παλαιούς· εἰ δὲ μή γε, ῥήξει ὁ οἶνος
ὁ νέος τοὺς ἀσκούς ᵀ, καὶ αὐτὸς ἐκχυθήσεται καὶ
38 οἱ ἀσκοὶ ἀπολοῦνται. ἀλλὰ οἶνον νέον εἰς ἀσκοὺς

27—32:
Mt 9,9—13.
Mc 2,13—17.

Mt 19,27.

15,1.

15,2.

7,34; 15,2; 19,7.

4,23!

33—39:
Mt 9,14—17.
Mc 2,18—22.

11,1.

J 3,29.

17,22. J 16,20.

Job 32,19.

27 (p) και ελθων παλιν παρα την θαλασσαν τον επακολου-
θουντα αυτω οχλον εδιδασκεν και παραγων ειδεν Λευι τον του
Αλφαιου D　28 ⸀-θησεν אCℜΘpl; S: txt BDpc　29 ⸀Λευι D |
⸀ανακειμενων De | ⸀αυτου B*λpc; h　30 ⸀45231 ℜΘal:
1—4 אDal | □C*D　31 °B; [H]　32 ⸀ασεβεις א*.　33 ᵀ p)
δια τι א*CℜDΘpl: txt ℌ 157 565 | ⸀μαθηται σου ουδεν εσθι-
ουσιν De　34 (p) δυναται οι υιοι א*DeMcion |
⸀εφ οσον εχουσιν τον νυμφιον μεθ εαυτων De | ⸀²π. νη-
στευειν CℜΘpm; W: νηστευειν א*Dit Mcion: txt Bal
37 ᵀτους παλαιους D　157

καινοὺς ⸀βλητέον⸆. ⸋°καὶ οὐδεὶς πιὼν παλαιὸν ⸆ θέ- 39 (J 2,10.)
λει νέον· λέγει γάρ· ὁ παλαιὸς ⸀χρηστός ἐστιν.⸌
40 Ἐγένετο δὲ ⸂ἐν σαββάτῳ⸃ διαπορεύεσθαι αὐτὸν 6 1–5: Mt 12,1–8. Mc 2,23–28.
41,2 διὰ σπορίμων, ⸂καὶ ἔτιλλον οἱ μαθηταὶ αὐτοῦ⸃
⸉καὶ ἤσθιον τοὺς στάχυας⸊ ψώχοντες ταῖς χερσίν. Dt 23,26.
ǀ τινὲς δὲ τῶν Φαρισαίων εἶπαν· ⸂τί ποιεῖτε ὃ οὐκ 2 J 5,10.
ἔξεστιν ⸆τοῖς σάββασιν⸃; καὶ ἀποκριθεὶς ⸉πρὸς αὐ- 3
τοὺς εἶπεν °ὁ Ἰησοῦς⸊· ⸀οὐδὲ τοῦτο ἀνέγνωτε ὃ ἐποίη- 1 Sm 21,7.
σεν Δαυίδ, ⸁ὁπότε ἐπείνασεν αὐτὸς καὶ οἱ μετ᾽ αὐ-
τοῦ °²ὄντες; ǀ °ὡς εἰσῆλθεν εἰς τὸν οἶκον τοῦ θεοῦ 4
καὶ τοὺς ἄρτους τῆς ⸀προθέσεως ⸁λαβὼν ἔφαγεν καὶ Lv 24,5–9.
ἔδωκεν ⸆τοῖς μετ᾽ αὐτοῦ, οὓς οὐκ ἔξεστιν φαγεῖν
εἰ μὴ μόνους τοὺς ἱερεῖς; ǀ ⸆⸉καὶ ἔλεγεν αὐτοῖς· 5
⸆κύριός ἐστιν ⸂τοῦ σαββάτου ὁ υἱὸς τοῦ ἀνθρώπου⸃.⸊
41 ǀ ⸂Ἐγένετο δὲ ἐν ἑτέρῳ σαββάτῳ εἰσελθεῖν αὐτὸν 6 6–11: Mt 12,9–14. Mc 3,1–6.
42,2 εἰς τὴν συναγωγὴν καὶ διδάσκειν· καὶ ἦν ἄν-
θρωπος ἐκεῖ καὶ ἡ χεὶρ αὐτοῦ ἡ δεξιὰ ἦν ξηρά·⸃
ǀ παρετηροῦντο δὲ °αὐτὸν οἱ γραμματεῖς καὶ οἱ 7 14,1; 20,20.
Φαρισαῖοι εἰ ἐν τῷ σαββάτῳ ⸀θεραπεύει, ἵνα εὕρωσιν
⸁κατηγορεῖν ⸆αὐτοῦ. αὐτὸς δὲ ⸂ᾔδει τοὺς διαλογι- 8 Mt 9,4!
σμοὺς αὐτῶν, εἶπεν δὲ⸃ τῷ ἀνδρὶ τῷ ξηρὰν ἔχοντι
τὴν χεῖρα· ἔγειρε καὶ στῆθι εἰς τὸ μέσον· καὶ
ἀναστὰς ⸀ἔστη. εἶπεν δὲ °ὁ Ἰησοῦς πρὸς αὐτούς· 9

---

38 ⸀*p*) *βαλλουσιν* **ℵ*D** ǀ ⸆*και αμφοτεροι συντηρουνται* (*τηρ-* **D**) **C𝔎**(**D**)**Θ***pl* **39** ⸋*vs. p*) **D** it Mcion Jr Eus; [H] ǀ ° **B***pc*; ℋ ǀ ⸆*ευθεως* **𝔎Θ***pl*; s ǀ ⸀*χρηστοτερος* **C𝔎Θ***pl*; S : *txt* **Bℵ***pc* **6,1** ⸂*εν σ. δευτεροπρωτω* (*-ερω πρωτω* **φ**) **C𝔎DΘ***pm* lat; T ⊣hʳ¹⊢ : sabbato mane *e*; hʳ² : *txt* **ℌ***al* itsy ǀ ⸂*οι δε μ. α. ηρξαντο τιλλειν* **D** *b e* ǀ ⸉3 4 1 2 **ℵ𝔎**(**D**)**Θ***pl*; T : *txt* **BC***pc* **2** ⸂*p*) *ιδε, τι ποιουσιν οι μαθ. σου τοις σαββ. ο ουκ εξ.* **D** ǀ ⸆*ποιειν* **ℵC𝔎Θ***pl*; T : *txt* **B**(**D**)*pc* lat **3** ⸉ 4 5 1 2 3 **ℌΘ**(**D***pm*); T : *txt* (**B**)**𝔎***al* ǀ ° **B**.; [H] ǀ ⸀*p*) *ουδεποτε* **D**(**L**) ǀ ⸁*p*) *οτε* **ℌD***pm*; H : *txt* **𝔎Θ***al* ǀ °²*p*) **ℌDΘ***pm*; H : *txt* **C𝔎***al* **4** ° **BD**; [H] ǀ ⸀*προσθ-* **D**. ǀ ⸁*ελαβεν και* **𝔎***al*; T : — *p*) **ℵD***pm* Ir : *txt* **ℌΘ***pc* ǀ ⸆*p*) *και* **ℵ𝔎DΘ***pm*; T : *txt* **B***al* **5** ⸆*Τη αυτη ημερα θεασαμενος τινα εργαζομενον τω σαββατω ειπεν αυτω· ανθρωπε, ει μεν οιδας τι ποιεις, μακαριος ει· ει δε μη οιδας, επικαταρατος και παραβατης ει του νομου.* **D**.; hʳ *et* ⸉ *pon. vs.* 5 *post* 10 **D** Mcion.; hʳ ǀ ⸆*οτι* **𝔎**(**D**)**Θ***pm*; T ǀ ⸂*ο υι. τ. α. και τ. σαββ.* **𝔎**(**D**)**Θ***pl*; Th : *txt* **Bℵ** **6** ⸂*p*) *και εισελθοντος αυτου παλιν εις την συναγωγην σαββατω, εν η ην ανθρ. ξηραν εχων την χειρα* **D**. **7** ° **𝔎Θ***pm*; T ǀ ⸀*p*) *-ευσει* **B𝔎Θ***pm*; Wh ǀ ⸁*-ριαν* **𝔎***pm*; S : *-ρησαι* **D** : *txt* **BℵΘ***al* ǀ ⸆*κατ* **KL***pm*; S **8** ⸀*γινωσκων τ. δ. α. λεγει* **D** ǀ ⸀*εσταθη* **D**. **9** ° **B**; [H]

ἐπερωτῶ ὑμᾶς ⸀εἰ ἔξεστιν τῷ σαββάτῳ ἀγαθο-
ποιῆσαι ἢ κακοποιῆσαι, ψυχὴν σῶσαι ἢ ⸁ἀπολέσαι⁚;⸆
10 ⸋καὶ περιβλεψάμενος ⸉πάντας αὐτοὺς⸊ ⸆εἶπεν αὐτῷ·
ἔκτεινον τὴν χεῖρά σου. ὁ δὲ ⸀ἐποίησεν, καὶ ἀπε-
11 κατεστάθη ἡ χεὶρ αὐτοῦ⸆. αὐτοὶ δὲ ἐπλήσθησαν
ἀνοίας, καὶ ⸂διελάλουν πρὸς ἀλλήλους τί ἂν
ποιήσαιεν τῷ Ἰησοῦ⸃.
12–16: Mc 3,13–19. 9,18. Mt 14,23. 12 Ἐγένετο δὲ ἐν ταῖς ἡμέραις ταύταις ἐξελθεῖν 42
αὐτὸν εἰς τὸ ὄρος προσεύξασθαι, καὶ ἦν δια- 43
13 νυκτερεύων ἐν τῇ προσευχῇ ⸋τοῦ θεοῦ⸌. καὶ ὅτε 16
Mt 10,2–4! 10,1. J 6,70. Act 1,2. ἐγένετο ἡμέρα, ⸀προσεφώνησεν τοὺς μαθητὰς αὐτοῦ, 44
καὶ ἐκλεξάμενος ἀπ' αὐτῶν δώδεκα, οὓς καὶ ἀπο-
14 στόλους ⸁ὠνόμασεν, ⸋⸂Σίμωνα, ὃν καὶ ὠνόμασεν
Πέτρον⸃, καὶ Ἀνδρέαν τὸν ἀδελφὸν αὐτοῦ, καὶ
Ἰάκωβον καὶ Ἰωάννην⸆, καὶ Φίλιππον καὶ Βαρθο-
Mt 9,9! 15 λομαῖον, ⸋καὶ Μαθθαῖον καὶ Θωμᾶν⸆, [καὶ] Ἰάκωβον
Ἁλφαίου καὶ Σίμωνα τὸν καλούμενον ζηλωτήν,
16 ⸋καὶ Ἰούδαν Ἰακώβου, καὶ Ἰούδαν ⸀Ἰσκαριώθ, ὃς
17–19: Mt 4,23–5,1; 12,15. Mc 3,7–12. (J 6,60.66.) 17 ἐγένετο προδότης, ⸋καὶ καταβὰς μετ' αὐτῶν ἔστη 45
ἐπὶ τόπου πεδινοῦ, καὶ ὄχλος πολὺς μαθητῶν
αὐτοῦ, καὶ πλῆθος πολὺ τοῦ λαοῦ ἀπὸ πάσης
τῆς Ἰουδαίας καὶ ⸂Ἰερουσαλὴμ⸆ καὶ τῆς παραλίου⁚
18 ⸆Τύρου καὶ Σιδῶνος, ⸋οἳ ἦλθον⸃ ἀκοῦσαι αὐτοῦ καὶ
ἰαθῆναι ἀπὸ τῶν νόσων αὐτῶν, καὶ οἱ ἐνοχλού-
μενοι ἀπὸ πνευμάτων ἀκαθάρτων ἐθεραπεύοντο⸆·
19 ⸋καὶ πᾶς ὁ ὄχλος ἐζήτουν ἅπτεσθαι αὐτοῦ, ὅτι
5,17! δύναμις παρ' αὐτοῦ ἐξήρχετο καὶ ἰᾶτο πάντας.

---

9 ⸀τί *ℜΘpl*; S | ⸁*p*) *αποκτειναι ℜΘal* | ⁚. T | ⸆*p*) *οι δε εσιωπων Dal* *10* ⸉ *D* it | ⸆ *εν οργη DΘpm* it; S : *p*) *μετ οργης φ* | ⸀*p*) *εξετεινεν ℵDpm* | ⸆*p*) *ως και η αλλη D*(*Θ*)*al et hic vs.* 5 *D* Mcion.; h^{r} : *υγιης ως η α. ℜpm* *11* ⸂*p*) *διελογιζοντο πρ. α. πως απολεσωσιν αυτον D* *12* ⸋ *D* *13* ⸀*εφων- Dλ* | ⸁*εκαλεσεν Dpc* *14* ⸂*p*) *πρωτον Σ. ον κ. Π. επων- D* | ⸆*p*) *τον αδελφον αυτου, ους επωνομασεν βοανηργες ο εστιν υιοι βροντης D* *15* ⸆*p*) *τον επικαλουμενον Διδυμον D*. | [+ *ℌD*al*; T : — *BℜΘpm*; W *16* ⸀*-ιωτην ℜΘpl* vg : *Σκαριωθ D* it vg^{codd} sy *17.18* ⸂*αλλων πολεων εληλυθοτων D* (it) *17* ⸆*και* (*της W*) *Περαιας ℵ*W*; h^{r1} : et trans fretum it.; h^{r2e} | ⁚, comm | ⸆*και* latsy^{s} *18* ⸆*απαντες 69*.

743 ¹Καὶ αὐτὸς ἐπάρας τοὺς ὀφθαλμοὺς αὐτοῦ εἰς 20 20—23:
46,5 τοὺς μαθητὰς αὐτοῦ ἔλεγεν·   Mt 5,3.4.6.11 s.

Μακάριοι οἱ πτωχοί ᵀ, ὅτι ⌜ὑμετέρα ἐστὶν ἡ βα- Is 57,15; 61,1.
σιλεία τοῦ θεοῦ.   Jc 2,5.

47,5 μακάριοι οἱ πεινῶντες νῦν, ὅτι ⌜χορτασθήσεσθε. 21 Ap 7,16 s.
48,5 *μακάριοι οἱ κλαίοντες νῦν, ὅτι ⌜γελάσετε.   Ps 126,5 s.
                                                   Is 61,2 s.
44 μακάριοί ἐστε ὅταν μισήσωσιν ὑμᾶς οἱ ἄνθρω- 22 J 15,19; 16,2.
49,5 ποι, καὶ ὅταν ἀφορίσωσιν ὑμᾶς καὶ ὀνειδίσωσιν καὶ
ἐκβάλωσιν τὸ ὄνομα ὑμῶν ὡς πονηρὸν ἕνεκα τοῦ
υἱοῦ τοῦ ἀνθρώπου. χάρητε ἐν ἐκείνῃ τῇ ἡμέρᾳ 23
καὶ σκιρτήσατε· ἰδοὺ γὰρ ὁ μισθὸς ὑμῶν πολὺς
ἐν τῷ οὐρανῷ· κατὰ ⌜τὰ αὐτὰ⌝ γὰρ ἐποίουν τοῖς
προφήταις οἱ πατέρες αὐτῶν.

0,10 Πλὴν οὐαὶ ὑμῖν τοῖς πλουσίοις, ὅτι ἀπέχετε 24 16,25.Mt19,24p.
τὴν παράκλησιν ὑμῶν.   Jc 5,1.
                                                   2,25!
45 οὐαὶ ὑμῖν, οἱ ἐμπεπλησμένοι °νῦν, ὅτι πεινάσετε. 25 Is 5,22.
οὐαί, οἱ γελῶντες νῦν, ὅτι πενθήσετε καὶ   Jc 4,9.
κλαύσετε.

,10 οὐαὶ ὅταν ⌜καλῶς ὑμᾶς εἴπωσιν⌝°πάντες οἱ 26 Jc 4,4.
ἄνθρωποι· κατὰ ⌜τὰ αὐτὰ⌝ γὰρ ἐποίουν τοῖς ψευδο- Mch 2,11.
                                                   (Mt 24,24!)
52,5 προφήταις □οἱ πατέρες αὐτῶν⌝. Ἀλλὰ ὑμῖν λέγω 27 27—36:
τοῖς ἀκούουσιν· ἀγαπᾶτε τοὺς ἐχθροὺς ὑμῶν, κα- Mt 5,39—48.
                                                   35.
46 λῶς ποιεῖτε τοῖς μισοῦσιν ὑμᾶς, ¹ εὐλογεῖτε τοὺς 28
καταρωμένους ὑμᾶς, προσεύχεσθε ⌜περὶ τῶν ἐπη-
3,5 ρεαζόντων ὑμᾶς. τῷ τύπτοντί σε ⌜ἐπὶ τὴν ᵀσιαγόνα 29
πάρεχε καὶ τὴν ἄλλην, καὶ ἀπὸ τοῦ αἴροντός σου
47 τὸ ἱμάτιον καὶ τὸν χιτῶνα μὴ κωλύσῃς. παντὶ ᵀ 30
αἰτοῦντί σε δίδου, καὶ ἀπὸ τοῦ αἴροντος τὰ σὰ
4,5 μὴ ἀπαίτει. καὶ καθὼς θέλετε ἵνα ποιῶσιν 31 Mt 7,12.
5,5 ὑμῖν οἱ ἄνθρωποι, ᵀ ποιεῖτε αὐτοῖς °ὁμοίως. καὶ εἰ 32 1 T 5,8.
ἀγαπᾶτε τοὺς ἀγαπῶντας ὑμᾶς, ποία ὑμῖν χάρις 1 P 2,19 s.

20 ⌐, W | ᵀp) τω πνευματι ℵ⁸Θ λ φ al it | ⌐αυτων W sy⁸ Mcion   21 ⌐ bis,
W | ⌐-σονται ℵ*69 it sy⁸ Mcion | ⌐-σονται e sy⁸ Mcion (vl = W) Or Eus : -σου-
σιν W   23 ⌐ταυτα ℵℜΘpl Mcion; (ταὑτὰ hᵃ)   25 ℴℜDal Mcion Irˡᵃᵗ   26 ⌠132
ℌal; T : 213 B eq Mcion; W : txt ℜ(D)Θpm | ℴℜDal Mcion | ⌐ταυτα ut 23 |
□B700 sy⁸; W   28 ⌐υπερ ℜDΘpl   29 ⌐εις ℵ*DWΘpc Mcion; T | ᵀp) δεξιαν
ℵ*Eal   30 ᵀτω λal Cl : δε τω ℜDΘpm : txt Bℵ700pc   31 ᵀκαι υμεις ℌℜ
DΘpl Mcion; Th : καλως sy⁸ : txt B700 it Ir Cl | ℴDesa Cl Ir Mcion

ἐστίν; καὶ γὰρ οἱ ἁμαρτωλοὶ τοὺς ἀγαπῶντας αὐ-
33 τοὺς ἀγαπῶσιν. καὶ °γὰρ ἐὰν ἀγαθοποιῆτε τοὺς
ἀγαθοποιοῦντας ὑμᾶς, ποία ὑμῖν χάρις ἐστίν; καὶ
Lv 25,35 s. 34 ⸆οἱ ἁμαρτωλοὶ τὸ αὐτὸ ποιοῦσιν. καὶ ἐὰν δανεί-
σητε παρ᾽ ὧν ἐλπίζετε λαβεῖν, ποία ὑμῖν χάρις
[ἐστίν]; καὶ ἁμαρτωλοὶ ἁμαρτωλοῖς δανείζουσιν ἵνα
27. 35 ἀπολάβωσιν ⸋τὰ ἴσα⸌. πλὴν ἀγαπᾶτε τοὺς ἐχθροὺς
ὑμῶν καὶ ἀγαθοποιεῖτε καὶ δανείζετε ⸂μηδὲν ἀπελ-
πίζοντες· καὶ ἔσται ὁ μισθὸς ὑμῶν πολύς, καὶ
(1,32.) Mt 5,45. ἔσεσθε υἱοὶ ὑψίστου, ὅτι αὐτὸς χρηστός ἐστιν ἐπὶ
36 τοὺς ἀχαρίστους καὶ πονηρούς. Γίνεσθε οἰκτίρ- 48
37—46:
Mt 7,1—23. 37 μονες, καθὼς ⸆ὁ πατὴρ ὑμῶν οἰκτίρμων ἐστίν. καὶ 56
Mt 6,14; 18,32. μὴ κρίνετε, ⸂καὶ οὐ⸃ μὴ κριθῆτε· καὶ μὴ κατα-
Is 58,6. Mt18,18! δικάζετε, ⸂καὶ οὐ⸃ μὴ καταδικασθῆτε. ἀπολύετε,
38 καὶ ἀπολυθήσεσθε· Ι δίδοτε, καὶ δοθήσεται ὑμῖν·
μέτρον καλὸν πεπιεσμένον σεσαλευμένον ὑπερεκχυν-
Mt 7,2! νόμενον δώσουσιν εἰς τὸν κόλπον ὑμῶν· ⸂ᾧ γὰρ
39 μέτρῳ⸃ μετρεῖτε ⸂ἀντιμετρηθήσεται ὑμῖν. Εἶπεν 57
δὲ καὶ παραβολὴν αὐτοῖς· μήτι δύναται τυφλὸς
Mt 15,14! τυφλὸν ⸆ὁδηγεῖν; οὐχὶ ἀμφότεροι εἰς βόθυνον
Mt 10,24 s! 40 ἐμπεσοῦνται; οὐκ ἔστιν μαθητὴς ὑπὲρ τὸν διδά- 49
σκαλον· κατηρτισμένος δὲ πᾶς ἔσται ὡς ὁ διδά- 58
41 σκαλος αὐτοῦ. Τί δὲ βλέπεις τὸ κάρφος τὸ ἐν 59
τῷ ὀφθαλμῷ τοῦ ἀδελφοῦ σου, τὴν δὲ δοκὸν τὴν
42 ἐν τῷ ἰδίῳ ὀφθαλμῷ οὐ κατανοεῖς; ⸆πῶς δύνασαι
λέγειν τῷ ἀδελφῷ σου· ἀδελφέ, ἄφες ἐκβάλω τὸ
κάρφος τὸ ἐν τῷ ὀφθαλμῷ σου, ⸂αὐτὸς τὴν ἐν τῷ
ὀφθαλμῷ σου δοκὸν οὐ βλέπων⸃; ὑποκριτά, ἔκβαλε
πρῶτον τὴν δοκὸν ἐκ τοῦ ὀφθαλμοῦ σου, καὶ τότε
διαβλέψεις τὸ κάρφος τὸ ἐν τῷ ὀφθαλμῷ τοῦ

33 °rell; [H] : txt Bℵ 700. | ⸆γαρ 𝕽DΘ pl : txt Bℵ pc **34** [+
rell; T : — 𝔓⁴⁵B 700 e aeth.; W | ⸋D itsyˢ **35** ⸂μηδενα ℵ pc sy; Th
36 ⸆και 𝕽DΘ pm; S **37** ⸆(p) ινα DΨal itsyˢ Mcion | ⸂ινα
D itsyˢ Mcion **38** ⸂τω αυτω μ. ω 𝔓⁴⁵Θ pc itsyˢ : τ. γαρ α. μ.
ω C𝕽 pl; S | ⸂μετρ- B*pc; h **39** ⸆οδαγειν D. **42** ⸆p) η
C𝕽DΘ pl; s : txt B(ℵ)pc | °p) D pc it | ⸂p) και ιδου η δοκ.
εν τω σω οφθ. υποκειται D it (ⸯsyˢ).

ᵃἀδελφοῦ σου ἐκβαλεῖν. Οὐ γάρ ἐστιν δένδρον 43
καλὸν ποιοῦν ⸀καρπὸν σαπρόν⸃, οὐδὲ πάλιν δένδρον
σαπρὸν ποιοῦν ⸀καρπὸν καλόν⸃. ἕκαστον γὰρ δένδρον 44
ᵇἐκ τοῦ ἰδίου καρποῦ γινώσκεται· * οὐ γὰρ ἐξ ἀκαν-
θῶν ⸀συλλέγουσιν σῦκα, οὐδὲ ἐκ βάτου σταφυλὴν
ᵇτρυγῶσιν. ὁ ἀγαθὸς ἄνθρωπος ἐκ τοῦ ἀγαθοῦ 45
θησαυροῦ τῆς καρδίας⸀προφέρει τὸ ἀγαθόν, καὶ
ὁ πονηρὸς ἐκ τοῦ πονηροῦ προφέρει τὸ πονηρόν·
ἐκ γὰρ περισσεύματος καρδίας λαλεῖ τὸ στόμα
ᵃαὐτοῦ. Τί δέ με καλεῖτε· κύριε κύριε, καὶ οὐ 46
ᵒποιεῖτε ⸀ἃ λέγω; Πᾶς ὁ ἐρχόμενος πρός με 47
ᵇκαὶ ἀκούων μου τῶν λόγων καὶ ποιῶν αὐτούς,
ὑποδείξω ὑμῖν τίνι ἐστὶν ὅμοιος. ὅμοιός ἐστιν 48
ἀνθρώπῳ οἰκοδομοῦντι οἰκίαν, ὃς ἔσκαψεν καὶ
ἐβάθυνεν καὶ ἔθηκεν θεμέλιον ἐπὶ τὴν πέτραν·
πλημμύρης δὲ γενομένης προσέρρηξεν ὁ ποταμὸς
τῇ οἰκίᾳ ἐκείνῃ, καὶ οὐκ ἴσχυσεν σαλεῦσαι αὐτὴν
⸀διὰ τὸ καλῶς οἰκοδομῆσθαι αὐτήν⸃. ὁ δὲ ἀκούσας 49
καὶ μὴ ποιήσας ὅμοιός ἐστιν ἀνθρώπῳ οἰκοδο-
μήσαντι οἰκίαν ἐπὶ τὴν γῆν χωρὶς θεμελίου, ᾗ
⸀προσέρρηξεν ὁ ποταμός, καὶᵒεὐθὺς συνέπεσεν, καὶ
ἐγένετο τὸ ῥῆγμα τῆς οἰκίας ἐκείνης μέγα.

1   ⸀⸀Ἐπειδὴ ἐπλήρωσεν πάντα τὰ ῥήματα αὐτοῦ εἰς 7
ᵇτὰς ἀκοὰς τοῦ λαοῦ, εἰσῆλθεν⸃ εἰς Καφαρναούμ.
¹Ἑκατοντάρχου δέ τινος ⸀δοῦλος κακῶς ἔχων 2
ἤμελλεν τελευτᾶν, ὃς ἦν αὐτῷ ⸀ἔντιμος. ἀκούσας 3
δὲ περὶ τοῦ Ἰησοῦ ἀπέστειλεν πρὸς αὐτὸν πρε-
σβυτέρους τῶν Ἰουδαίων, ἐρωτῶν αὐτὸν ὅπως ἐλθὼν
διασώσῃ τὸν ⸀δοῦλον αὐτοῦ. οἱ δὲ παραγενόμενοι 4
πρὸς τὸν Ἰησοῦν ⸀παρεκάλουν αὐτὸν σπουδαίως,

43—45:
Mt 12,33—35.

46 M11,6. Mt 21,29!

47—49:
Mt 7,24—27.

1—10:
Mt 8,5—13.
J 4,46—53.
10,15. Mt 7,28!

43 ⸀-πους σαπρους et ⸀-πους καλους **D** it(vg)sy   **44** ⸀εκλε-
γονται **D** e   **45** ⸀αυτου 𝕽(𝔖**D**)Θpl; 𝕾 : txt **B**אCl   **46** ⸀ο **B** e; Wh
48 ⸀p) τεθεμελιωτο γαρ επι την πετραν **CℜDΘ**pl latsyᵖ :
—700 syˢ : txt 𝔥   **49** ⸀συνερ- **D**. | Oᵖ) **D** ac.   **7,1** ⸀p) και
εγενετο οτε ετελεσεν ταυτα τα ρηματα λαλων ηλθεν **D** (e) |
⸀επει δε אℜpm; h : οτε δε Θpc : txt **B**C*al   **2** ⸀p) παις **D**
⸀τιμιος **D**.   **3** ⸀p) παιδα 47ˡᵉᶜᵗ   **4** ⸀ηρωτων א**D** 700al; T

Act 10,2; 27,3! 5 λέγοντες ὅτι ἄξιός ἐστιν ᾧ παρέξῃ τοῦτο· ἀγαπᾷ
γὰρ τὸ ἔθνος ἡμῶν καὶ τὴν συναγωγὴν αὐτὸς
6 ᾠκοδόμησεν ἡμῖν. ⌜ὁ δὲ Ἰησοῦς ἐπορεύετο σὺν
(15,20.) αὐτοῖς.⌝ ἤδη δὲ αὐτοῦ οὐ μακρὰν ἀπέχοντος °ἀπὸ
τῆς οἰκίας, ἔπεμψεν⌐φίλους ὁ ἑκατοντάρχης λέγων
°²αὐτῷ· κύριε, μὴ σκύλλου· οὐ γὰρ ἱκανός εἰμι ἵνα
7 ⌐ὑπὸ τὴν στέγην μου⌐ εἰσέλθῃς· □διὸ οὐδὲ ἐμαυτὸν
ἠξίωσα πρὸς σὲ ἐλθεῖν·⌝ ἀλλὰ εἰπὲ λόγῳ, καὶ
8 ⌜ἰαθήτω ὁ παῖς μου. καὶ γὰρ ἐγὼ ἄνθρωπός εἰμι
ὑπὸ ἐξουσίαν τασσόμενος, ἔχων ὑπ᾽ ἐμαυτὸν στρα-
τιώτας, καὶ λέγω τούτῳ· πορεύθητι, καὶ πορεύε-
ται, καὶ ἄλλῳ· ἔρχου, καὶ ἔρχεται, καὶ τῷ δούλῳ
9 μου· ποίησον τοῦτο, καὶ ποιεῖ. ¹ἀκούσας δὲ ταῦτα
ὁ Ἰησοῦς ἐθαύμασεν αὐτόν, καὶ στραφεὶς τῷ ἀκο-
18,8. Jr 5,3. λουθοῦντι αὐτῷ ὄχλῳ εἶπεν·⌐λέγω ὑμῖν, ⌜οὐδὲ ἐν
10 τῷ Ἰσραὴλ τοσαύτην πίστιν εὗρον⌝. καὶ ὑποστρέ- 66
ψαντες εἰς τὸν οἶκον οἱ πεμφθέντες εὗρον τὸν
11 ⌐δοῦλον ὑγιαίνοντα. Καὶ ἐγένετο ἐν ⌜τῷ ἑξῆς 19
ἐπορεύθη εἰς πόλιν καλουμένην Ναΐν, καὶ συνε- 67
πορεύοντο αὐτῷ οἱ μαθηταὶ αὐτοῦ⌐καὶ ὄχλος
12 πολύς. ὡς δὲ ἤγγισεν τῇ πύλῃ τῆς πόλεως, καὶ
8,42; 9,38. ἰδοὺ ἐξεκομίζετο τεθνηκὼς μονογενὴς υἱὸς τῇ
1 Rg 17,17. μητρὶ αὐτοῦ, καὶ⌐αὐτὴ ἦν χήρα, καὶ ⌜ὄχλος τῆς
13 πόλεως ἱκανὸς ἦν σὺν αὐτῇ⌝. καὶ ἰδὼν αὐτὴν ὁ
10,33. ⌜κύριος ἐσπλαγχνίσθη ἐπ᾽ ⌐αὐτῇ καὶ εἶπεν αὐτῇ·
8,52.
23,28. Ap 5,5. 14 μὴ κλαῖε. καὶ προσελθὼν ἥψατο τῆς σοροῦ, οἱ
Mc 5,41 p. δὲ βαστάζοντες ἔστησαν, καὶ εἶπεν· νεανίσκε⌐, σοὶ
1 Rg 17,23. 15 λέγω, ἐγέρθητι. καὶ ⌜ἀνεκάθισεν ὁ νεκρὸς καὶ
2 Rg 4,36. ἤρξατο λαλεῖν, καὶ ἔδωκεν αὐτὸν τῇ μητρὶ αὐτοῦ.
Act 9,40.

6 ⌜επορ. δε μετ αυτων ο Ι. D itsyˢ | OℵDλφ.; Τ | ⌐προς
αυτον CℛDΘpl; s | O² ℵ*Θ; Τ | ⌐p) 4 1—3 𝕳Dpm : txt BℛΘal
7 □p) Dpc itsyˢ | ⌐p) -ησεται ℵCℛDΘpl; s : txt Bpc 9 ⌐p)
αμην DΘΨpc lat | ⌐ουδεποτε τοσ. π. ευρ. εν τ. Ι. D(Θal, it,
Mcion) 10 ⌐ασθενουντα Cℛ(D)Θpm; S 11 ⌜τη ℵ*CDpm;
Th : txt Bℛθal | ⌐ικανοι CℛΘpm; Τ 12 ⌜(αὐτὴ Mal; H) |
⌜πολυς οχ. τ. π. συνεληλυθει αυτη D(e) 13⌜Ιησους DWal
sy | ⌐αυτην ℵ℘pm; Τ : txt BℛDal 14 ⌐νεανισκε Daff²;
⊣hʳ⊢ 15 ⌜εκαθ- Bpc; h

163

ˈἔλαβεν δὲ φόβος ⸀πάντας, καὶ ἐδόξαζον τὸν θεὸν 16 2,20! Mt 9,33.
λέγοντες ὅτι προφήτης μέγας ἠγέρθη ἐν ἡμῖν, καὶ 21,11! 1,68!
8,10 ὅτι ἐπεσκέψατο ὁ θεὸς τὸν λαὸν αὐτοῦ⸆. καὶ 17
ἐξῆλθεν ὁ λόγος οὗτος ἐν ὅλῃ τῇ Ἰουδαίᾳ περὶ
αὐτοῦ καὶ πάσῃ τῇ περιχώρῳ.
53 ⸂Καὶ ἀπήγγειλαν Ἰωάννῃ οἱ μαθηταὶ αὐτοῦ 18 18—35: Mt 11,2—19.
69,5 περὶ πάντων τούτων.⸃ καὶ προσκαλεσάμενος δύο J 3,26.
τινὰς τῶν μαθητῶν αὐτοῦ ⸋ὁ Ἰωάννης⸌ ˈ⸂ἔπεμψεν 19 Ps 40,8; 118,26.
πρὸς τὸν ⸀κύριον λέγων⸃· σὺ εἶ ὁ ἐρχόμενος, ἢ ⸁ἄλλον Ml 3,1. Mt 3,11! Dn 9,26 Theod.
προσδοκῶμεν; παραγενόμενοι δὲ πρὸς αὐτὸν οἱ 20
ἄνδρες εἶπαν· Ἰωάννης ὁ βαπτιστὴς ⸀ἀπέστειλεν
ἡμᾶς πρὸς σὲ λέγων· σὺ εἶ ὁ ἐρχόμενος, ἢ ⸁ἄλλον
προσδοκῶμεν; ἐν ἐκείνῃ τῇ ὥρᾳ ⸀ἐθεράπευσεν 21
πολλοὺς ἀπὸ νόσων καὶ μαστίγων καὶ πνευμάτων
πονηρῶν, καὶ ⸂τυφλοῖς πολλοῖς ἐχαρίσατο⸃ βλέπειν.
ˈκαὶ ἀποκριθεὶς εἶπεν αὐτοῖς· πορευθέντες ⸂ἀπαγ- 22
γείλατε Ἰωάννῃ ἃ εἴδετε καὶ ἠκούσατε⸃· ⸆**τυφλοὶ** Is 35,5.
ἀναβλέπουσιν, χωλοὶ περιπατοῦσιν, λεπροὶ καθα- Mt 8,2!
ρίζονται, ⸋καὶ κωφοὶ ἀκούουσιν, νεκροὶ ἐγείρονται, Is 61,1.
πτωχοὶ εὐαγγελίζονται· καὶ μακάριός ἐστιν ὃς ἐὰν 23
54 μὴ σκανδαλισθῇ ἐν ἐμοί. Ἀπελθόντων δὲ τῶν 24
ἀγγέλων Ἰωάννου ἤρξατο λέγειν πρὸς τοὺς ὄχλους
περὶ Ἰωάννου· τί ⸀ἐξήλθατε εἰς τὴν ἔρημον θεά- 1,17. Jr 1,18.
σασθαι; κάλαμον ὑπὸ ἀνέμου σαλευόμενον; ˈἀλλὰ 25
τί ⸀ἐξήλθατε ἰδεῖν; ἄνθρωπον ἐν μαλακοῖς ἱματίοις Mt 3,4.
ἠμφιεσμένον; ἰδοὺ οἱ ἐν ἱματισμῷ ἐνδόξῳ καὶ
τρυφῇ ⸁ὑπάρχοντες ἐν τοῖς βασιλείοις εἰσίν. ἀλλὰ 26
τί ⸀ἐξήλθατε ἰδεῖν; προφήτην; ναί⁚ λέγω ὑμῖν, καὶ 1,76.

---

16 ⸀ απ- ***𝕳Θ****al*; Th : *txt* ***BℜD****pm* | ⸆ εις αγαθον ***φ****al* it ***18*** ⸂ εν οις και μεχρι Ιωαννου του βαπτιστου ος *et*⸋ ***D***(*e*) ***19*** ⸂ λεγει· πορευθεντες ειπατε αυτω ***D***(*e*) | ⸀ Ιησουν ***ℵℜΘ****pm*: *txt* ***B****al* | ⸁ *p*) ετερον ***𝕳****al*; H : *txt* ***ℜDΘ****pm* ***20*** ⸀ -εσταλκεν ***ℜD****pm*; T | ⸁ ετερον ***𝕳D****al*; h : *txt* ***BℜΘ****pm* ***21*** ⸀ -ευεν ***D*** it | ⸂ τυφλους εποιει ***D***(*c*)e. ***22*** ⸂ ειπατε Ιωαννη α ειδον υμων οι οφθαλμοι και α ηκουσαν υμων τα ωτα ***D***(*e*) | ⸆ οτι ***ℜD****al*; T : *txt p*) ***𝕳Θ****pm* | ⸋ ***ℜΘ****pm*; T ***24.25.26*** ⸀ εξεληλυθατε ***ℜΘ****al*; T ***25*** ⸁ διαγοντες ***D****al* Cl ***26*** ⁚ , H

27 περισσότερον προφήτου⌐. οὗτός ⌐ἐστιν περὶ οὗ 70,
γέγραπται·

Ex 23,20.
Ml 3,1.

ἰδοὺ ἀποστέλλω τὸν ἄγγελόν μου πρὸ προσ-
ώπου σου,

ὃς κατασκευάσει τὴν ὁδόν σου □ἔμπροσθέν σου ⸃.

1,15. 28 |⌐λέγω ὑμῖν, □μείζων ἐν γεννητοῖς γυναικῶν⌐ Ἰωάννου 71
οὐδείς ἐστιν·⸃⌐ὁ δὲ μικρότερος⸃ ἐν τῇ βασιλείᾳ τοῦ

3,7.12. 29 θεοῦ μείζων αὐτοῦ ἐστιν. ¦καὶ πᾶς ὁ λαὸς ἀκούσας 72

Mt 21,32! καὶ οἱ τελῶναι ἐδικαίωσαν τὸν θεόν, βαπτισθέντες

Act 13,46.
R 10,3.
Mt 3,15. 30 τὸ βάπτισμα Ἰωάννου· οἱ δὲ Φαρισαῖοι καὶ οἱ νο-
μικοὶ τὴν βουλὴν τοῦ θεοῦ ἠθέτησαν □εἰς ἑαυτούς ⸃,

31 μὴ βαπτισθέντες ὑπ' αὐτοῦ :². ⌐ Τίνι ⌐οὖν ὁμοιώσω 5⸃
τοὺς ἀνθρώπους τῆς γενεᾶς ταύτης, καὶ τίνι εἰσὶν 73

32 ὅμοιοι; ὅμοιοί εἰσιν παιδίοις τοῖς ἐν ἀγορᾷ καθη-
μένοις καὶ προσφωνοῦσιν ἀλλήλοις ⌐ἃ λέγει⸃·

ηὐλήσαμεν ὑμῖν καὶ οὐκ ὠρχήσασθε·
ἐθρηνήσαμεν⌐καὶ οὐκ ἐκλαύσατε.

33 |ἐλήλυθεν γὰρ Ἰωάννης ὁ βαπτιστὴς ⌐μὴ ⌐ἐσθίων

1,15. J 10,20! ἄρτον ⌐μήτε πίνων οἶνον⸃, καὶ λέγετε· δαιμόνιον

34 ἔχει. ἐλήλυθεν ὁ υἱὸς τοῦ ἀνθρώπου ἐσθίων καὶ

5,30! πίνων, καὶ λέγετε· ἰδοὺ ἄνθρωπος φάγος καὶ

1 K 1,24 ss. 35 οἰνοπότης, φίλος τελωνῶν καὶ ἁμαρτωλῶν. καὶ
ἐδικαιώθη ἡ σοφία ἀπὸ ⌐πάντων τῶν⌐τέκνων αὐτῆς⸃.

11,37; 14,1.
36—50:
(Mt 26,7—13.
Mc 14,3—9.
J 12,3—8.) 36 Ἠρώτα δέ τις αὐτὸν τῶν Φαρισαίων ἵνα φάγῃ 21
μετ' αὐτοῦ· καὶ εἰσελθὼν εἰς τὸν οἶκον τοῦ Φαρι- 74

37 σαίου κατεκλίθη. καὶ ἰδοὺ γυνὴ ἥτις ἦν ἐν τῇ
πόλει ἁμαρτωλός, καὶ ἐπιγνοῦσα ὅτι κατάκειται
ἐν τῇ οἰκίᾳ τοῦ Φαρισαίου, κομίσασα ἀλάβαστρον

38 μύρου |καὶ στᾶσα ὀπίσω παρὰ τοὺς πόδας αὐτοῦ
κλαίουσα, τοῖς δάκρυσιν ⌐ἤρξατο βρέχειν⸃ τοὺς πόδας

26 ⌐(28) οτι ουδεις μειζων εν γενν. γυν. προφητης Ιωαννου του βαπτιστου
D(a)   27 ⌐γαρ ΘΨrm | □Dpc it(Mcion?)   28 ⌐p) αμην λ. ℵal : λ. δε DW
φit : λ. γαρ ℜΘallat : txt Bal sy | □D (vide 26) | ⌐προφητης ℜΘallatsy Cl |
T | ⌐οτι ο μ. αυτου D   29.30 :—και et :². — H   30 □ℵDpc   31 ⌐ειπε
δε ο κυριος (M^{mg})pc vg^{cl} | ⌐δε ℵ : —Fpc   32 ⌐και λεγουσιν ℜΘrm : λεγον-
τες DLφit; T : -ντα Wpc : —sy³ : txt Bℵ*pc | ⌐υμιν ℜrm; s   33 ⌐μητε ℜD
Θpl; s : txt Bℵpc | ⌐21354 ℜrm; S : p) 134 Dal itsy^{sc} : txt Bℵpc | ⌐μηδε ℵpc; T
35 ⌐2—41 ℜal; Th : p) 2—4 DΘWal Ir : txt Bℵpc et ⌐p) εργων ℵ.   38 ⌐εβρεξε
D 700 itsy^{sc} Mcion

αὐτοῦ, καὶ ταῖς θριξὶν τῆς κεφαλῆς αὐτῆς ⌐ἐξέ-
μασσεν, καὶ κατεφίλει τοὺς πόδας αὐτοῦ καὶ
ἤλειφεν τῷ μύρῳ. ἰδὼν δὲ ὁ Φαρισαῖος ⌐ὁ καλέσας 39
αὐτὸν⌐ εἶπεν ἐν ἑαυτῷ λέγων· οὗτος εἰ ἦν [ὁ] προ-   Mt21,11! J4,19.
φήτης, ἐγίνωσκεν ἂν τίς καὶ ποταπὴ ἡ γυνὴ ἥτις
ἅπτεται αὐτοῦ, ὅτι ἁμαρτωλός ἐστιν. καὶ ἀπο- 40
κριθεὶς ὁ Ἰησοῦς εἶπεν πρὸς αὐτόν· Σίμων, ἔχω
σοί τι εἰπεῖν. ὁ δέ· διδάσκαλε, εἰπέ, φησίν. ⌐δύο 41
χρεοφειλέται ἦσαν δανειστῇ τινι· ὁ εἷς ὤφειλεν
δηνάρια πεντακόσια, ὁ δὲ ἕτερος πεντήκοντα. μὴ 42   Mt 18,27.
ἐχόντων⌐αὐτῶν ἀποδοῦναι ἀμφοτέροις ἐχαρίσατο.   J 21,15.
τίς οὖν αὐτῶν⌐πλεῖον ἀγαπήσει αὐτόν; ⌐ἀποκριθεὶς⌐ 43
Σίμων εἶπεν· ὑπολαμβάνω ὅτι ᾧ τὸ πλεῖον ἐχαρί-   10,28; 20,21.
σατο. ὁ δὲ εἶπεν αὐτῷ· ὀρθῶς ἔκρινας. ⌐καὶ 44
στραφεὶς πρὸς τὴν γυναῖκα τῷ Σίμωνι ἔφη· βλέπεις
ταύτην τὴν γυναῖκα; εἰσῆλθόν σου εἰς τὴν οἰκίαν,
ὕδωρ ⌐μοι ἐπὶ⌐ πόδας οὐκ ἔδωκας· αὕτη δὲ τοῖς   Gn 18,4.
δάκρυσιν ἔβρεξέν μου τοὺς πόδας καὶ ταῖς θριξὶν   J13,5ss.1T5,10.
αὐτῆς ἐξέμαξεν. φιλήματά μοι ⌐ οὐκ ἔδωκας· αὕτη 45   R 16,16!
δὲ ἀφ' ἧς ⌐εἰσῆλθον οὐ⌐διέλειπεν καταφιλοῦσά μου
τοὺς πόδας. ἐλαίῳ τὴν κεφαλήν μου οὐκ ἤλειψας· 46
αὕτη δὲ μύρῳ ἤλειψεν ⌐τοὺς πόδας μου⌐. οὗ χάριν· 47
λέγω σοι, ἀφέωνται ⌐⌐αἱ ἁμαρτίαι αὐτῆς⌐ αἱ πολλαί⌐,
□ὅτι ἠγάπησεν πολύ· ᾧ δὲ ὀλίγον ἀφίεται,⌐ὀλίγον   Mt 21,31.
ἀγαπᾷ.⌐ ⌐εἶπεν δὲ αὐτῇ· ἀφέωνταί σου αἱ ἁμαρτίαι. 48
⌐καὶ ἤρξαντο οἱ συνανακείμενοι λέγειν ἐν ἑαυτοῖς· 49   5,21!
τίς οὗτός ἐστιν, ὃς καὶ ἁμαρτίας ἀφίησιν; ⌐εἶπεν 50
δὲ πρὸς τὴν γυναῖκα· ἡ πίστις σου σέσωκέν σε·   Mt 9,22!
πορεύου ⌐εἰς εἰρήνην⌐.   Mc 5,34!
   1 Sm 1,17.

57   Καὶ ἐγένετο ἐν τῷ καθεξῆς καὶ αὐτὸς διώδευεν 8
10 κατὰ πόλιν καὶ κώμην κηρύσσων καὶ εὐαγγελιζό-

---

38 ⌐-μαξεν 𝔖 Dal; T: txt B𝕽Opm   39 ⌐παρ ω κατεκειτο
De. | [+B𝕭 482*.; W: —rell; T 42 ⌐δε 𝕹𝕽Opl; s: txt BDpc
lat | ⌐ειπε 𝕽Ο 33 pm; S 43 ⌐δε 𝕹𝕽Opl; S: txt BD lat 44 ⌐
μου επι τους 𝕹(S 𝕽)al; Th: μοι επι τους X 33; S: txt B(SD)pc
45 ⌐(1 P 5,14) αγαπης Λ 346 pc | ⌐-θεν L*φal lat | ⌐-λιπεν BDO
pm; ℋ: txt 𝔖Εφpm 46 ⌐312 𝔖al; T: —DWit: txt BEOpm
47·, Hexc· 1898 T | ⌐αυτη πολλα Dff²l | S312 𝕹69al; T: txt B𝕽O
pm | □D(e) | ⌐και B; W   166   50 ⌐εν -νη Dlatsa

4,43.

Act 1,14.
Mc 15,40.41 p;
16,1 p. 9.

Mt 12,45.

24,10. (Mt 14,2.
J 4,46.49.)

10,40.

4—15:
Mt 13,1—23.
Mc 4,1—20.

Jr 17,8.

Mt 11,15!

Is 6,9 s.

1 P 1,23.

1 K 1,21.

μενος τὴν βασιλείαν τοῦ θεοῦ, καὶ οἱ δώδεκα σὺν
2 αὐτῷ, ¹καὶ γυναῖκές τινες αἳ ἦσαν τεθεραπευμέναι
ἀπὸ πνευμάτων πονηρῶν καὶ ἀσθενειῶν, Μαρία
ἡ καλουμένη Μαγδαληνή, ἀφ᾽ ἧς δαιμόνια ἑπτὰ
3 ἐξεληλύθει, ¹καὶ Ἰωάννα γυνὴ Χουζᾶ ἐπιτρόπου
Ἡρῴδου καὶ Σουσάννα καὶ ἕτεραι πολλαί, αἵτινες
ᵀδιηκόνουν ⌜αὐτοῖς ἐκ τῶν ὑπαρχόντων αὐταῖς.
4 ⌜Συνιόντος δὲ ὄχλου πολλοῦ καὶ τῶν κατὰ πόλιν
ἐπιπορευομένων πρὸς αὐτὸν εἶπεν ⌜διὰ παραβολῆς⌝·
5 ¹ἐξῆλθεν ὁ σπείρων τοῦ σπεῖραι τὸν σπόρον αὐτοῦ.
καὶ ἐν τῷ σπείρειν αὐτὸν ὃ μὲν ἔπεσεν παρὰ τὴν
ὁδὸν καὶ κατεπατήθη, καὶ τὰ πετεινὰ □τοῦ οὐρανοῦ⌝
6 κατέφαγεν αὐτό. καὶ ⌜ἕτερον κατέπεσεν ἐπὶ τὴν
πέτραν, καὶ φυὲν ἐξηράνθη διὰ τὸ μὴ ἔχειν ἰκμάδα.
7 ¹καὶ ⌜ἕτερον ἔπεσεν ἐν μέσῳ τῶν ἀκανθῶν, καὶ συμ-
8 φυεῖσαι αἱ ἄκανθαι ἀπέπνιξαν αὐτό. καὶ ⌜ἕτερον
ἔπεσεν εἰς τὴν γῆν τὴν ἀγαθὴνᵀ καὶ φυὲν ἐποίησεν
καρπὸν ἑκατονταπλασίονα. ταῦτα λέγων ἐφώνει·
9 ὁ ἔχων ὦτα ἀκούειν ἀκουέτω. Ἐπηρώτων δὲ
αὐτὸν οἱ μαθηταὶ αὐτοῦ τίς αὕτη εἴη ἡ παρα-
10 βολή. ὁ δὲ εἶπεν· ὑμῖν δέδοται γνῶναι τὰ μυ-
στήρια τῆς βασιλείας τοῦ θεοῦ, * τοῖς δὲ λοιποῖς
ἐν παραβολαῖς, ἵνα βλέποντες μὴ ⌜βλέπωσιν καὶ
11 ἀκούοντες μὴ συνιῶσιν. ἔστιν δὲ αὕτη ἡ παρα-
12 βολή. ὁ σπόρος ἐστὶν ὁ λόγος τοῦ θεοῦ. ¹οἱ δὲ
παρὰ τὴν ὁδόν εἰσιν οἱ ἀκούσαντες, εἶτα ἔρχεται
ὁ διάβολος καὶ αἴρει τὸν λόγον ἀπὸ τῆς καρδίας
13 αὐτῶν, ἵνα μὴ πιστεύσαντες σωθῶσιν. οἱ δὲ ἐπὶ
⌜τῆς πέτρας⌝ οἳ ὅταν ἀκούσωσιν μετὰ χαρᾶς δέχονται
τὸν λόγον· καὶ ⌜οὗτοι ῥίζαν οὐκ ἔχουσιν, οἳ πρὸς
καιρὸν πιστεύουσιν καὶ ἐν καιρῷ πειρασμοῦ ἀφ-

3 ᵀκαι *Dpc* it Mcion | ⌜αυτω 𝔖 565 *pm* itvg^(cl) Mcion; S:
txt **BℵDΘ**al itvg^(codd)sy 4 ⌜συνοντος ℵ*al : συνελθοντος *Dφ*
⌜παραβολην τοιαυτην προς αυτους *D* it 5 □*p*) *D*Witsy
6.7.8 ⌜*p*) αλλο *D* 8 ᵀ*p*) και καλην *D*(ℐΘ)*pc* 10 ⌜ιδω-
σιν *DW*pc 13 ⌜την -αν ℵ*Dpc*; Th | ⌜αυτοι **B***pc*; Wh:
— *D*esy

ἵστανται. τὸ δὲ εἰς τὰς ἀκάνθας πεσόν, οὗτοί 14
εἰσιν οἱ ἀκούσαντες⁝, καὶ ὑπὸ μεριμνῶν καὶ πλού-
του καὶ ἡδονῶν τοῦ βίου πορευόμενοι⁝² συμπνίγονται
καὶ οὐ τελεσφοροῦσιν. τὸ δὲ ἐν τῇ καλῇ γῇ, οὗτοί 15 Act 16,14.
εἰσιν οἵτινες ἐν καρδίᾳ ⸋καλῇ καὶ⸌ ἀγαθῇ ἀκούσαντες 21,19. H 10,36;
τὸν λόγον⸆ κατέχουσιν καὶ ⸀καρποφοροῦσιν ἐν ὑπο- 12,1. Ap 3,10; 13,10; 14,12.
79,2 μονῇ. Οὐδεὶς δὲ λύχνον ἅψας καλύπτει αὐτὸν 16 16–18: Mc 4,21–25.
σκεύει ἢ ὑποκάτω κλίνης τίθησιν, ἀλλ' ἐπὶ λυχνίας 11,33. Mt 5,15.
⸀τίθησιν, ἵνα οἱ εἰσπορευόμενοι βλέπωσιν τὸ φῶς.
80,2 ˈοὐ ⸂γάρ ἐστιν⸃ κρυπτὸν ὃ οὐ φανερὸν γενήσεται, 17 Mt 10,26!
οὐδὲ ἀπόκρυφον ⸄ὃ οὐ μὴ⸅ γνωσθῇ καὶ εἰς φανερὸν R 2,16. 1 K 4,5.
81,5 ἔλθῃ. βλέπετε οὖν πῶς ἀκούετε· ὃς ἂν γὰρ ἔχῃ, 18 19,26. Mt 13,12!
δοθήσεται αὐτῷ· καὶ ὃς ἂν μὴ ἔχῃ, καὶ ὃ δοκεῖ
ἔχειν ἀρθήσεται ἀπ' αὐτοῦ.
59 ⸀Παρεγένετο δὲ πρὸς αὐτὸν ἡ μήτηρ⸆ καὶ οἱ 19 19–21: Mt 12,46–50.
82,2 ἀδελφοὶ αὐτοῦ, καὶ οὐκ ἠδύναντο συντυχεῖν αὐτῷ Mc 3,31–35.
διὰ τὸν ὄχλον. ἀπηγγέλη δὲ αὐτῷ·⸆ ἡ μήτηρ σου 20 J 7,5. Act 1,14.
καὶ οἱ ἀδελφοί σου ἑστήκασιν ἔξω ⸂ἰδεῖν θέλοντές σε⸃. J 12,21.
ˈὁ δὲ ἀποκριθεὶς εἶπεν πρὸς αὐτούς· μήτηρ μου 21 11,27 s. Mt 7,24.
καὶ ἀδελφοί μου οὗτοί εἰσιν οἱ τὸν λόγον τοῦ J 20,17!
θεοῦ ἀκούοντες καὶ ποιοῦντες.
60 Ἐγένετο δὲ ἐν μιᾷ τῶν ἡμερῶν ⸋καὶ αὐτὸς⸌ 22 22–25: Mt 8,18.23–27.
83,2 ⸀ἐνέβη εἰς⸆ πλοῖον καὶ οἱ μαθηταὶ αὐτοῦ, καὶ εἶπεν Mc 4,35–41.
πρὸς αὐτούς· διέλθωμεν εἰς τὸ πέραν τῆς λίμνης·
καὶ ἀνήχθησαν. πλεόντων δὲ αὐτῶν ἀφύπνωσεν. 23
καὶ κατέβη λαῖλαψ ⸉ἀνέμου εἰς τὴν λίμνην⸊, καὶ
συνεπληροῦντο καὶ ἐκινδύνευον. προσελθόντες δὲ 24
διήγειραν αὐτὸν λέγοντες· ⸂ἐπιστάτα ἐπιστάτα⸃, 5,5!
ἀπολλύμεθα. ὁ δὲ διεγερθεὶς ἐπετίμησεν τῷ ἀνέμῳ Act 27,22.34.
καὶ τῷ κλύδωνι ⸋τοῦ ὕδατος⸌· καὶ ἐπαύσαντο, καὶ
ἐγένετο γαλήνη. εἶπεν δὲ αὐτοῖς· ποῦ ἡ πίστις 25

14 ⁝—, *et* ⁝² · W ***15*** ⸋***D***(it) | ⸆ *του θεου* ***D***. | ⸀ *τελεσφορ-* ***L***. ***16*** ⸀ *επιτιθ-* ***ℜ****pm*; W ***17*** ⸂(*γὰρ ἔστιν* H) | ⸄*αλλα ινα* ***D*** ***19*** ⸀ *-νοντο* ***אℜΘ****pl*; S : *txt* ***BD****pc* | ⸆ *αυτου* ***אD****al* itsy; T ***20*** ⸆ *οτι* ***ℌDΘ****pm*; T : *txt* ***Bℜ****al* | ⸂132 ***ℌℜΘ****pl*; T : *p*) *ζητουντες σε* ***D*** : *txt* ***B*** ***22*** ⸋***אD*** *e* (sy) *et* ⸀ *αναβηναι αυτον* ***D*** : *ανεβη* ***LΘ****al* | ⸆ *το* ***Wφ****pc* ***23*** ⸉2341 ***B***; h ***24*** ⸂ *κυριε κυριε* ***D***(sy^{c}) | ⸋***D***

ὑμῶν; φοβηθέντες δὲ ἐθαύμασαν, λέγοντες πρὸς
ἀλλήλους· τίς ἄρα οὗτός ἐστιν, ὅτι καὶ τοῖς ἀνέ-
μοις ἐπιτάσσει καὶ τῷ ὕδατι, □καὶ ὑπακούουσιν

26 αὐτῷ`; Καὶ κατέπλευσαν εἰς τὴν χώραν τῶν
┌Γερασηνῶν, ἥτις ἐστὶν ἀντιπέρα τῆς Γαλιλαίας.

27 |ἐξελθόντι δὲ αὐτῷ ἐπὶ τὴν γῆν ὑπήντησεν ⌐ἀνήρ τις`
ἐκ τῆς πόλεως┌ἔχων δαιμόνια┌, καὶ χρόνῳ ἱκανῷ`
┌²οὐκ ἐνεδύσατο ἱμάτιον`, καὶ ἐν οἰκίᾳ οὐκ ἔμενεν

28 ἀλλ' ἐν τοῖς μνήμασιν. ἰδὼν δὲ τὸν Ἰησοῦν
ἀνακράξας □προσέπεσεν αὐτῷ καὶ` φωνῇ μεγάλῃ
εἶπεν· τί ἐμοὶ καὶ σοί, Ο Ἰησοῦ υἱὲ □²τοῦ θεοῦ` τοῦ

29 ὑψίστου; δέομαί σου, μή με βασανίσῃς. ┌παρήγ-
γελλεν γὰρ τῷ ┌πνεύματι τῷ ἀκαθάρτῳ ┌²ἐξελθεῖν
ἀπὸ τοῦ ἀνθρώπου. πολλοῖς γὰρ χρόνοις συν-
ηρπάκει αὐτόν, καὶ ἐδεσμεύετο ἁλύσεσιν καὶ πέδαις
φυλασσόμενος, καὶ διαρήσσων τὰ δεσμὰ ἠλαύνετο

30 ┌²ἀπὸ τοῦ δαιμονίου εἰς τὰς ἐρήμους. ἐπηρώτησεν
δὲ αὐτὸν ὁ Ἰησοῦς┌· τί σοι ὄνομά ἐστιν; ὁ δὲ
εἶπεν· ⌐λεγιών, ὅτι εἰσῆλθεν δαιμόνια πολλὰ` εἰς

31 αὐτόν. καὶ ┌παρεκάλουν αὐτὸν ἵνα μὴ ἐπιτάξῃ

32 αὐτοῖς εἰς τὴν ἄβυσσον ἀπελθεῖν. ἦν δὲ ἐκεῖ
ἀγέλη χοίρων Οἱκανῶν┌βοσκομένη ἐν τῷ ὄρει· καὶ
παρεκάλεσαν αὐτὸν ἵνα⌐ἐπιτρέψῃ αὐτοῖς εἰς ἐκεί-

33 νους εἰσελθεῖν`· καὶ ἐπέτρεψεν αὐτοῖς. ἐξελθόντα
δὲ τὰ δαιμόνια ἀπὸ τοῦ ἀνθρώπου┌εἰσῆλθον εἰς
τοὺς χοίρους, καὶ ὥρμησεν ἡ ἀγέλη κατὰ τοῦ

34 κρημνοῦ εἰς τὴν ┌λίμνην καὶ ἀπεπνίγη. ἰδόντες
δὲ οἱ βόσκοντες τὸ γεγονὸς ἔφυγον καὶ ἀπήγγειλαν

26—39:
Mt 8,28—34.
Mc 5,1—20.
(10,13.)

Mc 1,24!
1 Rg 17,18.

13,16. J 5,6.
Mc 9,21.

---

25 □ *B* 700 aeth.; W   **26** ┌Γεργεση- 𝕏Θ*al*; Th^r1 : Γαδαρη-
𝕽*pm* sy; h^r2 : *txt* *BD* latt   **27** ⌐τις αν. *B*.; h^1 : ανηρ *Da*;
h² | ┌ος ειχεν 𝕽*D*Θ*33pl* | ┌εκ χρονων ικανων και 𝕽Θ*pl*; s : απο
χρονων ικ. ος *D* | ┌²ιμ. ουκ ενεδιδυσκετο 𝕽*D*Θ*pl*   **28** □*D*. |
Ο*D* 579 *al* | □²*D* 892 *al*; [H]   **29** ┌-γειλεν *B*𝕽*al*; h : *p*) ελεγεν
De : *txt* 𝕾*pm* | ┌δαιμονιω *De* | ┌²εξελθε *De*. | ┌²υπο rell;
Th : *txt* *B*Ξ.   **30** ┌*p*) λεγων *C*𝕽*D*Θ*pl*; T | ⌐*p*) λ. ονομα σοι
πολλα γαρ ησαν δαιμ. *D* (it)   **31** ┌-λει 𝕏Θ*al*   **32** Ο*D* cr |
┌-ενων *C*𝕽*al*; Th : *txt* *B*𝕏*D*Θ*pm* | ⌐εις τους χοιρους εισελ-
θωσιν *D c*   **33** ┌ωρμησαν *D*. | ┌*p*) θαλασσαν 𝕏 *28 al*

169

εἰς τὴν πόλιν καὶ εἰς τοὺς ἀγρούς. ⌐ἐξῆλθον⌐ δὲ 35
ἰδεῖν τὸ γεγονός, καὶ ἦλθον πρὸς τὸν Ἰησοῦν, καὶ
εὗρον καθήμενον τὸν ἄνθρωπον ἀφ' οὗ τὰ δαι-
μόνια⌐ ἐξῆλθεν ἱματισμένον καὶ σωφρονοῦντα⌐ παρὰ
τοὺς πόδας °τοῦ Ἰησοῦ, καὶ ἐφοβήθησαν. ἀπήγ- 36
γειλαν δὲ αὐτοῖς οἱ ἰδόντες πῶς ἐσώθη ⌐ὁ δαιμο-
νισθείς⌐. ⌐καὶ ⌐ἠρώτησεν αὐτὸν ἅπαν τὸ πλῆθος 37
τῆς περιχώρου⌐ τῶν ⌐Γερασηνῶν ἀπελθεῖν ἀπ' αὐτῶν,   (4,42.)
62 ὅτι φόβῳ μεγάλῳ συνείχοντο· * αὐτὸς δὲ ἐμβὰς ⌐εἰς   40.
⁴,⁸ πλοῖον⌐ ⌐²ὑπέστρεψεν. ἐδεῖτο δὲ αὐτοῦ ὁ ἀνὴρ ἀφ' 38
οὗ ἐξεληλύθει τὰ δαιμόνια εἶναι σὺν αὐτῷ· ἀπέ-
λυσεν δὲ αὐτὸν λέγων· |⌐ὑπόστρεφε εἰς τὸν οἶκόν 39   (Mt 8,4!)
σου, καὶ διηγοῦ ὅσα σοι ἐποίησεν ὁ ⌐θεός. καὶ   17,18.
ἀπῆλθεν καθ' ὅλην τὴν πόλιν κηρύσσων ὅσα
ἐποίησεν αὐτῷ ὁ ⌐²Ἰησοῦς.   40—56:
63 ⌐Ἐν δὲ⌐ τῷ ὑποστρέφειν τὸν Ἰησοῦν ἀπεδέξατο 40   Mt 9,18—26.
                                                       Mc 5,21—43.
⁵,² αὐτὸν ὁ ὄχλος· ἦσαν γὰρ πάντες προσδοκῶντες   37; 4,42.
⌐αὐτόν. καὶ ἰδοὺ ἦλθεν ἀνὴρ ᾧ ὄνομα Ἰάϊρος, καὶ 41   Mc 1,37.
⌐οὗτος ἄρχων τῆς συναγωγῆς ὑπῆρχεν· καὶ πεσὼν
παρὰ τοὺς πόδας⌐ Ἰησοῦ παρεκάλει αὐτὸν εἰσελ-
θεῖν εἰς τὸν οἶκον αὐτοῦ, |ὅτι θυγάτηρ μονογενὴς 42   7,12!
ἦν αὐτῷ °ὡς ἐτῶν δώδεκα καὶ ⌐αὐτη ἀπέθνῃσκεν.
Ἐν δὲ τῷ ὑπάγειν αὐτὸν οἱ ὄχλοι συνέπνιγον
26 αὐτόν. καὶ γυνὴ οὖσα ἐν ῥύσει αἵματος ἀπὸ ἐτῶν 43
δώδεκα, ⌐ἥτις⌐ οὐκ ἴσχυσεν ⌐ἀπ' οὐδενὸς θεραπευ-
θῆναι⌐, |προσελθοῦσα °ὄπισθεν ἥψατο □τοῦ κρασπέ- 44   Nu 15,38.
δου⌐ τοῦ ἱματίου αὐτοῦ, καὶ παραχρῆμα ἔστη ἡ ῥύσις

---

35 ⌐(p) παραγενομενων δε εκ της πολεως και θεωρησαντων καθημενον
τον δαιμονιζομενον σωφο. και ιματισμενον καθημενον D | ⌐εξεληλυθει Cℜ
Θpl; W : txt Bℵpc | °B.; [H]   36 ⌐ο λεγιων D. : a legione lat : —csyˢᶜ
37 ⌐ηρωτησαν δε τον Ιησουν παντες και η χωρα D | ⌐-σαν ℜ(D)al; T |
⌐Γεργεση- ℵΘal; Thʳ¹ : Γαδαρη- ℜpm sy; hʳ² : txt BC*D latt | ⌐p) εις το πλ.
ℜpm; W : —D | ⌐²-στρεφεν P. Schmiedel cj)   39 ⌐πορευου D | ⌐κυριος
C*sy : Ιησους 213 | ⌐² θεος λ 579 pc   40 ⌐εγενετο δε εν ℵCℜDΘpl; T |
⌐τον θεον ℵ*.   41 ⌐αυτος ℵCℜΘpm; Th : txt BDal it | ⌐του CℜDΘpl; S :
txt Bℵ*pc   42 °D 579 | ⌐(αὐτὴ H)   43 ⌐ην ουδε εις ισχυεν θεραπευσαι
D | ⌐ιατροις προσαναλωσασα (αναλ- 579) ολον τον βιον ℌℜΘpl(syᶜ); T : txt
B(D)syˢ | ⌐υπ ℵ(C)ℜΘpl; S : txt BApc   44 °DΨ | □p) D it Mcion

45 τοῦ αἵματος αὐτῆς. ⌜καὶ εἶπεν ὁ Ἰησοῦς⌝· τίς ⌜ὁ
ἁψάμενός μου⌝; ἀρνουμένων δὲ πάντων εἶπεν ὁ

5,5!   Πέτρος⊤· ἐπιστάτα, οἱ ὄχλοι συνέχουσίν σε καὶ
46 ἀποθλίβουσιν.   ὁ δὲ Ἰησοῦς εἶπεν· ἥψατό μού

5,17! τις· ἐγὼ γὰρ ἔγνων δύναμιν ἐξεληλυθυῖαν ἀπ'
47 ἐμοῦ.   ἰδοῦσα δὲ ἡ γυνὴ ὅτι οὐκ ἔλαθεν, ⌜τρέ-
μουσα ἦλθεν καὶ προσπεσοῦσα αὐτῷ δι' ἣν
αἰτίαν ἥψατο αὐτοῦ ἀπήγγειλεν ἐνώπιον παντὸς
48 τοῦ λαοῦ, καὶ ὡς ἰάθη παραχρῆμα.   ὁ δὲ εἶπεν

Mt 9,22!   αὐτῇ· ⌜θυγάτηρ, ἡ πίστις σου σέσωκέν σε· πο-
Mc 5,34!
1 Sm 1,17. 49 ρεύου εἰς εἰρήνην.   Ἔτι αὐτοῦ λαλοῦντος ⌜ἔρχεταί
τις παρὰ τοῦ ἀρχισυναγώγου λέγων⌝ ⊤ὅτι τέθνηκεν
ἡ θυγάτηρ σου· ⌜μηκέτι σκύλλε τὸν διδάσκαλον.
50 ⌐ὁ δὲ Ἰησοῦς ἀκούσας ἀπεκρίθη αὐτῷ· μὴ φοβοῦ·
51 μόνον ⌜πίστευσον, καὶ σωθήσεται.   ἐλθὼν δὲ εἰς
τὴν οἰκίαν οὐκ ἀφῆκεν εἰσελθεῖν τινα σὺν αὐτῷ

9,28. εἰ μὴ Πέτρον καὶ ⌐Ἰωάννην καὶ Ἰάκωβον⌝ καὶ τὸν
Mt 17,1! 52 πατέρα ⌜τῆς παιδὸς⌝ καὶ τὴν μητέρα.   ἔκλαιον

7,13!   δὲ πάντες καὶ ἐκόπτοντο αὐτήν.   ὁ δὲ εἶπεν·
53 μὴ κλαίετε· ⌜οὐκ ἀπέθανεν ἀλλὰ καθεύδει.   καὶ
54 κατεγέλων αὐτοῦ, εἰδότες ὅτι ἀπέθανεν.   αὐτὸς
δὲ κρατήσας τῆς χειρὸς αὐτῆς ἐφώνησεν λέγων·
55 ἡ παῖς, ⌜ἔγειρε.   καὶ ἐπέστρεψεν τὸ πνεῦμα αὐτῆς,
καὶ ἀνέστη παραχρῆμα, καὶ διέταξεν αὐτῇ δοθῆναι
56 φαγεῖν.   καὶ ἐξέστησαν οἱ γονεῖς αὐτῆς· ὁ δὲ

Mt 8,4 p.   παρήγγειλεν αὐτοῖς μηδενὶ εἰπεῖν τὸ γεγονός.

1—6:
Mt 10,1.7.9—11.   **9**   Συγκαλεσάμενος δὲ τοὺς δώδεκα ⊤ἔδωκεν ⌐αὐτοῖς   27
Mc6,7—13;16,17   δύναμιν⌝ καὶ ἐξουσίαν ἐπὶ πάντα τὰ δαιμόνια καὶ   86
(10,1—12.)   2 νόσους θεραπεύειν· καὶ ἀπέστειλεν αὐτοὺς κηρύσ-

---

45 ⌜p) ο δε Ιησ. γνους την εξελθουσαν εξ αυτου δυναμιν επηρωτα **D** | ⌜μου
ηψατο **D**it Mcion | ⊤και οι συν αυτω ℌ(ℜ)**DΘ**pm; T : txt **B** 700 al syˢᶜ   47 ⌜εντρο-
μος ουσα **D**.   48 ⌜-τερ ℌℜ**D**pl; T : txt **BΘ**pc   49 ⌜p) ερχονται απο τ. α.
λεγοντες **D**c syˢᶜ | ⊤αυτω **CℜDΘ**pm; S : txt **Bℵ**700 al | ⌜μη **CℜΘ**pl; s : txt **BℵD**
50 ⌜p) -ενε rell; S : txt **BLΞ**.   51 ⌜p) Ιακ. κ. Ιω. ℌ700 al vgᶜˡsy; S : Ιακ. Valen-
tiniani apud Ir.; hʳ : Ιω. 1038. : txt **BCℜDΘ**pm itvgᶜᵒᵈᵈ | ⌜p) του κορασιου
D sa.   52 ⌜ου γαρ ℌ**DΘ**pm; H : txt ℜal Or   54 ⌜-ρου ℜal; T   9,1 ⊤απο-
στολους ℌΘal lat; S : μαθητας αυτου **Cᵃ℧**al it : txt **BℜD**al sy Mcion | ⌐B; Wh

σειν τὴν βασιλείαν τοῦ θεοῦ καὶ ἰᾶσθαι⊤, ‖καὶ εἶπεν 3   10,4!
πρὸς αὐτούς· μηδὲν αἴρετε εἰς τὴν ὁδόν, μήτε
ῥάβδον μήτε πήραν μήτε ἄρτον μήτε ἀργύριον
μήτε °ἀνὰ δύο χιτῶνας ἔχειν. καὶ εἰς ἣν ἂν οἰκίαν 4   10,5—7.
εἰσέλθητε, ἐκεῖ μένετε καὶ ἐκεῖθεν ἐξέρχεσθε. καὶ 5   10,10 s.
ὅσοι ἂν μὴ δέχωνται ὑμᾶς, ἐξερχόμενοι ἀπὸ τῆς
πόλεως ἐκείνης ⊤ τὸν κονιορτὸν ἀπὸ τῶν ποδῶν   (54.)
ὑμῶν ἀποτινάσσετε εἰς μαρτύριον ἐπ' αὐτούς.   5,14 : 21,13.
‖ἐξερχόμενοι δὲ ⌜διήρχοντο κατὰ τὰς κώμας⌝ εὐαγγελι- 6
ζόμενοι καὶ θεραπεύοντες πανταχοῦ. ⌜*Ἤκουσεν 7   7.—9:
δὲ Ἡρῴδης ὁ τετραάρχης τὰ γινόμενα ⌜πάντα, καὶ   Mt 14,1 s.
διηπόρει⌝ διὰ τὸ λέγεσθαι ὑπό τινων ὅτι Ἰωάννης   Mc 6,14—16.
⌜ἠγέρθη ἐκ νεκρῶν⌝, ‖ὑπό τινων δὲ ὅτι Ἠλίας ἐφάνη, 8   19. Mt 16,14.
ἄλλων δὲ ὅτι προφήτης τις τῶν ἀρχαίων ἀνέστη.
‖εἶπεν δὲ [ὁ] Ἡρῴδης· Ἰωάννην ἐγὼ ἀπεκεφάλισα· τίς 9
δέ ἐστιν οὗτος περὶ οὗ ἀκούω τοιαῦτα; καὶ ἐζήτει   5,18! 23,8.
ἰδεῖν αὐτόν. Καὶ ὑποστρέψαντες οἱ ἀπόστολοι 10   10,17. Mc 6,30.
διηγήσαντο αὐτῷ ὅσα ἐποίησαν. * Καὶ παραλαβὼν   10—17:
αὐτοὺς ὑπεχώρησεν κατ' ἰδίαν εἰς ⌜πόλιν καλου-   Mt 14,13—21.
μένην Βηθσαϊδά⌝. οἱ δὲ ὄχλοι γνόντες ἠκολού- 11   Mc 6,31—44.
θησαν αὐτῷ· καὶ ἀποδεξάμενος αὐτοὺς ἐλάλει   J 6,1—13.
αὐτοῖς περὶ τῆς βασιλείας τοῦ θεοῦ, καὶ τοὺς   10,13. (J 11,54.)
χρείαν ἔχοντας θεραπείας⊤ ἰᾶτο. Ἡ δὲ ἡμέρα 12
ἤρξατο κλίνειν· προσελθόντες δὲ οἱ δώδεκα εἶπαν
αὐτῷ· ἀπόλυσον τὸν ὄχλον, ἵνα πορευθέντες εἰς
τὰς κύκλῳ κώμας καὶ ἀγροὺς καταλύσωσιν □καὶ
εὕρωσιν ἐπισιτισμόν⌝, ὅτι ὧδε ἐν ἐρήμῳ τόπῳ
ἐσμέν. εἶπεν δὲ πρὸς αὐτούς· δότε αὐτοῖς ⌐φαγεῖν 13
ὑμεῖς⌐. οἱ δὲ εἶπαν· οὐκ εἰσὶν ἡμῖν ⌜πλεῖον ἢ⌝² ἄρτοι
πέντε⌐ καὶ ἰχθύες δύο, εἰ μήτι πορευθέντες ἡμεῖς   J 4,8.

2 ⊤ τους ασθενεις 𝕾 Dal; S: τ. α-νουντας CℜΘpm : txt Bsyˢᶜ Mcion   3 ○
𝕾 pc; H : txt ℜDΘpl   5 ⊤ και ℜpm; T   6 ⌜ διηρχ. κ. πολεις και κ. Mcion :
κατα πολεις και ηρχοντο D   7 ⌜ ακουσας et ⌜ ηπορειτο D | ⌜ εκ ν. ανεστη Dce.
9 [+ 𝕾 700 pm; W : —ℵCℜDΘal; T   10 ⌜ κωμην λεγομενην Β. D : τοπον ερη-
μον ℵ*al syᶜ : κωμην καλ. Β. εις τοπ. ερ. Θ. : τοπ. ερ. πολεως καλουμενης Β.
CℜRpm : ead., sed — ερ. λ 700 (syˢ) : txt BL 33 pc et ⌜-δαν WℜΘal   11 ⊤ αυ-
του παντας D.   12 □ D.   13 ⌐ 𝕾ℜDΘpl; h : txt B | ⌜ ἢ 579. : πλ. ει μη
ℵ 4 pc : πλειονες ℵ*. | ⌐² p) rell; h : txt Bℵ* 579.

⌐ἀγοράσωμεν εἰς πάντα τὸν λαὸν τοῦτον βρώματα.
14 ∣ ἦσαν ⌐γὰρ ὡσεὶ ἄνδρες πεντακισχίλιοι. εἶπεν δὲ
πρὸς τοὺς μαθητὰς αὐτοῦ· κατακλίνατε αὐτοὺς
15 κλισίας °ὡσεὶ ἀνὰ πεντήκοντα. καὶ ἐποίησαν οὕτως
16 □καὶ κατέκλιναν ⌐ἅπαντας⌐. λαβὼν δὲ τοὺς πέντε

J 11,41; 17,1.

ἄρτους καὶ τοὺς δύο ἰχθύας, ἀναβλέψας εἰς τὸν
οὐρανὸν ⸆εὐλόγησεν ⌐αὐτοὺς □καὶ κατέκλασεν⌐, καὶ

2 Rg 4,44.

17 ἐδίδου τοῖς μαθηταῖς παραθεῖναι τῷ ὄχλῳ. καὶ
ἔφαγον καὶ ἐχορτάσθησαν πάντες· καὶ ἤρθη τὸ
⌐περισσεῦσαν ⌐αὐτοῖς κλασμάτων· κόφινοι δώδεκα.

18—27:
Mt 16,13—28.
Mc 8,27—9,1.

18   Καὶ ἐγένετο ἐν τῷ εἶναι ⌐αὐτὸν °προσευχόμενον 29
κατὰ μόνας ⌐συνῆσαν αὐτῷ οἱ μαθηταί, καὶ ἐπη- ⁹⁴

6,12. Mt 14,23.

ρώτησεν αὐτοὺς λέγων· τίνα με οἱ ὄχλοι λέγουσιν
19 εἶναι; ∣ οἱ δὲ ἀποκριθέντες εἶπαν· Ἰωάννην τὸν

7.

βαπτιστήν, ἄλλοι δὲ Ἠλίαν, ἄλλοι δὲ ὅτι προ-
20 φήτης τις τῶν ἀρχαίων ἀνέστη. εἶπεν δὲ αὐτοῖς·

J 6,69. E 4,13 s.

ὑμεῖς δὲ τίνα με λέγετε εἶναι; Πέτρος δὲ ἀπο-
21 κριθεὶς εἶπεν· τὸν χριστὸν ⸆τοῦ θεοῦ. ὁ δὲ ἐπι- ⁹⁵
τιμήσας αὐτοῖς παρήγγειλεν μηδενὶ λέγειν τοῦτο,

44; 17,25.
18,32 s; 23,11.
Mt 21,42!

22 ∣ εἰπὼν ὅτι δεῖ τὸν υἱὸν τοῦ ἀνθρώπου πολλὰ
παθεῖν καὶ ἀποδοκιμασθῆναι ἀπὸ τῶν πρεσβυ-
τέρων καὶ ἀρχιερέων καὶ γραμματέων καὶ ἀπο-

Hos 6,2.

23 κτανθῆναι καὶ ⌐τῇ τρίτῃ ἡμέρᾳ⌐ ⌐ἐγερθῆναι. Ἔλεγεν ⁹⁶
δὲ πρὸς πάντας· * εἴ τις θέλει ὀπίσω μου ἔρχεσθαι, 69

14,27.

⌐ἀρνησάσθω ἑαυτὸν □καὶ ἀράτω τὸν σταυρὸν αὐτοῦ⌐

17,33. Mt 10,39.
J 12,25.

24 □²καθ᾽ ἡμέραν⌐, καὶ ἀκολουθείτω μοι. ὃς γὰρ ἐὰν
θέλῃ τὴν ψυχὴν αὐτοῦ σῶσαι, ἀπολέσει αὐτήν·
ὃς δ᾽ ἂν ἀπολέσῃ τὴν ψυχὴν αὐτοῦ ἕνεκεν ἐμοῦ,
25 οὗτος σώσει αὐτήν. τί γὰρ ⌐ὠφελεῖται ⌐ἄνθρωπος

---

13 ⌐-σομεν 1 al   14 ⌐δε א*pc a e vg; T │ O℟Θ pl; T   15 □D │
⌐παντας א 33 700 al; h   16 ⸆προσηυξατο και D. │ ⌐επ α.
D itsy(ˢ)ᶜ Mcion : p) — אsyᵖ │ □D   17 ⌐-σσευμα DWpc │
⌐αυτων των W : των אD │ :, W   18 ⌐αυτους D │ °D a ce
syᶜ. │ ⌐συνηντησαν B*pc f; h   20 ⸆υιον D(pc)e   22 ⸐p)
μεθ᾽ ημερας τρεις D it (Mcion) │ ⌐αναστηναι C℟Dal; h
23 ⌐p) απαρν- B*C℟pl; h │ □D a l. │ □²C℟Dal itsyˢ   25 ⌐p)
-λει אCD pc; h │ ⌐p) -πον D*ac.

┌κερδήσας τὸν κόσμον ὅλον ἑαυτὸν δὲ ┌ἀπολέσας
97,2 ἢ ┌ζημιωθείς; ὃς γὰρ ἂν ἐπαισχυνθῇ με καὶ τοὺς 26   Mt 10,33!
ἐμοὺς °λόγους, τοῦτον ὁ υἱὸς τοῦ ἀνθρώπου ἐπαι-   R 1,16. 2 T 1,8.
σχυνθήσεται, ὅταν ἔλθῃ ἐν τῇ δόξῃ αὐτοῦ καὶ   1 T 5,21.
98,2 τοῦ πατρὸς καὶ τῶν ἁγίων ἀγγέλων. λέγω δὲ 27
ὑμῖν ἀληθῶς, εἰσίν τινες τῶν αὐτοῦ ἑστηκότων
οἳ οὐ μὴ γεύσωνται θανάτου ἕως ἂν ἴδωσιν ┌τὴν   J 8,52. H 2,9.
βασιλείαν τοῦ θεοῦ┐.

                                              28—36:
70   Ἐγένετο δὲ μετὰ τοὺς λόγους τούτους ὡσεὶ 28   Mt 17,1—8.
ἡμέραι ὀκτώ,°καὶ παραλαβὼν Πέτρον καὶ ┌Ἰωάννην   Mc 9,2—8.
καὶ Ἰάκωβον┐ ἀνέβη εἰς τὸ ὄρος προσεύξασθαι.   Mt 17,1!
¹καὶ ἐγένετο ἐν τῷ ┌προσεύχεσθαι αὐτὸν ┌τὸ εἶδος┐ 29
τοῦ προσώπου αὐτοῦ ┌ἕτερον καὶ┐ ὁ ἱματισμὸς αὐτοῦ┬
λευκὸς ἐξαστράπτων. καὶ ἰδοὺ ἄνδρες δύο ┌συνε- 30   20,38.
λάλουν αὐτῷ, οἵτινες ἦσαν Μωϋσῆς καὶ Ἠλίας,   1 P 1,10—12.
¹οἳ ὀφθέντες ἐν δόξῃ ἔλεγον τὴν ἔξοδον αὐτοῦ, ἣν 31   22. (2 P 1,15.)
ἤμελλεν πληροῦν ┌ἐν Ἰερουσαλήμ. ὁ δὲ Πέτρος 32
καὶ οἱ σὺν αὐτῷ ἦσαν βεβαρημένοι ὕπνῳ· δια-   Mt 26,43.
γρηγορήσαντες δὲ εἶδαν τὴν δόξαν αὐτοῦ καὶ τοὺς   J 1,14.
δύο ἄνδρας τοὺς συνεστῶτας αὐτῷ. καὶ ἐγένετο 33   2 P 1,16—18.
ἐν τῷ διαχωρίζεσθαι αὐτοὺς ἀπ' αὐτοῦ εἶπεν ὁ
Πέτρος πρὸς τὸν Ἰησοῦν· ┌ἐπιστάτα, καλόν ἐστιν 5,5!
ἡμᾶς ὧδε εἶναι,┌καὶ ποιήσωμεν┐ σκηνὰς τρεῖς, μίαν
σοὶ καὶ μίαν Μωϋσεῖ καὶ μίαν Ἠλίᾳ, μὴ εἰδὼς
ὃ λέγει. ταῦτα δὲ αὐτοῦ λέγοντος ἐγένετο νεφέλη 34
καὶ ┌ἐπεσκίαζεν ┌αὐτούς· ἐφοβήθησαν δὲ ἐν τῷ
┌εἰσελθεῖν αὐτοὺς┐ εἰς τὴν νεφέλην. καὶ φωνὴ 35   3,22; (23,35.)
┌ἐγένετο ἐκ τῆς νεφέλης λέγουσα· οὗτός ἐστιν ὁ   Ps 2,7. Is 42,1.
                                              Dt 18,15.19.
υἱός μου ὁ ┌ἐκλελεγμένος┬, αὐτοῦ ἀκούετε, καὶ ἐν τῷ 36
γενέσθαι τὴν φωνὴν εὑρέθη Ἰησοῦς μόνος. καὶ

---

25 ┌p) -ησαι et -εσαι et -θηναι D*ac.   26 °D ael sy^c Or   27 ⸆p) τον
υιον του ανθρωπου ερχομενον εν τη δοξη αυτου D (sy^c, Cl) Or; h^r   28 °
P⁴⁵ Bℵ*Hpc it; ℋ | ⸊P⁴⁵DL 33 al vg^cl sy   29 ⸀-ευξασθαι P⁴⁵ℵ* 1. | ⸀¹η ιδεα D
Or. | ⸀ηλλοιωθη και D it sy : ετ. και ηλλ. et ⸆και εγενετο ΘOr   30 ⸀συν-
λαλουντες P⁴⁵.   31 ⸀εις P⁴⁵D   33 ⸀διδασκαλε P⁴⁵X 157 | ⸀p) θελεις ποι-
ησω ωδε D   34 ⸀-ασεν P⁴⁵CRDpl; S : txt Bℵpc. | ⸀αυτον 1604. | ⸀εκεινους
εισ. P⁴⁵ℵDΘpl   35 ⸀ηλθεν D. | ⸆p) αγαπητος CRDpl lat Mcion Cl : εκ-
λεκτος Θpc : txt P⁴⁵ℌpc it | ⸆p) εν ω ηυδοκησα DΨal

αὐτοὶ ἐσίγησαν καὶ οὐδενὶ ἀπήγγειλαν ἐν ἐκείναις
ταῖς ἡμέραις °οὐδὲν ὧν ἑώρακαν.

37 Ἐγένετο δὲ ⌜τῇ ἑξῆς ἡμέρᾳ⌝ ⌜¹κατελθόντων αὐτῶν⌝ 71
ἀπὸ τοῦ ὄρους ⌜²συνήντησεν αὐτῷ ὄχλος πολύς⌝. 99

38 ¹καὶ ἰδοὺ ἀνὴρ ἀπὸ τοῦ ὄχλου ἐβόησεν λέγων· 32
διδάσκαλε, δέομαί σου ⌜ἐπιβλέψαι ἐπὶ τὸν υἱόν

39 μου, ὅτι μονογενής μοί ἐστιν, ¹καὶ °ἰδοὺ πνεῦμα
λαμβάνει αὐτόν, καὶ ἐξαίφνης κράζει καὶ σπαράσσει
αὐτὸν μετὰ ἀφροῦ, καὶ ⌜μόλις ἀποχωρεῖ ἀπ᾿ αὐτοῦ

40 συντρῖβον αὐτόν· καὶ ἐδεήθην τῶν μαθητῶν σου

41 ἵνα ⌜ἐκβάλωσιν αὐτό⌝, καὶ οὐκ ἠδυνήθησαν. ἀπο-
κριθεὶς δὲ ὁ Ἰησοῦς εἶπεν· ὦ γενεὰ ἄπιστος καὶ
διεστραμμένη, ἕως πότε ἔσομαι πρὸς ὑμᾶς καὶ

42 ἀνέξομαι ὑμῶν; προσάγαγε ὧδε τὸν υἱόν σου. ἔτι
δὲ προσερχομένου αὐτοῦ ἔρρηξεν αὐτὸν τὸ δαι-
μόνιον καὶ ⌜συνεσπάραξεν· ἐπετίμησεν δὲ ὁ Ἰησοῦς

τῷ πνεύματι τῷ ἀκαθάρτῳ, καὶ ⌜ἰάσατο τὸν παῖδα⌝

43 καὶ ἀπέδωκεν αὐτὸν τῷ πατρὶ αὐτοῦ. ἐξεπλήσ- 10
σοντο δὲ πάντες ἐπὶ τῇ μεγαλειότητι τοῦ θεοῦ.

*Πάντων δὲ θαυμαζόντων ἐπὶ πᾶσιν οἷς ἐποίει 72

44 εἶπεν πρὸς τοὺς μαθητὰς αὐτοῦ·¹ θέσθε ὑμεῖς εἰς 10
τὰ ὦτα ὑμῶν τοὺς λόγους τούτους· ὁ γὰρ υἱὸς
τοῦ ἀνθρώπου μέλλει παραδίδοσθαι εἰς χεῖρας

45 ἀνθρώπων. οἱ δὲ ἠγνόουν τὸ ῥῆμα τοῦτο, καὶ ἦν
παρακεκαλυμμένον ἀπ᾿ αὐτῶν ἵνα μὴ αἴσθωνται
αὐτό, καὶ ἐφοβοῦντο ἐρωτῆσαι αὐτὸν περὶ τοῦ

46 ῥήματος τούτου. Εἰσῆλθεν δὲ διαλογισμὸς ἐν 3.
10

47 αὐτοῖς, τὸ τίς ἂν εἴη μείζων αὐτῶν. ὁ δὲ Ἰησοῦς
⌜εἰδὼς τὸν διαλογισμὸν τῆς καρδίας αὐτῶν, ἐπι-

48 λαβόμενος ⌜παιδίον ἔστησεν αὐτὸ παρ᾿ ⌜²ἑαυτῷ, ¹καὶ

Left margin references:
37—43:
Mt 17,14—21.
Mc 9,14—29.

7,12!

Mc 1,26!

Mt 12,39!
J 14,9.

7,15.

4,32!
13,17. 2 P 1,16.

43—45:
Mt 17,22 s.
Mc 9,30—32.
1,66; 21,14.

22!

18,34; 24,45.
Mc 9,32.
2,50. J 16,19.

46—48:
Mt 18,1—5.
Mc 9,33—37.
22,24. Mt 20,24.
Mt 9,4!

36 O P45 D　　37 ⌜της ημερας P45. : δια της ημ. D itsyᵇᶜ.;
⌐hʳ⌐ |　⌜-οντα αυτον D. |　⌜²συνελθειν α. οχλον πολυν D.
38 ⌜-ψον ℵD Epm : txt P45 𝔖 Θpm; (, επιβλ. T)　39 O ℵD sy |
⌜μογις 𝔖ℜ Dpm; T : txt B Θal　40 ⌜εκβ. αυτον P45 : απαλ-
λαξωσιν αυτον D　42 ⌜συνεταρ- D |　⌜αφηκεν αυτον De.
47 ⌜ιδων Cℜ DΘpm latt; h : txt Bℵ 700 al sy |　⌐-διον ℵℜΘ
pm; T : txt BCDal |　⌜²εαυτον D

εἶπεν αὐτοῖς· ὃς ἐὰν δέξηται τοῦτο τὸ *παιδίον*
ἐπὶ τῷ ὀνόματί μου, ἐμὲ δέχεται· καὶ ὃς ἂν ἐμὲ   Mt 10,40!
δέξηται, δέχεται τὸν ἀποστείλαντά με· ὁ γὰρ
μικρότερος ἐν πᾶσιν ὑμῖν ὑπάρχων, οὗτός ἐστιν   22,26.
⁹⁸,⁸ ᵀμέγας. Ἀποκριθεὶς δὲ ᵒὁ Ἰωάννης εἶπεν· ᴵἐπιστάτα, 49   49. 50:
                                                          Mc 9,38—41.
εἴδομέν τινα ᴵἐν τῷ ὀνόματί σου ἐκβάλλοντα δαι-   5,5! 10,17.
μόνια, καὶ ᴵ²ἐκωλύομεν αὐτόν, ὅτι οὐκ ἀκολουθεῖ   Nu 11,28.
μεθ᾿ ἡμῶν. εἶπεν δὲ πρὸς αὐτὸν ᵀ Ἰησοῦς· μὴ 50   1 Th 5,19.
κωλύετε· ᵀ □ὃς γὰρ οὐκ ἔστιν καθ᾿ ᴵὑμῶν, ὑπὲρ   (11,23.) Ph1,18.
ᴵὑμῶν ἐστιν\.

73   Ἐγένετο δὲ ἐν τῷ συμπληροῦσθαι τὰς ἡμέρας 51
⁴,¹⁰ τῆς ἀναλήμψεως αὐτοῦ καὶ αὐτὸς τὸ πρόσωπονᵀ
ἐστήρισεν τοῦ πορεύεσθαι εἰς Ἰερουσαλήμ, ᴵκαὶ 52
ἀπέστειλεν ἀγγέλους πρὸ προσώπου αὐτοῦ. καὶ
πορευθέντες εἰσῆλθον εἰς ᴵκώμην Σαμαριτῶν,
ᴵὥστε ἑτοιμάσαι αὐτῷ· καὶ οὐκ ἐδέξαντο αὐτόν, 53
ὅτι τὸ πρόσωπον αὐτοῦ ἦν ᴵπορευόμενον εἰς Ἰερου-
σαλήμ. ἰδόντες δὲ οἱ μαθηταὶ Ἰάκωβος καὶ 54
Ἰωάννης εἶπαν· κύριε, θέλεις εἴπωμεν πῦρ κατα-
βῆναι ἀπὸ τοῦ οὐρανοῦ καὶ ἀναλῶσαι αὐτούςᵀ;ᴵστρα- 55
φεὶς δὲ ἐπετίμησεν αὐτοῖςᵀ.ᴵᵀκαὶ ἐπορεύθησαν εἰς 56
ἑτέραν κώμην.

(right column references)
Act 2,1. 1T3,16!
13,22; 17,11;
19,28 Mt19,1.15;
20,17 p. J 7,1.
2 Rg 12,18.

10,33; 17,16.
(Mt 10,5.)
J 4,4-9.40; 8,48.
Act 1,8; 8,14 25.
10,8.10 ; (19,6.)

Mc 3,17.
Mt 4,21!; 17,4.
2 Rg 1,10.12.
(Ap 11,5.)
(5.) 2 Sm 16,10.

74   Καὶ πορευομένων αὐτῶν ἐν τῇ ὁδῷ εἶπέν τις 57   57—60:
⁵,⁵ πρὸς αὐτόν· ἀκολουθήσω σοι ὅπου ἐὰν ᴵἀπέρχῃ.   Mt 8,19—22.
ᴵκαὶ εἶπεν αὐτῷ ᵒὁ Ἰησοῦς· αἱ ἀλώπεκες φωλεοὺς 58
ἔχουσιν καὶ τὰ πετεινὰ τοῦ οὐρανοῦ κατασκηνώ-
σεις, ὁ δὲ υἱὸς τοῦ ἀνθρώπου οὐκ ἔχει ποῦ τὴν

---

48 ᵀο Ρ⁴⁵ *1093*   49 Ο Ρ⁴⁵ *BDal*; H | ᴵ*p*) διδασκαλε Ρ⁴⁵*C 157 pc* | ᴵεπι
CRDΘal; T | ᴵ²-νσαμεν *CRDΘpl*; T   50 ᵀο Ρ⁴⁵*CRDΘpl*; W : *txt* B𝕏* |
ᵀου γαρ εστιν καθ υμων *L 33 al*; S : *eadem* + ουδε υπερ υμων *et*□ Ρ⁴⁵. | ᴵ*p*)
ημ- *et* ημ- *Ral* : υμ- *et* ημ- 𝕏*φal   51 ᵀαυτου 𝕏*CRDΘpl*; T : *txt* Ρ⁴⁵*Bpc*
52 ᴵπολιν 𝕏*φpm* lat ; T | ᴵως Ρ⁴⁵B𝕏 it; H   53 ᴵ-μενου Ρ⁴⁵lat. ; (*Beza cj*)
54 ᵀωςκαι Ηλιας εποιησεν *CRDΘpm* it; +ʰʳ+ : *txt* Ρ⁴⁵𝕾*al* vg syˢᶜ Hier   55 ᵀ
και ειπεν· ουκ οιδατε ποιου πνευματος εστε (*R*)*D*(*Θ*)*al* lat syᶜ Mcion; +ʰʳ+ :
txt Ρ⁴⁵𝕾*Eall rʳ* syˢ Hier   56 ᴵ (19, 10; J 3, 17) ο γαρ (— γ. *Θrm*) υιος του αν-
θρωπου ουκ ηλθεν ψυχας ανθρωπων (— ανθρ. latsyᶜ; hr²ᵛ) απολεσαι αλλα
σωσαι *RΘal* latsyᶜ Mcion; +[hʳ]+ : *txt* Ρ⁴⁵𝕾*D Eal* syˢ Hier   57 ᴵυπαγης Ρ⁴⁵. :
-γεις *D 157.* | ᵀκυριε *CRΘpm*   58 Ο *B*.; [H]

59 κεφαλὴν κλίνῃ. Εἶπεν δὲ πρὸς ἕτερον· ἀκολούθει
Gn 27,41. μοι. ὁ δὲ εἶπεν· ⸆ἐπίτρεψόν μοι ⸉πρῶτον ἀπελ-
60 θόντι⸊ θάψαι τὸν πατέρα μου. εἶπεν δὲ αὐτῷ·
Lv 21,11. Nu 6,6 s. ⸀ἄφες τοὺς νεκροὺς θάψαι τοὺς ἑαυτῶν νεκρούς,
σὺ δὲ ⸁ἀπελθὼν διάγγελλε τὴν βασιλείαν τοῦ θεοῦ.
61 ˈΕἶπεν δὲ καὶ ἕτερος· ἀκολουθήσω σοι, κύριε· 10
14,33. 1 Rg 19,20. πρῶτον δὲ ἐπίτρεψόν μοι ἀποτάξασθαι τοῖς εἰς
62 τὸν οἶκόν μου. εἶπεν δὲ [πρὸς αὐτὸν] ὁ Ἰησοῦς·
17,31. J 6,66. οὐδεὶς ⸂ἐπιβαλὼν τὴν χεῖρα ⸆ἐπ' ἄροτρον καὶ
Ph 3,13. Gn 19,17.26. βλέπων εἰς τὰ ὀπίσω⸃ εὔθετός ἐστιν ⸂τῇ βασιλείᾳ⸃
1—12: Mt 10,7—16 p. (6,13; 9,1-6.52.) τοῦ θεοῦ.
10 ⸂Μετὰ δὲ ταῦτα ἀνέδειξεν ὁ κύριος⸃ ⸆ἑτέρους 34
Ex 24,1. Nu 11,16. ἑβδομήκοντα [δύο], καὶ ἀπέστειλεν αὐτοὺς ἀνὰ δύο 10
⸆πρὸ προσώπου αὐτοῦ εἰς πᾶσαν πόλιν καὶ τόπον
2 οὗ ἤμελλεν αὐτὸς ἔρχεσθαι. ἔλεγεν δὲ πρὸς αὐτούς· 10
Mt 9,37 s. J 4,35. ὁ μὲν θερισμὸς πολύς, οἱ δὲ ἐργάται ὀλίγοι· δεή-
θητε οὖν τοῦ κυρίου τοῦ θερισμοῦ ὅπως ⸉ἐργάτας
3 ἐκβάλῃ⸊ εἰς τὸν θερισμὸν αὐτοῦ. ὑπάγετε· ἰδοὺ 10
Ps Sal 8,28. 9,3. 4 ἀποστέλλω ὑμᾶς ὡς ἄρνας ἐν μέσῳ λύκων. μὴ 11
(2 Rg 4,29.) 12,33; 22,35 s. βαστάζετε βαλλάντιον, μὴ πήραν, μὴ ὑποδήματα·
9,4. 5 ⸋καὶ μηδένα κατὰ τὴν ὁδὸν ἀσπάσησθε. εἰς ἣν δ' 11
1 Sm 25,6. J 20,19. ἂν εἰσέλθητε ⸂οἰκίαν, πρῶτον⸃ λέγετε· εἰρήνη τῷ
1 P 4,14. 6 οἴκῳ τούτῳ. καὶ ἐὰν ⸉ἐκεῖ ᾖ⸊ υἱὸς εἰρήνης, ἐπανα-
παήσεται ἐπ' αὐτὸν ἡ εἰρήνη ὑμῶν· εἰ δὲ μή γε,
7 ἐφ' ὑμᾶς ⸀ἀνακάμψει. ἐν αὐτῇ δὲ τῇ οἰκίᾳ μένετε, 11
1 T 5,18. 1 K 9,5—14. ἔσθοντες καὶ πίνοντες τὰ παρ' αὐτῶν· ἄξιος γὰρ
Jc 5,4. ὁ ἐργάτης τοῦ μισθοῦ αὐτοῦ.* μὴ μεταβαίνετε ἐξ 76
8 οἰκίας εἰς οἰκίαν. καὶ εἰς ἣν ἂν πόλιν εἰσέρχησθε 11
1 K 9,4; 10,27. καὶ δέχωνται ὑμᾶς, ἐσθίετε τὰ παρατιθέμενα ὑμῖν,

---

59 ⸆p) κυριε P[45] 𝔖ℜΘpl; h: *txt* **B*D**pc sy[s] Or | ⸉ P[45] **C**ℜ(**Θ**) *al*; S: *txt* **B**ℵ (**D**)*pm* **60** ⸀αφετε Ir. | ⸁πορευθεις **D**c **62** [+ℵ**L***al* (⸉**C**ℜ**Θ***pm*); T: — P[45] **B**; W | ⸂εις τα οπ. βλ. κ. επιβαλλων τ. χ. αυτου επ αρ. (P[45]) **D** it Cl; ⊣h[r]⊢ | ⸆αυτου P[45] 𝔖ℜ(**DΘ**)*pl*; T: *txt* **B***pc* | ⸂εν τ. β. ℵ[3] 579*pc*: εις την β-αν **C**ℜ**DΘ***pl*: *txt* 𝔖λ*pc* **10,1** ⸂απεδειξεν δε **D** *ace* (Mcion) | ⸆και ℵ**C**ℜ**DΘ***pl*; T: *txt* **B***pc* sy[s] | [+ **BD***pc* latsy[sc]; W: — 𝔖ℜ**Θ***pl ace l*; T | ⸆δυο **BΘ***al*; [H] **2** ⸉ *rell*; S: *txt* **BD** *700 e*. **4** ⸋ℵ**pc* Mcion; T **5** ⸂2 1 **D****a* : 1 **D**[2] *579 r* Mcion Or **6** ⸉ 𝔖ℜ**D***pl*; Th: *txt* **B***pc* lat | ⸀p) επιστρεψει η ειρηνη υμων **D**

¹καὶ θεραπεύετε τοὺς ἐν αὐτῇ ἀσθενεῖς, καὶ λέγετε
αὐτοῖς· ἤγγικεν ἐφ' ὑμᾶς ἡ βασιλεία τοῦ θεοῦ.
¹⁴,² ¹εἰς ἣν δ' ἂν πόλιν εἰσέλθητε καὶ μὴ δέχωνται
ὑμᾶς, ἐξελθόντες εἰς τὰς πλατείας αὐτῆς εἴπατε·
¹καὶ τὸν κονιορτὸν τὸν κολληθέντα ἡμῖν ἐκ τῆς
πόλεως ὑμῶν ʿεἰς τοὺς πόδας᾽ ἀπομασσόμεθα ὑμῖν·
πλὴν τοῦτο γινώσκετε, ὅτι ἤγγικεν ἡ βασιλεία τοῦ
θεοῦ. λέγω ᵀὑμῖν ὅτι Σοδόμοις ἐν τῇ ʿἡμέρᾳ ἐκείνῃ᾽
⁵,⁵ ἀνεκτότερον ἔσται ἢ τῇ πόλει ἐκείνῃ. Οὐαί σοι,
Χοραζίν, οὐαί σοι, Βηθσαϊδά· ὅτι εἰ ἐν Τύρῳ
καὶ Σιδῶνι ἐγενήθησαν αἱ δυνάμεις αἱ γενόμεναι
ἐν ὑμῖν, πάλαι ἂν ἐν σάκκῳ καὶ σποδῷ καθή-
μενοι μετενόησαν. πλὴν Τύρῳ καὶ Σιδῶνι ἀνεκτό-
τερον ἔσται □ἐν τῇ κρίσει᾽ ἢ ὑμῖν. καὶ σύ, Καφαρ-
ναούμ, ʿμὴ ἕως ᵀοὐρανοῦ ὑψωθήσῃ;᾽ ἕως ᴼτοῦ ᾅδου
⁶,¹ ʿκαταβήσῃ. Ὁ ἀκούων ὑμῶν ἐμοῦ ἀκούει, καὶ
ὁ ἀθετῶν ὑμᾶς ἐμὲ ἀθετεῖ· ὁ δὲ ʿἐμὲ ἀθετῶν
⁷⁷ ἀθετεῖ τὸν ἀποστείλαντά με᾽. Ὑπέστρεψαν δὲ οἱ
,¹⁰ ἑβδομήκοντα [δύο] μετὰ χαρᾶς λέγοντες· κύριε, καὶ
τὰ δαιμόνια ὑποτάσσεται ἡμῖν ἐν τῷ ὀνόματί σου.
¹εἶπεν δὲ αὐτοῖς· ἐθεώρουν τὸν σατανᾶν ˢὡς ἀστρα-
πὴν ἐκ τοῦ οὐρανοῦᴸ πεσόντα. ἰδοὺ δέδωκα ὑμῖν
τὴν ἐξουσίαν τοῦ πατεῖν ἐπάνω ὄφεων καὶ σκορπίων,
καὶ ἐπὶ πᾶσαν τὴν δύναμιν τοῦ ἐχθροῦ, καὶ οὐδὲν
ὑμᾶς οὐ μὴ ʿἀδικήσει. πλὴν ἐν τούτῳ μὴ χαίρετε
ὅτι τὰ πνεύματα ὑμῖν ὑποτάσσεται, χαίρετε δὲ
ὅτι τὰ ὀνόματα ὑμῶν ἐγγέγραπται ἐν τοῖς οὐρα-
⁷⁸ νοῖς. Ἐν αὐτῇ τῇ ὥρᾳ ἠγαλλιάσατο ᵀτῷ πνεύ-
³,⁵ ματι □τῷ ἁγίῳ᾽ καὶ εἶπεν· ἐξομολογοῦμαί σοι, πάτερ,
κύριε τοῦ οὐρανοῦ □²καὶ τῆς γῆς᾽, ὅτι ἀπέκρυψας

Right margin references:

θ 9,2. Act 28,8.
Mt 3,2.
10 9,5.53.
11 Act 13,51; 18,6.
12
13—15:
Mt 11,20—24.
(8,26); 9,10.
Mc 6,2.
Jon 3,6.
14
15 4,23.31.40; 7,1.
Is 14,13.15.
Mt 10,40!
16 J 5,23; 12,48;
15,23.
1 Th 4,8. Jd 8.
17 9,49.
(Mt 17,19 p.)
Mc 16,17.
(17,24.) J 12,31.
18 Ap 12,8 s.
Is 14,12.
19 Ps 91,13.
Gn 3,15.
Mc 16,18.
Act 28,6.
20 Mt 7,22.
Ex 32,32. Is 4,3.
Ph 4,3. H 12,23.
Ap 3,5!
21 21. 22:
Mt 11,25—27.
1 K 2,7.

11 ʿεἰς τ. π. ημων CKΘpmsy; S : — ℜal vg : txt 𝔓⁴⁵BℵDpc it 12 ᵀδε
ℵDΘpm; T | ʿp) βασιλεια του θεου Dabe 14 □𝔓⁴⁵Dpcel 15 ʿἢ ε. ου.
υψωθης, B³; W : ἢ ε. ου. υψωθεισα CℜΘpl lat : txt 𝔓⁴⁵𝔥Dpc it(syˢᶜ) et ᵀτου ℜΘ
pl; S | Օ𝔓⁴⁵ℵCℜDΘpl; T : txt Bpc | Γ-βιβασθηση rell; Th : txt BD 579 syˢᶜ aeth
arm. 16 ʿεμου ακουων ακουει ο του -λαντος με D : txt + και ο εμου etc. (ut
D)Θφ it syˢᶜ 17 [+ 𝔓⁴⁵BD latsyˢ; W : — 𝔥ℜΘpl it; T 18 ˢ3—5 1 2 B Or;
Wh 19 Γ-ση 𝔓⁴⁵BCℜal; Wh : txt ℵDΘpm 21 ᵀεν 𝔓⁴⁵ℵDal it Cl; T |
□𝔓⁴⁵ℜpm Cl | □²𝔓⁴⁵ Mcion.

ταῦτα ἀπὸ σοφῶν καὶ συνετῶν, καὶ ἀπεκάλυψας
αὐτὰ νηπίοις· ναί, ὁ πατήρ, ὅτι οὕτως ⌐εὐδοκία
22 ἐγένετο⌐ ἔμπροσθέν σου. ⌐πάντα μοι παρεδόθη ⁐
⌐ὑπὸ τοῦ πατρός °μου, καὶ οὐδεὶς ⌐γινώσκει τίς □ἐστιν
ὁ ⌐υἱὸς εἰ μὴ ὁ πατήρ, καὶ τίς ⌐ ἐστιν ὁ πατὴρ εἰ
μὴ ὁ υἱὸς⌐ καὶ ᾧ ἐὰν ⌐βούληται ὁ υἱὸς ἀπ⌐οκαλύψαι⌐.

Mt 13,16 s! 23 ⌐Καὶ στραφεὶς πρὸς τοὺς μαθητὰς □κατ᾽ ἰδίαν⌐ εἶπεν· ⌐
μακάριοι οἱ ὀφθαλμοὶ οἱ βλέποντες ἃ βλέπετε⌐.

1 P 1,10 s. 24 ⌐λέγω γὰρ ὑμῖν ὅτι πολλοὶ προφῆται □καὶ βασιλεῖς⌐
ἠθέλησαν ἰδεῖν ἃ ὑμεῖς βλέπετε καὶ οὐκ εἶδαν,
καὶ ἀκοῦσαι ἃ ἀκούετε καὶ οὐκ ἤκουσαν.

25—28:
Mt 22,35—40. 25 Καὶ ἰδοὺ νομικός τις ἀνέστη ἐκπειράζων αὐτὸν ⌐⌐
Mc 12,28—31.   λέγων· °διδάσκαλε, τί ποιήσας ζωὴν αἰώνιον κληρο- ⁐
18,18—20. 26 νομήσω; ⌐ὁ δὲ εἶπεν πρὸς αὐτόν· ἐν τῷ νόμῳ τί
27 γέγραπται; πῶς ἀναγινώσκεις; ⌐ὁ δὲ ἀποκριθεὶς
Dt 6,5.   εἶπεν· **ἀγαπήσεις κύριον τὸν θεόν °σου ἐξ ὅλης °²τῆς
καρδίας σου καὶ ἐν ὅλῃ τῇ ψυχῇ σου καὶ ἐν ὅλῃ**
Lv 19,18.   **τῇ ἰσχύϊ σου □καὶ ἐν ὅλῃ τῇ διανοίᾳ σου⌐, καὶ τὸν**
7,43. Lv 18,5. 28 **πλησίον σου ὡς σεαυτόν.** εἶπεν δὲ αὐτῷ· **ὀρθῶς**
Mt 19,17 p. 29 **ἀπεκρίθης· τοῦτο ποίει καὶ ζήσῃ.** ὁ δὲ θέλων ⁐
16,15!   δικαιῶσαι ⌐ἑαυτὸν εἶπεν πρὸς τὸν Ἰησοῦν· καὶ τίς
30 ἐστίν μου πλησίον; ὑπολαβὼν ⌐ὁ Ἰησοῦς εἶπεν· ⌐
ἄνθρωπός τις κατέβαινεν ἀπὸ Ἰερουσαλὴμ εἰς
Ἰεριχώ, καὶ λῃσταῖς περιέπεσεν, οἳ καὶ ἐκδύ-
σαντες αὐτὸν καὶ πληγὰς ἐπιθέντες ἀπῆλθον
Ps 38,12. 31 ἀφέντες ἡμιθανῆ. κατὰ ⌐συγκυρίαν δὲ ἱερεύς τις
κατέβαινεν °ἐν τῇ ὁδῷ ἐκείνῃ, καὶ ἰδὼν αὐτὸν
32 ἀντιπαρῆλθεν. ὁμοίως δὲ καὶ Λευίτης⌐ κατὰ τὸν
9,52! 33 τόπον °ἐλθὼν καὶ ἰδὼν ἀντιπαρῆλθεν. Σαμαρίτης
7,13.   δέ τις ὁδεύων ἦλθεν κατ᾽ αὐτὸν καὶ ἰδὼν ἐσπλαγ-

21 S p⁴⁵ℵℜDΘpl; T   **22** ⌐ (23) και στραφεις προς τους μαθητας ειπεν·
C*ℜΘal it; T | ⌐απο D | °Daclsy⁸ Mcion Ju | □1216 1579 a | ⌐εγνω (Mcion?)
Ju | ⌐πατηρ .. υιος .. υιος .. πατηρ Ub (Ju, Ir, Mcion?) | ⌐ο υιος αποκαλυψη
Mcion   **23** □Dpc latsy⁸ᶜ | ⌐p) και ακουοντες α ακουετε D(cef)   **24** p) □D
it Mcion   **25** °D (Mcion?).   **27** °B*H.; Wh | °²Bpc; ℋ | □Dpc it
Mcion   **29** ⌐αυ- ℵpc; hᵃ(αὐ-)   **30** ⌐δε ℜDΘpl; S: txt Bℵ   **31** ⌐τυχα
D. | °Bpc; [H]   **32** ⌐γενομενος p⁴⁵CℜDΘpl; T et ° p⁴⁵Dpc lat

χνίσθη, ¹καὶ προσελθὼν κατέδησεν τὰ τραύματα 34
αὐτοῦ ἐπιχέων ἔλαιον καὶ οἶνον, ἐπιβιβάσας δὲ
αὐτὸν ἐπὶ τὸ ἴδιον κτῆνος ἤγαγεν αὐτὸν εἰς πανδο-
χεῖον καὶ ἐπεμελήθη αὐτοῦ.. καὶ ἐπὶ τὴν αὔριον 35
ἐκβαλὼν ⁵δύο δηνάρια ἔδωκεν˒ τῷ πανδοχεῖ καὶ
εἶπεν· ἐπιμελήθητι αὐτοῦ, καὶ ὅ τι ἂν προσδα-
πανήσῃς ἐγὼ ἐν τῷ ἐπανέρχεσθαί με ἀποδώσω
σοι. ⸀τίς τούτων τῶν τριῶν πλησίον δοκεῖ σοι⸃ 36
γεγονέναι τοῦ ἐμπεσόντος εἰς τοὺς λῃστάς; ὁ δὲ 37
εἶπεν· ὁ ποιήσας τὸ ἔλεος μετ' αὐτοῦ. εἶπεν δὲ
αὐτῷ °ὁ Ἰησοῦς· πορεύου καὶ σὺ ᵀ ποίει ὁμοίως.

⸀Ἐν δὲ⸃ τῷ πορεύεσθαι ⸀αὐτοὺςᵀ αὐτὸς εἰσῆλθεν⸃ 38
εἰς κώμην τινά· γυνὴ δέ τις ὀνόματι Μάρθα ὑπε-
δέξατο αὐτὸν ⸆²εἰς τὴν οἰκίαν⸃. καὶ τῇδε ἦν ἀδελφὴ 39
καλουμένη ⸀Μαριάμ, °ἣ καὶ παρακαθεσθεῖσα πρὸς
τοὺς πόδας τοῦ κυρίου ἤκουεν τὸν λόγον αὐτοῦ.
¹ἡ δὲ Μάρθα περιεσπᾶτο περὶ πολλὴν διακονίαν· 40
ἐπιστᾶσα δὲ εἶπεν· κύριε, οὐ μέλει σοι ὅτι ἡ
ἀδελφή μου μόνην με ⸀κατέλειπεν διακονεῖν; εἰπὸν
οὖν αὐτῇ ἵνα μοι συναντιλάβηται. ἀποκριθεὶς δὲ 41
εἶπεν αὐτῇ ὁ κύριος· Μάρθα Μάρθα, ⸀μεριμνᾷς
καὶ θορυβάζῃ περὶ πολλά, ¹ὀλίγων δέ ἐστιν χρεία 42
ἢ ἑνός⸃· ⸀Μαριὰμ ⸀γὰρ τὴν ἀγαθὴν μερίδα ἐξε-
λέξατο, ἥτις οὐκ ἀφαιρεθήσεται αὐτῆς.

Καὶ ἐγένετο ἐν τῷ εἶναι αὐτὸν ἐν τόπῳ τινὶ 11
προσευχόμενον, ὡς ἐπαύσατο, εἶπέν τις τῶν μαθη-
τῶν αὐτοῦ πρὸς αὐτόν· κύριε, δίδαξον ἡμᾶς προσ-
εύχεσθαι, καθὼς καὶ Ἰωάννης ἐδίδαξεν τοὺς μαθη-

Marginal references:
Is 1,6.
Mc6,13. Jc5,14.

Jc 1,25.
J 13,17.

J 11,1 ss; 12,2 s.

Dt 33,3.
Act 22,3.
J 11,20.

1 K 7,35.
Mc 4,38.

8,3.

Mt 6,33.

5,33.

35 ⸆312 𝔓⁴⁵𝐵;Wh : 213 𝐷   36 ⸀τινα ουν δοκεις πλησιον 𝐷𝑒.
37 ○ 𝐵*.; [H] | ᵀκαι 𝔓⁴⁵.   38 ⸀ εγενετο δε εν 𝐶𝕽𝐷Θ𝑝𝑙; T et
⸆αυτον εισελθειν 𝐷. | ᵀκαι 𝐶𝕽Θ𝑝𝑙; T | ⸆²εις τον οικον αυ-
της 𝕽𝐷Θ𝑝𝑙; W (sed — αυτης), [h] : — 𝔓⁴⁵𝐵 : txt 𝕳   39 ⸀-ρια
𝔓⁴⁵𝐵*𝕽𝐷Θ𝑝𝑙; S | ○ 𝔓⁴⁵𝕬*𝐿𝑝𝑐; [H]   40 ⸀-λιπεν 𝔓⁴⁵𝕬𝐷𝑎𝑙; T
41 ⸀— itsyˢ : θορυβαζη 𝐷.; h : ! μ. κ. θ. π. π. ᵀ ενος δε ε. χρ.
𝔓⁴⁵𝐶𝕽Θ𝑝𝑚 vg syᶜ; T : it., sed ολιγων pro ενος 38 al syᵖᵃˡ; S :
txt 𝕬𝐿𝑎𝑙 : ut txt, sed χρ. εστ. 𝐵; W   42 ⸀-ρια 𝕳𝕽𝐷Θ𝑝𝑙 Cl;
T : txt 𝐵𝑝𝑐 | ⸀δε 𝐶𝕽Θ𝑝𝑚 Cl : — 𝐷latsyˢᶜ; h : txt 𝐵𝕬𝐿𝑎𝑙

2—4:
Mt 6,9—13.

2 τὰς αὐτοῦ. εἶπεν δὲ αὐτοῖς· ὅταν προσεύχησθε,
ᵀλέγετε· Πάτερ ᵀ, ἁγιασθήτω τὸ ὄνομά σου·⸌ἐλθάτω
3 ἡ βασιλεία σου⸍ ᵀ². ⸌τὸν ἄρτον ⸌ἡμῶν τὸν ἐπιούσιον
4 ⸌δίδου ἡμῖν ⸌τὸ καθ' ἡμέραν⸍· καὶ ἄφες ἡμῖν ⸌τὰς
ἁμαρτίας ἡμῶν, καὶ γὰρ αὐτοὶ ἀφίομεν παντὶ
ὀφείλοντι ἡμῖν⸍· καὶ μὴ ⸌εἰσενέγκῃς ἡμᾶς⸍ εἰς πει-
5 ρασμόν ᵀ. Καὶ εἶπεν ⸋πρὸς αὐτούς⸌· τίς ἐξ ὑμῶν ¹¹
ἕξει φίλον, καὶ πορεύσεται πρὸς αὐτὸν μεσονυκτίου
καὶ εἴπῃ αὐτῷ· φίλε, χρῆσόν μοι τρεῖς ἄρτους,
6 ἐπειδὴ φίλος μου ⸌παρεγένετο ἐξ ὁδοῦ⸍ πρός με

18,5.
Mt 26,10 p.
G 6,17.

7 καὶ οὐκ ἔχω ὃ παραθήσω αὐτῷ· κἀκεῖνος ἔσωθεν
ἀποκριθεὶς εἴπῃ· μή μοι κόπους πάρεχε· ἤδη ἡ
θύρα κέκλεισται, καὶ τὰ παιδία μου μετ' ἐμοῦ
εἰς τὴν κοίτην εἰσίν· οὐ δύναμαι ἀναστὰς δοῦναί

18,5.

8 σοι. ᵀλέγω ὑμῖν, εἰ καὶ οὐ δώσει αὐτῷ ἀναστὰς
διὰ τὸ εἶναι φίλον αὐτοῦ, διά γε τὴν ἀναίδειαν

9—13:
Mt 7,7—11.

9 αὐτοῦ ἐγερθεὶς δώσει αὐτῷ ὅσων χρῄζει. ˙Κἀγὼ ¹²
ὑμῖν λέγω, αἰτεῖτε, καὶ δοθήσεται ὑμῖν· ζητεῖτε,

13,25.

10 καὶ εὑρήσετε· κρούετε, καὶ ⸌ἀνοιγήσεται ὑμῖν. πᾶς
γὰρ ὁ αἰτῶν λαμβάνει, καὶ ὁ ζητῶν εὑρίσκει, καὶ
11 τῷ κρούοντι ⸌ἀνοιγήσεται. ˙⸌τίνα ⸌δὲ ἐξ ὑμῶν⸌τὸν
πατέρα αἰτήσει ὁ υἱός⸍ ἰχθύν, ⸌²μὴ ἀντὶ ἰχθύος ὄφιν
12 αὐτῷ ἐπιδώσει; ἢ καὶ αἰτήσει φόν,ᵀ ἐπιδώσει αὐτῷ

18,19.

13 σκορπίον; εἰ οὖν ὑμεῖς πονηροὶ ⸌ὑπάρχοντες οἴδατε

Jc 1,17.

δόματα ἀγαθὰ διδόναι τοῖς τέκνοις ὑμῶν, πόσῳ

---

2 ᵀ p) μη βαττολογειτε ως οι λοιποι· δοκουσιν γαρ τινες οτι εν τη πολυ-
λογια αυτων εισακουσθησονται· αλλα προσευχομενοι **D**. | ᵀ p) ημων ο εν τοις
ουρανοις **C𝕽D Θ**pm (it)sy^c : txt **B𝕹**al vg sy^s Mcion Or | ⸌εφ ημας ελθ. σου η β.
D. : ελθετω το αγιον πνευμα σου εφ ημας και καθαρισατω ημας (162) 700
Greg^nyss (Mcion *haec vl similia pro* αγ. το ον. σου); h^r | ᵀ² p) γενηθητω το θελημα
σου ως εν ουρανω (+ ουτω 𝕹) και επι (+ της 𝕽al) γης (𝕹)C(𝕽)D Θ pm itvg^s : txt **B**al
vg^cl sy^sc Mcion Or   3 ⸌σου Mcion :— 4 sy^sc | ⸌p) δος 𝕹Dpc | ⸌(p) σημερον Dpc
it   4 ⸌p) τα οφειληματα ημ. ως και ημεις αφι. τοις οφειλεταις ημων **D** b cff² |
⸌αφῆς ημ. εισενεχθηναι Mcion | ᵀ p) αλλα ρυσαι ημας απο του πονηρου **C𝕽D**
Θ pm itsy^c : txt **B𝕹**al vgsy^s Mcion Or   5 ⸋ Dc Mcion   6 ⸌παρεστιν απ αγρου **D**
8 ᵀet si ille perseveraverit pulsans (cff²i l) vg^cl   9 ˙ καγω et ˙ 11 Τινα comm
9 ⸌ανοιχθη- **DEW**pm; T   10 ⸌-γεται **BD**; Wh : -χθησεται **EW**pm; T   11 ˙ vide
9 | ⸌τις 𝕹Dal ; S | ⸌γαρ P⁴⁵ Epiph. | ⸌31245 **B**; Wh : 12453 **D**al : 123 𝕹al ; S :
235 P⁴⁵ 1pc : txt **C𝕽O**al | ᵀp) αρτον, μη λιθον επιδωσει αυτω η και (— και 𝕾;
[h]) (𝕾)𝕽D Θ pm ; T(h) : txt (P⁴⁵)**B**alitsy^s | ⸌² και P⁴⁵**B** (Mcion?); W   12 ᵀμη
rell; T : txt P⁴⁵**BL** 892 sa.   13 ⸌οντες   181   𝕹Dpm Mcion

μᾶλλον ὁ πατὴρ °ὁ ⌐ἐξ οὐρανοῦ⌐ δώσει ⌐πνεῦμα
ἅγιον⌐ τοῖς αἰτοῦσιν αὐτόν.

32 ⌐Καὶ ἦν ἐκβάλλων δαιμόνιον□, καὶ αὐτὸ ἦν⌐ κω- 14 | 14—23:
Mt 12,22—30.
⌐₅ φόν· ἐγένετο δὲ τοῦ δαιμονίου ἐξελθόντος ἐλάλησεν ὁ | Mc 3,22—27.
⌐₂ κωφός· καὶ ἐθαύμασαν οἱ ὄχλοι⌐· ⌐τινὲς δὲ ἐξ αὐτῶν 15
εἶπαν· ἐν ⌐Βεεζεβοὺλ τῷ ἄρχοντι τῶν δαιμονίων ἐκ- | Mt 9,34!
⌐₅ βάλλει τὰ δαιμόνια⌐· ἕτεροι δὲ πειράζοντες σημεῖον 16 | Mc 8,11 p.
⌐₂ ἐξ οὐρανοῦ ἐζήτουν παρ' αὐτοῦ. αὐτὸς δὲ ⌐εἰδὼς 17
αὐτῶν τὰ διανοήματα εἶπεν αὐτοῖς· πᾶσα βασι-
λεία ⌐ἐφ' ἑαυτὴν ⌐διαμερισθεῖσα⌐ ἐρημοῦται, καὶ
οἶκος ἐπὶ οἶκον πίπτει. εἰ δὲ καὶ ὁ σατανᾶς ἐφ' 18
ἑαυτὸν διεμερίσθη, ⌐πῶς σταθήσεται ἡ βασιλεία
αὐτοῦ; ὅτι λέγετε ἐν ⌐Βεεζεβοὺλ ἐκβάλλειν με τὰ
δαιμόνια. εἰ δὲ ἐγὼ ἐν ⌐Βεεζεβοὺλ ἐκβάλλω τὰ 19
δαιμόνια, οἱ υἱοὶ ὑμῶν ἐν τίνι ἐκβάλλουσιν; διὰ
τοῦτο αὐτοὶ ⌐ὑμῶν κριταὶ ἔσονται⌐. εἰ δὲ ἐν δα- 20 | Ex 8,15.
κτύλῳ θεοῦ [ἐγὼ] ἐκβάλλω τὰ δαιμόνια, ἄρα | 17,21.
ἔφθασεν ἐφ' ὑμᾶς ἡ βασιλεία τοῦ θεοῦ. ὅταν ὁ 21
ἰσχυρὸς καθωπλισμένος φυλάσσῃ τὴν ἑαυτοῦ αὐλήν,
ἐν εἰρήνῃ ἐστὶν τὰ ὑπάρχοντα αὐτοῦ· ἐπὰν δὲ 22 | (1 Sm 17,50 s.)
Is 49,24.
ἰσχυρότερος αὐτοῦ ἐπελθὼν νικήσῃ αὐτόν, τὴν | Kol 2,15. 1 J 4,4.
Ps Sal 5,3[4].
πανοπλίαν αὐτοῦ αἴρει, ἐφ' ᾗ ἐπεποίθει, καὶ τὰ
σκῦλα αὐτοῦ διαδίδωσιν. Ὁ μὴ ὢν μετ' ἐμοῦ 23 | (9,50.)
J 11,52; 10,12.
κατ' ἐμοῦ ἐστιν, καὶ ὁ μὴ συνάγων μετ' ἐμοῦ
⌐₅ σκορπίζει⌐. Ὅταν ⌐τὸ ἀκάθαρτον πνεῦμα ἐξέλθῃ 24 | 24—26:
Mt 12,43—45.
ἀπὸ τοῦ ἀνθρώπου, διέρχεται δι' ἀνύδρων τόπων
ζητοῦν ἀνάπαυσιν, καὶ μὴ εὑρίσκον·⌐ λέγει· ὑπο- | Is 34,14.
στρέψω εἰς τὸν οἶκόν μου ὅθεν ἐξῆλθον· καὶ 25

13 Οℵ 700 al; [H] | ⌐οὐρανιος ℘⁴⁵ 579 l | ⌐αγαθον δομα D it; ⌐h ʳ¹⌐: δο-
ματα αγαθα Θ : αγαθα syˢ arm.: πν. αγαθον ℘⁴⁵ L pc vg; h ʳ² : spiritum bonum
datum mm; h ʳ⁸   14 ⌐p) ταυτα δε ειποντος αυτου προσφερεται αυτω δαι-
μονιζομενος κωφος και εκβαλοντος αυτου παντες εθαυμαζον D (cf). | □ ℘⁴⁵ 𝔖 al
(syˢᶜ); H : txt C 𝕽 Θ pm 15.18.19 ⌐Βεελζ- ℘⁴⁵ C 𝕽 D Θ pl; T: -lzebub c vg sy : txt Bℵ
15 ⌐p) ο δε αποκριθεις ειπεν· πως δυναται σατανας σαταναν εκβαλλειν (-βα-
λειν D) D pm : txt ℘⁴⁵ 𝔖 𝕽 W Θ al latt sy   17 ⌐ιδων 157 pc lat | ⌐312 ℘⁴⁵ 𝔖 D pc;
Th : txt B C 𝕽 Θ pl et ⌐p) μερ- ℘⁴⁵ D W Θ pm   18 ⌐ου D.   19 ⌐231 ℵ it; T:
312 ℘⁴⁵ 1194:213 C 𝕽 O al; h : txt B D pc   20 [+ 𝔖 (⌐D) al; W : — ℘⁴⁵ ℵ 𝕽 pm; T
23 ⌐με ℵ* Θ pc syˢ; §   24 ⌐p) δε ℘⁴⁵ D W al | ⌐.h et ⌐p) τοτε B Θ al; h [𝕳] : txt
℘⁴⁵ ℵ* C 𝕽 D pm latt

ἐλθὸν εὑρίσκει ⊤ σεσαρωμένον καὶ κεκοσμημένον.
26 ⌐τότε πορεύεται καὶ παραλαμβάνει ἕτερα πνεύματα
πονηρότερα ἑαυτοῦ ἑπτά, καὶ εἰσελθόντα κατοικεῖ
ἐκεῖ· καὶ γίνεται τὰ ἔσχατα τοῦ ἀνθρώπου ἐκείνου
27 χείρονα τῶν πρώτων.   Ἐγένετο δὲ ἐν τῷ λέγειν 4⟨
αὐτὸν ταῦτα ἐπάρασά τις ⌐φωνὴν γυνὴ⌐ ἐκ τοῦ
ὄχλου εἶπεν αὐτῷ· μακαρία ἡ κοιλία ἡ βαστάσασά
28 σε καὶ μαστοὶ οὓς ἐθήλασας. αὐτὸς δὲ εἶπεν·
μενοῦν μακάριοι οἱ ἀκούοντες τὸν λόγον τοῦ θεοῦ
καὶ φυλάσσοντες.

29   Τῶν δὲ ὄχλων ἐπαθροιζομένων ἤρξατο λέγειν· 4.
ἡ γενεὰ αὕτη γενεὰ πονηρά ἐστιν· σημεῖον ζητεῖ, ¹⁸
καὶ σημεῖον οὐ δοθήσεται αὐτῇ εἰ μὴ τὸ σημεῖον
30 Ἰωνᾶ⊤. καθὼς γὰρ ἐγένετο [ὁ] Ἰωνᾶς τοῖς Νινευίταις
σημεῖον, οὕτως ἔσται καὶ ὁ υἱὸς τοῦ ἀνθρώπου
31 τῇ γενεᾷ ταύτῃ⊤. βασίλισσα νότου ἐγερθήσεται □ἐν
τῇ κρίσει⟍ μετὰ τῶν ἀνδρῶν τῆς γενεᾶς ταύτης
καὶ κατακρινεῖ αὐτούς· ὅτι ἦλθεν ἐκ τῶν περά-
των τῆς γῆς ἀκοῦσαι τὴν σοφίαν Σολομῶνος, καὶ
32 ἰδοὺ πλεῖον Σολομῶνος ὧδε. □ἄνδρες Νινευῖται
ἀναστήσονται ἐν τῇ κρίσει μετὰ τῆς γενεᾶς ταύτης
καὶ κατακρινοῦσιν αὐτήν· ὅτι μετενόησαν εἰς τὸ
33 κήρυγμα Ἰωνᾶ, καὶ ἰδοὺ πλεῖον Ἰωνᾶ ὧδε.⟍ Οὐδεὶς 8
λύχνον ἅψας εἰς ⌐κρύπτην τίθησιν □οὐδὲ ὑπὸ τὸν ¹⁸
μόδιον⟍, ἀλλ' ἐπὶ τὴν λυχνίαν, ἵνα οἱ εἰσπορευό-
34 μενοι τὸ ⌐φέγγος ⌐²βλέπωσιν. ὁ λύχνος τοῦ σώματός ¹⁸
ἐστιν ὁ ὀφθαλμός σου. ὅταν ὁ ὀφθαλμός σου
ἁπλοῦς ᾖ, καὶ ⌐ὅλον τὸ σῶμά σου φωτεινόν ἐστιν·
ἐπὰν δὲ πονηρὸς ᾖ, καὶ τὸ σῶμά σου σκοτεινόν.

Marginal references (left):
J 5,14.
1,28.42.48. (23,29.)
8,15.21.
Mt 12,46—50.
Jc 1,22—25.
29—32: Mt 12,38—42.
1 K 1,22.
1 Rg 10,1.
Jon 3,5.
8,16. Mt 5,15.
34—36: Mt 6,22 s.
E 1,18.

25 ⊤*p*) σχολαζοντα 𝔖 565 *al*; [H] : *txt* 𝕏𝕽DΘ*pm*   27 𝕾C𝕽Θ*pl*;
S : *txt* B𝕏   29 ⊤*p*) του προφητου C𝕽Θ*pl*   30 [+ B*pc*; W :
— 𝕾𝕽DΘ*pl*; T | ⊤*p*) και καθως Ιωνας εν τη κοιλια του κητους
εγενετο τρεις ημερας και τρεις νυκτας, ουτως και ο υιος του
ανθρωπου εν τη γη D (it)   31 □𝔭⁴⁵D   32 □*vs.* D.   33 ⌐-πτον
𝔭⁴⁵ 1*pc* | □𝔭⁴⁵L λ 700 *al* sy^s | ⌐φως 𝕾DΘ*pm*; H : *txt* 𝔭⁴⁵𝕽 33*al* |
⌐²-πουσιν 𝕏*pc*; h^a   34 ⌐παν 𝔭⁴⁵D.

ᴵ⸀σκόπει οὖν μὴ τὸ φῶς τὸ ἐν σοὶ σκότος ἐστίν. 35
ᴵεἰ οὖν τὸ σῶμά σου ὅλον φωτεινόν, μὴ ἔχον⸀μέρος 36
τι⸃σκοτεινόν, ἔσται φωτεινὸν ὅλον ὡς ὅταν ὁ λύχνος
ᵀτῇ ἀστραπῇ φωτίζῃ σε.⸃   Mt 28,3.

85   ᵉἘν δὲ τῷ λαλῆσαι ἐρωτᾷ αὐτὸν Φαρισαῖος 37
⁵,⁵ ὅπως ἀριστήσῃ παρ' αὐτῷ⸃· εἰσελθὼν δὲ ἀνέπεσεν.   7,36!
ᴵὁ δὲ Φαρισαῖος⸉ἰδὼν ἐθαύμασεν⸊ᵀὅτι οὐ πρῶτον 38 Mt 15,2 p.
ᶠἐβαπτίσθη πρὸ τοῦ ἀρίστου. εἶπεν δὲ ὁ κύριος 39   39—52 :
πρὸς αὐτόν· νῦν ὑμεῖς οἱ Φαρισαῖοιᵀτὸ ἔξωθεν   Mt 23,1—36.
τοῦ ποτηρίου καὶ τοῦ πίνακος καθαρίζετε, τὸ δὲ
ἔσωθεν ὑμῶν γέμει ἁρπαγῆς καὶ πονηρίας. ἄφρονες, 40
οὐχ ὁ ποιήσας τὸ⸆ἔξωθεν καὶ τὸ ἔσωθεν⸃ ἐποίησεν;
ᴵπλὴν τὰ ἐνόντα δότε ἐλεημοσύνην, καὶ ἰδοὺ πάντα 41 12,33!
⁰,⁵ καθαρὰ ὑμῖν ἐστιν. ἀλλὰ οὐαὶ ὑμῖν τοῖς Φαρι- 42
σαίοις, ὅτι ἀποδεκατοῦτε τὸ ἡδύοσμον καὶ τὸ
ᶠπήγανον καὶ πᾶν λάχανον, καὶ παρέρχεσθε τὴν
ᶠκρίσιν καὶ τὴν ἀγάπην τοῦ θεοῦ· ⸉ταῦτα °δὲ ἔδει   Ps Sal 18,3.
86 ποιῆσαι κἀκεῖνα μὴ παρεῖναι⸊. οὐαὶ ὑμῖν ⸉τοῖς 43   J 7,24 ; 5,42
⁷,² Φαρισαίοις⸊, ὅτι ἀγαπᾶτε τὴν πρωτοκαθεδρίαν ἐν   14,7 ; 20,46.
ταῖς συναγωγαῖς καὶ τοὺς ἀσπασμοὺς ἐν ταῖς
⁰,⁵ ἀγοραῖςᵀ. οὐαὶ ὑμῖνᵀ, ὅτι ἐστὲ⸉ὡς τὰ μνημεῖα τὰ⸊ 44
ἄδηλα, καὶ οἱ ἄνθρωποι οἱ περιπατοῦντες ἐπάνω
⁰,⁵ οὐκ οἴδασιν. Ἀποκριθεὶς δέ τις τῶν νομικῶν 45   45—47:
λέγει αὐτῷ· διδάσκαλε, ταῦτα λέγων καὶ ἡμᾶς   Mc 12,38—40.
43 ὑβρίζεις. ὁ δὲ εἶπεν· καὶ ὑμῖν τοῖς νομικοῖς οὐαί, 46
ὅτι φορτίζετε τοὺς ἀνθρώπους φορτία δυσβά-
στακτα, καὶ αὐτοὶ ἑνὶ τῶν δακτύλων ὑμῶν οὐ
87 προσψαύετε°τοῖς φορτίοις⸃. οὐαὶ ὑμῖν, ὅτι οἰκο- 47
⁰,⁵

35.36 ⸀(p) ει ουν το φως το εν σοι σκοτος, το σκοτος ποσον D it (eadem, sed
post 35, pro 36, habet syᶜ; post 34 habet 1241); hˢ¹: σκοπει . . . εστ. φωτ. ολον και
ως [ο] λυχνος [της] αστραπης φωτισει σε c f vg; hˢ²ᵛ   36 ⸀τι μερος ℵRal ; Th¹:
μερος CΘpc; h²: μελος τι P⁴⁵. : txt B 33 λ pm | ᵀεν B ; Wh   37 ⸉εδεηθη δε
αυτου τις Φαρισαιος ινα αρ. μετ αυτου D (it, syˢᶜ)   38 ⸉ηρξατο διακρινομε-
νος εν εαυτω λεγειν Dpclat(syᶜ,Mcion) | ᵀδια τι Dlatsyˢᶜ Mcion | ᶠ-ισατο P⁴⁵ 700
39 ᵀυποκριται Db   40 ⸉P⁴⁵CDal   42 ᶠ(p) ανηθον P⁴⁵ 157. : αν. και το π. φ |
ᶠκλησιν Mcion.; hʳ | ⸉ — D Mcion : ⸉ post 41 b | ○ℵRal ; T   43 ⸉, Φαρισαιοι
ℵD it Cl; W | ᵀ(p) και πρωτοκλισιας εν τοις δειπνοις (C)Dpc it   44 ᵀ(p) γραμ-
ματεις και Φαρισαιοι υποκριται (— υπ. D) ℜ(D)Θpl it | ᵀμνημεια Ditsyˢᶜ
—|hʳ|-   46 □Db q.

184

Act 7,52.	48 δομεῖτε τὰ μνημεῖα τῶν προφητῶν, ⸆οἱ δὲ⸇ πατέρες
	ὑμῶν ἀπέκτειναν αὐτούς. ἄρα μάρτυρές ἐστε ⸀καὶ
Act 8,1; 22,20. R 1,32.	συνευδοκεῖτε⸃ τοῖς ἔργοις τῶν πατέρων ὑμῶν, ὅτι
	αὐτοὶ μὲν ἀπέκτειναν αὐτούς, ὑμεῖς δὲ οἰκοδο-
in libro quodam? Mt 11,19 p.	49 μεῖτε⸆. διὰ τοῦτο ⸋καὶ ἡ σοφία τοῦ θεοῦ εἶπεν·⸌ 1.
	⸀ἀποστελῶ εἰς αὐτοὺς προφήτας καὶ ἀποστόλους,
	50 καὶ ἐξ αὐτῶν ἀποκτενοῦσιν καὶ ⸀διώξουσιν, ‖ ἵνα
Ap 18,24.	ἐκζητηθῇ τὸ αἷμα πάντων τῶν προφητῶν τὸ ⸀ἐκκε-
	χυμένον ἀπὸ καταβολῆς κόσμου ἀπὸ τῆς γενεᾶς
Gn 4,8.10. 2Chr 24,20—22.	51 ταύτης, ‖ ἀπὸ αἵματος Ἄβελ ἕως αἵματος Ζαχαρίου
	⸀τοῦ ἀπολομένου μεταξὺ τοῦ θυσιαστηρίου καὶ τοῦ
	οἴκου⸃· ναί· λέγω ὑμῖν, ἐκζητηθήσεται ἀπὸ τῆς
Mt 16,19; 23,13.	52 γενεᾶς ταύτης. οὐαὶ ὑμῖν τοῖς νομικοῖς, ὅτι ⸀ἤρατε 8
	τὴν κλεῖδα τῆς γνώσεως· αὐτοὶ οὐκ εἰσήλθατε καὶ 1
	53 τοὺς εἰσερχομένους ἐκωλύσατε. ⸀Κἀκεῖθεν ἐξελ- 1.
	θόντος αὐτοῦ⸃⸀ἤρξαντο οἱ γραμματεῖς καὶ οἱ Φαρι-
	σαῖοι δεινῶς ἐνέχειν καὶ ⸀ἀποστοματίζειν αὐτὸν
20,20.	54 περὶ πλειόνων, ‖ ἐνεδρεύοντες °αὐτὸν θηρεῦσαί τι
	ἐκ τοῦ στόματος αὐτοῦ.⸃
	12 ⸀Ἐν οἷς ἐπισυναχθεισῶν τῶν μυριάδων τοῦ 4
	ὄχλου, ὥστε καταπατεῖν ἀλλήλους⸃, ἤρξατο λέγειν
Mt 16,6. Mc 8,15.	πρὸς τοὺς μαθητὰς αὐτοῦ °πρῶτον· * προσέχετε 1.
	ἑαυτοῖς ἀπὸ τῆς ζύμης, ⸋ἥτις ἐστὶν ὑπόκρισις, τῶν
2—9: Mt 10,26—33.	2 Φαρισαίων⸌. οὐδὲν ⸀δὲ ⸀συγκεκαλυμμένον ἐστὶν ὃ 1.
8,17.	⸀οὐκ ἀποκαλυφθήσεται⸃, καὶ κρυπτὸν ὃ οὐ γνωσθή-
	3 σεται. ἀνθ᾽ ὧν ὅσα ἐν τῇ σκοτίᾳ εἴπατε ἐν τῷ

47 ⸀και οι ℵ*C; T 48 ⸀μη συνευδοκειν De Mcion; ╪hr╪ |
⸉τους ταφους αυτων λ(ƒφ)lat : αυτων τα μνημεια CℜΘpl :
txt 𝔥Ditsy⁸ 49 ⸋Db Lcf. | ⸀-ελλω DΘal b q | ⸀εκδι- ℜDpm; T
50 ⸀εκχυννομενον ℵC(ℜΘ)Dpl; Th : txt 𝔓⁴⁵Bpc 51 ⸉p) υιον
Βαραχιου ον εφονευσαν αναμεσον τ. θ. κ. τ. ναου D(pc)syᶜ |
∶, H 52 ⸀εκρυψατε D(Θ) 157 itsyᵇᶜ; ╪hr╪ | 53.54 ⸉λεγον-
τος δε αυτου (—αυτ. Dpc) ταυτα προς αυτους ℜ(D)Θpl; ╪hr╪ |
et ⸀ενωπιον παντος του λαου ηρξαντο οι Φαρισαιοι και οι
νομικοι δεινως εχειν και συμβαλλειν αυτω περι πλειονων (54)
ζητουντες αφορμην τινα λαβειν αυτου ινα ευρωσιν κατηγορησαι
αυτου D (Θ, it, syᶜ, sy³); ╪hr╪ | 53 ⸀-μιζειν Lal 54 ⸆ℵΘ lat; T
12,1 ⸉πολλων δε οχλων συμπεριεχοντων κυκλω ωστε αλληλους
συμπνιγειν D (lat, syᵇᶜ) | ⸋bz vg sy³ (Mcion?) | ⸌4 5 1—3 rell;
T : txt BL1241 esa. 2 ⸀p) γαρ D asyᵇᶜ : — ℵφpc | ⸀p) κεκ- 𝔓⁴⁵
ℵC* | ⸀ου φανερωθη- σεται D.

φωτὶ ἀκουσθήσεται, καὶ ὃ πρὸς τὸ οὖς ἐλαλήσατε
ἐν τοῖς ταμιείοις κηρυχθήσεται ἐπὶ τῶν δωμάτων.
⁴Λέγω δὲ ὑμῖν τοῖς φίλοις μου, μὴ ⌈φοβηθῆτε ἀπὸ 4 J 15,15.
τῶν ἀποκτεννόντων τὸ σῶμα⌐καὶ μετὰ ταῦτα μὴ
ἐχόντων ⌐περισσότερόν τι⌐ποιῆσαι⌐. ὑποδείξω δὲ 5 Ps 119,120.
ὑμῖν τίνα φοβηθῆτε· ⁰φοβήθητε τὸν μετὰ τὸ ἀπο-   23,40.
κτεῖναι ἔχοντα ἐξουσίαν ⌈ἐμβαλεῖν εἰς τὴν γέενναν.   H 10,31; 12,29.
ναί· λέγω ὑμῖν, τοῦτον ⌈φοβήθητε. ⁶οὐχὶ πέντε 6   Ap 14,7.10.
στρουθία πωλοῦνται ἀσσαρίων δύο; καὶ ἓν ἐξ
αὐτῶν οὐκ ἔστιν ἐπιλελησμένον ἐνώπιον τοῦ θεοῦ.
⁷ἀλλὰ καὶ αἱ τρίχες τῆς κεφαλῆς ὑμῶν πᾶσαι 7   21,18. Act27,34.
⌈ἠρίθμηνται. μὴ φοβεῖσθε· ⌈πολλῶν στρουθίων   1 Sm 14,45.
διαφέρετε. λέγω δὲ ὑμῖν, πᾶς ὃς ἂν ⌈ὁμολογήσῃ 8   2 Sm 14,11.
ἐν ἐμοὶ ἔμπροσθεν τῶν ἀνθρώπων, καὶ ὁ υἱὸς   Mt 6,26; 12,12.
τοῦ ἀνθρώπου ὁμολογήσει ἐν αὐτῷ ἔμπροσθεν τῶν   1 Sm 2,30.
6,2 ἀγγέλων τοῦ θεοῦ· ⁰ὁ δὲ ἀρνησάμενός με ἐνώπιον 9   Ap 3,5.
τῶν ἀνθρώπων ἀπαρνηθήσεται ἐνώπιον τῶν ἀγγέλων   9,26.
7,2 τοῦ θεοῦ⌐. καὶ πᾶς ὃς ἐρεῖ λόγον εἰς τὸν υἱὸν 10   10:
τοῦ ἀνθρώπου, ἀφεθήσεται αὐτῷ· ⌈τῷ δὲ εἰς τὸ   Mt 12,32.
ἅγιον πνεῦμα βλασφημήσαντι οὐκ ἀφεθήσεται⌐.   Mc 3,28 s.
8,2 ⁱⁱὅταν δὲ εἰσφέρωσιν ὑμᾶς ἐπὶ τὰς συναγωγὰς καὶ 11 11.12:
τὰς ἀρχὰς καὶ τὰς ἐξουσίας, μὴ⌈μεριμνήσητε⌐πῶς   Mt 10,19 s.
ἢ τί⌐ ἀπολογήσησθε ἢ τί εἴπητε· τὸ γὰρ ἅγιον 12   Mc 13,11.
πνεῦμα διδάξει ὑμᾶς ἐν αὐτῇ τῇ ὥρᾳ ἃ δεῖ εἰπεῖν. 21,12—15 p.
                                                    J 14,26.
39 ¹³Εἶπεν δέ τις ἐκ τοῦ ὄχλου αὐτῷ· διδάσκαλε, εἰπὲ 13
,10 τῷ ἀδελφῷ μου μερίσασθαι μετ' ἐμοῦ τὴν κληρο-
νομίαν. ὁ δὲ εἶπεν αὐτῷ· ἄνθρωπε, τίς με κατ- 14 Act 7,27.
έστησεν⌈κριτὴν ⁰ἢ μεριστὴν⌐ ἐφ' ὑμᾶς; εἶπεν δὲ πρὸς 15 Sir 3,24 s.
αὐτούς· ὁρᾶτε καὶ φυλάσσεσθε ἀπὸ πάσης πλεο-   1 T 6,9 s.
νεξίας, ὅτι οὐκ ἐν τῷ περισσεύειν τινὶ ⌈ἡ ζωὴ αὐτοῦ   21,4 p.

4 ⌈πτοηθ- ⅌⁴⁵700. | ⌐ᵖ) την δε ψυχην μη δυναμενων αποκτειναι 157 :
it. + μηδε εχοντων περισσον τι π. D | ⌐L(Θ)al ; S   5 Ο ℵ D 69 157 | ⌈βαλειν
⅌⁴⁵D W Mcion Cl | ⁖, H | ⌐φοβηθηναι ⅌⁴⁵   7 ⌈-μημεναι ⅌⁴⁵Cl : -ναι εισιν D
Θal | ⌐πολλω 241 pc a   8 ⌈-σει B*Dal Mcion; ℋ : txt ⅌⁴⁵ℵℜΘ pl Cl; hᵃ
9 □vs. ⅌⁴⁵ 245 e syˢ   10 ⌐ᵖ) εις δε το πν. το αγ. ουκ αφεθ. αυτω ουτε εν τω
αιωνι τουτω ουτε εν τω μελλοντι D (pc, it)   11 ⌈-ινατε ℜpm : (Mc 13, 11)
προμεριμνατε D Cl | ⌐πως D it syᶜ·ᵖ Cl : τι syˢ : (πως [η τι] H)   14 ⌈δικα-
στην ℜΘpm | □D 33 pc c syˢᶜ Mcion   15 ⌐τα υπαρχοντα εστιν η ζωη αυτου Cl.

16 ἐστιν ἐκ τῶν ὑπαρχόντων αὐτῷˋ.   Εἶπεν δὲ παρα- 46 ⸆
   βολὴν πρὸς αὐτοὺς λέγων· ἀνθρώπου τινὸς πλουσίου
17 εὐφόρησεν ἡ χώρα. καὶ διελογίζετο ἐν ⌜ἑαυτῷ λέγων·
   τί ποιήσω, ὅτι οὐκ ἔχω ποῦ συνάξω τοὺς καρποὺς
18 μου;‚ καὶ εἶπεν· τοῦτο ποιήσω· καθελῶ μου τὰς
   ἀποθήκας καὶ ⌜μείζονας οἰκοδομήσωˋ, καὶ συνάξω

Jc 4,13 s. 19 ἐκεῖ ⌜πάντα τὸν σῖτον καὶ τὰ ἀγαθά μουˋ,‚καὶ
Sir 11,19.
1 K 15,32.   ἐρῶ τῇ ψυχῇ μου· ψυχή, ἔχεις πολλὰ ἀγαθὰ
16,19.   ⌑κείμενα εἰς ἔτη πολλά· ἀναπαύου, φάγε, πίε,ˋ
Jr17,11. H 9,27. 20 εὐφραίνου. εἶπεν δὲ αὐτῷ ὁ θεός· ἄφρων, ταύτῃ
Sap 15,8.   τῇ νυκτὶ τὴν ψυχήν σου ⌜ἀπαιτοῦσιν ἀπὸ σοῦ· ἃ δὲ
Mt 6,20.
1 T 6,17—19. 21 ἡτοίμασας, τίνι ἔσται; ⌑οὕτως ὁ θησαυρίζων ⌜αὐτῷ
22—31:
Mt 6,25—33. 22 καὶ μὴ εἰς θεὸν πλουτῶν.ˋᵀ   Εἶπεν δὲ πρὸς τοὺς 150
   μαθητὰς [αὐτοῦ]· διὰ τοῦτο ⌜λέγω ὑμῖνˋ· μὴ μερι-
   μνᾶτε τῇ ψυχῇᵀ τί φάγητε, μηδὲ τῷ σώματι [²ὑμῶν] τί
23 ἐνδύσησθε. ἡ ᵒγὰρ ψυχὴ πλεῖόν ἐστιν τῆς τροφῆς καὶ
Ps 147,9.
R 1,20. 24 τὸ σῶμα τοῦ ἐνδύματος. κατανοήσατε ⌜τοὺς κόρακαςˋ,
   ὅτι ⌜οὔτε σπείρουσιν ⌜οὔτε θερίζουσιν, οἷς οὐκ ἔστιν
   ταμιεῖον οὐδὲ ἀποθήκη, καὶ ὁ θεὸς τρέφει ⌜²αὐτούς·
25 πόσῳ μᾶλλον ὑμεῖς διαφέρετε τῶν πετεινῶν. τίς
   δὲ ἐξ ὑμῶν ᵒμεριμνῶν δύναταιˋ ἐπὶ τὴν ἡλικίαν
26 αὐτοῦ προσθεῖναιˋ πῆχυν; ⌜εἰ οὖν οὐδὲ ἐλάχιστον
R 1,20. 27 δύνασθε, τί περὶ τῶν λοιπῶνˋ μεριμνᾶτε;‚κατα-
   νοήσατε τὰ κρίνα, πῶς ⌜οὔτε νήθει οὔτε ὑφαίνειˋ·
   λέγω δὲ ὑμῖν,ᵀ οὐδὲ Σολομὼν ἐν πάσῃ τῇ δόξῃ
28 αὐτοῦ περιεβάλετο ὡς ἓν τούτων. εἰ δὲ ἐν ἀγρῷ

Mt 11,15!

17 ⌜αυ- BL*.; ℵᵃ (αὐ-)   18 ⌜ποιησω αυτας μειζ. D
lat | ⌐π. τα γενηματα μ. ℵ*Dit(syˢᶜ); ⌐|hʳ¹|⌐: τους καρπους μου
39lect α ε; hʳ²ᵉ : π. τα γεν. μ. και τ. αγ. μ. ℜΘpm vg; Thʳ³ :
txt Bal   19 ⌑D it.; [H]   20 ⌜αιτ- Bal; H   21 ⌑vs. Dab.;
[H] | ⌜εαυ- ℜΘpl; Whᵃ : txt Bℵ*pc; (αὐ-T) | ᵀ ταυτα λεγων
εφωνει· ο εχων ωτα ακουειν ακουετω HUal   22 [+ rell;
T: — B 1241 c e.; W | ⸆ℜΘpm; Th | ᵀ υμων ℘⁴⁵ℜpm Cl | [² + ℵ
al; W: — ℘⁴⁵ℵℝDpm; T   23 ᵒ℘⁴⁵ℝal; T   24 ⌜p) τα πετεινα
του ουρανου D it: τ. π. τ. ουρ. και τ. κορ. ℘⁴⁵. et ⌜² αυτα ℘⁴⁵
Dφ. | ⌜p) ου et ⌜ουδε ℘⁴⁵Bℜ₽pm; ℋ : txt ℵDal   25 ᵒDpc |
⸆ 51—4 rell; Th : txt B 579.   26 ⌜και περι των λοιπ. τι D it;
⌐|hʳ|⌐   27 ⌜p) αυξανει· ου κοπια ουδε νηθει ℘⁴⁵ℌℜΘpl; H:
txt D(⸆a)syˢᶜ (⸆Mcion) Cl; ⌐|hʳ|⌐; ᵀ οτι ℌDpm Cl; S : txt ℘⁴⁵
BℜΘal   187

τὸν χόρτον ὄντα σήμερον καὶ αὔριον εἰς κλίβανον
βαλλόμενον ὁ θεὸς οὕτως ἀμφιάζει, πόσῳ μᾶλλον
ὑμᾶς, ὀλιγόπιστοι. καὶ ὑμεῖς μὴ ζητεῖτε τί φάγητε 29
καὶ τί πίητε, καὶ μὴ μετεωρίζεσθε· ταῦτα γὰρ 30
πάντα τὰ ἔθνη τοῦ κόσμου ἐπιζητοῦσιν· ὑμῶν δὲ
ὁ πατὴρ οἶδεν ὅτι χρῄζετε τούτων· πλὴν ζητεῖτε 31
τὴν βασιλείαν ⌜αὐτοῦ, καὶ ταῦτα⌝ προστεθήσεται
91 ὑμῖν. Μὴ φοβοῦ, τὸ μικρὸν ποίμνιον· ὅτι⌐ εὐδό- 32
,10 κησεν ὁ πατὴρ ὑμῶν δοῦναι ὑμῖν τὴν βασιλείαν.
2,2 |Πωλήσατε τὰ ὑπάρχοντα ὑμῶν καὶ δότε ἐλεημο- 33
3,5 σύνην· * ποιήσατε ἑαυτοῖς βαλλάντια μὴ παλαιού-
μενα, θησαυρὸν ἀνέκλειπτον ἐν τοῖς οὐρανοῖς,
ὅπου κλέπτης οὐκ ἐγγίζει οὐδὲ σὴς διαφθείρει·
|ὅπου γάρ ἐστιν ὁ θησαυρὸς ὑμῶν, ἐκεῖ καὶ ἡ 34
92 καρδία ὑμῶν ἔσται. ⌜Ἔστωσαν ὑμῶν αἱ ὀσφύες 35
,10 περιεζωσμέναι⌝ καὶ οἱ λύχνοι καιόμενοι· καὶ ὑμεῖς 36
ὅμοιοι ἀνθρώποις προσδεχομένοις τὸν κύριον ἑαυ-
τῶν, πότε ἀναλύσῃ ἐκ τῶν γάμων, ἵνα ἐλθόντος
6,5 καὶ κρούσαντος εὐθέως ἀνοίξωσιν αὐτῷ. μακάριοι 37
οἱ δοῦλοι ἐκεῖνοι, οὓς ἐλθὼν ὁ κύριος εὑρήσει
γρηγοροῦντας· ἀμὴν λέγω ὑμῖν ὅτι περιζώσεται
καὶ ἀνακλινεῖ αὐτοὺς καὶ παρελθὼν διακονήσει
αὐτοῖς. ⌜κἂν ἐν τῇ δευτέρᾳ κἂν ἐν τῇ τρίτῃ 38
φυλακῇ ἔλθῃ καὶ εὕρῃ οὕτως,⌝ μακάριοί εἰσιν
3,2 ⌜ἐκεῖνοι. τοῦτο δὲ γινώσκετε, ὅτι εἰ ᾔδει ὁ οἰκο- 39
δεσπότης ποίᾳ ὥρᾳ ὁ κλέπτης ἔρχεται, ⌜οὐκ ἂν⌝
ἀφῆκεν διορυχθῆναι τὸν οἶκον αὐτοῦ. □καὶ ὑμεῖς 40
γίνεσθε ἕτοιμοι, ὅτι ᾗ ὥρᾳ οὐ δοκεῖτε ὁ υἱὸς
,5 τοῦ ἀνθρώπου ἔρχεται.\ Εἶπεν δὲ⌐ ὁ Πέτρος· 41
κύριε, πρὸς ἡμᾶς τὴν παραβολὴν ταύτην λέγεις

22,29. Act20,28.
1 P5,2. Is 41,14.
Dn 7,27 Lxx.

33. 34:
Mt 6,20.21.

10,4; 11,41.

16,9; 18,22.

Ex12,11. E6,14.
1 P 1,13.

Ap 3,20.

Mt 25,1—13.

(17,7 s). J 13,4.

Mc 13,35.

39—46:
Mt 24,43—51.

1 Th 5,2!

31 ⌜p) του θεου P⁴⁵𝕽pl Cl^pt | ⌐p) παντα 𝕽DΘal : txt P⁴⁵
𝕳 Epm   32 ⌐ εν αυτω D(e).   35 ⌜εστω υ. η οσφυς π-νη D.
38 ⌜και εαν ελθη τη εσπερινη φυλακη και ευρησει, ουτως
ποιησει, και εαν εν τη δευτ. και τη τριτη D(λ, it, sy^c Ir^lat);
⌐ h^r⌐ | ⌜οι δουλοι εκεινοι 𝕽Θpl : —ℵ*it; T : txt BDpc sy^sc
39 ⌜p) εγρηγορησεν αν και ουκ rell; 𝕳 : txt ℵ*(D) e i sy^sc sa
arm Mcion.   40 □vs. λ.   41 ⌐αυτω ℵ𝕽Θpm; T : txt BDal

Mt 13,52. 42 □ἦ καὶ πρὸς πάντας`;¹καὶ εἶπεν ὁ κύριος· τίς ἄρα 9⸝
1 K 4,2.   ἐστὶν ὁ πιστὸς οἰκονόμος ⸆ ὁ φρόνιμος ⸠, ὃν κατα-
2 T 2,15.   στήσει ὁ κύριος ἐπὶ τῆς θεραπείας αὐτοῦ τοῦ
1 P 4,10.
           43 διδόναι ἐν καιρῷ [τὸ] σιτομέτριον; μακάριος ὁ δοῦλος
              ἐκεῖνος, ὃν ἐλθὼν ὁ κύριος αὐτοῦ εὑρήσει ποιοῦντα
Mt 25,21. 44 οὕτως. ⸋ἀληθῶς λέγω ὑμῖν ὅτι ἐπὶ πᾶσιν τοῖς
           45 ὑπάρχουσιν αὐτοῦ καταστήσει αὐτόν. ἐὰν δὲ εἴπῃ 15
Mt 25,5.   ὁ δοῦλος ἐκεῖνος ἐν τῇ καρδίᾳ αὐτοῦ· χρονίζει ὁ
              κύριός μου ἔρχεσθαι, καὶ ἄρξηται τύπτειν τοὺς
              παῖδας καὶ τὰς παιδίσκας, ἐσθίειν τε καὶ πίνειν
           46 καὶ μεθύσκεσθαι, ¹ἥξει ὁ κύριος τοῦ δούλου ἐκείνου
              ἐν ἡμέρᾳ ᾗ οὐ προσδοκᾷ καὶ ἐν ὥρᾳ ᾗ οὐ γινώσκει,
              καὶ διχοτομήσει αὐτόν, καὶ τὸ μέρος αὐτοῦ μετὰ
Jc 1,22; 4,17. 47 τῶν ἀπίστων θήσει. ἐκεῖνος δὲ ὁ δοῦλος ὁ γνοὺς 15
2 P 2,21.   τὸ θέλημα τοῦ κυρίου αὐτοῦ καὶ μὴ ⸀ἑτοιμάσας
              ἢ ποιήσας` πρὸς τὸ θέλημα αὐτοῦ δαρήσεται
           48 πολλάς· ὁ δὲ μὴ γνούς, ποιήσας δὲ ἄξια πληγῶν,
              δαρήσεται ὀλίγας. παντὶ δὲ ᾧ ⸀ἐδόθη πολύ, πολὺ
              ζητηθήσεται παρ' αὐτοῦ`, καὶ ᾧ παρέθεντο πολύ,
Act 2,3. 49   ⸀περισσότερον αἰτήσουσιν` αὐτόν. Πῦρ ἦλθον βα-9⸝
Mc 10,38.   λεῖν ἐπὶ τὴν γῆν, καὶ τί θέλω εἰ ἤδη ἀνήφθη·. 16
Mt 26,38.
J 12,27; 19,30, 50 ¹βάπτισμα δὲ ἔχω βαπτισθῆναι, καὶ πῶς συνέ-
18,31; 22,37.44. 51 χομαι ἕως ὅτου τελεσθῇ. δοκεῖτε ὅτι εἰρήνην
51—53:   παρεγενόμην ⸀δοῦναι ἐν τῇ γῇ; οὐχί, λέγω ὑμῖν,
Mt 10,34—36. 52 ἀλλ' ἢ διαμερισμόν. ἔσονται γὰρ ἀπὸ τοῦ νῦν
              πέντε ἐν ἑνὶ οἴκῳ ⸀διαμεμερισμένοι, τρεῖς⸡ ἐπὶ δυσὶν
           53 καὶ δύο ἐπὶ τρισίν·¹ διαμερισθήσονται·, ⸀πατὴρ ἐπὶ
Mch 7,6.   υἱῷ καὶ υἱὸς ἐπὶ πατρί⸡, μήτηρ ἐπὶ ⸀θυγατέρα καὶ
              θυγάτηρ ἐπὶ ⸀τὴν μητέρα`, πενθερὰ ἐπὶ τὴν νύμφην
           54 □αὐτῆς καὶ νύμφη ἐπὶ τὴν πενθεράν. Ἔλεγεν 9⸝
                                                                16⸝

---

41 □D.   42 ·, H | ⸆ο αγαθος D(cesyᶜ) | [+ 𝕳𝕽Θpl·; T·
— BDpc·; W   44 ⸋ρ) αμην Dpcc   47 ⸀ετ. μηδε ποι. 𝕽Θ
plfvg : ετοιμ. L𝖂φ itsy : ποι. 𝔭⁴⁵D 69 Or Irˡᵃᵗ Mcion : txt 𝕳
48 ⸀εδωκαν πολυ, ζητησουσιν απ αυτου περισσοτερον D(el) |
⸀πλεον απαιτ- D(al)   49 ·; H   51 ⸀ποιησαι Desyᶜ : βα-
λειν 1093 1424 itsyˢ⁻ᵖ Mcion . 52 ⸋𝔭⁴⁵Dsyˢᶜ   52.53 ·, et⸍:— , H
53 ⸋5—741—3 𝔭⁴⁵ 157. | ⸀την θυγ. 𝔭⁴⁵LΘal : s : θ-τρι 𝕽al : txt
𝕳Dal | ⸀μητ. 𝕏; T : μητρι 𝕽pm : txt 𝔭⁴⁵𝕳DΘal | ○𝕏*pc ; T

189

δὲ καὶ τοῖς ὄχλοις· ὅταν ἴδητε ᵀνεφέλην ἀνατέλ-   Mt 16,2 s.
λουσαν ⸀ἐπὶ δυσμῶν, εὐθέως λέγετε ὅτι ὄμβρος
ἔρχεται, καὶ γίνεται οὕτως· καὶ ὅταν νότον πνέοντα, 55
λέγετε °ὅτι καύσων ἔσται, καὶ γίνεται. ὑποκριταί, 56
τὸ πρόσωπον τῆς γῆς καὶ τοῦ οὐρανοῦ οἴδατε
δοκιμάζειν, ⸀τὸν καιρὸν δὲ⸃ τοῦτον πῶς ⸀οὐ
δοκιμάζετε⸃; Τί δὲ καὶ ἀφ' ἑαυτῶν οὐ κρίνετε 57   21,30. 1 K 6,5.
⸴ὸ τὸ δίκαιον; ὡς γὰρ ὑπάγεις μετὰ τοῦ ἀντιδίκου 58   Mt 5,25 s!
σου ἐπ' ἄρχοντα, ἐν τῇ ὁδῷ δὸς ἐργασίαν ἀπηλ-
λάχθαι °ἀπ' αὐτοῦ, μήποτε ⸀κατασύρῃ σε πρὸς
τὸν κριτήν, καὶ ὁ κριτής σε παραδώσει τῷ πρά-
κτορι, καὶ ὁ πράκτωρ σε βαλεῖ εἰς ᵀφυλακήν. λέγω 59
σοι, οὐ μὴ ἐξέλθῃς ἐκεῖθεν ἕως καὶ ⸀τὸ ἔσχατον
λεπτὸν ἀποδῷς⸃.

⸴6   Παρῆσαν δέ τινες ἐν αὐτῷ τῷ καιρῷ ἀπαγγέλ-13
¹⁰ λοντες αὐτῷ περὶ τῶν Γαλιλαίων ὧν τὸ αἷμα   Act 5,37.
Πιλᾶτος ἔμιξεν μετὰ τῶν θυσιῶν αὐτῶν. καὶ 2
ἀποκριθεὶς εἶπεν αὐτοῖς· δοκεῖτε ὅτι οἱ Γαλιλαῖοι
οὗτοι ἁμαρτωλοὶ παρὰ πάντας τοὺς Γαλιλαίους   J 9,2.
ἐγένοντο, ὅτι ⸀ταῦτα πεπόνθασιν; ὶ οὐχί, λέγω ὑμῖν, 3
ἀλλ' ἐὰν μὴ μετανοῆτε, °πάντες ὁμοίως ἀπολεῖσθε.   Ps 7,13.
ὶ ἢ ἐκεῖνοι οἱ δεκαοκτὼ ἐφ' οὓς ἔπεσεν ὁ πύργος 4
ἐν τῷ Σιλωὰμ καὶ ἀπέκτεινεν αὐτούς, δοκεῖτε ὅτι   J 9,7.11.
αὐτοὶ ὀφειλέται ἐγένοντο παρὰ πάντας τοὺς ἀν-
θρώπους τοὺς ⸀κατοικοῦντας ᵀἸερουσαλήμ; ὶ οὐχί, 5
λέγω ὑμῖν, ἀλλ' ἐὰν μὴ ⸀μετανοήσητε, °πάντες
¹⁰ ὡσαύτως ἀπολεῖσθε. Ἔλεγεν δὲ ταύτην τὴν 6
παραβολήν. συκῆν εἶχέν τις πεφυτευμένην ἐν τῷ   3,9! Hab 3,17.
ἀμπελῶνι αὐτοῦ, καὶ ἦλθεν ζητῶν καρπὸν ἐν   Mt 3,10; 21,19.
αὐτῇ καὶ οὐχ εὗρεν. εἶπεν δὲ πρὸς τὸν ἀμπε- 7   Mc 11,13.
λουργόν· ἰδοὺ τρία ἔτη ἀφ' οὗ ἔρχομαι ζητῶν

54 ᵀτην 𝔓⁴⁵ℵDΘal | ⸀απο 𝔓⁴⁵ℵDΘpl : txt Bℵpc   55 O𝔓⁴⁵ℵ*Dal; S
56 ⸀132 𝔖ℜΘpl; Th : πλην τον 𝔓⁴⁵D 157 : txt B. | ⸀ουκ οιδατε δοκιμαζειν 𝔖Θ
pc Mcion; H : txt 𝔓⁴⁵ℵ(Dpl)   58 O Bpc Cl Or; [H] | ⸀κατακρινη Ditsyˢᶜ |
ᵀτην 𝔓⁴⁵157pc   59 ⸀(p) αποδοις τον εσχ. κοδραντην Ditsy Mcion   13,2 ⸀
τοιαυτα ℜpm; s   3 Off²lr²   4 ⸀ενοικ- D | ᵀεν ℵℜΘal; T   5 ⸀-νοητε
Bℜal; h : txt ℵDΘpm | Off²ilsyˢᶜ

καρπὸν ἐν τῇ συκῇ ταύτῃ καὶ οὐχ εὑρίσκω⊤· ἔκκο-
8 ψον⊤ αὐτήν· ἱνατί καὶ ⌈τὴν γῆν⌉ καταργεῖ; ¹ ὁ δὲ
ἀποκριθεὶς λέγει αὐτῷ· κύριε, ἄφες αὐτὴν ⌈καὶ
τοῦτο τὸ ἔτος, ἕως ὅτου σκάψω περὶ αὐτὴν καὶ
9 βάλω ⌈κόπρια, ¹ κἂν μὲν ποιήσῃ καρπὸν ˢεἰς τὸ
μέλλον· εἰ δὲ μή γε,ˡ ἐκκόψεις αὐτήν.⊤
10   Ἦν δὲ διδάσκων ἐν μιᾷ τῶν συναγωγῶν ἐν
11 τοῖς σάββασιν. καὶ ἰδοὺ γυνὴ ⌈πνεῦμα ἔχουσα
ἀσθενείας⌉ ἔτη δεκαοκτώ, καὶ ἦν ⌈συγκύπτουσα
12 καὶ μὴ δυναμένη ἀνακῦψαι εἰς τὸ παντελές. ἰδὼν
δὲ αὐτὴν ὁ Ἰησοῦς ☐προσεφώνησεν καὶ⌉ εἶπεν αὐτῇ·
13 γύναι, ἀπολέλυσαι⊤ τῆς ἀσθενείας σου, ¹ καὶ ἐπέ-
θηκεν αὐτῇ τὰς χεῖρας· καὶ παραχρῆμα ἀνωρθώθη,
14 καὶ ἐδόξαζεν τὸν θεόν. ἀποκριθεὶς δὲ ὁ ἀρχι-
συνάγωγος, ἀγανακτῶν ὅτι τῷ σαββάτῳ ἐθερά-
πευσεν ὁ Ἰησοῦς, ἔλεγεν τῷ ὄχλῳ ὅτι ἓξ ἡμέραι
εἰσὶν ἐν αἷς δεῖ ἐργάζεσθαι· ἐν αὐταῖς οὖν ἐρχό-
μενοι θεραπεύεσθε καὶ μὴ τῇ ἡμέρᾳ τοῦ σαββάτου.
15 ¹ ἀπεκρίθη δὲ αὐτῷ ὁ κύριος καὶ εἶπεν· ⌈ὑποκριταί,
ἕκαστος ὑμῶν τῷ σαββάτῳ οὐ λύει τὸν βοῦν αὐτοῦ
ἢ τὸν ὄνον ἀπὸ τῆς φάτνης καὶ ⌈ἀπαγαγὼν πο-
16 τίζει; ταύτην δὲ θυγατέρα Ἀβραὰμ οὖσαν, ἣν
ἔδησεν ὁ σατανᾶς ἰδοὺ δέκα καὶ ὀκτὼ ἔτη, οὐκ
ἔδει λυθῆναι ἀπὸ τοῦ δεσμοῦ τούτου τῇ ἡμέρᾳ
17 τοῦ σαββάτου; καὶ ☐ταῦτα λέγοντος αὐτοῦ⌉ κατ-
ῃσχύνοντο °πάντες οἱ ἀντικείμενοι αὐτῷ, καὶ πᾶς
ὁ ὄχλος ἔχαιρεν ἐπὶ πᾶσιν τοῖς ἐνδόξοις τοῖς
18 γινομένοις ὑπ' αὐτοῦ.   Ἔλεγεν οὖν· τίνι ὁμοία
ἐστὶν ἡ βασιλεία τοῦ θεοῦ, καὶ τίνι ὁμοιώσω
19 αὐτήν; ¹ ὁμοία ἐστὶν κόκκῳ σινάπεως, ὃν λαβὼν

Margin references:
2 P 3,9.15.
4,39. Mt 9,18! 2,20!
Ex 20,9. Dt 5,13.
14,5.
3,8! 8,29 Act 3,25; 10,38. Mt 18,18!
9,43.
18. 19: Mt 13,31 s. Mc 4,30—32.

---

7 ⊤φερε την αξινην **D**. | ⊤ουν **LΘ**pm lat; S | ⌈τον τοπον
B*; W   8 ⌈ετι **D**. | ⌈κοφινον κοπριων **D** it; ⊣h⁻⊢
9 ˢ4—71—3 𝔓⁴⁵**𝕽DΘ**pl | ⊤ταυτα λεγων εφωνει· ο εχων
ωτα ακουειν ακουετω **Γ**al   11 ⌈εν ασθενεια ην πνευματος
D. | ⌈-καμπτ- **D**.   12 ☐**De**. | ⊤απο **א**ℓ*al* latsy; T   15 ⌈
-ιτα 𝔓⁴⁵**D**pm sy | ⌈απαγων **B*****א*****Θ**rc; ℋ   17 ☐**De**. | O𝔓⁴⁵**D** it

ἄνθρωπος ἔβαλεν εἰς κῆπον ἑαυτοῦ, καὶ ηὔξησεν
καὶ ἐγένετο εἰς δένδρον⌐, καὶ τὰ πετεινὰ τοῦ οὐρανοῦ
κατεσκήνωσεν ἐν τοῖς κλάδοις αὐτοῦ. Καὶ πάλιν 20
εἶπεν· τίνι ὁμοιώσω τὴν βασιλείαν τοῦ θεοῦ;
ὁμοία ἐστὶν ζύμῃ, ἣν λαβοῦσα γυνὴ ⌐ἔκρυψεν εἰς 21
ἀλεύρου σάτα τρία, ἕως οὗ ἐζυμώθη ὅλον.

Καὶ διεπορεύετο κατὰ πόλεις καὶ κώμας δι- 22
δάσκων καὶ πορείαν ποιούμενος εἰς ⌐Ἱεροσόλυμα.
Εἶπεν δέ τις αὐτῷ· κύριε, εἰ ὀλίγοι οἱ σῳζόμενοι; 23
ὁ δὲ εἶπεν πρὸς αὐτούς· ἀγωνίζεσθε εἰσελθεῖν διὰ 24
τῆς στενῆς ⌐θύρας, ὅτι πολλοί, λέγω ὑμῖν, ζητή-
σουσιν εἰσελθεῖν καὶ οὐκ ἰσχύσουσιν·. ἀφ' οὗ ἂν 25
⌐ἐγερθῇ ὁ οἰκοδεσπότης⌐ καὶ ἀποκλείσῃ τὴν θύραν,
καὶ ἄρξησθε ἔξω ἑστάναι καὶ κρούειν τὴν θύραν
λέγοντες· κύριε⌐, ἄνοιξον ἡμῖν·, καὶ ἀποκριθεὶς
ἐρεῖ ὑμῖν· οὐκ οἶδα ὑμᾶς πόθεν ἐστέ·². τότε ⌐ἄρξεσθε 26
λέγειν· ἐφάγομεν ἐνώπιόν σου καὶ ἐπίομεν, καὶ
ἐν ταῖς πλατείαις ἡμῶν ἐδίδαξας· καὶ ἐρεῖ ⌐λέγων 27
ὑμῖν·⌐ ⌐οὐκ οἶδα⌐ πόθεν ἐστέ⌐· ἀπόστητε ἀπ' ἐμοῦ
πάντες ἐργάται ἀδικίας. ἐκεῖ ἔσται ὁ κλαυθμὸς 28
καὶ ὁ βρυγμὸς τῶν ὀδόντων, * ὅταν ⌐ὄψησθε Ἀβραὰμ
καὶ Ἰσαὰκ καὶ Ἰακὼβ καὶ πάντας τοὺς προφήτας
ἐν τῇ βασιλείᾳ τοῦ θεοῦ, ὑμᾶς δὲ ἐκβαλλομένους
ἔξω. καὶ ἥξουσιν ἀπὸ ἀνατολῶν καὶ δυσμῶν καὶ 29
ᴼἀπὸ βορρᾶ καὶ νότου, καὶ ἀνακλιθήσονται ἐν
τῇ βασιλείᾳ τοῦ θεοῦ. καὶ ἰδοὺ εἰσὶν ἔσχατοι οἳ 30
ἔσονται πρῶτοι, καὶ εἰσὶν πρῶτοι οἳ ἔσονται
ἔσχατοι. Ἐν αὐτῇ τῇ ⌐ὥρᾳ προσῆλθάν τινες 31
Φαρισαῖοι λέγοντες αὐτῷ· ἔξελθε καὶ πορεύου
ἐντεῦθεν, ὅτι Ἡρῴδης θέλει σε ἀποκτεῖναι. καὶ 32
εἶπεν αὐτοῖς· πορευθέντες εἴπατε τῇ ἀλώπεκι

Margin references:

Dn 4,9.18.
Ez 17.23; 31,6.
Ps 104,12.
20. 21:
Mt 13,33.

9,51!
Act 2,47.
1 K 1,18!
Mt 7,13 s.
Mc 10,25 p.
Ph 3,12.
1 T 6,12.
Mt 25,11 s.

11,9. 10 p.

Mt 7,22 s.

1 K 10,31.

Ps 6,9.

28. 29:
Mt 8,11 s.

Ps107,3.Ml1,11.
Is 49,12; 59,19.
Ap 21,13.
14,15; 22,16.
Ap 19,9.
Mt 19,30!

19 ⌐μεγα P⁴⁵ℵℛΘ𝔭l vgsyᵖ; S　21 ⌐ενεκο- ℵℛDΘal Cl; W : txt P⁴⁵BNpm　22 ⌐
-ουσαλημ ℛDΘpl; s　24 ⌐p) πυλης ℛpm : txt P⁴⁵BℵDΘal　24.25·, et ⌐ H　25 ⌐o
οικ. εισελθη D (ʃφlat) | ⌐p) κυριε ℵRDΘpl itsyᶜ : txt Bℵpc latsyˢ | ·², W　26 ⌐αρ-
ξησθε ℵDΘpm; h : txt Bℛal　27 ⌐λεγω υ., ℵDΘpl(syˢᶜ); T : υμ. ℵlatsyᵖ : txt Bpc |
⌐ουδεποτε ειδον υμας De | ⌐υμας ℵℛ(D)Θpm; T : txt Bal it　28 ⌐οψεσθε B*Dal;
Th : ιδητε ℵΘ Mcion. : txt ℛpm　29 ℵℛDΘpm; T : txt Bal　31 ⌐ημερς ℛΘal latt

ταύτῃ· ἰδοὺ ἐκβάλλω δαιμόνια καὶ ἰάσεις ⸀ἀπο-
τελῶ σήμερον καὶ αὔριον, καὶ τῇ τρίτῃ⸆τελειοῦμαι.
33 ¦πλὴν δεῖ με σήμερον καὶ αὔριον καὶ τῇ ⸀ἐχομένῃ
Mt 16,21 ! πορεύεσθαι, ὅτι οὐκ ἐνδέχεται προφήτην ἀπολέ-
34. 35 : Mt 23,37—39. 34 σθαι ἔξω Ἰερουσαλήμ. Ἰερουσαλὴμ Ἰερουσαλήμ, 17
Ap 11,8. ἡ ἀποκτείνουσα τοὺς προφήτας καὶ λιθοβολοῦσα
τοὺς ἀπεσταλμένους πρὸς αὐτήν, ποσάκις ἠθέλησα
ἐπισυνάξαι τὰ τέκνα σου ὃν τρόπον ⸀ὄρνις τὴν
ἑαυτῆς νοσσιὰν ὑπὸ τὰς πτέρυγας, καὶ οὐκ ἠθελή-
Jr 22,5 ; 12,7. Ps 69,26. 35 σατε. ¦ἰδοὺ **ἀφίεται ὑμῖν ὁ οἶκος ὑμῶν**⸆. λέγω [δὲ]
ὑμῖν,⸆οὐ μὴ ἴδητέ με ἕως ⸉ἥξει ὅτε⸊ εἴπητε·
Mt3,11!Ps118,26 **εὐλογημένος ὁ ἐρχόμενος ἐν ὀνόματι κυρίου**.

14 Καὶ ἐγένετο ἐν τῷ ἐλθεῖν αὐτὸν εἰς οἶκόν 1
7,36 ! τινος τῶν ἀρχόντων ⸋τῶν Φαρισαίων σαββάτῳ φαγεῖν 17
6,6—11p; 20,20. ἄρτον, καὶ αὐτοὶ ἦσαν παρατηρούμενοι αὐτόν.
2 ¦καὶ ἰδοὺ ἄνθρωπός τις ἦν ὑδρωπικὸς ἔμπροσθεν 5
3 αὐτοῦ. καὶ ἀποκριθεὶς ὁ Ἰησοῦς εἶπεν πρὸς τοὺς
νομικοὺς καὶ Φαρισαίους λέγων· ἔξεστιν τῷ σαβ-
4 βάτῳ θεραπεῦσαι ἢ οὔ; ¦οἱ δὲ ἡσύχασαν. καὶ
5 ἐπιλαβόμενος ἰάσατο αὐτὸν καὶ ἀπέλυσεν. καὶ 17
13,15. Mt 12,11. ⸆πρὸς αὐτοὺς εἶπεν· τίνος ὑμῶν ⸀υἱὸς ἢ βοῦς εἰς
φρέαρ πεσεῖται, καὶ οὐκ εὐθέως ἀνασπάσει αὐτὸν
6 ⸀ἐν ἡμέρᾳ τοῦ σαββάτου; ¦⸉καὶ οὐκ ἴσχυσαν ἀνταπο-
7 κριθῆναι⸊ πρὸς ταῦτα. Ἔλεγεν δὲ πρὸς τοὺς 5
11,43 ; 20,46. Mt 23,6. κεκλημένους παραβολήν, ἐπέχων πῶς τὰς πρωτο- 17
8 κλισίας ἐξελέγοντο, λέγων πρὸς αὐτούς· ¦ὅταν
Prv 25,6 s. κληθῇς ὑπό τινος εἰς γάμους, μὴ κατακλιθῇς εἰς
τὴν πρωτοκλισίαν, μήποτε ἐντιμότερός σου ⸉ᾖ
9 κεκλημένος ὑπ' αὐτοῦ⸊, ¦καὶ ἐλθὼν ὁ σὲ καὶ αὐτὸν

32 ⸀-λουμαι ***D***. : επιτελω ***ℜΘ****pl* : ποιουμαι και 𝔓45. | ⸆η-*μερα* ***B*** it vg[cl] sy ; W ***33*** ⸀ερχ- ***ℵD****pm* ***34*** ⸀ορνιξ ***ℵDW***. ; T ***35*** ⸆*p*) ερημος ***ℜDΘ****al* it vg[cl] sy[c] : *txt* ***ℌ*** *565 pm* it vg[codd] sy[s] | [+ ***BℜDΘ****pm* latsy[s] ; W : — 𝔓45***ℵ****pc* itsy[c] ; T | ⸆οτι ***ℜ****pm* ; T | ⸉*p*) αν 𝔓45***ℵΘ****al* : — ***B*** ; H : *txt* ***AD***(***ℜ***)*al* ***14,1*** ⸋𝔓45***Bℵ****pc* ; [H] ***5*** ⸆ αποκριθεις ***ℵ********ℜΘ****al* ; T | ⸀ονος ***ℌλφ****pm* lat (⸿ sy[s]) ; h[r1] S : *ον. υι.* ***Θ***. : *p*) προβατον ***D*** ; h[r2] : *txt* 𝔓45***Bℜ****al* | ⸀τη ***DΘ****al* : εν τη ***ℜ****pm* ; s : *txt* 𝔓45***Bℵ******pc* ***6*** ⸉οι δε ουκ απεκριθησαν ***D*** ***8*** ⸉ηξει ***D***

καλέσας ἐρεῖ σοι· δὸς τούτῳ τόπον, καὶ τότε
ἄρξῃ μετὰ αἰσχύνης τὸν ἔσχατον τόπον κατέχειν.
¹ἀλλ' ὅταν κληθῇς, πορευθεὶς ἀνάπεσε εἰς τὸν 10
ἔσχατον τόπον, ἵνα ὅταν ἔλθῃ ὁ κεκληκώς σε ἐρεῖ
σοι· φίλε, προσανάβηθι ἀνώτερον· τότε ἔσται σοι
δόξα ἐνώπιον πάντων τῶν συνανακειμένων σοι.
⁹,⁵ ¹ὅτι πᾶς ὁ ὑψῶν ἑαυτὸν ταπεινωθήσεται, καὶ ὁ 11
,₁₀ ταπεινῶν ἑαυτὸν ὑψωθήσεται.   Ἔλεγεν δὲ καὶ 12
τῷ κεκληκότι αὐτόν· ὅταν ποιῇς ἄριστον ἢ δεῖπνον,
μὴ φώνει τοὺς φίλους σου μηδὲ τοὺς ἀδελφούς
σου μηδὲ τοὺς συγγενεῖς σου μηδὲ ⌐γείτονας πλου-
σίους, μήποτε καὶ αὐτοὶ ἀντικαλέσωσίν σε καὶ
γένηται ἀνταπόδομά σοι. ἀλλ' ὅταν ˢδοχὴν ποιῇς⌐, 13
κάλει πτωχούς, ἀναπήρους, χωλούς, τυφλούς· καὶ 14
μακάριος ἔσῃ, ὅτι οὐκ ἔχουσιν ἀνταποδοῦναί σοι·
ἀνταποδοθήσεται ⌐γάρ σοι ἐν τῇ ἀναστάσει τῶν
δικαίων.   Ἀκούσας δέ τις τῶν συνανακειμένων 15
ταῦτα εἶπεν αὐτῷ· μακάριος ὅστις φάγεται ⌐ἄρτον
⁵⁴ ἐν τῇ βασιλείᾳ τοῦ θεοῦ. ὁ δὲ εἶπεν αὐτῷ· ἄν- 16
,⁵ θρωπός τις ἐποίει δεῖπνον °μέγα, καὶ ἐκάλεσεν
πολλούς, ¹καὶ ἀπέστειλεν τὸν δοῦλον αὐτοῦ τῇ 17
ὥρᾳ τοῦ δείπνου εἰπεῖν τοῖς κεκλημένοις⌐· ἔρχεσθε,
ὅτι ἤδη ἔτοιμά ⌐ἐστιν⌐. καὶ ἤρξαντο ἀπὸ μιᾶς 18
πάντες παραιτεῖσθαι. ὁ πρῶτος εἶπεν αὐτῷ·
ἀγρὸν ἠγόρασα, καὶ ἔχω ἀνάγκην ἐξελθὼν ἰδεῖν
αὐτόν· ἐρωτῶ σε, ἔχε με παρῃτημένον. καὶ ἔτερος 19
εἶπεν· ζεύγη βοῶν ἠγόρασα πέντε, καὶ πορεύομαι
δοκιμάσαι αὐτά· ˢἐρωτῶ σε, ἔχε με παρῃτημένον⌐.
¹καὶ ἕτερος εἶπεν· γυναῖκα ⌐ἔγημα, καὶ διὰ τοῦτο⌐ 20
οὐ δύναμαι ἐλθεῖν. καὶ παραγενόμενος ὁ δοῦλος 21
ἀπήγγειλεν τῷ κυρίῳ αὐτοῦ ταῦτα. τότε ὀργισθεὶς

18,14. Mt 23,12.
Jc 4,6.10.
1P5,5s. Ph2,8s.
(2 K 11,7.)
Ez 21,31.

Dt 14,29.

J 5,28; 11,24.
Act 24,15.

13,29!

16—24:
Mt 22,2—10.
Mt 13,22.

1 K 7,33.

1 K 1,26—28

    12 ⌐τους γ. μηδε τους *D* : τ. γ. σου τους Θφ   13 ˢℜ*DΘ*
pl Cl; T   14 ⌐δε ℵλφ*al* itsy^(sc); T   15 ⌐αριστον ℜφ*al* sy^(sc)
16 °X*e* Mcion   17 ⌐ερχεσθαι ℵ*Dal* vgsy^(sc); h : *txt* B*ℜ*Θ*pm*
it | ⌐εισιν ℵΘ*pc*; Th | ⌐παντα ℜ*pl* vg (ˢ *D* a e sy) : *txt* P⁴⁵Bℵ*Θ*
pc it   19 ˢδιο ου δυναμαι ελθειν *D* it.   20 ˢελαβον, διο
D (lat, sy)

ὁ οἰκοδεσπότης εἶπεν τῷ δούλῳ **αὐτοῦ·** ἔξελθε
ταχέως εἰς τὰς πλατείας καὶ ῥύμας τῆς πόλεως,
13. καὶ τοὺς πτωχοὺς καὶ ἀναπήρους καὶ τυφλοὺς
22 καὶ χωλοὺς ⌜εἰσάγαγε ὧδε. καὶ εἶπεν ὁ δοῦλος·
κύριε, γέγονεν ὃ ἐπέταξας, καὶ ἔτι τόπος ἐστίν.
23 ¹καὶ εἶπεν ὁ κύριος πρὸς τὸν δοῦλον· ἔξελθε εἰς
τὰς ὁδοὺς καὶ φραγμοὺς καὶ ⌜ἀνάγκασον εἰσελθεῖν,
24 ἵνα γεμισθῇ μου ὁ οἶκος· λέγω γὰρ ὑμῖν ὅτι
οὐδεὶς τῶν ἀνδρῶν ἐκείνων τῶν κεκλημένων γεύ-
σεταί μου τοῦ δείπνου.ᵀ

26.27:
Mt 10,37 s. 25 Συνεπορεύοντο δὲ αὐτῷ ὄχλοι πολλοί, καὶ 1⊙
Dt 33.9 s. 26 στραφεὶς εἶπεν πρὸς αὐτούς· εἴ τις ἔρχεται πρὸς ¹⁸
18,29 s.
J 12,25. με καὶ οὐ μισεῖ τὸν **πατέρα** ⌜αὐτοῦ καὶ τὴν **μη-**
1 K 7,29. **τέρα** καὶ τὴν γυναῖκα καὶ τὰ τέκνα καὶ τοὺς
ἀδελφοὺς καὶ τὰς ἀδελφάς, ἔτι⌜τε καὶ τὴν ˢψυχὴν
9,23. 27 ἑαυτοῦ˄, οὐ δύναται εἶναί μου μαθητής. ᵖὅστις οὐ
G 6,14. βαστάζει τὸν σταυρὸν ἑαυτοῦ καὶ ἔρχεται ὀπίσω
28 μου, οὐ δύναται εἶναί μου μαθητής.˅ Τίς γὰρ ἐξ 5
ὑμῶν ᵀ θέλων πύργον οἰκοδομῆσαι οὐχὶ πρῶτον ¹⁸
καθίσας ψηφίζει τὴν δαπάνην, εἰ ἔχει εἰς ἀπαρ-
29 τισμόν; ἵνα μή ποτε θέντος αὐτοῦ θεμέλιον ⌜καὶ
μὴ ἰσχύοντος ἐκτελέσαι˄ πάντες οἱ θεωροῦντες
30 ἄρξωνται αὐτῷ ἐμπαίζειν ¹ λέγοντες ὅτι οὗτος ὁ
ἄνθρωπος ἤρξατο οἰκοδομεῖν καὶ οὐκ ἴσχυσεν ἐκ-
31 τελέσαι. Ἢ τίς βασιλεὺς πορευόμενος ἑτέρῳ βασιλεῖ
συμβαλεῖν εἰς πόλεμον ⌜οὐχὶ καθίσας πρῶτον βου-
λεύσεται εἰ δυνατός ἐστιν ἐν δέκα χιλιάσιν ὑπαν-
τῆσαι τῷ μετὰ εἴκοσι χιλιάδων ἐρχομένῳ ἐπ' αὐτόν;
32 ¹εἰ δὲ μή γε, ἔτι αὐτοῦ πόρρω ὄντος πρεσβείαν
33 ἀποστείλας ἐρωτᾷ ⌜τὰ πρὸς˄ εἰρήνην. οὕτως οὖν ¹⁸
9,61. πᾶς ἐξ ὑμῶν ὃς οὐκ ἀποτάσσεται πᾶσιν τοῖς ἑαυτοῦ

21 ⌜ενεγκε D 23 ⌜ποιησον 𝔓⁴⁵ 157 syˢᶜ. 24 ᵀp) πολλοι
γαρ εισιν κλητοι, ολιγοι δε εκλεκτοι. GH 579 al 26 ⌜εαυ-
Bpc; H : — 579 e Or | ᶠδε 𝔓⁴⁵ℵ𝔇𝔇𝔒pl ; T : txt Bpc | ˢ𝔓⁴⁵ℵ𝔇𝔒
pl ; T : txt Bℵpc 27 ˄vs. 69 al syˢ 28 ᵀo 𝔓⁴⁵ℵal 29 ⌜μη
ισχυση οικοδομησαι και De 31 ᶜου 𝔓⁴⁵. : ουκ ευθεως D.
32 ⌜προς ℵ*al ; ℋ : εις B ; h¹ : τα εις Kal : txt ℵ𝔇𝔒al ; h²
195

5,2 ὑπάρχουσιν οὐ δύναται εἶναί μου μαθητής. Καλὸν 34   Mt 5,13.
οὖν τὸ ⌐ἅλας· ἐὰν δὲ καὶ τὸ ⌐ἅλας ⌐μωρανθῇ, ἐν   Mc 9,50.
τίνι ἀρτυθήσεται; οὔτε εἰς γῆν οὔτε εἰς κοπρίαν 35
εὔθετόν ἐστιν· ἔξω βάλλουσιν αὐτό. ὁ ἔχων ὦτα   Mt 11,15!
ἀκούειν ἀκουέτω.

04   Ἦσαν δὲ αὐτῷ ἐγγίζοντες πάντες οἱ τελῶναι 15   5,29; 19,3.
3,2 καὶ °οἱ ἁμαρτωλοὶ ἀκούειν αὐτοῦ. καὶ διεγόγγυζον 2   5,30 p. 19,7.
οἵ τε Φαρισαῖοι καὶ οἱ γραμματεῖς λέγοντες ὅτι   Mt 9,11.
οὗτος ἁμαρτωλοὺς προσδέχεται καὶ συνεσθίει αὐ-   5,30! (G 2,12.)
56 τοῖς. εἶπεν δὲ πρὸς αὐτοὺς τὴν παραβολὴν ταύτην 3
7,5 λέγων· τίς ἄνθρωπος ἐξ ὑμῶν ⌐ἔχων ἑκατὸν πρό- 4   4—7:
βατα καὶ ⌐ἀπολέσας ἐξ αὐτῶν ἐν ⌐οὐ καταλείπει⌐   Mt 18,12—14.
τὰ ἐνενήκοντα ἐννέα ἐν τῇ ἐρήμῳ καὶ ⌐πορεύεται   J 10,11 s!
ἐπὶ τὸ ἀπολωλός⌐ ἕως ⌐εὕρῃ αὐτό; καὶ εὑρὼν ἐπι- 5   19,10. Ez 34,11.16.
τίθησιν ἐπὶ τοὺς ὤμους αὐτοῦ χαίρων, ικαὶ ἐλθὼν 6
εἰς τὸν οἶκον ⌐συγκαλεῖ τοὺς φίλους καὶ τοὺς γεί-
τονας, λέγων αὐτοῖς· συγχάρητέ μοι, ὅτι εὗρον   1,58. R 12,15.
τὸ πρόβατόν μου τὸ ἀπολωλός. λέγω ὑμῖν ὅτι 7
οὕτως χαρὰ ἐν τῷ οὐρανῷ ἔσται ἐπὶ ἑνὶ ἁμαρτωλῷ
μετανοοῦντι ἢ ἐπὶ ἐνενήκοντα ἐννέα δικαίοις οἵτινες
10 οὐ χρείαν ἔχουσιν μετανοίας. Ἢ τίς γυνὴ δραχμὰς 8
ἔχουσα δέκα, ἐὰν ἀπολέσῃ δραχμὴν μίαν, οὐχὶ
ἅπτει λύχνον καὶ σαροῖ τὴν οἰκίαν καὶ ζητεῖ
ἐπιμελῶς ἕως ⌐οὗ εὕρῃ; καὶ εὑροῦσα ⌐συγκαλεῖ 9
τὰς φίλας καὶ γείτονας λέγουσα· συγχάρητέ μοι,
,5 ὅτι εὗρον τὴν δραχμὴν ἣν ἀπώλεσα. οὕτως, λέγω 10   E 3,10.
ὑμῖν, γίνεται χαρὰ ἐνώπιον °τῶν ἀγγέλων τοῦ θεοῦ
,5 ἐπὶ ἑνὶ ἁμαρτωλῷ μετανοοῦντι. Εἶπεν δέ· 11   Mt 21,28.
10 ἄνθρωπός τις εἶχεν δύο υἱούς. καὶ εἶπεν ὁ νεώ- 12
τερος αὐτῶν τῷ πατρί· πάτερ, δός μοι τὸ ἐπι-
βάλλον μέρος τῆς οὐσίας. ⌐ὁ δὲ⌐ διεῖλεν αὐτοῖς

---

34 ⌐bis αλα ℵ*DW.; Thᵃ | ⌐μαρ- 56 pc   15,1 O Dal
4 ⌐ος εξει D (ex lat?).; W et ⌐απολεση B*D; W | ⌐ουκ αφιησι
et ⌐απελθων το απ. ζητει D (lat, sy) | ⌐οὖ ℵ⌐φρm; S
6 ⌐-ειται Dpm   8 ⌐οτου ℛpm; T: — Dpc   9 ⌐-λειται
ℛDpm   10 O B.; W   12 ⌐και ℵ*ℛDΘpl; T

13 τὸν βίον. καὶ ⌜μετ᾽ οὐ⌝ πολλὰς ἡμέρας συναγαγὼν
ⸯπάντα ὁ νεώτερος υἱὸς ἀπεδήμησεν εἰς χώραν
μακράν, καὶ ἐκεῖ διεσκόρπισεν ⌜τὴν οὐσίαν αὐτοῦ⌝
14 ζῶν ἀσώτως. δαπανήσαντος δὲ αὐτοῦ πάντα
ἐγένετο λιμὸς ἰσχυρὰ κατὰ τὴν χώραν ἐκείνην, καὶ
15 αὐτὸς ἤρξατο ὑστερεῖσθαι. καὶ πορευθεὶς ἐκολλήθη
ἑνὶ τῶν πολιτῶν τῆς χώρας ἐκείνης, καὶ ἔπεμψεν
16 αὐτὸν εἰς τοὺς ἀγροὺς αὐτοῦ βόσκειν χοίρους· καὶ
ἐπεθύμει ⌜γεμίσαι τὴν κοιλίαν αὐτοῦ⌝ ⸉ἐκ τῶν κε-
ρατίων ὧν ἤσθιον οἱ χοῖροι, καὶ οὐδεὶς ἐδίδου
17 αὐτῷ. εἰς ἑαυτὸν δὲ ἐλθὼν ἔφη· ⌜πόσοι μίσθιοι
τοῦ πατρός μου ⌜περισσεύονται ἄρτων, ἐγὼ δὲ
18 λιμῷ ὧδε ἀπόλλυμαι. ἀναστὰς πορεύσομαι πρὸς
τὸν πατέρα μου καὶ ἐρῶ αὐτῷ· πάτερ, ἥμαρτον
19 εἰς τὸν οὐρανὸν καὶ ἐνώπιόν σου, | οὐκέτι εἰμὶ
ἄξιος κληθῆναι υἱός σου· ποίησόν με ὡς ἕνα τῶν
20 μισθίων σου. καὶ ἀναστὰς ἦλθεν πρὸς τὸν πατέρα
ⸯἑαυτοῦ. ἔτι δὲ αὐτοῦ μακρὰν ἀπέχοντος εἶδεν
αὐτὸν ὁ πατὴρ αὐτοῦ καὶ ἐσπλαγχνίσθη, καὶ
δραμὼν ⌜ἐπέπεσεν ἐπὶ τὸν τράχηλον αὐτοῦ καὶ
21 κατεφίλησεν αὐτόν. εἶπεν δὲ ⸌ὁ υἱὸς αὐτῷ⸌· πάτερ,
ἥμαρτον εἰς τὸν οὐρανὸν καὶ ἐνώπιόν σου, οὐκέτι
22 εἰμὶ ἄξιος κληθῆναι υἱός σουⸯ. εἶπεν δὲ ὁ πατὴρ
πρὸς τοὺς δούλους αὐτοῦ· °ταχὺ ἐξενέγκατε στολὴν
τὴν πρώτην καὶ ἐνδύσατε αὐτόν, καὶ δότε δακτύλιον
εἰς τὴν χεῖρα αὐτοῦ καὶ ὑποδήματα εἰς τοὺς πόδας,
23 | καὶ ⌜φέρετε τὸν μόσχον τὸν σιτευτόν, θύσατε, καὶ
24 φαγόντες εὐφρανθῶμεν, | ὅτι οὗτος ὁ υἱός μου
νεκρὸς ἦν καὶ ⌜ἀνέζησεν, ἦν ἀπολωλὼς καὶⸯ εὑρέθη.
25 καὶ ἤρξαντο εὐφραίνεσθαι. | ἦν δὲ ὁ υἱὸς αὐτοῦ

Marginal references (left column):
- (19,12.) 16,1. Prv 29,3. — v.13
- Prv 23,21. 16,21. — v.16
- Act 12,11. — v.17
- Jr 3,12 s. Ps 51,6. Mt 21,25 p. — v.18
- (7,6.) — v.20
- 18! — v.21
- 1 J 3,20. — v.22
- E 2,1. — v.24
- J 5,25! — v.25

13 ⸆ου μετα D pc lat | ⌜απ- ℵ ℜ Θ pl; Th : txt B D pc | ⸌εαυτου
τον βιον D.   16 ⸉χορτασθηναι 𝔖 D al ef (sy^c); H : γ.τ.κ. α. και
χορτ. W. : txt ℜ Θ pm lat sy^s; ┤h^r├ | ⌜απο ℜ Θ pm; T   17 ⌜πως
οι X 69 al | ⸌-ευουσιν ℵ ℜ D Θ pm; T : txt B λ pc   20 ⸆ αυ- ℵ D H Θ
al; T : txt B E G 565 pl | ⸌ενεπεσεν D : επεσεν W 69 al   21 ⸌312
ℵ ℜ Θ pm; T : txt B al | ⸆ ποιησον με ως ενα των μισθιων σου
B ℵ D al; [H] : txt ℜ Θ pm lat sy   22 ⸅ ℜ Θ pm; T   23 ⌜ ενεγκατε
D pc : ενεγκαντες ℜ Θ pl   24 ⌜ εζησεν B 579 sy; h | ⸆ αρτι D.

ὁ πρεσβύτερος ἐν ἀγρῷ· ⌈καὶ ὡς ἐρχόμενος ἤγγισεν⌉
τῇ οἰκίᾳ, ἤκουσεν συμφωνίας καὶ χορῶν, ¹καὶ προσ- 26
καλεσάμενος ἕνα τῶν παίδων ἐπυνθάνετο ⌈τί ἂν⌉
εἴη ταῦτα. ὁ δὲ εἶπεν αὐτῷ ὅτι ὁ ἀδελφός σου 27
ἥκει, καὶ ἔθυσεν ὁ πατήρ σου τὸν μόσχον τὸν
σιτευτόν, ὅτι ὑγιαίνοντα αὐτὸν ἀπέλαβεν. ὠργίσθη 28 2.
δὲ καὶ οὐκ ἤθελεν εἰσελθεῖν· ὁ δὲ πατὴρ αὐτοῦ   Mt 20,15.
ἐξελθὼν παρεκάλει αὐτόν. ὁ δὲ ἀποκριθεὶς 29
εἶπεν τῷ πατρί ᵀ· ἰδοὺ τοσαῦτα ἔτη δουλεύω σοι
καὶ οὐδέποτε ἐντολήν σου παρῆλθον, καὶ ἐμοὶ
οὐδέποτε ἔδωκας ⌈ἔριφον ἵνα μετὰ τῶν φίλων μου
⌈εὐφρανθῶ·¹⌈ὅτε δὲ ὁ υἱός σου οὗτος ὁ καταφαγών 30
σου τὸν βίον μετὰᵀπορνῶν ἦλθεν, ἔθυσας αὐτῷ⌉   Prv 29,3.
τὸν σιτευτὸν μόσχον. ὁ δὲ εἶπεν αὐτῷ· τέκνον, 31
σὺ πάντοτε μετ' ἐμοῦ εἶ, καὶ πάντα τὰ ἐμὰ σά   J 17,10.
ἐστιν· ¹εὐφρανθῆναι δὲ καὶ χαρῆναι ἔδει, ὅτι ὁ 32
ἀδελφός σου οὗτος νεκρὸς ἦν καὶ ⌈ἔζησεν,ᴼκαὶ ἀπ-   24!
ολωλὼς καὶ εὑρέθη.

Ἔλεγεν δὲ καὶ πρὸς τοὺς μαθητάς· ἄνθρωπός16
τις ἦν πλούσιος ὃς εἶχεν οἰκονόμον, καὶ οὗτος
διεβλήθη αὐτῷ ὡς διασκορπίζων τὰ ὑπάρχοντα   15,13.
αὐτοῦ. καὶ φωνήσας αὐτὸν εἶπεν αὐτῷ· τί τοῦτο 2   Mt 12,36.
Act 19,40.
ἀκούω περὶ σοῦ; ἀπόδος τὸν λόγον τῆς οἰκο-   R14,12. H13,17
νομίας σου· οὐ γὰρ⌈δύνῃ ἔτι οἰκονομεῖν. εἶπεν 3   1 P 4,5.
δὲ ἐν ἑαυτῷ ὁ οἰκονόμος· τί ποιήσω, ὅτι ὁ κύριός   18,4.
μου ἀφαιρεῖται τὴν οἰκονομίαν ἀπ' ἐμοῦ; σκάπτειν
οὐκ ἰσχύω, ἐπαιτεῖν αἰσχύνομαι. ἔγνων τί ποιήσω, 4
ἵνα ὅταν μετασταθῶ ἐκ τῆς οἰκονομίας δέξωνταί
με εἰς τοὺς οἴκους ἑαυτῶν. καὶ προσκαλεσάμενος 5
ἕνα ἕκαστον τῶν χρεοφειλετῶν τοῦ κυρίου ἑαυτοῦ
ἔλεγεν τῷ πρώτῳ· πόσον ὀφείλεις τῷ κυρίῳ μου;

---

25 ⌈ελθων δε και εγγισας 𝐷   26 ⌈τινα 𝐿 124 pc : τι
𝕏𝕽(𝐷)Θ𝑎𝑙; T   29 ᵀαυτου 𝐁𝐃𝑎𝑙 latsy; H | ⌈ερ. εξ αιγων
𝐷 : εριφιον 𝐁; h | ⌈αριστησω 𝐃 lat.   30 ⌈τω δε υιω
σου τω καταφαγοντι παντα μετα των π. και ελθοντι εθυσας
𝐃𝑒(sy) | ᵀτων (𝐷)𝐿𝑎𝑙; h   32 ⌈ανεξ- 𝕾𝐃Θ𝑝𝑙 | Οᵇ𝐃Θ
𝑝𝑚; T   16,2 ⌈δυνηση 𝕽𝑝𝑚; W : txt 𝐁𝕏𝐃Θ𝑎𝑙

6 ¹ὁ δὲ εἶπεν· ἑκατὸν ⸀βάτους ἐλαίου. ὁ δὲ εἶπεν
αὐτῷ· δέξαι σου τὰ γράμματα καὶ ⸋καθίσας ⸉ταχέως⸌
7 γράψον⸊ πεντήκοντα. ἔπειτα ἑτέρῳ εἶπεν· σὺ δὲ
πόσον ὀφείλεις; ὁ δὲ εἶπεν· ἑκατὸν κόρους σίτου.
λέγει αὐτῷ· δέξαι σου τὰ γράμματα καὶ γράψον
8 ὀγδοήκοντα. καὶ ἐπῄνεσεν ὁ κύριος τὸν οἰκονόμον
18,6. 20,34. J 12,36. τῆς ἀδικίας ὅτι φρονίμως ἐποίησεν· ⸀ὅτι οἱ υἱοὶ
E 5,8. 1 Th 5,5. τοῦ αἰῶνος τούτου φρονιμώτεροι ὑπὲρ τοὺς υἱοὺς
14,14. 9 τοῦ φωτὸς εἰς τὴν γενεὰν τὴν ἑαυτῶν εἰσιν. Καὶ
Mt 6,20; 10,40; 19,21. ἐγὼ ὑμῖν λέγω, ἑαυτοῖς ποιήσατε φίλους ἐκ τοῦ
12,33. Ap 13,6. ⸂μαμωνᾶ τῆς ἀδικίας⸃, ἵνα ὅταν ⸀ἐκλίπῃ δέξωνται
10 ὑμᾶς εἰς τὰς αἰωνίους σκηνάς⸆. ὁ πιστὸς ἐν
19,17. Mt 25,21. ἐλαχίστῳ καὶ ἐν πολλῷ πιστός ἐστιν, καὶ ὁ ἐν
11 ἐλαχίστῳ ἄδικος καὶ ἐν πολλῷ ἄδικός ἐστιν. εἰ
οὖν ἐν τῷ ἀδίκῳ μαμωνᾷ πιστοὶ οὐκ ἐγένεσθε,
12 τὸ ἀληθινὸν τίς ὑμῖν πιστεύσει; καὶ εἰ ἐν τῷ
ἀλλοτρίῳ πιστοὶ οὐκ ἐγένεσθε, τὸ ⸀ἡμέτερον τίς
13 ⸉δώσει ὑμῖν⸊; Οὐδεὶς οἰκέτης δύναται δυσὶ κυρίοις
δουλεύειν· ἢ γὰρ τὸν ἕνα μισήσει καὶ τὸν ἕτερον
ἀγαπήσει, ἢ ἑνὸς ἀνθέξεται καὶ τοῦ ἑτέρου κατα-
Mt 6,24. φρονήσει. οὐ δύνασθε θεῷ δουλεύειν καὶ μαμωνᾷ.
Mt 23,14. 14 ¹Ἤκουον δὲ ταῦτα πάντα⸆ οἱ Φαρισαῖοι φιλάργυροι
15 ὑπάρχοντες, καὶ ἐξεμυκτήριζον αὐτόν. καὶ εἶπεν
10,29; 18,9-14. Mt 23,28. αὐτοῖς· ὑμεῖς ἐστε οἱ δικαιοῦντες ἑαυτοὺς ἐνώπιον
τῶν ἀνθρώπων, ὁ δὲ θεὸς γινώσκει τὰς καρδίας
Ps 7,10; 113,6. Prv 6,16 s. ὑμῶν· ὅτι τὸ ἐν ἀνθρώποις ὑψηλὸν βδέλυγμα
Mt 11,12 s. Act 10,37; 13,24! 16 ἐνώπιον ⸂τοῦ θεοῦ⸃. Ὁ νόμος καὶ οἱ προφῆται
μέχρι Ἰωάννου· ἀπὸ τότε ἡ βασιλεία τοῦ θεοῦ
Mt 5,18. 17 εὐαγγελίζεται ⸋καὶ πᾶς εἰς αὐτὴν βιάζεται⸌. εὐκο-
πώτερον δέ ἐστιν τὸν οὐρανὸν καὶ τὴν γῆν παρελ-
Mt 5,32; 19,9 p. 18 θεῖν ἢ ⸂τοῦ νόμου⸃ ⸉μίαν κεραίαν⸊ πεσεῖν. Πᾶς ὁ

---

6 ⸀*καδους* ***D*** 1241 e* vg : *καβ-* ***D**² 713* : *βαδ-* **𝔖***al* Or ; S : *txt* **BℜΘ***pm* | ⸋**D**Or | ⸉**B***pc e* ; h **8** ⸀*διο λεγω υμιν* **D** **9** ⸂*αδικου μαμ.* **D***a* | ⸀*εκλιπητε* (*-λειπ-*) **ℜ** *33 pm* lat : *txt* **𝔖D**(**Θ**)*al a e* sy | ⸆*αυτων* (⸉**P**) *1396 b* sy **12** ⸀*υμ-* **ℵℜDΘ***pl* latsy ; Th : *εμον 157 e i l* Mcion : *txt* **B***pc* Or | ⸉**Bℜ***pl* ; h **14** ⸆*και* **ℜΘ***pm* ; S **15** ⸂*κυριου* **B.** ; W **16** ⸋**ℵ*****G***pc* **17** ⸂*των λογων μου* Mcion. : (*του νομ. μου* Lipsius *cj*) | ⸉**B** ; Wh

ἀπολύων τὴν γυναῖκα αὐτοῦ καὶ γαμῶν ἑτέραν
μοιχεύει, καὶ ὁ ἀπολελυμένην □ἀπὸ ἀνδρὸς `γαμῶν
09 μοιχεύει. ᵀἌνθρωπος °δέ τις ἦν πλούσιοςᵀ, καὶ 19 Jc 5,5.
¹⁰ ἐνεδιδύσκετο πορφύραν καὶ βύσσον εὐφραινόμενος   12,19.
καθ᾽ ἡμέραν λαμπρῶς. πτωχὸς δέ τις ᵀ ὀνόματι 20
Λάζαροςᵀἐβέβλητο πρὸς τὸν πυλῶνα αὐτοῦ εἱλκω-
μένος ᵎ καὶ ἐπιθυμῶν χορτασθῆναι ἀπὸᵀτῶν πι- 21 15,16.Mt15,27p.
πτόντων ἀπὸ τῆς τραπέζης τοῦ πλουσίουᵀ· ἀλλὰ
καὶ οἱ κύνες ἐρχόμενοιᴦἐπέλειχον τὰ ἕλκη αὐτοῦ.
ᵎἐγένετο δὲ ἀποθανεῖν τὸν πτωχὸν καὶ ἀπενεχθῆναι 22 Mt18,10. H1,14.
αὐτὸν ὑπὸ τῶν ἀγγέλων εἰς τὸν κόλπον Ἀβραάμ·   J1,18. Rth4,16.
ἀπέθανεν δὲ καὶ ὁ πλούσιος καὶᴦἐτάφη. καὶ ἐν 23
τῷ ᾅδῃ ἐπάρας` τοὺς ὀφθαλμοὺς αὐτοῦ, ὑπάρχων   Sap 18,1 s.
ἐν βασάνοις, ὁρᾷ Ἀβραὰμ ἀπὸ μακρόθεν καὶ
Λάζαρον ἐν τοῖς κόλποις αὐτοῦᵀ. καὶ αὐτὸςᴦφω- 24 3,8!
νήσας εἶπεν· πάτερ Ἀβραάμ, ἐλέησόν με καὶ   (J 8,39. G 3,7.)
πέμψον Λάζαρον ἵνα βάψῃ τὸ ἄκρον τοῦ δακτύλου
αὐτοῦ ὕδατος καὶ καταψύξῃ τὴν γλῶσσάν μου, ὅτι
ὀδυνῶμαι ἐν τῇ φλογὶ ταύτῃ. εἶπεν δὲ Ἀβραάμ· 25
τέκνον, μνήσθητι ὅτι ἀπέλαβες τὰ ἀγαθά σου ἐν   6,24. Ps 17,14.
τῇ ζωῇ σου, καὶ Λάζαρος ὁμοίως τὰ κακά· νῦν
δὲ ᴦὧδε παρακαλεῖται, σὺ δὲ ὀδυνᾶσαι. καὶᴦἐν 26
πᾶσι τούτοις μεταξὺ ἡμῶν καὶ ὑμῶν χάσμα μέγα
ἐστήρικται, ὅπως οἱ θέλοντες διαβῆναι ἔνθεν
πρὸς ὑμᾶς μὴ δύνωνται, μηδὲᵀἐκεῖθενᴦπρὸς ἡμᾶς
διαπερῶσιν`. εἶπεν δέ· ἐρωτῶˢσε οὖνᴸ, πάτερᵀ, ἵνα 27
πέμψῃς αὐτὸν εἰς τὸν οἶκον τοῦ πατρός μου·
ᵎἔχω γὰρ πέντε ἀδελφούς· ὅπως διαμαρτύρηται 28
αὐτοῖς, ἵνα μὴ καὶ αὐτοὶ ἔλθωσιν εἰς τὸν τόπον
τοῦτον τῆς βασάνου. λέγει δὲᵀἈβραάμ· ἔχουσι 29

18 □ *D* 28 sy   **19** ᵀ ειπεν δε και ετεραν παραβολην *D*. et ○ *DΘpc* latsyˢ
Mcion | ᵀcui nomen Nineue sa: Finees Prisc   **20** ᵀην 𝕽Θpm et ᵀος 𝕽Θpm;
W   **21** ᵀ των ψιχιων (-χων *D*) 𝕽(*D*)Θpl : txt *B*ℵ* itsyˢ Cl | ᵀ (15,16) και ουδεις
εδιδου αυτω **φ** *l* vgᶜˡ | ᴦαπελ- 𝕽pl : περιελ- 157 : ελ- *D*λ lat Mcion : txt 𝕳Θpc
22.23 ᴦεταφη. εν τ. α. επ. ℵ*q; hʳ² : εταφη εν τ. αδη. επαρας lat Mcion; hʳ¹
(+ δε lat, + ουν Mcion)   **23** ᵀαναπαυομενον *DΘ*it   **24** ᴦεμφ- *D*. : εκφ- 157 it
25 ᴦοδε λ pc Mcion   **26** ᴦεπι 𝕽*DΘpl*; W | ᵀοι rell; T : txt *B*ℵ**D*. | ᴦωδε δια-
περασαι *D* (157) lat   **27** ˢ 𝕳𝕽Θ pm Mcion; T : txt *B Dal* | ᵀ Αβρααμ *D* 579 pc
29 ᵀαυτω 𝕽*DΘpl* lat Mcion; 𝕾   200

2 T 3,16. Μωϋσέα καὶ τοὺς προφήτας· ἀκουσάτωσαν αὐτῶν.
30 ¦ὁ δὲ εἶπεν· οὐχί, πάτερ Ἀβραάμ, ἀλλ᾽ ἐάν τις
ἀπὸ νεκρῶν πορευθῇ πρὸς αὐτούς, μετανοήσουσιν.
J 5,46; 11,45—53. 31 ¦εἶπεν δὲ αὐτῷ· εἰ Μωϋσέως καὶ τῶν προφητῶν
οὐκ ἀκούουσιν, οὐδὲ ἐάν τις ἐκ νεκρῶν ἀναστῇ
1. 2: ⸀πεισθήσονται.
Mt 18,6—9. Mc 9,42—47. 17 Εἶπεν δὲ πρὸς τοὺς μαθητὰς αὐτοῦ· ἀνένδε- 11
Mt 26,24. κτόν ἐστιν τοῦ τὰ σκάνδαλα μὴ ἐλθεῖν, ⸂οὐαὶ δὲ⸃ 197
2 δι᾽ οὗ ἔρχεται·¦⸀λυσιτελεῖ αὐτῷ εἰ ⸂λίθος μυλικὸς⸃
περίκειται περὶ τὸν τράχηλον αὐτοῦ καὶ ἔρριπται
εἰς τὴν θάλασσαν, ἢ ἵνα σκανδαλίσῃ τῶν μικρῶν
Mt 18,15. 3 τούτων ἕνα. ¦ προσέχετε ἑαυτοῖς. ἐὰν ἁμάρτῃ ὁ 198
ἀδελφός σου, ἐπιτίμησον αὐτῷ, *καὶ ἐὰν μετανοήσῃ, 199
Mt 18,21 s. 4 ἄφες αὐτῷ. καὶ ἐὰν ἑπτάκις τῆς ἡμέρας ἁμαρ-
τήσῃ εἰς σὲ καὶ ⸆ἑπτάκις ἐπιστρέψῃ ⸋πρὸς σὲ⸌ λέγων·
Mc 9,24. 5 μετανοῶ, ⸀ἀφήσεις αὐτῷ. Καὶ εἶπαν οἱ ἀπό- 11
6 στολοι τῷ κυρίῳ· πρόσθες ἡμῖν πίστιν. εἶπεν 200
Mt 17,20! δὲ ὁ κύριος· εἰ ⸀ἔχετε πίστιν ὡς κόκκον σινάπεως,
ἐλέγετε ἂν ⸆τῇ συκαμίνῳ ⸰ταύτῃ· ⸋ἐκριζώθητι καὶ⸌
⸂φυτεύθητι ἐν τῇ θαλάσσῃ⸃· καὶ ὑπήκουσεν ἂν
7 ὑμῖν. Τίς δὲ ἐξ ὑμῶν δοῦλον ἔχων ἀροτριῶντα 201
ἢ ποιμαίνοντα, ὃς εἰσελθόντι ἐκ τοῦ ἀγροῦ ⸆ἐρεῖ
8 αὐτῷ· εὐθέως παρελθὼν ἀνάπεσε⸪, ¦⸂ἀλλ᾽ οὐχὶ⸃ ἐρεῖ
(12,37.) αὐτῷ· ἑτοίμασον ⸆τί δειπνήσω, καὶ περιζωσάμενος
(J 13,4.13.) διακόνει μοι ἕως φάγω καὶ πίω, καὶ μετὰ ταῦτα
9 φάγεσαι καὶ πίεσαι σύ; μὴ ἔχει χάριν τῷ δούλῳ
10 ὅτι ἐποίησεν τὰ διαταχθέντα; ⸆¦οὕτως καὶ ὑμεῖς,
ὅταν ποιήσητε ⸂πάντα τὰ διαταχθέντα ὑμῖν⸃, ⸋λέγετε

---

31 ⸀*και απελθη προς αυτους, πιστευσουσιν* ***D*** it (Ir) **17,1** ⸂*πλην ουαι* ***ℌD****al* itsy[s]; H: *txt* ***ℜΘ****pm* **2** ⸀*p*) *συμφερει* ***D****e* (Mcion). | ⸂*p*) *μυλος ονικος* ***ℜ****al* **4** ⸆*το* ***D*** sy[s] Cl | ⸋***ℜΘ****pm* | ⸀*αφες* ***D****pc* lat Cl **6** ⸀*ειχετε* ***DEG****al* lat | ⸆*p*) *τω ορει τουτω· μεταβα εντευθεν εκει, και μετεβαινεν· και* ***D*** (sy[c]) | ⸰***ℵD****pc* sy[c]; [H] | ⸋***D***. | ⸂*μεταφ- εις την θ-αν* ***D*** lat **7** ⸆*μη* ***D****e* sy[sc] | ⸪; T **8** ⸂*αλλα* ***D*** itsy | ⸆*μοι* ***ℵ*** itsy **9** ⸆*ου δοκω* ***ℜDΘ****pl* lat; W **10** ⸂*οσα λεγω* ***D*** | ⸋Mcion ὅτι ⌐δοῦλοι ἀχρεῖοί ἐσμεν˺, ὃ ὠφείλομεν ποιῆσαι πεποιήκαμεν˺.

Mt 25,30.
2Esr9,9.1Kϑ,16.
(2 T 2,21.
Phm 11).

2 Καὶ ἐγένετο ἐν τῷ πορεύεσϑαι⌐εἰς Ἱερουσαλήμ, καὶ αὐτὸς διήρχετο ⌐διὰ μέσον˺ Σαμαρείας καὶ Γαλιλαίας⌐. καὶ εἰσερχομένου αὐτοῦ εἴς τινα κώμην ⌐ἀπήντησαν⌐δέκα λεπροὶ ἄνδρες, ⌐οἳ ἔστησαν˺ πόρρωϑεν, ᴵ καὶ ⌐αὐτοὶ ἦραν φωνὴν λέγοντες˺· Ἰησοῦ ἐπιστάτα, ἐλέησον ἡμᾶς. καὶ ἰδὼν εἶπεν αὐτοῖς· ⌐πορευϑέντες ἐπιδείξατε ἑαυτοὺς τοῖς ἱερεῦσιν. καὶ ἐγένετο ἐν τῷ ὑπάγειν αὐτοὺς ἐκαϑαρίσϑησαν. εἷς δὲ ἐξ αὐτῶν, ἰδὼν ὅτι ⌐ἰάϑη, ὑπέστρεψεν μετὰ φωνῆς μεγάλης δοξάζων τὸν ϑεόν, ᴵκαὶ ἔπεσεν ἐπὶ πρόσωπον παρὰ τοὺς πόδας αὐτοῦ εὐχαριστῶν αὐτῷ· καὶ αὐτὸς ἦν Σαμαρίτης. ἀποκριϑεὶς δὲ ὁ Ἰησοῦς εἶπεν· ⌐οὐχ οἱ˺ δέκα ἐκαϑαρίσϑησαν; οἱ [δὲ] ἐννέα ποῦ; ᴵ⌐οὐχ εὑρέϑησαν ὑποστρέψαντες δοῦναι˺ δόξαν τῷ ϑεῷ εἰ μὴ ὁ ἀλλογενὴς οὗτος·; καὶ εἶπεν αὐτῷ· ἀναστὰς πορεύου· ἡ πίστις σου σέσωκέν σε.

3 Ἐπερωτηϑεὶς δὲ ὑπὸ τῶν Φαρισαίων πότε ἔρχεται ἡ βασιλεία τοῦ ϑεοῦ, ἀπεκρίϑη αὐτοῖς καὶ εἶπεν· οὐκ ἔρχεται ἡ βασιλεία τοῦ ϑεοῦ μετὰ παρατηρήσεως, ᴵ οὐδὲ ἐροῦσιν· ἰδοὺ ὧδε ἤ˙· ἐκεῖ⌐· ἰδοὺ γὰρ ἡ βασιλεία τοῦ ϑεοῦ ἐντὸς ὑμῶν ἐστιν.

10 ᴵΕἶπεν δὲ πρὸς τοὺς μαϑητάς· ἐλεύσονται ἡμέραι ὅτε ἐπιϑυμήσετε μίαν τῶν ἡμερῶν⌐τοῦ υἱοῦ τοῦ ἀνϑρώπου ἰδεῖν καὶ οὐκ ὄψεσϑε. καὶ ἐροῦσιν ὑμῖν· ἰδοὺ ⌐ἐκεῖ, ἰδοὺ ὧδε˺· μὴ ▢ἀπέλϑητε μηδὲ˺ διώξητε. ὥσπερ γὰρ ἡ ἀστραπὴ ⌐ἀστράπτουσα ἐκ

11 9,51!

Mc 9,30.

12 Mt 8,2!
Lv 13,45 s.

13 5,5!
14 5,14.

Lv13,49; 14,2 s.

15 2,20!

16 Mt 26,39.
9,52!

17

18 8,39.

19 Mt 9,22!
20—37:
20 21,7—36 p.
19,11!
J 3,3; 18,36.
R 14,17.

21 Mt 24,23 p.
11,20. Mt 12,28.
J 1,26; 12,35.

22 5,35 p. Mt 9,15.

23

24 (10.18.)
Mt 24,26 s.

10 ⌐213 69al : 132 Dpc : 321 990 syᶜ : 13 syˢ.   11 ⌐αυτον ℵDΘpl; S |
⌐μ. D.: ανα μ. λφ: δ. μεσον ℵΘpl: txt BℵpC | ⌐ᵀ et Jericho (𝔖 28) it (syᶜ); hʳ
12 ⌐υπ-𝔖Θal; Th: οπου ησαν De.: et ecce itsyˢᶜ: txt BℵpM | ⌐αυτω ℵℵΘ
pl; T: txt BDpc | ⌐και εστ. D: εστ. itsyˢᶜ: ανεστ-BFpc; ℋ   13 ⌐εκραξαν φωνη
μεγαλη D(e)   14 ⌐τεϑεραπευεσϑε (-ενσϑε D²) D.   15 ⌐εκαϑαρισϑη D 892 vg sy
17 ⌐ουχι οι ℵℵΘpl; T: ουτοι Ditsyˢᶜ: txt Bpc | [+ 𝔖ℋΘpl; W: — ADpcitsy; T
18 ⌐εξ αυτων ουδεις ευρεϑη υποστρεφων ος δωσει D lat(syˢᶜ) | ˙. e syᶜ   21 ˙:—
W | ⌐Tρ) μη πιστευσητε D.   22 ⌐τουτων D   23 ⌐εκ. και ιδ. ωδε ℵ:
εκ. (ωδε B*) η ιδ. ωδε B(𝔖ℵΘpl it; s); ℋ: txt L (𝔖 D 33 vgᶜᵒᵈᵈ) | ▢Bpc; [H]
24 ⌐η αστρ. ℵDpm : -πτει   202   syˢᶜ: txt 𝔖Θal

τῆς ὑπὸ τὸν οὐρανὸν □εἰς τὴν ὑπ' οὐρανὸν ⌐λάμπει,
οὕτως ἔσται ὁ υἱὸς τοῦ ἀνθρώπου □2ἐν τῇ ἡμέρᾳ
9,22: 25 αὐτοῦ⌐. πρῶτον δὲ δεῖ αὐτὸν πολλὰ παθεῖν καὶ
Mt 24,37—39. 26 ἀποδοκιμασθῆναι ἀπὸ τῆς γενεᾶς ταύτης. καὶ
(21,25 ss.) καθὼς ἐγένετο ἐν ταῖς ἡμέραις Νῶε, οὕτως ἔσται
καὶ ἐν ταῖς ἡμέραις τοῦ υἱοῦ τοῦ ἀνθρώπου·
20,34. 27 ⌐ἤσθιον, ἔπινον, ἐγάμουν, ⌐ἐγαμίζοντο, ἄχρι ἧς
Gn 6,11—13; ἡμέρας εἰσῆλθεν Νῶε εἰς τὴν κιβωτόν, καὶ ⌐ἦλθεν
7,7—23. 2 P 2,5.
28 ὁ κατακλυσμὸς καὶ ἀπώλεσεν ⌐2πάντας. ὁμοίως
Gn 18,20 ss. ⌐καθὼς ἐγένετο ἐν ταῖς ἡμέραις Λώτ· ἤσθιον,
ἔπινον, ἠγόραζον, ἐπώλουν, ἐφύτευον, ᾠκοδόμουν·
Gn 19,15.24 s. 29 ⌐ᾗ δὲ ἡμέρᾳ ἐξῆλθεν Λὼτ ἀπὸ Σοδόμων, ἔβρεξεν
2 P 2,7. πῦρ καὶ θεῖον ἀπ' οὐρανοῦ καὶ ἀπώλεσεν ⌐πάντας.
1 K 1,7. Kol 3,4. 30 ⌐κατὰ ⌐τὰ αὐτὰ⌐ ἔσται ⌐ᾗ ἡμέρᾳ ὁ υἱὸς τοῦ ἀνθρώ-
31 που ἀποκαλύπτεται⌐. ἐν ἐκείνῃ τῇ ⌐ἡμέρᾳ ὃς ἔσται
Mt 24,17.18 p. ἐπὶ τοῦ δώματος καὶ τὰ σκεύη αὐτοῦ ἐν τῇ οἰκίᾳ,
9,62. μὴ καταβάτω ἆραι αὐτά, καὶ ὁ ἐν ἀγρῷ ὁμοίως
Gn 19,26. 32 μὴ ἐπιστρεψάτω εἰς τὰ ὀπίσω. μνημονεύετε τῆς
9,24! 33 γυναικὸς Λώτ. ὃς ⌐ἐὰν ζητήσῃ τὴν ψυχὴν αὐτοῦ
περιποιήσασθαι⌐, ἀπολέσει αὐτήν, ⌐καὶ ὃς⌐ ἂν ⌐ἀπο-
34 λέσει, ζῳογονήσει αὐτήν. λέγω ὑμῖν, ταύτῃ τῇ
νυκτὶ ἔσονται δύο ἐπὶ κλίνης °μιᾶς, ὁ εἷς παρα-
Mt 24,40 s. 35 λημφθήσεται καὶ ὁ ἕτερος ⌐ἀφεθήσεται· ἔσονται
δύο ἀλήθουσαι ἐπὶ τὸ αὐτό, ἡ μία παραλημ-
37 φθήσεται ἡ δὲ ἑτέρα ἀφεθήσεται. ⌐καὶ ἀποκριθέντες
λέγουσιν αὐτῷ· ποῦ, κύριε; ὁ δὲ εἶπεν αὐτοῖς·
Mt 24,28! ὅπου τὸ σῶμα, ἐκεῖ καὶ οἱ ἀετοὶ ἐπισυναχθήσονται.
18 Ἔλεγεν δὲ παραβολὴν αὐτοῖς πρὸς τὸ δεῖν
R 12,12! πάντοτε προσεύχεσθαι αὐτοὺς καὶ μὴ ἐγκακεῖν,
2 ⌐λέγων· κριτής τις ἦν ἔν τινι πόλει τὸν θεὸν μὴ

---

24 □ *D al* it | ⌐αστραπτει *D* : —it sy[sc] | □2 *BD* it; ℋ   27 ⌐εξεγ- ℜΘ
pm; W | ⌐εγενετο *De.* | O *D* 69. | ⌐2 απ- ℵℜ *pl*; Th : txt *BDΘ pc*   28 ⌐και ως
ℵ*D*Θ *pl*; W   29 ⌐απ- ℵℜΘ *pl*; Th   30 ⌐ταυτα ℵ*ℜΘ *pm* lat; (ταῦτὰ h[a]) |
⌐εν τη ημ. του υιου τ. α. ᾗ αποκαλυφθη *D* it.   31 ⌐hora lat sy[sc].   33 ⌐(*p*) εαν
ζ. τ. ψ. α. σωσαι ℵℜΘ *pl* : *p*) αν θεληση ζωογονησαι τ. ψ. α. *D* : txt *B pc* it |
⌐ος δ' ℌ *al*; H : txt ℜ(*D*Θ)*pm* | ⌐-ση ℌℜ*D*Θ*pm*; Wh[a] : txt ℵ *al*   34 O *B*; [H] |
⌐*p*) αφιεται *D pc*   35 ⌐*p*) (36) δυο εν αγρω· εις παραλημφθησεται και ο ετερος
αφεθησεται. *D(pm* lat sy)

φοβούμενος καὶ ἄνθρωπον μὴ ἐντρεπόμενος. χήρα 3
δὲ ἦν ἐν τῇ πόλει ἐκείνῃ, καὶ ἤρχετο πρὸς αὐτὸν
λέγουσα· ἐκδίκησόν με ἀπὸ τοῦ ἀντιδίκου μου.
¹καὶ οὐκ ἤθελεν ἐπὶ χρόνονᵀ· μετὰ ˢταῦτα δὲˡ ˹εἶπεν 4
ἐν ἑαυτῷˡ· εἰ καὶ τὸν θεὸν οὐ φοβοῦμαι οὐδὲ ἄν-
θρωπον ἐντρέπομαι, ¹διά γε τὸ παρέχειν μοι κόπον 5
τὴν χήραν ταύτην ᵀ ἐκδικήσω αὐτήν, ἵνα μὴ εἰς
τέλος ἐρχομένη ˹ὑπωπιάζῃ με. Εἶπεν δὲ ὁ ˹κύριος· 6
˹ἀκούσατε τί ὁ κριτὴς τῆς ἀδικίας λέγει· ¹ ὁ δὲ θεὸς 7
οὐ μὴ ποιήσῃ τὴν ἐκδίκησιν τῶν ἐκλεκτῶν αὐτοῦ
τῶν βοώντων αὐτῷ ἡμέρας καὶ νυκτός, καὶ ˹μακρο-
θυμεῖ ἐπ' αὐτοῖς; λέγω ὑμῖν ὅτι ποιήσει τὴν ἐκ- 8
δίκησιν αὐτῶν ἐν τάχει. πλὴν ὁ υἱὸς τοῦ ἀνθρώπου
ἐλθὼν ἄρα εὑρήσει τὴν πίστιν ἐπὶ τῆς γῆς;

15   Εἶπεν δὲ καὶ πρός τινας τοὺς πεποιθότας 9
ἐφ' ἑαυτοῖς ὅτι εἰσὶν δίκαιοι καὶ ἐξουθενοῦντας
τοὺς λοιποὺς ▢τὴν παραβολὴν ταύτηνˡ. Ἄνθρωποι 10
δύο ἀνέβησαν εἰς τὸ ἱερὸν προσεύξασθαι, ᴼὁ εἷς
Φαρισαῖος καὶ ˹ὁ ἕτεροςˡ τελώνης. ὁ Φαρισαῖος 11
σταθεὶς ˹ταῦτα πρὸς ἑαυτὸνˡ προσηύχετο· ὁ θεός,
εὐχαριστῶ σοι ὅτι οὐκ εἰμὶ ˹ὥσπερ οἱ λοιποὶ τῶν
ἀνθρώπων, ἅρπαγες, ἄδικοι, μοιχοί, ἢ καὶ ὡς
οὗτος ὁ τελώνης· νηστεύω δὶς τοῦ σαββάτου, 12
˹ἀποδεκατεύω πάντα ὅσα κτῶμαι. ὁ δὲ τελώνης 13
μακρόθεν ἑστὼς οὐκ ἤθελεν οὐδὲ τοὺς ὀφθαλ-
μοὺς ἐπᾶραι εἰς τὸν οὐρανόν, ἀλλ' ἔτυπτεν τὸ
στῆθος ˹αὐτοῦ λέγων· ὁ θεός, ἱλάσθητί μοι τῷ
ἁμαρτωλῷ. λέγω ὑμῖν, κατέβη οὗτος δεδικαιω- 14
5,5 μένος εἰς τὸν οἶκον αὐτοῦ ˹παρ' ἐκεῖνονˡ· * ὅτι πᾶς

Mt 5,25!
16,3.
11,7 s.
Mt 26,10.
16,8.
21,36. H 12,23!
Ps 22,3. Jc 5,4.
Sir 35,19.
2 P 3,9. Ap 6,10.
Mt 8,10.
7,9. Jr 5,3.
20,20.
R 2,19; 10,3.
10—14:
Mt 5,6.
Act 3,1.
Mt 23,28.
16,15.
Is 58,2 s.
R 1,28!
Mt 9,14; 23,22.
(J 17,1.)
23,48. 1 J 3,20.
5,8. Ps 51,3.19.
(10,29.)
Mt 21,31.
1 Sm 16,7.

4 ᵀτινα D sa : multum lat(syᶜ) | ˢℵℜDΘpl; T : txt Bpc |
˹ηλθεν εις εαυτον και λεγει D   5 ᵀαπελθων D. | ˹υποπ-
ℜΘrm   6 ˹Ιησους 713 syˢ | ˹ηκ- 157 pc e : — ℵ*Λ   7 ˹-θυ-
μῶν ℜrm   9 ▢D   10 ᴼBDpc : ℋ | ˹εἰς D it   11 ˹πρ.
ε. τ. ℜrm; h : καθ ε. τ. D : ταυτα ℵ* it; T : txt ℌΘpc e vg | ˹ως
DLal; h   12 ˹-κατω rell; S : txt Bℵ*.   13 ˹εαυ- Bpc; H : —λ
14 ˹η εκεινος WΘ61*69 : ηπερ (ex η + παρ?) -νος 157 :
υπερ -νον Doroth : η γαρ (ex η + παρ?) -νος ℜrm; T : μαλλον
π. -νον τον Φαρισαιον D it syᵖ : txt ℌpc vg syˢᶜ

204

14,11! Ez 21,31.
ὁ ὑψῶν ἑαυτὸν ταπεινωθήσεται, ὁ δὲ ταπεινῶν
ἑαυτὸν ὑψωθήσεται.

15—17:
Mt 19,13—15.
Mc 10,13—16.
39.
15   Προσέφερον δὲ αὐτῷ ⸀καὶ τὰ βρέφη⸀ ἵνα αὐτῶν 11
ἅπτηται· ἰδόντες δὲ οἱ μαθηταὶ ἐπετίμων αὐτοῖς. ²¹⸀

16 ⸂ὁ δὲ Ἰησοῦς προσεκαλέσατο ⸀αὐτὰ λέγων· ἄφετε
τὰ παιδία ἔρχεσθαι πρός με καὶ μὴ κωλύετε
αὐτά· τῶν γὰρ τοιούτων ἐστὶν ἡ βασιλεία τοῦ

Mt 18,3.
17 θεοῦ. ἀμὴν λέγω ὑμῖν, ὃς ἂν μὴ δέξηται τὴν ²¹⸀
βασιλείαν τοῦ θεοῦ ὡς παιδίον, οὐ μὴ εἰσέλθῃ
εἰς αὐτήν.

18—30:
Mt 19,18—30.
Mc 10,17—31.
10,25—28.
18   Καὶ ἐπηρώτησέν τις αὐτὸν ⸀ἄρχων λέγων· διδά- 63
σκαλε ἀγαθέ, τί ποιήσας ζωὴν αἰώνιον κληρονο- ²¹⸀

11,13.
19 μήσω; ⸀ εἶπεν δὲ αὐτῷ ὁ Ἰησοῦς· τί με λέγεις
20 ἀγαθόν; οὐδεὶς ἀγαθὸς εἰ μὴ εἷς [ὁ] θεός. τὰς

Dt 5,16—20Lxx.
(Ex 20,12—16.)
ἐντολὰς οἶδας· ⸂μὴ **μοιχεύσῃς**, μὴ **φονεύσῃς**, μὴ
κλέψῃς, μὴ **ψευδομαρτυρήσῃς**⸃, τίμα τὸν πατέρα σου
21 καὶ τὴν μητέρα⸀. ὁ δὲ εἶπεν· ταῦτα πάντα ⸀ἐφύ-
22 λαξα ἐκ νεότητος⸀. ἀκούσας δὲ ὁ Ἰησοῦς εἶπεν ²¹
αὐτῷ· ἔτι ἕν σοι λείπει· πάντα ὅσα ἔχεις πώλησον

Mt 6,20; 26,11.
12,33.
καὶ ⸀διάδος πτωχοῖς, καὶ ἕξεις θησαυρὸν ἐν ⸀[τοῖς]
23 οὐρανοῖς⸃, καὶ δεῦρο ἀκολούθει μοι. ὁ δὲ ἀκούσας ²²

(Mc 6,26.)
ταῦτα περίλυπος ἐγενήθη, ἦν γὰρ πλούσιος σφόδρα.
24 ⸂ἰδὼν δὲ αὐτὸν ⸀ὁ Ἰησοῦς⸀εἶπεν· πῶς δυσκόλως οἱ

(19,9.)
τὰ χρήματα ἔχοντες εἰς τὴν βασιλείαν τοῦ θεοῦ
25 εἰσπορεύονται· εὐκοπώτερον γάρ ἐστιν ⸀κάμηλον
διὰ ⸀τρήματος ⸀²βελόνης ⸀²εἰσελθεῖν ἢ πλούσιον εἰς
26 τὴν βασιλείαν τοῦ θεοῦ εἰσελθεῖν. εἶπαν δὲ οἱ
27 ἀκούσαντες· καὶ τίς δύναται σωθῆναι; ⸂ὁ δὲ εἶπεν·

19,8 s.
τὰ ἀδύνατα παρὰ ἀνθρώποις δυνατὰ παρὰ τῷ

J 19,27!
28 θεῷ ἐστιν.   Εἶπεν δὲ ⸀ὁ Πέτρος· ἰδοὺ ἡμεῖς

15 ⸀ᵖ) παιδία *D*   **16** ○*B*; [H]   **18** ○ᵖ) it Mcion.   **19** [+ *rell*;
W : — *B*ℵ**.; T   **20** ⸀ᵖ) ου -σεις *quater D* | ⸀σου ℵ*Ral*
a b c sy; T   **21** ⸀-ξαμην ℜ*Dpl* | ⸀ᵖ) μου 𝕾ℜ*Θpl*; S : *txt BD*
l syᶜ Mcion   **22** ⸀ᵖ) δος ℵ*Dal* | ⸀τοις ουρ. *BD* ; W, [τοις] ουρ.
H : ουρ. ℵ*al* ; T : ουρανω ℜΘ*pm*   **24** ○*B*.; [H] | ⸀περιλυπον
γενομενον ℜΘ*pm* latsy (⟨*D* it)   **25** ⸀καμιλον *Spc* | ⸀ᵖ) τρυ-
πηματος *LΘpc* : ᵖ) τρυμαλιας ℜ*pl* : *txt Bℵᴰ* | ⸀²ᵖ) ραφιδος ℜ
pm | ⸀²διελθειν *DΘpm* latsyˢᶜ   **28** ○ℜ*al* ; T

1,2 ἀφέντες τὰ ἴδια ἠκολουθήσαμέν σοι. ὁ δὲ εἶπεν 29
αὐτοῖς· ἀμὴν λέγω ὑμῖν °ὅτι οὐδείς ἐστιν ὃς   14,26 s.
ἀφῆκεν οἰκίαν ἢ γυναῖκα ἢ ἀδελφοὺς ἢ γονεῖς ἢ
τέκνα⌐εἵνεκεν τῆς βασιλείας τοῦ θεοῦ, ¹ὃς οὐχὶ μὴ 30
⌐λάβῃ ⌐πολλαπλασίονα ἐν τῷ καιρῷ τούτῳ καὶ ἐν
τῷ αἰῶνι τῷ ἐρχομένῳ ζωὴν αἰώνιον.

18   Παραλαβὼν δὲ τοὺς δώδεκα εἶπεν πρὸς αὐ- 31   **31—33:**
                                                      Mt 20,17—19.
3,2 τούς· ἰδοὺ ἀναβαίνομεν εἰς Ἱερουσαλήμ, καὶ τελε-   Mc 10,32—34.
                                                      12,50!
σθήσεται πάντα τὰ γεγραμμένα διὰ τῶν προφητῶν   J 5,39.
⌐τῷ υἱῷ⌐ τοῦ ἀνθρώπου· παραδοθήσεται γὰρ τοῖς 32   9,22!
ἔθνεσιν καὶ ἐμπαιχθήσεται □καὶ ὑβρισθήσεται‿ καὶ
ἐμπτυσθήσεται, ¹καὶ μαστιγώσαντες ἀποκτενοῦσιν 33
10 αὐτόν, καὶ τῇ ἡμέρᾳ τῇ τρίτῃ ἀναστήσεται. καὶ 34   9,45.
αὐτοὶ οὐδὲν τούτων συνῆκαν, καὶ ἦν τὸ ῥῆμα
τοῦτο κεκρυμμένον ἀπ' αὐτῶν, καὶ οὐκ ἐγίνωσκον
τὰ λεγόμενα.

19   Ἐγένετο δὲ ἐν τῷ ἐγγίζειν αὐτὸν εἰς Ἱεριχὼ 35   **35—43:**
                                                       Mt 20,29—34.
4,2 τυφλός τις ἐκάθητο παρὰ τὴν ὁδὸν ⌐ἐπαιτῶν.   Mc 10,46—52.
¹ἀκούσας δὲ ὄχλου διαπορευομένου ἐπυνθάνετο τί 36
⌐εἴη τοῦτο. ἀπήγγειλαν δὲ αὐτῷ ὅτι Ἰησοῦς ὁ 37
⌐Ναζωραῖος παρέρχεται. καὶ ἐβόησεν λέγων· Ἰησοῦ 38
υἱὲ Δαυίδ, ἐλέησόν με. καὶ οἱ προάγοντες ἐπε- 39   15.
τίμων αὐτῷ ἵνα σιγήσῃ· αὐτὸς δὲ °πολλῷ μᾶλλον
ἔκραζεν· ⌐υἱὲ Δαυίδ, ἐλέησόν με. σταθεὶς δὲ °ὁ 40
Ἰησοῦς ἐκέλευσεν αὐτὸν ἀχθῆναι πρὸς αὐτόν.
ἐγγίσαντος δὲ αὐτοῦ ἐπηρώτησεν αὐτόν· ¹τί σοι 41
θέλεις ποιήσω; ὁ δὲ εἶπεν· κύριε, ἵνα ἀναβλέψω.
¹καὶ ὁ Ἰησοῦς εἶπεν αὐτῷ· ἀνάβλεψον· ἡ πίστις 42   Mt 9,22!
σου σέσωκέν σε. καὶ παραχρῆμα ἀνέβλεψεν, καὶ 43
ἠκολούθει αὐτῷ δοξάζων τὸν θεόν. καὶ πᾶς ὁ   2,20!
⌐λαὸς ἰδὼν ἔδωκεν ⌐αἶνον τῷ θεῷ.   19,37.

---

29 O 𝕏*D lat; T | ᵀεν τω καιρω τουτω **D**   **30** ⌐απολ-
𝕳𝕽Θ*pm*; Th : *txt* **B**D*al* | ⌐επταπλ- **D** itsy^hmg; ‐⊦h^r⊦ : *p*) εκατον-
ταπλ- 472 1241 sy^sc   **31** ⌐περι του υιου **D**al lat tsy   **32** □*p*)
DL*al* it   **35** ⌐*p*) προσαιτων **C 𝕽** Θ*pl*   **36** ᵀ αν **D**L Θ 33 *pm* ; h :
txt **B** 𝕏𝕽*al*   **37** ⌐Ναζαρηνος **D**λ*pc*   **39** O **D***c* | ⌐υιος **D** : Ιησου
υιε 𝕏λ*pc*   **40** O **BD** ; H   **43** ⌐οχλος φ*al* | ⌐δοξαν **D**.

206

2 **19** ¹Καὶ εἰσελθὼν διήρχετο τὴν Ἰεριχώ. ¹Καὶ ἰδοὺ 65
ἀνὴρ ὀνόματι °καλούμενος Ζακχαῖος, καὶ αὐτὸς ἦν 22

5,18! J 12,21.   3 ἀρχιτελώνης, ⸀καὶ αὐτὸς⸀ πλούσιος· ¹καὶ ἐζήτει ἰδεῖν
τὸν Ἰησοῦν τίς ἐστιν, καὶ οὐκ ἠδύνατο ἀπὸ τοῦ
4 ὄχλου, ὅτι τῇ ἡλικίᾳ μικρὸς ἦν. καὶ ⸀προδραμὼν
εἰς τὸ ἔμπροσθεν ἀνέβη ἐπὶ συκομορέαν, ἵνα ἴδῃ
5 αὐτόν, ὅτι ᵀ ἐκείνης ἤμελλεν διέρχεσθαι. καὶ ⸀ὡς
ἦλθεν ἐπὶ τὸν τόπον, ἀναβλέψας °ὁ Ἰησοῦς⸀ ᵀεἶπεν

5,8. Mt 8,8.   πρὸς αὐτόν· Ζακχαῖε, ⸀σπεύσας κατάβηθι· σήμερον
(9,53.)   6 γὰρ ἐν τῷ οἴκῳ σου δεῖ με μεῖναι. καὶ σπεύσας
7 κατέβη, καὶ ὑπεδέξατο αὐτὸν χαίρων. καὶ ἰδόντες

5,30 p!   πάντες διεγόγγυζον λέγοντες ὅτι παρὰ ἁμαρτωλῷ
(5,8.)   8 ἀνδρὶ εἰσῆλθεν καταλῦσαι. σταθεὶς δὲ Ζακχαῖος
(Mc 6,23.)   εἶπεν πρὸς τὸν κύριον· ἰδοὺ τὰ ⸀ἡμίση μου τῶν
ὑπαρχόντων, κύριε, °τοῖς πτωχοῖς δίδωμι, καὶ εἰ

Ex 21,37[22,1.]   τινός τι ἐσυκοφάντησα, ἀποδίδωμι τετραπλοῦν.
Nu 5,6 s.   9 ¹εἶπεν δὲ πρὸς αὐτὸν °ὁ Ἰησοῦς ὅτι σήμερον σω-
(18,24 s.) J4,53!   τηρία τῷ οἴκῳ τούτῳ ἐγένετο, καθότι καὶ αὐτὸς
3,8! Act 3,25.
Ez 34,16.
15,4—7.   10 υἱὸς Ἀβραάμ [ἐστιν]· ἦλθεν γὰρ ὁ υἱὸς τοῦ ἀν- 22
Mt 9,13 p.   θρώπου ζητῆσαι καὶ σῶσαι τὸ ἀπολωλός.
J 3,17! 1 T 1,15.
11—27:
Mt 25,14—30.   11   Ἀκουόντων δὲ αὐτῶν ταῦτα προσθεὶς εἶπεν 12
παραβολήν, διὰ τὸ ἐγγὺς εἶναι Ἰερουσαλὴμ αὐτὸν 22
17,20; 21,31;
24,21. Act 1,6.   καὶ δοκεῖν αὐτοὺς ὅτι παραχρῆμα μέλλει ἡ βασι-
(15,13.)   12 λεία τοῦ θεοῦ ἀναφαίνεσθαι· ¹εἶπεν οὖν· **ἄνθρω-** 66
Mc 13,34.   **πός** τις εὐγενὴς ἐπορεύθη εἰς χώραν μακρὰν λαβεῖν 22
J 18,36.   13 ἑαυτῷ βασιλείαν καὶ ὑποστρέψαι. **καλέσας** δὲ 67
δέκα **δούλους** ἑαυτοῦ **ἔδωκεν αὐτοῖς** δέκα μνᾶς, 22
καὶ εἶπεν πρὸς αὐτούς⸀· πραγματεύσασθε ἐν ᾧ

27. J 1,11;   14 ἔρχομαι. οἱ δὲ πολῖται αὐτοῦ ἐμίσουν αὐτόν, καὶ
15,18. Mt 21,37;
23,37. Ps 2,2 s.   ⸀ἀπέστειλαν πρεσβείαν ὀπίσω αὐτοῦ λέγοντες· οὐ

---

2 °*DGal* latsy | ⸀κ. α. ην *U*Θac: κ. ουτος ην *Ral*; W
(sed — ην): κ. ην אL; Th: — De.: txt *Bal* lat   4 ⸀προλαβων *D* |
ᵀδι Θ*Ψ*pm   5 ⸀εγενετο εν τω διερχεσθαι αυτον ειδεν και *D*
(157) it (syˢ, syᶜ) | °*B*; [H] | ᵀειδεν αυτον και *Rpm* | ⸀σπευσον
Dpc eq   8 ⸀-σια *B*א(Θ)*al*; H | °*Bpc*; [H]   9 °*B*.; [H]
[+ *BRDθpl*; W: — א*pc*; T   13 ⸀πρ-ευσασθαι *Bאal*; ℜ:
-ευεσθαι *D*Θ: ·πρ-ευεσθε *Wal*   14 ⸀ενεπεμψαν *D**

θέλομεν τοῦτον βασιλεῦσαι ἐφ' ἡμᾶς. καὶ ἐγένετο 15
ἐν τῷ ἐπανελθεῖν αὐτὸν λαβόντα τὴν βασιλείαν
καὶ εἶπεν φωνηθῆναι αὐτῷ τοὺς δούλους τούτους
οἷς δεδώκει τὸ ἀργύριον, ἵνα γνοῖ ⌈τίς τί διεπραγμα-
τεύσατο⌉. παρεγένετο δὲ ὁ πρῶτος λέγων· κύριε, 16
ἡ μνᾶ σου δέκα προσηργάσατο μνᾶς. καὶ εἶπεν 17
αὐτῷ· ⌈εὖ γε⌉, ἀγαθὲ δοῦλε, ὅτι ἐν ἐλαχίστῳ πιστὸς   16,10.
ἐγένου, ἴσθι ἐξουσίαν ἔχων ἐπάνω δέκα πόλεων.
¹καὶ ⌈ἦλθεν ὁ δεύτερος λέγων⌉· ἡ μνᾶ σου, κύριε, 18
ἐποίησεν πέντε μνᾶς. εἶπεν δὲ καὶ τούτῳ· καὶ 19
σὺ ἐπάνω γίνου πέντε πόλεων. καὶ ὁ ἕτερος 20
ἦλθεν λέγων· κύριε, ἰδοὺ ἡ μνᾶ σου, ἣν εἶχον
ἀποκειμένην ἐν σουδαρίῳ· ἐφοβούμην γάρ σε, ὅτι 21
ἄνθρωπος αὐστηρὸς εἶ, αἴρεις ὃ οὐκ ἔθηκας, καὶ
θερίζεις ὃ οὐκ ἔσπειρας. λέγει αὐτῷ· ἐκ τοῦ 22 Mt 12,37.
στόματός σου ⌈κρινῶ σε, πονηρὲ δοῦλε. ᾔδεις ὅτι
ἐγὼ ἄνθρωπος αὐστηρός εἰμι, ⌈αἴρων ὃ οὐκ ἔθηκα,
καὶ ⌈θερίζων ὃ οὐκ ἔσπειρα⌉; καὶ διὰ τί οὐκ ἔδωκάς 23
μου τὸ ἀργύριον ἐπὶ τράπεζαν; κἀγὼ ἐλθὼν σὺν
τόκῳ ἂν αὐτὸ ⌈ἔπραξα. καὶ τοῖς παρεστῶσιν εἶπεν· 24
ἄρατε ἀπ' αὐτοῦ □τὴν μνᾶν⌉ καὶ ⌈δότε τῷ τὰς δέκα
μνᾶς ἔχοντι. □καὶ εἶπαν αὐτῷ· κύριε, ἔχει δέκα 25
μνᾶς.⌉ λέγω ὑμῖν ὅτι παντὶ τῷ ἔχοντι ⌈δοθήσεται, 26 8,18. Mt 13,12.
ἀπὸ δὲ τοῦ μὴ ἔχοντος καὶ ὃ ⌈ἔχει ἀρθήσεται.
¹πλὴν τοὺς ἐχθρούς μου τούτους τοὺς μὴ θελή- 27 14. Ps 2,9.
σαντάς με βασιλεῦσαι ἐπ' αὐτοὺς ἀγάγετε ὧδε   Is 63,1—6.
                                                    1 K 15,25.
καὶ κατασφάξατε αὐτοὺς ἔμπροσθέν μου.⌉   Ap 19,15.

22 Καὶ εἰπὼν ταῦτα ἐπορεύετο ἔμπροσθεν ἀνα- 28 9,51!
βαίνων εἰς Ἱεροσόλυμα. Καὶ ἐγένετο ὡς ἤγγισεν 29   29—38:
                                                    Mt 21,1—9.
                                                    Mc 11,1—10.
                                                    J 12,12—16.

---

15 ⌈τι -αντο 𝔖Dpc; H: txt 𝕽Θrm   **17** ⌈ευ ℵ𝕽Opl; h: txt
BD **18** ⌈ο ετερος ελθων ειπεν D   **22** ⌈κρινω B³Θal lat; H:
txt EKal | ⌈αιρω et ⌈θεριζω D 579 it | ⁚, S   **23** ⌈ανεπρ-
AΘ   **24** □Dit. | ⌈απενεγκατε D   **25** □vs. p) DW 69 pc
itsyˢᶜ **26** ⌈προστιθεται D d (syˢ). : p) δοθ. και περισσευθη-
σεται 579 φ syᶜ | ⌈δοκει εχειν Θ 69 pc syᶜ Mcion   **27** ⌈p) και
τον αχρειον δουλον εκβαλετε εις το σκοτος το εξωτερον· εκει
εσται ο κλαυθμος και ο βρυγμος των οδοντων. D.

εἰς Βηθφαγὴ καὶ ⌜Βηθανίαν πρὸς τὸ ὄρος ⌜τὸ
καλούμενον ἐλαιών⌝, ἀπέστειλεν δύο τῶν μαθητῶν
30 |⌜λέγων· ὑπάγετε εἰς τὴν κατέναντι κώμην, ἐν ᾗ
εἰσπορευόμενοι εὑρήσετε πῶλον °δεδεμένον, ἐφ᾽ ὃν
23,53.   οὐδεὶς πώποτε ἀνθρώπων ⌜ἐκάθισεν, καὶ λύσαντες
31 αὐτὸν ἀγάγετε.   καὶ ἐάν τις ὑμᾶς ἐρωτᾷ· °διὰ τί
λύετε;⌝ οὕτως ἐρεῖτε·· ὅτι ὁ κύριος αὐτοῦ χρείαν
22,13. 32 ἔχει.   ἀπελθόντες δὲ οἱ ἀπεσταλμένοι εὗρον καθὼς 23
33 εἶπεν αὐτοῖς.   λυόντων δὲ αὐτῶν τὸν πῶλον εἶπαν
οἱ κύριοι αὐτοῦ πρὸς αὐτούς· τί λύετε τὸν πῶλον;
34 |οἱ δὲ εἶπαν·· ὅτι ὁ κύριος αὐτοῦ χρείαν ἔχει.
35 |καὶ ⌜ἤγαγον αὐτὸν πρὸς τὸν Ἰησοῦν, καὶ ἐπιρίψαντες
αὐτῶν τὰ ἱμάτια ἐπὶ τὸν πῶλον⌝ ἐπεβίβασαν τὸν
2 Rg 9,13. 36 Ἰησοῦν.   πορευομένου δὲ αὐτοῦ ὑπεστρώννυον τὰ
37 ἱμάτια ⌜ἑαυτῶν °ἐν τῇ ὁδῷ⌝.   ἐγγίζοντος δὲ αὐτοῦ 23
ἤδη πρὸς τῇ καταβάσει τοῦ ὄρους τῶν ἐλαιῶν
ἤρξαντο ἅπαν τὸ πλῆθος τῶν μαθητῶν χαίροντες
18,43.   αἰνεῖν τὸν θεὸν °φωνῇ μεγάλῃ⌝ περὶ ⌜πασῶν ὧν
38 εἶδον ⌜δυνάμεων, |λέγοντες·
Mt 3,11.   **εὐλογημένος ὁ ⌜ἐρχόμενος,**
Ps 118,26.   **ὁ βασιλεὺς⌝ ἐν ὀνόματι κυρίου**ᵀ·
2,14.   ἐν ⌜οὐρανῷ εἰρήνη
        καὶ δόξα ἐν ὑψίστοις.
39.40: 39 |καὶ τινες τῶν Φαρισαίων ἀπὸ τοῦ ὄχλου εἶπαν 23
Mt 21,15 s.
(J 12,17—19.)   πρὸς αὐτόν· διδάσκαλε, ἐπιτίμησον τοῖς μαθη-
Hab 2,11. 40 ταῖς σου.   καὶ ἀποκριθεὶς εἶπεν· λέγω ὑμῖν,ᵀ ἐὰν
41 οὗτοι ⌜σιωπήσουσιν, οἱ λίθοι κράξουσιν.   °Καὶ 1?
2 Rg 8,11.   ὡς ἤγγισεν, ἰδὼν τὴν πόλιν ἔκλαυσεν ἐπ᾽ αὐτήν, ⌝ 23?
23,28. J 11,35.

29 ⌜-νιὰ B𝖓*D*; H | ⌜(το καλ. Ἐλαιῶν H): των ελαιων
καλ. D : p) των ελαιων 69 al e syˢ   30 ⌜ειπων 𝕽pl; T | °D |
⌜κεκαθικεν λ 157   31 □D it. |⸱οτι O H   34⸱οτι O H   35 ⌜
αγαγοντες τον πωλον επερριψαν τ. ι. αυτ. επ αυτον και D it
(syˢᶜ)   36 ⌜αυ- 𝕳𝕽Dpm; T: txt BΘal | □D 229.   37 □
Dl. | ⌜παντων BD 579 syˢᶜ | ⌜γινομενων Dr. : γιν. δυν. Θ
— syˢᶜ   38 ⸀p) εϱχ. DWpc it : βασ. 𝖓*pc e l*; Th¹: εϱχ. βασ.
𝕽Θpm; h²: txt B | ⌜p) ευλογημενος ο βασιλευς D (157) it |
⌜(ανθρωποις Valckenaer cj)   40 ᵀ οτι 𝕳𝕽Dpm; Th: txt
BΘal | ⌜-σωσιν 𝕽Θpm; S: σιγησουσιν D: txt B𝖓al   41 □vs.
(orthodoxi apud Epiph. cj)

¹λέγων ὅτι εἰ ἔγνως ⸆ἐν τῇ ἡμέρᾳ ταύτῃ καὶ σὺ⸃ τὰ 42
πρὸς εἰρήνην⸆· νῦν δὲ ἐκρύβη ἀπὸ ὀφθαλμῶν σου.
¹ὅτι ἥξουσιν ἡμέραι ⸂ἐπὶ σὲ⸃ καὶ ⸀παρεμβαλοῦσιν οἱ 43
ἐχθροί σου χάρακά σοι καὶ περικυκλώσουσίν σε
καὶ συνέξουσίν σε πάντοθεν, ¹καὶ ἐδαφιοῦσίν σε 44
,²καὶ τὰ τέκνα σου ⸂ἐν σοί⸃, *καὶ οὐκ ἀφήσουσιν λίθον
ἐπὶ λίθον ἐν⸆σοί, ἀνθ' ὧν οὐκ ἔγνως ⸀τὸν καιρὸν
,¹τῆς⸃ ἐπισκοπῆς σου.   Καὶ εἰσελθὼν εἰς τὸ ἱερὸν 45
ἤρξατο ἐκβάλλειν τοὺς πωλοῦντας⸆, ¹λέγων αὐτοῖς· 46
γέγραπται· καὶ ἔσται ὁ οἶκός μου οἶκος προσευχῆς·
ὑμεῖς δὲ αὐτὸν ἐποιήσατε σπήλαιον λῃστῶν.

,¹   Καὶ ἦν διδάσκων τὸ καθ' ἡμέραν ἐν τῷ ἱερῷ· 47
οἱ δὲ ἀρχιερεῖς καὶ οἱ γραμματεῖς ἐζήτουν αὐτὸν
ἀπολέσαι καὶ οἱ πρῶτοι τοῦ λαοῦ, ¹καὶ οὐχ εὑρί- 48
σκον τὸ τί ποιήσωσιν⸆· ὁ λαὸς γὰρ ἅπας ἐξεκρέ-
ματο ⸂αὐτοῦ ἀκούων⸃.

4   Καὶ ἐγένετο ἐν μιᾷ τῶν ἡμερῶν διδάσκοντος 20
,³αὐτοῦ τὸν λαὸν ἐν τῷ ἱερῷ καὶ εὐαγγελιζομένου
ἐπέστησαν οἱ ⸀ἀρχιερεῖς καὶ οἱ γραμματεῖς σὺν
τοῖς πρεσβυτέροις, ¹καὶ εἶπαν λέγοντες πρὸς αὐτόν· 2
εἰπὸν ἡμῖν ἐν ποίᾳ ἐξουσίᾳ ταῦτα ποιεῖς, ἢ τίς
ἐστιν ὁ δούς σοι τὴν ἐξουσίαν ταύτην; ἀποκριθεὶς 3
δὲ εἶπεν πρὸς αὐτούς· ἐρωτήσω ὑμᾶς κἀγὼ λόγον,
καὶ εἴπατέ μοι· ¹τὸ βάπτισμα⸆ Ἰωάννου ἐξ οὐρανοῦ ἦν 4
ἢ ἐξ ἀνθρώπων; οἱ δὲ συνελογίσαντο πρὸς ἑαυτοὺς 5
λέγοντες ὅτι ἐὰν εἴπωμεν· ἐξ οὐρανοῦ, ἐρεῖ· διὰ τί
⸆οὐκ ἐπιστεύσατε αὐτῷ; ¹ἐὰν δὲ εἴπωμεν· ἐξ ἀνθρώ- 6
πων, ὁ λαὸς ἅπας καταλιθάσει ἡμᾶς· πεπεισμένος
γάρ ἐστιν Ἰωάννην προφήτην εἶναι.   καὶ ἀπεκρί- 7

Marginal references (right column):

Dt 32,29.
Mt 11,25; 13,14!

Ps 137,9.
21,6.
1,68!
Job 10,12 Lxx.
Mt 24,2. 1P 2,12.
45.46:
Mt 21,12 s.
Mc 11,15—17.
J 2,13—16.

Is 56,7.

Jr 7,11.
47.48:
Mc 11,18.
21,37; 22,53.
J 7,14; 18,20.
20,19!
21,38. Mc 12,37.

1—8:
Mt 21,23—27.
Mc 11,27—33.

Mt 11,9.
22,68.

42 ⸂κ. συ και γε εν τ. η. σου ταυτη 𝕽(D)pm; T | ⸆ σου
𝕽pm; T : σοι D al lat : txt 𝕳Θpc   43 ⸂D 28 sy^sc | ⸀περιβαλ-
B𝕽pl; Wh : βαλ. επι σε D : txt 𝕳Θpc   44 ⸂D Or | ⸆ολη
DΘit | ⸂εις κ. D.   45 ⸆p) εν αυτω και αγοραζοντας (C)𝕽Θpl :
εν α. κ. αγ. και τας τραπεζας των κολλυβιστων εξεχεεν και
τας καθεδρας των πωλουντων τας περιστερας Dpcit
48 ⸆αυτω DΘpclatsy | ⸂ακουειν αυτ. D(al)sy   20,1 ⸀
ιερεις 𝕽al; T   2 ⸂:.H   4 ⸆το 𝕬Dpc; T   5 ⸆p) ουν CDal

8 θησαν μὴ εἰδέναι πόθεν. καὶ ὁ Ἰησοῦς εἶπεν
αὐτοῖς· οὐδὲ ἐγὼ λέγω ὑμῖν ἐν ποίᾳ ἐξουσίᾳ ταῦτα
9 ποιῶ.　　Ἤρξατο δὲ πρὸς τὸν λαὸν λέγειν τὴν 70
παραβολὴν ταύτην. ἄνθρωπος ⊤ ἐφύτευσεν ἀμπε- 24
λῶνα, καὶ ἐξέδοτο αὐτὸν γεωργοῖς, καὶ ἀπεδήμησεν
10 χρόνους ἱκανούς. καὶ καιρῷ ἀπέστειλεν πρὸς
τοὺς γεωργοὺς δοῦλον, ἵνα ἀπὸ τοῦ καρποῦ τοῦ
ἀμπελῶνος δώσουσιν αὐτῷ· οἱ δὲ γεωργοὶ ἐξαπ-
11 έστειλαν αὐτὸν δείραντες κενόν. καὶ ⌜προσέθετο
ἕτερον πέμψαι⌝ δοῦλον· οἱ δὲ κἀκεῖνον δείραντες
12 καὶ ἀτιμάσαντες ἐξαπέστειλαν κενόν. ⌜καὶ προσ-
έθετο τρίτον πέμψαι⌝· οἱ δὲ καὶ τοῦτον τραυματί-
13 σαντες ⌜ἐξέβαλον. εἶπεν δὲ ὁ κύριος τοῦ ἀμπε-
λῶνος· τί ποιήσω; πέμψω τὸν υἱόν μου τὸν
14 ἀγαπητόν· ⌜ἴσως τοῦτον ἐντραπήσονται. ἰδόντες
δὲ αὐτὸν οἱ γεωργοὶ διελογίζοντο πρὸς ἀλλήλους
λέγοντες· οὗτός ἐστιν ὁ κληρονόμος· ἀποκτείνωμεν
15 αὐτόν, ἵνα ἡμῶν γένηται ἡ κληρονομία. καὶ ἐκ-
βαλόντες αὐτὸν ἔξω τοῦ ἀμπελῶνος ἀπέκτειναν.
τί οὖν ποιήσει αὐτοῖς ὁ κύριος τοῦ ἀμπελῶνος;
16 ¹ἐλεύσεται καὶ ἀπολέσει τοὺς γεωργοὺς τούτους,
καὶ δώσει τὸν ἀμπελῶνα ἄλλοις. ἀκούσαντες δὲ
17 εἶπαν· μὴ γένοιτο. ὁ δὲ ἐμβλέψας αὐτοῖς εἶπεν·
τί οὖν ἐστιν τὸ γεγραμμένον τοῦτο·
λίθον ὃν ἀπεδοκίμασαν οἱ οἰκοδομοῦντες,
οὗτος ἐγενήθη εἰς κεφαλὴν γωνίας;
18 ¹πᾶς ὁ πεσὼν ἐπ᾽ ἐκεῖνον τὸν λίθον συνθλασθή-
19 σεται· ἐφ᾽ ὃν δ᾽ ἂν πέσῃ, λικμήσει αὐτόν.　　Καὶ 24
ἐζήτησαν οἱ γραμματεῖς καὶ οἱ ἀρχιερεῖς ἐπιβαλεῖν
ἐπ᾽ αὐτὸν τὰς χεῖρας ἐν αὐτῇ τῇ ὥρᾳ, καὶ ἐφο-
βήθησαν τὸν λαόν· ἔγνωσαν γὰρ ὅτι πρὸς αὐτοὺς
20 εἶπεν τὴν παραβολὴν ταύτην.　　Καὶ ⌜παρατηρή- 71
σαντες ἀπέστειλαν ἐγκαθέτους ὑποκρινομένους 24

Margin references (left column):
9—19:
Mt 21,33—46.
Mc 12,1—12.

Is 5,1.

2 Chr 36,15 s.

H 1,2.

H 13,12 s.

Ps 118,22.
1 P 2,4.7.
Act 4,11.

Is 8,14.
Dn 2,34 s.44 s.

19,48; 22,2.
Mt 21,26!

20—26:
Mt 22,15—22.
Mc 12,13—17.

6,7 p; 14,1.

9 ⊤τις W Θ al 11 ⌜επεμψεν ετ. De. 12 ⌜τῳ. επεμψεν
De(sy^s). | ⌜εξαπεστειλαν κενον D 1241 f q. 13 ⌜τυχον D.
20 ⌜αποχωρης- D Θ pc it; +h^r1+: υποχωρης- W.: μετα ταυτα
sy^sc: — sy^p; h^r2v 　　　211

ἑαυτοὺς δικαίους εἶναι, ἵνα ἐπιλάβωνται αὐτοῦ
┌λόγου, ὥστε παραδοῦναι αὐτὸν ┌τῇ ἀρχῇ καὶ τῇ
ἐξουσίᾳ τοῦ ἡγεμόνος┐. καὶ ἐπηρώτησαν αὐτὸν 21
λέγοντες· διδάσκαλε, οἴδαμεν ὅτι ὀρθῶς λέγεις
καὶ διδάσκεις καὶ οὐ λαμβάνεις πρόσωπον, ἀλλ᾽
ἐπ᾽ ἀληθείας τὴν ὁδὸν τοῦ θεοῦ διδάσκεις· ἔξεστιν 22
ἡμᾶς Καίσαρι φόρον δοῦναι ἢ οὔ; ┌κατανοήσας 23
δὲ αὐτῶν τὴν ┌πανουργίαν εἶπεν πρὸς αὐτούς·
┆δείξατέ μοι ┌δηνάριον· τίνος ἔχει εἰκόνα καὶ ἐπι- 24
γραφήν; ┌οἱ δὲ┐ εἶπαν· Καίσαρος. ┆ὁ δὲ εἶπεν πρὸς 25
αὐτούς· τοίνυν ἀπόδοτε τὰ Καίσαρος Καίσαρι καὶ
τὰ τοῦ θεοῦ τῷ θεῷ. καὶ οὐκ ἴσχυσαν ἐπιλαβέσθαι 26
┌αὐτοῦ ῥήματος┐ ἐναντίον τοῦ λαοῦ, καὶ θαυμάσαν-
τες ἐπὶ τῇ ἀποκρίσει αὐτοῦ ἐσίγησαν.

27 Προσελθόντες δέ τινες τῶν Σαδδουκαίων, οἱ 27
┌ἀντιλέγοντες ἀνάστασιν μὴ εἶναι, ┌ἐπηρώτησαν αὐ-
τὸν┆λέγοντες· διδάσκαλε, Μωϋσῆς ἔγραψεν ἡμῖν, ἐάν 28
τινος ἀδελφὸς ἀποθάνῃ ┌ἔχων γυναῖκα, καὶ οὗτος
ἄτεκνος ᾖ┐, ἵνα λάβῃ ὁ ἀδελφὸς αὐτοῦ τὴν γυναῖκα
καὶ ┌ἐξαναστήσῃ σπέρμα τῷ ἀδελφῷ αὐτοῦ. ἑπτὰ 29
οὖν ἀδελφοὶ ἦσαν· καὶ ὁ πρῶτος λαβὼν γυναῖκα
ἀπέθανεν ἄτεκνος· ┆καὶ ὁ δεύτερος┆καὶ ὁ τρίτος 30. 31
□ἔλαβεν αὐτήν┐, ὡσαύτως δὲ καὶ οἱ ἑπτὰ ┌οὐ κατέ-
λιπον τέκνα┐ καὶ ἀπέθανον. ὕστερον καὶ ἡ γυνὴ 32
ἀπέθανεν. ἡ γυνὴ οὖν ἐν τῇ ἀναστάσει τίνος 33
αὐτῶν γίνεται γυνή; οἱ γὰρ ἑπτὰ ἔσχον αὐτὴν
γυναῖκα. καὶ εἶπεν αὐτοῖς ὁ Ἰησοῦς· οἱ υἱοὶ τοῦ 34
αἰῶνος τούτου┬γαμοῦσιν καὶ ┌γαμίσκονται, ┆οἱ δὲ 35
καταξιωθέντες τοῦ αἰῶνος ἐκείνου τυχεῖν καὶ τῆς

18,9; 11,54.

7,43. 2 K 11,15.
Lv 19,15.

(23,2.) R 13,1.7.

27—40:
Mt 22,23—33.46.
Mc 12,18—27.34.
Act 23,8.
Dt 25,5 s.
Gn 38,8.

16,8; 17,27.

Ph 3,11. 2Th 1,5.

20 ┌λογον C⊖al : λογους Lp c it : των λογων D | ┌τω ηγε-
μονι D e sy^c.   23 ┌επιγνους D e | ┌p) πονηριαν C*D p c itsy^sc
24 ┌p) το νομισμα D | ┌αποκριθεντες δε C℟p m; S : αποκρ.
D W ⊖p c lat : txt ℌp c   26 ┆p) του ρ. ℌ; H : τ. ρ. αυτου ⊖ 579
lat : txt C℟(D)p l   27 ┌p) λεγοντες ℌ D ⊖al sy; H : txt ℟p m
lat | ┌-ρωτων B(φ)p c; Wh   28 ┌ατεκνος εχ. γυν. D e |
┌-σει A E H al; h^a   31 □ p) D a e | ┌ουκ αφηκαν τεκνον D e
34 ┬γεννωνται και γεννωσιν D ff²iq; -[h^r┆ : γ-σιν κ. γ-νται
a c e l sy^sc Ir Or : habent c e ff²ilq pro γαμ. κ. γαμ. | ┌γαμουνται
D.

ἀναστάσεως τῆς ἐκ νεκρῶν οὔτε γαμοῦσιν οὔτε
36 ⌜γαμίζονται·⌝⌜οὐδὲ γὰρ ἀποθανεῖν ἔτι ⌜δύνανται,
1 J 3,1 s.　ἰσάγγελοι γάρ εἰσιν□, καὶ υἱοί εἰσιν∖⌜2θεοῦ τῆς ἀνα-
37 στάσεως υἱοὶ ὄντες.　ὅτι δὲ ἐγείρονται οἱ νεκροί,
Ex 3,2.　καὶ Μωϋσῆς ⌜ἐμήνυσεν ἐπὶ τῆς βάτου, ὡς λέγει
Ex 3,6.　κύριον τὸν θεὸν Ἀβραὰμ καὶ θεὸν Ἰσαὰκ καὶ
9,30. R 14,8. 38 θεὸν Ἰακώβ· θεὸς δὲ οὐκ ἔστιν νεκρῶν ἀλλὰ
39 ζώντων· πάντες γὰρ αὐτῷ ζῶσιν. ⸀ἀποκριθέντες
δέ τινες τῶν γραμματέων εἶπαν· διδάσκαλε, καλῶς
41—44: 40 εἶπας.　οὐκέτι γὰρ ἐτόλμων ἐπερωτᾶν αὐτὸν οὐδέν. 24
Mt 22,41—45.
Mc 12,35—37. 41　　Εἶπεν δὲ πρὸς αὐτούς· πῶς λέγουσιν τὸν 75
J 7,42. 42 χριστὸν εἶναι Δαυὶδ υἱόν; ⌜αὐτὸς γὰρ⌝ Δαυὶδ λέ- 24
γει ἐν βίβλῳ ψαλμῶν·
Ps 110,1.　　　⌜εἶπεν⌝κύριος τῷ κυρίῳ μου· κάθου ἐκ δεξιῶν μου·
43　　　ἕως ἂν θῶ τοὺς ἐχθρούς σου ⌜ὑποπόδιον τῶν
ποδῶν σου.
44 ⌐Δαυὶδ οὖν ⌜αὐτὸν κύριον⌝καλεῖ, καὶ πῶς αὐτοῦ
υἱός ἐστιν;
45—47: 45　Ἀκούοντος δὲ παντὸς τοῦ λαοῦ εἶπεν τοῖς 24
Mt 23,1.5—7.14.
Mc 12,38—40. 46 μαθηταῖς· προσέχετε ἀπὸ τῶν γραμματέων τῶν
θελόντων περιπατεῖν ἐν ⌜στολαῖς καὶ φιλούντων
ἀσπασμοὺς ἐν ταῖς ἀγοραῖς καὶ πρωτοκαθεδρίας
11,43; 14,7.　ἐν ταῖς συναγωγαῖς καὶ πρωτοκλισίας ἐν τοῖς
47 δείπνοις, ⌐οἳ κατεσθίουσιν τὰς οἰκίας τῶν χηρῶν 24
°καὶ προφάσει μακρὰ ⌜προσεύχονται· οὗτοι λήμ-
1—4: 21 ψονται περισσότερον κρίμα.　　Ἀναβλέψας δὲ 74
Mc 12,41—44.
εἶδεν τοὺς βάλλοντας εἰς τὸ γαζοφυλακεῖον τὰ
2 δῶρα αὐτῶν πλουσίους.　εἶδεν δέ τινα χήραν
3 πενιχρὰν βάλλουσαν ἐκεῖ ⌜λεπτὰ δύο⌐⌝, ⌐καὶ εἶπεν·
2 K 8,12.　ἀληθῶς λέγω ὑμῖν ὅτι ἡ χήρα ⌜αὕτη ἡ πτωχὴ⌝

35 ⌜γαμισκ- B 700 al; h : εχγαμιζ-ℵΘal : txt 𝔖Dal　**36** ⌜ουτε
ℵℜpm; T : txt BDΘal ∣ ⌜μελλουσιν DWΘitsy^hmg Mcion; ⫞h^r⫞ ∣
□D 157 itsy^s (Ju) Mcion; ⫞h^r⫞ ∣ ⌜2του θ. ℜΘpl : τω θεω D ;
⫞h^r⫞ : — sy^s　**37** ⌜εδηλωσεν DWe　**39** : hic, non 41,
dist. W　**42** ⌜και αυτος ℜDpm; S ∣ ⌜λεγει D it. ∣ ⌐o rell; T :
txt BD 579.　**43** ⌜p) υποκατω D itsy^cp　**44** ⌐ℵℜDΘpm; T : txt
B 33 al　**46** ⌜porticis (= στοαις) sy^sc.　**47** □D latsy ∣ ⌜-χομενοι
DΘ 579 al latsy　**21,2** ⌜ℜDpl; T : txt 𝔖Θpc ∣ ⌐p) o εστιν
κοδραντης D.　**3** ⌜231　213　ℜΘpm; T

⌜πλεῖον πάντων ἔβαλεν· ⌐⌜πάντες γὰρ οὗτοι ἐκ τοῦ 4
περισσεύοντος αὐτοῖς ἔβαλον εἰς τὰ δῶρα⌐, αὕτη   12,15.
δὲ ἐκ τοῦ ὑστερήματος αὐτῆς ⌜πάντα τὸν βίον ὃν
εἶχεν ἔβαλεν.⌐

30   Καί τινων λεγόντων περὶ τοῦ ἱεροῦ, ὅτι λίθοις 5   **5—24:**
ᵌ,² καλοῖς καὶ ⌜ἀναθήμασιν κεκόσμηται, εἶπεν· ⌐ ταῦτα 6   Mt 24,1—21.
ἃ θεωρεῖτε, ἐλεύσονται ἡμέραι ἐν αἷς οὐκ ἀφε-   Mc 13,1—19.
θήσεται λίθος ἐπὶ λίθῳ⌐ὃς οὐ καταλυθήσεται.   19,44. Jr 7,14.

ᵌ,² ἐπηρώτησαν δὲ αὐτὸν λέγοντες· διδάσκαλε, πότε 7   **7—36:**
οὖν ταῦτα ἔσται; καὶ τί τὸ σημεῖον ⌐ὅταν μέλλῃ   17,20—37.
ταῦτα γίνεσθαι⌐; ⌐ὁ δὲ εἶπεν· βλέπετε μὴ πλανη- 8   Dn 7,22.
θῆτε· πολλοὶ γὰρ ἐλεύσονται ἐπὶ τῷ ὀνόματί μου
λέγοντες·⌐ἐγώ εἰμι, καί·· ὁ καιρὸς ἤγγικεν· μὴ
πορευθῆτε ὀπίσω αὐτῶν. ὅταν δὲ ἀκούσητε πο- 9   Dn 2,28.
λέμους καὶ ἀκαταστασίας, μὴ ⌜πτοηθῆτε· δεῖ γὰρ
ταῦτα γενέσθαι πρῶτον, ἀλλ᾽ οὐκ εὐθέως τὸ τέλος.
⌐Τότε ·ἔλεγεν αὐτοῖς ·²·⌐ ἐγερθήσεται⌐ἔθνος ἐπ᾽ ἔθ- 10   Is 19,2.
νος καὶ βασιλεία ἐπὶ βασιλείαν, ⌐σεισμοί τε μεγάλοι καὶ 11   2 Chr 15,6.
κατὰ τόπους ⌐λοιμοὶ καὶ λιμοὶ⌐ ἔσονται, φόβητρά
ᵌ,¹ τε ⌐²καὶ ἀπ᾽ οὐρανοῦ σημεῖα μεγάλα⌐ ἔσται⌐. πρὸ δὲ 12
τούτων πάντων ἐπιβαλοῦσιν ἐφ᾽ ὑμᾶς τὰς χεῖρας
αὐτῶν καὶ διώξουσιν, παραδιδόντες εἰς ᵒτὰς συνα-   12,11.
γωγὰς καὶ φυλακάς, ἀπαγομένους ἐπὶ βασιλεῖς
καὶ ἡγεμόνας ἕνεκεν τοῦ ὀνόματός μου· ἀποβή- 13   5,14; 9,5.
ᵌ,² σεται⌐ὑμῖν εἰς μαρτύριον. θέτε οὖν ἐν ταῖς καρ- 14   9,44! 12,11 p.
δίαις ὑμῶν μὴ ⌜προμελετᾶν ἀπολογηθῆναι· ἐγὼ 15
γὰρ δώσω ὑμῖν στόμα καὶ σοφίαν, ᾗ οὐ δυνήσονται   Act 6,10. E 6,19.
⌜ἀντιστῆναι ἢ ἀντειπεῖν⌐ ⌜ἅπαντες οἱ ἀντικείμενοι

3 ⌜πλειω *D W Θ al*; T   4 ⌜απ- *ℜ Θ pl*; T : *txt* **ℵ** *D pc* | ⌐του
θεου *ℜ D Θ pl* lat; S : *txt* **ℵ** λ *pc* sy^sc; | ⌜απ- *ℜ Θ pm*; T | ⌐ταυτα
λεγων εφωνει· ο εχων ωτα ακουειν ακουετω *E G al*   5 ⌜-θεμ-
ℵ *D al*; T   6 ⌐ωδε *𝔖 φ* (⌐λ 33 e sy^sc); H : εν τοιχω ωδε *D ai*
(⌐it): *txt* *ℜ Θ pm f g* vg sy^p   7 ⌐(p) της σης ελευσεως *D l*   8 ⌐οτι
ℜ D Θ pl; S : *txt* **ℵ** *B pc*; — Ti W   9 ⌜φοβηθητε *D q*   10 ⌐et
⌐γαρ *D pc* it sy | : , et ·²· comm   11 *𝔖 ℜ D Θ pl*; Th : *txt* B 157
lat sy^sc Mcion | ⌐² 1 4 2 3 5 *ℜ pm*; T : 1 4 5 2 3 *𝔖 al*; h : 2 3 1 4 5
D latt (sy^sc) Or : *txt* B 1. | ⌐και χειμωνες 10 12 it (sy^c·p); h^r lat
12 *ℜ Θ pl*; S : *txt* **ℵ** *D pc*   13 ⌐δε *ℜ pc*; S : *txt* **ℵ*** *D pc*   14 ⌜-των-
τες *D.*   15 ⌐3 ουδε 1 *ℜ W Θ pl* : 1 *D* it sy : 3 d. : *txt* 𝔖 157 *pc e* Or |
⌜παντες **ℵ** *ℜ D Θ pl*; h : — it: 214   *txt* B *pc*

Mt 11,15!

16 ὑμῖν. *παραδοθήσεσθε* δὲ καὶ ὑπὸ γονέων καὶ
ἀδελφῶν καὶ συγγενῶν καὶ φίλων, καὶ θανατώ-

Mt 10,22. 17 σουσιν ἐξ ὑμῶν, ᾿καὶ ἔσεσθε μισούμενοι ὑπὸ πάν-

12,7! 18 των διὰ τὸ ὄνομά μου. �□καὶ θρὶξ ἐκ τῆς κεφαλῆς

8,15! 2 Chr15,7. 19 ὑμῶν οὐ μὴ ἀπόληται·\ ἐν τῇ ὑπομονῇ ὑμῶν
H 10,36.39.

20 ⌈κτήσεσθε τὰς ψυχὰς ὑμῶν. Ὅταν δὲ ἴδητε 1:
κυκλουμένην ὑπὸ στρατοπέδων Ἰερουσαλήμ, τότε 25

Prv 22,3. 21 γνῶτε ὅτι ἤγγικεν ἡ ἐρήμωσις αὐτῆς. τότε οἱ ἐν 25
τῇ Ἰουδαίᾳ φευγέτωσαν εἰς τὰ ὄρη, καὶ οἱ ἐν
μέσῳ αὐτῆς┬ἐκχωρείτωσαν, καὶ οἱ ἐν ταῖς χώραις

Dt 32,35. 22 μὴ εἰσερχέσθωσαν εἰς αὐτήν, ᾿ὅτι ἡμέραι ἐκδικήσεως
Hos 9,7.
Jr 5,29.   αὐταί εἰσιν τοῦ πλησθῆναι πάντα τὰ γεγραμμένα.

23,29.1K7,26.28 23 ᾿οὐαὶ ταῖς ἐν γαστρὶ ἐχούσαις καὶ ταῖς ⌈θηλαζούσαις 25
Mt 3,7!
Dt 28,64.   ἐν ἐκείναις ταῖς ἡμέραις· *ἔσται γὰρ ἀνάγκη μεγάλη 25
Zch 12,3 Lxx.
Dn 8,10; 9,26. 24 ἐπὶ τῆς γῆς καὶ ὀργὴ τῷ λαῷ τούτῳ, ᾿καὶ πεσοῦνται 25
Is63,18. Ap11,2.
R11,25. Dn12,7. στόματι μαχαίρης καὶ αἰχμαλωτισθήσονται εἰς τὰ
Tob 14,7[5].   ἔθνη πάντα, καὶ Ἰερουσαλὴμ ἔσται πατουμένη ὑπὸ
25—27:
Mt 24,29 s. 25 ἐθνῶν, ἄχρι οὗ πληρωθῶσιν┬□καιροὶ ἐθνῶν\. Καὶ 25
Mc 13,24—26. ἔσονται σημεῖα ἐν ἡλίῳ καὶ σελήνῃ καὶ ἄστροις,
Sap 5,22.
Ps 65,8.   καὶ ἐπὶ τῆς γῆς συνοχὴ ἐθνῶν ⌈ἐν ἀπορίᾳ\ ⌈ἤχους

(17,26—30.) 26 θαλάσσης καὶ σάλου, ᾿ἀποψυχόντων ┬ ἀνθρώπων
ἀπὸ φόβου καὶ προσδοκίας τῶν ἐπερχομένων τῇ
H12,26s. Is34,4. οἰκουμένῃ· αἱ γὰρ δυνάμεις ⌈τῶν οὐρανῶν\ σαλευ-
Dn 7,13.
Mt 26,64 p. 27 θήσονται. καὶ τότε ὄψονται τὸν υἱὸν τοῦ ἀν- 25
H 10,37.   θρώπου ἐρχόμενον ἐν νεφέλῃ μετὰ δυνάμεως καὶ

(Ph 4,4 s.) 28 δόξης πολλῆς. ⌈ἀρχομένων δὲ τούτων γίνεσθαι
R 8,19.
Henoch 51,2. ἀνακύψατε καὶ ἐπάρατε τὰς κεφαλὰς ὑμῶν, διότι

29—33: 29 ἐγγίζει ἡ ἀπολύτρωσις ὑμῶν. Καὶ εἶπεν παρα-
Mt 24,32—35.
Mc 13,28—31. βολὴν αὐτοῖς· ἴδετε τὴν συκῆν καὶ πάντα τὰ

30 δένδρα· ὅταν προβάλωσιν ⌈ἤδη, βλέποντες ἀφ᾿
12,57. J 4,35. ἑαυτῶν γινώσκετε ὅτι ἤδη ἐγγὺς\ τὸ θέρος ἐστίν·

---

18 □*vs. p*) sy^c Mcion.; h^r   *19* ⌈-σασθε 𝕾𝕽𝔇*pm*; T: *txt*
B Θ*al* latsy   *21* ┬ μη D   *23* ⌈-ζομεναις D.   *24* ┬και εσονται
B.; [H]: καιροι, και εσ. L*pc* sy^hmg; W | □D.   *25* ⌈και εν
-ια 𝕹*pc*: και -ια D. | ⌈ηχουσης 𝕽𝔇*al* : *txt* 𝕾Θ*pm* latt(sy);
(ηχοῦς 𝓗^a)   *26* ┬των N | (*p*) αι εν τω ουρανω Dit *28* : *nov.*
sect. hic, non 29 comm | ⌈ερχ- D*pc*   *30* ⌈τον καρπον αυτων,
γινωσκεται ηδη οτι εγγυς   215   ηδη D (157 *pc*, latsy^sc, Mcion)

¹οὕτως καὶ ὑμεῖς, ὅταν ἴδητε ταῦτα γινόμενα, 31
γινώσκετε ὅτι ἐγγύς ἐστιν ἡ βασιλεία τοῦ θεοῦ.   19,11.
¹ἀμὴν λέγω ὑμῖν ὅτι οὐ μὴ παρέλθῃ ἡ γενεὰ αὕτη 32
ἕως °ἂν πάντα γένηται. ὁ οὐρανὸς καὶ ἡ γῆ 33 Mt 5,18!
παρελεύσονται, οἱ δὲ λόγοι μου οὐ μὴ παρελεύ-
                                         8,14; 12.22.
10 σονται. Προσέχετε δὲ ἑαυτοῖς μήποτε βαρηθῶσιν 34 Mc 4,19.
                                       17,27. Mt24,39.
ˢὑμῶν αἱ καρδίαι˻ ἐν κραιπάλῃ καὶ μέθῃ καὶ μερί- R 13,13. E 5,18.
                                       Is 5,11—13.
μναις βιωτικαῖς, καὶ ἐπιστῇ ἐφ᾽ ὑμᾶς αἰφνίδιος ἡ 1 Th 5,3.7.
ἡμέρα ἐκείνη ¹ˢὡς **παγίς**· ἐπεισελεύσεται γὰρ˺ ἐπὶ 35 Is 24,17.
πάντας **τοὺς καθημένους** ἐπὶ πρόσωπον πάσης **τῆς**
γῆς. ἀγρυπνεῖτε ˹δὲ ἐν παντὶ καιρῷ δεόμενοι ἵνα 36 18,1.7. R 12,12
˹κατισχύσητε ἐκφυγεῖν ταῦτα πάντα τὰ μέλλοντα Mt 26,41 p.
                                       Mc 13,32.
γίνεσθαι, καὶ ˹²σταθῆναι ἔμπροσθεν τοῦ υἱοῦ τοῦ 1 P 4,7.
ἀνθρώπου.   (Ap 6,17.)

32 Ἦν δὲ τὰς ἡμέρας ˢἐν τῷ ἱερῷ διδάσκων˻, τὰς 37 19,47; 22,39.
                                       J 8,1 ss.
δὲ νύκτας ἐξερχόμενος ηὐλίζετο εἰς τὸ ὄρος ˹τὸ J 18,2.
καλούμενον ἐλαιών˺. καὶ πᾶς ὁ λαὸς ὤρθριζεν 38 19,48. Mc 12,37.
πρὸς αὐτὸν ἐν τῷ ἱερῷ ἀκούειν αὐτοῦ.ᵀ

                                         1. 2:
76 Ἤγγιζεν δὲ ἡ ἑορτὴ τῶν ἀζύμων ἡ λεγομένη**22** Mt 26,1—5.
,1   Mc 14,1 s.
,1 πάσχα. καὶ ἐζήτουν οἱ ἀρχιερεῖς καὶ οἱ γραμ- 2
ματεῖς τὸ πῶς ἀνέλωσιν αὐτόν· ἐφοβοῦντο γὰρ Mt 21,26!
                                       3—6:
,9 τὸν λαόν. Εἰσῆλθεν δὲ ᵀσατανᾶς εἰς Ἰούδαν 3 Mt 26,14—16.
τὸν καλούμενον Ἰσκαριώτην, ὄντα ἐκ τοῦ ἀριθμοῦ Mc 14,10 s.
                                     J6,70 s; 13,2.27.
,2 τῶν δώδεκα· καὶ ἀπελθὼν συνελάλησεν τοῖς ἀρχ- 4
ιερεῦσινᵀ □καὶ στρατηγοῖς˺ τὸ πῶς αὐτοῖς παραδῷ Act 4,1!
αὐτόν. καὶ ἐχάρησαν, καὶ συνέθεντο αὐτῷ ἀρ- 5
γύριον δοῦναι. καὶ ἐξωμολόγησεν, καὶ ἐζήτει εὐ- 6
καιρίαν τοῦ παραδοῦναι αὐτὸν ἄτερ ὄχλου αὐτοῖς. 7—13:
                                       Mt 26,17—19.
33 Ἦλθεν δὲ ἡ ἡμέρα ˹τῶν ἀζύμων˺, ᵀᾗ ἔδει θύεσθαι 7 Mc 14,12—16.
τὸ πάσχα· καὶ ἀπέστειλεν Πέτρον καὶ Ἰωάννην 8 Ex 12,14—20.

---

    32 ○ *D* 13 33.; [H]   34 ˢ2 3 1 *Bφal*; H   35 ˹·ως παγις
γαρ επελευσεται *CℜΘpl* lat(sy, Ir) : txt ℌ *D* it Mcion 36 ˹p) ουν
CℜΘpl; s : — 157 : txt *BℵDae* | ˹καταξιωθητε *CℜDΘpl* lattsy |
˹²στησεσθε *D* it(syˢᶜ) Tert.   37 ˢ*Bpc* latsy; Wh | ˹τ. κ. Ελαιων
EHΘple; H : των ελ. *λpc* : txt *Λal* 38 ᵀhic Joh 7,53—8,11 *hab.*
φ.; hʳ   22,3 ᵀ ο *Θpm*   4 ᵀp) και (+ τοις *C*) γραμματευσιν
CN 700 *al* itsy | □p) *D* itsyˢᶜ   7 ˹του πασχα *D* itsy | ᵀεν
ℵℜΘpl; T   **216**

εἰπών· πορευθέντες ἑτοιμάσατε ἡμῖν τὸ πάσχα,
9 ἵνα φάγωμεν. οἱ δὲ εἶπαν αὐτῷ· ποῦ θέλεις
10 ἑτοιμάσωμεν⌐; ¹ ὁ δὲ εἶπεν αὐτοῖς· ἰδοὺ εἰσελθόντων

1 Sm 10,3.   ὑμῶν εἰς τὴν πόλιν συναντήσει ὑμῖν ἄνθρωπος
κεράμιον ὕδατος βαστάζων· ἀκολουθήσατε αὐτῷ
11 εἰς τὴν οἰκίαν εἰς ἣν εἰσπορεύεται· καὶ ἐρεῖτε
τῷ οἰκοδεσπότῃ τῆς οἰκίας⌐· λέγει σοι ὁ διδάσκαλος·

2,7.   ποῦ ἐστιν τὸ κατάλυμα ὅπου τὸ πάσχα μετὰ τῶν
12 μαθητῶν μου φάγω; κἀκεῖνος ὑμῖν δείξει ἀνά-
13 γαιον⌐μέγα ἐστρωμένον· ἐκεῖ ἑτοιμάσατε. ἀπελ-

19,32.   θόντες δὲ εὗρον καθὼς εἰρήκει αὐτοῖς, καὶ ἡτοί-

15—20:
Mt 26,26—29. 14 μασαν τὸ πάσχα. Καὶ ὅτε ἐγένετο ἡ ὥρα, 13
Mc 14,22—25. 15 ἀνέπεσεν, καὶ οἱ⌐ἀπόστολοι σὺν αὐτῷ. καὶ εἶπεν 264
1 K 11,23—25.
1 K 5,7.   πρὸς αὐτούς· ἐπιθυμίᾳ ἐπεθύμησα °τοῦτο τὸ πάσχα
16 φαγεῖν μεθ' ὑμῶν πρὸ τοῦ με παθεῖν· λέγω γὰρ 26f

13,29!   ὑμῖν ὅτι °οὐκέτι οὐ μὴ φάγω αὐτὸ ἕως ὅτου⌐πληρωθῇ
17 ἐν τῇ βασιλείᾳ τοῦ θεοῦ. ⌐καὶ δεξάμενος⌐ποτήριον
εὐχαριστήσας εἶπεν· λάβετε τοῦτο καὶ διαμερί-
18 σατε εἰς ἑαυτούς· λέγω γὰρ ὑμῖν,⌐οὐ μὴ πίω ἀπὸ
τοῦ νῦν ἀπὸ τοῦ γενήματος τῆς ἀμπέλου ἕως
19 ⌐οὗ ἡ βασιλεία τοῦ θεοῦ ἔλθῃ. καὶ λαβὼν ἄρτον 26f

24,30. Act 27,35.   εὐχαριστήσας ἔκλασεν καὶ ἔδωκεν αὐτοῖς λέγων·
Ex 12,14; 13,9.   τοῦτό ἐστιν τὸ σῶμά μου ⟦τὸ ὑπὲρ ὑμῶν διδόμενον·
Dt 16,3.
Ex 24,8. 20 τοῦτο ποιεῖτε εἰς τὴν ἐμὴν ἀνάμνησιν. καὶ τὸ 28f
Jr 31,31; 32,40.   ποτήριον ὡσαύτως μετὰ τὸ δειπνῆσαι, λέγων·
Zch 9,11.
H 7,22!2 K 3,6!   τοῦτο τὸ ποτήριον ἡ °καινὴ διαθήκη ἐν τῷ αἵματί
14. 21—23:
Mt 26,20—25. 21 μου, τὸ ὑπὲρ ὑμῶν ἐκχυννόμενον.⟧⌐ πλὴν ἰδοὺ ἡ 26f
Mc 14,17—21.   χεὶρ τοῦ παραδιδόντος με μετ' ἐμοῦ ἐπὶ τῆς τρα-
J 13,21—26. 22 πέζης. ὅτι ὁ υἱὸς μὲν τοῦ ἀνθρώπου κατὰ τὸ
ὡρισμένον πορεύεται, πλὴν οὐαὶ □τῷ ἀνθρώπῳ⟩

---

9 ⌐p) σοι *D pc* c e s a : σ. το πασχα *ff²* : σ. φαγειν τ. π. B   **11** ⌐λεγον-
τες ℵ.; h   **12** ⌐οικον *D* : οικ. μεγα Θ   **14** ⌐p) δωδεκα *Lal* : δωδ. απ. ℜΟpl
Mcion : μαθηται αυτου sy⁵. : *txt* Bℵ*D it(sy^c,sy^s)   **15** Οsy^sc(Mcion?)   **16** Οℌ
Θal; H : *txt* ℜD pm | ⌐καινον βρωθη *D*.   **17—20** ⌐19ª.17.18 b e : 19.17.18 sy^c :
sy⁵ ut sy^c, sed e vs. 20 *inserit initio* vs. 17 μετα το δειπνησαι et post 17 τουτο
μου το αιμα η καινη διαθηκη : —17.18 sy^p   **17** ⌐το *DWΘal*   **18** ⌐οτι
ℵℜΘp¹; T : *txt* BCD pc | ⌐οτου ℜDΘpl; T   **19.20** ⟦+ rell; T : — *D* it(sy^sc).; W
20 ΟMcion   **22** □*De* sy^sc (Mcion).; s

,1 ἐκείνῳ δι᾿ οὖ παραδίδοται. καὶ αὐτοὶ ἤρξαντο 23
συζητεῖν πρὸς ἑαυτοὺς τὸ τίς ἄρα εἴη ἐξ αὐτῶν
35 ὁ τοῦτο μέλλων πράσσειν.   Ἐγένετο δὲ καὶ 24 9,46!
,2 φιλονεικία ἐν αὐτοῖς, τὸ τίς ⌜αὐτῶν δοκεῖ εἶναι⌝
μείζων. ὁ δὲ εἶπεν αὐτοῖς· οἱ βασιλεῖς τῶν ἐθνῶν 25   **25—27:**
κυριεύουσιν αὐτῶν, καὶ οἱ ἐξουσιάζοντες αὐτῶν   Mt 20,25—28.
εὐεργέται καλοῦνται. ὑμεῖς δὲ οὐχ οὕτως, ἀλλ᾿ 26   Mc 10,42—45.
ὁ μείζων ἐν ὑμῖν γινέσθω ὡς ὁ ⌜νεώτερος, καὶ ὁ   9,48. H 13,7.
10 ἡγούμενος ὡς ὁ διακονῶν. ⌜τίς γὰρ μείζων, ὁ 27 J 13,4—14.
ἀνακείμενος ἢ ὁ διακονῶν; οὐχὶ⌝ ὁ ἀνακείμενος;
ἐγὼ ⌜δὲ ἐν μέσῳ ὑμῶν⌝εἰμι ὡς ὁ διακονῶν. ⌐ὑμεῖς 28 Mt 19,27.
                                                     J 6,67; 11,8.
δέ ἐστε⌝ οἱ διαμεμενηκότες μετ᾿ ἐμοῦ ἐν τοῖς πειρα-   R 8,18.
σμοῖς μου· κἀγὼ διατίθεμαι ὑμῖν⌐· καθὼς διέθετό 29   H 4,15!
μοι ὁ πατήρ°μου·2⌜βασιλείαν,⌝ἵνα ἔσθητε καὶ πίνητε 30 12,32.
,5 ἐπὶ τῆς τραπέζης μου ἐν τῇ βασιλείᾳ μου, * καὶ   Ap 3,20.
                                                     Mt 19,28!
⌜καθήσεσθε ἐπὶ θρόνων⌐τὰς δώδεκα φυλὰς κρί-   **31—34:**
                                                     Mt 26,31—35.
36 νοντες⌝ τοῦ Ἰσραήλ.⌐Σίμων Σίμων, ἰδοὺ ὁ σατανᾶς 31 Mc 14,27—31.
                                                     J 13,36—38.
10 ἐξῃτήσατο ὑμᾶς τοῦ σινιάσαι ὡς τὸν σῖτον· ἐγὼ 32   2K2,11Job1,6s.
δὲ ἐδεήθην περὶ σοῦ ἵνα μὴ ἐκλίπῃ ἡ πίστις σου·   Am 9,9.
                                                     J 17,11.15.
,9 *καὶ σύ ποτε ἐπιστρέψας στήρισον τοὺς ἀδελφούς   Ps 51,15.
                                                     J 21,15 ss.
,1 σου. ὁ δὲ εἶπεν αὐτῷ· κύριε, μετὰ σοῦ ἕτοιμός 33 Mt 14,28—31.
εἰμι καὶ εἰς φυλακὴν καὶ εἰς θάνατον πορεύεσθαι.
⌐ὁ δὲ εἶπεν· λέγω σοι, Πέτρε, οὐ φωνήσει σήμερον 34 61.
10 ἀλέκτωρ ἕως τρίς⌐ με ἀπαρνήσῃ °μὴ εἰδέναι⌝. Καὶ 35
εἶπεν αὐτοῖς· ὅτε ἀπέστειλα ὑμᾶς ἄτερ βαλλαντίου   9,3; 10,4!
καὶ πήρας καὶ ὑποδημάτων, μή τινος ὑστερήσατε;
οἱ δὲ εἶπαν· οὐθενός. ⌐εἶπεν δὲ⌝ αὐτοῖς· ἀλλὰ 36
νῦν ὁ ἔχων βαλλάντιον⌜ἀράτω, ὁμοίως καὶ πήραν,
καὶ ὁ μὴ ἔχων πωλησάτω τὸ ἱμάτιον αὐτοῦ καὶ
,8 ἀγορασάτω μάχαιραν. λέγω γὰρ ὑμῖν ὅτι⌐τοῦτο 37

---

24 ⌜αν ειη **D**a sy   **26** ⌜μικροτερος **D** it vg^cl sy sa   **27** ⌜μαλλον η et ⌜γαρ et ⌐ηλθον ουχ ως ο ανακειμενος αλλ **D**   **28** ⌜και υμεις ηυξηθητε εν τη διακονια μου ως ο διακονων **D**.   **29** ⌐διαθηκην **AΘ**579 sa Or | ⌐:, H | °**D** pc e | ⌐:2, h | ⌜διαθηκην 579   **30** ⌜καθησθε **B***pc; H : καθισεσθε **R**pm : καθεξησθε **D**.: *txt* **ℌΘ**al | ⌐4 1 2 3 *rell*; T : *txt* B T 892 i.   **31** ⌐ειπεν δε ο κυριος **ℵRDΘ**pl : *txt* **B**Lpc sy^s   **34** ⌐2 3 4 1 **R**(D)al; T | °**BℵΘ**al; H : *txt* **R**(D)al   **36** ⌐ο δε ειπεν **ℵ*****DΘ**e; T : ειπ. ουν **R**pl : *txt* **ℌ**pc | ⌜αρει **D**.   **37** ⌐ετι **RΘ**pl; S

218

12,50; 18,31.
52. Is 53,12.

τὸ γεγραμμένον δεῖ τελεσθῆναι ἐν ἐμοί, τό· καὶ
μετὰ ἀνόμων ἐλογίσθη· καὶ °γὰρ ⌐τὸ περὶ ἐμοῦ
38 τέλος ἔχει. οἱ δὲ εἶπαν· κύριε, ἰδοὺ μάχαιραι 27
ὧδε δύο. ὁ δὲ εἶπεν αὐτοῖς· ⌐ἱκανόν ἐστιν⌐.

39—46:
Mt 26,30.36—46.
Mc 14,26.32—42.
21,37. J 18,1 s.

39 Καὶ ἐξελθὼν ἐπορεύθη κατὰ τὸ ἔθος εἰς τὸ 13
ὄρος τῶν ἐλαιῶν· ἠκολούθησαν δὲ αὐτῷ °καὶ οἱ 27
40 μαθηταί. γενόμενος δὲ ἐπὶ τοῦ τόπου εἶπεν 28
αὐτοῖς· προσεύχεσθε μὴ εἰσελθεῖν εἰς πειρασμόν.
41 ⌐καὶ αὐτὸς ἀπεσπάσθη ἀπ' αὐτῶν ὡσεὶ λίθου 28
42 βολήν, καὶ θεὶς τὰ γόνατα προσηύχετο ⌐λέγων·

Mt 6,10.

*πάτερ, ⌐εἰ βούλει ⌐παρένεγκε τοῦτο τὸ ποτήριον 29
ἀπ' ἐμοῦ· πλὴν μὴ τὸ θέλημά μου ἀλλὰ τὸ σὸν

1 Rg 19,5.
Dt 32,43 Lxx.
Dn 10,18 s.
2 Mcc 3,14.16.
12,50. J 12,29.

43 γινέσθω⌐. [[ὤφθη δὲ αὐτῷ ἄγγελος ⌐ἀπ' οὐρανοῦ 28
44 ἐνισχύων αὐτόν. καὶ γενόμενος ἐν ἀγωνίᾳ ἐκ-
τενέστερον προσηύχετο· ⌐καὶ ἐγένετο⌐ ὁ ἱδρὼς αὐτοῦ
ὡσεὶ θρόμβοι αἵματος⌐καταβαίνοντες ἐπὶ τὴν γῆν.]]
45 ⌐καὶ ἀναστὰς ἀπὸ τῆς προσευχῆς, ἐλθὼν πρὸς 28
τοὺς μαθητὰς εὗρεν κοιμωμένους αὐτοὺς ἀπὸ τῆς
46 λύπης, ⌐καὶ εἶπεν αὐτοῖς· °τί καθεύδετε; ἀναστάντες
προσεύχεσθε, ἵνα μὴ εἰσέλθητε εἰς πειρασμόν.

47—53:
Mt 26,47—56.
Mc 14,43—49.
J 18,3—11.
Act 1,16.

47 ⌐Ἔτι αὐτοῦ λαλοῦντος ἰδοὺ ὄχλος⌐, καὶ ὁ ⌐λεγόμενος 13
Ἰούδας ⌐εἷς τῶν δώδεκα προήρχετο αὐτούς, * καὶ 28 / 28
48 ἤγγισεν τῷ Ἰησοῦ φιλῆσαι αὐτόν⌐². Ἰησοῦς δὲ εἶπεν
αὐτῷ· Ἰούδα, φιλήματι τὸν υἱὸν τοῦ ἀνθρώπου

36.

49 παραδίδως; ἰδόντες δὲ οἱ περὶ αὐτὸν τὸ ⌐ἐσόμενον 28
50 εἶπαν· κύριε, εἰ πατάξομεν ἐν μαχαίρῃ; ⌐καὶ ἐπά-
ταξεν εἷς τις ἐξ αὐτῶν τοῦ ἀρχιερέως τὸν δοῦλον
51 καὶ ἀφεῖλεν τὸ ⌐οὖς αὐτοῦ τὸ δεξιόν. ἀποκριθεὶς 28

---

37 ODitsy^{sc} | ⌐τα 𝕽Θ pl   38 ⌐αρκει Dit.   39 OB*
69 al; [H]   42 ⌐μη το θ....γενεσθω· ει β....απ εμου (et
— πλην) Dit.; ┤h^r├ | ⌐-εγκαι 𝔑KLal; T: -εγκειν 𝕽al; S: txt
BDΘal lat   43.44 [[+ 𝔑*𝕽DΘ 0171pm latsy^{cp} Ju Ir; T:— BA
W𝔣al f sy^s aeg Mcion Cl Or (idem orthodoxi apud Epiph cjj); W
43 ⌐απο του DΘal; ℋ   44 ⌐εγ. δε 𝕽DΘpm; h : txt 𝕽al lat |
⌐-ντος 𝔑pc lat; T   46 OD.   47 ⌐p) πολυς Dsy^{sc} | ⌐καλου-
μενος Dλ 0171 (𝒮 157) latsy | ⌐Ισκαριωθ D (157) l | ⌐²p) τουτο
γαρ σημειον δεδωκει αυτοις· ον αν φιλησω αυτος εστιν. DEH
Θpm bcr sy^p 49 ⌐γενομενον D 0171   50 ⌐p) ωτιον Dpc lat

219

δὲ °ὁ Ἰησοῦς εἶπεν· ἐᾶτε ἕως τούτου· καὶ ⸂ἁψά-
89,1 μενος τοῦ ὠτίου ἰάσατο αὐτόν⸃. Εἶπεν δὲ ⸀Ἰησοῦς 52
πρὸς τοὺς παραγενομένους ⸀ἐπ' αὐτὸν ἀρχιερεῖς
καὶ στρατηγοὺς ⸂τοῦ ἱεροῦ⸃ καὶ πρεσβυτέρους· ὡς
ἐπὶ λῃστὴν ⸂²ἐξήλθατε μετὰ μαχαιρῶν καὶ ξύλων⸃·;
ⁱκαθ' ἡμέραν ὄντος μου μεθ' ὑμῶν ἐν τῷ ἱερῷ 53
οὐκ ἐξετείνατε τὰς χεῖρας ἐπ' ἐμέ· ἀλλ' αὕτη
ἐστὶν ὑμῶν ἡ ὥρα καὶ ἡ ἐξουσία ⸂τοῦ σκότους⸃.
90,1 Συλλαβόντες δὲ αὐτὸν ἤγαγον □καὶ εἰσήγαγον⸃ 54
91,1 εἰς τὴν οἰκίαν τοῦ ἀρχιερέως· * ὁ δὲ Πέτρος ἠκο-
λούθει μακρόθεν. περιαψάντων δὲ πῦρ ἐν μέσῳ 55
τῆς αὐλῆς καὶ ⸀συγκαθισάντων ἐκάθητο ὁ Πέτρος
39) μέσος αὐτῶν⸃. ἰδοῦσα δὲ αὐτὸν παιδίσκη τις 56
καθήμενον πρὸς τὸ φῶς καὶ ἀτενίσασα αὐτῷ
εἶπεν· καὶ οὗτος σὺν αὐτῷ ἦν. ὁ δὲ ἠρνήσατο⸃ 57
²,1 λέγων· οὐκ οἶδα αὐτόν, °γύναι. καὶ μετὰ βραχὺ 58
ἕτερος ἰδὼν αὐτὸν ⸀ἔφη· καὶ σὺ ἐξ αὐτῶν εἶ⸃. ὁ
δὲ Πέτρος ἔφη· ἄνθρωπε, οὐκ εἰμί. καὶ ⸀δια-
στάσης ὡσεὶ ὥρας μιᾶς ἄλλος τις διϊσχυρίζετο
⸂λέγων· ἐπ' ἀληθείας⸃ καὶ οὗτος μετ' αὐτοῦ ἦν,
καὶ γὰρ Γαλιλαῖός ἐστιν. εἶπεν δὲ ὁ Πέτρος· 60
ἄνθρωπε, οὐκ οἶδα ὃ λέγεις. καὶ παραχρῆμα ἔτι
λαλοῦντος αὐτοῦ ἐφώνησεν ἀλέκτωρ. καὶ στραφεὶς 61
³,² ὁ κύριος ἐνέβλεψεν τῷ Πέτρῳ, * καὶ ὑπεμνήσθη ὁ
Πέτρος τοῦ ⸀λόγου τοῦ κυρίου, ὡς εἶπεν αὐτῷ
ὅτι πρὶν⸃ ἀλέκτορα φωνῆσαι σήμερον ⸂ἀπαρνήσῃ
με τρίς⸃. □καὶ ἐξελθὼν ἔξω ἔκλαυσεν πικρῶς.⸃ 62
4,1 ⁱΚαὶ οἱ ἄνδρες οἱ συνέχοντες αὐτὸν ἐνέπαιζον 63

Act·4,1

37.

19,47.
J 7,30! J 19,11.
Kol 1,13.
J 13,30.

54—62:
Mt 26,57 s.
69—75.
Mc 14,53 s.
66—72.
J 18,12—18.
25—27.

Act 4,13.

34.

Ps 51,19.

63—65:
Mt 26,67 s.
Mc 14,65.

51 ○B.; [H] | ⸂εκτεινας την χειρα ηψατο αυτου και απ-
εκατεσταθη το ους αυτου D it. 52 ⸀ο I. 𝔐pl; W : — Dλ
ei syˢᶜ : txt B𝔑Θ 0171pc | ⸀προς 𝔑G 700 al; T | ⸀τ. λαου D.
(i. e. ναου) : — syˢ. | ⸂²εξεληλυθατε 𝔑; T : txt 𝔖DΘpm | : · T
53 ⸂το σκοτος D. (cf. tenebrae d) 54 □D⊝ 579 latsy
55 ⸀περικ- DGpc | ⸀p) θερμαινομενος D 57 ⸂ειπεν
𝔑D*Θpm vg; T | ○D 0124 58 ⸂ειπεν το αυτο D syᶜ. 59 ⸀
-στησασης W⊝pc : -στησας D | ⸂ επ α. λεγω D. 61 ⸀p)
ρηματος 𝔖al; H : txt 𝔑D⊝pm | ⸀η Bpc; W | ⸂τρ. απ. με μη
ειδεναι με D (it) 62 □vs. 0171 it.; [H]

64 αὐτῷ °δέροντες, ¹καὶ περικαλύψαντες αὐτὸν ἐπηρώ-
των ⸀λέγοντες· προφήτευσον, τίς ἐστιν ὁ παίσας

65 σε; καὶ ἕτερα πολλὰ βλασφημοῦντες ἔλεγον εἰς
αὐτόν.

66—71:
Mt 27,1;
26,63—65.
Mc 15,1;
14,61—64.
J 18,19—24.
J10,24. Jr38,15.
J 3,12; 8,45.

20,7.

Dn 7,13.
Ps 110,1.
Mt 22,44!

66   Καὶ ὡς ἐγένετο ἡμέρα, συνήχθη τὸ πρε- 14
σβυτέριον τοῦ λαοῦ, ἀρχιερεῖς τε καὶ γραμματεῖς, 26

67 καὶ ⸀ἀπήγαγον αὐτὸν εἰς τὸ συνέδριον αὐτῶν, ¹λέ-
γοντες· εἰ σὺ εἶ ὁ χριστός, εἰπὸν ἡμῖν. * εἶπεν 29

68 δὲ αὐτοῖς· ἐὰν ὑμῖν εἴπω, οὐ μὴ πιστεύσητε· ¹ □ἐὰν

69 δὲ ἐρωτήσω, οὐ μὴ ἀποκριθῆτε⸌⸉. ἀπὸ τοῦ νῦν 29
δὲ ἔσται ὁ υἱὸς τοῦ ἀνθρώπου καθήμενος ἐκ

70 δεξιῶν τῆς δυνάμεως τοῦ θεοῦ. εἶπαν δὲ πάντες· 29
σὺ οὖν εἶ ὁ υἱὸς τοῦ θεοῦ; ὁ δὲ πρὸς αὐτοὺς

71 ἔφη· ὑμεῖς λέγετε ὅτι ἐγώ εἰμι⸌. οἱ δὲ εἶπαν· τί 20
ἔτι ἔχομεν ⸀μαρτυρίας χρείαν; αὐτοὶ γὰρ ἠκούσαμεν

1—5:
Mt27,2. 11—14.
Mc 15,1—5.
J 18,28—38.

23 ἀπὸ τοῦ στόματος αὐτοῦ.   Καὶ ⸀ἀναστὰν ἅπαν 30
τὸ πλῆθος αὐτῶν ἤγαγον αὐτὸν ἐπὶ τὸν Πιλᾶτον.

(20,25.)
Act 24,5.

2 ¹ἤρξαντο δὲ κατηγορεῖν αὐτοῦ λέγοντες· τοῦτον 14
εὕραμεν διαστρέφοντα τὸ ἔθνος ἡμῶν ⸀καὶ κω- 80
λύοντα φόρους Καίσαρι διδόναι⸌, καὶ λέγοντα

3 ⸀ἑαυτὸν ⸀χριστὸν βασιλέα εἶναι. ὁ δὲ Πιλᾶτος 30
ἠρώτησεν αὐτὸν λέγων· σὺ εἶ ὁ βασιλεὺς τῶν

1 T 6,13.

Ἰουδαίων; ὁ δὲ ἀποκριθεὶς αὐτῷ ἔφη· σὺ λέγεις⸌.

4 ¹ὁ δὲ Πιλᾶτος εἶπεν πρὸς τοὺς ἀρχιερεῖς καὶ 30
τοὺς ὄχλους· οὐδὲν εὑρίσκω αἴτιον ἐν τῷ ἀν-

Mt 27,63!
Act 10,37!

5 θρώπῳ τούτῳ. οἱ δὲ ⸀ἐπίσχυον λέγοντες ὅτι ἀνα- 30
σείει τὸν λαόν, διδάσκων καθ' ὅλης τῆς ⸀Ἰουδαίας,

6 °καὶ ἀρξάμενος ἀπὸ τῆς Γαλιλαίας ἕως ὧδε⸌. Πι-

63 ○ D *0171* 69 it   **64** ⸀ αυτον (ℵ)ℜΘ*pm* ; S : txt B*Mal*
66 ⸀ ανηγ- ℜΘ*pm* : ηγ- N 28 *pc*   **68** □*vs.* e Mcion. | ⸀μοι Θλ
pc : μοι η απολυσητε ℜD*pm* lat(sy) ; W -|h^re|- : txt 𝔖*pc*   **70** ⸉: h
71 ⸀*p*) μαρτυρων D 69 *al*   **23,1** ⸀-ντες D Θ sy   **2** ⸀ (Mt 5,17)
και καταλυοντα τον νομον και τους προφητας it Mcion. ; h^r |
⸀και αποστρεφοντα τας γυναικας και τα τεκνα (cf. c e ad vs. 5)
Mcion. ; h^r | ⸀av- B*pc* ; H (αὐ-) | ⸀(Χρ- T)   **3** ⸀: h   **5** ⸀ενι-
DH*pc* | ⸀γης D. | ○ ℜD Θ*pl* | ⸀et filios nostros et uxores
avertit a nobis, non enim baptizantur (-zatur c) sicut (+ et
e) nos (+ nec se mundant e) c e (cf. ad vs. 2) ; h^r

λᾶτος δὲ ἀκούσας┬ ἐπηρώτησεν εἰ ⌐Oὁ ἄνϑρωπος   Act 23,34.
Γαλιλαῖος⌐ ἐστιν,˙καὶ ἐπιγνοὺς ὅτι ἐκ τῆς ἐξουσίας 7
Ἡρῴδου ἐστίν, ἀνέπεμψεν αὐτὸν πρὸς┬Ἡρῴδην,   3,1.
ὄντα καὶ αὐτὸν ἐν Ἱεροσολύμοις ἐν ταύταις ταῖς
142 ἡμέραις. ὁ δὲ Ἡρῴδης ἰδὼν τὸν Ἰησοῦν ἐχάρη 8
λίαν· ἦν γὰρ ἐξ⌐ἱκανῶν χρόνων⌐ ϑέλων ἰδεῖν αὐτὸν   5,18! 9,9.
διὰ τὸ ἀκούειν περὶ αὐτοῦ, καὶ ἤλπιζέν τι σημεῖον   J 12,21.
ἰδεῖν ὑπ᾽ αὐτοῦ γινόμενον. ἐπηρώτα δὲ αὐτὸν 9   1 K 1,22.
ἐν λόγοις ἱκανοῖς· αὐτὸς δὲ <u>οὐδὲν ἀπεκρίνατο</u>   J 19,10.
05,2 αὐτῷ. ☐εἱστήκεισαν δὲ <u>οἱ ἀρχιερεῖς</u> καὶ οἱ γραμ- 10   Act 25,7 ; 18,28.
79 ματεῖς εὐτόνως <u>κατηγοροῦντες αὐτοῦ</u>. ἐξουϑενήσας 11   9,22 p.
4,10 δὲ αὐτὸν┬ὁ Ἡρῴδης σὺν τοῖς στρατεύμασιν αὐτοῦ
καὶ ἐμπαίξας, περιβαλὼν ἐσθῆτα λαμπρὰν ἀνέ-
πεμψεν αὐτὸν τῷ Πιλάτῳ. ⌐ἐγένοντο δὲ φίλοι 12
ὅ τε Ἡρῴδης καὶ ὁ Πιλᾶτος ἐν αὐτῇ τῇ ἡμέρᾳ
μετ᾽ ἀλλήλων· προϋπῆρχον γὰρ ἐν ἔχϑρᾳ ὄντες   (Act 8,9.)
43 πρὸς ⌐αὐτούς.⌐\ Πιλᾶτος δὲ συγκαλεσάμενος τοὺς 13
7,9 ἀρχιερεῖς καὶ τοὺς ἄρχοντας καὶ τὸν λαὸν ˙ εἶπεν 14
πρὸς αὐτούς· ⌐προσηνέγκατέ μοι τὸν ἄνϑρωπον
τοῦτον ὡς ἀποστρέφοντα τὸν λαόν, καὶ ἰδοὺ ἐγὼ   Mt 27,63!
ἐνώπιον ὑμῶν ἀνακρίνας οὐϑὲν εὗρον ἐν τῷ ἀν-   Act 28,18.
ϑρώπῳ τούτῳ αἴτιον ὧν κατηγορεῖτε ˚κατ᾽ αὐτοῦ.
,10 ˙ἀλλ᾽ οὐδὲ Ἡρῴδης· ⌐ἀνέπεμψεν γὰρ αὐτὸν πρὸς 15
ἡμᾶς⌐˙ καὶ ἰδοὺ οὐδὲν ἄξιον ϑανάτου ἐστὶν πε-   22. Act 23,29
πραγμένον αὐτῷ·˙παιδεύσας οὖν αὐτὸν ἀπολύσω.┬ 16
0,1 ˙ἀνέκραγον δὲ παμπληϑεὶ λέγοντες· αἶρε τοῦτον, 18   18—25 : Mt 27,20—26.
ἀπόλυσον δὲ ἡμῖν τὸν <u>Βαραββᾶν</u>· ὅστις ἦν διὰ 19   Mc 15,11—15. J 18,38--19,1.
στάσιν τινὰ γενομένην ἐν τῇ πόλει καὶ φόνον
44 ⌐βληϑεὶς ἐν τῇ φυλακῇ. πάλιν δὲ ὁ <u>Πιλᾶτος</u> 20
1,1 προσεφώνησεν ˚αὐτοῖς, <u>θέλων ἀπολῦσαι τὸν Ἰησοῦν</u>.

---

6 ┬Γαλιλαιαν 𝕽Θpl : την Γ. **D** │ ⌐απο της Γ-αιας ο α. **D**itsy^c │ ◯**B*
700** al ; [H]   **7** ┬τον **B**Θpc ; W   **8** ⌐ικανου 𝕽al ; S : ικ. χρονου **W**φal : txt
ℌ(ſ**D**)Θpc   **10—12** ☐sy^s.   **11** ┬και ℌal a ; Th : txt **B𝕽D**Θpm   **12** ⌐οντες
δε εν αηδια ο Π. και ο Ηρ. εγεν. φ. εν αυτη τη ημερα. **D**c. │ ⌐εαυ- 𝕽**D**Θpl ;
W : txt **B𝕏**pc ; (αὐ- T)   **14** ⌐κατη- **D**a. │ ◯ℌΘal ; S : txt **B𝕽D**pm   **15** ⌐ανε-
9,2 πεμψα γαρ υμας προς αυτον 𝕽**D**pm lat   **16** ┬p) (**17**) αναγκην δε ειχεν απολυ-
σαι αυτοις κατα εορτην ενα. 𝕏𝕽al lat(sy^p) ; S : α. δε ει. κ. ε. απ. α. ενα Θal :
ead., sed post **19** **D**(sy^ac) : txt **B**A**L**a la   **19** ⌐βεβλημενος 𝕽**D**Θpl : — 𝕏* :
txt **B**pc   **20** ◯𝕽Θpm ; T   **222**

21 ｜οἱ δὲ ⌜ἐπεφώνουν λέγοντες⌝· σταύρου σταύρου αὐτόν.
22 ｜ὁ δὲ τρίτον εἶπεν πρὸς αὐτούς· τί γὰρ κακὸν 31

15. ἐποίησεν οὗτος; ⌜οὐδὲν αἴτιον⌝ θανάτου εὗρον ἐν
23 αὐτῷ· παιδεύσας οὖν αὐτὸν ἀπολύσω. οἱ δὲ 31
ἐπέκειντο φωναῖς μεγάλαις αἰτούμενοι αὐτὸν ⌜σταυ-
24 ρωθῆναι, καὶ κατίσχυον αἱ φωναὶ αὐτῶν⌜. καὶ 31
Πιλᾶτος ἐπέκρινεν γενέσθαι τὸ αἴτημα αὐτῶν·

Act 3,13 s. 25 ｜ἀπέλυσεν δὲ τὸν ⌜διὰ στάσιν καὶ φόνον⌝ βεβλη-
μένον εἰς φυλακήν, ὃν ᾐτοῦντο, τὸν δὲ Ἰησοῦν
Mt 17,12. παρέδωκεν τῷ θελήματι αὐτῶν.

26 :
Mt 27,32. 26 　Καὶ ὡς ⌜ἀπήγαγον αὐτόν, ἐπιλαβόμενοι Σίμωνά 1
Mc 15,21. τινα Κυρηναῖον ἐρχόμενον ἀπ᾽ ἀγροῦ ἐπέθηκαν 31
αὐτῷ τὸν σταυρὸν φέρειν ὄπισθεν τοῦ Ἰησοῦ.

(Ap 1,7.) 27 ｜Ἠκολούθει δὲ αὐτῷ πολὺ πλῆθος τοῦ λαοῦ καὶ 8
28 ⌜γυναικῶν αἳ ἐκόπτοντο καὶ ἐθρήνουν αὐτόν. στρα- 31
φεὶς δὲ πρὸς αὐτὰς⌜ Ἰησοῦς εἶπεν· θυγατέρες
Jr9,19.Mt23,37. Ἰερουσαλήμ, μὴ κλαίετε ἐπ᾽ ἐμέ⌜· πλὴν ἐφ᾽ ἑαυτὰς
7,13!; 19,41. 29 κλαίετε καὶ ἐπὶ τὰ τέκνα ὑμῶν, ὅτι ἰδοὺ ἔρχονται
(11,27.) 21,23 p. ἡμέραι ἐν αἷς ἐροῦσιν· μακάριαι αἱ στεῖραι, καὶ
αἱ κοιλίαι αἳ οὐκ ἐγέννησαν, καὶ μαστοὶ οἳ οὐκ
Hos 10,8. 30 ⌜ἔθρεψαν. τότε ἄρξονται λέγειν τοῖς ὄρεσιν· πέσατε
Ap 6,16; 9,6.
1 P 4,17 s. 31 ἐφ᾽ ἡμᾶς, καὶ τοῖς βουνοῖς· καλύψατε ἡμᾶς· ｜ὅτι εἰ
Is 11,1. ἐν⌜ ὑγρῷ ξύλῳ ταῦτα ποιοῦσιν, ἐν⌜ τῷ ξηρῷ τί
33—49 : 32 γένηται; Ἤγοντο δὲ καὶ ἕτεροι ⌜κακοῦργοι δύο⌝ 1
Mt 27,33—56. 33 ⌜σὺν αὐτῷ ἀναιρεθῆναι. Καὶ ὅτε ⌜ἦλθον ἐπὶ 31
Mc 15,22—41. τὸν τόπον τὸν καλούμενον Κρανίον, ἐκεῖ ἐσταύ- 31
J 19,17—30. ρωσαν αὐτὸν * καὶ τοὺς κακούργους, ὃν μὲν ἐκ 31
Mt 5,44! 34 δεξιῶν ὃν δὲ ἐξ ἀριστερῶν. [ὁ δὲ Ἰησοῦς ἔλεγεν· 32
Is 53,12. πάτερ, ἄφες αὐτοῖς· οὐ γὰρ οἴδασιν τί ποιοῦσιν.]
1 K 2,8.
Act 3,17. *διαμεριζόμενοι δὲ τὰ ἱμάτια αὐτοῦ ἔβαλον ⌜κλήρους. 32
Ps 22,19.

---

21 ⌜ἐκραξαν D (c, sy⁵) 22 ⌜ουδεμιαν αιτιαν D lat
23 ⌜-ρωσαι B; h | ⌜και των αρχιερεων 𝕽 D Θ pl c f (syˢᶜ) 25 ⌜ενεκα
φονου D. 26 ⌜-κες B; h 27 ⌜-κες D pc c f r s y 28 ⌜ο
C 𝕽 D Θ pl; W : txt B ℵ* L. | ⌜μηδε πενθειτε D. 29 ⌜εξεθυ-
D Θ al : εθηλασαν 𝕽 pm 31 ⌜τω ℵ 𝕽 D Θ pl; Th : txt B C pc
32 ⌜C 𝕽 D Θ pl; T (non Ti-Gr) : txt B ℵ | ⌜Joathas et Mag-
gatras l. 33 ⌜απηλθον 𝕽 pm; T 34 [[+ ℵ* C 𝕽 pl lat s y (ᶜ) p
Mcion Or; T : — B D* W Θ pc a sy⁵ sa; W | ⌜p) κληρον 𝕾 𝕽 D pm b²
c syᵖ; H : txt Θ λ 33 al lat 223

,2 ¹ καὶ εἱστήκει ὁ λαὸς ⌐θεωρῶν. *⌐ἐξεμυκτήριζον δὲ 35 Ps 22,8.
⌐καὶ οἱ ἄρχοντες⌐ λέγοντες· ἄλλους ⌐ἔσωσεν, σωσάτω
ἑαυτόν, εἰ οὗτός ἐστιν ὁ χριστὸς τοῦ θεοῦ⌐· ὁ   (9,35.)
,2 ἐκλεκτός. ⌐ἐνέπαιξαν δὲ αὐτῷ καὶ οἱ στρατιῶται 36 Ps 69,22.
προσερχόμενοι, ὄξος προσφέροντες αὐτῷ ¹ ⌐καὶ λέ- 37
γοντες· εἰ σὺ εἶ⌐ ὁ βασιλεὺς τῶν Ἰουδαίων, ⌐σῶσον
,1 σεαυτόν⌐. ¹ ἦν δὲ καὶ ἐπιγραφὴ ἐπ' αὐτῷ⌐· Ο ΒΑΣΙ- 38
7 ΛΕΥΣ ΤΩΝ ΙΟΥΔΑΙΩΝ ΟΥΤΟΣ. Εἷς δὲ τῶν ºκρε- 39
,2 μασθέντων κακούργων ἐβλασφήμει αὐτόν⌐· ºοὐχὶ   Mt 26,68.
10 σὺ εἶ ὁ χριστός; σῶσον σεαυτὸν καὶ ἡμᾶς⌐ ἀπο- 40
κριθεὶς δὲ ὁ ἕτερος ἐπιτιμῶν αὐτῷ ἔφη· οὐδὲ
φοβῇ σὺ τὸν θεόν, ὅτι ἐν τῷ αὐτῷ κρίματι ⌐εἶ;   12,5. Mt 10,28.
¹ καὶ ἡμεῖς μὲν δικαίως, ἄξια γὰρ ὧν ἐπράξαμεν 41
ἀπολαμβάνομεν· οὗτος δὲ οὐδὲν ⌐ἄτοπον ἔπραξεν.
¹ καὶ ⌐ἔλεγεν· Ἰησοῦ, μνήσθητί μου ὅταν ἔλθῃς ⌐εἰς 42   Gn 40,14.
τὴν βασιλείαν⌐ σου. ºκαὶ εἶπεν αὐτῷ· ἀμήν σοι λέγω⌐, 43   Mt 16,28; 20,21.
                                                                Is 53,11 s.
8 σήμερον μετ' ἐμοῦ ἔσῃ ἐν τῷ παραδείσῳ⌐.   Καὶ 44   2 K 12,4!
,2 ἦν ºἤδη ὡσεὶ ὥρα ἕκτη καὶ σκότος ἐγένετο ἐφ'   Am 8,9.
ὅλην τὴν γῆν ἕως ὥρας ἐνάτης ¹ ⌐τοῦ ἡλίου ⌐ἐκλι- 45   Ex 36,35.
                                                                Am 8,3 Lxx; 9,1.
,2 πόντος⌐· * ºἐσχίσθη δὲ τὸ καταπέτασμα τοῦ ναοῦ
,1 μέσον⌐. καὶ φωνήσας φωνῇ μεγάλῃ ὁ Ἰησοῦς 46   2,49. Ps 31,6.
                                                                Act 7,59.
εἶπεν· πάτερ, εἰς χεῖράς σου ⌐παρατίθεμαι τὸ   1 P 4,19.
,2 πνεῦμά μου. τοῦτο δὲ εἰπὼν ἐξέπνευσεν.⌐ ¹ ⌐ἰδὼν 47
δὲ ὁ ἑκατοντάρχης τὸ γενόμενον⌐ ἐδόξαζεν τὸν θεὸν   2,20!

35 ⌐ορων D. | ⌐εμυκτ- D. | ⌐οι a. אal | T: αυτον D:
αυτ. οι a. λαl : κ. οι a. συν αυτοις אΘal : txt ℌal | ⌐εσωσας· σεαυ-
τον σωσον, ει υιος ει τ. θ., ει χρ. ει, D(c). | ·, H 36 ⌐-αιξον
CℜDΘpl latt sy; S 37 ⌐λεγ. · χαιρε Dc(sy^sc) | ⌐p) περιτιθεντες
αυτω και ακανθινον στεφανον Dc(sy^sc) 38 T p) γραμμασιν
ελληνικοις (+ και ℜΘpl) ρωμαικοις (+ και ℜΘpl) εβραικοις א*D
(ℜΘpl) latt sy^p; S: txt ℌa sy^sc 39 ºDe. | Tλεγων rell; S: txt
BDLel | ºDe. 40 ⌐εσμεν C*W: ει και ημεις εσμεν D.
41 ⌐πονηρον D lat 42.43 ⌐ελ. τω Ιησου· μν. μ., κυριε, οταν
etc. (ut txt) ℜΘpm : στραφεις προς τον κυριον ειπεν αυτω·
μνησθητι μου εν τη ημερα της ελευσεως σου. αποκριθεις δε
ο Ιησους ειπεν αυτω τω επληςιοντι (i. e. επιπλησσοντι)· θαρσει,
D; h^r 42 ⌐εν τη -εια אCℜΘpl; Th: txt BLlat 43 ºMcion.
h^r 44 ºאℜDΘpl; s 45 ⌐και (— it; ⌐h^r2⌐) εσκοτισθη ο ηλιος
ℜΘpl latsy Mcion; ⌐h^r1⌐: ε. δε ο η. Dsa: txt ℌ | ⌐εκλειπ- B
597al; H | ºDΨ (v. vs. 46) 46 ⌐-τιθημι Dpm: -θησομαι
ℜ | T(45) και το καταπ. τ. ναου εσχισθη DΨ   47 ⌐και ο
εκ. φωνησας D.
                    224

Mt 27,19! 48 λέγων· ὄντως ὁ ἄνθρωπος οὗτος δίκαιος ἦν. καὶ 33
H 10,33. πάντες οἱ συμπαραγενόμενοι ὄχλοι ἐπὶ τὴν θεωρίαν
18,13. ταύτην, θεωρήσαντες τὰ γενόμενα, τύπτοντες τὰ
Ps 38,12; 88,9. 49 στήθη ⸆ ὑπέστρεφον⸆. εἱστήκεισαν δὲ πάντες οἱ
8,2! γνωστοὶ αὐτῷ °ἀπὸ μακρόθεν, καὶ ⸆γυναῖκες αἱ
συνακολουθοῦσαι αὐτῷ ἀπὸ τῆς Γαλιλαίας, ὁρῶ-
σαι ταῦτα.
50—56: Mt 27,57—61. 50 Καὶ ἰδοὺ ἀνὴρ ὀνόματι Ἰωσὴφ βουλευτὴς ὑπάρ- 8
Mc 15,42—47. J 19,38—42. 51 χων, ⸆ἀνὴρ ἀγαθὸς ⁚ °καὶ δίκαιος, ¦⁚ — οὗτος οὐκ ἦν 33
⸀συγκατατεθειμένος τῇ βουλῇ καὶ τῇ πράξει αὐτῶν,—
2 K 6,14—16. Ps 1,1. ἀπὸ ⸁Ἀριμαθαίας πόλεως τῶν Ἰουδαίων, ὃς προσε-
2,25.38. 52 δέχετο τὴν βασιλείαν τοῦ θεοῦ, ¦ οὗτος προσελθὼν
53 τῷ Πιλάτῳ ᾐτήσατο τὸ σῶμα τοῦ Ἰησοῦ, ¦ καὶ 33
Ex 34,25. Dt 21,22 s. καθελὼν ἐνετύλιξεν αὐτὸ σινδόνι, καὶ ἔθηκεν
19,30. αὐτὸν ἐν ⸂μνήματι λαξευτῷ⸃, οὗ οὐκ ἦν οὐδεὶς
54 ⸀οὔπω κείμενος⸆. ⸂καὶ ἡμέρα ἦν παρασκευῆς, καὶ 33
55 σάββατον ἐπέφωσκεν⸃. Κατακολουθήσασαι δὲ ⸀αἱ
49. γυναῖκες, αἵτινες ἦσαν συνεληλυθυῖαι ἐκ τῆς Γαλι-
λαίας αὐτῷ, ἐθεάσαντο τὸ μνημεῖον καὶ ὡς ἐτέθη
56 τὸ σῶμα αὐτοῦ, ὑποστρέψασαι δὲ ἡτοίμασαν ἀρώ- 33
ματα καὶ μύρα.
Ex 12,16; 20,10. Lv 23,8. Καὶ τὸ μὲν σάββατον ἡσύχασαν ⸋κατὰ τὴν ἐν-
1 K 16,2! 24 τολήν⸌⁚, ¦ τῇ δὲ μιᾷ τῶν σαββάτων ὄρθρου ⸀βαθέως 1
1—12: Mt 28,1—10. ἐπὶ τὸ μνῆμα ἦλθον φέρουσαι ἃ ἡτοίμασαν °ἀρώ- 33
Mc 16,1—8. J 20,1—10. 2 ματα⸆. ⸂εὗρον δὲ⸃ τὸν λίθον ἀποκεκυλισμένον ἀπὸ

---

48 ⸆ *και τα μετωπα* **D** | ⸆·(*cf.* Evg. Petri 7, 25) dicentes: Vae nobis quae facta sunt hodie propter peccata nostra; appropinquavit enim desolatio Hierusalem *g*¹ (sy^sc); h^r **49** ° **CℜΘ***pm*; S | ⸆ *αι* **B***pc*; h **50** ⸆ *και* **ℌ***pc*; T : *txt* **Bℜ(D)Θ***pl* **50.51** ° **B**; h (⁚ *et* ⁚, — *δικαιος ουτ.*) **51** ⸀ *-τιθεμενος* **ℌD***pm*; Th : *txt* **BℜΘ***al* | ⸁ *-θιας* **DW** itvg^codd **53** ⸂ *μνημειω λελατομημενω* **D**(*al*) | ⸀ *ουδεπω* **ℵC**(∫ **ℜ**)**Θ***pm*; T : *txt* **BAL**(∫**D**) | ⸆ *p*) *και προσεκυλισεν λιθον μεγαν επι την θυραν του μνημειου* **Uφ** *al* : *και θεντος αυτου επεθηκεν τω μνημειω λιθον ον μογις εικοσι εκυλιον* **D** (**0124** *1071*) *c* sa. **54** ⸂ *ην δε η ημ. προ σαββατον* **D**(*c*). **55** ⸀ *δυο* **D** *29* it.; ⊣h^r1⊢ : — **ℵCℜ***al*; Th^r2 : *txt* **ℌΘ***pm* sy **56** ⸋ **D**. | ⁚ *dist.* W **24,1** ⸀ (*rectius*) *-εος* **K***al* | ° **D** itsy^sc sa; s | ⸆ *και τινες συν αυταις* **ℜΘ***pl* : *ead.* + *ελογιζοντο δε εν εαυταις· τις αρα αποκυλισει τον λιθον* **D 0124** *c* sa. : *txt* **ℌ** lat **2** ⸂ *ελθουσαι δε ευρον* **D 0124** *c* sa.

τοῦ μνημείου, ἰεισελϑοῦσαι δὲ οὐχ εὗρον τὸ σῶμα 3
⌈τοῦ κυρίου Ἰησοῦ⌉. καὶ ἐγένετο ἐν τῷ ἀπορεῖσϑαι 4
αὐτὰς περὶ τούτου καὶ ἰδοὺ ἄνδρες δύο ἐπέστησαν
αὐταῖς ἐν⌈ἐσϑῆτι ἀστραπτούσῃ⌉·Ι⌈ἐμφόβων δὲ γενο- 5
μένων αὐτῶν καὶ κλινουσῶν⌉ τὰ πρόσωπα εἰς τὴν
γῆν,ᵀεἶπαν πρὸς αὐτάς· τί ζητεῖτε τὸν ζῶντα μετὰ
τῶν νεκρῶν; Ι ⟦οὐκ ἔστιν ὧδε, ἀλλὰ ἠγέρϑη.⟧ μνή- 6
σϑητε⌈ὡς ἐλάλησεν ὑμῖν ἔτι ὢν ἐν τῇ Γαλιλαίᾳ,
Ι λέγων τὸν υἱὸν τοῦ ἀνϑρώπου ὅτι δεῖ παρα- 7
δοϑῆναι εἰς χεῖρας ἀνϑρώπων °ἁμαρτωλῶν καὶ
σταυρωϑῆναι καὶ τῇ τρίτῃ ἡμέρᾳ ἀναστῆναι. καὶ 8
ἐμνήσϑησαν τῶν ῥημάτων αὐτοῦ, καὶ ὑποστρέψασαι 9
□ἀπὸ τοῦ μνημείου⌉ ἀπήγγειλαν ⌐ταῦτα πάντα⌐
τοῖς ἕνδεκα καὶ πᾶσιν τοῖς λοιποῖς. □ἦσαν δὲ⌉ ⌐ἡ 10
Μαγδαληνὴ Μαρία⌐ καὶ Ἰωάννα καὶ Μαρία ἡ
Ἰακώβου· καὶ αἱ λοιπαὶ σὺν αὐταῖς ·²ᵀἔλεγον πρὸς
τοὺς ἀποστόλους ταῦτα·³. καὶ ἐφάνησαν ἐνώπιον 11
αὐτῶν ὡσεὶ λῆρος τὰ ῥήματα⌐ταῦτα, καὶ ἠπίστουν
αὐταῖς.ᵀ

⌈Καὶ ἰδοὺ⌉ δύο ἐξ αὐτῶν⌐ἐν αὐτῇ τῇ ἡμέρᾳ 13
°ἦσαν πορευόμενοι⌐ εἰς κώμην ἀπέχουσαν σταδίους
ᵀἑξήκοντα ἀπὸ Ἰερουσαλήμ, ⌈ᾗ ὄνομα Ἐμμαοῦς⌉,
Ικαὶ αὐτοὶ ὡμίλουν πρὸς ἀλλήλους περὶ πάντων 14
τῶν συμβεβηκότων τούτων. καὶ ἐγένετο ἐν τῷ 15
ὁμιλεῖν αὐτοὺς καὶ συζητεῖν ⌈, καὶ αὐτὸς⌉ Ἰησοῦς
ἐγγίσας συνεπορεύετο αὐτοῖς· οἱ δὲ ὀφϑαλμοὶ αὐτῶν 16

Mc 16,19.
Act 1,21;
4,33 etc.

Act 1,10; 10,30.
2 Mcc 3,26.

Ap 1,18.

9,22!

22 s.

8,2 s.

41. Gn 45,26.

13—35:
Mc 16,12 s.

9.22.

Mt 18,20.

31. J 21,4

3 ⌈τ. Ιησ. 579 pc f sy : — D it; ⟦H⟧   4 ⌈-ησεσιν -σαις C℟Θ
pl; S : txt BℵD lat(sy)   5 ⌈εμφοβοι δε γενομεναι εκλιναν et ᵀ
οι δε D a cr¹ sy   6 ⟦+ rell f q vg; T : — D it.; W : ηγερϑη aeg
Mcion. : ηγ. εκ νεκρων c. | ⌈οσα D c sy Mcion.   7 ° D it.
9 □ D it arm; ⟦H⟧ | ⌐ℵ D K pm; T : txt B A G Θ pm   10 □ D Wal
sy^sc | ⌐312 D pc latt | ·¹, et ·², et ·³, W | ᵀαι ℟Θ al : και 157.
11 ⌈αυτων ℟Θ pl; s | ᵀ p) (12) Ο δε Πετρος αναστας εδραμεν
επι το μνημειον· και παρακυψας βλεπει τα οϑονια (+ κει-
μενα ℟(S L)Θal) μονα (— μ. ℵ*al)· και απηλϑεν προς αυτον
(εαυ- ℵ℟Θ pl; h^a) ϑαυμαζων το γεγονος. 𝔖℟Θ pl latsy; ⟦ℋ⟧ S :
txt D it Mcion   13 ⌈ησαν δε et ° D e | ⌐561—4 ℟Θ pl; S :
txt Bℵ | ᵀ εκατον ℵΘ al; h^r | ⌈ονοματι Ουλαμμαους D   15 ⌈
αυτους B*. : και D a. : αυτος it sy^p. : — c e sy^sc sa.; H ⟦και⟧

17 ἐκρατοῦντο τοῦ μὴ ἐπιγνῶναι αὐτόν. εἶπεν δὲ
πρὸς αὐτούς· τίνες οἱ λόγοι οὗτοι οὓς ἀντιβάλλετε
πρὸς ἀλλήλους περιπατοῦντες⌐; καὶ ἐστάθησαν⌐
18 σκυθρωποί. ἀποκριθεὶς δὲ εἷς⌐ὀνόματι Κλεοπᾶς
εἶπεν πρὸς αὐτόν· σὺ μόνος παροικεῖς Ἰερουσαλὴμ
καὶ οὐκ ἔγνως τὰ γενόμενα ἐν αὐτῇ ἐν ταῖς ἡμέραις
19 ταύταις;⌐καὶ εἶπεν αὐτοῖς· ποῖα; □οἱ δὲ εἶπαν
αὐτῷ·⌐τὰ περὶ Ἰησοῦ τοῦ⌐Ναζαρηνοῦ, ὃς ἐγένετο
ἀνὴρ προφήτης δυνατὸς ἐν ἔργῳ καὶ λόγῳ ἐναν-
20 τίον τοῦ θεοῦ καὶ παντὸς τοῦ λαοῦ,⌐ ὅπως τε
παρέδωκαν αὐτὸν οἱ ἀρχιερεῖς καὶ οἱ ἄρχοντες
ἡμῶν εἰς κρίμα θανάτου καὶ ἐσταύρωσαν αὐτόν.
21 ⌐ἡμεῖς δὲ ἠλπίζομεν ὅτι αὐτός⌐ἐστιν ὁ μέλλων
λυτροῦσθαι τὸν Ἰσραήλ· ἀλλά γε καὶ σὺν πᾶσιν
τούτοις τρίτην ταύτην ἡμέραν ἄγει ἀφ' οὗ ταῦτα
22 ἐγένετο. ἀλλὰ καὶ γυναῖκές τινες □ἐξ ἡμῶν⌐ἐξ-
έστησαν ἡμᾶς, γενόμεναι ὀρθριναὶ ἐπὶ τὸ μνημεῖον,
23 ⌐καὶ μὴ εὑροῦσαι τὸ σῶμα αὐτοῦ ἦλθον λέγουσαι
καὶ ὀπτασίαν ἀγγέλων ἑωρακέναι, οἳ λέγουσιν
24 αὐτὸν ζῆν. καὶ ἀπῆλθόν τινες τῶν σὺν ἡμῖν ἐπὶ
τὸ μνημεῖον, καὶ εὗρον οὕτως καθὼς °καὶ αἱ γυναῖκες
25 εἶπον, αὐτὸν δὲ οὐκ εἶδον. καὶ αὐτὸς εἶπεν πρὸς
αὐτούς· ὦ ἀνόητοι καὶ βραδεῖς τῇ καρδίᾳ □τοῦ
πιστεύειν⌐ἐπὶ πᾶσιν οἷς ⌐ἐλάλησαν οἱ προφῆται⌐·
26 ⌐οὐχὶ ταῦτα ἔδει παθεῖν τὸν χριστὸν καὶ εἰσελθεῖν
27 εἰς τὴν δόξαν αὐτοῦ; καὶ ⌐ἀρξάμενος ἀπὸ Μωϋσέως
καὶ ἀπὸ πάντων τῶν προφητῶν ⌐διηρμήνευσεν⌐ αὐ-
28 τοῖς⌐ ἐν °πάσαις ταῖς γραφαῖς τὰ περὶ ἑαυτοῦ. Καὶ
ἤγγισαν εἰς τὴν κώμην οὗ ἐπορεύοντο, καὶ αὐτὸς
29 προσεποιήσατο⌐πορρώτερον πορεύεσθαι. καὶ παρε-

Mt 6,16.

Mt 21,11!
Act 2,22; 7,22.

1,68; 2,38;
19,11. Act 1,6.
H 9,12.

1—11.

12. J 20,3—10.

Mc 16,14.
J 20,27.
G 3,1.

46! J 20,9.
1 P 1,11.

Dt 18,15.
Ps 22. Is 53.
Act 8,31—35.

17 ⌐κ. εστε 𝔎Θ𝑝𝑙 lat(sy) :— 𝐷 Or : txt 𝔖 e   18 ⌐ω ονομα
𝔎𝐷Θ𝑝𝑙; T   19 □𝐷 | ⌐Ναζωραιου 𝔎𝐷Θ𝑝𝑙   21 ⌐ην 𝐷 lat
22 □𝐷 157.   24 ○𝐵𝐷 latt sy; H   25 □𝐷. | ⌐ελαλησα υμιν
(vl. -σεν προς υμας) Mcion   26 ⌐οτι 𝐷 Mcion   27 ⌐ην
αρξ. απο Μ. και παντ. τ. πρ. ερμηνευειν 𝐷 (itsy); ┤hʳ├ |
⌐-ευεν 𝔎Θ𝑝𝑚(sy); W :(και 𝕏*) διερμηνευειν 𝕏*𝑊. : txt 𝔖al |
┬τι ην 𝕏θal; 𝔖 | ○𝕏𝐷   28 ⌐-τερω 𝕏𝔎𝐷Θ𝑝𝑙; T : txt 𝐵𝐴 pc

βιάσαντο αὐτὸν λέγοντες· μεῖνον μεθ᾽ ἡμῶν, ὅτι
πρὸς ἑσπέραν ⌐ἐστὶν καὶ κέκλικεν⌐ °ἤδη ἡ ἡμέρα.
καὶ εἰσῆλθεν τοῦ μεῖναι σὺν αὐτοῖς. | καὶ ἐγένετο 30
ἐν τῷ κατακλιθῆναι αὐτὸν □μετ᾽ αὐτῶν⌐ λαβὼν °τὸν
ἄρτον εὐλόγησεν καὶ κλάσας ⌐ἐπεδίδου αὐτοῖς·
|⌐αὐτῶν δὲ διηνοίχθησαν οἱ ὀφθαλμοί⌐, καὶ ἐπ-
έγνωσαν αὐτόν· καὶ αὐτὸς ἄφαντος ἐγένετο ἀπ᾽
αὐτῶν. καὶ εἶπαν πρὸς ἀλλήλους· οὐχὶ ἡ καρδία 32
⌐ἡμῶν ⌐καιομένη ἦν⌐ □ἐν ἡμῖν⌐, ὡς ἐλάλει ἡμῖν ἐν
52 τῇ ὁδῷ, ὡς διήνοιγεν ἡμῖν τὰς γραφάς; Καὶ ἀνα- 33
στάντες⌐αὐτῇ τῇ ὥρᾳ ὑπέστρεψαν εἰς Ἰερουσαλήμ,
καὶ εὗρον ἠθροισμένους τοὺς ἔνδεκα καὶ τοὺς
σὺν αὐτοῖς, |⌐λέγοντας ὅτι ὄντως ἠγέρθη ὁ κύριος 34
καὶ ὤφθη Σίμωνι. καὶ αὐτοὶ ἐξηγοῦντο τὰ ἐν 35
τῇ ὁδῷ καὶ ὡς ἐγνώσθη αὐτοῖς ἐν τῇ κλάσει τοῦ
,9 ἄρτου. Ταῦτα δὲ αὐτῶν λαλούντων αὐτὸς ἔστη 36
ἐν μέσῳ αὐτῶν⌐. ⌐πτοηθέντες δὲ καὶ ἔμφοβοι γε- 37
νόμενοι ἐδόκουν ⌐πνεῦμα θεωρεῖν. καὶ εἶπεν αὐτοῖς· 38
τί τεταραγμένοι ἐστέ, καὶ διὰ τί διαλογισμοὶ
ἀναβαίνουσιν ἐν ⌐τῇ καρδίᾳ⌐ ὑμῶν; ἴδετε τὰς χεῖ- 39
ρᾶς μου καὶ τοὺς πόδας °μου, ὅτι ἐγώ εἰμι αὐτός·
ψηλαφήσατέ °² με καὶ ἴδετε, ὅτι πνεῦμα ⌐σάρκα καὶ
,9 ὀστέα οὐκ ἔχει⌐ καθὼς ἐμὲ ⌐θεωρεῖτε ἔχοντα.⌐ | ἔτι δὲ 41
ἀπιστούντων αὐτῶν ἀπὸ τῆς χαρᾶς καὶ θαυμαζόν-
των, εἶπεν αὐτοῖς· ἔχετέ τι βρώσιμον ἐνθάδε; | οἱ 42

Act 16,15.
Jdc 19,9.

J 21,13.

22,19 p.

31 16. 2 Rg 6,17.

33 9.

Mt 28,16!

34 1 K 15,4 s.
J 21,15—23.

36—49:
Mc 16,14—18.
J 20,19—23.
1 K 15,5.

Mt 14,26!

Act 17,27.
1 J 1,1.

11. Gn 45,26.
Ps 126,1.
Act 12,14.

42 J 21,5.10.

29 ⌐κεκλ. *D* itsyᵖ : ην syˢᶜ | O𝕽𝕯Θpmcl; S   30□Desyˢᶜ. |
O*D* | ⌐εδ- ℵ. : προσεδ- *D*.   31 ⌐λαβοντων δε αυτων τον
αρτον απ αυτου ηνοιγησαν οι οφθ. αυτων. *D*ce(Or)   32 ⌐312
D et ⌐κεκαλυμμενη *D*; ┤hʳ¹├ : [? πεπηρωμενη] excaecatum
c.; hʳ²: optusum *l*.; hʳ³: exterminatum e.; hʳ⁴: gravatum sy |
□*B*Dcesyˢᶜ Or; 𝓗   33 ⌐λυπουμενοι *D*cesaᵖᵗ   34 ⌐-ντες *D* Or
36 ⌐ (J 20, 19. 26) και λεγει αυτοις· ειρηνη υμιν. rellcf; [H] S:
it. + εγω ειμι, μη φοβεισθε *G* (𝓢 *W*, 579) pccf vg syᵖ : txt *D* it.
37 ⌐θροη- *B* 1241.; Wh: φοβη- ℵ*W*. | ⌐φαντασμα *D* Mcion
38 ⌐ταις -ιαις 𝕾𝕽Θpl; S: txt *B*D it   39 O*W*Θ allat; s |
O²*D*W*Θ latsyˢᶜ; hʳ | ⌐σαρκας κ. ο. ουκ ε. ℵ*; Thʳ²: ο. ουκ ε.
Mcion Tert; hʳ¹: οστα ουκ ε. κ. σαρκας *D*(Ir). : txt *B*𝕽Θpl |
⌐βλεπετε *D*. | ⌐ (J 20, 20) (40) και τουτο ειπων εδειξεν (επεδ-
𝕽Θpm; S) αυτοις τας χειρας και τους ποδας. rellcfq vg syᵖ |
[H] S: txt *D* itsyˢᶜ Mcion.

Act 10,41. 43 δὲ ἐπέδωκαν αὐτῷ ἰχθύος ὀπτοῦ μέρος⊤· καὶ
44 λαβὼν ἐνώπιον αὐτῶν ἔφαγεν⊤. Εἶπεν δὲ 34⁰
J 5,39.46.   πρὸς αὐτούς· οὗτοι οἱ λόγοι μου οὓς ἐλάλησα
27. 9,22!   πρὸς ὑμᾶς ⌜ἔτι ὢν⌝ σὺν ὑμῖν, ὅτι δεῖ πληρωθῆναι
9,45! J 20,9.   ⌜πάντα τὰ γεγραμμένα ἐν τῷ νόμῳ Μωϋσέως καὶ °τοῖς
J 12,16. 45 προφήταις καὶ ψαλμοῖς περὶ ἐμοῦ. τότε διήνοιξεν
46 αὐτῶν τὸν νοῦν τοῦ συνιέναι τὰς γραφάς· καὶ
Act 17,3!   εἶπεν αὐτοῖς ὅτι ⌜οὕτως γέγραπται⌝ παθεῖν τὸν
Hos 6,2.   χριστὸν καὶ ἀναστῆναι □ἐκ νεκρῶν⌝ τῇ τρίτῃ ἡμέρᾳ,
47 ¹καὶ κηρυχθῆναι ἐπὶ τῷ ὀνόματι αὐτοῦ μετάνοιαν
Act 2,38; 17,30.   ⌜εἰς ἄφεσιν ἁμαρτιῶν⌝ ⌜εἰς πάντα τὰ ἔθνη⌝, — ⌜²ἀρξά-
48 μενοι ἀπὸ Ἰερουσαλήμ⌝². ὑμεῖς⊤ μάρτυρες τούτων.
J 14,16! 49 ¹⌜καὶ ἰδοὺ ἐγὼ⌝ ἐξαποστέλλω τὴν ἐπαγγελίαν □τοῦ
Act 1,4.   πατρός⌝ μου ἐφ' ὑμᾶς· ὑμεῖς δὲ καθίσατε ἐν τῇ
πόλει ἕως οὗ ἐνδύσησθε ἐξ ὕψους δύναμιν.
50—53:
Mc 16,19. 50 Ἐξήγαγεν δὲ αὐτούς⊤ ἕως πρὸς Βηθανίαν, καὶ
Act 1,4—14.
51 ἐπάρας τὰς χεῖρας αὐτοῦ εὐλόγησεν αὐτούς. καὶ
ἐγένετο ἐν τῷ εὐλογεῖν αὐτὸν αὐτοὺς ⌜διέστη ἀπ'
J 16,22; 14,28. 52 αὐτῶν⊤. καὶ αὐτοὶ⊤ ὑπέστρεψαν εἰς Ἰερουσαλὴμ
53 μετὰ χαρᾶς μεγάλης, ¹καὶ ἦσαν διὰ παντὸς ἐν
τῷ ἱερῷ ⌜εὐλογοῦντες τὸν θεόν. ⊤

42 ⊤και απο μελισσιου κηριον *E*⋆**Θ**al lat; ⊣hʳ¹⊢ : κ. α. μ.
κηριου **𝕽**alsyᶜ·ᵖ; hʳ² : txt **𝕾D**esyˢ Cl Or   **43** ⊤και (+λαβων
713 syᶜ; hʳ²) τα επιλοιπα εδωκεν αυτοις *K*(**Θ**)al c vg syᶜ; hʳ¹
44 ⌜εν ω ημην *D*. | ⌜απ- *B*.; W | O**𝕽DΘ**pl; T : txt *B*(**אL**) 579
46 ⌜ουτ. εδει 72 pc (syˢ); hʳ² : ουτ. γεγο. και ουτ. εδει **𝕽WΘ**pl fq
vg; hʳ¹ : txt **𝕾D** it | □*D*pc **47** ⌜και *C***𝕽DΘ**pl latt; h : txt *B***א**
⌜ως επι *D*. | ⫶⫶(.W) et ⫶²—. ff²; Wh | ⌜²-νον **𝕽**pm it : -νων
D lat : -νος **ΘΨ**al : txt **𝕾**pc **48** ⊤εστε **א**(*SC*)**𝕽Θ**pl; S : txt *BD*pc
49 ⌜καγω **𝕾**(*D*)latsy; T : txt *BC***𝕽Θ**pl f q | □*D*e.   **50** ⊤εξω
𝕽DΘpl lat : txt **𝕾** 157 pc a e sy   **51** ⌜απεστη *D* | ⊤και ανεφε-
ρετο εις τον ουρανον.**𝕾𝕽Θ**pl lat; [[H]] S : txt **א**⋆*D*itsyˢ **52**⊤προσ-
κυνησαντες αυτον (— αυτ. 700 vg) **𝕾𝕽Θ**pl lat; [[H]] S : txt *D*itsyˢ
53 ⌜αινουντες *D* it; T ⊣hʳ¹⊢ : αιν. και ευλ. **𝕽Θ**pl lat; hʳ² : txt
𝕾syˢ | ⊤αμην. *B***𝕽Θ**pm